本书献给我最敬爱的父亲——他是中华人民共和国的一位将军,是我永远的榜样和偶像,也是我心中永恒的爱和敬。

本书获韩国国际交流财团出版资助

Hanguo Ruxue Shi

韩国儒学史

李甦平 ◎著

人民出版社

序

儒学作为一个学派在历史舞台的登场源于孔子(前552—前479),孔子对流传至当时的文化和思想进行了总结和体系化的创新,因此儒学形成的渊源可以追溯至孔子以前。《论语》中有这样的记载:"子欲居九夷。或曰:'陋,如之何?'子曰:'君子居之,何陋之有?'"(《论语·子罕》)这个记载告诉我们,在孔子生活的公元前6世纪之时,君子所居住的九夷一带就是文化地带。而韩国历史上最早的国家古朝鲜就位于这九夷文化圈,同时,《论语》中的这段记录也说明了韩国和中国的文化交流是何等的悠久和深厚!

关于儒学传入韩国的具体时间,迄今为止没有准确的记录。学界一般推测,早在三国时期随着汉字的传入,儒家的伦理意识也就自然而然地传入进来,而且与当时社会的规范制度实现折衷。372年高句丽设立太学,百济古尔王(234—286)时期制定了沿袭《周礼》的中央官制,近肖古王(346—375)时期王仁将儒家经典传到了日本,并且7世纪中期新罗设立国学等一系列的事例都说明了三国时代儒家的制度、礼俗以及孝悌忠信的规范已经在社会上确立。到了统一新罗末期,儒学思想成为政治改革的思想基础。

高丽初期,随着由古代社会向中世社会的转换,儒家的制度和规范也得以确立。高丽太祖王建(877—943)的统治纲领《训要十条》中虽包含了佛教、道教以及民间的信仰,但尤其强调儒教的仁政和王道主义。光宗九年(958)实施科举制,这就确立了儒家思想在社会制度方面的地位,随之儒家的仪礼和学制也走向完备。金富轼(1075—1151)在儒家思想合理历史观的基础上编写了《三国史记》,标志着儒家思想在学问上已正式走向成熟。高丽时期虽然是儒、佛、道三家并存发展的时期,但其中儒学在统治理念、社会制度以及学问上都发挥了重要的作用。

而儒学对韩国社会变革起决定作用的时期是丽末鲜初(高丽末期朝鲜初期),这一时期的主导力量士大夫们吸收了当时先进的思想——朱子学,并且实现了由贵族中心的中世社会向士大夫中心的近世社会的历史转换。

韩国儒学不仅注重纯粹的道德性,而且还追求实现这种道德性的现实制度以及力量的实践性,这是韩国儒学的特征。换言之,韩国儒学追求理想道德和现实实践的和谐发展。这一点在朝鲜时期的儒学中很鲜明地体现了出来。朝鲜士大夫们在实践儒教理念的过程中,将当时社会的问题点用朱子学的语言和理论来解释并克服,同时对朱子学进行了重新构成,发展成为朝鲜性理学。从表面上看起来非常纯粹的哲学论争的异面也包含着许多政治性的矛盾和冲突。这与当时的官僚兼学者——士大夫主导朝鲜建国的事实不无相关。

17世纪初叶朝鲜经历了"壬辰倭乱"和"丙子战乱",以此为契机实现了由勋旧派向士林派的政权交替,并且社会走向近世后期。这也促进了性理学理念实现社会制度化。当时的士林们面临的最大课题就是如何克服"丙子战乱"造成的危机。作为这一时代课题的对策,北伐论产生了,而且在理念上也出现了朝鲜中华主义。但北伐论实际上并未实行,而且执权阶层也显现出了统治能力的不足和局限性,由此在思想上出现了多种潮流涌动。朝鲜后期最大的学术论争——"湖洛"论争就是从对朱子心性论的探讨中引发出的观点差异,而且在学术论争的背后也隐藏着执权势力——老论内部对国家运营方式的观念差异。湖派不承认政敌南人和少论,并且反对英祖的荡平政治。湖派的这种理念认为圣人与凡人从根本上相异,即所谓的"圣凡心不同论",后来发展成"人物性异论"。相反,洛派对南人则相对温和,并且参与了荡平政治,他们的理论发展成为"圣凡心同论"以及"人物性同论"。洛派学者湛轩洪大容(1731—1783)更进一步提出"人物性均论",并在此基础上主张"华夷一也",认为应该积极吸取清朝的文化。这奠定了性理学向实学发展的基础。而茶山丁若镛(1762—1836)则比人物性异论者更强化人与物的差异,认为只有人具备道德性和自律性,并否定禽兽的道德性,将禽兽规定为从属于必然的自然法则的存在,从而将人与自然的世界分离。他主张这种脱道德化的自然是人类享有和利用的对象。在茶山这里,我们看到了传统儒学向近代的转化。

当理论和实践的统一性面对西方帝国主义与近代文明挑战时,会发挥得淋漓尽致。朝鲜社会发展到后期,胸怀儒学理念的知识人面对西方近代化的冲击,采取了斥邪卫正论、东道西器论、文明开化论等积极的应对方式,多方面探求和实践救国方案。在这过程中也确立了新的儒学理论。华西学派内部产生了心说论争,对心展开了多样的考察。朴殷植(1859—1925)通过对阳明学的近代化解释来探索克服当时社会进化论的批判理论,这打开了韩国阳明学发展的新局面。而且斥邪卫正论在闵妃弑害事件(1895)以后发展为义兵运动,而1910年局员(朝鲜后期隶属于元帅府参谋部的官职)丧失后又发展为独立运动。曾任临时政府主席并在光复后为了建立统一政府而费尽心血的金九(1876—

1949)就是继承了柳麟锡(1842—1915)的学脉。

以上可以看出,韩国儒学是道德性和实践性、理想和现实的统一体,它作为韩国的传统思想得以确立和发展。最近韩国的知识阶层试图用传统儒学来解决民族主义与资本主义实现结合后引发的问题点,并在这方面进行了积极探讨。也可以说韩国儒学正成为人们"今天的热门话题"。

纵观整个韩国儒学发展史,我们应该注意的一点是,韩国儒学思想的发展是在以中国为首的整个东亚的国际大环境中实现的,而且与国际局势也密切相关。14世纪末15世纪初从儒、佛、道交涉向儒学思维的转换是在元明交替期完成的。16世纪末17世纪初随着勋旧派向士林派的政权交替,大规模的"性理学社会制度化"实现了,而且这段时期也相当于中国的明清交替期、日本的江户幕府建立期。19世纪末20世纪初对儒学近代化转化的探索,在中国是清朝向民国的交替时期,在日本是明治维新后走向帝国主义的时期。因此研究韩国儒学,不仅要从韩国"内部"进行研究,同时也要从韩国"外部"研究,而且这是必需的。

正是基于这一点,我认为李甦平教授的《韩国儒学史》具有非常重要的意义。李教授在研究东亚儒学方面具有深厚的造诣,她的这本著作将韩国儒学的特征与中国儒学的发展联系起来,并且对从公元前1世纪一直到20世纪初期两千多年的韩国儒学发展史进行了客观、详尽的叙述。特别是将朝鲜时期代表儒学者的思想进行了一目了然的整理,并很好地说明了他们的思想特征。同时也对最能反映韩国儒学特征的"四端七情"论争和"湖洛"论争进行了单独、详细的阐述。正是通过这两场论争,韩国儒学发展到了一个更新、更高、更远的层次。

李甦平教授的这本《韩国儒学史》作为中国人撰写的第一部

关于韩国儒学的著作，在学术史上具有深远的影响意义。我坚信，此著作一定会推动中国在韩国儒学方面的研究，同时也会对韩中学术交流做出重大的贡献。我衷心希望此书的出版能引起中国学界对韩国儒学的重视和关心，也期待着以后在中国会出现更多韩国儒学的研究成果。

我作为一名研究韩国儒学的教授，多年以来通过各种学术交流与李甦平教授建立了深厚的友情。李甦平教授不仅对韩国儒学，而且对韩国的文化和思想也进行了多方面有力度的研究。她为了向中国学界介绍韩国儒学而进行了数十年不懈的努力，我对她的这种精神表示衷心的感谢，并致以崇高的敬意。

再次向李甦平教授表示感谢！

韩国成均馆大学韩国哲学专业教授
韩国思想史学会会长 崔英辰

2006 年 10 月 29 日

自　序

当这部书稿完成之时，我也迈入了花甲之年。回首我的治学之路，不禁想到了 20 世纪苏联的英雄尼·奥斯特洛夫斯基 (1904—1936) 的一句名言："人最宝贵的东西是生命，生命属于人只有一次。人的一生应该是这样度过的：当他回首往事的时候，他不会因为虚度年华而悔恨，也不会因为碌碌无为而羞耻。"以此为镜，检讨自己的生命轨迹，还算比较欣慰。

20 世纪 70 年代，我在母校——中国人民大学哲学系中国哲学教研室工作。在那里我有幸得到了中国哲学的前辈——石峻 (1916—1999) 先生的教诲，他要我将中国、日本、韩国即东亚哲学作为研究的主攻方向。于是，从 20 世纪 80 年代起，我的专攻方向从中日哲学的交流与比较扩展为中日韩哲学的比较研究。其间，我撰写了《圣人与武士——中日传统文化与现代化之比较》、《中国、日本、韩国实学比较》、《朱舜水》、《石田梅岩》、《东亚与和合——儒释道的一种诠释》等 12 部著作，并主编了《东方著名哲学家评传·韩国卷》、《韩国名人名著汉译丛书》、《文明对话丛书》等。这些成果是前辈老师和同辈同仁指导、帮助的结果，也是我几十年来努力精进的收获。

20 世纪 90 年代后期，我又有幸来到了专门从事东方哲学研究的中国社会科学院哲学研究所的东方哲学研究室，集中进行韩国哲学的研究。面对中国学术界还没有一部由中国人撰写的韩国儒学史方面书籍的境况，我感到有责任在这方面做点贡献。这是我撰写这部书的初衷。所以，这是一部中国人写给中国人看的书。为此，在写作过程中运用了中韩儒学比较的方法并注意到了中韩儒学的交流与相互作用。鉴于中国学者对韩国儒学元典资料掌握不足，我特意将韩国儒学史上的两次大论战——"四七论辩"和"湖洛论争"的重要资料放入本书中，以供对此有兴趣的学人参考研究。

我很荣幸地得到了韩国当代著名学者、韩国儒学学会前会长、韩国思想史学会会长、韩国成均馆大学教授崔英辰先生为本书撰写的"序"。在整个撰写过程中，从资料的提供到章节的安排，都得到了崔英辰教授真诚的帮助。为此，我向崔英辰教授表示真挚的谢意！另外，中国人民大学的张立文和姜日天两位教授及我的同事洪军博士主动为我提供资料，在韩国成均馆大学读博士课程的邢丽菊小姐多次为我查找韩文资料，我的学术诤友周贵华博士对拙著提出了宝贵的建议，中国社会科学院哲学研究所图书资料室的王铁军先生、赵新英小姐、曾卫东先生在书稿打印方面，孟繁红女士在制图方面给予我热忱帮助，在出版方面还得到了人民出版社哲学编辑室方国根编审的鼎力相助。在此，一一向他们表示深深的谢意！

本书为国家社会科学基金项目课题研究成果，且荣获韩国国际交流基金的出版资助。

李甦平

2007 年 3 月 30 日

目　　录

绪　　论

何谓韩国儒学？关于这个问题，一些对韩国历史和文化有着走马观花式了解的人认为，韩国儒学就是中国儒学的移植和翻版。此言误矣！

固然中国是儒学的发源地，儒学就是以孔子为首的儒者的学说及其思想的总汇。同时应该看到儒者的学说和思想总是随着时代的发展而深化，随着时势的需求而丰富。由此，儒学才能够像一棵长青之树，像一条湍流不息的长河，永葆青春，永不枯竭。中国儒学就经历了先秦元典儒学、汉唐经学儒学、宋明新儒学（理学）和近代新学等不同的发展阶段，使中国儒学在变化和发展中，臻于成熟和完善。这是一个普遍的规律，因此这个规律也适用于韩国儒学。

诚然，韩国儒学最初是从中国传入的，相对于韩国的固有文化，这是一种异质文化。从中国输入的儒学在与韩国文化的结合中，凭借着韩国人细密的思维方式、精微的逻辑思辨、强烈的忧患意识，使儒学发生了重要变化。这种带着韩国印记的儒学就不再是中国儒学，而是具有独立性的"韩国儒学"。诚如韩国学者尹丝淳对"韩国儒学"所下的定义。他说："所谓儒学的固有性相当于儒学的根本性质，而它是随着时代而相对地、可变地形成和发展的。何况是受容于语言、风俗、艺术等其他异质文化之中，其变化的可能性更无须赘言。所谓韩国儒学，指的正是作为在韩国文化中如此变化的儒学的特殊性即韩国的独立性。正是在所谓'韩国的独立性'的意义上，韩国儒学是存在的。韩国人以特殊的思想能力继承并予以独立性发展的传统儒学，正是韩国儒学。"①

要想真正了解何谓韩国儒学，首先就要了解韩国儒学的基本品格和精神。

第一节 韩国儒学的品格和精神

所谓韩国儒学的品格，是指韩国儒学的本质属性，也就是韩国儒学的独立性。这种独立性以特殊、独特的形式表现出来，具体说就是重"气"、重"情"、重"实"。

一、韩国儒学的重"气"品格

笔者之所以说韩国儒学的特征之一是重"气"，这是与中国儒学相比较而言的。这里所说的重"气"，指的是东亚儒学中的"理气"范畴之"气"范畴。

在中国哲学中，首次讲"理气"的是北宋的程明道（颢）和程伊川（颐）兄弟。二程的思想稍有不同，程颢所谓理乃指生生之理，程颐所谓理则指气之所以然。然二程皆以理为宇宙中之最究竟者，亦可谓唯理论。也就是说二程在"理气"这对范畴中，认为"理"更加重要。所以程颢以天即是理，事物之自然而不易的常则，谓之天理。他说："天者理也"，"吾学虽有所授受，天理二字，却是自家体贴出来"。程颐认为"理"实即阴阳之所以然，乃宇宙之究竟本根。他说："一阴一阳之谓道。道非阴阳也，所以一阴一

---

① 尹丝淳：《韩国儒学研究》，新华出版社1998年版，第4页。

阳,道也"。所谓道即最根本之理。阴阳是气。气非是道,阴阳之所以方是道。程颐说:"离了阴阳更无道,所以阴阳者是道也。阴阳气也,气是形而下者,道是形而上者。"气是形而下者,道是形而上者。形而下的气,不足为本根,理(道)是形而上者,是究竟本根。二程重"理"的思想被朱熹加以发扬光大。

理气论之大成者是朱熹。朱子根据程颐之学说,加以扩大、充实,赋予丰富的内容,形成中国哲学中最缜密最有条理的本根论系统。朱子又名理为太极,阴阳之气乃太极所生,太极乃究竟本根。

朱子以为宇宙之内,有理气二者。气及其聚合而成的物是形而下者,理则是形而上者。朱子说:"天地之间,有理有气。理也者,形而上之道也,生物之本也;气也者,形而下之器也,生物之具也。"理是物之究竟根本,故云生物之本;然仅理不能生物,必有气方能生物,故气是生物之具。理与气二者之中,理是根本,气是其次。朱子说:"有是理便有是气,但理是本";"气之所聚,理即在焉,然理终为主。"理是究竟根本,气是其次。在宇宙未有气之先,理已实有。理是永存的,任何事物未有之前,其理皆已先有。朱子说:"有此理后方有此气。既有此气,然后此理有安顿处。大而天地,细而蝼蚁,其生皆是如此。……要之,理之一字,不可以有无论,未有天地之时便已如此了也";"若在理上看,则虽未有物,而已有物之理;然亦但有其理而已,未尝实有是物也。""未有这事,先有这理。如未有君臣,已先有君臣之理;未有父子,已先有父子之理"。"未有天地之先,毕竟也只是理。有此理便有此天地。若无此理,便亦无天地,无人无物,都无该载了。有理便有气,流行发育万物。"理是永久固存的,故不可以有无论。任何物在未有之前,其理皆已存在。不惟自然物如此;即在人事,亦是先有其理而后方有其事。在未有一切事物之前,只是理存在。有理则有气,而一切物皆依次发生。朱子又说:"此本无先后之可言,然从欲推其所以来,则须说先有是理。然理又非别为一物,即存乎是气之中;无是气则是理亦无挂搭处。"在实际上有理即有气,谓理先气后,乃系在理论上推其所以来,则不得不说先有理。《语类》又载:"问先有理抑先有气? 曰:理未尝离乎气,然理形而上者,气形而下者。自形而上下言,岂无先后?""问有是理便有是气,似不可分先后。曰:要之也先有理。只不可说是今日是有理,明日却有是气。也须有先后。"理气未尝相离,然在理论上讲,不能不说理在先。

理虽较气为根本,然必有气,方能生出天地万物。自然界及人类之生成,皆有待于气。朱子说:"疑此气是依旁还理行,及此气之聚,则理亦在焉。盖气则能凝结造作,理却无情意,无计度,无造作。只此气凝聚处,理便在其中。且如天地间人物草木鸟兽,其生也莫不有种,定不会无种子白地生出一个物事。这个都是气。若理则只是个净洁空阔的世界,无形迹,它却不会造作。气则能酝酿凝聚生物也。但有此气,则理便在其中。"理不能造作诸物,气方能凝聚以生成万物。有理无气,则只是个净洁空阔的世界。有理则有气,然必有气后方有物;无理固不能有物,只是理亦不能有物。此为宇宙本根之理,朱子又谓之太极。

太极指究竟极至之理。程颐谓物物各皆有理,又谓天下只一理。此天下一理之理,即朱子所谓太极。朱子说:"事事物物皆有个极,是道理之极至。……总天地万物之理,便是太极。""太极之义,正谓理之极至耳。""太极者,如屋之有极,天之有极,到这里更没去处,理之极至者也"。太极是理之究竟极至者,为一切理之根本的大理,其余一切理皆含蕴于此理之中。理是所以或规律,太极便是究竟所以或根本规律。朱子所谓理又有道德标准之意,太极便是最高的标准。朱子说:"太极只是个极好的道理。……是天地人物万善至好的表德。"太极亦即究竟至极之善。此太极是至高无上之体,是绝对的。朱子说:"太极只是个一而无对者。"一而无对即今所谓绝对。未有天地之前,太极先有。

朱子太极论之实在意义,即是认为最究竟的原则乃自然之究竟根本。这个究竟原则即朱子认为的在理论上应说理在气先,理即太极,太极在一切未有之先已独立固存。一切事物皆由此原则(理)而有,而此原则(理)又为事物之最高标准,为人类行为之最高准衡。所以,朱熹的宇宙本根学说可以说是理一元论。

朱熹的理一元论宇宙本根说在中国哲学中占据有重要的地位并发挥了显著的影响作用。这是因为中国自宋至清的哲学思想,可以说有三个主要潮流。第一是唯理的潮流,始于程颐,大成于朱熹。朱子以后此派甚盛,但不曾再出过伟大有创造力的思想家,大家都是述朱而已。第二是主观唯心论的潮流,导源于程颢,成立于陆九渊,大成于王守仁。此派最盛的时期是在王氏以后。第三是唯气的潮流亦即唯物的潮流,始于张载,张子卒后其学不传,直到明代的王廷相和清初王夫之才加以发扬,颜元戴震的思想也是同一方向的发展。可以说北宋是三派同时发生的时代;南宋、元及明初是唯理派大盛的时期;明中叶至明末是主观唯心派大盛的时期;清代则是唯气派较盛的时期,但唯气论哲学终未得极致圆满的发展。①

可见,中国儒学在"理气"范畴中,更加重视的是"理",以"理"为宇宙本根,凸显了"理"的价值和功能。

---

①　参见张岱年著:《中国哲学大纲》,中国社会科学出版社1982年版,第27、51—64页。

　　而韩国儒学强调的则是在韩国儒学发展史上"气"的地位和作用。这可以通过以下五点进行阐释。

　　第一点,韩国摄入的朱子学就具有重"气"的倾向。

　　韩国儒学又称性理学,这表明它的基本内容是韩国化了的朱子学。在韩国儒学史上,中国朱子学是在1290年由安珦(1243—1306)传入高丽王朝的。在此之前传入朝鲜半岛的儒学主要是汉唐儒学。这就是说,中国朱子学是在中国元朝时传入朝鲜半岛的。元朝朱子学的代表者是许衡(1209—1281),他被誉为元代理学宗师。许衡创建的鲁斋学派覆盖了当时元朝北方学术界,并使朱子学成为元朝的国学。所以,那时来元朝学习朱子学的学者都深受许衡理学思想的影响。许衡学本程朱,但他十分重视理学范畴中的"气",视阴阳之气为天地人物所由产生的基础,而由气构成的天地万物和人类社会都要遵循阴阳变化的规律而运动。他认为人的智愚善恶与禀气之清浊厚薄具有密切关系,主张人要"扶护元气",发扬善性,以成大德。在"理"与"气"关系上,许衡主张"理"与"气"不相分离,"太极"为理和气的统一。许衡这种重"气"的朱子学思想被高丽儒者传入朝鲜半岛。如高丽著名儒者李齐贤(1287—1367)在元朝学习朱子学时,曾拜师于姚燧等人。而姚燧就是许衡的大弟子。李齐贤回国后,努力传播他在元朝学习到的朱子学,培养了李穑(1328—1396)这位在丽末鲜初具有承上启下、继往开来重要作用的朱子学者。李穑在他的诗文中多次称赞许衡,说他是深山幽谷中迷途者的指路人,而李穑的朱子学思想也具有明显的重"气"倾向。李穑的这种学术观点奠定了五百年朝鲜朝性理学的基本理念。

　　第二点,唯气派学者徐花潭。

　　徐花潭(1489—1546)在韩国儒学史上的地位如同中国儒学

史上的张载,而他的气学思想也确实受到了张载气学思想的影响。徐花潭的气学思想的特色可称为气之体用之学。从气之体来说,徐花潭把气概括为"太虚"、"先天",在有形有像的万物生成之前,把湛然无形的静态之气规定为宇宙本体。从气之用来说,徐花潭提出了"机自尔"这一独创语。其中的"机"可释为动机、活机之意,"自"即强调内在性、自律性,"机自尔"是讲运动是"气"的内具的、必然属性,是不靠任何外力影响的一种自律机制,也可以理解为"气"具有自律性运动因。总之,"机自尔"强调的是气化功能的内在性和自律性。

徐花潭在解释气之所以具有内在功能性时指出,这是由于"气外无理"。这表明,在"理气"关系问题上,他认为"理"在"气"中,"气"外无"理"。在"气外无理"的前提下,"理"作为"气"固有的规律性,规定着气运动变化的过程,并通过气表现出来。徐花潭的唯气论思想在东亚儒学史上亦颇具特色。

第三点,主气派系谱。

在韩国儒学史中,由于对朱熹学说中"理"与"气"关系的不同理解,通过"四七"论辩形成了"主理"派(岭南学派)和"主气"派(畿湖学派)。其中"主气"派系谱的主要代表性学者有李栗谷、金长生、宋时烈、权尚夏、韩元震和李柬等。

李栗谷(1536—1584)是韩国儒学史上一位有原创性的儒学大师。他提出的"理气妙合"、"气发理乘"等思想不仅深化和丰富了中韩朱子学,而且也凸显了他重视"气"功能的观点。

关于"理"与"气"的关系,李栗谷的一个基本观点是理气为"一而二"、"二而一"的辩证关系。"一而二",是指理气的特性和功能性,"二而一"是指理气的圆融性和内在性。理气的这种既"一而二",又"二而一"的关系,李栗谷概括为"理气妙合"。"理气妙合"既是形而上,又是形而下,而天地之大化,事物之变异,都是理气妙合的结果。从理气妙合出发,李栗谷指出不论是"四端"(即:恻隐之心,仁之端也;羞恶之心,义之端也;辞让之心,礼之端也;是非之心,智之端也)还是"七情"(即:喜、怒、哀、惧、爱、恶、欲)都是"气发理乘"。"气发理乘"意为气为发之者,理为气发之所以然者。没有气则不可发,没有理亦无发之根据。但这里的关键还是"气"的作用。因为在李栗谷思想中,气可以动,而理不能动;气有为,而理无为,所以只能是"气发理乘"。李栗谷之所以讲"气发理乘",主要是针对李退溪提出的"四端理之发,七情气之发"的观点而言的。李退溪是主理派的代表性学者,重视"理"的功能和价值,所以强调"四端"由"理"。与之相反,李栗谷在"理气"关系上,认为"气"是一个内容更丰富、更充实的概念,不管是"四端"还是"七情"都是由"气"发。"气"具有关键性的作用,因此称"气发理乘"。为了进一步凸显"气"的能动性,李栗谷认为除了"四端"、"七情",即人的情感是"气发理乘"之外,天地间不论是天道的运行,还是人道的流行也都是"气发理乘"这一条途径,而没有其他的途径。这就是他的"气发理乘一途"说。李栗谷的"气发理乘一途"说标示的是"气"的绝对功能性,揭示了李栗谷重气、尊气、主气的气学思想。

金长生(1548—1631)是李栗谷的嫡传弟子,被后人称为栗门英才。金长生还是朝鲜朝礼学的集大成者,而他的礼学思想与他重气的思想又有密切关联。在理气观上,金长生忠实地继承了其师李栗谷的"气发理乘"思想。不过他强调"气发理乘",突出"气"的功能性是旨在表明人发挥主体能动性,即通过后天的修养,也就是"礼"的教化,就可以培养人心中的正气,由此恢复并扩充人性善。这就是说金长生重"气"的特点,在于强调人后天的主观能动性即人的主体性。

宋时烈（1607—1689）为金长生的门生，被称为溪门之杰。宋时烈重"气"的思想集中在他将《孟子》的"浩然之气"的思想发挥到了极至，认为浩然之气就是一种正气。人具有了这种正气，即便面对千军万马，也敢勇往直前；即便面对最弱小卑贱的人，也不会恐吓威胁。具有这种浩然之气的人，就是仁义者。可以说，宋时烈是以将"气"具体化、实践化、道德化的方式而强调了"气"的价值性。

宋时烈的嫡传弟子是权尚夏（1641—1721）。在主气思想方面，他阐明了与李栗谷和宋时烈相同的理气观。权尚夏认为李栗谷提出的"气发理乘"具有深刻的意义，这一思想符合《孟子》的基本精神。因此，李退溪主张的主理的"理气互发"说是不妥的，只有"气发"说是正确的。

权尚夏讲学于清风的黄江书院，其门徒众多，而最杰出者为韩元震（1682—1751）和李柬（1677—1727）。韩李二人重"气"思想的特点表现在他们在李栗谷"主气"学问传统下，对于"未发心体善恶"问题和"人性物性同异"问题进行了深入的探讨，做出了具有启发性的结论。韩李二人的探讨就是韩国儒学史上著名的"湖洛论争"。

李栗谷→金长生→宋时烈→权尚夏→韩元震和李柬。这一系谱传承的一个基本思想就是强调"气"的能动性和自主性，认为"理"与"气"的关系是"气先理后"、"气发理乘"、"理在气中"（即"气包理"）、"理气妙合"。这种理气模式凸显的是"气"的价值、功能和作用。

第四点，"主气"派在韩国儒学史中的作用和地位。

朝鲜朝五百年间（1393—1910）是韩国儒学的鼎盛期。之所以这样讲,是因为在这一时期形成了有别于中国儒学的韩国儒学。韩国儒学从学理上划分,可分为四大类,即"主理"学派、"主气"学派、实学派和阳明学派。而实学派和阳明学派都深受以李栗谷为首的"主气"学派的影响。

　　韩国实学派不仅是韩国儒学史上的一个重要学派,而且也是东亚实学史上一个颇具特色的学派。韩国自16世纪末叶至19世纪中叶是"实学"思潮产生、发展和成熟的时期。而在实学的这一发展演化进程中,深受以李栗谷为代表的"主气"学派关于"气"思想的影响。例如韩国学者尹丝淳教授在《实学思想之哲学性格》一文中,曾对李瀷、洪大容、朴齐家、丁茶山等11位实学者的理气观进行了考察,发现主气与主理的比例为7∶3。这就是说主气是主理的两倍以上,是压倒性的倾向。这表明重"气"是韩国实学的哲学品格。而韩国实学者重气的思想则受到了主气学派的影响。又如有的学者将李栗谷视为早期启蒙实学者之一。再如实学者崔汉绮建立了一个系统的气学思想体系,被称为"气学实学"。而韩国实学在韩国历史上起到了指向近代化的重要历史作用。

　　韩国阳明学与中国阳明学相比较,一个显着特点是将"气"范畴引入心学之中,故称为主气心学。如郑霞谷是韩国阳明学的集大成者,在他的阳明学思想中"生气论"是其基本命题之一。所谓"生气论"是其基本命题之一是强调"气"是生生不已的,心是气,也是理,理气非二。"气"成为韩国阳明学思想的一个重要范畴。显然,这是深受"主气"学派重"气"思想影响的结果。

　　"主气"学派在韩国儒学史上的重要作用和显著地位的另一个具体体现是由于主气学是一种实践性理学,这种实践性理学成为了韩国17世纪儒学的主题并影响了整整一个世纪的韩国儒学。

　　韩国的主气学在理论形态上有一种向元典儒学即孔孟学说回

归的趋势。主气学者大都忠实地继承了孔孟的仁义思想并笃实地在道德践履方面下工夫，从栗谷的"诚"到沙溪的"戒惧慎独"再到宋时烈的"敬"，都是一种心法之学。通过心性修养，达到孔孟所说的仁义境界。所以，这种心性之学也是一种道德哲学。主气学者的这种心法之学或道德哲学就是一种实践性理学。这种实践性理学以元典儒学为基本理论，以下学上达为方法论，以修身养性为手段，以达到孔孟的仁义境界为安身立命之所在。17世纪韩国儒学的主要特征和基本内容就是对实践性理学的提倡。这就是说，17世纪韩国儒学者不论是主气学者，还是主理学者或折衷学者大都主张实践性理学。例如：

慎独斋金集（1574—1656）为沙溪金长生的儿子，尤庵宋时烈的老师。他早承家学，鼓吹栗谷思想，号慎独斋，以明示与其父相同的心法之学。

西溪朴世堂（1629—1703）被称为17世纪大放异彩的学者，即是说他是一位与众不同的学者。其与众不同处表现为，他不是通过继承朱子思想而是通过以孔孟思想解释道家学说和批评朱子对儒学经典的注释来恢复儒学元典的本来精神。西溪倾注毕生心血的事业是对儒家原始经典的注解，除此而外，他还对《老子》和《庄子》进行了注解。通过这些注释，表明了他的实践性理学。如西溪研究《老子》的目的是要根据儒学的观点评价《老子》，最终达到其实现儒学的理想——修己治人。他认为《老子》中有许多关于"修己"（修身）、"治人"的道理，像第54章所说的"修之于身，其德乃真；修之于家，其德乃余；修之于乡，其德乃长；……修之于天下，其德乃普"与《大学》的八条目相似。他这样解释说："修之于身，则实德在我；修之于家，则推余而及人；修之于乡，则所施者渐远……修之于天下,则凡有血气者,莫不尊亲而德乃普矣"。①
他用孔孟"推己及人"、"扩而充之"的思想解释《老子》的思想,企
图说明修身治家,德惠他人,最终以德治天下的儒家理想。为此,
西溪称《老子》"此章最醇修身"。西溪还批评了朱熹对六经的注
释并指出六经的趣旨是从"浅近"开始而至"深远",这才是了解事
物的正确途径。然而,今日学者超越浅近而追求深远,如此方法必
导致失败。他认为程朱学风与六经的本旨相异其趣,舍去紧要的
日常之物,而沉溺于追求深远之物,这正是程朱学风的弱点。所
以,西溪对六经的注释正是为了克服这个弱点,而克服这个弱点的
目的又是为了恢复六经的本旨。这正是孔子"下学而上达"的学
问精神。②

　　眉叟许穆(1595—1682)与其同时代的尤庵宋时烈和炭翁权
谔是17世纪实践性理学的代表人物。他的实践性理学主要表现
在心法之学方面。他认为人心本来就是虚明而又无所不通的,因
此人生而正直,正直故能大公无私,公则溥。这样,明通公溥为心
学大要。但是,由于后天私欲的作用而使明通公溥之心变得混昧
不直。所以必须排除私欲,才能圆满完成心法之学。心法之学的
顺序为"心法莫先于定,心曰定则静,静则安,安则虑,虑则得"。③
许穆的"定→静→安→虑→得"的顺序与《大学》的"知止而后有
定,定而后能静,静而后能安,安而后能虑,虑而后能得"基本相
同。更为重要的是,他指出心法之学的目的不单是为了存养心性,
而是要在实践之中努力提高修养,磨砺为圣人。这就是他心法之

---

① 《新注道德经》54章注,转引自尹丝淳的《韩国儒学研究》第218页。
② 参见尹丝淳著:《韩国儒学研究》,第218、232页。
③ 许穆:《记言·上篇学·答问目》。

学的知行并进说。为了强调实践儒学，许穆对近世儒者脱离实际的学风进行了批评。"近世学者之弊，践履不足，先立意见，转成骄激；浮薄日滋，忠信笃厚之风大不如古人。有一分实见，必有一分实行，知与行不相悬绝。为学之务，先于彝伦日用之则，勉勉孜孜，思无一分不尽，然后可谓善学"。① 这种强调"下学上达"的精神正是元典儒学的品格。

炭翁权諰(1604—1672)的"生"哲学与宋时烈的"直"哲学都是17世纪韩国儒学的重要内容。权諰"生"哲学的主要内容是好生、生民。所谓"好生"，就是对生命的敬畏和热爱；所谓"生民"，就是无愧于民之死活的同乐同苦。他的好生、生民的生哲学的思想基础是孔子的仁和孟子的义。如在学问观上，他主张"敬以直内"、"义以方外"和"求放心"的心法之学。"忠信笃敬，终日乾乾，直内方外，君子之事也。故曰博学而笃志，切问而近思，则仁在其中矣。故曰学问之道无他焉，求其放心而已。"②在性理学命题中，比起理气论来，他更加重视躬行论。因此他反对蹻等，尊崇下学上达的方法，强调明心力行和诚身务本。后世学者称权諰为实践的儒学者，他的"一动一静，必以诚信，而表里如一。一事一行，必求其中"。③

作为韩国17世纪儒学主题的实践性理学不仅成为了韩国儒学的一大特色，而且这一特色又极大地丰富了17世纪东亚儒学的内容。

第五点，"主理"派学脉及其价值。

---

① 许穆：《记言·上篇学·答文翁》。以上参见《韩国哲学史》(中)，社会科学文献出版社1996年版，第251—252页。

② 权諰：《炭翁记·答洪公叙锡》。

③ 以上参见《韩国哲学史》(中)，第272、274页。

　　朝鲜朝时代的"主理"学派以李滉退溪（1501—1570）为其代表。退溪因其天性温厚，学问精博，加之极力躲避宦路，藏身草野，笃实钻研为己之学，所以门下弟子如云。如鹤峰金诚一、西涯柳成龙、寒冈郑述、龟岩李桢、艮斋李德弘、月川赵穆、锦溪黄俊良、秋渊禹性传、文峰郑惟一等，其中尤以鹤峰（1538—1593）、西涯（1542—1607）、寒冈（1543—1620）三人尤为出类拔萃，号称退门三杰。他们作为退门第一代，各立门户，广招门徒，培育退门第二代。如旅轩张显光（1554—1637）、愚伏郑经世（1563—1633）、敬堂张兴孝（1564—1633）、拙斋柳元之（1598—1674）、眉叟许穆等。到了退门第三代，始有岭南学派这一地域性的称呼。第三代的代表性学者为葛庵李玄逸（1627—1704）、密庵李栽（1657—1730）等。

　　在上述"主理"学脉系谱上，其中退门第一代、第二代学者在性理学方面大都未形成一家之言，多是对李退溪思想的探讨和研究。退门第三代学者李玄逸作《栗谷李氏四端七情书辨》一文，反驳了李栗谷的"气发理乘"说，才为"主理"说的确立提出了明确标准。另外，星湖实学者李瀷（1681—1763）私淑许穆（退门第二代学者），又传授于顺庵安鼎福（1712—1791）。李瀷和安鼎福为实学者中人数不多的主理学者。① 可见，虽然李退溪被誉为"东方的朱熹"，为韩国儒学的一代儒宗，但从"主理"学派整体的作用和影响来看，它在韩国儒学史上的地位远不及"主气"学派。

　　二、韩国儒学的重"情"品格

　　这里所谓的"情"是指儒学中"性情"之"情"。

――――――――――

　　① 　参见崔根德：《韩国儒学思想研究》，学苑出版社1998年版，第381页。

在中国哲学中,"情"常常是与"性"对举,以"性情"范畴的形式出现。如中国大儒朱熹在"情"与"性"的关系上,他认为"情"的内涵是恻隐、羞恶、辞让、是非,以及喜、怒、哀、乐等;"性"的内涵是仁、义、礼、智。关于性与情的关系主要表现为以下五个方面。即:

(1)性为静,情为动。"静者性也,动者情也。"(《朱子语类》卷98)性本身是不动的,却包含了动静之理。性感物而动,发出来便是情。"情者,性之动也"(《孟子集注·告子上》)。以静动分性情,这是性情关系的一层意思。

(2)性为未发,情为已发。"盖孟子所谓性善者,以其本体言之,仁义礼智之未发者是也。所谓可以为善者,以其用处言之,四端之情发而中节者是也。"(《答胡伯逢》,《朱文公文集》卷46)未发指性未表现出来时的状态,已发指恻隐等四端之情表现在对外时的状态。情发而中节,符合性的原则,这便是善的表现。以未发已发分性情,这是性情关系的又一层意思。

(3)性为体,情为用。"性,本体也;其用,情也。……今直以性为本体,而心为之用,则情为无所用者,而心亦偏于动矣。"(《孟子纲领》,《朱文公文集》卷74)性体情用,这是朱熹扬弃胡宏"性体心用"观点得出的结论。朱熹把胡宏的性体心用改为性体情用,从而确立了情在"心统性情"说中的位置。

(4)性情一物。朱熹还从联系和统一的角度强调二者的一致性。离性便无情,离情便无性。"性情一物,其所以分,只为未发已发之不同耳。"(《答何叔京》,《朱文公文集》卷40)在分中看到统一。"性发为情,情根于性,未有无性之情,无情之性,各为一物,而不相管摄。"(《又论仁说》,《朱文公文集》卷32)性情互为对方存在的前提,性为本,情根于性;情是性的表现,因情以见性。

"有这性,便发出这情;因这情,便见得这性。"(《朱子语类》卷5)性情一为本质,一为本质的表现。无本质则无表现,无表现则本质无从知晓。可见性情为一统一体,不可分割。

(5)心统性情。朱熹"心统性情"说的内容包含"心兼性情"和"心主宰性情"两个方面。"心统性情,统犹兼也。"(《朱子语类》卷98)兼指把性情都包括在心内。心兼性情指心兼有性的静、未发、体和情的动、已发、用等两个方面的属性,即把性屈服于各自的属性都纳入心之中。心主宰性情是说统有主宰之义。"统是主宰,如统百万军。"(《朱子语类》卷98)心主宰性情是指心统御管摄性情,也就是指人的理智之心对人的本性和情感的控制和把握,以求保持人的善性。①

以上论述表明中国学者在"性情"问题上,所关注的是性与情的关系,进一步说就是以性为体,情为用;以性为本,情为末;以性为未发,情为已发;以性为形而上,情为形而下。总之,更加重视的是"性"而非"情"。而韩国儒学者则加强了对"情"的研究和探索,突出了"情"的重要性。这可以从以下三个方面加以说明。

第一,韩国儒学者对"情"探讨时间之长,参与人数之多,可谓东亚儒学史上的第一次。

朝鲜朝具有五百年的历史,在这五百年中,朝鲜性理学集中探讨的问题就是"四端"(恻隐、羞恶、辞让、是非)之情与"七情"(喜、怒、哀、惧、爱、恶、欲)之间的关系。"四端七情之辩"(又称"四七"之辩)从高丽朝末期开始,一直延续到朝鲜朝末期,时间近五百年之久。其中最主要的辩论发生于16世纪的李退溪与奇高

---

① 参见张立文主编:《性》,《中国哲学范畴精粹丛书》,中国人民大学出版社1996年版,第204—206页。

峰,李栗谷与成牛溪之间。而在此之后,几乎每一位性理学者都直接或间接地参加了这场著名辩论。可以说,朝鲜朝五百年的儒学史就是关于"四端七情"论辩、研究、探讨的历史。而朝鲜儒学又是韩国儒学的鼎盛期和成熟期,因此可以说韩国儒学的主题和焦点就是关于"情"——"四端七情"的问题。

　　朝鲜朝的性理学者之所以重视"情",笔者以为主要有两个原因,其一是朝鲜王国时期的"士祸"频繁,"士祸"的结果是使朝鲜的"士"(读书人)必须思考这样一个问题,即人性善恶的问题,或者说如何使人性能够去恶从善,成为圣人。这就涉及了"性情"问题。按照儒家传统观点,"性"是善的,"情"发而中节,符合性的原则,便是"善"的表现,但当"情"发而不中节时,便为"恶"。所以关键是"情"如何发,才能中节,也就是说,"情"是人性善恶的核心所在。为此,"情"成为了朝鲜儒学者们的长论不衰的话题。其二是中国儒学很少细研关于"情"的问题,这就为韩国的性理学者留下了从细微处发展儒学的空间和题目。所以,韩国学者关于"四七论辩"的各种思想和结论,无一不是对儒学的创造性发展。

　　第二,韩国儒学者第一次从"理气"观上对"情"作了系统的论述。

　　如上所述,朱熹关于"性情"问题,从"动静"、"体用"、"未发已发"等方面作了详细的论述,但是却没有从理学的基本范畴"理气"角度对性情进行论述过。对此,韩国大儒李退溪明确地指出:性情之辩,先儒们已经论说的很多了,但却没有发现从理气方面对"情"进行分析的。正是在这一点上,李退溪提出了"四端,理发而气随之;七情,气发而理乘之"的经典结论。他的意思为:"四端"之情为"理"发,"七情"之情为"气"发。理发的四端之情是"善"的,气发的七情之情有善、有不善之区别,因此要为善去恶。针对李退溪的这一思想,韩国另一位重要儒学大师李栗谷又提出了不论是"四端",还是"七情",都是"气发理乘"。这就是栗谷总结出来的"气发理乘一途说"著名论断。而与李退溪直接辩论的奇高峰则又提出了"情兼理气"的说法。

不管是"四端理发气随,七情气发理乘",还是"四端"、"七情"都是"气发理乘一途说",以及"情兼理气说"等,都是从"理气"范畴出发对"情"的来源及性质进行分析。"理气"范畴是儒学尤其是理学(韩国称为性理学)的最基本、最核心的范畴之一,它是关于宇宙本体及其构成的一对范畴。韩国儒学者以"理气"范畴分析"情"的来源(怎么发的? 是理发还是气发?)及性质(善与恶是缘于理还是缘于气),这就是说他们是从本原、本质上对"情"进行分析研究,赋予了"情"与"性"一样的地位和价值,而不像中国儒学者大多将"情"视为"性"之末、之用等。这就表明了中国儒学更加重视的是"性",而非"情";而韩国儒学在中国儒学对"性"深入研究的基础上,更加关注的是"性情"范畴中的"情"。

第三,韩国儒学者第一次深入细致地探讨了"四端"与"七情"的关系。

"四端"之情为道德情感,"七情"之情为自然情感。道德情感与自然情感的关系即"四端"与"七情"的关系问题,对此问题中国儒学者不太注意。韩国儒学者循着从"理气"范畴对"情"研究的思路走下去,必然涉及到了对"四端"与"七情"关系的探究。韩国儒学者关于"四端"与"七情"关系的研究,主要有以下内容,即"四端"与"七情"是同质还是异质? 是"四端"包"七情"还是"七情"包"四端"? "四端"是纯善还是与"七情"一样亦有善有恶?

李退溪在"理气"观上的最大特色是强调理与气的相殊性,由此导致了他认为"四端"与"七情"的相异性,即"四端"与"七情"的异质性。而与他论辩的奇高峰从"理气混沦"的理气观出发,认为"四端"与"七情"是同质的。由于"四端"与"七情"的同质性,"七情"有善有恶,所以"四端"亦应有善有恶。而李栗谷在理气观上提出"气包理"思想,沿着这一思路,他认为"七情"是"四端"之总会,即"七情包四端"。他的意思是说,"七情"涵盖了人的一切"情",而"四端"之情是"孟子就七情中剔出善一边,而名之曰四端"。所以,"四端"是"七情"之善的一边,"七情"已包"四端"在其中。

以上论述和观点是韩国儒学者发中国儒学者所未发,凸显了他们对"情"范畴研究的深入和细密。而这种深入和细密也标示着韩国儒学者对"情"的重视和关注。由此构成了韩国儒学的一大特色。

三、韩国儒学的重"实"品格

这里的"实"指的是"实学",所谓韩国儒学的重"实"品格,是说韩国实学不仅具有重要的学术价值,而且同样具有重要的社会价值。这也可以通过与中国实学的比较来说明。

中国哲学思想的发展曾经历了先秦诸子百家之学、两汉经学、魏晋玄学、隋唐佛学、宋明理学和近代新学等几个发展阶段。明清之际的实学思潮似昙花一现,即兴即灭,时间很短,社会影响力亦不大。

而韩国实学则不同,在韩国儒学史上,自16世纪末叶至19世纪中叶是实学思潮产生、发展、成熟的时期。这就是说,朝鲜朝五百年的发展史中有三百年时间是韩国实学的发展期。在韩国儒学史上,实学被称为是"性理学(儒学)划时代的转换",是一种"改新的儒学"。

韩国实学的理论经典是儒学元典——六经、四书。韩国实学者认为中国宋明理学家和韩国16世纪的性理学者大都没有遵循儒学元典的精神诠释儒家经典,因而也不能够按照儒学元典的精神发展儒学。韩国实学者认为儒学元典的基本精神就是主张在自我修养的基础上,以经邦弘化、治国理民为目的,也就是"修己治人、内圣外王"。这就是说儒学经典中包含着修身养性、经世致用、利用厚生的下学精神,即儒家经典中包含着天下万事万物的普遍原理(所谓的"下学")。儒学的这种"下学"精神在高丽儒学和朝鲜朝前期儒学中都有所体现,不过16世纪中叶以来由于长期的"士祸"和"党争",使朝鲜朝儒学走上了谈空说玄、脱离实际的歧路,只追求形而上,而放弃形而下,丧失了经世思想。韩国实学者就是针对当时学术界的这种状况,明确提出了回归元典儒学的"下学"精神,主张"穷经以致用"。于是,一种以经世致用、利用厚生、实行实践为标志的新学风蓬勃兴起。正是在这层意义上说韩国实学是一种"改新的儒学"。

韩国实学是韩国儒学的一种变革和转型,它凸显了元典儒学中的实践思想,强化了元典儒学的"下学"精神,其结果使韩国儒学向着指向近代的性格转化。

所谓韩国实学具有指向近代的价值,是说韩国实学提出的经世致用、利用厚生、实事求是,尤其是开放对外贸易、改革土地所有制、促进工商业发展等进步主张是改革韩国社会的一剂良药,是使韩国社会由中世纪向近代迈进的强大推动力。

朝鲜实学所具有的指向近代的性质直接为19世纪后期的"开化派"①所继承。在思想上,开化派的开化、开国等一系列主张

---

　　①　"开化思想"是19世纪后期在朝鲜朝社会面临外国侵略势力背景下产生的一种韩国近代社会思潮,也是朝鲜朝后期实学思想的继承和发展。其主要代表人物是实学家燕岩朴趾源之孙朴珪寿(1807—1877)、吴庆锡(1831—1870)、柳鸿基(1831—?)等人。"开化派"的基本主张是提倡"东道西器"、人民民主、民族独立等。

都可以说是韩国实学的进步思想在新的历史条件下的进一步延伸和发展。虽然由于历史的局限性，韩国实学尚未能够提出"近代"这一概念，但在当时的封建末期氛围中，韩国实学者所向往着的，其实正是通往近代的道路。韩国实学者所提出的学术命题就有迈向近代化的所必需的土地问题、工商业问题、民主问题、生产技术改革等问题。在这些涉及近代化问题诸方面，韩国实学者都进行了执著的探索和不懈的努力。而这些无一不成为"开化派"所主张的人民民主、民族独立和国家富强的先导意识。这就再一次印证了韩国实学具有指向近代的积极的社会历史价值。

如果说"重气"、"重情"、"重实"是韩国儒学的基本品格的话，那么"义理精神"则是韩国儒学的基本精神。

四、韩国儒学中的"义理精神"

这里的所谓"义理精神"，是从历史观和价值观角度加以界定的一种在改朝换代之际表现出的"一仆不事二主"的忠义精神，在国家和民族面临危险之际表现出的视死如归的忠烈精神，在日本帝国主义侵略之际，为挺立民族的脊梁而弘扬的主体精神，在个人道德修养方面表现出的对真善美追求的仁义精神。这种"义理精神"浸润于韩国儒学之中，成为朝鲜民族的民族之魂而与朝鲜民族世世代代繁衍至今。

这种义理精神可以追溯至新罗时代的"花郎精神"。在新罗历史上，可以看到爱国家、爱父母、讲究信义、骁勇忠烈的精神非常普遍。这种精神是自我道德的内在修养和为国为民的献身行为即外在的护国爱民和内在的个人涵养相结合的产物。具体讲，这就是由新罗的花郎徒体现出来的花郎精神。花郎徒以忠、孝、信、义的心志和视死如归的气魄先后统一了百济和高句丽，进入了统一新罗时代。可见,在新罗实现国家统一的历史中,花郎精神发挥了重要作用。

这种花郎精神随着历史发展,至丽末(高丽朝末)鲜初(朝鲜朝初)演为一种义理精神。丽末鲜初的大儒郑梦周(1337—1392)被视为这种义理精神的始祖。在学术上,郑梦周被誉为"东方理学之祖"。在人品道德上,他于易代之际,因忠孝于高丽社稷而与易姓革命的李成桂一派相对抗,被斩首示众抄家。他的这种节义精神是对儒家忠君爱国、忠贞不二大节的忠实继承和践履。为此,韩国大儒李退溪称赞郑梦周的学问和人品都堪称韩国人的宗主。也正是他的义理精神,使得郑梦周这一名字在韩国儒学史上彪炳千古。

郑梦周在韩国儒学史上被视为传承了朱子学之正脉,而继承郑梦周思想对高丽王朝至死效忠,终不仕朝鲜朝,毕生隐于山林以持志者则有吉再(1353—1419)。吉再曾游学于郑梦周,深受其影响。在丽末鲜初,上笺陈"不事二君"之意,弃官而归田里,设塾教授,以孝、悌、忠、信、礼、义、廉、耻为主而终其一生。吉再守节义如生命,超脱功利荣辱,投身山林之间,以真知实得训导后生,可谓百世师表。①

在朝鲜朝,郑梦周的义理精神仍被儒者延续下来,"生六臣"、"死六臣"就是一例。端宗(1453—1455)幼年继位,其叔父世祖(1456—1468)用秘计篡权夺位。当时有成三问、朴彭年、河纬地、李垲、柳诚源、金文起六人认为"国有定嗣,苟有夺之者,非吾主也",誓死效忠端宗。因此,祸至家族而不顾,只为了敦尚名节。这六人及家人全被杀死,史称"死六臣"。至肃宗(1675—1720)17

---

① 参见李丙焘著:《韩国儒学史略》,亚细亚文化社1986年版,第90页。

年，"死六臣"的忠烈节义才得以昭雪。当时的儒者之中，因愤慨于世祖的篡立行为而以不事二君之志，遂自处以废人，屏绝世事，杜门自靖而洁身者，亦不少。最著名的即所谓"生六臣"，有金时习、权节、元昊、李孟专、赵旅、成聃寿。世传此六人有秋霜烈日之操行，无异于"死六臣"之刚烈孤节，故尊称为"生六臣"。①

韩国儒者崇尚名节的节义精神充分体现在造成无数新进士林牺牲的"四大士祸"之中。

"戊午士祸"（1498）：金宗直（1431—1492）以经术文章为一代儒宗。对于世祖篡端宗权位之事，他在成宗（1470—1494）时作《弔义帝文》，以楚怀王比端宗，西楚霸王比世祖，隐然有批评世祖，同情端宗之意。金宗直的弟子金阳孙在燕山君（1495—1506）时担任史官，将其师的《弔义帝文》编入"史草"（即史官记录时政的草案）之中，并写有"宗直尝作《弔义帝文》，忠义愤发，见者流涕"。燕山君不学无术且性情暴烈，尤其痛恨儒者文士。于是，在勋臣旧族（即"勋旧"派）的鼓动下，在燕山四年戊午（1498）以金宗直诋毁世祖，大逆不道之罪名，剖金宗直棺木，斩其尸首。同时，将金宗直的门徒弟子数十人以同科之罪名，或凌迟处斩，或发配处流。因此祸发于"史草"，故世谓"戊午史祸"。金宗直及其门徒重视名节的节义观亦是新罗花郎精神的再现。如金宗直在《庆州七咏》中作诗称赞花郎的忠、信、孝、悌曰：

> 敌国为封豕，荐食我边疆。
> 赳赳花郎徒，报国心靡遑。
> 荷戈诀妻子，啜泉啖糗粮。

① 参见李丙焘著：《韩国儒学史略》，第108页。

贼人夜劇垒，毅魂飞剑铓。

回首阳山云，蠹蠹虹霓光。

哀哉四丈夫，终是北方强。

千秋为鬼雄，相与歆椒桨。①

"甲子士祸"（1504 年）：戊午之变后六年，为进一步肃清金宗直门徒，又有甲子士祸发生。其间，名儒郑汝昌（1450—1505）和金宏弼（1454—1504）都曾游学于金宗直门下，甲子士祸均受牵连。郑汝昌被剖棺斩尸，金宏弼则受极刑而死。在这次士祸中，先后有八十余新进士林派遇害。

"己卯士祸"（1519）：韩国儒学的义理精神自郑梦周以来，到赵光祖（1482—1519）达到了一个高峰。赵光祖是金宏弼的门生，也是金宗直、金宏弼义理思想的继承者。他追慕他们的品行说："金宗直亦是一儒者。其实金宏弼之徒未能实行于一时，近来，闻风而追慕者，致力于善行，皆此人之功。可知善人乃国家之元气者。"他于中宗十年进入仕途。赵光祖是一位慨然以行儒道为己任，欲实现内圣外王的王道政治的大儒。为建成道德的、正义的民族国家，他打破传统的因袭和惰性，实施彻底的政治改革，以刷新为政者的风气，修正民风，打击特权，造福于民。赵光祖欲使国富民强的改革措施触犯了特权阶层的权利，由此引发了"己卯士祸"。赵光祖被赐死，他的同志七十余名贤或被杖死，或被杖流。38 岁的赵光祖临死前叹曰："爱君如爱父，忧国若忧家；白日临下士，昭昭照丹衷"。他的忠君爱国理念一如其诗。李栗谷在《道峰书院记》中称赞他的这种理念说："能以为己之学名世者，惟我静

---

① 参见柳承国著：《韩国儒学史》，台湾商务印书馆 1989 年版，第 126 页。

庵(赵光祖的号)先生。发端于寒暄文敬公(即金宏弼),而笃行益力,自得益深。持身必欲作圣,立朝必欲行道,其所惓惓者,以格君心,辟义路,塞利源为先务。……后之为士者,能知亲不可遗,君不可后,义不可舍,利不可征,祭当思敬,丧当致哀者,皆我先生之教也"。① 赵光祖虽然牺牲了,但他为实现"至治"理想而立志改革的忧国爱民的义理精神对朝鲜儒林造成了极大影响,他本人也被誉为"朝鲜思想的泰斗"。②

"乙巳士祸"(1545):名宗初年,在尹元衡执政下引发的"乙巳士祸"中,又有柳灌、柳仁淑等士人皆遭到惨烈的牺牲。③

可见,韩国的儒学者为了贯彻儒学的正统精神,他们敢于超越生死,他们在四大士祸中光显出来的义理精神乃是韩国儒学的基本精神,也是朝鲜民族的精神主轴,与朝鲜民族共同生生不息地存续下来。

四大士祸导致了韩国的儒者在诸多问题中,对人性倾注了更多的关心。如对人性的善恶、邪正及其根源的探究,对去恶从善道德修养的实践等。由此诞生了韩国儒学史上的双璧——李退溪和李栗谷。在当时接连不断的士祸中,李退溪敢于直视邪理横行的社会和正直人士悲惨的命运,他为阐发真实的美恶、邪正的根源,揭示了正直的真理与去恶从善行为的标准。李退溪学风中的义理精神给予后世很深的影响。李栗谷继承韩国儒学的正统思想,对赵光祖严别义利王霸,以正君心,造福于民的义理精神十分推崇。

---

① 《道峰书院记》,《栗谷全书》卷13,成均馆大学大东文化研究院,成均馆大学校出版部1992年版,第275页上。

② 参见柳承国著:《韩国儒学史》,第127页;李丙焘著:《韩国儒学史略》,第128页。

③ 参见柳承国著:《韩国儒学史》,第129页。

他说:"问我朝学问始于何代,曰自前朝末始也。然权近《入学图说》似龃龉,郑圃隐号为'理学之祖',而以余观之,乃安社稷之臣,而非儒者也,则道学自赵静庵始起"。① 在赵光祖义理精神的光照下,李栗谷主张真正的学问必须内基于人伦的德性涵养,外能明事物之理,二者皆须兼备。为此,李栗谷主张强化国防,富强经济,确立社会正义,提倡圣人之学,使义理思想在性理学中展现。②

以李退溪和李栗谷为顶点的朝鲜朝全盛期的性理学,从对真善美人伦道德修养层面深化了韩国儒学中的义理精神,并产生了深远的影响。之所以这样说,是因为李退溪的《圣学十图》、李栗谷的《圣学辑要》都是对人伦道德修养的重要论述。他们的这一思想对朝鲜17世纪兴起的实践性理学产生了深远的影响。

朝鲜朝17世纪的儒者大都忠实地继承了孔孟的仁义思想并笃实地在道德践履方面下工夫。他们在"下学"中努力追求真善美,在实践修炼中"上达"圣人标准。他们不是为了单纯地模仿、学习,而是以心去追求,以身去殉自己所信仰的"圣人"。这种义理精神构成了韩国儒学的基本精神。

由于韩国的地理位置,在历史上遭受了无数次外民族的入侵,尤其是"壬辰倭乱"(1592—1598)和"丙子战乱"(1636—1637)这两大外患,为韩国历史上最悲惨的事件,也是韩国儒学中的义理精神最张扬的事件。

"壬辰倭乱"中,为了驱逐倭寇,在长达七年的持续战争中,以孚负名望的儒林为中心,集合了士大夫阶层、商人、农民等全国各阶层人士组织成义军。而这些义军的领导者不是大学者,就是士

---

① 《语录上》,《栗谷全书》卷31,第257页下。
② 参见柳承国著:《韩国儒学史》,第132—134页。

人。他们不只是战争的指导者,而且还是与民众共呼吸、同战斗的民族捍卫者,在国家危难之时,挺身而出,率先参战。如忠清道地方的义兵长赵宪,庆尚道地方的义兵长郭再佑,全罗道地方的义兵长高敬命、金千谥,咸镜道地方的义兵长郑文孚等,他们率领无数义兵与倭寇展开了殊死斗争。此乃韩国传统中为国家为民族忠孝思想的发露,也是儒家以仁义为根本精神的显示。在国家被侵受辱,自主权被践踏剥夺之时,也正是韩国儒学中的义理精神强烈发挥之时。

　　例如,赵宪(1544—1592)是李栗谷的弟子,曾钦仰私塾赵光祖和李退溪。倭乱发生前,赵宪就看破了日本的侵略意图,多次呈万言疏,论朝廷之误,被流配吉州。身处流配地的赵宪再次呈斩倭建言,阐明韩国无论是历史传统还是地理条件,皆能抵御外敌的入侵,如高丽太祖拒绝契丹的通聘,姜邯赞大败契丹军等事实,皆是韩国以小国抵御外侮而战胜的事实。他还建言国家的胜负不取决于军队的强弱,关键在于仁道正义之气可发挥伟大的服人力量。在赵宪主张未被朝廷接受的情况下,"壬辰倭乱"发生了。这时,赵宪亲自募集义兵,亲临战线指挥,与僧将灵圭所率领的僧兵结合,于清州击退了倭敌。其后,赵宪父子与七百义兵最终战死在"锦山战役"中。在国难未起之前,有先见之明;当国难发生之后,英勇作战,最终以身殉国。赵宪忠烈的义理精神光照日月。

　　"丙子战乱"时,朝廷在南汉山城避难时,有"主和"与"斥和"两派。"主和派"的崔鸣吉其爱国热忱与人无异,在国难危机之时主张先降服,然后图谋于日后东山再起,并自愿携降文前往交涉议和。"斥和派"者金尚宪则视降服为自主权的丧失。在儒学中,人们平常须守的道理为"经常"(经),处非常的应变为"权变"(权)。"斥和"的金尚宪为前者,"主和"的崔鸣吉为后者,似是而非在根本上他们则有共同点。这从他们两人相互酬答赋诗中可以看出。

迟川崔鸣吉之诗

静处观群动，真成烂漫归，

汤冰俱是水，裘葛莫非衣，

事或随时别，心宁与道违，

君能悟斯理，语默各天机。

清阴金尚宪之诗

成败关天运，须看义与归，

虽然反凤暮，未可倒裳衣，

权或贤独误，经应众莫违，

寄言明理士，造次慎衡权。①

"汤冰俱是水，裘葛莫非衣"表明不论是"主和"还是"斥和"，其主旨都是爱国卫国；"权或贤独误，经应众莫违"说明"权变"和"经常"都是出于忠义之心；"君能悟斯理，语默各天机"，"寄言明理士，造次慎衡权"标明了他们忠于民族立场的相通处。可见，义理精神成为守护韩国尊严的原动力。这种义理精神在朝鲜朝末期日本帝国主义侵略之时又进一步发展成为一种坚挺民族脊梁的民族主体精神。

朝鲜朝末年日本帝国主义统治时期，韩国儒学把使民族得以再生和鼓舞民族自强作为其目标，由此更加凸显了韩国儒学中的主体意识。

"东学"是由崔济愚（1824—1864）创立的，其中的"天人合一"

---

① 参见柳承国著：《韩国儒学史》，第138、142页。

思想与中国儒学中的"天人合一"有一定区别,它的目的是要张显人的主体性和民族性这一主题价值。东学提出的"天心即人心"、"人乃天"、"事人如天"等理论所要表明的就是人作为宇宙的主人和中心,在与天相合时不是被动的,而是主动的。并且要像对待天那样虔诚地对待人,人是有权威、有尊严的。因此,朝鲜民族在沦为日本帝国主义殖民地的危难形势下,只要全民族万众一心,同仇敌忾,就可以坚挺起民族的脊梁,使朝鲜民族得以再生;只要加强朝鲜民族的民族凝聚力,重塑民族的尊严和权威,就可以自立于世界民族之林。事实上,东学的"人乃天"、"事人如天"的思想在韩国近代史上,成为反抗日本帝国主义、主张民族自主、建设独立国家的民主理念和指导思想。

　　朝鲜朝末期,乙巳条约的签订使韩国丧失了国家主权,自强派思想家朴殷植(1859—1925)认为当国家处于生死存亡的紧要关头,正是唤醒民族主体意识的大好时机。他沉痛地反省了韩国丧失国权的原因,试图调动韩国儒学中的主体精神,以此作为恢复国权的主导意识。他多次指出:21世纪和22世纪将是东方文明高度发达的时代,孔子之道将再次在全世界大显光辉。针对韩国的社会现实情况,他竭力弘扬主张"知行合一"和"致良知"的阳明学,认为在韩国丧失了国家主权,正处于生死攸关的抉择关头,只要尚有一点良知,便会投身于恢复民族主权的实践斗争中去,在争取民族主权的斗争中,迫切要求切实做到"知行合一"。朴殷植为了宣传民族主体精神,呼唤国民自强意识,以锐利笔锋撰写了一百多篇论文,如《王阳明实记》、《儒教求新论》、《大韩精神》、《能否自强的问答》、《韩国痛史》、《韩国独立运动血史》、《不兴教育不得生存》等。其中反映了朴殷植对自己祖国的热爱和敬仰以及努力唤醒民族主体意识的急迫心情,也表达了他希望韩国"国魂"得以永生的真挚心情。1909年，以朴殷植为首的爱国儒者成立了"大同教"，引导儒生们投身于反抗日本帝国主义和宣传民族自尊自强、恢复国家主权的实际运动中去。

　　韩国儒学中的义理思想作为民族精神的主轴和核心，在韩国社会发展的各个阶段都起到了重要作用。这种重要作用一直延续到现代。

　　20世纪70年代，为了祖国的现代化，韩国人艰苦奋斗，努力工作，创造了汉江奇迹，飞跃为亚洲发达的四小龙之一。其中可以看到韩国儒学中那种为祖国富强而奋斗拼搏，以祖国荣誉为最高价值的义理精神。

　　20世纪末亚洲金融危机暴发后，面对国家危难，韩国从上到下体现了一种"共赴国难"的大无畏精神。青年男女老少全国齐动员，捐献黄金约合两千万美元。这种心态和精神还是一种"国家兴亡，匹夫有责"的义理精神。

　　本世纪兴起的"韩流"这种文化现象的深层根源仍然是"我们韩国是最好的"这样一种义理精神的体现和反映。

　　可以说，韩国儒学中的义理精神已经渗透到了韩国的政治、经济、思想、文化等各个领域，与本民族的生命体融合在一起，生生不息，永存永续。

第二节　韩国儒学对中国儒学的发展

　　古往今来，儒学之所以具有旺盛的生命力，长盛不衰、永葆青春，就是由于儒学自身的更新和变异，即发展。中国儒学传到韩国之后，在与韩国本土文化的磨合过程中，发生了许多变化，形成了韩国儒学。没有这种变化，就没有韩国儒学。而这种变化，就是韩国儒学对中国儒学的发展。下面从儒学的基本范畴理气、心性、礼仪、以图解说四个方面，具体阐述韩国儒学对中国儒学的发展。

一、"理气"方面

1. 理能活动

关于理能否活动的问题，中国大儒朱熹认为所谓理有动静是指理是气之所以能够动静的根据。所以，"理有动静"不是说"理能活动"。"有动静"与"能活动"是两个不同的概念，可见朱熹主张"理"是不能动的，否定了"理"的活动性。

朱熹这一观点，在明代初期受到一些学者的质疑。如薛瑄从理不离气、理气一体的角度，对朱熹理不能动的观点提出了批评。他认为既然理气不离，那么气能动静，理也能动静，理与动静一体才对。不然，理不能动便成了死理，这样的理不可能成为"万物之灵"和"万物之源"。

在这一问题上，朝鲜朝大儒李退溪明确主张"理"自会运动，"理"自身具有活动性。如他说："盖理动则气随而生，气动则理随而显"，又说："濂溪云：'太极动而生阳。'是言理动而生气也"。[①]太极之所以能够"动而生阳"，是由于"理"能运动、活动的结果。认为理自会活动，这是李退溪对朱熹思想的一个重要发展。

虽然明代薛瑄也有"理"能动静的思想，但他的这种主张是从理气不离这一角度提出的。而李退溪提出理能活动的思想，则主要是从理气不杂的角度出发而说的。这表明李退溪更加重视理具有活动性这种功能和价值。

---

① 《答郑子中别纸》，《增补退溪全书》第 2 册，成均馆大学校大东文化研究院 1978 年影印本，第 17 页下—18 页上。

李退溪之所以要强调理能活动,是为他的"四端七情"论寻找理论依据。他在与高峰奇大升(1537—1572)的论辩中,主张"四端,理发而气随之;七情,气发而理乘之"。李退溪的主旨是要强调四端为理发,是纯善无恶的;七情是气发,是有善有恶的。这里的"理发",讲的就是理的活动,理的运动。如果认为理自身不具备活动的功能,那么"四端理发"的命题就失去了理论基础,所以必须承认"理"能活动。这样,不仅使李退溪的"四端七情"论能够自圆其说,而且在客观上也是对朱熹思想的发展。

2. 理气妙合

以栗谷为代表的主气学派在继承朱熹思想的同时,又深入地发展了朱熹思想。例如,在理气关系问题方面,栗谷提出的"理气妙合"说就是对朱熹理气观的发展。在朱熹思想中,"理"与"气"有无先后,有无离合,这是一个复杂的问题。他44岁完成《太极解义》时强调的是理气的无先后,无离后;朱熹关于理先气后的思想是在50—60岁时形成的;但朱熹65—71岁时,理先气后的理气观又发生了变化,他认为理与气实际上无所谓先后,但从逻辑上"推上去",可以说理在气先。① 栗谷在继承朱熹这些思想时提出了一个基本观点即认为理气是:"一而二,二而一"的。"理气既非二物,又非一物。非一物故一而二,非二物故二而一也。"②所谓一而二,讲的是理气之异、之分;所谓二而一,讲的是理气之同、之合。其中的异和分,是从理气的特性和功能性来看;而同和合,是从理气的圆融性和内在性来看。理气的这种微妙关系,栗谷又称为

---

①　参见陈来著:《朱熹哲学研究》,中国社会科学出版社1998年版,第5—8、18、24—25页。

②　《答成浩原》,《栗谷全书》卷10,第197页上。

"理气妙合"。他认为一理浑成，二气流行，理气的这种妙用，才有了天地之大和事物之变。栗谷提出的"理气妙合"是对理气的特性、功能性及辩证关系的实质性概括。

又如，宋时烈在理气观方面说过：关于理气关系，"有从理而言者，有从气而言者，有从源头而言者，有从流行而言者。其实理气混融无间，而理自理，气自气，又未尝夹杂。故其言理有动静者，从理之主气而言也。言其理无动静者，从气之运理而言也。言其有先后者，从理气源头而言也。言其无先后者，从理气流行而言也。"①宋时烈在这里将理气关系分属四个范畴进行了精辟总结。从理而言即理主宰气，是讲理有动静；从气而言即气包理，是理无动静；从本体而言即源头处，是理先气后；从作用而言即流行处，是理气无先后。这种理性分析是对朱熹理气观的本质总结和细微梳理，而这种总结和梳理也正是对朱熹思想的发展。

再如，栗谷的"理通气局"说是对朱熹"理一分殊"思想的丰富和发展。"理一分殊"四字最初是程颐在回答杨时对《西铭》的怀疑时首先提出来的。程颐讲的"理一分殊"主要表现为一种伦理学的意义，朱熹则从哲学层面对其作了发展。朱熹"理一分殊"思想有两个基本点：一是理一分殊的主要意义之一是讨论一理与万理的关系，二是他的理一分殊的前提是理先气后、理本气末。② 笔者以为如果说"天理"二字是中国理学家二程自家体贴出来的话，那么"理通气局"四字则是韩国性理学家李栗谷的自谓见得。栗谷的"理通气局"说对朱熹"理一分殊"思想的丰富和发展表现为以下四点。第一点，朱熹的"理一分殊"讲的是一理与万理的关

---

① 《附录》卷19，《宋子大全》7，保景文化社1993年版，第396页下。

② 参见陈来著：《朱熹哲学研究》第一部分第三章。

系,局限于理范畴。而栗谷的"理通气局"谈的是在理气共同运行过程中,理气间的相互依赖又相互制约的辩证关系。第二点,栗谷的"理通气局"探究了人性善恶的根本原因。他指出荀子和扬雄只看到"气局"即由于气之异,乘气之理也不同而形成性异的一面,所以有"性恶"论和"性善恶混"说。与之相反,孟子只看到"理通"即本体之理同一的一面,所以有"性善"论。因此,必须从理通气局角度全面考察人性问题。第三点,"理通气局"是对"理一分殊"的理论阐释。栗谷认为:所谓理一分殊,说的是理本一。而由气之不齐故随所寓而各为一理。此所以分殊,非理本不一。而气之一本者,是由于理之通的缘故;理之万殊者,是由于气之局的缘故。本体之理之所以能够分殊,是由于理乘气流行时,在气的各种蔽塞之障下随所寓而成为分殊之理。所以,万殊之理是气之局的结果。① 第四点,栗谷的"理通气局"强调了"气"的功能和价值。他强调:理无形而气有形,故理通而气局;理无为而气有为,故气发而理乘。"气发理乘"是栗谷学说的一个重要命题,这一命题凸显了气的功能和价值。而他的"理通气局"就建立在这一命题之上,强调的仍然是气的作用。

二、在"心性"方面

"心性"问题是中国儒学的重要理论问题之一,其内容涉及"已发"、"未发"、"性"之诸说、"心"之诸说、"心、性、情"之关系等。韩国儒学对上述问题从深化和细化方面作了发展。归结起来,主要有以下两点:

---

① 参见张敏著:《立言垂教——李珥哲学精神》,北京大学出版社2003年版,第79页。

1. "未发"论

自儒家经典《中庸》提出"喜怒哀乐未发谓之中,发而皆中节谓之和"之后,"已发"、"未发"问题(又称为"中和"问题)就成为中国儒学的重要理论问题,更是宋明理学常常讨论的问题。理学集大成者朱熹对"已发"、"未发"问题也作了深入研究并得出了经典性的结论。朱熹关于"未发"、"已发"的研究有一个前后思想变化的过程。朱熹在"中和旧说"即"丙戌之悟"中认为:心为已发,性为未发。从心性论的哲学角度来看,这一思想的实质是以性为体,心为用。朱熹经过深思熟虑之后,这一思想又发生了变化,这就是他的"己丑之悟"。在"己丑之悟"中,朱熹认为:未发指性,已发指情。关于性情未发已发与心的关系,朱熹认为无论性未发为体的静的状态,还是情已发为用的动的状态,心都是无间于动静,贯通乎未发已发的。① 可见,以朱熹为代表的中国儒学者关于"未发"、"已发"问题的关注焦点主要是何谓"未发"? 何谓"已发"? 即"未发"、"已发"的界定。

而韩国儒学在继承朱熹上述思想的基础上,进一步探讨了"未发"的状态情形,即"未发"是纯善无恶还是有善有恶的?"未发"是圣人独有的还是圣凡相同的等。

魏岩李柬与南塘韩元震在湖洛论争中,对这一问题作了细化。例如李柬著有《未发辨》、《未发有善恶辨》等文章对"未发"作了细微的分析。李柬将朱熹的"未发"细分为"浅言"、"深言"、"备言"三种场合。他指出,"未发"处于"浅言"场合时,为"不中底未发";"未发"处于"深言"场合时,为"大本底未发",这里无圣人与凡人的差异,是纯善无恶的。李柬所谓的"未发本善"论正是指的

---

① 　参见陈来著:《朱熹哲学研究》,第99、100、112、115页。

这种"深言"场合。这就是说,他认为"未发"以"心之体"(本然之心)来保障,是超越善恶的绝对善的境界。所以,"未发"不是指接触事物之前的状态,而是本然的根源状态,即天理之全体所存在的状态。这种状态是"自尧舜至于途人,一也"。

韩元震与李柬一样,在"未发"问题上深化、细化了朱熹思想。这主要表现在他的"未发心"和"未发有善恶"的思想中。韩元震在"理气不离"的前提下,提出了"心即气"的命题。他认为"未发心"具有"湛然虚明"和"气禀不齐"两个侧面,而这两个侧面同存于"一心"之中,就如同铁与镜和潭与水一样密不可分。这就是说,"虚明"与"气禀"非为二物,而是一物(即"未发心")的两个侧面。这样在韩元震的思想中,"未发心"既有"虚灵"之纯善的一面,又有"气禀"之有善恶的一面。这样,他将含有善恶的"气禀"移植于"未发"之中,这就在逻辑上得出了"未发有善恶"的结论。

2. "性三层"说

人物性同异问题,自孟子始就是中国儒学讨论最多的问题之一。这一问题至宋明理学,与理气问题结合在一起,又成为了人物理气同异问题。

朱熹在论述人物性同异问题时,接受了其师李延平的观点,主张"理(性)同气异"说。这种观点认为人与物之性都是禀受天地之理而来,这是"理(性)同";但由于气有清浊,故禀有偏正,这是"气异"。可见,按照朱熹的这种观点认为物物各具一太极而互不假借,提出万物之性都是禀受天地之理而来,这种学说为儒家传统的性善论寻找了本体论方面的支持,但由于强调了仁义礼智内在的普遍性而牺牲了人之所以为人的特殊性。这样,人物各具一太极便与孟子以来中国儒者所强调的"天地之性人为贵"的人物本性相异的基本观点相矛盾。为解决这一矛盾,朱熹晚年更倾向于

"理禀有偏全"而导致人物之性（理）有同异的观点。这种观点认为由于气禀的偏全而导致人与物在禀受天理上的不同。也就是说"气禀既殊，则气之偏者便是得理之偏，气之塞者便自与理相隔"（《朱文公文集》六十二，《答杜仁仲一》）。即气禀不仅影响到理禀的偏全，而且还会对所禀之理产生蒙蔽从而妨碍理的完全表现。① 这种观点的关键是"气禀"，气禀得全，则理禀全，则人物性同；气禀得偏，则理禀偏，则人物性异。这样，便引发了两个问题：一是气如何牵制理，而使理禀有全、有偏？ 二是因气禀有异的理究竟是本然之性还是气质之性？② 关于第一个问题，朱熹有所意识，关于第二个问题，朱熹没有意识到。而韩元震的"性三层"说则细微地涉及到了这个问题。

　　韩元震将"性"分为三个层面，第一是人物皆同的超形气的本然之性。从理气观来看，指的是太极之理。韩元震认为"太极"为万物的本体，并且太极是超形气、无加无对的，是万物之理。万物之理皆同，所以万物之性皆同，即人性与物性同。韩元震的这种本然之性是理论上的，逻辑上的。

　　韩元震的第二层性是说人禀气全，故其理全；物禀气不全，故其理不全。所以人与人性相同，而人与物性相异。这种性的关键是气禀偏全问题，故他称为"因气质"的性。韩元震将这种"因气质"的性称为"本然之性"。之所以称为"本然之性"，是因为韩元震认为"因气质"之性指的是气中之理。这种气中之理是不杂乎"有善恶之气"的气的，是人的本善之体，是纯善无恶的，也就是说

---

　　① 参见陈来著：《朱熹哲学研究》，第57、68页。
　　② 参见崔英辰、郑渊友著：《后期儒学者对〈孟子〉〈生之谓性章〉的解释：人与自然的道德性问题——魏岩・南塘和茶山为中心》（打印稿）。

这种性就是"性善"性。他认为人贵于物的原因是因为人具有"性善"性。所以这种性是人人相同而人与物不同，这种性也是事实上真实的性。

韩元震的第三层性为"气质之性"。这种性因为杂善恶之气，所以人人、犬犬、牛牛之性都不同。

上述韩元震的性三层说是从理论结构上讲的，实际上他又主张"其实一性而已"。

韩元震的"性三层"说在人物理气同异问题（即人物性同异问题）方面，对朱熹思想作了补充和细化。这表现为：

第一，他的"性三层"说解决了朱熹在强调"理（性）同气异"时的矛盾。韩元震的第一层性说的就是朱熹所强调的天地万物之性都是禀受天地之理，而他的第二层性在强调人禀有"性善"性的基础上凸显了人性异于物性。这就既在理论上支持了朱熹的"性即理"的观点，又不违背传统儒学所强调的人性本善与物不同的基本观点。

第二，在"心性"问题上，韩元震提出了一个新概念——"因气质"之性，并视之为"本然之性"，这就是"因气质"的本然之性。韩元震之所以这样说，是为了强调从理气不分的角度来论述性。这种性"就人心中，各指其气之理而名之，……而亦不杂乎其气而为言，故纯善而无恶"。如木之理谓仁，金之理谓义，火之理谓礼，水之理谓智。人禀气全故其性全，物禀气不能全故其性亦不能全，所以人物性相异。人物性相异是由于人物所禀的气中之理偏全不同造成的。这就画龙点睛地阐明了人物理气同异（人物性同异）问题。韩元震认为"因气质"的性，实质上指的是气中之理，因此这种性应称为"本然之性"。这些论述都是对朱熹思想的细化。

三、在"礼仪"方面

礼仪是东亚古代社会治理国家的规范和制度。在中国先秦时期就有了"三礼",即《周礼》、《仪礼》和《礼记》。其中《周礼》是讲政治组织的规划设置和政治制度的;《仪礼》记述古代冠、婚、丧、祭、乡、射、朝、聘等礼仪,是礼仪制度的汇编;《礼记》是对于礼的原则、原理、内容、意义的解释。礼作为儒家经典思想之一,是各时期政府制订仪节礼典或典章制度的根据。宋明理学家朱熹重礼,开创了礼学新时代。例如《朱子语类》卷85至91,对"三礼"作了创造性的论述。朱熹关于"礼"的思想主要有:一是确立了"三礼"间的互动关系,即以《周礼》为纲领,《仪礼》为经,《礼记》为传,作为治国立教的依据。二是"礼"有经和变,即礼的内涵既有经常不变的,又有常变的。这就是说不能把"礼"看成一成不变的。朱熹的礼学思想随着他的著作传入韩国。韩国儒学者在继承朱熹礼学思想基础上,对"礼"又有所发展。这种发展表现为以下两个方面:

第一,"礼"的民族化。

韩国儒者为适合于本民族的需要,将"礼"文化与本民族的社会习俗、生活方式相融合,使"礼"更具民族性。例如李退溪依据韩国人无侍立之礼、丧服习白、不设正寝等习俗,更改了立礼、丧服及正寝祭祀等礼仪。他说:"祭时当立,据礼文无疑。但国俗生时弟子无侍立之礼,祭时不能尽如古礼,如墓祭、忌祭皆循俗为之。"①这是说因为韩国人的习俗无侍立之礼,所以应当改革古礼,按韩国人的习俗来践履。"今制未有墨衰,恐未易论至此也,或只

---

① 《退溪学文献全集》(九),启明汉文学研究会研究资料丛书,第4560页。

用白衣,无妨"。① 韩国人又称为白衣民族,喜欢洁白的颜色,李退溪依据这一特点将丧服的颜色改为白色,具有民族化的表征。有人问:"中国人家皆有正寝,故告请神主,有出就正寝之文。我国之人无正寝而袭称正寝,颇为未安。今俗改称正堂,不知可否?"李退溪答:"正寝谓前堂,今人以家间设祭接宾处通谓之正寝。"②韩国人的住房不像中国人,脱鞋一进门就是前堂,所以退溪认为正寝不必改为正堂,正寝就是前堂。祭祀设在前堂就可以。以上这些更改都是依据于韩国人的风俗和习惯,使"礼"更适合于韩国人的习性。

又如栗谷门人金长生思想的特色是礼义经世说,因而对"礼"作了精深的研究,为前人所未及。他撰写的《典礼问答》(二卷)、《家礼辑览图说》(二卷)、《家礼辑览》(六卷)、《丧礼备要》(四卷)、《疑礼问解》(七卷)、《疑礼问解拾遗》(一卷),共计22卷,对"礼"作了详尽的阐发和规范,使"礼"的民族化进程趋于完善。像他的《家礼辑览》既依据《家礼》次序,又依韩国"俗制",使两者相互结合。金长生在《家礼辑览·凡例》中说:"图说一依《家礼》次序,而间有补入者,故其序有不同者,览者详之;凡添补诸说,皆引其书名与篇目,至于瞽说则以愚字,按字别之;凡丧具既有《家礼》、《仪礼》旧制,然亦有俗制之便宜者,则并存之,使其用者有所择焉,他皆效此。"③这里的"补入"、"瞽说"、"俗制"等,都是其结合本民族传统礼俗所作的,凸显了礼学的民族性。

再如金长生的儿子金集子承父业,在对"礼"的深入研究中进

---

①　《退溪学文献全集》(九),第4352页。

②　《退溪学文献全集》(九),第4565页。

③　《家礼辑览·凡例》,《沙溪先生全书》卷25,《沙溪·慎独斋全书》(上),光山金氏文元公念修斋1978年版,第414页。

一步将"礼"与韩国的"国制"、"东人之俗"相结合,彰显了"礼"在民族化进程中的民族选择。他在《古今丧礼异同议·凡例》中说:"一以古礼为主,参以国制,以见同异得失;间有可议处,则臣妄以臆见澄正之;自初丧至吉祭条目次第,一依古礼而不紧者阙之;当行节目或者遗漏者,则臣考据他礼书添补之"。①这里的"参以国制"、"臆见澄正"、"添补"等都体现了礼的本民族化。

李退溪和金氏父子在精通各种"礼"的情况下,考察百姓日用"俗制之便宜"而进行"礼"的改革。这种改革推进了"礼"的本民族化,也使韩国人的"礼"趋于成熟和完善,从而使韩国成为"礼仪之邦"而屹立在东方。

第二,"礼"的人情化。

如上所述,重"情"是韩国儒学的特点。这一特点反映在韩国礼学方面,就是"礼"的人情性。李栗谷在《圣学辑要》和《击蒙要诀》中对"礼"的人情化多有论述。如他认为生我者父母,对父母的养育,事亲应孝,孝体现在日常行为上,便是事亲之礼。"每日未明而起,盥栉衣带,就父母寝所下气怡声问燠寒安否;昏则诣寝所,定其褥席,察其温凉;日间侍奉常愉色婉容,应对恭敬,左右就养,极尽其诚,出入必拜辞拜谒"。②一日早、晚、白天都要向父母怡声请安,问寒问暖,极尽其诚,这是事父母的情和礼。栗谷认为祭礼以尽诚敬之情,而祭礼对于人行为的规定,则体现了对祖先的爱敬之情。他说:"所谓致斋者,不听乐、不出入、专心想念所祭之人、思其居处、思其笑语、思其所乐、思其所嗜之谓也。夫然后当祭

---

① 《慎独斋先生全书》卷12,《沙溪·慎独斋全书》(下),第1097页。
② 《击蒙要诀》,《栗谷全书》卷27,第85页下。

之时,如见其形,如闻其声,诚至而神享也。"①这是说行祭礼时,要节欲和追思,是慎终追远的表征,它起着净化心灵,道德教化的作用。情发于心灵,情是联系人与人的纽带,也是联系今人与故人的纽带,礼的核心是缘人情,礼也使人情得以表达。另外,栗谷为了规范祭礼,特撰《时祭礼》、《忌祭礼》、《墓祭礼》、《丧服中行祭仪》、《参礼仪》等,这些祭礼仪的规定,都如栗谷所说:"祭先以诚敬为主,不以烦数为礼。"②"不以烦数为礼"从另一面凸显了礼以诚敬之情为主的重要意义。

人情性是韩国人"礼"的内核。人情也是仁情,"礼缘仁情"。这样,礼对于民众来说,才是亲情的,才能与民众的情感息息相通,民众也乐于接受与践履,"礼者,履也"。礼不践履就成为空礼,空礼就会在社会生活中丧失。③ 也正因为韩国人的"礼"具有浓厚的人情性,所以礼学思想在韩国儒学中占有重要地位并被世世代代沿袭流传下来,韩国也因此被誉为东方重"礼"的君子之国。

四、以图解说

一些中国儒学者为了阐释儒学范畴之间的关系,常常以画图的形式来表述。这方面最突出的例子应属理学家周敦颐的《太极图说》。以图解说的好处在于给人以深入浅出、通俗明白、易懂易记的方便。韩国儒学者注意到了这一点,并加以大大地发展了。这种发展表现在两个方面,一个方面是韩国绝大多数儒学者都喜

---

① 《击蒙要诀》,《栗谷全书》卷27,第87页下。
② 《击蒙要诀》,《栗谷全书》卷27,第507页下。
③ 参见张立文著:《礼仪与民族化——论退溪以后礼的民族化进程》,刊于《退溪学论丛》2006年第10、11辑。

欢运用以图解说的形式来表达自己的性理学思想,而且不是用一个图式而是用十几个图式乃至几十个图式来说明一个完整的命题。例如阳村权近的《入学图说》共计40篇图说,其中包括阐明《四书》体系和要义的有6篇图说,探索《易》、阴阳五行等天文地理的图说有23篇,探究《书》的图说有3篇等。李退溪的《圣学十图》包括《太极图说》、《西铭》、《小学题辞》、《大学图》、《心统性情图》、《仁说》、《心学图说》等共10篇图说,阐述了一个"敬"。曹南冥自撰24图,包括《龙马图》、《洛书》、《孤虚旺相》、《伏羲八卦次序》、《文王八卦次序》、《三才一太极图》、《太极图与通书表里图》、《理气图》、《天理气图》、《人理气图》、《心统性情图》、《忠恕一贯图》、《敬图》、《诚图》等。此外,还有郑秋峦与李退溪合作的《天命图说》,李栗谷的《性情图说》和《人心道心图说》。以"图"示"说",以"说"释"图","图"与"说"相结合阐明一个哲学理论。所以,使用以图解说的方式来表述自己的学说、思想,已经成为了韩国儒学者的一种时尚和习惯。

另一方面是韩国儒学者的以图解说显示了他们逻辑思维的精微性。以图解说展示出的是范畴、概念之间的关系,而实质则是通过对概念、范畴的分析和综合而作出的逻辑判断。若无对问题的整体贯通和抽象概括这两方面的思维能力,若无对范畴与范畴之间关系的精确和细微的理解,要想绘制出由博返约,由约见体的图示,是很困难的。以图解说反映了韩国儒学者艰苦朴实的儒学范畴辨析工夫和分析义理的精微功力。①

---

① 参见张立文著:《论韩国儒教的特点》,刊于《大巡思想论丛》第16辑,2003年12月。

第三节　韩国儒学对日本儒学的贡献

中国儒学最初传入日本列岛是通过古代韩国的百济而完成的。百济既是中国儒学传入朝鲜半岛的一个重要渠道,同时又是中国儒学流入日本列岛的一个必要中介。这是由百济的地理环境决定的。

百济西凭黄海与中国相连,摄取中国儒家文化,以促使本国文运的昌盛;东与日本九州岛相交,传播儒学于日本,功不可没。

关于儒家文化从百济传入日本的最早记载是成书于720年的日本第一部正史《日本书纪》和成书于712年的日本第一部历史和文学著作《古事记》。如《日本书纪》中记有:"应神天皇十五年秋八月壬戌朔丁卯,百济王遣阿直岐携来良马二匹。""应神天皇十六年春二月,王仁来日本,为太子菟道稚郎子师,教以典籍,使无不通者。"[1]《古事记》中的〈应神天皇〉条中也有类似记载,并说王仁带来了《论语》十卷和《千字文》一卷。

按照《日本书纪》记载,应神天皇十六年相当于285年。韩国学者认为应神天皇十六年应为405年,[2]有些日本学者也持相同观点。[3]也有韩国学者认为日本应神天皇和仁德天皇之世应为百济近肖古王(346—374)以及近仇首王(375—383)之时。[4]按照

---

① 《日本书纪·应天皇十年条》、《古事记·应神天皇条》。

② 如柳承国认为日本纪年与史实有120年的误差,见《韩国儒学史》,第39—40页。

③ 参见丸山二郎:《日本书纪研究》(东京:吉川弘文馆1955年版),第2篇第2章"纪年论的沿革",第100—265页。

④ 参见李丙焘:《韩国儒学史略》,第17页。

上述学者的判断,儒家典籍和思想大约于公元 4 世纪末 5 世纪初从百济传入日本。

关于王仁带来的《论语》十卷和《千字文》一卷,韩国学者认为确有其事。如李丙焘认为:"王仁所携去《论语》十卷、《千字文》一卷,其事唯见于《古事记》,而不见他书。由是,往往有疑之者。……然观其是认之说,以为《论语》本二十篇,而至后汉,出石经本十卷,何晏集解本为十卷,则《古事记》所云,《论语》十卷,可当此两种书之一。《千字文》亦有两种,最古者为魏钟繇所撰,而其次者乃梁之周与嗣所撰。自年代上观之,此属钟繇之书,无疑云。"①其实,阿直岐和王仁不仅阐扬儒学于日本,而且还带去裁缝、织工、冶工、酿酒者等,对日本的物质文明进步作出了贡献。

之后,按《日本书纪》继体天皇七年(百济武宁王十三年,513)百济国王派遣了一位名叫段杨尔的五经博士来到日本。实际上百济是把这位五经博士作为日本转让四县土地给百济的谢礼而派去日本的。因为百济曾请求日本把它在朝鲜半岛南端的属地任那的四个县转让给自己。日本满足了百济的要求,于是百济派遣段杨尔到日本传播儒学。以四县土地换来一位五经博士,可见日本当时对先进文化的渴求。继体天皇十年(百济武宁王十五年,516),百济又遣五经博士高安茂替换段杨尔。自此以后,百济的五经博士频频替换往来,使儒风在日本不断吹拂。钦明天皇十五年(百济圣王末年,555),百济又遣五经博士王柳贵、《易》博士王道良、历博士王保孙、医博士王有、棱陀,探药师潘量丰、丁有陀、乐人三斤等人以及僧侣昙惠等九人前往日本。可见,儒家文化通过百济,源源不断地流向日本,对早期日本儒学的形成产生了重要作用。

---

① 李丙焘:《韩国儒学史略》,第 17 页。

按照王家骅的观点,所谓"早期日本儒学"是指飞鸟(593—710)、奈良(794—1192)时代的儒学。早期日本儒学是日本儒学史上不可或缺的一个重要阶段。①

---

① 参见王家骅:《儒家思想与日本文化》,浙江人民出版社1990年版,第7、27页。

第一章 统一新罗前后的儒学

（前 57—935 年）

第一节 高句丽、百济、新罗儒学

中国儒学早在公元前 4 世纪左右就已传入古朝鲜社会。例如韩国学者柳承国认为："与燕昭王（公元前 311 年—前 270 年）同时的古朝鲜社会已习得中国儒教思想，并活用于解决国际间之难题。由此可见，孔孟思想于公元前 4 世纪左右，已经在韩国社会起了机能性的作用。"① 又如金忠烈认为："将中国儒教之传来时期，换言之，儒教普及朝鲜半岛的渊源视为公元前 4 世纪顷，而儒学的受容则以三韩时代为起点"。② 他的意思就是说："本人认为儒教传来期之后有儒学受容期。若是，儒教的传来至少可追溯到公元前 4 世纪左右，儒学的受容则在汉四郡时代，即公元前 100 年左右。"③ 可见，中国儒学传入古朝鲜以中国战国时代为发端期，以汉代为接受期。所以，统一新罗前的儒学直接吸取中国汉代儒学并发展成为当时社会的政治、学问、生活的基本内容，构成了当时社会的主流文化。

---

① 柳承国：《韩国儒学史》，第 13 页。
② 金忠烈：《高丽儒学思想史》，台北东大图书公司 1992 年版，第 24 页。
③ 金忠烈：《高丽儒学思想史》，第 24 页。

解读统一新罗前的儒学,其结构由两个层面构成。这就是儒学的载体结构和功能结构。下面依次进行分析。

一、儒学的载体结构

汉字是儒学的载体结构。

汉字与古埃及文字、古苏美尔文字、古巴比伦文字是世界上最古老的四种文字。地转星移,大浪淘沙,后三种文字早已消亡,唯独汉字流传五千年而常青不衰。这与汉字的特性和威力具有密切关系。

关于汉字起源的确切年代,随着考古学的发展,人们的认识逐步深化。1899年发掘的殷墟甲骨文,已经形成了汉字的系统。其形成期约在商代的后期,即公元前14至前11世纪期间。以后,郑州商代遗址二里岗文化的发现,将甲骨文的应用提早了三百年,约为公元前1750年至前1350年间。再后,山东大汶口文化发现的有刻画符号的陶器和残片,这些刻画符号与甲骨文和早期的金文很接近。大汶口文化的年代约为公元前4300年,属于仰韶文化的半坡遗址,虽然没有发现类似甲骨文的刻画符号,但其精美的彩陶图案的花纹带有明显的表意性。甲骨文在汉字发展中占有重要的地位。甲骨文的字体结构已基本与后世的“六书”(即象形、指事、会意、形声、转注、假借)相合。从已发现的甲骨文中,商代早期甲骨文字象形成分较多,商代后期形声字增多,如“山”字,甲骨文像山峰之形,意为很高;“丘”字,甲骨文像二峰之形,意为小山;“土”字,甲骨文像地面突起土块之形,意为生长万物的地;“田”字,甲骨文四周围成整块的土地,中间纵横交错似今日的田埂,意为耕种的土地。这说明了汉字的根本特性——表意性。所谓表意性,是讲汉字是一种以形表意的文字,字形同其所示的意义融为一体,而不受语音变化的影响。① 关于汉字的这一特性,法国著名学者汪德迈(Leon Van der meersch)亦指出:"中国文字不同于我们所熟悉的拼音文字,主要区别是它的表意性。在拼音文字中,文字不是用来记录意念而是用来表现词语,有些作者宁愿将其称为语言记录文字。"②"必须反复强调指出,中国汉字并非书写符号,其本身就是词,同其他书写语言中的表意符相比,每一个汉字都直接意指某件事物而绝不需要重新借用口语。"③

汉字的表意性决定了它同时担当了文字与思想的双重角色,即所谓的"文者道之器"。从"文者道之器"出发,汉字承担着儒学思想指意的重任。如:"仁"字。甲骨文仁作仁,《说文》:"仁,亲也,从人从二。"惠栋说:"仁者,人也,相人偶亲之也。"段玉裁《说文解字注》释"相人偶"为两义:一是引《仪礼·大射》"揖以耦"的郑玄注:"以者,耦之事,成于此意,相人偶也。"《仪礼·聘礼》"每曲揖"和《公食大夫礼》"宾入三揖"的郑玄注:"每门辄揖者,以相人耦为敬也。"是表示敬意的一种礼仪形式。二是引《诗·匪风》郑玄笺:"人耦能烹鱼者,人偶能辅周道治民者。"犹二人相耦,"耦则相亲"。④ 可见,"仁"字是仪礼、亲密意义的承载者。儒学创始者孔子在《论语》中使用"仁"字 109 次。如他说:"仁者爱人"(《论语·颜渊》)、"克己复礼为仁"(《论语·颜渊》)、"孝悌也者,其为仁之本与"(《论语·学而》)等,这里的"仁"字体现了孔

---

① 参见李敏生:《汉字哲学初探》,社会科学文献出版社 2000 年版,第 56、28、60 页。

② [法]汪德迈:《新汉字文化圈》,江西人民出版社 1993 年版,第 87 页。

③ [法]汪德迈:《新汉字文化圈》,第 93 页。

④ 参见张立文著:《中国哲学范畴发展史》(人道篇),中国人民大学出版社 1995 年版,第 316—317 页。

子的仁学思想。由此,汉字"仁"也就成为了表达儒学某种意义的一种载体。

　　作为儒学载体的汉字在古朝鲜时代就已传入了朝鲜半岛。古代韩国人只有语言但无文字,所以汉字的传入,在韩国的文化史中具有划时代的贡献。这种贡献表现在两个方面。一方面是凭借汉字记录下了当时社会珍贵的历史,另一方面是依据汉字中承载着的儒学思想创造了韩文(时间推至朝鲜朝世宗大王时期1419—1450年)。

　　高句丽(公元前37—668)究竟从何时开始使用文字,无确切的文献记载。据《三国史记》记载,高句丽自建立初期就利用汉字撰修历史史籍,名曰《留记》100卷。600年,婴阳王诏令太学博士李文真将《留记》再编纂整理为《新集》五卷。375年,百济(公元前18—663)于近肖古王三十年命博士高兴用汉文撰写百济国史,名为《书记》。新罗(公元前57—668)初期无文字,《梁书·东夷传·新罗》记云:"无文字,刻木为信,语言待百济而后通焉。"新罗的汉字使用,是通过百济而学得的。545年,新罗的真兴王命柒夫等人用汉字撰写新罗国史。[①] 用汉字撰写的国史,不仅为后人留下了宝贵的史料,而且亦可从汉字中了解其内在的儒家思想。

　　汉字传入半岛后,一直被广泛流传使用,直到朝鲜朝世宗大王时代(1419—1450)才创造了韩字,这就是著名的"训民正音"。韩字的结构原理深受汉字中蕴涵的儒家思想的影响。具体说就是"训民正音"的结构原理与儒家经典《周易》具有深切的关系。如《"训民正音"·制字解》说:"天地之道,一阴阳五行而已。坤复之

---

　　① 　参见金富轼著:《三国史记》,乙酉文化社1990年版。

间为太极,而动静之后为阴阳。凡有生类在天地之间者,舍阴阳而何之,故人之声音皆有阴阳之理,故人不察耳。今正音之制作,初非智营而力非,但因其声音而极其理而已。理既不二,则何得不与天地鬼神同其用也"。① 这是说,韩字的结构原理是依据易学的"太极"、"阴阳"、"五行"学说。比如"ㄱ",它是韩字母28个字母的第1个字母,由它生出其他字母。这用易学思想来解释,就是"万物资源于乾元","一元之气,四时运行"。宇宙间一切生命起源于乾元,阴阳作用而有"五行","五行"又演为万物。所以,"ㄱ"从垂直方向(竖向)来考察,就如同是乾元。因此,它在韩语中具有"直"、"神"、"圣"之意思。② 另外,"象形而字仿古篆"也是创制韩字的一重要原理。"正音二十八字,各像其形而制之。初声凡十七字,牙音ㄱ象舌根闭喉之形,舌音ㄴ象舌附上腭之形,唇音口象口形,齿音象齿形,喉音○象喉形。"③象形是汉字的基本特点,这一特点被融汇到了韩字之中。关于韩字的"仿古篆",《训民正音》说:"匸使人联想到篆字従(从)或从(比)的汉字构成。"④韩字的形体似汉字古篆。而韩字多是四四方方,更类似汉字。关于这些,汪德迈也有同感。他说:"朝鲜注音系统的出现则晚至1446年由李朝世宗颁布,此注音体系是十分独特的,它对朝鲜语进行了充分分析,十分精细地分离出各种元音、辅音。元音字母取法于天、地、人象形图式,在一种充满宇宙论精神下分别将元音分为'明'(开口)元音、'暗'(闭口)元音和介于二者之间的元

---

① 李正浩:《训民正音的结构原理及易学研究·附录》亚细亚文化社1990年版。

② 李正浩:《训民正音的结构原理及易学研究》,第40页。

③ 李正浩:《训民正音的结构原理及易学研究·附录》。

④ 李正浩:《训民正音的结构原理及易学研究》,第43页。

音。辅音则根据舌、唇、声门的对立位置的图解来划分。这是一种不同于日语的注音字母体系。在记录词语时,字母以‘音节字’的形式一个个音节组合起来,音节文字不是胶着于同一线上而是在一个方块内,以组成一个像汉字一样的组合书写单位。这种书写方式使按发音记录下来的朝鲜语从形式上可任意与汉字穿插运用。没有任何事情能够比此更好说明中国文言对朝鲜的影响,朝鲜是企图在汉语的基础上建立自己的书写系统”。① 这就是汉字的威力,它渗透到了民族文字的细胞——韩字之中。

二、儒学的功能结构

儒学的功能结构表现为以下两个方面:

1. 儒学与教育

公元前108年,汉武帝在朝鲜半岛设置了“汉四郡”,这对传播儒家典籍和儒学思想起了重要促进作用。高句丽于高句丽小兽林王二年(372)建立了儒学教育机构——“太学”,成为当时儒学教育的嚆矢。这可见《三国史记·高句丽本纪第六》小兽林王二年条“立太学,教育子弟”的记录。“太学”的教育内容和制度皆模仿中国,以教授儒家经典的经学、史学、文学为主,以培养精通儒学的人才为宗旨。另外,汉武帝时设立“五经博士”即《诗经》、《书经》、《周易》、《礼记》、《春秋》五经,产生了专门攻一经的学者。在高句丽的大学中也已有“博士”制度。在“太学”的受教育者基本上是贵族子弟,他们经过儒学的教养,成为中央政治的执行者、经济的管理者、边防的维护者。

---

① ［法］汪德迈:《新汉字文化圈》,第101页。

在高句丽,与贵族子弟上的"太学"相反,还有庶民子弟上的私立学校——"扃堂"。《旧唐书·东夷列传》高句丽条记载:"俗爱书籍,至于衡门厮养之家,各于街衢造大屋,谓之扃堂,子弟未婚之前,昼夜于此读书习射。"[1]扃堂的教育内容为经学、史学、文学。庶民子弟在扃堂中一边学习儒家经典,一边训练武艺。扃堂成为了庶民下户习文练武的私立大学。由扃堂培训出来的庶民子弟既具有儒家的伦理思想,又有保护家园的武艺。

在高句丽,不论是公立的"太学",还是私立的"扃堂",均以教授儒家经典为主,由此,儒家思想成为高句丽社会的主流思想。

统一新罗前有文字记载的儒学教育机构,除高句丽之外还有新罗。《三国史记·新罗本纪第八》神文王二年(682)条有:"六月,立国学,置卿一人,又置工匠府监一人,彩典监一人"。神文王二年为682年。新罗人思想中的儒家思想很浓厚,如国号"新罗"就与儒学有关:"新者德业日新,罗者网罗四方"。

百济虽然找不到像高句丽和新罗那样的建立儒学教育机构的记录,但《梁书·诸夷列传》百济条记载有:"百济遣使臣往梁,献百济物产,并请求《涅槃经》义及《毛诗》博士,另亦邀工匠、画家,王首诺"。[2] 这里的《毛诗》博士即指专研儒学五经中诗经的博士。百济很早就有"博士"的称谓,在武宁王(501—522)和圣王(523—553)时期就有"五经博士",指能通儒家经典的人,此外还有"医博士"、"历博士"等。百济儒学之所以能够传入日本,正是凭借百济的"五经博士"们。

---

① 参见柳承国著:《韩国儒学史》,第23页。

② 参见柳承国著:《韩国儒学史》,第36页。

2. 儒学与律令

"律",大体相当于现在的刑法;"令",相当于国家组织和行政管理法则、规定及制度。"律令"制标志着中央集权制国家的形成。在韩国历史上,较完备的律令制出现在统一新罗时期,但高句丽、百济和新罗就已开始教授律令学,按律令制度管理国家。可见,这时的律令与儒学有密切关系。

如高句丽小兽林王二年(372)建立教育机关——"太学",于翌年(373)始颁律令,建立社会统治体制。新罗于法兴王十七年(531)颁布律令,武烈王元年(654)详细制定律令。百济在儒学影响下,建立了较完备的专制国家体制。在古尔王时代(234—285)建立了初期的中央集权国家体制。古尔王二十七年(260)实行新的中央官制,设置"六佐平"制与十六官阶品。"佐平"即"大臣"级的称谓,"六佐平"即以六大臣分掌国家的政务。其中"六佐"源于中国《周礼》的六官,模仿中国的六典而来。《三国史记》卷二十五腆支王四年条记有:"以余信为上佐平,委任军国政事,上佐平之职即从此始,同今之冢宰"。上佐平即总括六佐平的冢宰,相当于《周礼》的天官。考察十六官阶,从一"佐平"开始,有二"达率"、三"恩率"、四"德率"、五"扡率"、六"秦率"、七"将德"、八"施德"、九"困德"、十"季德"、十一"对德"、十二"文督"、十三"武督"十四"佐军"、十五"振武",十六"克虞",十六官阶共分三类,按颜色区分官职。其中,从七品到十一品有"德"字为文官,从十二品到十六品有"督"、"军"、"武"、"虞"字为武官,前六品中,五品和六品为武官,三品和四品为文官,一品和二品为统率百官的"冢宰"和"副冢宰"。文、武两官演为后来的内官、外官、东官、西官的两班。而这种分类则是受到儒家阴阳思想的影响。在国家行政区域编制方面,百济在武宁王时代(501—522)实行"二十二檐

鲁"设置。所谓"檐鲁"即相当于中国的"郡县"。《梁书》百济条
中记载:"所治之城,名为固麻,称邑为檐鲁,此乃同于中国之郡
县,此国之檐鲁皆分举王族子弟或宗族……。"这是说,武宁王将
百济划分为二十二个郡县,派遣王之子嗣与家族统治。由此,确立
了从中央到地方郡县的中央集权统治。这种二十二檐鲁制到百济
后期则发展成"五部五方"制。这是说将首都区域划分为"五部",
每一部下再划分为"五巷";将地方划分为"五方",每方由"方领"
治理,兼负行政与国防责任,每一方下再设"十郡",每郡有将三人
带领千余士兵守卫。这种"五部五方"的行政划分和管理体制亦
深受儒家五行学说的影响。体现百济中央集权政策的是"南堂"
制度。《三国史记》古尔王二十八年条云:"二十八年,春正月,初
吉,王服紫大袖袍,青锦袴,金花饰鸟罗冠、素皮带、鸟韦履,坐南堂
听事"。所谓"南堂"制度,是指国君与大臣在南堂议决国家大事。
百济和新罗都有"南堂"制度。在《新罗本纪》中就有这方面的记
录:新罗味邹王七年(268),春雨皆不雨,王集诸大臣于南堂,亲问
政刑得失,并遣使者五人考察慰问民困,真平王七年(585)三月,
天旱,王避征战,每食则令减菜肴,出于南堂,亲审罪囚等。这种
"南堂"制度亦来源于中国儒家经典。如《论语·卫灵公篇》有"子
曰:无为而治者,其舜也兴? 夫何为哉? 恭己正南面而已。"《周易
·说卦》云:"圣人南面而听天下,响明而治……"。除此而外,在
刑律方面百济也有明确条文。在百济的刑法中,对叛国者、战场逃
退者、杀人者皆处以死刑;对盗窃者处以流配并加倍赔偿所盗物;
对于妇女犯奸者,处以没入夫家为婢的处罚。关于箕子的"八条
法禁",有的韩国学者认为不是箕子传来,而是古代朝鲜国有的法
禁。八条之中现知道的只有三条:杀人者死、伤人者赔偿谷物、偷
盗者充为奴婢。不管是箕子传来,还是古代朝鲜固有,都说明这时

已有了较完备的"律令"制度。①

第二节　统一新罗时代的儒学

新罗武烈王七年(660)，新罗伐百济而灭之；新罗文武王八年(668)，新罗又攻灭高句丽，进入统一新罗时代，约两百余年。

新罗之所以能先后灭掉百济和高句丽，与新罗勃兴时的"花郎道"有着密切的关系。"花郎道"的精神理念就是以儒家思想为基础的儒释道的融合。②

花郎道由新罗真兴王(540—575)创设，它由起初的少女浪漫的审美活动逐渐演变为青少年的自由奔放的人格陶冶之"道"。这一历史的演变过程在《三国遗事·兴法第三·弥勒仙花未尸郎真慈师条》中有详细记载：

> 第二十四真典五，姓金氏，名彡麦宗(按："彡麦宗"，一作"深麦宗")以梁大同六年庚申即位，慕伯父法兴之志，一心奉佛，广兴佛寺，度人为僧尼。又，天性风味，多尚神仙，择人家娘子美艳者捧为原花要，聚徒选士，教之以孝弟忠信，亦理国之大要也。
>
> 乃取南毛娘、姣(俊)卢娘两花，聚徒三四百人。姣贞者，嫉妒毛娘，多置酒饮毛娘，至醉，潜舁去北川中，举石埋杀之。其徒罔知去处，悲泣而散。有人知其谋者，作歌诱街巷小童唱

---

① 参见柳承国著：《韩国儒学史》，第29—33页及第56页的注㉔。
② 将"花郎道"以儒家思想为基础的儒释道三教融合放在统一新罗时代，一是因为这种"花郎"精神理念成为统一新罗的指导思想；二是由"韩国哲学会"撰写的《韩国哲学史》将"花郎道"放到了"统一新罗时代"。

于街。其徒闻之,寻得其尸于北川中,乃杀姣贞娘。于是大王下令,废原花。

累年,王又念欲兴邦国,须先风月道,更下令,选良家男子有德行者,改为花娘(郎)。始奉薛原郎为国仙,此花郎国仙之始。故竖碑于溟州。自此使人悛恶更善,上敬下顺。五常六艺,三师六正,广行于代。

《三国史记·新罗本纪第四·真兴王三十七年春条》对此也有详细记载:

始奉源花。初君臣疾无以知人,欲使类聚群游,以观其行义,然后举而用之。遂简美人二人,一曰南毛,一曰俊贞,聚徒三百余人。二女争相妒,俊贞引南毛于私第,强劝酒至醉,曳而投河水以杀之,俊贞优诛,徒人失和罢散。其后更取美貌男子,妆饰之,名花郎,以奉之,徒众云集。

上述引文表明,在新罗古代,选美、审美活动是广泛征集人才的主要方法。由于少女的嫉妒行为引起了不幸事件,所以就以美男代替美女重开审美活动。而美男的选择要比美女的选拔更加严格。参选者必须是德行高尚的良家子弟,即不仅要有外形美,还要将门第、品德等内在美也列为选拔标准。选出的美男代替原来的源花成为审美的主角,称为"花郎"。因为"花郎"本身就是"选士",即国家所聘之人才,所以新罗花郎就成为左右国家未来兴衰成败的关键人物,成为实现国家至高理念的生力军。而"花郎"的精神信仰、思想理念、行为规范渐演绎为"花郎道"。在这重意义上,可以说"花郎道"是新罗时代的核心与精华,是新罗精神的凝结体。三国统一后,"花郎道"亦成为指向未来的韩国思想的中枢。即使由于王朝的交替,"花郎道"这一名称消亡了,但是它的精神和命脉仍存在于当代韩国思想之中。

"花郎道"与"风流"具有密切关系。新罗学者崔致远(857—?)在他的名著《鸾郎碑序》①中如是说:

> 国有玄妙之道,曰风流。设教之源,备详《仙史》。实乃包含三教,接化群生。且如入则孝于家,出则忠于国,鲁司寇之旨也。处无为之事,行不言之教,周柱史之宗也。诸恶莫作,诸善奉行,竺乾太子之化也。②

这一著名的碑序文,对于花郎道形成的根源和内容实质作了精辟的论述。其要点是强调花郎道是儒释道三教和合的产物。

诚如碑序文所言,新罗的"花郎道"又称"风流"、"风流道"(风月道)。韩国当代著名学者金忠烈教授对这两个称谓作了如下解释:"新罗花郎道原称'风月道'或'风流道'。至于'风流道'改称花郎道一事,可考查其居间之史实。简言之,风流道是基于概念的命名,而花郎道是基于形式的称谓。""由此可知,在称花郎道之前,有过'风月道'或'风流道'等全国性的运动。"③

关于花郎道或其前身风流道的来源,碑序文中讲:"设教之源,备详《仙史》。"其意是说花郎道之所以产生,与韩国人的原型思维具有密切关系。《三国遗事》中"万波息笛"的神话传说最能

---

① 《鸾郎碑序》中的鸾郎系为新罗一花郎。
② 《三国史记·新罗本纪·真兴王条》。
③ 金忠烈:《高丽儒学思想史》,东大图书公司1992年版,第53页及第53页注⑤。

阐释韩国人的原型思维模式。

　　新罗在中兴主文武王的儿子神文王时,有过这样的事情。神文王为赞美父王的恩德,在东海边建立了感恩寺。有一天,东海上有一座小山向感恩寺浮过来,并来回移动。王深感奇异,命日官占卜。据日官说法,先王已成海龙,镇护三韩,想送守城之宝给神文王。如果陛下能亲赴海边,一定会得到无价之宝。王至为高兴,在该月七日亲驾利见台,遥望浮山并遣使察看,山势像龟头,上有竹子,白天是两根,到夜晚又合成一根……王留宿于感恩寺。次日午时,竹子又合成一根,这时天地震动,暴风骤起,一连七天天气晦暗,到该月十六日才风平波静。王乘船前至浮山,龙前来奉上黑玉带。王出迎并共坐,此山和竹有时分开,有时又合在一起。问是何原因,龙回答说:比如一只手拍不出声音,两只手合拍才可出声。与此相同,竹子作为一种物件,不会发声,而将它作成笛子,多个孔合起来,便可发出悦耳的声音。圣王以声治理天下,此乃祥兆。王取这一竹子作笛子来吹,天下就会太平。王回来后用那竹子做成笛子,保存在天尊库。如遇大旱,吹此笛,立降喜雨,风亦平息浪亦静止。于是,把此笛定名为"万波息笛"。①

　　"万波息笛"这一神话传说表明了古代韩国人的思维定式趋向于"合",认为"和合"才有力量,"和合"能够带来利和善。这就是说,"和合"构成了韩国人的原型思维模型,也沉积为韩国文化的底蕴。胚胎于"和合"思维、"和合"文化的花郎道,"实乃包含三教",是三教和合的产物。

　　这里,值得注意的是新罗汲取的中国儒释道三教的性质问题。

---

　　①　一然:《三国遗事·万波息笛》,乙酉文化社1990年版;并参见《韩国哲学史》(上),第22页。

对此,金忠烈有明确的阐述:"当时,新罗吸取的中国儒教是先秦时代重视实践道义的原始儒家思想。而道教也非宗教的,是结合自然主义的老子和智慧主义的庄子的精神自由之道教思想。再者,佛教也正是中国化的天台、华严与纯粹宗教性的涅槃、净土、弥勒思想。上述之三教是在现实的基础上建设理想国家时,适于担当重要角色的因素。儒教的道义规范使人自觉人生的意义和价值所在,道教的精神自由扩大了生活的浪漫与智慧,佛教的佛国净土则予以实现并具体化"。① 而花郎道的精神就是在汲取并和合这样的三教的基础上形成的。

其一,花郎道对儒教的融合。

花郎道把儒教作为花郎和花郎徒②道德伦理修炼的依据。《三国遗事·弥勒仙花条》有这样的记录:

> 从此(按:从花郎国仙创造起)让人们改恶从善,上对下敬,下对上顺,五常和六艺,三师和六正,都广行于代。

这里的"五常",是指儒教的仁、义、礼、智、信五个德目,表示父义、母慈、兄友、弟恭、子孝的儒教思想。"六艺"则指礼、乐、射、御、书、数,这是儒教的科目。"三师"指帝王最高的辅佐官太郎、太傅、太保。而"六正"则是六种部类持正确态度的大臣,即圣臣、忠臣、良臣、智臣、贞臣、直臣。由此可见,花郎道在培养高洁的心志、豁达的气质以及陶冶心身如一、言行一致等人格方面,基本上是以

---

① 　金忠烈:《高丽儒学思想史》,第65页。

② 　据《韩国文化史大系》Ⅳ(高丽大学民族研究所编),1970年版,第776页说明:"有花郎门户,成一花郎一门户,并有郎徒(门徒)跟随。"

研修儒教实践伦理所讲的道义作为精神教育的基础。在儒教实践
伦理培育下的花郎多是仁义道德的君子。如《三国史记·斯多含
传》记载：公元 562 年，加耶发生了叛乱，真兴王命伊餐异斯夫前
往讨伐。与他同往的花郎神将斯多含主动请命打先锋。由于他掌
握了战机，英勇杀敌，最后取得了胜利。斯多含当时年仅 16 岁，随
他而来的花郎徒至少有一千余人。作为战胜品，斯多含接受俘虏
三百多人，但出于儒教思想，将战俘作为良民放回。王虽下赐好
地，但他不受重赏，只请求赐给瘀川边的不毛之地。另一方面，在
儒教重义思想教育下，斯多含与一叫作武官郎的人结为知己，宣誓
虽不能同生但要同死。武官郎因病死去，斯多含悲痛万分，七天之
后也死去，年方 17 岁。

　　关于斯多含的上述记载，大概是有关花郎的最早记录。从斯
多含的精神中可以看到爱国、爱百姓、清廉正直和对亲友笃厚的信
义，完全可以认为这是修己和安民的儒教实践理念的具体体现。

　　其二，花郎道对佛教的融合。

　　佛教精神对花郎的成长有巨大影响。可以说，花郎的魂是风
流思想与佛教精神相互融合而形成的。创立花郎道的真兴王是一
位虔诚的佛教徒。根据《三国史记》和《三国遗事》记载：

　　　　真兴王幼年即位，一心信仰佛教。到他晚年，削发，着僧
　　衣为僧，亲自起名曰法云，以此结束了余生。其王妃为此而感
　　动，亦效仿为尼。[1]

真兴王认为，如果风流思想不和佛教的高深哲学相融合，就难以建

----

①　《三国史记·新罗本纪·真兴王条》。

设理想国家。所以，新罗从创设花郎道开始，就有意识地将佛教思想注入到花郎精神中去。例如花郎徒的成员中就包含有僧侣。这些僧侣称作僧侣郎徒。僧侣郎徒不是年龄很小的郎徒，而是其有相当身份和品位的佛教僧侣。从现存史料来看，最初的僧侣郎徒真慈就是真智王时的一位有名的僧侣。

僧侣郎徒的作用，是以佛教教育出来的人品来发挥花郎顾问的作用，并成为花郎徒的模范，以求花郎道迅速成长与壮大。

花郎道的价值观念是早成大志，献出生命。这种生死观是为国家和民族而生，为义理和价值而死。如果得到这样的死，那么来世出生时，就可以永葆青春而生。显然，这是以因果报应为基础的佛教的生死观。

关于花郎道与佛教的密切关系，还可以从花郎的弥勒信仰中加以说明。《三国遗事》中有关于弥勒仙花和竹旨郎的记载。

弥勒仙花的故事情节大致如下：

真智王时，兴轮寺僧人贞慈（亦称真慈）经常在弥勒佛尊像前发誓，祈愿只要弥勒大圣转为花郎来到世间，自己将永远奉祀这神圣的玉体。由于心诚，一日梦中见到一位僧人，对他说："弥勒仙花现在熊川水源寺。"贞慈梦醒十分高兴，行长路，一步一磕头，终于来到水源寺。这时，一位相貌非凡的男人含笑相迎，将他引入客堂。贞慈上前作揖说："您不认识我，何来如此殷勤接待？"那男人笑答："我也是京城人，见到大师远道而来，迎接您以表慰劳。"说完，便走出大门，不知去向。贞慈向寺院众僧讲述了此事，寺院众僧对他说："从这向南走，有座千山。那里一直是仙人和哲人居住的地方，问事灵验，不妨去那里问问。"贞慈按照僧人的提示，来到千山脚下，山神变成一位老者问他："来此有何贵干？"贞慈说："想谒见弥勒仙花。"老人说："你已经在水源寺见到弥勒仙花了，还要做什么?"贞慈恍然大悟,急忙回到本寺。①

竹旨郎的故事梗概大致如下:

真德女王时,朔州都督史述宗公梦见一位居士。后了解到,正是在那个时辰,那位居士仙逝了。于是,公将居士埋藏在竹旨岭上,采石制造弥勒像置于墓前。此时,述宗公妻子怀胎,生下一位公子,起名竹旨。这位竹旨长大后成为花郎,担任庾信公的副帅,统一三韩,历任真德、太宗、文武、神文朝四代大臣,使国泰民安。②

上述两则记载说明花郎信仰并崇尚弥勒佛,其中反映出信仰弥勒与花郎之间的紧密关系。

其三,花郎道对道教的融合。

花郎道以道教的"处无为之事,行不言之教"而逍遥于山水之间,漫游于自然之中,作为陶冶情操、研磨武艺的一种形式。韩国学术界有一种观点认为,新罗建国初期在治国方面采用老庄无为之治。"又以新罗政体观之,则颇得老庄无为之真髓,如李种徽……曰……尝观新罗为国,与朝鲜异俗,出入于华夷之际,而其始建也。自赫居世至照知数十世之间,三姓相承神圣之德,与民相安无事,虽时及丽济相哄,而有应兵而无愤师,其为国之道,非必有乐礼刑政之可言,而无所谓因应变化自然,而无所为者,盖有所不谋而合者。固非汉之文景有心于黄老,而天机设施,暗与黄老合。盖辰韩旧俗,自跻于畏垒华胥之域,而不自知,以至于八九百年而不已,使老聃庄周为国而自治,无以加于斯矣……自三教行乎中国……而所不行者,惟老道耳。然无其为老之名,而实已行于为

---

① 《三国遗事·弥勒仙花条》,参见《韩国哲学史》(上),第178页。
② 《三国遗事·孝昭王代·竹旨郎条》,参见《韩国哲学史》(上),第179页。

国,如新罗之得其精,盖不学而能之也。"①可见,新罗盛行道教。为此,崔致远《鸾郎碑序》中的"玄妙之道"的"玄妙",亦来自《道德经》第一章:

> 道可道,非常道;名可名,非常名。⋯⋯同谓之玄,玄之又玄,众妙之门。

这表明,道教思想是构成花郎道(风流道)的一个重要要素。而花郎的豪放不羁的举止行为,不为龌龊的俗事而执著的品行,花郎和花郎徒在四方云游中相磨相琢的行为,都与道教有着密切关系。

花郎道融合了儒释道三教思想,但这种融合不是机械的照抄,不是简单的模仿,而是一种创造性的和合。笔者以为这种创造性的和合,可以从两个方面去把握:从宏观方面看,花郎道是以具有道教要素的玄妙之道为器(如同消化器官)、以三教为物(如同食物)的"器物和合"。即是说,外来的三教如同食物,被玄妙之道这一消化器官消化吸收后,成为韩国肌体的一部分。从微观方面看,花郎道吸收了儒教的"忠孝"思想、佛教的"诸恶莫作,诸善奉行"的教诲和道教的"处无为之事,行不言之教"的训条,在自然领悟的基础上,将三教综合,使儒教不仅仅是一种伦理,佛教不仅仅是一种戒律,道教不仅仅是一种处世原则,而是三教互相渗透、相互补充。下面从这两个方面具体阐释花郎道的这种三教和合。

首先,从宏观方面看花郎道的三教和合。

金忠烈教授在谈到花郎道的三教和合时说:"笔者想借此使崔致远的《鸾郎碑序》之内容合理化。⋯⋯三教是食物。饮食摄

---

① 李能和:《朝鲜道教史》,普成文化社2000年版,第70页。

取的养分化为血和肉时,那已经是我自己而不是他。因此,吸取的三教思想虽然来自中国,但毕竟是'韩国的'思想。"①上述引文中有"国有玄妙之道曰风流"一句,是《鸾郎碑序》中很重要的一句话。这里的关键词是"风流"。

何谓"风流"?《韩国哲学史》教科书解释"风流"说:"什么叫作风流?从常识来讲指歌与舞。""对古代韩国人来说,风流是一种信仰行为的表现方式。"②笔者认为,在韩国文化中,"风流"就是以"歌"、"舞"的形式,表现人们的一种信仰。这种信仰,就是神人一体观念。赖肖尔·费尔班克认为:古代韩国人和其他农耕民族一样,将自然界的重要现象视作神,并将这一神性赋予祖上。③这样,神人一体观念的实质就是人与自然的和谐、融合、一致。通过风流,使形而上的神(自然)的世界与形而下的人的世界相联结。在风流中,人们体悟到人类"生命的根基",是通过祖上的联结,最终都处于无限的自然之中。风流使人体验到生命的无限性,这就是风流思想的生命观。花郎道视这种风流思想为理念,并使之人间化、社会化、政治化。

如果说风流思想是要人依赖天地自然去感悟生命根源,体验人间生命的根源存在于先天的自然中,并相信被永恒的生命、无限的生命、绝对的生命所感应的话,那么同时也就自然地使自己的生命根源相互契合。而花郎道则要将这种风流信仰,即生命的根源和生命的无限还原给人间社会,也就是说,花郎道把无限的生命力活用到人间社会之中,将大自然的生命力转变为人间化的运动,凸

---

①　金忠烈:《高丽儒学思想史》,第77页。

②　参见:《韩国哲学史》(上),第132、135页。

③　参见赖肖尔·费尔班克著:《东洋文化史》,全海宗、高柄诩译,乙酉文化社1985年版,第153页。

显人的主观作用、主体价值，即确立人在社会历史发展中的关键地位和决定作用。可以说，新罗时代的花郎和郎徒，从个人到集团、从集团到国家，都自觉地坚持了这种主体精神。而这也正是花郎道的核心精神。这种主体精神一直贯穿于朝鲜民族文化之中，在这重意义上，可以将朝鲜民族文化称为主体性文化。

如上所述，风流思想的生命观是主张人在与大自然的融合之中，体验生命的无限性。这一思想，用《鸾郎碑序》中的话说，就是"接化群生"。"接化群生"的意思是说，同一切生命体相接，并积极地教化他们，使他们感悟。而这也正是花郎道的修养方式。

《三国史记·真兴王三十七年条》记载花郎的生活样态：

或相磨以道义，或取悦以歌乐，游娱山水，无远不至。

其中，"相磨以道义"是花郎修养第一要旨，以陶冶道义精神、开发道德品性为其基本内容。这就需要从知、情、意三个方面进行培育。"知"，指识别行为善恶的知见；"情"，指好善憎恶的感情；"意"，指去恶从善的意志。这三者的修炼，不可缺一，亦不可分立，必实践躬行，经过人格培养，始能完全。而花郎所尊尚的道义，则以忠孝、名节、武勇、正直为标榜。不仅标榜，必亲身实行。所以，每遇国家有事之秋，或入山祈祷，或从军出战；出入生死之巷，视死轻如鸿毛，见义重于泰山，苟非其义，虽千金之利，不动心，一如日本武士道之风气。凭着这种风气，新罗统一了邻国，并使统一时期的新罗不断强盛。花郎道的这种道义精神，被誉为新罗时代的"时代精神"。在这种"时代精神"的感召下，新罗国势蒸蒸日上，一般年少有为之士，内感勃勃之锐气，皆欲发奋有为，一旦有事，则各以灭私奉公、杀身报国为己任，离开国家集团生活，即无个人生活。关于新罗的这种"时代精神"在《三国史记·金庾信传》中亦有记载："唐将苏定方灭百济而归,谓高宗曰:'新罗其君仁而爱民,其臣忠以事国,下之人事其上如父兄,虽小,不可谋也。'"①可见,新罗的这种时代精神即花郎道的道义精神,是以儒教思想为主要内容的。

"取悦以歌乐"是讲以诗歌和音乐陶冶情操。花郎道认为高尚的娱乐(如诗歌、音乐)对启发善美的情操、涵养优秀的品德具有密切关系。为此,花郎徒中多有著名的乡歌诗人,如得乌谷、月明师、邀元郎、誉昕郎、桂元、叔宗郎等。他们的乡歌诗文,或是对花郎高尚品德的赞誉,或是对儒家伦理的向往。僧侣郎徒忠谈师的《赞耆婆郎歌》和《安民歌》就是这方面的代表作。

《赞耆婆郎歌》中说:

> 明月散发着清光,
> 白云悠悠,月儿似飘浮其中。
> 碧绿的溪流,伴有婆郎的身影;
> 逸乌川砾石,映照花郎的心境,
> 我将永远奉之为榜样。
> 啊!
> 看那巍然挺立的海松,那不畏严寒的花郎姿容。

《安民歌》中说:

> 君王犹如严父,臣下犹如慈母。

---

① 参见李丙焘著:《韩国儒学史》,第26、27页。

若惜百姓为贵子,他们就将献上爱心。

轮回轮转的物生,要让他们温衣饱食;

背井离乡,走向何方?

爱国护家才是挚情。

啊!

君不愧为君,臣守臣职分,

百姓就可安守本分,

太平世界从此更昌盛![①]

花郎和郎徒在咏歌和吟诗之中,培育忠孝坚贞的品格和爱国护家的操行。

"游娱山水,无远不至"亦是对美的情操、高尚道德的一种涵养方式。花郎道认为人们从大自然的崇高伟大之中,受到熏染而脱离自身的利害荣辱,进入忘形忘我的极至,也就是人生的至上至乐境界。孔子所谓"仁者乐山,智者乐水"就是这个意思。花郎的远游地多是名山圣水,如金兰(今通州)、枫岳(金刚山)、溟州(今江陵)等。花郎在山川巡礼中,徒步远行,锻炼身体,以旺盛活力,蓄养浩然之气。如遇难关和障碍,则可培养少不屈服、坚韧不拔的毅力;同时也培养了花郎和花郎徒和睦亲密的团体精神。在团体生活中,他们同吃同住、同甘共苦、亲密无间。花郎"游娱山水,无远不至"的行为也颇具神仙色彩,或飘逸于山林之内,或卧宿于云水之间,或快活于自然之中,故又有"国仙"、"仙郎"的称号。[②]

可见,花郎道的修养内容包含了儒教的忠孝、名节、爱民,佛教

---

① 《韩国哲学史》(上),第30页。

② 参见李丙焘著:《韩国儒学史》,第29—30页。

的行善去恶,道教的游娱山川。但是,这里的儒释道三教已不完全是中国内涵的儒释道三教。因为花郎道中的儒释道三教是以风流信仰为其基础的。风流信仰的结果导致了主体价值的凸显。所以,花郎道中的儒教不仅仅是追求个人伦理道德修养的完善,而是在谋求个人人格完成的同时,更成为国家发展的生力军,成为巩固民族、统一国家的原动力。佛教也不是追求来世的因缘,而是强调现世的行善去恶,极具现世主义色彩。道教亦不是追求长生不老、成神成仙,而是主张在无为的生活样态之中,锤炼躯体和意志,更有为地效劳集团和国家,从而追求集团、国家生命的永恒。这就是花郎道的三教和合。这种三教和合的结果是:

> 知其人邪正,择其善者,荐之于朝。故金大问《花郎世记》曰:"贤佐忠臣,从此而秀;良将勇卒,由是而生。"①

这些例子很多,如《三国史记·金后稷传》记载:真平王时兵部令金后稷(智证王之曾孙)见王好田猎,谏曰:"老子曰:'驰骋田猎,令人心狂'。书曰:'内作色荒,外作禽荒,有一于此,未或不亡。'由是观之,内则荡心,外则亡国,不可不省也,殿下甚念之。"王不从。又切谏,不见听。后来,金后稷患病将死,谓其三子曰:"吾为人臣,不能匡救君恶,恐大王游娱不已,以至于亡败,是吾所忧也。虽死,必思有以悟君,须将吾骨埋于大王游娱之路侧。"子等皆从之。他日王出行,见其墓,闻其临死之言,潜然流涕,遂终身不复猎。

《三国史记·金庾信传》中说:真平王五十一年八月,王遣大

① 《三国史记·真兴王三十七年条》。

将军龙春（武烈王父）、舒玄（金庾信父）、副将军庾信，攻高句丽娘
臂城。庾信是花郎出身。丽兵出击之，罗人失利，死者众多。庾信
进于父前，脱下帽子说："我兵败北，吾平生以忠孝自期，临战不可
不勇，盖闻振领裘正，提纲而网张，吾其纲领乎！"乃跨马拔剑，向
敌阵直前，三入三出，斩杀五千余颗首级，其城乃降。

《三国史记·金令胤传》中说：还是在这次战斗中，将军金钦
春（即庾信之弟，真平王时的花郎）召子盘屈，对他说："为臣莫若
忠，为子莫若孝，见危致命，忠孝两全。"盘屈曰："唯。"乃入敌阵，
力战而死。

《三国史记·官昌传》说：太宗武烈王七年七月，举军欲灭百
济，进军黄山原（今连山），遇百济将军阶伯，战不利。当时左将军
品日之子官昌（一说官状）为花郎，荐为别将。品日召官昌立于马
前，指着诸将说："吾儿年才十六，志气颇勇，今日之役，能为三军
标乎？"官昌说："唯。"以甲马单枪径赴敌阵，为敌所擒。阶伯爱
其少且勇，不忍加害，乃叹道："新罗不可敌也。少年尚如此，况壮
士乎！"乃许生还。官昌告父说："吾入敌中，不能斩将挚旗者，非
畏死也。"言讫，以手掬井水，饮之，又向敌阵疾斗。阶伯擒，斩首。
系马鞍，以送之。品日执其首，流血湿袂，曰："吾儿面目如生，能
死于王事，幸矣"。三军见之，慷慨有死志，鸣鼓进军，百济大败。

在新罗的历史上，类似这样的事实还很多。新罗花郎讲道义、
爱父母、忠国家、骁勇、强悍的精神，是任何国家和任何时代都很少
看到的。在新罗实现国家统一中，花郎的高昂气势和主体精神发
挥了重要作用。

从微观方面看花郎道的三教和合。

关于微观的三教和合，《鸾郎碑序》作了精辟的论述：

入则孝于家,出则忠于国,鲁司寇之旨也。处无为之事,
行不言之教,周柱史之宗也。诸恶莫作,诸善奉行,竺乾太子
之化也。

这是说,花郎道将儒教的忠孝观(鲁司寇之旨)、道教的无为观(周柱史之宗)、佛教的善恶观(竺乾太子之化)有机地融合在一起。对此,《韩国哲学史》进行了深入的阐释:

值得我们注意的另一重要事实是,新罗人接受三教的方式是很突出的。儒、道、佛三教各自包括着完全不同的、广泛的主张和理论。而新罗人看来具有能够最妥贴地将其重点加以总结的能力。它从儒教中捡出"忠孝"思想,从佛教中捡出"诸恶莫作,诸善奉行"的教诲,还从老庄哲学中挑选出"处无为之事,行不言之教"的教训,使之成为一个综合体,而去理解并实践。可见,新罗人具有非凡的综合能力。它不是某种人为固执的作法,而是达到自然领会和科学研究的成熟阶段。实践胜于说教,从更高阶段去分析除恶行善,特别是提倡居家讲孝道,临国讲忠诚,这就不单纯是儒教的道德观和佛教小乘戒律的理想,而是向更具深度与广度的真理过渡。①

对这段话最好的注释是"花郎五戒",即众所周知的圆光法师的"世俗五戒"。

圆光,俗姓朴氏(或云薛氏),真平王时人。年二十五,游学于

_____

① 《韩国哲学史》(上),第176页。

中国，留十一年，博通三藏，兼学儒学，以真平王二十二年归国。居加悉寺（今清道），为时人所尊敬。当时京都沙梁部人贵山、帚项者，自少相与为友。二人相互说："我等期与士君子游，而不先正心修身，则恐不免于招辱。盖闻道于贤者之侧乎"。乃指圆光法师，抠衣进告说："俗士顽蒙，无所知识，愿赐一言，以为终身之戒。"法师说："佛戒有菩萨戒，其别有十。若（君）等，为人臣子，恐不能堪。今有世俗五戒，一曰事君以忠，二曰事亲以孝，三曰交友以信，四曰临战无退，五曰杀生有择。若等行之无忽。"贵山等说："他则既受命矣，所谓杀生有择，独未晓也。"法师说："六斋日（按每月八日、十四日、十五日、二十三日、二十九日、三十日也。斋者，梵语 Posadha，此六日为四天王伺人善恶之日，又为恶鬼伺人之日，故诸事须慎）、春夏月不杀，是择时也。不杀使畜、谓马牛鸡犬。不杀细物，谓肉不足一脔，是择物也。此亦唯其所用，不求多杀，此可谓世俗之善戒。"贵山等说："自今以后，奉以周旋，不敢失坠。"①

可见，"世俗五戒"的基本内容为：事君以忠，事亲以孝，交友以信，临战无退，杀生有择。

从"花郎五戒"的德目（忠、孝、信、勇、节制）看，似乎更接近于儒教思想，但不可将这里的忠、孝、信仅仅看做是儒教思想，将节制仅仅看做是佛教或道教思想，因为这里的每一戒都是三教和合。

例如："事君以忠。""忠"是儒教修炼的第一德目和最伟大的功名。尽己与尽心的忠是正德，也是令德，而扩充后的忠是完全奉公。因此，忠本来是自我的完成，后发展为对国家的献身服务。对为政者来说，忠是对臣下的要求；对臣来说，忠是道义上不得不遵

————————————

① 《三国史记·贵山传》。

奉的至上义务。花郎五戒中，以"事君以忠"为第一戒目，这是因为忠有国家层次上的意义。这一点与佛教的国家观相符合。

由于中国佛教将帝王规定为佛国建设的代理人，因而佛教富有护国信仰的色彩。而新罗佛教与中国佛教的不同之处在于，佛教居帝王或国家之下。也就说新罗主张国家至上，佛教的存在只为了实现以佛教思想教化君臣万民。由于新罗如此标榜国家至上主义，因而产生了中国佛教未提及的"事君以忠"这一戒。

道教也讲"忠"，并把"事君为忠"作为一条戒律。《正一法文天师教戒科经》说："事君不可不忠。"在国家至上主义的新罗，道教具有更浓厚的忠君色彩。《三国史记·金庾信传》记载，庾信17岁时进入中岳的石窟，斋戒告天，祈愿赐予统一三国成功的力量。突然出现一位神异的老人，向他传授秘法方术。以后，庾信在统一三国的征战中立下了汗马功劳，被誉为"威武花郎"。金庾信信仰的秘法方术，类似于道教的杂术。

"事亲以孝"。儒教将孝看做德目之精神（即纯粹情操）的皈依。《孝经》说："夫孝，德之本也，教之所由生也。"同时，儒教将男女婚姻、生育儿女、奉养父母、传宗接代视为孝的生活。《孟子·离娄上》说："不孝有三，无后为大。"

乍看之下，儒教的孝与佛教的僧侣生活相悖，但佛教也以孝为至大的德目。如同儒教的《孝经》，佛教有《孝子报恩经》、《孝子睒经》等，记述了佛教关于孝的故事。而且，佛教的孝比儒教孝的意义更加广泛。宗密的《盂兰盆经疏》中说："戒虽万行，以孝为宗。"《梵网经》中也说"一切男子，是我父；一切女人，是我母"，"佛观一切男女，即作父母之想"。新罗僧人元晓在《梵网经菩萨戒本私记》中说："孝顺者，……以律仪戒为孝，以摄正法戒及摄众生戒为顺，二者以受体为孝，以随行为顺……"将孝视为律义、正法等戒之体,并以顺为用。

道教将"不得不孝"视为第一戒。《太上大道玉清经》卷一《本起品》说:"天尊告曰:第一戒者,不得违戾父母师长,反逆不孝。"

孝不只是儒教的"万德之本,百教之由",也是佛教和道教的"万戒之宗,百法之至"。

"交友以信"。"信"是儒释道三教共识的德目。儒教"五常"讲仁义礼智信。佛教视"不妄言,信也"。[①] 道教《太上洞玄灵宝智慧罪根上品大戒经》讲"与人友言则信于交"。[②]

"临战无退"。"临战无退"是"事君以忠"的实践运用,亦是新罗人的战争哲学观。所以,"临战无退"在"花郎五戒"中占有重要地位。考察新罗战争史,可以看到"临战无退"戒在新罗统一高句丽和百济中发挥的重要作用。

"临战无退"戒发挥作用以前:

> 祇摩尼师今四年春二月,加耶寇南边,秋七月亲征。加耶帅步骑度黄山河,加耶人伏兵林薄以待之。王不觉直前,伏兵发围数重,王挥军奋击,决围而退。[③]
>
> 阿达尼师今十二年冬十月,阿湌参吉宣谋叛发觉,惧诛亡入百济,王移书求之,百济不许,王怒出师伐之,百济婴城守不出,我军粮尽乃归。[④]

"临战无退"戒发挥作用以后:

---

① 契嵩:《镡津文集》卷3《辅教编下·孝论·戒孝章》。
② 《道藏》第6册,第887页。
③ 《三国史记·新罗本纪》卷1。
④ 《三国史记·新罗本纪》卷2。

真平王二十八年辛未冬十月,百济大发兵来攻椵下岑城……王命将以上州下州新州之兵救之。遂往与百济人战,不克引还,赞德愤恨之,谓士卒曰:"三州军帅,见敌强不进,城危不救,是无义也,与其无义而生,不若有义而死。"乃激昂奋励,且战且守,以至粮尽水竭而犹食尸饮尿,力战不怠。至春正月,人既疲城将破,势不可复完,乃仰天大呼曰:"吾王委战以一城,而不能全,为敌所败,原死为大厉吃尽百济人,以复此城。"遂怀臂瞋目走触槐树而死。于是城陷……奚论与师袭椵岑城取之,百济闻之举兵来……奚论谓诸将曰:"昔吾父殒身于此,我今亦与百济人战于此,是战死日也。"遂以短兵赴敌杀数人而死。①

素那奋力,向敌大呼曰:"尔等知新罗有沈那之子素那乎? 固不畏以图生,欲斗者曷不来耶。"遂愤怒突贼,贼不敢迫但向射之,素那亦射,飞矢如蜂,自辰至酉,素那身矢知猬,遂倒而死……郡人吊之,其妻哭而对曰:"吾夫常日丈夫固当兵,死岂可卧床席,死家人之手乎。"

讷催以三城固守,及闻五军不救而还,慷慨流涕,谓士卒曰:"……孤城无援,日益阽危,此诚志士义夫尽节扬名之秋,汝等将若之何?"士卒挥泪曰:"不敢惜死,唯命是从"……皆殊死战,无苟免之心。②

基于上述花郎临战无退、以死督战的事实,可知新罗人视"临战无

---

① 《三国史记》卷47,《列传》第7,《奚论》。
② 《三国史记》卷47,《列传》第7,《素那》、《讷催》。

退"戒近乎一种信仰。由这种信仰表现出来的大无畏精神,也是花郎道自我主体意识和生死义理价值观的反映。"临战无退"戒与上述三戒的忠、孝、信具有直接关系,这是因为新罗人坚信自己的牺牲必大有助于民族与国家的兴盛。也就是说,新罗举国上下为了实现理想国家,都愿将一身奉献于国家,朝野呈现相互信赖的风气。

"杀生有择"。儒教的"杀生有择"是以"好生恶死"为其根本精神。人类生活在有差别的世界上,所以不能毫不杀生。对动植物的杀生,主要在实用的层面。如孟子所说"数罟不入洿池,鱼鳖不可胜食也;斧斤以时入山林,林木不可胜用也"。这是儒家有关杀生有择的典型例句。

禁止杀生是宗教表现慈爱的最具代表性的行为。但是,佛教和道教并非一边倒向"不杀",而是如同儒教有"杀生有择"的教戒。圆光的杀生有择戒内容兼备佛教的宗教禁忌和儒教的实用性,但未道破佛教杀生有择的要义。在积极的层面,佛教对于守护正法、有益众生的事,不得已须杀生时也允许杀生,并予以正当化。如《瑜伽师地论》中说:"菩萨戒中,若见利益亦许杀生。"《婆婆论》中亦说:"虎豹豺狼蛇等,伤害加人,杀之无罪。"《梵网经古迹记》说:"若欲放火,害命损物,别得杀盗。"可见,佛教允许杀生的重要目的是维护正法。新罗是一个具体、现实地建设佛法的国家,所以对于阻碍建设的任何存在,应以维护正当的菩萨义务,加以排除。

道教关于"杀生有择"问题,除了像佛教那样出于守卫正法外,还主张要顺其自然,无为而为。如道教的戒律依据《月令》,强调"春夏禁杀"。《月令》记述了每年夏历(农历)十二个月的时令及与其相关农作物、动物发育、生长的关系。如:《月令》认为:孟春之月牺牲勿用牝，禁止伐木，勿杀幼虫、飞鸟、母麛（初生兽为麛）、母卵；季春之月田猎禁用置罜、罗网、伪兽药等捕鸟兽工具；仲春之月祀不用牺牲等。所以，道教讲的依《月令》"春夏禁杀"的意思是说，春夏季正是生物发育生长的季节，必须禁杀，这是择时择物。而春夏禁杀，是为了等待生物繁殖成熟后，以获取更多更大的果实。这正是道教的"处无为之事"的思想。而圆光对"杀生有择"戒的解说，也反映了这一思想。如他说六斋日和春夏之季不杀生，是择时；马牛鸡犬使畜和肉不足一脔的细物不杀，是择物。择时、择物的目的是为了获取更大的利益。这就是道教所主张的自然而然、无为而无不为的"处无为之事、行不言之教"。①

在这里，忠孝、善恶、无为不仅仅是儒教、佛教、道教的专利，而具备了普适性。这就是说忠孝、善恶、无为三者会通为一个整体。这个整体以"世俗五戒"的形式表现出来。"世俗五戒"既是儒家的伦理条目，又是佛教的修身戒律，也是道教的处世准则，总之，它是花郎所依据的时代要求。这种三教融会思想，在当时新罗统一三国的现实斗争中，通过花郎的实践活动而得以体现出来。例如向圆光法师征求戒铭的花郎贵山和帚项就以三教和合的五戒反省自身，为统一新罗献出了生命。"真平王建福十九年八月，百济大兵来围阿莫城（今云峰）。王命武殷等拒之，武殷即贵山之父也。时贵山、帚项以少监赴焉。济兵败，退于泉山之泽。伏兵以待之，罗军进击，力困引还。时武殷立于军尾，百济伏兵猝出，钩而下之。贵山大言曰：'吾尝闻之师曰：士当军无退，岂敢奔北乎？'击杀敌数十人，以己马出父，乃与帚项挥戈力斗。诸军见之击奋，横尸满

---

① 参见金忠烈著：《高丽儒学史》，第58—60、67—74页。

野,匹马只轮无反者。贵山、帚项俱满身枪痕,半路而卒。"①

　　根据统一新罗时期的政治意图创设的花郎道,以儒释道三教和合为其基本内容。其三教和合的结果是形成了新罗时期花郎道的时代精神——主体意识。这种主体意识在统一新罗历史中,发挥了重要作用,由此也演为韩国人的民族性。②

　　统一新罗时代的重要代表学者可首推崔致远(857—?),字孤云,死后被追赠为文昌侯,从祀文庙。

　　崔致远自幼好学,12 岁时随海舶到唐朝。874 年,18 岁时中进士,调授宣州溧水(今江苏镇江地区)县尉,后因作《檄黄巢书》名声大震,除侍御史内供奉外,还赠紫金鱼袋。新罗宪康王 11 年(885),崔致远归国,拜侍读兼翰林学士;真圣女王时,进时务策十余条,有欲施为。然而时当衰乱之势,崔致远空有满腔抱负而无可实施,虽绝仕意。崔致远以后或放乎山水之间,或以书史吟诗而逍遥,最后入伽耶山海印寺终老。

　　崔致远著有《桂苑笔耕》12 卷、《中山复篑》集 5 卷、《帝王年代历》、《文集》30 卷,流传于今的只有《桂苑笔耕》和诗文若干篇。

　　作为统一新罗时代的一代文豪,崔致远继承了儒家关于人"最为天下贵"③和"人能弘道"④的传统思想,积极肯定人在天地间的崇高地位。例如他论人之"贵"说:

　　　　天地贵者人,人所宗者道。人能弘道,道不远人。故道或

　　① 《三国史记·贵山传》。
　　② 参见拙著:《东亚与和合——儒释道的一种诠释》,百花洲文艺出版社 2005 年版,第 4 章第 1 节。
　　③ 《荀子·王制》。
　　④ 《论语·卫灵公》。

尊焉,人自贵矣。①

这里的所谓的"道",主要指人道,即人类社会的法则。人之所以"贵",是因为人能"宗道"、"弘道",即遵循人类社会的客观法则,并予以光大。"道"固然崇高,但"道"需要人加以弘扬,所以人更加高贵。崔致远所谓"天所贵者人",意谓人的高贵地位是"天"所赐予并加以肯定的。而人之所以能"弘道",是因为"禀灵"②即禀天地之灵气或"五行之秀"③而生成的。

又如崔致远称赞圣贤之人的历史作用说:

　　圣人降生,王者嘉应,包天地之大德,启日月之殊祥。是以电绕虹流,克符龙质;握乾披坤,允叶龟书。④
　　天降贤人,济天下之人也。是以材合地宝,性契天和,高辟德门,深匡帝室。⑤

这里所谓"包天地之大德,启日月之殊祥"和"材合地宝,性契天和"是说圣贤具有非凡的品德和才能,所以能够成就惊天动地的宏伟事业。正因如此,崔致远对圣贤怀着很高的期许。他十分欣赏唐太宗的一句名言"朕虽以武功定天下,终当以文德绥海内"⑥,认为开国之圣明天子,必须兼备武功和文德。至于守成之王,崔致

---

① 《崔文昌侯全集》,成均馆大学校大东文化研究院1991年第3版,第339页。
② 《崔文昌侯全集》,第390页。
③ 《崔文昌侯全集》,第390页。
④ 《崔文昌侯全集》,第366页。
⑤ 《崔文昌侯全集》,第390页。
⑥ 《崔文昌侯全集》,第56页。

远则冀其能"齐家理国，恭己敬亲"①。这些都表明了崔致远对
"人"，对"圣贤"的赞许和肯定。

　　由于崔致远在唐朝居住生活多年，受到唐朝浓厚佛教思想的
影响，所以他又具备很深的佛学修养。下面，以崔致远奉教撰写的
碑铭为例，说明他的儒佛融合思想。

　　在《朗慧和尚白月葆光塔碑铭并序》中，崔致远记载：

　　　　（太傅王）垂益国之问，大师引出何尚之献替宋文帝心声
　　为对。太傅王览，谓介弟南宫相曰："三畏比三归，五常均五
　　戒。能践王道，是符佛心。大师之言至疑哉。吾与汝益
　　惓惓。"②

这条记载，首先说明朗慧和尚援引了中国南朝宋文帝与大臣何尚
之有关"献替"问题的一则典故。所谓"献替"，即君言可，臣献其
否，以成其可；君言否，臣献其可，以成其否。崔致远认为这是君臣
筹划大事时所应遵循的一条准则。接着，又通过新罗王之口说
"三畏比三归，五常均五戒"。所谓"三畏"指佛家所说的皈依"佛、
法、僧"；所谓"五常"，指儒家的"仁、义、礼、智、信"五种道德；所谓
"五戒"，指佛家的"不杀生、不偷盗、不邪淫、不妄语、不饮酒"五项
戒律。崔致远的意思是说儒家的"三畏"好比佛家的"五常"。文
中的"能践王道，是符佛心"，是说朗慧和尚将儒释融而为一，所以
既能实践儒家的"王道"政治，又符合佛教宗旨。由崔致远对朗慧
和尚的称赞中，可以看出崔致远本人对佛教的重视以及他的儒释

---

　　①　《崔文昌侯全集》，第290页。
　　②　《崔文昌侯全集》，第371页。

和合思想。

在《真鉴禅师大空塔碑铭并序》中，崔致远云：

> 遂得慧炬，则光融五乘，嘉肴，则味饫六籍。竞使千门入善，能令一国兴仁。[①]

这里的"五乘"，指佛教的声闻、缘觉、菩萨、人乘、天乘；所谓"六籍"，指儒家的《易》、《诗》、《书》、《礼》、《乐》、《春秋》。文中的"竞使千门入善，能令一国兴仁"，是强调佛教与儒学一样，都具有劝诱民众向善，引导国家兴仁的教化功能。上述论述也表明了崔致远的儒释融合思想。[②] 崔致远不仅主张儒释融合，也提倡儒释道三教的结合。如上所述，他的《鸾郎碑序》就是对儒释道三教融合的花郎道的称赞。崔致远的这种儒释道融合思想也反映了统一新罗时期的一种学术思潮，即儒释道结合的倾向。

关于统一新罗时代的儒学，还有一点尚需说明，就是新罗的儒学教育。新罗的儒学教育始于神文王，经历圣德、景德两王，成于元圣王。具体过程如下：

新罗的国学（国立大学）始建置于神文王二年（682），编制属礼部，置卿一人（相当于今天的学长），制度不建全。圣德王十六年（716），王子守忠自唐返新罗，带回孔子、十哲、七十二弟子画像，王命置于国学。景德王元年（742），改"国学"为"太学"，并置诸经博士及助教，教授儒教典籍。教授科目为：

---

① 《崔文昌侯全集》，第123页。

② 参见徐远和著：《崔孤云的历史观》，刊于《风流与和魂》，沈阳出版社1997年版，第24—26、33—34页。

A. 《礼记》、《周易》、《论语》、《孝经》为大经、上级。

B. 《左传》、《毛诗》、《论语》、《孝经》为中经、中级。

C. 《尚书》、《论语》、《孝经》、《文选》为下经、下级。

元圣王四年(788),将上述教授科目更定为读书三品科,即(甲)等读《春秋左氏传》并能通其义,兼明《论语》、《孝经》者为上品;(乙)等读《曲礼》、《论语》、《孝经》者为中品;(丙)等读《曲礼》、《孝经》者为下品。规定读书三品科,是为了以学术成绩定出身,为国家选拔人才和栋梁。统一新罗时代,随着儒学教授学制的逐渐完备,儒学亦蒸蒸日盛。[①]

---

① 参见李丙焘著:《韩国儒学史略》,第39—40页。

第二章　高丽儒学

(918—1392 年)

第一节　高丽儒学大观

新罗末期,王室力量衰弱,丧失了统治社会的能力。由此导致社会政治混乱、民不聊生、思想紊乱、矛盾四伏。这种状况就使得地方豪族纷纷扶植自己的势力,与王室相互对峙。如北方的弓裔自称后高句丽,南方的甄萱则以后百济自命。这就是所谓的"后三国"。

后三国之间展开了频繁的冲突和战争。在这种冲突和战争中,弓裔得到了王建的辅佐才得以稳定时局,收拾民心。

王建何许人也?王建出身于开城地方的豪族,在与唐朝贸易中形成了海上势力。他曾在恭睿手下任水将军,因攻占西南海有功而升至侍中(首相)。

王建凭着才智辅佐弓裔稳定了政局。但由于弓裔迷惑于弥勒信仰,大肆宣扬自己是弥勒佛再世而诬民惑世,并且,大建宫室,杀戮百姓,虐待妇孺,为所欲为。其结果,民怨四起,危机四伏。在这种情况下,弓裔手下具有儒家思想的大臣们一致拥戴文武双全且具有儒家"与民同乐"民本思想的王建为高丽太祖。于是,王建于新罗景明王二年(918)登上了王位。高丽太祖王建统一了混乱的后三国,使韩国历史进入了统一的高丽时代。高丽王朝大约维系了近五百年。

高丽儒学自太祖王建登基以来,就作为高丽王朝的统治理念之一和高丽社会的一种重要社会思想而在韩国儒学史上占有特殊地位。关于高丽儒学的分期,韩国学术界具有不同的观点。例如金忠烈氏将高丽儒学分为四期。即:

第一时期,罗末丽初的过渡期儒学。实际上这是从新罗开始动摇的910年起,到成宗即位的980年之间大约70年时间。这一阶段可细分为三:(1)初期的易姓革命与王道政治;(2)太祖的训要和儒治倾向;(3)光宗的集权运动与兴学取才。

第二时期,高丽儒学的形成期。自成宗至崔冲晚年即文宗年间(980—1070)。这时根据汉儒的经学和典章制度,确立了国家秩序,重新调整了儒教的教育机构及制度。尤其因私学盛行,儒教教育渐趋普遍。这个阶段也可三分:(1)成宗崇儒和崔承老的献策;(2)儒教主义和传统思想之间纠葛;(3)崔冲与私学十二徒。

第三时期,高丽儒学的兴盛期。自1070年崔冲死后至1170年郑仲夫之乱起时,约百年期间。这时注重官学而十分尊重经学,致力藏书并盛行刊行与讲经。不仅如此,这时也受到宋朝的历史文献整理的影响,与唐宋文学接触,大大振作编史与文风。第三阶段也可细分为三:(1)睿宗时的官学与经学思想;(2)仁宗时的文运及唐宋风;(3)金富轼的《三国史记》和历史意识。

第四时期,高丽儒学的衰退期,自郑仲夫之武人叛乱以后到崔忠献的武人执权没落的元宗年间(1270),先后约百年。这时武人跋扈极甚,蒙古又频繁入侵,因此学术文化无法正常发展,且无值得重视的。不过,仍然保存着以儒学选拔人才的制度。文士分为参与现实派和拒绝现实派,类似中国魏晋时代之竹林七贤的清谈派与曾在崔忠献手下任平章事的李奎报,在崔瑀手下历任文翰的崔滋等现实参与派,各自备有相当发达的文学理论、撰述随笔、历史故事、小说、诗评以及文体论,打开了高丽汉文学的黄金时代。①

　　这种分期的特点是以高丽历史沿革为线索,评定高丽儒学的盛衰发展,细致而实际。

　　又如李丙焘氏将高丽儒学分为三期。高丽初期儒学,以太祖和成宗的儒学治国和儒臣崔成老为代表。

　　高丽中期儒学自11代文宗到24代元宗止。期间又可分为前后两小期。前期自文宗至毅宗(1047—1170),这期间优待文人学士、学制且备、文盛于武,可谓文教隆昌期。后期自明宗至元宗(1171—1274),这期间武臣执权、蔑视文士、学校衰颓,可谓武盛于文的文教沉滞期。

　　高丽后期儒学从高宗晚年始,由于与元关系密接,故多受元代文化的影响。尤其是自元输入宋学后,开新生面于半岛学术界。②

　　这种分期与金忠烈氏的分期大致相仿,但李丙焘氏强调了从元代传入的宋学(朱子学)对高丽后期儒学的重要性。

　　再如柳承国氏将高丽儒学分为两期,即高丽前期儒学和高丽后期儒学。他认为:

　　高丽时代宋学的传来,即朱子学的输入,不只对高丽时代,并对韩国整个思想,带来重大的转换与影响。故高丽时代的儒学思想史,可分为朱子学传来以前与传来以后来考察。如说朱子学传入的年代为忠烈王(1275—1309)时,则在其以前,由高丽太祖(918—943)始,至元宗(1260—1275)止为前期;忠烈王以后,至其末期为止,则为后期。当然,即使同在前期,亦可分为从太祖始,至

---

①　金忠烈:《高丽儒学思想史》,第80—81页。

②　参见李丙焘著:《韩国儒学史略》,第47、52、66页。

17代文宗（1122—1146）为止的儒教盛兴期，与从毅宗（1146—1170）始，至元宗（1260—1275）为止的武臣专横、内忧外患的儒教衰落期。①

这种分期的特点是以中国朱子学传入高丽为高丽儒学的分水岭。由此，凸显了中国朱子学对于高丽儒学乃至朝鲜儒学的重要作用。

对于上述三种分期，笔者更倾向于柳承国氏的二期分法。具体说，就是以中国朱子学传入高丽为界，分为前期高丽儒学和后期高丽儒学。这是因为朱子学传入前的高丽儒学与朱子学传入后的高丽儒学，在内容和性质上都有质的区别。根据金忠烈氏的考证，中国朱子学传入高丽的时间应为忠烈王十六年即1290年。所以，综观高丽儒学，大约有370多年的儒学是以汉唐儒学为基本内容，后一百多年的儒学则以朱子学为主，又称性理学。虽然后期高丽儒学时间不长，但在这一百多年时间中，中国朱子学逐渐嬗变为具有半岛特色的高丽性理学。这种性理学又成为朝鲜朝五百年间的官方哲学思想而深入到韩国人的血液、细胞之中，并与韩国的历史发展息息相关。下面，分别就高丽前期儒学和高丽后期儒学作一简介。

关于高丽前期儒学，主要反映在两个方面，一是统治理念，二是政教私学。主要代表人物为高丽太祖、成宗、崔承老和崔冲。

高丽太祖和成宗是高丽王朝史上两位最具儒治思想的英明君主。其中，太祖开创了高丽王朝并奠定了以儒治国的根基；成宗在位16年，不仅巩固了高丽国基，而且还迎来了高丽的"中兴之期"。关于太祖的统治理念，下面有专节论述，故这里重点谈一下

① 参见柳承国：《韩国儒学史》，第81页。

成宗的儒治思想。

　　成宗是高丽王朝第六代君主,在位仅16年(982—997),但却是一位最崇尚儒家哲学并以儒治国的英明君主。成宗作为一代君主,主要业绩是确立了高丽王朝的中央集权体制。完成这一业绩的统治术,便是儒家理念。具体表现为以下两个方面:

　　其一,以儒治国——施善政。

　　成宗在即位第二年,即983年设立十二牧(又称十二州,即扬州、广州、忠州、清州、公州、晋州、尚州、全州、罗州、升州、海州、黄州),选贤良者一人为方伯,掌管行政、兵务,并负责教化、照顾百姓。对此,成宗说:

　　　　见一夫之冒罪则意甚泣辜,闻百姓之居贫则深责己。虽身居官禁而心遍蒸黎,旰食宵衣,每求启沃。听卑视远,冀籍贤良;爰凭方伯之功,允协闾阎之望。效虞书之十二牧,延周祚之八百年。①

这充分反映了成宗心系百姓、视民如子的爱民思想和督励方伯以德治民的心愿。为教导官吏以儒家的德政治国理民,他又于成宗五年(986)连续下诏书说:

　　　　国以民为本,民以食为天。若欲怀万姓之心,惟不夺之农务。咨尔十二牧诸州镇使,自今至秋并宜停罢杂务等事,劝农予将遣使检验以田野之荒辟,牧守之勤怠为褒贬焉。②

---

① 《高丽史·世家》卷3,"成宗二年二月"条。
② 《高丽史节要》卷2,"成宗五年"条。

这是成宗在五月下的诏书。此诏书体现了成宗以民为本,视农事为百姓之要的儒家亲民思想。同年七月,成宗又下诏书说:

> 余闻德为善政,政在养民……我太祖爱置解黑仓赈贷穷民着为常式。今生齿渐繁而所储未广其益。以米一万硕仍改名义仓,又欲于诸州府各置义仓,攸司检点州府人户多少仓谷数目以闻。①

这一诏书反映了成宗积极开设义仓以养民的爱民情怀。其中,"德为善政"、"政在养民"是实现儒家王道政治的根本理念和措施。成宗正是以这样的儒家"德治"、"善政"理念教导官吏要"使民以食"、"怀万姓之心"。这些都表明了成宗将施行儒家的善政,作为维系人心,实现中央集权体制的统治方术。

其二,以儒兴学——仿邹鲁。

成宗为了确立中央集权体制,一方面积极施行善政,另一方面努力兴办学校,以达到通过兴学取才、建立官僚体制而取代土豪地位的目的。

成宗认为要使高丽成为文明的民族、发达的社会,必须兴办学校、弘扬儒学、移风易俗。"王者化成,天下学校为先。祖述尧舜、聿修周孔之道,设邦国宪章之制、辨君臣上下之仪,非任贤儒,岂成朝范。"②王者建功立业的前提是兴学校,讲儒学,即祖述尧舜,聿修周孔。因为只有这样,才能培养出经邦弘化、辨析礼仪的贤儒。

---

① 《高丽史节要》卷2,"成宗五年"条。
② 《高丽史·世家》卷3,"成宗十一年"条。

凭着这样的信念,成宗积极学习宋朝的学制,在成宗五年(986)派遣崔罕、王琳赴宋入国子监学习。最终,在成宗十一年(992)十二月终于在高丽首次创立了国子监(大学)。"十二月大庙成,令在朝儒臣等,议定昭穆位次,禘祫仪礼以闻。下教立国子监,给田庄,亲袷于大庙。"①成宗亲赐土地,并命官员勘察地理,广建书斋、学舍,以保障国子监尽早落成。可见成宗弘扬儒学的迫切心情。

早在成宗六年(987),就在十二州中各置经学博士、医学博士一人,以教育子弟,并将其中优秀者选拔为国家官僚。"今选通经阅籍之儒,温故知新之辈,于十二牧。各差遣经学博士一员、医学博士一员,勤行善诱,好教诸生。则必审量功绩之浅深,超擢官荣而奖励,应其诸州郡县长吏百姓有儿可教学者,合可训诫,勉笃师资。""事君王则忠之始也,立身扬名显父母则孝之终也。忠孝可称,宠荣何悋。自后若有萤窗励志,鳣肆明经,孝悌有闻,医方足用,可其牧宰,知州县官具录荐贡京师。"②成宗认为"忠"与"孝"是儒学的根本,所以建议推荐"忠孝"者"荐贡京师",为国家官吏,以实现以儒治国的宿愿。同时,成宗又担心这些被选官吏,因公务繁忙而荒废学业,于是命翰林院出题,令每月进诗三篇、赋一篇,并令在外文官自为诗三十篇、赋一篇,送翰林院品题以闻。③ 成宗刻意以儒学思想教化民众,选拔官吏,其目的是为高丽王朝培养一支具有"忠"、"孝"道德且能以儒治国的官僚队伍。进而,凭借这批儒官而形成高丽王朝的中央集权体制。

成宗在积极兴办学校,教授儒学的同时,还努力收藏儒家经

---

① 《高丽史节要》卷2,"成宗十一年"条。
② 《高丽史·世家》卷3,"成宗六年"条。
③ 参见《高丽史·世家》卷3,"成宗十四年"条。

籍。早在成宗二年(983),博士壬老成就从北宋带回《太庙堂图记》、《社稷坛图记》、《文宣王庙图》、《祭器图》及《七十二贤赞记》等图书。成宗高瞻远瞩,于成宗九年(991)在西京(平壤)开创修书院(图书馆),广泛收藏儒家书籍。在成宗九年十二月的诏书中,他说:

> 秦皇御宇焚三代之诗书,汉帝应期阐五常之载籍。国家草创之始,罗代丧亡之余,鸟迹玄文烬乎原燎,龙图瑞牒委于泥途。……寡人自从嗣位,益以崇儒。踵修曩日之所修,继补当年之所补。沈隐士二万余卷,写在麟台;张司空三十车书,藏虎观。欲收四部之典籍,以畜两京之府藏。青衿无阅市之劳,绛帐有执经之讲,使秦汉之旧俗,知邹鲁之遗风,识父慈子孝之常,习兄友弟恭之懿。宜令所司于西京开置修书院,令诸生抄书史籍而藏之。①

成宗以中国秦皇焚书、汉帝载籍的历史为鉴,嗣位后,努力修补、收藏儒家图书,并开置修书院,通过图书教育,使秦汉旧俗、邹鲁遗风、儒家礼仪深入人心,达到移风易俗的目的。

对于成宗16年的儒治业绩,高丽末期的大儒李齐贤作了如下评价:

> 成宗立宗庙,定社稷,瞻学以养士,覆试以求贤。励守令,恤其民,赉孝节,美其俗。每下手札,词旨恳恻而以移风易俗

---

① 《高丽史节要》卷2,"成宗九年十二月"条。

为务。①

高丽的儒学、儒风得益于成宗的儒治政策。由此,可以说高丽成宗的儒治理念和业绩,是英明、伟大的,可以同朝鲜世宗的业绩相媲美。②

如果说成宗的儒学观代表了高丽前期儒学的政治理念的一个方面的话,那么崔冲的儒学思想则是高丽前期儒学的另一方面即政教私学的代表。

崔冲(984—1068)字浩然,号惺斋,又号月圃,海州大宁郡人。《高丽史·列传》崔冲条评价他的人品和性情说:"风姿瑰伟,性操坚贞。"崔冲伟岸、大度的君子之相,反映了他忠贞、坚毅的道德品行。崔冲自幼好学,于高丽穆宗八年(1006),登文科状元,当时他只有23岁;显宗时,崔冲任翰林学士、礼部侍郎;靖宗时,他任尚书左仆射参知政事、判西北路兵马事等职,侧重于边塞防守等务;文宗时,德高望重的崔冲被推崇为国家元老,任侍中兼都兵马使之职,即掌有统管军国大事之权,负有定邦定国之责。崔冲70岁时,要求辞职退隐。文宗一再挽留不成,便赋予他推忠、赞道、协谋、同德、致理等功臣号,以示对他的嘉奖。

但是,崔冲的功绩更重要的不在于他是康济国家、保定边关的功臣,而是他在韩国历史上首次建立有规模的私学,被世人誉为"海东孔子"。

高丽光宗于959年,实行了科举制。到成宗年间,为了培养官僚队伍,以确立中央集权制的目的,科举制得到了进一步发展。当

① 《高丽史节要》卷2,"成宗十六年条"末"李齐贤之赞"。
② 参见金忠烈著:《高丽儒学思想史》第4章3节。

时官学的一个主要目的,就是教授培养人才,以应对科举之拔擢。久而久之,文人学子将儒学作为升入仕途的敲门砖,无视儒学修身养性的真谛,也不重视对儒学义理的追求。由此,成宗朝后,逐渐导致文风日衰。崔冲正是看到了这一现象的严重性,为了彰显儒学的人文本色,所以才成为振兴私学的先锋。金忠烈氏对此作了直白说明:

> 居身于政治中枢的崔冲为何不献身于官学,而私下兴办学校,从事教育? 这是因为崔冲看破并痛感学问、教育之本然,即学问的自律和人材教育的开放之重要性。崔冲虽是官场立身的典型人物,但是高迈的学德使他有了在较高的层次发现国家民族存在本质和价值的眼光。这也是因为他知道用现实的并以朝廷利害为主的官学无法达到儒教本然之人文世界。①

关于崔冲私学的授课内容和形式,由于高丽武臣郑仲夫对崔冲文献的毁灭②,现存资料过于贫乏,只能依靠推测。在《高丽史·列传》崔冲条中有如下记载:

> 冲收召后进,教诲不倦,学徒坌集,填溢街巷,遂分九斋曰:乐圣、大中、诚明、敬业、造道、率性、进德、大和、待聘,谓之

---

① 金忠烈:《高丽儒学思想史》,第132页。

② 参见金忠烈著:《高丽儒学思想史》,第144页下(36)注内容为:丽末学者金子粹与元天锡指明,郑仲夫是毁灭崔冲文献及高丽儒者资料的元凶。《海州崔氏文献集》上:"遗传有天道、地道、人道、物道四篇,被郑贼之焚祸无传,为斯文之穷通。"

侍中。崔公徒凡应举子弟,必先隶徒中学焉,每岁暑月借归法
寺僧房为夏课。择徒中及弟学优未官者为教导,授以九经三
史。间或先进来过,刻烛赋诗,牓其次第,唱名以入,设小酌,
童冠列左右,奉樽俎,进退有仪,长幼有序,相与酬唱,及日暮
皆作洛生咏以罢,观者莫不嘉叹。①

这一记载对崔冲私学的基本内容作了概况性的说明。崔冲私学包
括以下几方面内容:

教授设施:

崔冲私学将学生分为九个斋堂进行授课。这九个斋堂名曰:
乐圣、大中、诚明、敬业、造道、率性、进德、大和、待聘。至于为什么
要分九斋进行授业,尚不清楚。金忠烈氏依据中国的《礼记·学
记》所云"古之教者……比年入学,中年考校,一年视离经辨志,三
年视敬业乐群,五年视传习亲友,七年视论学取友,谓之小成,九年
知类通达,强立而不反,谓之大成"②的说法,认为"九斋"与"九
年"(即教学年限和修业内容)有关。按中国唐制,九经的授业年
限为九年。斋堂即现在的教室。分九个教室对学生进行授业。可
能是由浅入深讲授不同的内容。③ 而李丙焘氏认为"九斋"的不同
名称,代表了儒教进修的不同阶段。他还指出"九斋"中的"率性"
和"诚明",都来自于儒家典籍《中庸》。④

教授内容:

崔冲私学的教授内容为"九经三史"。其中"九经"为:《易》、

① 《高丽史·列传》8,《崔冲》条。
② 《礼记·学记》。
③ 参见金忠烈著:《高丽儒学思想史》,第142页。
④ 参见李丙焘著:《韩国儒学史略》,第54页。

《书》、《诗》、《春秋左氏传》、《春秋公羊传》、《春秋穀梁传》、《礼记》、《周礼》、《孝经》，"三史"为《史记》、《汉书》、《后汉书》。中国唐代以科举取士，在"明经"科中，有《三礼》即《周礼》、《仪礼》、《礼记》，三传即《左传》、《公羊传》、《穀梁传》，连同《易》、《书》、《诗》，称为"九经"。可见，崔称私学的教授内容是以汉唐儒学为主。

教授形式：

崔冲私学在教育形式上与官学区别之一是有"夏课"。私学学风较自由、活泼，不只限于在斋堂中研读经史，还利用夏季大好时光，借用山寺僧房、云游山水、陶冶性情，以达儒学修身养性的目的。

教授人员：

崔冲私学的授业人员，多是弟子中的学业优秀者但未被选为官吏的人。这样就逐渐形成了一种为量，一种学风——崔冲儒学，也称为开京儒学。

崔冲的九斋学堂经过十多年的努力，使私学达到了极度的鼎盛，出现了"学徒坌集，填溢街巷"的盛景。

从1050年到1100年，约五十年间，继崔冲私学之后，先后又有十一位学德高尚的儒臣纷纷创办私学。他们是：侍中郑倍杰的弘文公徒（又称熊川徒）、参政卢旦的匡宪公徒、祭酒金尚宾的南山徒、仆射金无滞的西园徒、侍郎殷鼎的文忠公徒、平章金义珍的良慎公徒（也有说为郎中朴明保所设）、平章黄莹的贞敬公徒、柳监的忠平公徒、侍中文正的贞宪公徒、侍郎徐硕的徐侍郎徒、设立者不详的龟山徒，加上为首的中书令崔冲设立的文宪公徒，史称"私学十二徒"。[①]

---

① 参见李丙焘著：《韩国儒学史略》，第53页。

通过上述成宗和崔冲儒学思想的介绍,可以窥视高丽前期儒学的基本内容和特点。这就是以汉唐儒学为主,视儒学为治国理民的重要工具。

自1290年安珦将中国朱子学引入高丽为起点,高丽儒学进入了后期,即以朱子学为基本内容的后期高丽儒学。

所谓朱子学,就是指的程(二程)朱(朱熹)理学一系。这一系由程氏兄弟(程颢、程颐)奠基,最终经朱熹完成。理学中与程朱学派相对峙的是陆王学派一系。这一系的代表人物是与朱熹同时代的陆九渊(陆学)和明中叶的王阳明(阳明学)。这就是说,在中国南宋时,朱子学和陆学已成为显学。而高丽王朝不是从南宋,而是从元朝引进的朱子学,又仅仅是引进了朱子学,而没有引进陆学。因此,笔者以为这要从中国元代学术界的特点和高丽的社会需要两方面来解释。

1271年,蒙古改国号为元。1276年,元军攻陷南宋首都临安,统一了中国。从此,中国历史从南宋进入了元朝。由于元统治者出身于蒙古游牧民族,而被它所征服的中原汉地是一个具有高度文明的地域和优秀传统文化的民族,所以元统治者必须采用中原汉地的理学作为思想统治的工具。这样,程朱理学被正式立为官学。元仁宗于皇庆二年(1313),接受李孟关于"科举得人为盛"的建议,决意实行科举,命程钜夫草《行科举诏》,于十一月颁行。诏书说:"举人宜以德行为首,试艺则以经术为先,词章次之。浮华过实,朕所不取。"规定考试程序,"明经、经疑二问,《大学》、《论语》、《孟子》、《中庸》内出题,并用朱氏(熹)《章句集注》";经义"《诗》以朱氏为主,《尚书》以蔡氏(沈)为主,《周易》以程氏(颐)、朱氏为主"。诏书称科举的目的是"经明行修,庶得真儒之用;风移俗易,益臻至治之隆"。① 与此同时,仁宗还决定"以宋儒周敦颐、程颢、程颐、张载、邵雍、司马光、朱熹、张栻、吕祖谦及故中书左丞许衡从祀孔子庙庭。"②这就标志程朱理学成为了元代社会作为统治思想的官方哲学。

其实,早在元初,元朝统治者对程朱理学就十分重视。1235年,元军攻陷德安(今湖北安陆),令北方学者姚枢网罗人才。姚枢从俘虏中救出南宋理学家赵复(1185—1265),送至燕京。赵复在北方开创了程朱理学新局面。赵复将程朱理学的著作系统地介绍给北方学者,并积极讲授程朱理学,还建立了程朱理学师承传授系统。如被称为元代北方理学宗师的许衡(1209—1281)就是最早接受赵复程朱理学思想的学者。许衡深受元祖忽必烈的信任和重用,一度出任中书左丞、数度担任国子祭酒(即学长)。在政治上,他主张行汉法;在思想上,他是朱熹的崇拜者。许衡在元统治者的支持下,努力用朱熹思想教授生徒(包括蒙古贵族子弟),形成了鲁斋学派。由此,使朱子学成为元代赖以立国的精神支柱。

由于元代统治者只尊奉程朱理学,并将其立为官方哲学,所以对于与其对立的陆九渊心学则在排斥之列。如吴澄(1249—1333)任国子司业时,因讲"朱子于'道问学'之功居多,而陆子静以'尊德性'为主。问学不本于德性,则其弊必偏于言语训释之末,故学必以德性为本,庶几得之。"遂遭非议,认为吴澄提倡陆学,是与许衡唱反调。"非许氏尊信朱子本意"。③ 正因为官方崇

---

① 《科举》1,《元史》卷18,中华书局1976年版。

② 《仁宗纪一》,《元史》卷24。

③ 《科举学校之制》,《元史纪事本末》卷8。

奉朱子学,排斥陆学,所以陆学只能在南方江西、浙东地区的民间流传。①

从上述论述中可以看到中国元代学术界的两大特征:一是出于元代统治者的需要,将朱子学定为官方哲学,在元代学术界享有独尊地位。二是排斥与朱子学不同调的陆学,致使陆学只能在中国南方民间流传。

中国元代学术界的这两大特征决定了高丽学者从元代引进的只能是朱子学。

南宋宋宁宗庆元元年(1195),因宰相赵汝愚被罢而导致朱子学遭禁。朱熹去世时(1200),朱子学还处于受打击、被排斥的处境。这一现象继续到宁宗嘉定二年(1209),朱熹被追召"谥曰文",称"朱文公"。而这段时间的高丽国,正是武臣执权、文教沉滞的衰退期。高丽毅宗末年(1170),将军郑仲夫等武臣激愤发乱,废除毅宗、虐杀大小文臣,史称"庚癸之乱"。之后,政权归于武臣手中,跋扈朝廷、儒学没落,相继百年,一直到元宗末年(1274)。在这段时间,高丽国派去前往南宋和元的使臣多是武将。这些武将不可能将朱子学引入回国。即使派去的文臣,在朱子学遭禁和高丽武臣执权的情况下,也不可能引进朱子学。

高丽忠烈王十五年(1289),安珦(1243—1306)随忠宣王赴元京,得以自由地会见当地学者,阅览有关朱子学的书籍并手抄新刊《朱子全书》。忠烈王十六年(1290),安珦回国,将朱子学传入高丽。安珦崇拜朱熹,以朱熹的号——晦庵为榜样,自号晦轩,并在居室里悬挂朱子像。安珦归国后,努力传授朱子学。他在国子监,向学生宣讲朱子学的重要性时说:

---

① 参见徐远和著:《理学与元代社会》,人民出版社1992年版,第1—10页。

> 吾曾于中国,得见朱晦庵著述。发明圣人之道,攘斥禅佛之学,功足以配仲尼。欲学仲尼之道,莫如先学晦庵。①

这表明安珦认为朱熹继承并发展了孔子思想,劝勉后来学子要学孔子,就先要学朱熹。可见,朱熹在他心目中的地位和价值。为此,安珦也被称为是韩国历史上最早的朱子学者。

继安珦之后,尚有两位重要的赴元学者白颐正和权溥,他们在将朱子学引入高丽方面,亦作出了不可磨灭的贡献。

《栎翁稗说》记载:

> 白彝斋从德陵,留都下十年多,求程朱性理之书以归。②

这里的白彝斋是白颐正(1260—1340)的号。他曾伴忠宣王在元十年左右。学习程朱理学而后归国。据金忠烈氏考证,白颐正是在忠烈王三十一年(1305)入元,在忠肃王元年(1314)归国。《东国通鉴》忠肃王元年春正月条中记有:"白颐正金议评理时,程朱之学始行中国,未及东方,颐正在元得而学之东还"。白颐正在元学习朱子学期间,正是元统治者将朱子学定为官学之际。所以,他深知朱子学的重要性。归国后,将朱子学传授给了李齐贤。后经李齐贤的传授,在丽末鲜初形成了高丽朱子学的系谱。可以说,白颐正的作用是奠定了高丽朱子学传承的基础。

---

① 《晦轩集·谕国子诸生文》,参见金忠烈著:《高丽儒学思想史》,第274页。

② 《栎翁稗说》,《丽季明贤集》,成均馆大学校大东文化研究院1995年,第356页。

《栎翁稗说》记载：

> 我外舅政丞菊斋权公得《四书集注》镂板以广其传，学者
> 又知有道学矣。①

这里的权公即权溥（1262—1346），曾于1302年至1309年间，两次
赴元学习朱子学。由于程朱理学重视"四书"，所以当时中国社会
以《论语》、《孟子》、《大学》、《中庸》为刊行普及读本。权溥注意
到这一现象，回国后，努力刊行普及朱熹的《四书集注》。正是由
于权溥对朱熹《四书集注》本的刊行和普及作用，才导致了高丽儒
学由以前的汉唐儒学一律转向了朱子学。而这正是权溥对引进朱
子学的功绩。

　　当时入元的高丽学人大多滞留于元大都（中国北方）一带，所
以只知作为官学的朱子学，而不闻散落于中国南方一带的陆学。
其结果，被引入高丽的就只能是朱子学。而朱子学被引入高丽社
会后，很快便形成了朱子学的传承学脉，并在传承过程中，将朱子
学嬗变为韩国性理学。

　　李齐贤（1287—1367）则是高丽朱子学学脉中的一位重要
学者。

　　李齐贤号益斋、实斋、栎翁，字仲思，权溥之贤婿。他天资聪
慧，15岁时登成均试状元榜，28岁时向白颐正学习程朱理学并被
忠宣王选贤送入元京万卷堂，进一步学习朱子学。《高丽史·列
传》中《李齐贤集》有这样的记载：

---

　　①　《栎翁稗说》，《丽季明贤集》，第356页。

　　　　忠宣以大尉留燕邸,构万卷堂,书史自误,因曰京师文学
之士,皆天下之善,吾府中未有其人,是吾羞也,召齐贤至都。
时姚燧、阎复、元明善、赵孟頫等,咸游王门,齐贤相从学益进,
燧等称叹不止。①

　　上文中提到的阎复、赵孟頫是元代著名的大文豪,而姚燧和元明善
更是元代程朱理学的著名学者。

　　姚燧(1238—1313)是元代理学宗师许衡的大弟子。他在许
衡之门的地位,堪与孔门的子游、子夏相比拟。他以弘扬程朱理学
为己任。

　　元明善(?—1322)是吴澄草庐学派的重要传人之一。他以
理学经学而闻名于世。②

　　李齐贤与他们在一起相切相蹉,成为对程朱学有很深造诣的
学者。他认为朱子学是学习儒学的捷径,程朱之书是教化修养的
向导。他在《栎翁稗说》中讲:"吾家有朱晦庵注,读之所谓涣然冰
释"③,又在《益斋乱稿》中说:"天下同文,家有程朱之书,人知性
理之学,教之王道,亦庶几矣"④。这些言论反映了他对程朱学的
理解和喜爱。李齐贤回高丽后,积极教书育人,传播朱子学。尤其
是培育了李穀和李穑这对著名的父子学者,成为高丽儒学史上的
一段佳话。

──────────

　　① 《高丽史·列传》卷23,"李齐贤"条。参见金忠烈著:《高丽儒学思想
史》,第275页。
　　② 参见徐远和著:《理学与元代社会》第68、125页。
　　③ 《栎翁稗说》,《丽季明贤集》,第366页。
　　④ 《益斋乱稿·下策问》,《丽季明贤集》,参见金忠烈著:《高丽儒学思想
史》,第284页。

李穀(1298—1351)号稼亭,李齐贤之门人。李穀35岁时赴元,并在元翰林院做过官。

在学风上,李穀继承了李齐贤广博汲取经、史、子、集而又致力于政教的求实风气;在学理上,他更倾向于对心性问题的研求。如他说:

> 心者一身之主,万化之本,而人君之心,出治于原,天下治乱之机也。故人君正心以正朝廷,正朝廷以正百官,而远近莫敢不一于正德于心。
>
> 古之人主知其然,而欲平天下者,先治其国;欲治其国者,先齐其家;欲齐家者,先修其身;欲修其身者,先正其心,未尝须臾不从事于心。①

李穀认为"万化之本"、"一身之主"就是"心",而"心"之正邪会导致政治上的王霸之别,所以"正心"是根本。关于"正心"的修养功夫,他主张"主敬"说。

> 勤则为君子,惰则为小人,……然勤者有义利之分,鸡鸣孜孜,舜拓俱有焉,故必以敬为主。②

这些思想都是程朱学的基本内容。

而同是李齐贤弟子的李穡,与其父李穀相比较,是青出于蓝而

---

① 《廷试策》,《稼亭集》卷13,参见《稼亭集·牧隐集·麟斋集》卷1,成均馆大学校大东文化研究院1973年版,第87页。

② 《题跋》,《稼亭集》卷7,参见《稼亭集·牧隐集·麟斋集》卷1,第52页。

胜于蓝。李穑成为高丽后期朱子学传承系列中的关键人物。这主要是因为他在朱子学向着高丽性理学演绎、发展中作出了重要贡献。

作为李穑弟子的郑道传、权近(二传弟子)、吉再(三传弟子)都成为了丽末鲜初著名的朱子学者。

而被誉为东方理学之祖的郑梦周则以独学方式在丽末儒学史上占有显著地位。

高丽儒学的基本特点有二:一是高丽前期儒学主要以儒释结合形式表现出来。因为高丽王朝是以佛教为主的社会,所以这时的儒学多通过与佛教相互补济的方式呈现。二是高丽后期的儒学尤其是丽末鲜初的儒学则具有很强的性理性,即对儒学主张心性修养方面的发扬。

高丽儒学在韩国儒学史上具有指导性价值,郑道传通过对佛教批评而高扬儒学的思想,奠定了儒学在朝鲜王朝五百年间的绝对统治地位,权近"以图解说"的方法成为了朝鲜儒学者治学的一种通常使用的方法,他关于"四端"与"七情"的思想成为朝鲜儒者"四七论辩"的滥觞。

第二节　高丽太祖的《十训要》和崔承老
《时务论》中的儒学

高丽前期儒学主要是由中国传去的汉唐儒学。汉唐儒学的基本内容是政治哲学。这是因为中国儒学产生于社会与政治的需要。春秋战国时代,礼崩乐坏,社会陷于混乱,各诸侯纷争,以强凌弱,以众暴寡,人民陷入苦难的深渊。这时有许多有识之士奋起,提出各自的政治主张,目的在于消除战乱,恢复社会正常秩序,同时探讨战乱的深层原因,设计长治久安的治国方略。儒学创立者孔子及其弟子特别关切社会现实问题,提出自己的政见,周游列国,四处奔波,目的在于说服诸侯王施行仁政,拯救苦难的人民。他们的儒学产生于战乱,介入于政治,形成了有特色的政治哲学。

孔子的终极关怀应该是天下太平。他的理想人格就是古代圣王。例如,尧,"唯天为大,唯尧则之。"(《论语·泰伯》)舜,"无为而治者,其舜也与?"(《论语·卫灵公》)尧、舜都是古代圣王,伟大的政治家。这正是孔子极力推崇的对象,是他的理想人格的化身。

孔子所提倡的仁、义、礼、智、信,过去都把它们只看做伦理的范畴,实际上都与政治有密切的关系。关于仁,孔子及其学生都有一些论述。子贡问:"如有博施于民而能济众,何如? 可谓仁乎?"孔子说:"何事于仁! 必也圣乎! 尧、舜其犹病诸! 夫仁者,己欲立而立人,己欲达而达人。能近取譬,可谓仁之方也已。"(《论语·雍也》)"博施于民而能济众"的人,能"立人"、"达人"的人,自然不是普通百姓,应该是有一定权力的政界人物。如果说这里还有疑义的话,那么,我们可以从《论语》的另一段话中看到明确的论述。仲弓问仁,孔子说:"出门如见大宾,使民如承大祭。己所不欲,勿施于人。在邦无怨,在家无怨。"(《论语·颜渊》)诸侯统治的国称为"邦",卿大夫统治的封地称为"家"。这里讲的就是统治"邦"、"家"的主宰者,就是诸侯、卿大夫。上述"使民"更明确了他们统治者的地位。所谓"己所不欲,勿施于人",就是不要对百姓滥施淫威。

关于义,孔子讲到"君臣之义",讲"君子喻于义","其使民也义",就是说掌握权力的君子要知道义,"使民"也要符合义,总之,"君子之仕也,行其义也。"(《论语·微子》)当官的实际内容就是行义。行义,包括对上级的忠诚,对同僚的和谐,也包括合理的

"使民"。使民，就是役使人民、统治人民。

礼，主要是等级制度。"君使臣以礼"（《论语·八佾》），臣"事君尽礼"（同上），"上好礼，则民莫敢不敬"（《论语·子路》），"上好礼，则民易使也。"（《论语·宪问》）礼是用于处理人际关系的仪式，特别是处理君臣关系以及君臣与民的关系。这些关系主要也是政治关系，是统治与被统治的关系。

智，就是知人，知人为了善任。任贤使能，则是政治活动中的一项重要内容。樊迟问知，孔子说："知人。"樊迟不明白，孔子又作解释："学直错诸枉，能使枉者直。"樊迟还不明白，又去问同学，子夏说："富哉言乎！舜有天下，选于众，举皋陶，不仁者远矣。汤有天下，选于众，举伊尹，不仁者远矣。"（《论语·颜渊》）拿直的木板放在弯的木板上面，能使弯的木板变直。这是一种比喻。提拔正直的人去管理百官，百官中有些邪念歪风的人也会变成正直的人。舜选拔皋陶，不正派的人就离开朝廷。汤选拔了伊尹，不正派的人也都离开朝廷。智者知人，讲的就是知人善任，就是政治问题。

信，守信用，主要是对人民守信用，取信于民。作为国君，要取信于民。子贡问政时，孔子说："足食，足兵，民信之矣。"这三者，前两者都可以在不得已的特殊情况下暂时去掉，而取信于民是任何情况下也不能丢失的，因为"民无信不立"（《论语·颜渊》）。孔子又说："上好信，则民莫敢不用情。"（《论语·子路》）对于士人来说，首先要取得上级的信任，才能当官任职，"信则人任焉"（《论语·阳货》）。当了官，也要在取得信任以后，才能进谏，否则，提意见就可能被误解为攻击。子夏说："信而后谏；未信，则以为谤己也。"对于人民，也要在取得信任以后，才能役使他们，否则，人民就会以为是虐待他们。"君子信而后劳其民；未信，则以

为厉己也。"(《论语·子张》)

　　说天讲命,论道议德,圣贤、礼乐、忠孝、刑政、教化、学思,几乎讨论一切问题,孔子及其弟子都围绕着政治这个中心。可以说,春秋末期,孔子和弟子们所创立的儒学,就是以政治为中心的学说,就是关切社会的政治哲学。

　　子夏说:"学而优则仕。"(《论语·子张》)学习优秀的人就可以当官。孔子说:"诵《诗》三百,授之以政,不达;使于四方,不能专对;虽多,亦奚以为?"(《论语·子路》)把《诗》三百篇都背诵了,委任他官职,他处理不好政务;派他当外交使节,又不能独立应对;背的诗虽然多,又有什么用呢? 孔子认为学《诗》不是为了背给别人听的,而是为了提高处理政务和外交的实际能力。这就是"学而优则仕"的道理。如果让没有学好的人去当官,孔子就会说:"贼夫人之子。"(《论语·先进》)这简直就是害人子弟。后世有权有势的官僚总喜欢做这种害人害己的事,前仆后继地把自己不争气、不成才的子弟安插到各级官职上去,最后招致身败名裂,甚至破家灭族之祸。孔子提倡的就是"读书做官论"。读书为了做官,读好书是为了做好官。

　　战国时代的儒家亚圣孟子提出仁政学说,完全是明确的政治哲学的思想体系,他所讲的人性有善端,是给仁政的政治哲学奠定了理论基础。战国后期的大儒荀子提出隆礼重法,把礼、法作为整个政治哲学的两大理论支柱。他的学生韩非和李斯强调法,忽视礼,其学说成为很偏颇的"一断于法"的法家理论。法家理论使秦胜六国而一统天下,也使秦败于农民起义,也可以说是"成也萧何,败也萧何"。

　　汉代大儒董仲舒继承孔、孟、荀和《公羊学》的思想,并吸收从先秦到汉初诸子百家的思想,推演出一套天人感应说、灾异谴告

说,提出天人三对策,著成《春秋繁露》一书,大讲阴阳五行,颇似
方术之士的论调。深入探微,就会发现,这些烟幕之下掩盖着的正
是适应汉代现实需要的新的政治哲学。他的大一统论是为了加强
中央集权,巩固统一政权。他的独尊儒术是强调用孔子的思想统
一天下思想,以维护政治的统一。这是一套比较系统的政治哲学。
它在汉代几百年中对政治有指导作用,对后来的两千多年封建社
会有深刻的影响。①

　　当这种具有强烈政治哲学色彩的儒学传入高丽社会后,高丽
前期的儒学也染上了政治哲学的浓厚色调。不过,在高丽社会背
景下,这种以政治哲学为主的儒学又与中国的汉唐儒学有所不同。
这种不同形成了高丽前期儒学的特点。其特点主要有两点,一点
是强调以儒为主的儒释道的和合,一点是强调儒学的"时中论"。
这两个特点集中反映在高丽太祖王建的《十训要》和高丽重臣崔
承老的《时务二十八条》之中。

一、太祖的《十训要》

　　高丽太祖王建(877—943)是高丽王朝的开创者,即位19年
便统一了后三国,勤政八年,为五百年高丽王朝的基业,奠定了基
础。太祖的治国理念是以儒学为主的儒释道的和合。这诚如韩国
学者李丙焘氏的评价:

　　　　儒教与佛教,在(高丽)前期和中期,别无冲突之事,却为
　　　表里,以资于一代文运。苟以当时一般人的观念言之,儒与

---

　　① 参见周桂钿主编:《中国传统政治哲学》,河北人民出版社2001年版,第
15—18页。

佛,俱为切实乎人间之教学。而儒则置重于人间之外的生活
(即实际生活),以之整齐国家;佛则主眼于人间之内的生活
(即精神生活),以之慰安之心。换而言之,前者是齐家理国
之学,即政治经济之学;而后者是修身治己、安心立命之教,即
有关于来世生活之教理。……当时儒佛两教,实因此而并立,
而又互为表里,其关系较为密切。①

按照李丙焘氏的说法,儒教是治国的"表",而佛教是修身的"里",
表里相依。这种互为表里的儒佛关系,最明晰地反映在太祖的
《十训要》之中。

《十训要》是太祖为使后代君王避免安逸与情欲,严守纲纪,
早晚必须思想的十条训诫。943年4月,太祖在死前一个月,将大
臣朴述希(? —945)请到内殿,以遗言的口气转达了有关国体、国
事、大经、大法等十项,并使后代君王遵行。《十训要》的具体内容
如下:

(一)我国家大业,必资诸佛护卫之力。故创禅教寺院,
差遣住持焚修,使各治其业,后世奸臣执政,各业寺社争相换
夺,切宜禁之。

(二)诸寺院皆道诜,推占山水顺逆,而开创道诜云:吾所
占定外,妄加创造,则损薄地德,祚业不永。朕念后世国王公
侯后妃朝臣,各称愿堂;或增创造,则大可忧也。新罗之末,竞
造浮屠,衰损地德以底于己,可不戒哉。

(三)传国以嫡,虽曰常礼,然丹朱不肖,尧禅于舜实为公

①　李丙焘:《韩国儒学史略》,第75页。

心,若元子不肖,与其次子又不肖,与其兄弟之众所推戴者,俾承大统。

(四)惟我东方,旧慕唐风。文物礼乐,悉遵其制。殊方异土,人性各异,不必苟同。契丹是禽兽之国,风俗不同,言语亦异,衣冠制度,慎勿效焉。

(五)朕赖三韩山川阴佑,以成大业。西京水德调顺,为我国地脉之根本,大业万代之地。宜当四仲巡驻留过百日,以致安宁。

(六)朕所至愿,在于燃灯、八关。燃灯所以事佛,八关所以事天灵及五岳名山大川龙神也。后世奸臣建白加减者,切宜禁止。吾亦当初誓心会日不犯国忌,君臣同乐宜当敬依行之。

(七)人君得臣民之心为甚难。欲得其心,要在从谏远谗而已。从谏则圣,谗言如蜜,不信则谗自止。又使民以时,轻徭薄赋,知稼穑之艰难,则自得民心,国富民安。古人云:芳饵之下必有悬鱼;重赏之下必有良将;张弓之外必有避鸟;垂仁之下必有良民。赏罚中则阴阳顺矣。

(八)车岘以南,公州江外,山形地势,并趋背逆,人心亦然。彼下州郡人,参与朝廷,与王侯国戚婚姻,得秉国政,则或变乱国家,或御统合之怨,犯跸生乱。且其会属官寺奴婢津驿杂尺,或投势移免,或附王侯官院,奸巧言语,弄权乱政,以致灾变者必有之矣。虽其良民,不宜使在位用事。

(九)百辟群僚之禄,视国大小以为是制,不可增减,且古典云:以庸制禄官,不以私。若以无功人,及亲戚私昵,虚受天下禄,则不止下民怨谤,其人亦不得长享福禄,切宜戒之。又以强恶之国为邻,安不可忘危,兵卒宜加护恤,量除徭役,每年秋阅勇铣出众者,随宜加授。

（十）有国有家,儆戒无虞。博观经史,鉴古戒今。周公大圣无逸一篇,进戒成王,宜当图揭,出入观者。①

上述十项中,（一）、（二）、（五）、（六）、（八）等五项训要是有关阴阳浮屠即佛教、道教的内容,而（三）、（四）、（七）、（九）等四项训要与儒学有直接的关系。《十训要》的内容是儒、释、道的融合,即互为表里。

所谓儒教的"表",是说太祖《十训要》的宗旨在于强调高丽王朝治国理民的指导思想是儒家思想。太祖以儒学为治国原理,积极寻求政治上的安定,以期达到国富民安的目标。例如《十训要》第三条,是对儒家"天命"思想的继承。

《十训要》的第三条揭示了王位继承的次序和原则。即以长子继承大统为原则,在长子不肖时,推戴次子或兄弟中之贤能者。长子继承法是中国周代以来的传统儒家宗法思想。太祖在此特别举尧因子丹朱不肖而将王位禅让给舜的例子,并称誉尧的公正无私。其实,太祖以尧为楷模,是在宣扬儒家的"天命"思想。这种"天命"思想正如中国大儒孟子在《尽心》章里所说的"莫非命也,顺受其正"之命,即"天命"。高丽王朝的重臣崔承老认为王建太祖的高丽王国创业,就是儒家的"天命"。

洪儒同裴玄庆、申崇谦、卜智谦等人推戴王建为新王时,曾说:"弓裔纵虐大甚,淫刑以逞。杀妻、戮子、诛夷臣。僚民涂炭,疾之如仇。桀纣之恶,无以加也。废昏立明,天下之大义,靖公行殷周

---

① 《太祖世家》,《高丽史》卷2。

之事。"①很明显,这是儒家的"天命"思想。事后,崔承老也以儒家"天命"思想评价王建创高丽之举。"我太祖神圣王之御极也,时当百六,运协一千,当初剪乱夷凶,天生前主而假手,在后膺图受命,人知圣德以归心,于是,值金鸡自灭之期,乘丙鹿再兴之运。"②其中,"天生前主而假手"的意思是说,天是无形的,所以生有形的王建,来替天行道,秉承天意,创建了高丽。"膺图受命,人知圣德以归心"则暗示太祖受天之命创立高丽,人心归之乃是天的意志。"乘丙鹿再兴之运",即"丙鹿"为"丽",意为"高丽"王朝诞生了。

《训要》第七条,是对儒家"民本"思想的继承。《训要》第七条说人君收拾民心之要在从谏言,远谗言,使民以时、减赋税、轻徭役、知农民之艰,"垂仁之下必有良民"。人君只有"自得民心",才能"国富民安"。显然,太祖治理国家的统治原理是依据儒家的"民本主义"思想和爱民思想。

《训要》第九条,是对儒学"王道"思想的继承。《训要》第九条强调人君要体恤大小官吏和全军将士,并须加强官纪,提高士气。其中反映了太祖的"王道"思想和"王者"风范。例如从新罗末到高丽初,西北方的边民不断受到外敌的往来侵扰,太祖派良将镇守边关,结果无须寸刃之劳,外敌归顺,并称颂太祖知人善任的智慧和博大的胸襟。对于南方的后百济,太祖亦使用怀柔方针,在太祖仁者无敌的派势下,后百济人或临阵投降,或望风慑服。对于被逆子逐出的后百济首领建勋,太祖以厚礼相迎,他殂没后,赙赠丰厚。总之,在兼并后百济之中,太祖爱护穷民,加以慰谕,下令诸军,秋毫不犯,充分体现了儒家的"王道"思想。

---

① 《高丽史·列传·洪儒》。
② 《高丽史·列传·崔承老》。

又如,太祖统一后三国以后的八年间,勤政治国,事大以礼,礼贤下士,崇尚节俭;于太平之中无逸乐,宫室简陋,勉强遮挡风雨,衣着朴素,只能抵挡寒暑;深知民间的情俗,并能预知万事的安危,因而能不失时机地赏罚,雅正不共其道,又深知劝惩之道,通帝王之体统,充分体现了儒家的"王者"为人。①

对于太祖的以"王道"治国理民的业绩,崔承老评价为"知人善任,惩恶不殆,尊信佛教,崇尚儒术,具备君王一切之德,且胸怀保国之策"②。

《训要》第十条,是强调儒学教育的重要性。在《训要》第十条中,太祖提示统治国家的帝王须警戒不虞之患,广研经学、史学,以古鉴今;并将周公诚成王之书画成图,挂于墙上,出入必省视,以示不忘。可见,太祖虽武人出身,但他并修文德,认为巩固国家之基,必以儒家思想治之。为此,不仅诚告后世帝王要广研儒书,而且在世之时,统率文武百官并使臣民及子弟学儒书,行儒礼。

新罗亡国前六年,已有"大学"的存在。太祖即位后,亲赴西京(今平壤)创设学校,集合六部生徒,立廷鹗为书学博士。"大学"教科内容以儒教经典为本科,法学、医学、算学为别科。对于教育有成就者,太祖下赐布匹、谷食奖励。此外,为使臣民明事人君及父母之礼节,鼓吹儒教的忠孝思想,太祖著《政戒》一卷和《戒百寮书》八篇颁布全国。可见,太祖对儒教教育的重视和用心。对此,高丽名人李齐贤评价说:"昔太祖经纶草昧,日不暇给,首兴学校,作成人才。一幸西都,遂命秀才延鹗为博士,教授六部生徒,赐彩帛以劝,颁廪禄以养,可见用心之切矣。光庙之后,益修文教,

---

① 参见:《韩国哲学史》(中),第62—63页。
② 《高丽史·列传·崔承老》。

内崇国学,外列乡校,里庠党序,绝诵相闻,所谓文物侔于中华,非过论也。"①朝鲜朝英祖对于太祖创设学校、以儒家思想培育国家栋梁之举,也有极高的评价:"高丽朝五百年之根基乃于此而立。"②

英祖的话,一语中的。由于太祖以儒家思想为治国理念,以儒学为"表",为高丽后世君王立下了治国之本,所以到六祖成宗时,高丽王朝一派兴盛,即"中兴之期"来到了。

所谓佛、道为"里",是说太祖在《十训要》中,把佛教和道教信仰作为镇护国家的一种形式。也就是说,太祖通过对佛教法力和道教阴阳地力信仰这种形式,而要达到镇护国家、保佑臣民的目的。例如《训要》第一条开宗明义就宣称:"我国家大业,必资诸佛护卫之力"。

高丽佛教堪称"国教"。太祖继位,广弘佛法,遍建寺院。太祖二年,在开城建有法王、王轮、慈云、内帝释、舍那、天禅院、新兴、文殊、圆通、地藏十个寺,太祖四年,在五冠山建大兴寺;太祖五年,在开城建日月寺;太祖七年,在开城建外帝禅院、神录院;十九年,又建广兴、现圣、弥勒、内天王等寺院,同年还在镇岑创建了开泰寺。此外,太祖在开城还建有广明寺、兴国寺、普济寺、智好寺、龟山寺、开国寺,在西京(平壤)建有重兴寺等。高丽中期的文人李奎报说:"我太祖大王由于哲师秘要,崇信宗门(佛门),对其大开五百禅宇,阐扬心法。"③

《训要》第二条是说寺院的建立,须经风水家道诜(827—898)

---

① 《高丽史·列传·李齐贤》。
② 《三国史记·太学志》。
③ 参见《韩国哲学史》(中),第18页。

占卜山水,根据地理的顺逆而建,否则随意在道诜推断的地点以外建立寺院,会损薄地德(地力),危害国家基业的稳固。新罗末期,争相造设寺院,损衰了地德,终于导致国家灭亡。这是一条重要教训。

《训要》第五条是讲按照三韩山川的阴佑(地气),才完成了统一大业。西京因水德调顺,是半岛山脉的根本,历代大业(首都)之地。所以要在子、午、卯、酉四仲年巡驻,经百日,国家王业才得以安宁。

《训要》第六条是强调行佛事和道教仪式,以祈祝国泰民安。"朕诚望之事在于燃灯和八关"。燃灯是事佛,为燃灯会;八关是敬天灵、五岳、名山大川之龙神,为八关会。燃灯会和八关会的仪式基本相同,燃明灯、设酒果、唱歌跳舞,旨在君臣共享同乐之际,让诸神喜悦,祈求保佑国家和王室的安乐。

《训要》第八条是以山水之顺逆阐述国家之安危。太祖认为,以开京作为中心来看,车岭山脉和锦江以南的山水形势,因是背逆之势,所以这些地方的人心也有背逆性。如果录用这些地方的人为官,便会背叛高丽王朝,所以即便是良民,也不可使其为官。

以上是《十训要》关于佛教和道教基本内容。这些基本内容反映了高丽宗教的特点,即现实性和地力信仰。佛教的立身安命处是在"来世",即摆脱现实的人间问题而追求将来。所以,佛教对现实采取消极态度。但是高丽佛教重视现实,关心现实。有关佛教的法事、斋会等佛事,都是为了祈求成全现实社会的安宁、平和。地力信仰是指对风水地理的土俗信仰,这种信仰可视为道教内容的一部分。太祖强调不论是建寺、设都,还是选官,都以阴阳地力说为准。如果符合阴阳地力说,则国兴;如果违背阴阳地力说,则国亡。

在这里,佛教的现实性和道教的地力信仰表明了,太祖试图在佛教和道教的宗教仪式下,达到以儒教治理国家的实质目的(实质内容)。由此,使儒、释、道三教达到了互为表里的三教和合。关于这种三教和合,太祖自己也作过说明。太祖建国之初,大兴阴阳浮屠。参谋崔凝谏曰:

> 当乱修文以得人心,王者虽当军旅之时,必修文德,未闻依浮屠阴阳以得天下者。[①]

太祖回答说:

> 斯言,朕岂不知之?! 然我国山水灵奇介在荒僻土性,好佛神欲资福利。方今兵革未息,安危未决,旦夕牺惶不知所措,思佛神阴助山水灵应,傥有效于姑息耳。岂以此为理国得民之大经也? 待定乱居安,正可以移风俗,美教化也。[②]

在此可知,太祖好阴阳浮屠,是为了安抚不安之民心,没有"以此为理国得民之大经"。他坚信治国大本在以儒学"移风俗,美教化"。

以上表明太祖《十训要》的基本思想是强调以"儒"治国。其中所反映出来的"天命"思想和"民本"思想是对中国传统政治哲学的继承和发扬。因为在中国儒家的传统政治哲学中,"天命"论和"民本"论占有重要地位。"天命论"被视为政治哲学的基石,

---

① 崔滋:《补闲集》卷上,参见金忠烈著:《高丽儒学思想史》,第84页。
② 崔滋:《补闲集》卷上,参见金忠烈著:《高丽儒学思想史》,第85页。

"民本论"被看做政治哲学的中心内容。而《十训要》的第三、七、九条都在讲述这两个问题,可见,"天命"和"民本"在太祖思想中所占的分量。这也表明了太祖的儒家政治哲学思想。但基于高丽初期社会中的佛教和风水信仰(道教),太祖的这种儒家政治哲学又必须与佛、道糅合在一起,以儒释道和合的形式呈现出来。这就构成了高丽初期的儒家政治哲学与中国传统儒家政治哲学的一个重要区别点。

二、崔承老的《时务二十八条》

崔承老(927—989)是庆州系儒臣,自幼聪明好学,深得太祖喜爱。他12岁时,太祖召见并命他读《论语》。崔承老朗朗上口,一气呵成。太祖为嘉奖他,使隶属于元凤省(如翰林院)学士。以后,崔承老供职于丽初的太祖、惠宗、定宗、光宗、景宗、成宗六朝。至成宗时,他已经是近六十岁的老人了。成宗即位,寻求治国之术,崔承老知道成宗抱有至治的心愿与实践能力。于是,崔承老上书治理国家之策,即《时务二十八条》。后因庚戌兵难流失了其中的六条,故今人看到的是22条。22条的具体内容如下:

(1)我国家统一以来四十七年,士卒未得安枕,粮饷未免糜费者,……而防戍之所多也,愿圣上以此为念。……乞择要害以定疆域,选土人能射御者,充其防戍,又选其中二三偏将,以统领之,则京军免更戍之劳,刍粟省飞輓之费。

(2)窃闻圣上为设功德斋,或亲碾茶或亲磨麦。臣愚深惜圣体之勤劳也。此弊始于光宗,崇信谗邪,多杀无辜。感于浮屠果报之说,欲除罪业,浚民膏血,多作佛寺。或设毗卢遮那忏悔法。或斋僧于毬庭,或设无遮水陆会于归法寺,每值佛斋日,必供乞食僧,或以内道场饼果出施丐者,或以新池穴口与摩利山等处,鱼梁为放生所。一岁四遗,使就其界,寺院开演,佛经又禁杀生,御厨肉膳,不使宰夫屠杀,市买以献。至令大小臣民,悉皆忏悔,担负米豆柴炭马料,施与中外道路者,不可胜纪。然以既信谗诉,视人如草莽,诛杀者堆积如山,常竭百姓膏血,以供斋设,佛如有灵,岂有应供。当是时,子背父母,奴婢背主。诸犯罪者,变形为僧,及游行乞丐之徒,来与诸僧,相杂赴斋者亦多,有何利益。又使僧善会主其施与,其僧以饼米妄费于他缘,此不得寿终,曝尸道旁,时议讥之。愿圣上正君王之体,不为无益之事。

(3)我朝侍卫军卒,在太祖时,但充宿卫宫城,其数不多。及光宗信谗,诛责将相,自生疑惑,简选州郡,有风彩者入侍,时议以为繁而无益。王景宗朝,虽稍减削,于今时其数尚多。伏望尊大租之法,但留骁勇者,除悉罢遗,则人无嗟怨,国有储积。

(4)圣上以浆酒鼓豪,施与行路。臣窃圣上,欲效光宗,消除罪业,普施结缘之意。此所谓"小惠未遍"也。若明其赏罚,惩恶劝善,足以致福,如此碎事,面人君为政之体,乞罢之。

(5)我太祖情专事大,然犹数年一遗,行李以修聘礼而已。今非但聘使,且因贸易,使价烦伙,恐为中国之所贱,且因往来,败船殒命者多矣。请自今因其聘使,兼行贸易,其余非时买卖,一皆禁断。

(6)佛宝钱谷,诸寺僧人,各于州郡,差人勾当,逐年长利,劳扰百姓,请皆禁之。以其钱谷,移置寺院田庄,若其主典有田丁者,并取之以属于寺院庄所,则民弊稍减矣。

(7)王者之理民,非家至而日见之。故分遗守令,往察百姓利害,我圣祖统合之后,欲置外官。盖因初创,事烦未遑。今窃见乡豪,每假公务,侵暴百姓,民不堪命。请置外官,虽不得一时尽遣,先于十数州县,并置一官,官各设两三员,以委抚字。

(8)伏见圣上,遣使迎屈山僧,如哲入内。臣愚以为,哲果能福人者,其所居水土,亦是圣上之有,朝夕饮食,亦是圣上之赐,必有图报之心。每以祝厘为事,何烦迎致,然后敢施福耶?善者有善会者,规避徭役,出家居山。光宗致敬尽礼,卒之善会暴死道旁,曝露其尸,如彼凡僧,身且取祸,何暇福人。请放哲还山。免致善会之讥。

(9)新罗之时,公卿百僚庶人,衣服鞋袜,各有品色。公卿百僚,朝会则着公襕具穿执,退朝则遂便服之,庶人百姓,不得服文彩,所以别贵贱辨尊卑也。由是公襕,虽非土产,百僚自足用之。我朝自太祖以来,勿论贵贱,任意服着,官虽高而家贫则不能备公襕,虽无职而家富则用绫罗锦绣。我国土宜,好物少而粗物多,文彩之物,皆非土产,而人人得服,则恐于他国使臣迎接之时,百官礼服,不得如法,以取耻焉。乞令百僚朝会,一依中国及新罗之制,具公襕穿执,奏事之时,看袜靴丝鞋革履,庶人不得看不彩纱谷,但用绸绢。

(10)臣闻,僧人往来郡县,上宿官驿,鞭鞑吏民,责其迎候供应之缓。吏民疑其御命,畏不敢言,弊莫大焉。自今禁僧徒止宿馆驿,以除其弊。

(11)华夏之制,不可不遵,然四方俗习,各随土性,似难尽变。其礼乐诗书之教,君臣父子之道,宜法中华,以革卑陋。其余车马衣服制度,可因土风,使奢俭得中,不必苟同。

(12)诸岛居民,以其先世之罪,生长海中,活计甚难。又光禄寺征求无时,日至穷困。请从州郡之例,平其贡役。

（13）我国春设燃灯,冬开八关,广征人众,劳役甚烦。愿加减省,以纾民力。又造种种偶人,工费甚多。一进之后,可加毁破,亦甚无谓也。且偶人非凶礼不用,西朝使臣,尝来见之,以为不祥。掩面而过。愿自今,勿许用之。

（14）《易》曰:圣人感人心,而天下和平。语曰:无为而治者,其舜也,夫何为哉? 恭己正南面而已。圣人所以感动天人者,以其有纯一之德,无私之心也。若圣上执心抝谦,常存敬畏,礼遇臣下,则孰不罄竭心力,进告谟猷,退思匡赞乎,此所谓"君使臣以礼,臣事君以忠"者也。愿圣上日慎一日,不自骄满,接下思恭,傥或有罪者,轻重并论如法,则太平之业,可立待也。

（15）太祖,除内属奴婢,在官供役,出居外郊,耕田纳税。厩马当御者外,分遣外厩,喂养以节国用。至光宗,多作佛事,役使日繁,乃征在外奴婢,以充役使,内宫之分,不足支给,并费仓米。今内厩养马数多,糜费甚广,民受其害。如有边患,粮饷不周。愿圣上一依太祖之制,酌定宫中奴婢厩马之数,余悉分遣于外。

（16）世俗以种善为名,各随所愿,营造佛宇,其数甚多。又有中外僧徒,竞行营造,普劝州郡长吏,征民役使,急于公役,民甚苦之。愿严加禁断,以除劳役。

（17）《礼》云,"天子堂九尺,诸侯堂七尺"自有定制。近来人无尊卑,苟有财力,则皆以营室为先,由是诸州郡县,及亭驿津渡,豪右竞构大屋,逾越制度,非但尽一家之力,实劳百姓,其弊甚多。伏望命礼官,酌定尊卑,家舍制度。令中外遵守,其已营造逾制者,亦令毁撤,以成后来。

（18）写经塑像,只要传久,何用珍宝为饰,以启盗贼之心。古者,经皆黄纸,且以旃檀木为轴,其肖像不用金银铜钱,但用石土木,故无窃毁者。新罗之季,经像皆用金银,奢侈过度,终底灭亡,使商贾窃毁佛像,转相买卖,以营生产,近代余风未殄。愿严加禁断,以革其弊。

(19)我三韩功臣子孙,每蒙宥旨,必云褒录,而未有受爵,混于皂隶,新进之辈,多肆陵侮,怨咨以兴。且光宗末年,诛黜廷臣世家子孙,未得承家。诸从累次恩宥,随其功臣等第,录其子孙。又庚子年田科,及三韩后入仕者,亦量授阶职,则冤屈得伸,而灾害不生矣。

(20)崇信佛法,虽非不善。然帝王士庶之为功德事实不同,若庶民所劳者,自身之力;所费者,自己之财,害不及他,犹之可也。帝王则劳民之力,费民之财。昔梁武帝,以天子之尊,修匹夫之善,人以为非者以此。是以帝王深虑其然,事皆酌中,弊不及于臣民。臣闻;人心之祸福贵贱,皆禀于有生之初,当顺受之,况崇佛教者,只种来生因果,善有益于见报,理国之要,恐不在此。且三教各有所业,而行之者,不可混而一之也。行释教者,修身之本:行儒教者,理国之源。修身是来生之资;理国乃今日之务。今日至近,来生至远,舍近求远,不亦谬乎?人君惟当一心无私,普济万物,何用役不愿之人,费仓库之储,以求必无之利乎?昔德宗妃父王景先、驸马高恬,为圣寿延长,铸金铜佛像献之。德宗曰:朕以有为功德,谓无功德,还其佛像于二人。是其情虽不实,然欲令臣民,不得作无利事者如此。我朝冬夏讲会,及先王先后忌斋,其来已久,不可取舍,其他可减者,请减之。

(21)《语》曰:"非其鬼而祭之,谄也。"《传》曰:"鬼神非其族类不享。"所谓"滛祀无福"。我朝宗庙社稷之祀尚多,未如法者,其山岳之祭,星宿之醮,烦黩过度。所谓祭不欲数,数则烦,烦则不敬。虽圣上斋心致敬,固无所怠,然其享官视为寻常事,厌倦而不致敬,则神其肯享之乎?昔汉文帝,凡祭祀使有司敬而不祈,其见超然,可谓盛德也。如使神明无知则安能降福,若其有知,私己求媚,君子尚难悦之,况神明乎?祭祀之费,皆出于民之膏血与其力役。臣愚以为若息民力而得欢心,则其福必过于所祈之福。愿圣上除别例祈祭,常存恭己责躬之心,以格上天,则灾害自去,福禄自来。

(22)本朝良贱之法,其来尚矣。我圣祖创业之初,其群臣除本有奴婢者外,其他本无者,或从军得俘,或货买奴之。圣祖尝欲放俘为良,而虑动功臣之意,许从便宜,至于六十余年,无有控诉者,逮至光宗,始令按检奴婢,辨其是非,于是功臣等,莫不嗟怨,而无谏者,大穆王后切谏不听,贱隶得志,陵轹尊贵,竞构虚伪,谋陷本主者,不可胜纪。光宗自作祸胎,不克遏绝,至于末年,枉杀甚多,失德大矣。昔侯景园,梁台城,近臣朱异,家奴逾城投景,景授仪同,其奴乘马披锦袍,临城号曰:朱异仕宦五十年,方得中领军,我始仕侯王,已为仪同,于是城中僮奴,竞出投景,台城遂陷。愿圣上深鉴前事,勿使以贱陵贵,于主奴之分,执中处之。大抵官高者识理,鲜有非法;官卑者,苟非智足以饰非,安能以良作贱乎?惟宫院及公卿,虽或有以威势作非者,而今政镜无私,安能肆乎?幽厉失道,不掩宣平之德;吕后不德,不累文景之贤。唯当今判决,务要详明,俾无后悔。前代所决,不须追究,以启纷纭。①

---

① 《高丽史节要》卷2,"成宗元年六月"条;《高丽史·列传》卷六,"崔承老"条,参见金忠烈:《韩国儒学思想史》,第95—101页。

上述22条中有8条是对佛教的批评。这是因为高丽朝从太祖创立至成宗时,已历六十余年。六十年来,佛教盛行,寺院林立。由此导致了高丽社会耕地减少,经济衰败;人人惑于佛教果报之说,欲除罪业,浚民膏血。面对这种情景,作为六朝重臣的崔承老建议成宗少做佛事,光大儒学。如他在第20条中说:

> 且三教各有所业,而行之者,不可混而一之也。行释教者,修身之本;行儒教者,理国之源。修身是来生之资;理国乃今日之务。今日至近,来生至远,舍近求远,不亦谬乎?

这段话可看做是崔承老的儒佛观。一方面,他指出佛教重修身、儒教重理国;修身在来世,理国为今世;故舍近求远,是不合理的。这是他对佛教的批评。与此同时,另一方面他又强调三教各有所业,不可混而一谈。认为佛教是修身之大本,儒教是理国之根本,都很重要。可见,崔承老的儒佛观取一种"时中"哲学。用他自己的话来说就是,帝王做佛事要"事皆酌中"。

> 崇信佛法,虽非不善。然帝王士庶之为功德事实不同,若庶民所劳者,自身之力;所费者,自己之财,害不及他,犹不可也。帝王则劳民之力,费民之财。昔梁武帝,以天子之尊,修匹夫之善,人以为非者以此。是以帝王深虑其然,事皆酌中。①

---

① 崔承老:《时务二十八条》第20条。

崔承老举中国梁武帝舍身为佛的例子,试图说明在对待儒佛关系的态度上,应采取"时中"姿态,即做事应"适度",否则会"弊及于臣民"。

崔承老对待儒佛关系的这种"时中"哲学根源于他对儒教"时中"论的重视。崔承老正是以儒教"时中"论观察社会、治理社会。例如他在第11条中讲:

> 华夏之制,不可不遵,然四方俗习,各随土性,似难尽变。其礼乐诗书之教,群臣父子之道,宜法中华,以革卑陋。其余车马衣服制度,可因土风,使奢俭得中,不必苟同。①

这里,崔承老认为对于华夏之制、中华之风,有些应学习、遵守,有些则不必苟同。这种思想体现了朝鲜民族的自主性、主体性精神。这种自主性、主体性则依据于儒学的"时中"论。文中"得中"二字很重要,它代表了一种客观标准。崔承老认为这种客观标准也正是改革社会旧弊、治理国家所要依据的一种准则。如崔承老在《时务二十八条》中的第2条和第4条中,就君王治国之术提出要讲究"中"道。他指出圣上为治理国家,或"设功德斋",或"亲碾茶",或"亲磨麦",或"以浆酒鼓羹,施与行路",而这不过是"小惠未遍",不是治国之本。只有使赏罚之度"时中",即"明其赏罚";使善恶之界"时中",即"惩恶劝善",才是"人君为政之体"。

崔承老在第3条中就"侍卫军卒"的人数多寡问题,也指出要求"中"道。他说:太祖时兵数为宜,不多亦不少,光宗时军卒繁多而无益。因此,他建议只留骁勇者,多余罢遣,这样做,"人无嗟

---

① 崔承老:《时务二十八条》第11条。

怨"，而"国有储积"。实际上，这就是"时中"之策。

　　崔承老在第15条中，就宫内奴婢之数，亦指出应符合"中"道。他认为：光宗时宫内奴婢人数增多，致使"支给不足"、"糜费甚广"，应"依太祖之制"，使宫中奴婢之数既不过多，造成浪费；也不过少，人力紧张，而是适度、时中。

　　此外，崔承老强调儒学的"时中"思想，还表现在他依据儒学君臣有序、上下有分的原则，在"良贱"、"主奴"的关系上，主张"执中"处之。例如《时务二十八条》中的第22条就是集中论述这一问题。他强调在处理"君臣"、"主奴"关系时，一定要做到"执中"，否则，就会"以贱凌贵"、"以良作贱"。"执中"是君王南面之术中的一项重要原则。

　　上述"酌中"、"得中"、"执中"集中体现了崔承老政治哲学中的"时中"理论。①　他建议成宗必须以儒家的"时中"论治理国家、调教百姓，成宗按"时中"论原则行事，确实使高丽王朝一度得到了中兴。崔成老的《时务二十八条》贯彻了一个基本原则，这就是儒家的"时中"论。所以，"时中"论构成了崔成老政治哲学的基本内容和特点。

　　以高丽太祖的《十训要》和崔承老的《时务二十八条》为代表的高丽前期儒学具有浓厚的政治性色彩。这种政治性色彩或以"三教和合"，或以"时中"论的形式凸显出来。其实，崔承老的"时中"理论也是一种儒佛的融合理论。在高丽前期，儒学之所以要以与佛教相结合的形式呈现，这是因为佛教是高丽王朝的国教，具有极大的号召力和影响力。所以，高丽太祖和崔承老在主观上主张以儒治国，但客观上受到了佛教势力的制约，儒佛结合成为一种

---

　　①　参见柳承国著：《韩国儒学史》，第93页。

最适宜的理国治民的统治术。这种情形也深刻地反映了高丽前期儒学是一种具有浓厚政治色彩的儒学。

第三节　牧隐李穑和圃隐郑梦周的儒学

如果说高丽前期儒学是政治性的儒学的话,那么高丽后期儒学则进入到了学理层面的儒学阶段。在高丽儒学史上,完成这一转型的是牧隐李穑和圃隐郑梦周。

牧隐李穑的作用是"承上启下",圃隐郑梦周的价值是"东方理学之祖"。

本节分别论述他们的儒学思想。

一、牧隐李穑的儒学思想

李穑(1328—1396)字颖叔、号牧隐,稼亭李穀之子、名儒李齐贤之门生。李穑是高丽末期著名的思想家、政治家、教育家。

作为思想家,他使高丽社会由以佛学为中心转向了以儒学为中心,使高丽学风由以词章之学为主,转向了以性理之学为主。

作为政治家,他为挽救濒临灭亡的高丽王朝,扶纲纪、革时弊、振兵备,努力阐发以朱子学为主旨的社会政治思想。

作为教育家,他重建了高丽最高学府成均馆,将成均馆的教学内容和科举考试科目"四书五经"化,由此直接促进了高丽教育的儒学化,影响所及,导致整个社会风气为之一变。

可见,在高丽儒学史上,李穑起到了承上启下、继往开来的转折性重要作用。所谓"承上"、"继往",是说他的儒学仍具有政治儒学的色彩;所谓"启下"、"开来",是讲他的政治儒学与高丽前期的政治儒学已有本质区别。李穑是以朱子学作为其政治儒学的核心内容。同时,李穑在建设学理层面的儒学中,提出了许多重要的学术观点,对丽末鲜初的儒学产生了深刻影响,甚至可以说,他的一些学术观点奠定了朝鲜朝性理学的基本理念。

1. 李穑的社会政治思想

李穑在其69年岁月中,历经高丽忠肃王、忠惠王、忠穆王、忠定王、恭愍王、辛祸、辛昌、恭让王时期,先后担任内书舍人、吏部侍郎兼兵部郎中、国子祭酒、右谏议大夫、枢密院右副丞承宣翰林学士、三司右使、成均大司成等,遍历行政、监察和学政部门,直至封爵为韩山府院君。他于中国元代至正八年至十年(1348—1350)在元国子监学习,元至正十四年(1354)中元朝进士第二甲二名,被授为翰林编修、权经历;元至正二十三年(1363)又被元朝任命为征东行中书省左右司郎中。可见,李穑无论是在高丽,还是在元朝,都属于高级官吏。而他的社会政治思想亦伴随着他的仕途生涯展现出来。

李穑的社会政治思想集中反映在以下三个方面:

第一方面,明教化、兴儒学。

在历史上,高丽北邻契丹,西接女真,南为日本,历来外患频繁,尤其在末年,倭扰猖獗,成为高丽朝的一大威胁,加上本国朝政腐败,权臣跋扈,内讧不断,致使国危民瘁。当时,摆在全国上下的问题是,民族如何图存,国家如何富强。作为高丽王朝忠臣的李穑,认为首先要"明教化"。

李穑认为教化不明、社会风习败坏的主要原因是受王室和上层社会的影响。如忠惠王素行邪恶,是一荒淫无度的恶棍。元至元五年(1339),忠肃王死,忠惠王继位后遍淫王宫,并奸其父之妻元之庆华公主。恭愍王在位时,有释僧遍照,得到信任后还俗名辛旽,曾因推行土地改革和还奴婢为民等有利于民的改革措施有功,但后恃宠倨傲,以致淫乱王宫。恭愍王常因无嗣而忧,竟令幸臣与诸妃乱,冀生男。"一日,宦者崔万生从王如侧,密告益妃王氏与洪伦通而有妊,王乃欲杀伦等灭其口,并欲杀万生。万生大惧,夜与伦等乘王大醉而弑之"。①

元至正十六年(1356),大臣奇辙、权谦恃女在元宫而恣睢暴戾,以致谋反。元至正二十三年(1363),大臣金镛反。辛祸在位十三年,"昏暴好杀"。② 并且,辛祸在位时,李仁任、池奫皆掌握大权,他们"擅威植党,举国趋附铨注之际,视人贿赂之多少,伺候之勤怠而升黜。""台谏、将帅、守令,皆其亲戚故旧,至市井工匠,亦无不夤缘除拜,时人名为'烟户政'。盖烟户者,皆被恩泽之谓也。"③李穑曾抨击这种卖官鬻爵腐败政治:"官爵如今贱如泥,不分牛巷与鸡栖。戍楼风雨难成梦,白发长腰欲带犀。"④权佞专擅,必植党营私,当然会引起不同利益集团争夺而内讧。"城狐社鼠群相依","满朝豪杰争名利"⑤。对此,李穑还专门写《猫狗斗》一诗,对于官官相斗的官场丑闻,给予辛辣嘲讽:"狗禀西方金火气,身居乾位何刚毅;猫虽如虎甚柔脆,嫉恶竖毛奋如蝟;守门司盗丰钱财,管库捕鼠完廪饩;论功一家难弟兄,相济相须胡不平;狗去也盗肆其欲,猫去也鼠纵其情;主人坐不安睡不成,荣卫消耗何以延

---

① 林泰辅:《朝鲜通史》,陈清泉译,商务印书馆 1934 年版,第三章第五节《高丽之衰亡》。

② 《明史·朝鲜传》。

③ 林泰辅:《朝鲜通史》,第三章第五节《高丽之衰亡》。

④ 《柳浦屯营头目求官》,《牧隐诗稿》卷 14,见《稼亭集·牧隐集·麟斋集》2,成均馆大学校、大东文化研究院 1973 年版,第 426 页。

⑤ 《偶吟》、《望光岩》,《牧隐诗稿》卷 9,见《稼亭集·牧隐集·麟斋集》2,第356、357 页。

其生,狗兮猫兮曷日能同心? 白头牧隐方沉吟,长风飒飒吹高林。"①王室的昏暴,宫廷的淫乱导致整个社会风气日降。李穑对当时高丽社会的君不君、臣不臣、父不父、子不子以至夫妇、兄弟、朋友人伦丧尽的糜乱现象,加以谴责说:"父子不相保,兄弟仍相夷;睚眦拔剑刀,溅血及酒厄"。"利势相倾闹雨云,来年世事更纷纷"。② 面对势利相倾、国事纷乱的社会现状,身兼宰相国子祭酒、成均大司成的李穑,积极倡导以儒学明教化之根本。他认为儒学既重敦人伦、究明道德,又是修身治国的依据,所以只要能弘扬儒学,自然就可促进社会教化。为此,李穑吟诗以示他对儒学教化作用的期望:

羲轩世云远,周孔今安归?

二帝日正午,昭王始豪微。

秦天极昏黑,失路迷所归,

濂溪导伊洛,源流势益徽。

考亭夫子出,理学通精微,

鲁斋幸同嗜,北庭时发挥。

程朱载道器,大斥二氏非,

尚作句解读,谁复知三看。③

① 《猫狗斗》,《牧隐诗稿》卷18,见《稼亭集·牧隐集·麟斋集》2,第506页。

② 《纪闻》、《述怀》,《牧隐诗稿》卷19,见《稼亭集·牧隐集·麟斋集》2,第519、520页。

③ 《有感四首》,《牧隐诗稿》卷6,见《稼亭集·牧隐集·麟斋集》1,第298—299页。

这首诗表明了儒学的道统和价值。李穡指出,伏羲、轩辕之世远去,嬴政父子失道,周孔之道无所归,只是到了周敦颐、二程,才续上儒学之脉;只有朱熹出世,才成理学精微。元朝的许衡继承了朱子思想,并使之东传高丽。李穡还指出,程朱理学以形而上的"道"学即修身治国之理和形而下的"器"学即修身治国之术,斥责秦朝父子两代的失道,并告诫国人反复学习朱子的《四书》,方可明教化。这就是说,李穡将朱子的思想和著作,作为高丽朝教育的指导原则和基本内容。

恭愍王十六年(1367),李穡任朝列大夫、征东行中书省左右司郎中、判开城府事、艺文馆大提学、知春秋馆事、上护军,兼成均大司成,提点书云观事,掌管了高丽国的最高教育行政大权。面临兵祸之后学校破败、教育废弛的局面,在恭愍王的积极支持下,他先在崇文馆的旧址上,重建了成均馆。又因为缺少教员,他便在现任官员中,选择当时的博学之士兼任,如永嘉金九容、乌川郑梦周、潘阳朴尚衷、密阳朴宜中、京山李崇仁等人,都在兼任学官之列。"先时馆生不过数十,穡更定学式,每日坐明伦堂,分以授业。讲毕相与论难忘倦。于是学者尘集,相与观感。程朱性理之学始兴。"[1]李穡的门人权近的记述更为详尽,"每年戊申春,四方学者坌集,诸公分经授业。每日讲毕,相与论难疑义,各臻其极。公怡然中处,辨析折衷,必务合于程朱之旨,竟夕忘倦。于是东方性理之学大兴。学者祛其记诵词章之习,而穷身心性命之理,知宗斯道而不惑于异端,欲正其义而不谋于功利,儒风学术,焕然一新,皆先

---

① 《高丽史》列传卷28。

生教诲之力也。"①李穑教育内容"四书五经"化的主张,在这里得
到了切实的落实。此后,他在担任其他官职时,也一直兼任大司成
一职,这就保证了他的教育主张能够长期地被贯彻执行。

　　李穑一生多次主持科举考试,为高丽和朝鲜王朝选拔了一批
有真才实学的人才。乙巳年同知贡举,录取严绍宗等28人,后来
为他撰神道碑的弟子河仑也于这年中第。戊申四月,恭愍王到成
均馆考试诸生,李墙充任读卷官,录取了李詹等七人,赐以进士及
第。己酉夏,同知贡举,录取柳伯濡等33人。辛亥,他首次担任主
考官,录取了金潜等33人。丙寅,又知贡举,录取了孟思诚等33
人。终其一生,"凡五掌试,多知名士。"②在知贡举和同知贡举的
过程中,针对高丽时期科举考试中夹带舞弊、找人代考以及应试没
有年龄限制之类的弊端,他逐步提出了一系列的改进措施。如首
次同知贡举时,他就"请行搜挟易书之法",严格考试纪律,杜绝夹
带。己酉同知贡举时,他又"请行三场通考之法",由于他的这一
建议,高丽"始用中朝科举易书通考之法"。最后一次知贡举,他
又向隅王建议,未满二十岁的人不得应试。这些措施,使得高丽的
科举制度逐渐完备和规范。这种完备而且规范化的科举制度,不
仅对激发学生的学习热情,为国家选拔政治家和培养学者,起了积
极的作用,而且一直沿用到朝鲜时代,在历史上影响深远。

　　李穑教育改革的主要贡献在于建立儒学化的全国教育系统,
特别是重建了高丽最高学府成均馆,将成均馆的教学内容和科举

　　①　权近:《朝鲜牧隐先生李文靖行状》,《牧隐文集行状》,见《稼亭集·牧隐
集·麟斋集》1,第218页。

　　②　河仑:《有明朝鲜国元宣授朝列大夫征东行中书省左右司郎中本国特进
辅崇禄大夫韩山伯谥文靖公神道碑》,《牧隐文集碑》,见《稼亭集·牧隐集·麟斋
集》1,第223页。

考试科目"四书五经"化,由此直接促进了高丽教育的儒学化,影响所及,导致整个社会的风气也为之一变。①

第二方面,制民产,兴王道。

高丽社会自元至正十年(1350),倭患祸起,先是沿海骚扰,继而深入内地掳劫。倭患之难,成为高丽王朝的一大国难。自蒙古成吉思汗十三年(1218),蒙古助高丽消除外患之后,即相约"两国永为兄弟"。② 这对"兄弟"可不是平等关系,高丽每年要向蒙古纳贡以谢其救援之恩,倘或水旱不继,即派使索贡。如 1247—1259 年间,蒙古以高丽"岁贡不入"为由,四次兴师问罪,并肆行杀掠。高丽王朝辛禑期间(1375—1388),高丽承担的岁贡仍然繁多,例如"今岁贡马一千匹,明年贡金一百斤、银一万两、良马一百匹、细布一万匹。岁以为常"。③ 沉重的负担要转到人民身上,民何以堪? 李穑代王大妃拟的《陈情表》中说:"小国地薄,不产金银,中国之所知也。马有二种,曰胡马者,从北方来者也;曰乡马者,国中之所出也。国马如驴,无从得良马,胡马居百分一二,亦中国所知也。近因倭贼损伤殆尽,布疋虽国出,然数至于万,诚难充办。"④关心国是的李穑为生民请命,尽管辞诚言切,也未能得到慈悲宽宥。

还有本国王室的侈靡。忠肃王两度居元大都,任意挥霍,用度不敷,置盘缠都监专为其搜括。又王室为宴游大建池台坡榭。李

---

① 参见郭齐家著:《李穑的教育活动与教育思想》,刊于《牧隐李穑学术思想中韩研讨会论文集》(打印本)。

② 郑麟趾:《高丽史·金就砺传》。

③ 吴晗辑:《朝鲜李朝实录中的中国史料》(一)(辛禑世家),中华书局 1980年版。

④ 《王大妃陈情表》,《牧隐文稿》卷 11,见《稼亭集·牧隐集·麟斋集》3,第887 页。

穑指出："法令苛暴，赋敛繁重，则民咨于野，吏困于官，虽有池台坡榭，岂能称乐哉！"①李穑在《诗稿》中有许多揭露高丽上层社会淫逸侈靡生活的诗："郡国岁时须礼物，朝廷台省执权纲，分司宰相犹均惠，作郡郎官敢独尝？紫蟹红虾并海鹰，斑鸠锦雉又林獐，朱门不过书衹受，可惜飞尘驿路长。"②真是淋漓尽致。

比倭祸掠夺、沉重索贡、王室侈靡更为严重的是土地兼并，人民赖以生活的基本手段被剥夺。

高丽朝前期景宗元年(976)颁行田柴科制，把全国耕田和烧柴林地登记入册，作为国有土地。按王室、贵族、百官到府兵、闲人等级分别授定量的田地，受田者可把相当租税归己，这称为私田，国家直接支配的田名公田。初时，公田比私田多。这样朝廷就有力地控制了全国土地，但由于授田一开始就是受者的社会身份而决定占有量，就使受田者子孙即使不供官职还可继承收税权，特别是荫功田可以继承。文宗在位(1046—1083)以后，王室、两班、寺院使用投托、侵漫、施纳、强占等种种手段，兼并土地。如权臣李仁任与其党林坚味、廉兴邦恣行贪欲，鬻官卖狱，贿赂公行，夺占民田，怨积罪盈。于是按田柴科所得之国地永远脱离国家支配，私田不断扩大，此制至丽末更趋衰落，大农庄遍布全国，农民被剥夺土地而流离失所。

在倭祸掠夺、沉重索贡的背景下，由于土地兼并而造成的农民流离失所、穷困潦倒，李穑认为这是关系到高丽王朝存亡的大问题。身为国家命官的李穑，为改革这一时弊，提出"制民产，兴王

① 《水原府客舍池亭记》，《牧隐文稿》卷4，见《稼亭集·牧隐集·麟斋集》3，第824页。

② 《咏馈岁》，《牧隐诗稿》卷4，见《稼亭集·牧隐集·麟斋集》1，第275页。

道”的重要措施。

"制民产,兴王道"出自《孟子》。"是故明君制民之产,必使仰足以事父母,俯足以畜妻子,乐岁终身饱,凶年免于死亡;……王欲行之,则盍反其本矣。五亩之宅,树之以桑,五十者可以衣帛矣。鸡豚狗彘之畜,无失其时,七十者可以食肉矣。百亩之田,勿夺其时,八口之家可以无饥矣。谨庠序之教,申之以孝悌之义,颁白者不负戴于道路矣。老者衣帛食肉,黎民不饥不寒,然而不王者,未之有也。"①这里,孟子描绘了一幅由于君主行仁政而形成的国泰民安的盛世图画。而这种盛世之图,也正是李穑的最终追求。李穑的"制民产,兴王道"思想反映在他为《农桑辑要》所作的序文中。《农桑辑要》是中国元代与《王祯农书》、《农桑衣食撮要》齐名的三部农书之一。据《元史》记载,此书由翰林学士畅师文编辑,成书于元至元十年(1273)。高丽时,《农桑辑要》已传入半岛,恭愍王二十一年(1372),刊行此书。为此,李穑在其后序中写道:

> 高丽俗拙且仁,薄于理生。产农之家一仰于天,故水旱辄为菑。自奉甚约,无问贵贱老幼,不过蔬菜鱐脯而已。重粳稻而轻黍稷,麻枲多而丝絮少,故其人中枵然而外不充,望之者病而就起者十之八九也。至于丧祭,素而不肉。宴会则槌牛杀马,取足野物。夫人既有耳目口鼻之体,则声色臭味之欲生焉。轻煖之便于身,肥甘之适于口,欲赢余而恶匮乞。五方之人其性则均也,高丽岂独若是之异哉? 丰不至侈,俭不至陋,本之仁义,为之度数者,圣人之中制,而人事之所以为美也。五鸡两彘之畜,于人而无所用则不忍,牛马之代人力,有功甚

---

① 《孟子·梁惠王上》。

大则忍之。田驱之劳，或残肢体，殒性命，则敢为，刍豢之取诸牢则不敢，其不识轻重，害义坏制，失其本心。如此，又岂民之罪哉？予窃悲之。盖制民产，兴王道，予之志也。而竟莫能行，奈之何哉？奉善大夫知陕州事姜著走书于予曰："《农桑辑要》，杏村李侍中授之外甥判事禹确，著又从禹得之。"凡衣食之所由足，货财之所由丰，种莳孳息之所由周备者，莫不门分类聚，缕析烛照，实理生之良法也。吾将刻诸州理，以广其传。患其字大帙重，难于致远，己用小楷誊书，而按廉金公溱，又以布若干，相其费矣，请志卷末，予于是书也。①

李穑在文中表示，"制民产，兴王道"是他毕生的志向。为实现这一志向，李穑指出要改造高丽人的陋俗，如农事一味依赖于天时，不食鸡彘，而食能出力干活的牛马，只种稻米，不种黍稷等，但更重要的是要针对农民无田的状况，制止土地兼并，正经界、复井田，授民以田，使之有恒产。他强调只有经界正，井地之均，才能使农民维持生计。为此，他向恭愍王提出建议：对田地，新垦之地，要交税，减少滥赐之田，这样可使公田扩大，对国家有好处。同时对于有争议之田，要正之，这样可取悦于农民，达到耕者有其田。"井田遗志未全堕"，"凿井耕田恒产足，持家奉国没身忧"。② 这就是李穑制民之产的理想。

为达到这一理想，李穑建议君主要施仁政，兴王道。他说："然国家理乱之迹，州县兴废之由，于是乎在盖朝廷清明，上下豫

① 《农桑辑要后序》，《牧隐文稿》卷9，见《稼亭集·牧隐集·麟斋集》3，第861—862页。

② 《有感》，《进讲民可使由之不可使知之一章》，《牧隐诗稿》卷16，见《稼亭集·牧隐集·麟斋集》2，第468、472页。

安,则吏乐其职,民安其生……国家太平之美,安君职,察民风,乐道人善。"①李穑认为,朝廷清明、君主仁心,这是国家太平、人民乐居的关键。为此,他提出,为仁君者应有谦谦之德,心虚集善,为民着想等美德。他还建议君主在农事方面应"耕借田以先农修"、"振穷恤忠"、"放生禁杀";在治道用人方面应"举贤良屏奸邪"、"讲朝仪,兴礼俗"、"议狱缓刑";在国防方面应"折衡御侮"、"抵抗外患,保民安居"等。这样才能实现"无偏无党,王道荡荡"②的儒家的王道乐土理想。

第三方面,振兵备,兴武科。

高丽王朝在12世纪后期和13世纪初,曾一度被武臣专权,随意废立君主。所以,元宗(1260—1274)对武臣心存疑虑,废弛武备。这样做的结果是削弱了高丽的自卫能力,致使君王无以保,社稷无以卫。出于抵御外患,保家卫国的忧患意识,身居兵部郎中要职的李穑向国王提出"振兵备"的主张,内容有二:

一是加强海战陆守。

高丽国东部有日本,倭患是最严重的外患之一。为抵抗倭患,李穑提出陆守和海战并重的战略谋划。关于陆守,李穑指出,这是"固我",即巩固自己的防御能力。他建议使用生长在平地之民,利其器械、屯其要害之地,以炫倭人之目。关于海战,李穑认为这是"灭外",即消灭外来之倭寇。他建议将以捕鱼运盐为生之民组织起来,利用他们海上生活之长处和屡受倭寇之侵扰的反抗情绪,一旦执戈从戎,定会同仇敌忾,英勇作战。这样,陆海相互战争,是

---

① 《水原府客舍池亭记》,《牧隐文稿》卷4,见《稼亭集·牧隐集·麟斋集》3,第824页。

② 《尚书·洪范》。

有效的克敌制胜之良策。

二是科举设武举科。

李穑认为,文经武纬,乃天地之道。治国也是一文一武,不可偏废。他以中国西汉高祖刘邦在与楚项羽争霸中,使用萧何运筹谋划,使用韩信之攻战,文武并重而取胜和东汉光武刘秀"投戈讲艺,息马论道"文武并用的事例,论述在崇文之时也必须重武。为此,他建议设武举科,选拔能卫国的壮士,试以武勇而习其艺,赐以爵禄而作其气。为兵备选拔人才,为国家培养护国的良将。①

从上述内容可以看到,李穑社会政治思想的一条主线就是儒家思想。儒家的伦理道德,儒家的经典,是他治国的依据。"遂于理性之书"是李穑社会政治思想的特色,也是他与高丽前期儒学者的显著区别。而这也正是他承上启下、继往开来的一个具体体现。

2. 李穑的儒学思想

李穑儒学思想的来源主要有三个方面,一是中国元代理学家许衡关于"气"的思想,二是其师高丽大学者李齐贤的重修养、重实践思想,三是其父高丽巨儒李穀的儒释道三教融合思想。

如本章第一节所述,许衡在元代学术界的地位被称为理学宗师。他创建的鲁斋学派覆盖了当时元朝北方学术界。所以,那时来中国元朝学习朱子学的学者深受许衡理学思想的影响。在李穑的诗文中就有许多称赞许衡的诗句。如他在《山中辞》中认为许衡犹如深山幽谷中迷途者的指路人。

---

① 参见衷尔钜著:《丽末朱子学家李穑的社会政治思想及其历史地位》,刊于《牧隐李穑学术思想中韩研讨会论文集》(打印本)。

羡盘谷之可沿兮，

其文为我之指南。

续道统于千载兮，

乃命其溪曰濂。

惟山中之无偶兮，

尚抠衣于丈函。

闻一言以悟道兮，

洗利欲之贪婪。

开心源之莹净兮，

惟太极之泳涵。

……

信余绪可以理天下兮，

鲁斋独驰其征。①

又如在《有感四首》中夸奖许衡是理学的发展者。

鲁斋幸同嗜，北庭时发挥。②

具体说，许衡关于"气"的思想给予李穑以重要影响。

许衡哲学的最高范畴是"道"（理）③，但他把"气"纳入以道为最高范畴的哲学逻辑结构之中，视"气"为联系道、太极与人、物的

---

① 《山中辞》，《牧隐诗稿》卷1，见《稼亭集·牧隐集·麟斋集》1，第229页。

② 《有感四首》，《牧隐诗稿》卷6，见《稼亭集·牧隐集·麟斋集》1，第229页。

③ 许衡在《中庸直解》（《许衡集》，东方出版社2007年版，第103页）中说过："道者，天理之当然。"因此，"道"与"理"是同一层次的概念。

中间环节。关于宇宙的生成演化,许衡说:"太极之前,此道独立。道生太极,函三为一。一气既分,天地定位。万物之灵,惟人为贵"。① 这里的"函三为一"是对"太极"所作的解释。因为许衡在作《稽古千文》时,尚未获读朱熹的全部著作,所以他对"太极"的理解很可能受其早年读过的王弼《周易注》的影响。王弼在《周易注》中释"三极"为"三材",即天、地、人。又解释"易有太极"说:"太极者,无称之极,不可得而名,取有之所极,况之太极者也。"②太极是包括天、地、人在内的宇宙中最大最高之物。因此,"函三为一"之"三",实指天、地、人,"一"指"太极"全体。"太极"究竟是"理",还是"气"? 按照许衡的理解,天、地、人为形而下之气。有形而下者,必有形而上者。形而上者即是理。理气二者相即不离,如许衡说:"事物必有理,未有无理之物。两件不可离。无物则理何所寓。"③这表明,在"理"与"物"(气)的关系问题上,许衡认为"理"与"物"(气)相即不离,同时存在,无有先后;但"理"是本原,有"理"然后才能有"物"(气)。这个"理"亦是"太极"。许衡说:"天下皆有对,唯一理无对,一理,太极也。"④由此可以看出,在许衡的思想中,"太极"可分为"太极之理"与"太极之气",是二者的统一。在许衡那里,宇宙的演化序列是:"道"("理"、"太极")为宇宙本原,宇宙本原演化为万物的关键是"太极之理"显现为"太极之气","气"则分为阴阳、判为天地,进而产生万物和人。这一演化序列说明了两个问题:第一,许衡视"理"为宇宙本原,表明他是朱熹"理"本论哲学的继承者。第二,许衡认为"理"与

①　《稽古千文》,《许衡集》,第 226 页。

②　楼宇烈:《王弼集校释》下册,中华书局 1980 年版,第 538、553 页。

③　《语录》上,《许衡集》,第 3 页。

④　《语录》下,《许衡集》,第 29 页。

"气"不相分离,"太极"为理、气的统一,"太极之理"显现为"太极之气"后,"气"的阴阳消长运动,才演化为天、地、人、物。这些又表明他比朱熹更加强调"气"的功能和价值,突出了"气"在宇宙生成变化中的作用和地位。可见,"气"是许衡哲学中的一个重要范畴。许衡关于"气"的思想如下:

(1)阴阳气论。

许衡哲学的"气"范畴的基本含义为阴阳之气。他说:"气,阴阳也。"①气就是宇宙中缊缊运动的阴阳之气,阴阳之气也就是精气。"天地阴阳精气为日月星辰,日月不是有轮廓生成,只是至精之气到处便如此光明。阴精无光,故远近随日所照。"②日月星辰由至精之气构成,所以能如此光明。大地由至阴之气凝成,所以要靠日光照耀。天地间的万物,虽然所禀之气精粗不同,但它们都生于一气。这就是"万物皆本于阴阳"。③ 阴阳之气是天地人物所由产生的物质材料。

气为阴阳,因而气以及由气构成的天地万物和人类社会都遵循阴阳变化规律而运动。"万物皆本于阴阳,要去一件不得,天依地,地附天,如君臣、父子、夫妇皆然。"④阴附阳、阳依阴,阴阳之气的运动相对、相依,因而天地万物的运动也呈现为对立交感状。此外,阴阳之气的运动还表现为相互转化。"气,阴阳也,盖能变之物,其清者可变而为浊,浊者可变而为清;美者可变而为恶,恶者可变而为美。"⑤阴阳之气有清浊、美恶之分,在其运动过程中,清轻、

---

① 《小学大义》,《许衡集》,第64页。

② 《语录》上,《许衡集》,第1页。

③ 《语录》上,《许衡集》,第1页。

④ 《语录》上,《许衡集》,第1页。

⑤ 《小学大义》,《许衡集》,第64页。

精美之气可以转化为重浊、粗恶之气,而重浊、粗恶之气也可以变化为清轻、精美之气。人性禀气,也因之有清浊、美恶间的转化运动。然而,阴阳之气的变化有其一定的度数。"日月行有度数,人身血气周流亦有度数,天地六气运转亦如是。"①阴阳之气有度数地运动和转化,纷繁复杂的天地万物和人类社会也随之有序地运动。

(2)性气论。

在人性论上,许衡更加强调"气禀之性"。人禀气而生,因而人体包含有阴阳之气。阴阳之气既有精粗、美恶、清浊之分,所以"人生气禀不齐"②,人的品性、德行也各不大相同。"受生之初,所禀之气,有清者,有浊者,有美者,有恶者。得其清者则为智,得其浊者则为愚;得其美者则为贤,得其恶者则为不肖;若得全清全美,则为大智大贤,其明德全不昧也。身虽与常人一般,其心中明德与天地同体,其所为便与天地相合,此大圣人也。若全浊全恶,则为大愚大不肖,其明德全昧,虽有人之形貌,其心中堵塞,与禽兽一般,其所为颠倒错乱,无一是处,此大恶人也。若清而不美,则为人有智而不肖。若美而不清,则为人好善而不明。……清美之气所得的分数,便是明德存得的分数。浊恶所得的分数,便是明德堵塞了的分数。"③人的圣或凡、智或愚、贤或不肖、明德或暗昧,是由生来所禀受的气的清浊、美恶决定的。所禀受的清浊、美恶之气的多寡厚薄,与圣凡、智愚、贤不肖、明德暗昧的程度成正比。据此,许衡进一步认为,"贫富、贵贱、死生、修短、祸福禀于气,是气禀之

---

① 《语录》上,《许衡集》,第1页。
② 《小学大义》,《许衡集》,第62页。
③ 《大学大义》,《许衡集》,第63—64页。

命,一定而不可易者也"①。禀气不仅决定着人的道德品性,而且决定着人的祸福穷达、生死寿夭。

人生来因禀气不同,而有智愚、贤不肖之别,便有上、中、下品之分。然而,由气禀决定的人的智愚、贤不肖是可以改变的。既然气的清浊、美恶可以转化,人的智愚、贤不肖也可以转化,其条件就是要善于"扶护元气"②,涵养内心的"浩然之气"③。"元气"和"浩之气"是天地至清至美之气,只要善于扶护和涵养它,便可以化愚为智,化不肖为贤,化暗昧为明德。

(3)心气论。

许衡心论主要倾向于朱熹,他主张心分为二,并引进"气"范畴,指出:"声色臭味发于气,人心也,便是人欲;仁义五常根于性,道心也,便是天理。"④这与陆九渊很少讲气,反对人心、道心之分和天理、人欲之分的思想有异。

许衡将"气"的含义规定为阴阳之气,并据此深入探讨了"气"在宇宙万物演化中的重要作用以及气与人物性情心的关系,指出阴阳之气可以相互转化,人的气禀之性也可以改变。这些思想在一定程度上深化了对气范畴的认识,为元明"气"的思想的发展开了先河。⑤ 同时,许衡关于"气"的思想对李穑产生了重要影响作用,并进一步,通过李穑又影响到了整个朝鲜时代的儒学。重"气",成了朝鲜儒学的一大特色。

---

① 《语录》下,《许衡集》,第27页。

② 《语录》上,《许衡集》,第9页。

③ 《语录》下,《许衡集》,第24页。

④ 《语录》下,《许衡集》,第23页。

⑤ 参见徐远和著:《理学与元代社会》,第42、43页;张立文主编:《气》,《中国哲学范畴精粹丛书》,中国人民大学出版社1990年版,第170—172页;张立文主编:《心》,《中国哲学范畴精粹丛书》,中国人民大学出版社1993年版,第227页。

　　李齐贤是李穑的老师,对李穑的儒学思想和特色的形成,起了一定影响作用。这种影响作用主要表现在李齐贤主张儒学的务实、笃行性和强调心性修养方面。

　　李齐贤诚如其号"实斋"一样,主张儒学为务实、笃行之学,将儒学引进修己治人与经世致用的层次。

　　李齐贤认为儒学是日用事物之道,因此不提倡观念的理论,只举出历史上的实例,对应现实,警戒未来。如他所写的《史赞》,就是以历史史实告诫为政者如何实行王道的一部史鉴书。他在景王条中举出孟子所说"夫仁政,必自经界始。经界不正,井地不均,谷禄不平"。说明了以仁政治理国家要从农村经济做起,这是治国之本。在成王条中,对崔承老的二十八条,给予很高的评价,并将实践二十八条的成王之业绩,规定为历代帝王实行儒治的模范和标准。

　　李齐贤赞美成王以儒治国的实行说:"承老见成王有志可与有为,乃进此书,皆实录也。成王立宗庙、定社稷,赡学以养士、复试以求贤,励守令、恤其民,赏孝节、美其俗,每下手扎词旨恳恻而以移风易俗为务,去浮夸、务笃实,以好古之心求新民之理,行之无倦而戒其欲速,躬行心得而推己及人。齐变至鲁,鲁变至道,可冀也。"①这种赞誉,表明李齐贤坚信儒学以务实、笃行为根本,必有益于人伦事物。

　　在心性修养方面,李齐贤亦主张敬以直内的修养工夫。他说:"以敬以慎,敬慎之实,莫如修德。修德之要,莫如响学,择贤儒讲《孝经》、《语》、《孟》、《大学》、《中庸》,以习格物、致知、诚意、正心

---

　　①　《益斋乱稿·史赞成王条》,《丽季明贤集》。

之道。四书既熟，六经以次讲明目习与性成德造"。① 可见，李齐贤强调儒家经典是心性修养的必读书，按照儒家要旨——敬、慎修养心性，方可性成德造。②

李齐贤重视修养和实践的思想，对于李穑心性观及讲究践履的观点，起了一定影响作用。

李穀是李穑的父亲，也是高丽末期重要的儒学家和思想家。他为统一国运，达独立自主之目的，主张融会儒释道三教。这一三教融会思想影响了李穑。

关于儒教和佛教的同一性，李穀说："盖圣人好生之德，佛者不杀之戒，同一仁爱，同一慈悲也。"③另外，在李穀看来，儒教与佛教慈悲一致，从伦理上亦应无异。他说："予曰：'有生必有死，人之常理也。养其生，送其死，人子之至情也。子之于父母，弟子之于师，其道一也。孔王殁，弟子丧三年，犹有庐于墓而不能去者，夫以孔子之有后，而其门人若是。况吾佛者绝人伦，以传法为嗣，其于慎终之义，为如何也？昔释氏之示化，着地右胁，示有终也；敛之金棺，示不薄也。则虽外死生，而其慈孝之教，未尝不寓于其间。'"④关于儒道的融合，李穀在道教的下元青词、冬至青词、本命青词三帖祭文中写道："苍苍无极，道在混沌之先"。"乾元自处为始，显覆天之仁，为雨以兆丰年"。"存斯心，存斯诚，和合孝道，亦富亦寿，平安长住"。从这些祷文中，也可看到李穀儒、佛、道三教

① 《栎翁稗说》，《拾遗》，《丽季明贤集》。
② 参见金忠烈著：《高丽儒学思想史》，第282、283页。
③ 《金刚山长安寺重兴碑》，《稼亭集》卷6，见《稼亭集·牧隐集·麟斋集》卷1，第45页。
④ 《大崇恩福元寺高丽第一代师圆公碑》，《稼亭集》卷6，见《稼亭集·牧隐集·麟斋集》卷1，第46页。

融合的思想。① 李穀的这一儒释道三教融合思想对李穑也起了一定的影响作用。

关于李穑儒学思想的具体内容,表现为以下三个方面:

第一个方面,"理以为之主,气以分其曹"。

在许衡"气"思想影响下,李穑具有明显的"重气"思想倾向。这种"重气"思想表现为他强调"气"的功能和价值,具体说就是关于"气化"的思想。这一思想贯穿于他的诗稿和文稿之中。例如:

> 虽道之在太虚本无形也,而能形之者惟气为然是以。大而为天地,明而为日月,散而为风雨霜露,峙而为山岳,流而为江河,秩然而为君臣父子之伦,灿然而为礼乐刑政之具,其于世道也,清明而为理,秽浊而为乱,皆气之所形也。②

这是说道、太虚是无形的,而其有形者为气。气的不同形态构成了天地间不同的事物。如大者为天地,明者为日月,散者为风雨霜露,峙者为山岳,流者为江河,秩者为君臣父子之伦,灿者为礼乐刑政之具,清明者为理,秽浊者为乱。

> 浩然之气,其天地之初乎? 天地以之位;其万物之源乎? 万物以之育。惟其合,是气以为体;是以发,是气以为用。是气也,无畔岸,无罅漏,无厚薄、清浊、夷夏之别,名之曰浩然,

---

① 参见刘明钟著:《稼亭·牧隐父子的三教融合论及其思想史意义》,刊于《牧隐李穑学术思想中韩研讨会论文集》(打印本)。

② 《西京风月楼记》,《牧隐文稿》卷1,见《稼亭集·牧隐集·麟斋集》3,第801页。

不亦可乎?①

这是说浩然之气是天地之初,因天地以之位;浩然之气是万物之始,因万物以之育。合为气之体,发为气之用。气是无畔岸、罅漏、厚薄、清浊、夷夏之区别的,统称为"浩然之气"。

> 天地,气也。人与物,受是气以生,分群聚类,流湿就燥,外若纷揉而内实秩然,灿然伦理未尝紊也。②

这是说天地是气。人与物也是受气而生,虽然人分群、类,物分湿、燥,外面看纷乱不齐,但实质上是有秩齐一,伦理纲常也不紊乱。

> 天地,本一气也;山河草木本一气也,岂可轻重于其间哉?③

这是说天地、山河、草木都以气为本,这是不可忽视的。

> 天地之判也,清轻者在上,而人物之生,禀是气以全者,为圣为贤。④

---

① 《浩然说赠郑甫卅别》,《牧隐文稿》卷10,见《稼亭集·牧隐集·麟斋集》3,第876页。
② 《萱庭记》,《牧隐文稿》卷2,见《稼亭集·牧隐集·麟斋集》3,第808页。
③ 《菊涧记》,《牧隐文稿》卷3,见《稼亭集·牧隐集·麟斋集》3,第814页。
④ 《清香亭记》,《牧隐文稿》卷5,见《稼亭集·牧隐集·麟斋集》3,第829页。

这是说清轻之气为天地,人禀气圆满者,则是圣人、贤人。

> 天地与杂卵,我今何所择？山河如内黄,虚空如外白。羽化于其间,匪独蓬莱客。浩然一气中,有魂斯有魄。形质岂长存,声名出仁宅。我且安我居,无劳耳生额。①

这首《有感》诗用"羽化"一词,生动地说明了"浩然一气"的气化功能。

> 气有清明与浊昏,天包万物一名园；春来秋去争荣悴,须信精英返本元气化。②

这首《杂咏》诗用万物的荣悴、生死变化,讲解气化流程。所以,诗尾特意标明"气化"二字。

解析以上引文,可以看到李穑关于"气化"思想的要点有三：

其一,气是宇宙万物之本根——气化之根据。

"气化"之所以能够发生,这是因为天地、人类、万物,在实质上都是气。这一观点在李穑思想中是非常突出的。他反复强调"天地本一气也,山河草木本一气也","人与物,受气以生"。在李穑思想中,归根结底,气是宇宙万物的本根。他视气为天地之初,为万物之源。"初"和"原",就是"本"和"根"。"本根"的主要含义有二,一是始义,即宇宙之所始,万物之所出；二是统摄义,即万

---

① 《有感》,《牧隐诗稿》卷2,见《稼亭集·牧隐集·麟斋集》1,第246页。
② 《杂咏》,《牧隐诗稿》卷13,见《稼亭集·牧隐集·麟斋集》2,第419页。

有虽然极其繁赜,但终有统一者。① 在李穑思想中,气既是始义,也是统摄义。正是从气为宇宙之本根这一点上,可以说这是"气化"之所以能进行的根据。

其二,气是宇宙万物差异性之所在——气化之形式。

宇宙中的物物有异、人人有别,这种差异性,是由气的大、明、散、峙、流、秩、清、浊之不同而相异。具体讲,气之大为天地,气之明为日月,气之散为风雨和霜露,气之峙为山脉,气之流为河川,气之秩为君臣父子之人伦,气之全满,为圣人、贤人。可见,大千世界,纷繁百态,这正是气化不同形式的结果。

其三,气是宇宙万物之所然——气化之过程。

气产生宇宙万物的过程,实际上也就是气化的过程。在上述引文中,李穑引用了"位"(天地以之位)、"育"(万物以之育)、"合"—"体"(惟其合,是气以为体)、"发"—"用"(是以发,是气以为用)这些关键词,表明了"气化"的过程。天地,是在气"位"的过程中完成的;万物,是在气"育"的过程中形成的。总之,"合"是气之"体",即无形之"道"、"太虚";"发"是气之"用",气之发,即气化,气的功用。所以,气之合为气之体,也就是气之本然;而气之发为气之用,这就是气化的过程,也就是宇宙万物形成的过程。这个过程具体说就是人与万物由气聚而生,气散而灭(死)。"春来秋去争荣悴,须信精英返本元"。人与万物最终又回归于气。这就是"气化"之过程。

由此,又引发出两个理论问题。

第一个问题,关于"气化"的所以然者,也就是气产生天地万物的缘由。这就涉及到了"理"、"理"与"气"的关系。在李穑的

---

① 张岱年:《中国哲学大纲》,中国社会科学出版社 1982 年版,第 8 页。

文稿和诗稿中,主要讲"气",但也谈到了"理",但多是从"体用一源"这个角度说的。如他说:

> 天地帝洪炉,鼓铸一何劳。
> 理以为之主,气以分其曹。
> 少或似麟角,多奚啻牛毛。
> 仁义是膏粱,礼法为芰袍。
> 灿然彼天下,吾生安所逃。①

天地如同一洪炉,造出少似麟角、多如牛毛之物,造出仁义与礼法,其原则都是按照"理以为之主,气以分其曹"而鼓铸出来的。至于理怎样为主,气怎样分曹,李穑没有展开论述。而在理、气的显微无间、体用一源方面则作了具体说明。如他在《葵轩记》中说:"夫理无形也,寓于物;物之象也,理之著也。是故龙图龟书,圣人之所则,而蓍草之生,所以尽阴阳、奇偶之变,而为万世开物成务之宗,则虽细物何可少哉?"②"理"无形、寓为物之中,为"隐";"气"(物)为理之象,为"显"。理隐气(物)显,成为了一个原则,不管是河图洛书,还是蓍草卜筮,都依据这一原则,尽阴(隐)阳(显)之变,而开物成务,生生不息。李穑在《之显说》中,对理隐气显的关系,作了更明晰的阐述:"隐,不可见之谓也。其理也微,然其着于事物之间者,其迹也灿然。隐也显也,非相反也,盖体用一源明矣。……天河地下,万物散殊,日月星辰之布列,山河岳渎之流峙,不曰显乎? 然知其所以然者,鲜矣。尊君卑臣,百度修举,诗书礼

---

① 《有感》,《牧隐诗稿》卷22,见《稼亭集·牧隐集·麟斋集》2,第578页。
② 《葵轩记》,《牧隐文稿》卷3,见《稼亭集·牧隐集·麟斋集》3,第813页。

乐之谓兴，典章文物之贲饰，不曰显乎？然知其所由来者，亦鲜矣。"①大千世界，芸芸众生，为显、为"气"（物）；而这一切的所以然者、所由来者，为鲜、为"理"。这里用的"鲜"即为"少"、"隐"②之义。而理隐气显的关系为"隐也显也，非相反也，盖体用一源明矣"。理是气能够产生宇宙万物的所以然者，是气能够演为诗书礼乐、典章文物的所由来者。所以，隐的理为显的气之体。气在理的主宰下，生出天地、万物和人类。所以，显的气是隐的理之用。这里，体是用之体，用是体之用。这就是"体用一源，显微无间"。可见，在理与气的关系上，李穑的注意力不在本原论（即以理为本，还是以气为本），而是集中于体用论。这是由他"重气"的思想决定的。所以，他的"体用一源"讲的还是气按照理的原则，如何生化万物，即"气化"问题。

这样，就又引出了第二个理论问题，也就是关于"理"的含义问题。而这个问题又涉及到了"太极"问题。

关于"理"的含义，李穑没有明确的说明。他在上述引文（《葵轩记》）中曾写道：理无形寓于物中，尽阴阳、奇偶之变而开物成务。在另一篇文章《养真斋记》中，也阐述了类似思想。他说："夫人之受是气以生也，乾健坤顺而已矣。分而言之，则水火木金土而已矣。求其阳奇阴偶、阳变阴化之原，则归于无极之真而已矣。无极之真难乎名言矣。《诗》曰：'上天之载，无声无臭'，其无极之所在乎？故周子作《太极图》亦曰无极而太极。盖所以赞太极之一无极耳。在天则浑然而已，发风动雷之前也；在人则井然而已，应

---

① 《之显说》，《牧隐文稿》卷10，见《稼亭集·牧隐集·麟斋集》3，第875页。

② 杜预注"鲜"为"不以寿终为鲜"，即天死之意，故可转意为"隐"。

事接物之前也。发风雷动而混然者,无小变则应事接物而井然者,当如何哉？譬之镜,妍媸在乎物而镜则无曷,尝以照物之故。"①这段引文说明了两个问题。一是表明阴阳二气交合运动产生人与物的原因是无极之真。无极而太极,所以,太极为阴阳二气动静交感之原。由此可以看出,在李穑思想中,"太极"与"理"是等质概念。二是"太极"的含义问题。这段引文表明太极在"发风雷动之前",在"应事接物之前",意为"太极"为"动"之前,为"静"、为"寂"。"太极,寂之本也;一动一静而万物化醇焉。"②寂之本的太极不动,一动一静的是阴阳之气,正是凭借着阳气动、阴气静的运动变化,才能"发风雷动"、"应事接受",即"万物化醇"。这就像物照镜一样,镜不能动,只有当动之物照于镜,才有镜中之物,镜才称之为镜。这实质上就是说,太极是不动的,但其中有动之理,既有动之理,便有气"依傍"它,"依傍"动之理的气就是阳气。同样,太极之中也有静之理,既有静之理,便有气"依傍"它,"依傍"静之理的气就是阴气③,只有当太极之理显现为太极之气后,通过阴阳二气的作用,才能产生万物。所以,太极是"理"与"气"的统一体。李穑的这一思想与许衡非常相似,旨在强调"气"的功能和价值。

第二个方面,"泽民未副平生志,望道唯凭性理书"。

李穑出于家庭和环境的背景,从小就对圣人非常敬仰,并决心从修身养性起,学做圣人。这方面的思想表现在他关于心性修养的论述之中。李穑心性论的特点是强调心性修养的重要性和实

---

① 《养真斋记》,《牧隐文稿》卷3,见《稼亭集・牧隐集・麟斋集》3,第816页。

② 《寂庵记》,《牧隐文稿》卷6,见《稼亭集・牧隐集・麟斋集》3,第842页。

③ 参见冯友兰著:《中国哲学史新编》(第5册),人民出版社1988年版,第169页。

践性。

学儒学、读儒书,其目的是为了做圣人。李穑的这一心愿,反映在他的诗文之中。

　　　　誓心师孔孟,回首叫伊周。①
　　　　泽民未副平生志,望道唯凭性理书。②

他决心以孔子、孟子、二程和周敦颐为师,认真读性理书,努力学做孔子那样的圣人。这是因为"孔氏祖述尧舜、宪章文武,删诗书、定礼乐、出政治、正性情,以一风俗以立万世太平之本。所谓生民以来,未有盛于夫子者。"③孔子制书作乐,移风易俗而立万世太平之本,就在于"正性情",即注重心性修养,也就是回归本性的尽性工夫。这种工夫叫做"中和",所达到的最高境界为"致中和"。

儒家经典《中庸》说:"喜怒哀乐之未发谓之中,发而皆中节谓之和。中也者,天下之大本也;和也者,天下之达道也。致中和,天地位焉,万物育焉。"④中和是指心性的不同状态,喜怒哀乐潜藏在心中,澹然虚静,这是"中"的状态;喜怒哀乐表现出来并符合一定的节度,无所乖戾,这是"和"的状态。"中"为"性",为体;"和"为"情",为用。"致中和"则是心性修养工夫所达到的最高境界。这个境界就是位天位、育万物、与天地相参、天人相合。

----

　　① 《浮生二首》,《牧隐诗稿》卷9,见《稼亭集·牧隐集·麟斋集》2,第256页。

　　② 《即事》,《牧隐诗稿》卷13,见《稼亭集·牧隐集·麟斋集》2,第411页。

　　③ 《选粹集序》,《牧隐文稿》卷9,见《稼亭集·牧隐集·麟斋集》3,第865页。

　　④ 《中庸》第一章。

李穑完全接受《中庸》这种观点,故当庚申科状元李文和向他讨教行之准则时,他便以"中和"相送:

> 孝于家,忠于国,将何以为之本乎?予曰:大哉问乎,中焉而已矣。善事父母,其名曰孝。移之于君,其名曰忠。名虽殊而理则一。理之一即所谓中也。何也?夫人之生也,具健顺五常之德,所谓性也曷尝有忠与孝哉?寂然不动,鉴空衡平性之体也,其名曰中。感而遂通,云行水流性之用也,其名曰和。中之体立,则天地位;和之用行,则万物育。圣人忝赞之。妙德性,尊人伦,叙天秩,灿然明白,曰忠、曰孝、曰中、曰和,夫岂异致哉。①

中为性之体,和为性之用。从体用一源的思维出发,他认为"中和"的具体方法就是主敬、存诚、养真和力行。

所谓"主敬",李穑按照儒家经典《大学》和《中庸》的观点,认为就是"寂",具体表现为"静定"和"戒惧"。他说:"吾儒自庖羲氏以来,所守而相传者,亦曰寂而已矣。至于吾不孝,盖不敢坠失也。太极,寂之本也,一动一静而万物化醇;人心,寂之次也,一感一应而万善流行焉。是以《大学》纲领在于静定,非寂之谓乎?《中庸》枢纽在于戒惧,非寂之谓乎?戒惧,敬也;静定,亦敬也。敬者,主一而无适矣。主一,有所守也;无适无所移也。"②李穑认为《大学》的纲领为"知止而后有定,定而后能静,静而后能安,安

---

① 《伯中说赠李状元别》,《牧隐文稿》卷10,见《稼亭集、牧隐集、麟斋集》3,第877页。

② 《寂庵记》,《牧隐文稿》卷6,见《稼亭集、牧隐集、麟斋集》3,第842页。

而后能虑,虑而后能得"。①　这是说只有心不妄动、清静安宁,凡事才能不乱不躁,才能瞻前顾后,考虑周详,才能抓住根本,有所收益。所以,他视"静定"为修身正心乃至齐家治国平天下的关键,故称之为《大学》的纲领。李穑又认为《中庸》的枢纽为:"天命之谓性,率性之谓道,修道之谓教。道也者,不可须臾离也。可离非道也。是故君子戒慎乎其所不睹,恐惧乎其所不闻。"②这是《中庸》首章。其意为天赋人的气质叫做性,一切顺着本性叫做道。道是人一刻也不能离开的。所以君子在别人看不到的地方,也警惕小心,在别人听不到的地方,也畏惧谨慎。总之,君子要做到"慎独"。因为只有这样,才能保持"中和"之德,达到"致中和"的境界。故"戒惧"为《中庸》枢纽。可见,李穑以"主敬"为红线,贯穿《大学》的纲领和《中庸》的枢纽。

　　而关于"主敬"的具体内容,他认为是"主一"和"无适"。"主一"为有所守也。李穑做诗形容"主一"说:

> 非尸坐如尸,无宾如见宾;
> 收敛不容物,吉触致精纯。③

要像僵尸一样静坐,要像见到贵宾一样有礼,这样才能守住本然之性,而致精纯。"无适"为无所移。李穑又做诗比喻"无适"说:

> 直将方寸慕唐虞,静坐深参太极图。

---

① 《大学》。
② 《中庸》。
③ 《斋心》,《牧隐诗稿》卷25,见《稼亭集、牧隐集、麟斋集》2,第628页。

　　　除却此心皆异域，算来无事或殊图。

　　　风霜雨露天何限，礼乐诗书日出隅。

　　　看取圣人神化大，只危坐处有功夫。①

这里，除此心之外皆为异域，而心的修炼，也只是在太极图、礼乐诗书之内而不移另处。这就是圣人的"无适"功夫。

　　所谓"存诚"，李穑认为是在本然之性迷失之后，通过一番"克己复礼"的努力而恢复人的本然之性为"存诚"，又叫"明诚"。对此，他在《可明说》中作了解释：

　　　善固在也，而人有贤不肖、智愚之相去也，何哉？气质敝之于前，物欲拘之于后，日趋于晦昧之地、否塞沉痼不可救药矣。呜呼，人而至此可不悲哉！一日克己复礼则如清风兴而群阴之消也。方寸之间，灿烂光明察乎天地，通于神明矣。……三达德必自一。一者，何也？诚而矣。诚之道，在天地则洋洋乎鬼神之德也，在圣人则优优大哉峻极于天者也。②

李穑认为人性本善，但由于被气质所敝、物欲所拘，因此失去本然之性。只有通过克己复礼的努力，方可恢复本来之善性。而这克己复礼的努力，可称为"诚"。诚之道贯通天地，意为真实无妄。为此，李穑特别指出要随时随地地进行克己复礼的存诚、明诚之功夫。如"真伪由来终自露，读书功业在明诚"；"三才一理耳，复初在明诚"；"钧乎无自弃，中节由明诚"；"只恐异端或娱我，闲邪直

---

① 《有感》，《牧隐诗稿》卷8，见《稼亭集、牧隐集、麟斋集》1，第333页。

② 《可明说》，《牧隐文稿》卷10，见《稼亭集、牧隐集、麟斋集》3，第873页。

欲存吾诚"。① 读书、复初、中节等,都要"明诚",尤其是当闲邪之际,更要"存诚"。这样,才能克己复礼,才能回归本善之性。

所谓"养真",在李穑思想中是"存诚"的另一种表达方式。关于"真"他讲:"人之生既真矣。惟大人者不失之故能为大人耳,非大人之从外得也。事君尽礼非谄也,真也;辞疾出吊非诈也,真也"。② 这是说事君尽礼不谄为真,辞疾出吊不诈为真,总之,要像大人君子那样做,就是真。至于如何养真,他认为"养心莫先于寡欲,请以寡欲为养真第一义"。③ 欲多则不真,所以要不被外欲所诱惑,才能不失本然之性。

所谓"力行",就是笃行、有始有终不舍昼夜地践履。"困学之士,惟力行一言,实入道之门也。力行之道,孜孜屹屹不舍昼夜。始也,吾心也昭昭之明也;终也,吾心也与日月合其明。"④李穑这里的力行强调的是孜孜屹屹和有始有终,认为只有这样,才能尽善。他要突出的是心性修养的实践性,认为唯有实行、实做,才是入道之门,除此而外,别无他法。⑤

　主敬、存诚、养真、力行的目的是为了"致中和"。这是李穑儒学思想的主旨和境界。

第三个方面:"从来谷谛皆真谛,最是僧风有士风"。

在对待佛教和道教问题上,李穑一方面反对佛教(主要是从佛教徒财所耗竭方面进行批评),另一方面在他的诗歌和序记中,

---

① 《有感》、《自伤》、《赵钧伯和》、《半夜歌》,《牧隐诗稿》卷11、卷12、卷13、卷15,见《稼亭集、牧隐集、麟斋集》2,第382、404、409、443页。

② 《养真斋记》,《牧隐文稿》卷3,见《稼亭集、牧隐集、麟斋集》3,第816页。

③ 《养真斋记》,《牧隐文稿》卷3,见《稼亭集、牧隐集、麟斋集》3,第816页。

④ 《可明说》,《牧隐文稿》卷10,见《稼亭集、牧隐集、麟斋集》3,第873页。

⑤ 参见郭齐家著:《李穑的教育活动与教育思想》,刊于《牧隐李穑学术思想中韩研讨会论文集》(打印本)。

又流露出了以儒为主的儒释道三教融合思想。例如,关于"道"的思想,李穑有两段重要论述。一是他送与绝传上人的序,说:

> 道在天地间,贯幽明、包大小,无物不有、无时不然,其体用固灿然也。而人之行之,有传与否焉? 非独吾儒之事也。达摩学者率宗之故,其衣之表信也。①

另一段是他送给峰上人的序,说:

> "师去游方何所求乎?"曰:"道焉而已矣。"曰:"请问道安在乎?"曰:"无不在。"曰:"然则不离当处矣乎?"曰:"然。"曰:"然则所谓游者赘甚矣。师在蒲团则道在蒲团矣,师用草鞋则道在草鞋矣,墙壁瓦砾无非道也,江山风月无非道也,不宁唯是着衣吃饭无非道也,扬眉瞬目无非道也。上人何待于游而后求道乎哉? 吾之所谓赘者然乎否乎?"上人曰:"子之言也是矣。"②

上述两段话表明,李穑认为"道"作为一种理念,无物不有、无时不然,这是儒释道的共识,此儒释道相融合之一。这两段话均是李穑与佛教人士的对话,尤其是第二段与峰上人的对白,表明峰上人对李穑关于"道"无处不在,无时不有的观点是赞成的。而李穑的这番论述与《庄子·知北游》不仅观点一致,而且语序也颇似。《庄

---

① 《送绝传上人序》,《牧隐文稿》卷8,见《稼亭集、牧隐集、麟斋集》3,第859页。

② 《送峰上人游方序》,《牧隐文稿》卷9,见《稼亭集、牧隐集、麟斋集》3,第869页。

子·知北游》在记述东郭子与庄子的一段对话时说:东郭子问庄
子说:"所谓道,在哪里?"庄子说:"无所不在。"东郭子说:"指出一
个地方来。"庄子说:"在蝼蚁里面。"问说:"怎么这样卑下呢?"答
说:"在稊稗里面。"问说:"怎么更加卑下呢?"答说:"在瓦甓里
面。"问说:"怎么愈来愈卑下呢?"答说:"在尿溺里面。"东郭子不
回应。庄子说:"道是不离物的。最高的道是这样,最伟大的言论
也是这样。"①这表明在李穑思想中,就"道"的理解,与《庄子》是
相吻合的。在儒释道中,"道"的具体含义不尽相同,但作为一种
形而上的观念、规则,李穑认为它贯彻于儒释道三教之中。

"道",作为前后传承的"道统"、"法统",李穑认为这也是儒
释道的一个共性,此儒释道相融合之二。李穑在与绝传上人对话
中说,"道"之前后相传、相承,佛与儒一样,所谓"绝传者非其意
也,反其义以要其成而已矣"。②

又如,在心性终极修养方面,李穑认为儒的"主敬"与佛的"寂
灭"有相合性。他在《澄泉轩记》中说:"吾儒以格致诚正而致齐平
则释氏之澄念止观以见本源自性天真。佛度人于生死波浪,而归
之寂灭,岂有异哉?"③儒家主张通过格物致知、诚正以达修身、齐
家、治国而平天下,而格致诚正的修养功夫是"主敬",主敬的实质
是"寂"。正是在这一点上,李穑认为儒"主敬"之"寂"与佛之
"寂"有相通、相合之处。

再如,在道德教化方面,李穑认为儒与道有相近性。他在《送
徐道士使还序》中写有:"老氏周柱下史,不遇也,著书五千言。再

---

① 　陈鼓应注译:《庄子今注今译》,中华书局1991年版,第577页。
② 　《送绝传上人序》,《牧隐文稿》卷8,见《稼亭集、牧隐集、麟斋集》3,第859
页。
③ 　《澄泉轩记》,《牧隐文稿》卷3,见《稼亭集、牧隐集、麟斋集》3,第819页。

传而至盖公,曹参荐之文帝,至汉刑措,虽吾儒用天下者,其成效未必皆是之美也。"①道教之大本在于反对刑罚,主张道德教化。这与儒家主张的德化思想并不相悖。故李穑认为在道德教化这一点上,也能找到儒道之间的契合点。

二、圃隐郑梦周的儒学思想

郑梦周(1337—1392)号圃隐、字达可。《高丽史》"本传"说他"天分至方,豪迈绝伦,有忠孝大节,少好学不倦,研穷性理,深有所得"。他于 23 岁时(1360)三登文科状元,高扬文名;30 岁时(1367)成为礼曹正郎兼成均博士,在国学教授性理学;35 岁时(1372)任书状官之职,赴明朝后成为亲明派的领导人。后因忠孝于高丽社稷,郑梦周与易姓革命的李成桂一派相对抗而遭杀害。正是由于他的这种节义精神,使得他的名字在韩国儒学史上彪炳千古。

在学术上,郑梦周被称誉为"东方理学之祖"。但是,由于郑梦周被斩首示众,没收家产,所以有关他学问的文献资料也被毁失传,只留下诗文三百余首和有限的书、铭、记等不足二十篇。因此,研究郑梦周的学术思想,探究他被称为"东方理学之祖"的原因,只能从以下三个方面进行,即从旁人的传言中,从他的诗文中,从其节义精神中进行研究。下面,依次进行论述。

第一,从旁人传言中考查郑梦周的性理学思想。

牧隐李穑是郑梦周的好友,他曾推荐郑梦周在成均馆教授性理学,对郑梦周的学术思想深为了解。李穑为郑梦作诗五首,书、

---

① 《送徐道士使还序》,《牧隐文稿》卷 7,见《稼亭集、牧隐集、麟斋集》3,第850 页。

记各一篇,其中有关的记载如下:

李穑在《忆郑散骑三首》中第一首诗中说:"光风霁月郑乌川,独究遗篇续不传"。在《圃隐斋记》中又说:"乌川郑达可,歌鹿鸣而贲丘园之束帛,擢状元而擅文花之英华;续道绪于濂洛之源,引诸生于诗书之圃。"①他评价梦周学问是"梦周论理,横说竖说,无非当理,推为东方理学之祖。"②

李穑的上述传言说明了一个事实,即郑梦周是研究理学(性理学)的鼻祖。如上述诗文中的"独究遗篇续不传",其中的"遗篇"主要指理学的基本著作——《大学》、《中庸》、《论语》和《孟子》。

据郑道传回忆,他年轻时兴趣在诗词文章,后听人讲郑梦周说:词章之学为末艺,应当学心身之学,而身心之学就在《大学》、《中庸》两书之中。于是,郑道传找来这两部书进行研究,后又登门求教于郑梦周,闻所未闻,大获收益。临别时,梦周送他一部《孟子》。③ 郑道传还对郑梦周在"四书"方面的心得及其讲论要旨,作了评论:"(圃隐)先生于《大学》之提纲,《中庸》之会极,得明道传道之旨;于《论》、《孟》之精微,得操行涵养之要,体验扩充

---

① 《忆郑散骑三首》,《圃隐斋记》,见《圃隐集·附录》,景仁文化社 1990 年版,第 613、614 页。

② 《高丽史·列传》卷 30,"郑梦周"条。

③ 郑道传:《圃隐奉使稿序》,《圃隐文集》卷 3,成均馆大学校大东文化研究院 1983 年版,第 353、354 页说:"道传十六、七习声律为对偶语。一日,骊江闵子复(按:子复,闵安仁字)谓道传曰:吾见郑先生达可,曰:词章末艺耳,有所谓身心之学,其说具《大学》、《中庸》二书。今与李顺卿携二书往于三角山僧舍讲究之,子知之乎?予既闻之,求二书以读,虽未有得,颇自喜。……予极往竭,则与语如平生,遂赐之教,日闻所未闻。……先生送《孟子》一部,朔望之暇,日究一纸或半纸,且信且疑,思欲取正于先生。"

之方"。① 这是说,他的学问得程朱理学传道之宗旨,即从《大学》和《中庸》中把握了儒学为心身之学的要旨,又从《论语》和《孟子》中体验到了修养心身的方法。可见,郑梦周是通过研究"四书"而接受程朱理学和发扬儒学道统的。为此,李穑评价他是"绪道绪于濂洛之源",即他是接着周敦颐和二程讲性理学。关于这一点,他的门生卞季良等人曾说:"高丽文士皆以诗骚为业,惟圃隐始介性理之学"。② 这话与郑道传的说法相吻合,表明在高丽文士都沉浸于诗文词章之学时,唯有郑梦周提倡性理之学。另外,还有古川一乡士的传言也印证了郑梦周是较早研究性理学的学者之一。他说:"呜呼!高丽之季,箕化已远,大道湮没。一时君臣,迷惑于异端。而唯吾先生挺然独立于众楚之中,以扶吾道辟异端为己任。非有所得于心,能如是乎?虽比并于濂洛真儒无愧,而其有功于东方,则与孔子无异焉。"③高丽之时,唯有郑梦周傲首独立,提倡性理学。其功可与周(敦颐)程(二程)相比,可与孔子齐名。所以,李穑评价郑梦周是"东方理学之祖"。

第二,从其诗文中探究郑梦周的性理学思想。

研究郑梦周的性理学思想,主要是依据他的诗文。郑梦周的诗,不仅对人有重要影响作用,而且还被选入由中国文人编的诗集中。如明末清初钱谦益编的《列朝诗集》、清朱彝尊编的《明诗综》等诗集中有郑梦周的诗约十四首之多。这是因为他的诗文多是"性理之作"。④ 综观郑梦周诗文所反映的性理学思想,可以归纳

① 郑道传:《圃隐奉使稿序》,见《圃隐文集》卷3,第353、354页。
② 卞季良等:《祭凤阳郡李氏文》,见《圃隐文集·附录》,第620页。
③ 古川一乡士,文见《圃隐文集·附录》,第621页。
④ 如古川一乡士说:"所录《读易》、《观鱼》、《冬至》、《浩然》等篇,皆性理之作也。"见《圃隐文集·附录》,第621页。

为以下三方面内容:

其一,对朱熹理学思想的阐释。在韩国学者中,郑梦周大概是最早以自己的学说为朱熹著作加注的学者。曹好益在《圃隐先生集重刊跋》中说:"朱子《四书集注》行于东方,无有知其义者,独先生剖析精微为之训解,及云峰胡氏《四书通》至所论,皆合时人,始服先生之深于道学矣。"①这是说在高丽时代,郑梦周最早为朱熹的《四书集注》作训解(有《四书训解》,但早已失传),而时人不知正确否? 当胡炳文(号云峰)的《四书通》传到高丽时,人们才发现郑梦周对朱熹理学思想的理解与胡炳文完全吻合。因此对郑梦周佩服不已。这是因为胡炳文的《四书通》是为纠正饶鲁(双峰)不符朱子之说而作。《元史》本传说:胡炳文"亦以易名家,作《易本义通释》,而于朱熹所著《四书》,用力尤深。余干饶鲁之学,本出于朱熹,而其为说,多与熹抵牾,炳文深正其非,作《四书通》,凡辞异而理同者,合而一之;辞同而指异者,析而辨之,往往发其未尽之蕴"。② 从中可以了解到胡炳文是一位坚定的朱子学者,为维护朱子学的纯正而著书论辩。当这部《四书通》传到高丽社会后,人们发现郑梦周对朱熹思想的训解,竟然与胡炳文一样。所以,李穑才讲"梦周论理,横说竖说,无非当理"。

郑梦周论理的态度是非常认真和谨慎的,诚如他在《吟诗》中所形容的那样:

终朝高咏又微吟,苦似披沙欲炼金。

---

① 《重刊跋》,《圃隐文集》,第298页。
② 《元史》卷189《儒学一》,中华书局1976年版。

莫惟作诗成太瘦,只缘佳句每难寻。①

为朱熹思想作阐释,就如同吟诗一般,又苦又艰辛,人都累瘦了。为了准确把握朱熹思想,郑梦周在《右东窗》中描述了自己认真研究朱子学的情景:

独擅文章继牧翁,灿然星斗列胃中。
更将六籍窗前读,手自研朱考异同。②

郑梦周认真研读六经,努力探索朱子学的义理。其结果,他在一篇名为《圆照卷子》的杂著中写道:

如天之圆,广大无边;如镜之照,了达微妙。此浮屠之所以喻道与心,而吾家亦许之以近理。然其圆也可以应万事乎,其照也可以穷精义乎。吾恨不得时遭乎灵山之会,诘一言黄面老子。③

郑梦周认为道教的"道"和佛教的"心"都不如性理学的"理",因为"理"可以"应万事",可以"穷精义"。以"应万事"、"穷精义"来评价朱熹的理学思想是很到位的,这实质上就是全祖望所说的"致广大,尽精微,综罗百代"④的意思。

其二,对程朱易学思想的继承。在郑梦周的诗文中关于《易》

① 《吟诗》,《圃隐文集》卷1,第578页。
② 《右东窗》,《圃隐文集》卷2,第588页。
③ 《圆照卷子》,《圃隐文集》卷3,第599页。
④ 《晦翁学案》,《宋元学案》卷48。

的作品有六首,可见他对易学研究的深入。郑梦周的易学思想基本上是对程颐和朱熹易学思想的继承。如李穑说他"老来易学慕伊川,羲画仍将继邵传"①。这是讲郑梦周的易学继程伊川和邵康节之易。关于《易》,有所谓"先天"易和"后天"易之说,宋儒以伏羲始画八卦为"先天"易,以文王重六十四卦为"后天"易。邵康节讲《易》,重象数,主"先天"易学;程伊川讲《易》,重义理,主"后天"易学。郑梦周的易学则"先天"、"后天"都涉及到了,故郑道传说他是"至于易知先天后天,相为体用"②。而这正是继承了朱熹的易学理念,因为朱熹讲《易》,主要继承程伊川的义理学。但又采用邵康节的象数学。

关于郑梦周易学思想的具体内容,可以从以下六首诗文中加以探究。

冬至吟　二首

乾道未尝息,坤爻纯是阴。一阳初动处,可以见天心。
造化无偏气,圣人犹抑阴。一阳初动处,可以验吾心。

读易寄子安大临两先生　有感世道故云　二绝

纷纷邪说误生灵,首唱何人为唤醒。闻道君家梅欲动,相从更读洗心经。

固识此心虚且灵,洗来更觉已全醒。细看艮卦六画耳,胜读华严一部经。

---

① 牧隐:《忆郑散骑三首》,《圃隐文集·附录》,第615页。
② 郑道传:《圃隐奏使稿序》,《圃隐文集》卷3,第354页。

读易　二绝

石鼎汤初沸,风炉火发红,坎离天地用,即此意无穷。

以我方寸包乾坤,优游三十六宫春,眼前认取画前易,回首包羲迹已陈。①

其中的《读易寄子安大临两先生》的两首诗是对程伊川易学思想的继承。因为诗中的"细看艮卦六画耳,胜读《华严》一部经"出自二程之语。二程先生说过,"看一部《华严经》,不如看一艮卦"。②二程先生认为《华严经》只是空讲止观,而对于为什么要止,如何才是止,一点也未说。相反,艮卦则明确地告诉人们要止于所止。所以,二程先生说:"艮卦只明使万物各有止,止分便有定。"③具体说,明道尝言:"'艮其止,止其所也'。各止其所,父子止于恩,君臣止于义之谓。"④伊川也说过:"故圣人只言止。所谓止,如人君止于仁,人臣止于敬之类是也。《易》之艮,言止之义曰:'艮其止,止其所也。'言随其所止而止之。"⑤二程的上述论述谈的是艮卦的义理,即"有物必有则"的道理。"夫有物必有则。父止于慈,子止于孝,君止于仁,臣止于敬。万物庶事,莫不各有其所。得其所则安,换其所则悖。圣人所以能使万物顺治,非能为物作则也,帷止之各于其所而已。"⑥圣人能顺治万物,就是遵从了"有物必有则"

---

① 《圃隐文集》卷2,第594、595页。
② 《河南程氏遗书》卷6,《二程集》,中华书局1981年版。
③ 《河南程氏遗书》卷6,《二程集》。
④ 《河南程氏遗书》卷11,《二程集》。
⑤ 《河南程氏遗书》卷18,《二程集》。
⑥ 《河南程氏遗书》卷11,《二程集》。

这一基本原理。郑梦周这两首诗的意蕴也是要告诫人们不要被"邪说"（指佛教）所干扰，要认真读"洗心经"（即《易经》）。因为艮卦所讲的"有物必有则"的义理比《华严经》强得多，它明确了君臣、父子的伦理关系，明确了顺治万物的真谛。

其余四首诗则是对朱熹易学思想的继承。

《周易本义》是朱熹对于《周易》的正式注解。朱熹易学思想的要点是"尚其变"。他把《周易》"易"字理解为"变易"和"交易"，又指出"变"的基本内容是"流行"和"对待"。例如从卦象看，"一阴一阳"这个流行是"坎"、"离"这两个卦的互相交替。这个流行可以从中间截断来看，不论怎样截断，都说明它是"坎"、"离"两卦的互相交替。如果从"一阳"截断，那就是一个阳爻，一个阴爻，又一个阳爻，这就是"离卦"（☲）。下边跟着一个阴爻、一个阳爻，又一个阴爻，这就是"坎卦"（☵）。下边跟着又是一个"离卦"（☲），"离卦"下边又是一个"坎卦"（☵），如此相互交替下去，以至无穷。这种交替可以形象地表示为"一阴一阳之谓道"。①

郑梦周非常准确地把握了朱熹这一易学思想的要领，他在《读易》两首诗中特意讲了"坎"、"离"两卦的作用。"石鼎汤初沸"指水为"坎"，"凡炉火正红"指火，为"离"。"坎离天地用，即此意无穷"是讲一阴一阳相互流行、对待的功用是宇宙间基本的原理，意义无穷。而《冬至吟》两首诗也是反复讲"乾道"（阳）和"坤爻"（阴）的互动，意在表明"一阴一阳之为道"的意蕴。

其三，对孔孟儒学思想的发扬。

郑梦周对于孔子和孟子非常虔诚并积极发扬其儒家思想。如他在《冬夜读春秋》一首诗中写道："仲尼笔削义精微，雪夜青灯细

---

① 参见冯友兰著：《中国哲学史新编》第5册，第194、195页。

玩时,早抱吾身进中国,傍人不识谓居夷"。① 这首诗一方面突出地表达了他对于《春秋》中"内诸夏,外夷狄"要旨的体会,另一方面也显示了他进中国,拜孔师的迫切心境。对于孟子思想,郑梦周也同样很虔诚,尤其是对《孟子》的"浩然之气"和"万物皆备于我,反身而诚乐莫大焉"的观点,更是竭力发扬。例如:

浩然卷子

　　皇天降生民,厥气大且刚,夫人自不察,乃寓于寻常。养之固有道,浩然谁敢当,恭承孟氏训,勿助与勿忘。千万同此心,鸢鱼妙洋洋,斯言知者少,为子著此章。②

诗文中的"恭承孟氏训"和"为子著此章"表明了郑梦周发扬孟子思想的决心。诗中的"厥气大且刚","养之固有道","勿助与勿忘"说明孟子讲"浩然之气"为"至大至刚",要"善养之",而善养之法则为"勿助与勿忘"。诗中的"千古同此心,鸢鱼妙洋洋"讲明孟子的"万物皆备于我,反身而诚乐莫大焉"的道理是普遍存在的。

　　第三,从其节义精神中体味郑梦周的性理学思想。

　　朝鲜朝著名性理学学者李滉(退溪)称赞郑梦周的学问和人品是"渊源节义两堪宗"。③ 这就集中说明了郑梦周不论是在儒学学理方面,还是在节义精神方面,都堪称韩国人的宗主。正是由于

---

　　① 《冬夜读春秋》,《圃隐文集》卷2,第595页。

　　② 《浩然卷子》,《圃隐文集》卷2,第589页。

　　③ 李滉《临皋书院》:"圃翁凤然振吾东,作庙渠渠壮学宫。寄语藏修诸士子,渊源节义两堪宗。"转引自《圃隐先生集续录》卷3,《圃隐郑先生文集》,韩国回想社1985年版。

他平日讲求性理学,所以在改朝换代的关键时刻,能够做到一臣不侍二主;而他忠君忠国的节义精神也正是他所主张的性理学的体现和光大。对此,南公辙在《崧阳书院东庭碑铭并序》一文中说:"先生之节,实出于平日之学问"。①

在丽末李氏革命之时,郑梦周并非不知高丽王朝大势已去,人心已向李氏。当时,也有不少人劝他要识时务顺大势,归向李氏。如《成见丛话》中有一段记述说:"圃隐,学问精粹,文章亦浩瀚。丽季为侍中,以尽忠辅国为己任。革命之际,天命人心皆有所推戴,公独毅然有不可犯之色。有僧素与相识者,告公曰:'时事可知,公何胶守若节?'公曰:'受人社稷,岂敢有二心? 吾已有所处矣。'"又有记述说:"当丽季国势岌岌,有僧赠圃隐曰:'江南万里野花发,何处春风无好山'? 圃隐流涕曰:'呜呼! 其晚也,其晚也'!"②这两则记述中的僧人的言说或诗句,其义都十分明白,即规劝郑梦周移情于李氏朝鲜。但郑梦周严辞相拒,受人社稷,不能一心二意。表达了他对高丽王朝的忠心耿耿,至死不变的节烈精神和气概。

对此,朝鲜朝名儒柳成龙则从天理名分、纲常节义等理论方面作了十分详细的分析和评价。他说:"大厦将倾,而一木扶之;沧海横流,而一苇抗之。知其不可而犹且为之者,分定故也。古人云,天地生人,各无不足之理,常思天下君臣父子,有多少不尽分处。所谓分者何也? 天地所以命物,而物之所以为则者也。然则,木之支厦,分也,苇之抗海,分也。臣子之忠孝于君亲而竭诚尽节,以至捐躯殒命者,亦分也。学者,学此而已;知者,知此而已;行者,

---

① 转引自《圃隐先生集续录》卷3,《圃隐郑先生文集》。
② 转引自《圃隐郑先生文集》卷4《诸家记述》。

行此而已。尽此者圣,勉此者贤。如此而生,如此而死,得丧祸福,随其所遇,而吾心安焉。若夫时之不幸,势之难为,则君子不以为病焉。圃隐郑先生,以义理之学为诸儒倡,当时翕然宗之。今其微言绪论虽无所寻逐,然即其所就之大者而观之,则亦求尽乎性分之内,而不愿乎其外者欤? 不然,何其见之明而守之固,决之勇而行之果欤! 呜呼! 先生在家为孝子,立朝为忠臣。迨乎丽运告讫,天命去矣,民心离矣。圣人作,万物睹,一时智能之士,争欲乘风云之际,依日月之光,以求尺寸之功,孰肯以王氏社稷为念哉。惟先生挺然独立于风波荡覆之际,确然自守于邦国危疑之日,义形于色,不以夷除贰其心。既竭其力之所至不得,则以身殉之,无所怨悔,岂所谓知其不可而犹且为之者耶? 然先生一死,而天衷以位,人极以建,民彝物则赖以不坠。斯固心之所安而分之所定,于先生何戚哉? 或有以先生周旋乱世,不洁身为疑者。孟子曰:有安社稷臣者,以安社稷为悦。先生有焉。由其如是,故不屑于进退出处之常,以委身处命于昏乱之世,尽瘁宣力,国存与存,国亡与亡,其忠盛矣。任高丽五百年纲常之重于前,启朝鲜亿万载节义之教于后,先生之功大矣。"①从柳氏的论述中可以体味到郑梦周的"国存与存,国亡与亡"的忠盛节烈精神是对孟子"有安社稷臣者,以安社稷为悦"教义的关照,亦是对儒学忠君侍国、忠贞不贰大节的忠实继承和认真践履。郑梦周的忠孝节义是其研究性理的结果,亦是其性理学修养的升华和境界。②

---

① 柳成龙:《圃隐先生集跋》,转引自《圃隐郑先生文集》卷4。
② 参见楼宇烈著:《东方理学宗祖 淑世儒林楷模》,刊于《风流与和魂》,沈阳出版社1997年版,第69—86页。

第四节　三峰郑道传排佛的儒学

在韩国学者的著述中,一般多将郑道传和权近放到朝鲜时期的儒学者中进行论述。这里,将郑道传和权近作为高丽末期的重要儒者进行论述,是因为他们对开创朝鲜朝的性理学作出了特殊的贡献。

郑道传(1342—1398),号三峰,奉化人。在性理学学脉中,他是李穑的门人,权近的老师。高丽末期,他与新进势力李成桂接触甚密,率先推戴李成桂为王,开创朝鲜朝。郑道传是朝鲜朝的助产者、经始者,也是儒学东传朝鲜半岛以来,首次实现儒学立国、儒学治国,设计未来的主要人物。他的学生权近特作《真赞四题》评价其气质、学问、道德说:

温厚之色,严重之客,瞻之如仰高山,即之如坐春风。观其睟面而盎背者,可以知和顺之积中也。——这是对其容貌的形容。

光焰万丈,气吐长虹,方其穷而其志不挫,及其达而其德益崇。定其胸次浩然而自得者,必有因其集义以充之者也。——这是对其气质的形容。

好善之笃,处事之通。宽宏若河海之广,信果若蓍龟之公,则其局量规模之大,又非迂僻固滞者之所可得而同也。——这是对其才气的形容。

若夫性理之学,经济之功,辟异端以明吾道之正,仗大义以佐兴运之隆,文垂不朽,化洽无穷,真社稷之重臣,而后学之所宗也。——这是对其学问和事业的形容。①

----

① 参见金忠烈著:《高丽儒学思想史》,第325—326页。

　　诚如权近所说,郑道传在"辟异端以明吾道之正"方面作出了杰出贡献。可以说,他是丽末鲜初批判佛教的集大成者。正是通过他从学理层面对佛教的批判,才确立了儒学在朝鲜朝的官方哲学地位。

　　郑道传以儒批佛的观点,集中反映在《佛氏杂辩》这篇重要文章中。此文写于 1398 年,即郑道传去世之年。据说他写完此稿后将其托付给门人权近说:"吾死且安矣。"可见,这篇批佛的文章被郑道传视为集终生学问之大作。此文分设 19 个题目,一一进行论述。即:

1. 佛氏轮回之辩
2. 佛氏因果之辩
3. 佛氏心性之辩
4. 佛氏作用是非之辩
5. 佛氏心迹之辩
6. 佛氏昧于道器之辩
7. 佛氏毁弃人伦之辩
8. 佛氏慈悲之辩
9. 佛氏真假之辩
10. 佛氏地狱之辩
11. 佛氏祸福之辩
12. 佛氏乞食之辩
13. 佛氏禅教之辩
14. 儒释同异之辩
15. 佛法入中国
16. 事佛得祸
17. 舍天道而谈佛果

18. 事佛甚谨年代尤促

19. 辟异端之辩

这19个题目中,有五个尤为重要。这五个论题是"佛氏轮回之辩"、"佛氏因果之辩"、"佛氏心性之辩"、"佛氏昧于道器之辩"和"儒释同异之辩"。为了深入了解郑道传以儒批佛的思想,将这五个论题的内容记述如下:

佛氏轮回之辩

人物之生生无穷乃天地之化,运行而不已者也。原夫太极有动静而阴阳生,阴阳有变合而五行具。于是无极太极之真,阴阳五行之精,妙合而凝,人物生生焉。其已生者,生而过;未生者,来而续。其间不容一息之停也。佛之言曰:人死精神不灭,随复受形。于是,轮回之说兴焉。《易》曰;原始反终,故知死生之说。又曰:精气为物,游魂为变。先儒解之曰:天地之化,虽生生不穷,然而有聚必有散,有生必有死。能原其始而知其聚之生,则必知其后之必散而死。能知其生也,得于气化之自然。初无精神寄寓于太虚之中,则知其死也,与气而俱散无复留有形象,尚留于冥漠之内。又曰:精气为物,游魂为变,天地阴阳之气交合复成人物。到得魂气归于天体,魄归于地复,是变了精气为物,是合精与气而成物,精魄而气魂也。游魂为变,变则是魂魄相离,游散而变。变非变化之变,既是变则坚者、腐存者达无物也。天地间如烘炉,虽生物皆销铄己尽。安有已散者复合而已生者复来乎? 今且验之,吾身一呼一吸之间,气一出焉,谓之一息。其呼而出者,非吸而入之也。然则人之气息亦生生不穷,而生者过,来者续之,理可见也。外而验之于物，凡草木自根而干、而枝、而叶、而华实，一气通贯。当春夏时，其气滋至而华叶畅茂；至秋冬，其气收敛而华叶衰落；至明季春夏又复畅茂，非已落之叶返本归源而复生也。又井中之水，朝朝而汲之，喝饮食煮，煮而尽之；濯衣服者，日曝而干之，泯然无迹。而井中之泉，源源而出，无有穷尽，非已汲之水返其故处而复生也。且百谷之生也，春而种十石，秋而收百石，以至千万，其利倍徒，是百谷亦生生也。今以佛氏轮回之说观之，凡有血气者自有定数，来来去去无复增损。然则天地之造物反不如农夫之生利也。且血气之属，不为人类，则为鸟兽鱼龟昆虫。其数有定，此蕃则彼必耗矣，此耗则彼必蕃矣。不应一时俱蕃，一时俱耗矣。自今观之，当盛世人类蕃庶，鸟兽鱼龟昆虫亦蕃庶；当衰世人物耗损，鸟兽鱼龟昆虫亦耗损。是人与物皆为天地之气所生，故气盛则一时蕃庶，气衰则一时耗损，明矣。予愤佛氏轮回之说惑世尤甚。幽而质诸天地之化，明而验诸人物之生，得其说如此，与我同志者幸共鉴焉。

　　或问子引先儒之说，解《易》之游魂为变曰：魂与魄相离，魂气归于天，体魄降于地，是人死则魂魄各于天地，非佛氏所谓人死精神不灭者耶？曰：古者四时之火，皆取于木，是木中元有火，木热则生火。犹魄中元有魂，魄暖着为魂，故曰钻木出火。又曰形既生矣，神发知矣。形魄也，神魂也。火缘木而存，犹魂魄合而生。火灭则烟气升而归于天，灰尽降而归于地。犹人死则魂气升于天，体魄降于地。火之烟气即人之魂气，火之灰尽即人之体魄。且火气灭矣，烟气灰尽不复合而为火。则人死之后，魂气体魄亦不复合而为物。其理岂不明甚也哉。①

这里,郑道传以儒学"气化"论和"气之生生不息"理论对佛教的"轮回"说进行批评。

"轮回"为梵文 Samāra 的意译,原意是"流转"。"轮回"说是佛教的基本教义之一。它宣扬一切有生命的东西,如果得不到"解脱",则会永远在所谓"六道"(天、人、阿修罗、地狱、饿鬼、畜生)中生死相续,有如车轮的旋转不停,故称"轮回",亦称"六道轮回"。这种"轮回"说的核心是精神不灭,即佛教认为人死后,其精神不死,根据他一生所做的"业",精神还有来生,以至二生三生。用《佛氏轮回之辩》中的话来说就是:"人死精神不灭,随后受形。于是,轮回之说兴焉"。

针对这一思想,郑道传用儒家的"气化"论思想和"气之生生不息"理论予以批评。

儒家的"气化"论是说气是宇宙间一切变化的客观实体,气是阴阳二仪的本质。人和物之生,是气之聚的结果,人和物之亡,是气之散的结果。宇宙中一切变化的实质,便是气的聚与散。这种"气化"思想在《佛氏轮回之辩》中则是"原夫太极有动静而阴阳生,阴阳有变合而五行具。于是无极太极之真,阴阳五行之精,妙合而凝,人物生生焉"。这是对中国宋代周敦颐《太极图说》思想的运用。朱熹释"无极太极之真"为"理",即事物变化的规律。郑道传引用《太极图说》这一段话,旨在表明宇宙中的人物的生亡,实是阴阳、五行之气按照一定规律变化的结果。如他在《佛氏轮

---

① 裴宗镐编:《韩国儒学资料集成》(上)延世大学出版部 1980 年版,第21—22 页。

回之辩》中反复说"能知其生也,得于气化之自然","天地阴阳之气交合复成人物"等。这就清楚地说明了宇宙中的人、物都是"气化"的结果,人死物亡则气灭,没有不灭的精神存在。

接着,郑道传又用儒家的"气之生生不息"理论对"轮回"说的"精神不灭"作进一步批评。如果说不存在不灭的精神,即没有"轮回"的话,那么宇宙中万事万物的繁殖不息的原因是什么? 对此,郑道传在《佛氏轮回之辩》开首第一句话就是"人物之生生无穷乃天地之化,运行而不已者也"。这就是说,人物之所以能"生生无穷",其实是"天地之化"的结果。按儒家理论分析,"天地之化"是指阴阳二气的变化。用中国宋代张载的话解释就是"造化所成,无一物相肖者。以是知万物虽多,其实一物,无一物无阴阳者。以是知天地变化,二端而已。"①天道不穷,阴阳二气的运动变化不息,所以宇宙中的人和物才能生生不息,繁衍不殆。郑道传在文中反复说"人之气息亦生生不穷,而生者过,来者续之,理可见也"。并举草木之物之所以春华、秋实、冬衰,而来年之春又畅茂的原因,就在于气之滋至和收敛即阴阳二气的运动变化的结果。

郑道传以"气化"和"气之生生不息"的理论说明了人与物能够不断繁衍的原因,这一方面有力地批驳了佛教"轮回"说的理论基础——精神不灭,另一方面也使儒家关于"气"的理论得以挺立和张扬。

佛氏因果之辩

或曰吾子辩佛氏轮回之说至矣,子言人物皆得阴阳五行之气以生,今夫人则有智愚贤不肖、贫富贵贱寿夭之不同,物

---

① 张载:《正蒙·太和》,《张载集》,中华书局1978年版。

则有为人所畜役劳苦至死而不辞者,有未免纲罗钓戈之害、大小强弱之自相食者,天之生物,一赋一与何其偏而不均,如是耶? 以此而言,释氏所谓生时所作善恶皆有报应者,不其然乎。且生时所作善恶是之谓因,它日报应是之谓果。此其说不亦有所据欤? 曰予于上论人物生生之理悉矣。知此则轮回之说自辩矣。轮回之说辩,则因果之说不辩而自明矣。然子既有问焉,予敢不推本而重言之。夫所谓阴阳五行者,交运迭行、参差不齐,故其气也有通塞、偏正、清浊、厚薄、高下、长短之异焉。而人物之生,适当其时。得其正且通者为人,得其偏且塞者为物。人与物之贵贱于此焉分。又在于人得其清者智且贤,得其浊者愚不肖,厚者富而薄者贫,高者贵而下者贱,长者寿而短者夭,此其大略也。虽物亦然。若麒麟龙凤为灵,虎狼虺虺之为毒,椿桂芝兰之为瑞,乌喙堇荼之为苦,是皆就于偏塞之中又有善恶之不同。然皆非有意而为之。《易》曰乾道变化,各定性命。先儒曰天道无心而善万物是也。今夫医卜小数也。卜者,定人之祸福必推本于五行之衰旺。至曰某人以木为命,当春而旺,当秋而衰,其象貌青而长,其心慈而仁。某人以金为命,吉于秋而凶于夏,其象(相)貌白而方,其心刚而明。曰水曰火,莫不皆然,而相貌之丑陋,心识之愚暴亦皆本于五行禀赋之偏。医者,诊人之疾病又必推本于五行之相感。乃曰某之病寒乃肾水之证,某之病温乃心火之证之类是也。其命药也,以其性之温凉寒热、味之酸咸甘苦、分属阴阳五行而剂之,无不符合此吾儒之说。以人物之生为得于阴阳五行之气者,明者左验无可疑矣。信如佛氏之说,则人之祸福疾病无与于阴阳五行而皆出于因果之报应。何无一人舍吾儒所谓阴阳五行而以佛氏所说因果报应定人祸福、诊人疾病,与其说荒唐谬误无足取信。如此,子尚惑其说欤!

今以至切而易见者,比之酒之为物也。麴蘖之多寡、瓷甕之生熟、日时之寒热,久近适相当则其味为甚。旨若蘖多则味甘,麴多则味苦,水多则味淡,水与麴适相当而瓷甕之生熟、日时之寒热、久近相违而不相合,则酒之味有变焉。而随其味之厚薄,其用亦有上下之异。若其糟粕则委之污下之地或有蹂踏之者矣。然则酒之或旨、或不旨、或上、或下、或用、或弃者,此固适然而为之耳。亦有所作因果之报应欤?比喻虽浅近鄙俚亦可谓明且尽矣。所谓阴阳五行之气,相推迭运、参差不齐而人物之万变生焉。其理亦犹是也。圣人设教,使学者变化气质,至于圣贤治国者,转衰亡而进治安。此圣人所以回阴阳之气,以致参赞之功者。佛氏因果之说,岂能行于其间哉?①

这里,郑道传用儒家的"气禀"说和"五行"说对佛教的"因果"说进行了批评。

"因果"说是佛教哲学的基本内容之一。因果理论主张世界万物无一不由因缘和合而生,有因必有果,有果必有因,由因生果,因果历然。所谓因是原因,是能生;所谓果,是结果,是所生。所以,因果关系又指因果报应。②

针对上述佛教"因果"说所主张的世界万物由因缘和合而生,有因必有果的说法,郑道传首先运用儒家的"气禀"理论予以批评。

"气禀"说认为气之中包括清气、浊气、善气、恶气、纯气、繁气

---

① 裴宗镐编:《韩国儒学资料集成》(上),第22—23页。
② 参见方立天著:《佛教哲学》,中国人民大学出版社1991年版,第191页。

等各种不同之气。由于气的不同,所以构成事物的种类及人的素质也不同。宇宙万物之所以互相区别,就在于气化时禀受的气不同。具体讲人之所以分为圣人、贤人、愚人、不肖之徒,是因为人禀气有清浊、昏明的不同,这决定了人的区别。而人与物的区别,也都由于气禀不同所造成。根据这一理论,郑道传在上文中指出:因为气有通塞、偏正、清浊、厚薄、高下、长短之异,所以得其正且通者为人,得其偏且塞者为物。而人与人之间的区别也是由于禀气不同所形同。如禀得其清气者,智且贤;禀得其浊气者,愚不肖;禀气厚者,富;禀气薄者,贫;禀气高者,贵;禀气下者,贱;禀气长者,寿;禀气短者,夭。郑道传明确指出人与物的区别,人与人的差异的根本原因是由于禀气不同而形成的,并不是像佛教因果说所讲的那样由因得果。为了表明气禀说的正确,郑道传还以制酒为例加以说明。

郑道传说酒之味取决于制酒原料之多寡和时日之长短,如蘖多则酒味甘,麹多则酒味苦,水多酒味淡等。这其中有何因果报应关系呢?

为了进一步说明人世间的祸福、相貌、德行、疾病等并非取决于佛教的“因果”报应,郑道传又运用儒家的“五行”思想给予批评和澄清。

“五行”一词最早出现于中国典籍《尚书·甘誓》中,其文为“有扈氏威侮五行,怠弃三证”。后世注家多以“五行”为金、木、水、火、土。以后,五行思想与阴阳思想相结合,逐渐影响到政治、经济、自然、道德等各个方面,最终形成了五行对应系统。例如:

这一五行对应系统表明了事物之间的普遍联系并揭示了事物之间的结构关系。对此,中国典籍《黄帝内经》作了清晰的说明:“夫五运阴阳者,天地之道也,万物之纲纪,变化之父母,生杀之本始,神明之府也,可不通乎?"①其中的"五运"指水运、火运、土运、金运、木运。宇宙万物依五行法则运动变化,五行结构为事物普遍所具有。就生物的化生而言,生物整体可依五行分为生、长、化、收、藏,或生、长、壮、老、己五个阶段,它又与时令的春、夏、长夏、秋、冬,与气候的风、暑、湿、燥、寒相联系对应;颜色整体可分为青、

表1

五行 对应物	木	火	土	金	水
五气	风	暑	潮	燥	寒
五时	平旦	日中	日西	日入	夜半
五应	生	长	化	收	藏
五官	目	舌	口	鼻	耳
五脏	肝	心	脾	肺	肾
五腑	胆	小肠	胃	大肠	膀胱
五体	筋	脉	肉	皮毛	骨
五志	怒	喜	忧	悲	恐
五脉	弦	洪	濡	浮	沉
五声	呼	笑	歌	哭	呻
五谷	麦	菽	稷	麻	黍

赤、黄、白、黑,在运行中又与五时相对应;人体的五脏、五志与五气、五时相联系、相对应。这种普遍所具有的五行结构,其内部又具有相生相胜的对待统一关系。如"木得金而伐,火得水而灭,土得木而达,金得火而缺,水得土而绝,万物尽然,不可胜竭。"②由五

---

① 《素问·天元纪大论》。
② 《素问·宝命全形论》。

行的相生相胜,推而万物也有相生相胜之道。① 这就是说,五行的
对应系统及五行的相生相胜理论可以解释人世之间的祸福、生死、
相貌、德行等原因。郑道传正是运用了这种"五行"理论探究人世
的变化并批评佛教的"因果"报应说。

　　郑道传在上文中指出,人的祸福、相貌、德行皆取决于"五行"
之衰旺。如某人属木命,按照五行对应理论,此人春旺(福)、秋衰
(祸)、相貌长且青、德行仁慈;而属金命者,秋吉(福)夏凶(祸)、
相貌白且方、道德明而刚。而人的疾病皆由于五行的相生相胜,如
某人患肾病,是由于水寒而致;某人患发热病,是由于心火而致。
对治病之药,亦应当按照五行相生相胜之理论而针对之。可见,人
世间的生老病死、相貌道德、吉凶祸福都是按照"五行"说而变化
着,并非是佛教所说取决于"因果"报应的结果。

　　郑道传在《佛氏因果之辩》中说,为了批评佛教的"因果"报应
思想,不敢不"推本而重言之"。这个"本",还是在《佛氏轮回之
辩》中所强调的儒家关于"气"的思想。本文中的"气禀"说和"五
行"说仍然是在讲阴阳五行之气的运动和变化。可见,儒家的
"气"思想成为郑道传批评佛教的一种重要理论。

佛氏心性之辩

　　心者,人所得于天以生之气,虚灵不昧以主于一身者也。
性者,人所得于天以生之理,纯粹至善以具于一心者也。盖心
有知有为,性无知无为。故曰心能尽性,性不能知检其心,又
曰心统情性,又曰心者神明之舍,性则其所具之理,观此心性

---

①　参见张立文著:《中国哲学范畴发展史》(天道篇),中国人民大学出版社
1988 年版,第102—103 页。

之辩可知矣。彼佛氏以心为性,求其说而不得,乃曰:迷之则心,悟之则性。又曰:心性之异名,犹眼目之殊称至。楞严曰:圆妙明心,明妙圆性,以明与圆分而言之。普照曰:心外无佛,性外无法,又以佛与法分而言之,似略有所见矣。然皆得于想象髣髴之中而无豁然真实之见,其说多为游辞而无一定之论,其情可得矣。吾儒之说,曰尽心知性,此本心以穷理也。佛氏之说,曰观心见性,心即性也,是别以一心见此一心,心安有二乎哉? 彼亦自知其说之穷,从而遁之曰:以心观心。如以口齿口,当以不观观之,此何等语欤? 且吾儒曰:方寸之间,虚灵不昧,具众理应万事。其曰虚灵不昧者,心也;具众理者,性也;应万事者,情也。惟其此心具众理,故于事物之来应,之无不各得其当,所以处事物之当否而事物皆听命于我也。此吾儒之学内自身心,外而至于事物,自源徂流,一以通贯,如源头之水,流于万物,无非水也。如持有星之衡,称量天下之物。其物之轻重与权衡之铢两相称,此所谓元不曾间断者也。佛氏曰空寂灵知,随缘不变,无所谓理者具于其中,故于事物之来,滞者欲绝而去之,达者欲随而顺之,其绝而去之者,固已非矣,随而顺之者,亦非也。其言曰,随缘放旷,任性逍遥,听其物之自为而已,无复制其是非而有以处之也。是其心如天上之月,其应也如千江之影,月真而影妄,其间未尝连续如持。无星之衡,称量天下之物,其轻重低昂惟物是顺。而我无以进退,称量之也。故曰:佛氏虚,吾儒实。佛氏二,吾儒一;佛氏间断,吾儒连续。学者所当明辩也。①

---

① 裴宗镐编:《韩国儒学资料集成》(上),第23—24页。

"心性"范畴在儒学和佛教中都是一对重要的范畴,但儒学中的"心性"与佛教中的"心性"在本质上又有重要的分殊。郑道传上文的主旨就是力图说明儒佛中"心性"范畴的区别,以此对佛教进行批评。按照郑道传的观点,这种区别主要表现为三点。即上文中的最后三句话"佛氏虚,吾儒实;佛氏二,吾儒一;佛氏间断,吾儒连续"。

其中的"佛氏虚,吾儒实",更确切地说,应该是"佛氏空,吾儒实"。这是因为"缘起"理论是佛教的基本理论。其中的"缘",指结果赖以生起的条件,"起"是生起的意思。"缘起"就是一切事物赖以生起的因缘。用哲学宇宙生成论来解释,所谓"缘起"就是说大千世界,森罗万象,形形色色,生生化化,无一不是因缘和合而生。"缘起"理论强调一切事物都是因缘合成的,因此都无自性,是"性空"。如《中论·观四谛品》说:"因缘所生法,我说即是空,亦为是假名,亦是中道义"。这就是"缘起性空"。从这重意义上说,佛教的"性"与儒家作为实体的"性"是不一样的。①

"佛性"论也是佛教的重要理论之一,主要是讲成佛的依据。"佛性"理论的主要内容是讲"佛性本有"、"心性本净"。这样,佛教认为一切众生皆有佛性。众生不仅是指有情的人,还包括禽兽在内。进而又提出了"无情有性",即认为瓦木草石皆有佛性。如天台宗《金刚碑》中说:"我及众生皆有此性,故名佛性。其性遍造遍变遍摄,世人不了大教之体,唯云无情,不云有性,是故须云无情有性"。这是说不仅一切众生(或"有情")有佛性,而且所有"无情"(无情识无意识)的东西也有佛性。而禅宗的即心即佛也发展

---

① 参见牟宗三著:《心体与性体》(上),上海古籍出版社1999年版,第492页。

为"无情有性",如"青青翠竹,尽是法身;郁郁黄花,无非般若"。这样,成佛的"心性"理论被佛教泛化了。而儒学家则把这种被佛教泛化了的"心性"又回归于人自身,凸显了人的价值和对人的终极关怀。从这重意义上说,就是"佛氏空,吾儒实"。

儒佛在"心性"问题上的第二、第三点区别主要是讲儒学"心性"理论的一以贯之。上文中郑道传谈到儒家"心性"理论时所说的"心者,虚灵不昧以主于一身者也"、"性者,纯粹至善以具于一心者也"、"心统情性"、"心者神明之舍,性则其所具之理"、"尽心知性"、"方寸之间,虚灵不昧,具众理应万事"等均出自中国宋明理学。这表明在"心性"问题上,郑道传认同中国宋明理学家的观点。所以,通过阐释中国宋明理学家的"心性"观,亦可表明郑道传的观点。

关于"心性",北宋张载说:"大其心,则能体天下之物。物有未体,则心为有外。世人之心止于闻见之狭。圣人尽性,不以见闻梏其心。其视天下,无一物非我。孟子谓尽心则知性知天,以此。"①这里的"大其心",关键是讲能否"尽心"或"尽性"而不为"闻见之狭"所限。圣人能尽性、尽心,是因为摆脱了见闻的桎梏。达到这种境界,就能"视天下无一物非我"。而这也就是孟子说的"尽心,则知性知天"②。此外,张载在《性理拾遗》中还讲了一句:"心统性情",得到朱熹的极大重视。朱熹在回答王德修问"尽心然后知性时"说:"以某观之,性情与心固是一理,然命之以心,却似包着这性情在里面。故孟氏语意却似说尽其心者,以其知性故

---

① 张载:《正蒙·大心篇》,《张载集》。
② 参见牟宗三著:《心体与性体》(上),第457页。

也。此意横渠得知，故说：'心统性情者也。'看得精！"①可见，在朱熹思想中，心体和性体的关系，既不是心以性为体，也不是性以心为体，心体与性体是二而一。朱熹在谈到"尽心知性"时还说过："尽其心者，由知其性也。先知得性之理，然后明得此心。知性尤格物，尽心犹知至"。"知性者，物格也。尽心者，知至也。物字对性字，知字对心字"②。关于"物格"和"知至"，儒家经典《大学》说："物格而后知至，知至而后意诚，意诚而后心正，心正而后身修，身修而后家齐"。这表明，尽心知性的过程也就是道德修养的过程，也就是修身齐家治国平天下的过程。可见，儒家以"心性"为源，至修身、至齐家、至治国，一以贯之。这就是上文中郑道传所说的"此吾儒之学内自身心，外而至于事物，自源徂流，一以贯通，如源头之水，流于万物，无非水也。"所以，郑道传说"吾儒一"，"吾儒连续"。在"心性"问题上，郑道传正是要高扬儒家的道德主体性并以此批评佛教的"性空"论。

佛氏昧于道器之辩

　　道则理也，形而上者也。器则物也，形而下者也。盖道之大原出于天，而无物不有，无时不然，即身心而有心身之道，近而即于父子、君臣、夫妇、长幼、朋友，远而即于天地万物，莫不各有其道焉。人在天地之间不能一日离物而独立，是以凡吾所以处事、接物者，亦当各尽其道而不可或有所差谬也。此吾儒之学所以自心而身、而人、而物，各尽其性，而无不通也。盖道虽不杂于器亦不离于器者也。彼佛氏于道，虽无所得以其

---

①　《朱子语类》卷第60。
②　《朱子语类》卷第60。

用心积力之久,髣髴若有见处,然如管窥天一,向直上去不能,四通八达,其所见必陷于一偏见。其道不杂于器者,则以道与器歧而二之。乃曰凡所有相,皆是虚妄。若见诸相非相,即见如来。必欲摆脱,有落于空寂。见其道不离于器者,则以器为道。乃曰善恶皆心,万法唯识,随顺一切,任用无为,猖狂放恣,无所不为。此程子所谓滞固者。入于枯槁疏通者,归于恣肆者也。然其所谓道者,指心而言乃反落于形而下之器而不自知也。惜哉!①

上文是就"道器"是儒家的一对重要范畴而佛教昧于讲"道器"之异,对佛教进行了批评并指出这是儒佛分殊的一个方面。

在儒家学说和理论中,"道器"范畴具有重要意义。如"道器"是指事物的规律和具体的物质。这用儒学语言来说便是"道寓于器"、"道在器中"。这是因为任何规律都同一定的物质客体、运动形式相联系,规律体现于事物的发展过程之中。又由于规律是事物的本质联系在发展中的表现,又可表述为"器体道用"或"据器而道存,离器而道毁"的道不离器思想。又如"道器"是指本质与现象。儒学家认为日月星辰、山川草木、人物禽兽,"此皆形而下之器也",这是人们的感官可感知的事物表面特征和外部联系;"然这形而下之器之中,便自有个道理,此便是形而上之道",在事物的内部,有一普遍的、必然的联系,反映事物的根本性质,这便是道。再如"道器"还指伦理道德规范与社会关系。伦理道德规范是指三纲五常及三从四德等。如"未有牢、醴、璧、币、钟、磬、管、弦而无礼乐之道。则未有子而无父道,未有弟而无兄道,……故无

---

①　裴宗镐编:《韩国儒学资料集成》(上),第25页。

其器则无其道"。礼乐的原理、原则依牢、醴等器物而存在,父兄之道依父子、兄弟人际关系而存在。社会、形器不断变化,便要求依附于社会制度、器物的政治原则、伦理道德规范也随之变化。即"器即变,道安得独不变",道随器变。①"道器"的这些关系也就是郑道传在上文指出的"道,形而上者;器,形而下者"。"道虽不杂于器亦不离于器也"。接着,郑道传又以儒家的这种"道器"辩证关系指出佛教或是"以道与器歧而二之",或是"以器为道"。佛教在"道器"上的两极化,皆因佛教的"万法唯识"、"诸相非相"观念所致。这就击中了佛教的要害并表明了儒佛的差异所在。

儒释同异之辩

先儒谓儒释之道,句句同而事事异。今且因是而推广之,此曰虚,彼亦曰虚;此曰寂,彼亦曰寂。然此之虚,虚而有;彼之虚,虚而无;此之寂,寂而感;彼之寂,寂而灭。此曰知行,彼曰悟修。此之知,知万物之理具于吾心也;彼之悟,悟此心本空无一物也。此之行,循万物之理而行之无所违失也;彼之修,绝去万物而不为吾心累也。此曰心具众理,彼曰心生万法。所谓具众理者,心中原有此理,方其静也,至寂而此理之体具焉及其动也,感通而此理之用行焉,其曰寂然不动,感而遂通,天下之故是也。所谓生万法者,心中本无此法,对外境而后法生焉,方其静也,此心无有所住及其动也,随所遇之境而生,其曰应无所住而生其心,又曰心生则一切法生,心灭则一切法灭是也。此以理为固有,彼以法为缘起。何其语之同而事之异如是耶?此则曰酬酢万变,彼则曰随顺一切,其言似

乎同矣。然所谓酬酢万变者，其于事物之来，此心应之，各因其当然之则，制而处之，使之不失其宜也。如有子于此，使之必为孝，而不为贼；有臣于此，使之必为忠，而不为乱；至于物牛，则使之耕，而不为抵触；马则使之载，而不为踶龁；虎狼则使之设槛置井，而不至于咬人。盖亦各因其所固有之理而处之也。若释氏所谓随顺一切者，凡为人之子，孝者自孝，贼者自贼；为人之臣，忠者自忠，乱者自乱；牛马之耕且载者自耕且载，抵触踶龁自抵触踶龁，听其所为而已。吾无容心于其间，佛氏之学如此。自以为使物而不为物所使，若付一钱，则覆没奈何佗，此其事非异乎？然则天之所以生此人为灵于万物，付以财成辅相之，职者果安在哉？其说反复，头绪虽多，要之：此见得心与理为一，彼见得心与理为二；彼见得心空而无理，此见得心虽空而万物咸备也。故曰：吾儒一、释氏二，吾儒连续、释氏间断。然心一也，安有彼此之同异乎？盖人之所见有正不正之殊耳，四大之中谁是主？六根尘里孰为精？黑漫漫地开眸看，终日闻声不见形。此释氏之体验心处，谓有宁有迹、谓无复何存，惟应酬酢际特达见本根。此吾儒之体验心处，且道心但无形而有声乎，抑有此理存于心为酬酢之本根欤。学者当日用之间就此心发见处体究之。彼此之同异得失，自可见矣。请以朱子之说申言之，心虽主乎一身而其体之虚灵，足以管乎天下之理。理虽散在万物，而其用之微妙，实不外乎人之一心。初不可以内外精粗而论也，然或不知此心之灵而无以存之，则昏昧杂扰而无以穷众理之妙。不知众理之妙而无以穷之，则徧狭固滞而无以尽此心之全。此其理势之相须。盖亦有必然者，是以圣人设教，使人默识此心中之灵而存之于端庄静一之中，以为穷理之本。使人知有众理之妙而穷之于学问思辨之际,以致尽心之功。巨细相涵,动静交养,初未尝有内外精粗之择,及其真积力久而豁然贯通焉,亦有以知其浑然一致而果无内外精粗之可言矣。今必以是为浅近支离而欲藏形匿影,别为一种幽深恍惚,艰难阻绝之论,务使学者莽然措其心于文字言语之外,而曰道心如是,然后可以得之,则是近世佛学诐淫邪遁之尤者,而欲移之,以乱古人明德、新民之实学,其亦误矣。朱子之言,反复论辨,亲切着明。学者于此潜心而自得之,可也。①

上文是郑道传就儒佛之异,对佛教进行了批评。郑道传指出,儒佛在"虚""寂"、"知行"、"修悟"、"心具众理"和"心生万法"等五个方面是字同而义异。诚如郑道传所说,儒是"虚而有",佛是"虚而无";儒是"寂而感",佛是"寂而灭";儒是"知万物之理具于吾心",佛是"悟此心本无一物";儒是"循万物之理而行之无所违失也",佛是"绝去万物而不为吾心之累";儒是"心具众理者,心中原有此理",佛是"生万法者,心中本无此法,对外境而后生法"等。为此,郑道传指出,儒佛的根本分歧在于:吾儒一,佛氏二;吾儒连续,佛氏间断。这一观点在《佛氏心性之辩》,一文中已经说过。这一观点的具体表现就是:吾儒心与理为一,佛氏心与理为二;吾儒心虽空而万物咸备,佛氏心空而无理。郑道传这里的心与理为一或为二,不是从严格的理学意义上来界定,而是着重于心与理的连续性和实有性来讲。故儒佛的根本之异还是他在《佛氏心性之辩》中所强调的吾儒实,佛氏空。继而,郑道传就儒佛的这一根本差异的根源,进行了分析。他认为这是由于吾儒以理为固有,并能

---

① 裴宗镐编:《韩国儒学资料集成》(上),第29—30页。

因其所固有之理而处之的缘故而决定了儒学为实学。郑道传还特别举朱熹关于心与理(实际是心、性、理)关系的语录加以佐证。他的目的是想表明吾儒之学是性理之学。而佛教之所以是"空",是因为佛氏以法为缘起,听其所为而已。文中最后,郑道传还就儒家的修养之法——敬与静进行论述并鼓励学者要"潜心而自得之"。通过上述《佛氏杂辩》之中五篇具有代表性的重要文章的分析,可以看到郑道传批评佛教的目的,是试图在两个方面张扬儒家思想,其一是儒家的"气"思想,其二是儒家的"心性"之学。

关于"气"的思想,郑道传以阴阳、五行为气,并运用"气化"、"气禀"、"气之生生不息"的观念对佛教的"轮回"和"因果"思想进行批评和论驳。从理论上讲,郑道传的"气"思想不够系统,也没有太多的建树。但是,通过他以"气"学思想对佛教的批评,其结果是高扬了"气"的学术价值,使"气化流行生生不已"的思想被朝鲜朝学术界所认同。如朝鲜朝学者徐花潭的"气学"思想、李栗谷的"理气"思想、郑霞谷的"心气"思想及朝鲜朝后期实学家们的"气"思想等,都是对"气"的继承和发展。可见,在朝鲜朝儒学史上,"气学"理论占有显著地位。这就是郑道传以"气"批佛的重要学术贡献。

郑道传批佛的第二个学术贡献是在丽末鲜初学术界对儒家"心性"理论的挺立。在郑道传的《佛氏杂辩》十九篇文章中,有四篇文章(《佛氏心性之辩》、《佛氏心迹之辩》、《儒佛同异之辩》、《辟异端之辩》)都集中涉及到了"心性"问题。在"心性"问题上,郑道传试图运用中国宋儒关于"心性"理论以批评佛教的"性空"观,以此凸显儒家的心性道德主体性。所以,郑道传的心性思想十分强调儒家"心性"理论的一贯性和连续性,即"心性之学"、"内圣之学"、"成德之教"是一以贯之的。而这,也确实是儒学的真谛所在。为此,"心性之学"又可称为"性理之学"。① 朝鲜朝儒学就被直称为"性理学",在朝鲜朝五百年儒学史中,有两次大规模的"心性"之辩("四端七情"之辩和"人性物性同异"之辩)贯穿其中并构成了朝鲜朝性理学的丰富内容,同时也由此铸成了韩国儒学有别于中国儒学和日本儒学的特色。

如果说《佛氏杂辩》是从批评佛教的立场对儒学的高扬的话,那么《心气理》则是通过三教以儒会通观对儒学的挺立。《心气理》是郑道传于1394年著成,由《心难气》、《气难心》、《理谕心气》三篇论文集成。其中,他将儒、佛、道设定为理、心、气,通过佛教与道教的相互驳难,得出心之佛教和气之道教必须依从于理之儒教的结论。三篇内容如下:

《心难气》篇:

凡所有相,厥类粉总。惟我最灵,独立其中。我体寂然,如鉴之空。随缘不变。应化无穷。由尔四大,假合成形。有目欲色,有耳欲声。善恶亦幻,缘影以生。戕我贼我,我不得宁。绝相离体,无念忘情。照而寂寂,默而惺惺。尔虽欲动,岂翳吾明。

这是站在佛教立场对道教的批评,主张心的独立自存和随缘不变。

---

① 按照牟宗三先生的观点,"性理"一词并非性的理,乃是即性即理。所以,"性理学"中"性理"一词,其意蕴并不专限于伊川、朱子所说之"性即理"之义,亦不等于其所说"性即理"之"性理"义,乃亦包括"本心即性"之"性理"义。见牟宗三:《心体与性体》(上),第4页。

《气难心》篇：

予居邃古，窈窈冥冥。天真自然，无得而名。万物之始，资孰以生。我凝我聚，乃形乃情。我若无有，心何独灵。嗟尔有知，众祸之萌。思所不及，虑所未成。计利较害，忧辱慕荣。水寒火热，昼夜营营。精日以摇，神不得宁。我不妄动，内斯静专。如木斯槁，如灰不燃。无虑无为，体道之全。尔知虽鉴，岂害吾天。

这是站在道教立场对佛教的批评，将心的灵觉视为气的一种现象，大力主张心不可离气。

《理谕心气》篇：

于穆厥理，在天地先。气由我生，心亦禀焉。有心无我，利害之趋。有气无我，血肉之躯。蠢然以动，禽兽同归。其与异者，呜呼几希。见彼匍匐，恻隐其情。儒者所以，不怕念生。可死则死，义重于身。君子所以，杀己成仁。圣远千载，学诬言厖。气以为道，心以为宗。不义而寿，龟蛇矣哉。瞌然而坐，土木形骸。我存尔心，莹彻虚明。我养尔气，浩然而生。先圣有训，道无二尊。心乎气乎，敬受斯言。

这是站在儒教立场，指出三教会通的途径。即以儒为体，佛和道为用的三教体用和合。在《心难气》和《气难心》两篇中，"心"与"气"即佛教与道教各将自我规定为独立自存，不容纳对方，呈永不相交的平行线。在《理谕心气》篇中，又提出了"理"（儒教）在"心"与"气"之上，并且"心"与"气"只有在以"理"为体的前提下，才能发生作用。"我存尔心，莹彻虚明。我养尔气，浩然而生"。当"心"以"理"为体时，才会"莹彻虚明"，即佛教的作用才会体现出来。同样，"气"也只有在以"理"为体时，才会"浩然而生"，即呈现出"气"的勃勃生机。① 可见，在郑道传的思想中，儒、佛、道的关系是不平等的，他奉儒为优位，为主、为体，佛道则处于儒之下，为次、为用。儒释道的这种主次、体用关系，再次表明了郑道传对儒学的重视和弘扬。正是由于郑道传对儒家思想的挺立，才带来了朝鲜朝五百年儒学的繁荣和昌盛。

第五节　阳村权近以图解说的儒学

权近(1352—1409)，号阳村，是高丽大学者权溥的曾孙。从高丽学脉上讲，或者视权近为李穑之门人，或者视权近为郑道传之门人。这表明他在丽末鲜初儒学史上的地位。

权近的一生致力于对性理学的发展。他17岁中成均试，18岁及第文科，历任春秋馆、艺文馆、成均馆的大提学、大司成等学术职务。在学问观上，权近不拘泥于前人的学术观点，敢于创新，勇于探索，创立了一种以图解说的研究方法，提出了一套"天人心性合一"的宇宙模式。为此，可以说权近奠定了朝鲜朝儒学的基础。

权近著作丰厚，主要代表作有《入学图说》、《五经浅见录》、《四书五经口诀》等，其中，《入学图说》是保存较完备的一部重要的学术著作。

《入学图说》是权近38岁(1390年秋)被流放于金马郡(益山)时所作。由于这部著作的学术价值重大，因此被后人多次印刷出版，至今大约有五种版本流传于世。这就是：

---

① 裴宗镐编：《韩国儒学资料集成》(上)，第37—41页；又参见赵骏河著：《三峰郑道传的儒、佛、道三教观》(会议论文，打印本)。

1. 晋州本：其初刊本，1397 年晋阳府使金尔音主管。其再刊本，1425 年，附卞季良的跋文，合前、后集刊行。

2. 浪州本：1545 年于全北扶安，附权近的自序和蔡无逸的跋，以晋州初刊本为兰本刊行前集，日后又补刊后集。

3. 荣川本：1547 年，由黄孝恭等人主管，以晋州本为兰本刊印。

4. 日本庆安刻本：1648 年，以荣川本为兰本，并参考浪州本等刊行的。接黄孝恭的跋，有里村遇巷子的跋。

5. 论山本：1929 年，由权泰夹等人主管，以荣川本为兰本刊印。①

一、权近"以图解说"的性理学思想

《入学图说》是权近为学生讲解五经、四书而作的以图解说、深入浅出的一部著作。其中收入四十篇图说，讲授四书的有六篇，讲授五经的有三篇，讲授书经的有三篇，讲授河图洛书的有十篇，讲授音乐的有两篇，讲礼的有四篇，讲授天文地理的有十二篇。在这四十篇图说中，最能体现权近性理学思想的是《天人心性合一之图》、《天人心性分释之图》、《大学指掌之图》、《中庸首章分释之图》、《中庸分节辩议》、《语孟大旨》等篇，而其中又以《天人心性合一之图》和《天人心性分释之图》尤为根本。故通过对此二图的分析，以阐释权近的性理学思想。

《天人心性合一之图》是以中国北宋周敦颐的《太极图说》为蓝本，参考朱熹的《中庸章句》首章绘制而成，并附记有权近与学生有关天人心性的问答。其图如下（见图 1）：

---

① 　金忠烈：《高丽儒学思想史》，第 336 页注⑲。

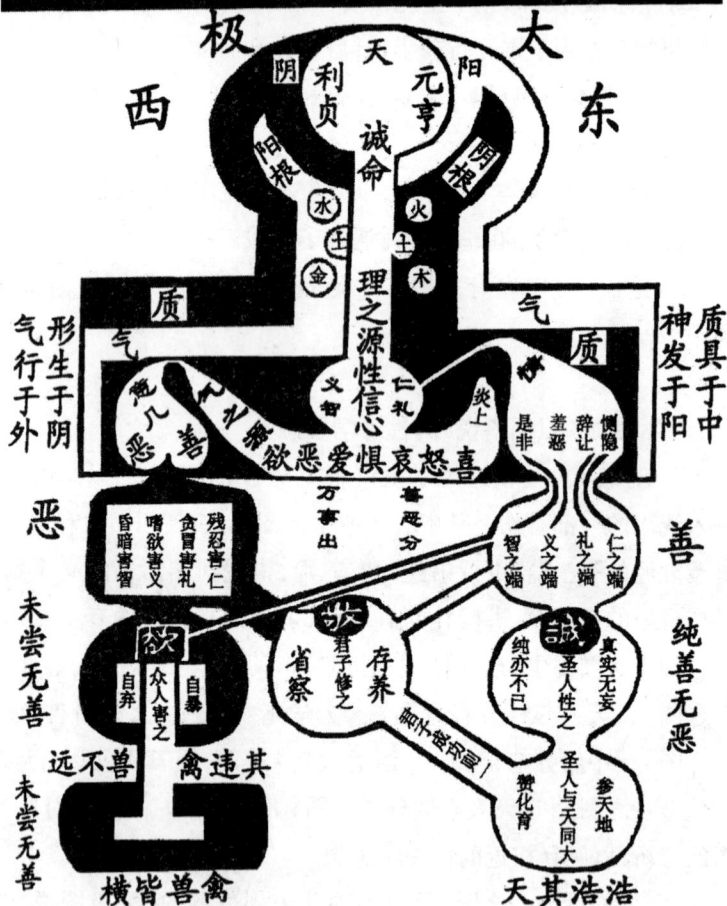

图1　天人心性合一之图

此图名为《天人心性合一之图》，是权近关于宇宙生成论的诠释图。为此，配合此图，还有"说"。其"说"内容如下：

朱子曰：“天以阴阳五行化生万物，气以成形，而理亦赋焉。”今本之作此图。

右图谨依周子“太极图”及朱子《中庸章句》之说，就人心性上以明理气善恶之殊，以示学者。故不及万物化生之象，然人物之生，其理则周，而气有通塞偏正之异，得其正则通者为人，得其偏且塞者为物。即此图而观，则诚字一圈，得最精最通而为圣人；敬字一圈，得正且通者而为众人；欲字一圈，得偏且塞者而为物；其下禽兽横者得其尤偏塞而为草本者也。是则万物化生之象亦具于其中矣。夫天地之化，生生不穷，往者息而来者继。人兽草木，千形万状，各正性命，皆自一太极中流出。故万物各具一理，万理同出一源。一草一木各一太极，而天下无性外之物，故《中庸》言：“能尽其性，则能尽人之性，能尽物之性，而可以赞天地之化育。呜呼，至哉！”①

根据上述“图”与“说”的内容，可以看到权近关于宇宙生成的程序是：第一圈中上写一个“天”，表明宇宙万物的根源是“天”。“天”的两侧写有“元亨利贞”，这是天之“四德”；“元亨利贞”下面写有“诚”，意为“诚者，天之道也；诚之者，人之道也”②。按照朱熹的解释，这里的意思是说：“诚者，真实无妄之谓，天理之本然也。诚之者，未能真实无妄而欲其真实无妄之谓，人事之当然也。”③天道是真实无妄的，也就是天理。而人应该努力修养，达到真实无妄，这是人之道。权近根据朱熹的这个思想，认为人之所以不同，是因

---

① 裴宗镐编：《韩国儒学资料辑成》（上），第5页下。
② 《中庸》。
③ 朱熹：《四书集注·中庸章句》。

为"气有通塞偏正之异"。这样,就有了下面"诚"、"敬"、"欲"三个圈。其中,"诚"字圈为"圣人性之",两旁写有"真实无妄、纯亦不已",意为圣人之性是"纯善无恶"的。"敬"字圈为"君子修之",两旁写有"存养省察",意为君子之性的人要进一步思诚,才可进入"圣人"之性。所以,"敬"字圈写有"君子成功则一",努力思诚,便可进入"诚"字圈,与"圣人"同一,达到右侧最下面一个圈,"圣人与天同大",可以"参天地、赞化育",回归于"浩浩其天"。而左侧的"欲"字圈为"众人害之",两旁写有"自暴自弃",意为众人之性为恶,但"欲"字圈外写有"未尝无善",表明众人之性尚有善的可能。如果"众人"继续"自暴自弃",不思诚,那么就离"禽兽"不远了。"欲"字圈下写有"其违禽兽不远",就会陷入"禽兽皆横"之圈中。至此为止,此图从上至下的纵方向说的就是宇宙中的人兽草木,皆从"太极"中流出。这就是"万物各具一理,万理同出一源"。

权近的《天人心性合一之图》与周敦颐的《太极图说》相比较,可以看到,虽然权近讲此图依据《太极图》,但两图却有着明显的不同。

周敦颐的《太极图》讲的也是宇宙生成问题,其宇宙万物生成的程式是"无极"→"太极"→"阴阳"→"五行"→"男女"→"万物"。其图如下(见图2):

这个图的侧重点在于"万物"是怎样从"无极"→"太极"中演化出来的,即重点阐述的是自然宇宙生成。但这个图,对于人类的演化,尤其是人性善恶分殊的形成,则涉及不足。可能是为了弥补这一不足,权近的《天人心性合一之图》则着重讲述了人的形成及"圣人"、"君子"、"众人"人性相殊的原因。为了更好地了解权近这一思想,还需再看权近的《天人心性分释之图》的《天》和《人》

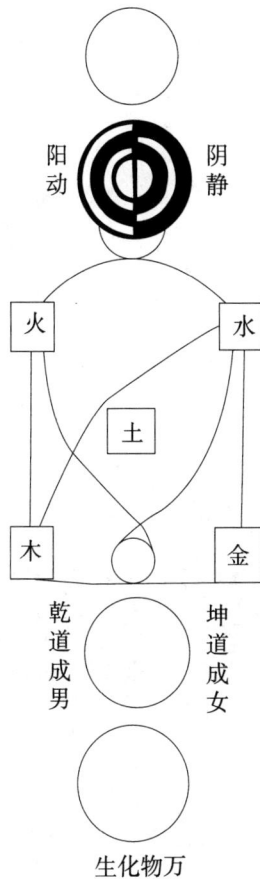

图 2　太极图

图。其二图(见图3与图4)如下：

权近在《人之图》下说明有：

> 人者,仁也。仁则天地所以生物之理,而人得以生而为心者也。故人为万物之灵,仁为众善之长,合而言之道也。至人

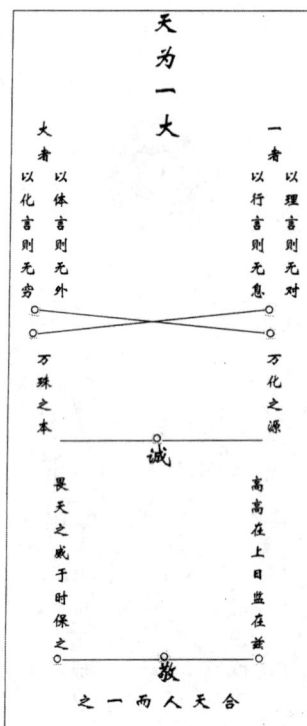

天为一大

一者　以理言则无对　以行言则无息

大者　以体言则无外　以化言则无穷

万化之源　万殊之本

诚

高高在上日监在兹　畏天之威于时保之

敬

合天人而一之

图3　天之图

至诚,道与天同。君子能敬以修其道,众人以欲而迷,惟恶之从。故人者,其理一,而所禀之质,所行之事,有善恶之不同。故其为字,岐而二之,以示戒焉。人能体仁,以全心德,使其生理常存而不失,然后可无愧于人之名。①

综合上述二图,可以看到,权近很重视"天"这一范畴,这是他

---

① 裴宗镐编:《韩国儒学资料集成》(上),第6页上。

理

善人恶

图4　人之图

与周敦颐的《太极图》的一个重要区别。在《太极图》中没有"天"
这一范畴,而权近在《天人心性合一之图》中视"天"为宇宙的根
源,在《天人心性分释之图》中,又对"天"作了详细解释。他认为,
"天"为"一"字与"大"字的结合。"一"者意为从理看,其为"无
对";从行看,其为"无息"。"大"者意为以体言,则为"无外";以
化言,则为"无穷"。"天"的"无对"和"无外",表明它的绝对至上
性;"天"的"无息"和"无穷",表明了它的生生不息性。绝对至上
性和生生不息性,标示着"天"是宇宙万物生化不已的根源(万化
之源)和万物相殊的根本(万殊之本)。而"天"之所以是"万化之
源"和"万殊之本"的原因,在于"诚"。权近也很重视"诚"这一范
畴,这是他与周敦颐《太极图》的另一个重要区别。《太极图》中没
有出现"诚",而权近的《天人心性合一之图》和《天人心性分释之
图》中都给予"诚"以重要地位。这是因为权近认为天地之所以能
够化育的实质就是"诚"的流露。而人要想成为圣人,必须要"至
诚",即与"天"同道。完成"诚"的自我修养的主体是"敬"。故

"敬"在"诚"下。人通过"敬"的修养工夫,可以达到圣人境界,这就是上文说的"诚之者,人之道也"。圣人性善,即"人"字之一撇。而众人以欲而迷,则惟恶之,即"人"字一捺。"人"字的两画,代表人性善恶之殊。值得注意的一点是,权近在《天人心性合一之图》和《天人心性分释之图》中都不讲"小人",而只讲"众人",并且在《天人心性合一之图》的"欲"字圈旁边还注明为"未尝不善"。就此,他的学生曾提问他:"小人"悖之凶,今图于"欲"字图不讲"小人",而讲"众人",何也? 权近回答说:"人虽不肖皆自以为贤智,而不自知其所行之为小人。若曰小人观者,以自暴自弃为他人之事而不自省矣。故直书曰'众人',然后人人观者,各自省励而有所感发矣。"①这说明权近认为即使是"小人",其性也"未尝无善",因此要使之自省,不要自暴自弃。而自省、省励的途径就是"敬"的修养工夫,旨在标示儒学教育的重要性。

权近关于宇宙生成论的思想认为,"天"是宇宙万物的本原,因为"天"的本质是"诚"。"诚"的流露就是天地之化育,而人要达至诚,就要通过"敬"的主体修养。由于"敬"的工夫的深浅不同,而形成圣人、君子和众人,有善恶之殊。可见,权近的宇宙生成论侧重于探究作为万物之灵的人,是怎样形成的,人性的善与恶又是如何养成的。

权近的《天人心性合一之图》开篇就讲:"朱子曰:'天以阴阳五行化生万物,气以成形,而理亦赋焉'。今本之作此之图。"这说明,《天人心性合一之图》的主题思想便是朱熹的这句话。朱熹这句话的核心内容是对《中庸》"天命之谓性"这句话的解释。这就必然涉及心性问题。朱熹在心性论问题上,有一个发展演变的过

---

① 裴宗镐编:《韩国儒学资料集成》(上),第9页。

程。这个过程就是对于《中庸》提出的"喜怒哀乐未发谓之中,发而皆中节谓之和",即"已发未发"问题又叫"中和"问题的前后两个阶段的思考。学者习惯地称之为"中和旧说"与"中和新说"。

朱熹认为人生自幼至死,无论语默动静,心的作用从未停止。因此对一个现实的人而言,无论何时"莫非心体流行"。所谓心体流行是指心的不间断的作用过程,在朱熹看来,人只要生存,心的作用就没有停止。即使是在睡眠或无所思虑的时候也是知觉不昧,仍然是心体流行。这里心体的体非体用之体,是指变易的总体。朱熹以为,既然一个生存着的人心体流行不间断,那么人心在任何时候都不是寂然不动,都应是处于"已发"状态。既然心总是处于一种已发状态,那么"未发"便不是指心,而应当也只能指心之体即性(性即是理),只有性才是真正寂然不动的未发。因此,他反对以"未发之前"、"未发之际"、"未发之时"那种用未发、已发把心体流行的过程划分为不同阶段的观点,认为对心来说,"无分段时节,莫非已发"。由此,他指出,所谓未发、已发并不是指一个事物有发作之前与发作之后的区别,未发是指内在的体,已发是指外在的用,未发之体始终是隐藏着、通过外在的他物来表现的。朱熹把这种思想概括为"心为已发,性为未发"。① 这就是朱熹"中和旧说"的基本内容。

"中和旧说"不久就被朱熹推翻了,经反复思考,他认为"已发"是指思虑已萌,"未发"是指思虑未萌。"已发"、"未发"是指心理活动的不同阶段或状态。在朱熹看来,"以思虑未萌、事物未至之时为喜怒哀乐之未发,当此之时,即是此心寂然不动之体,而天命之性当体具焉。以其无过不及、不偏不倚,故谓之中。及其感

---

① 陈来:《朱熹哲学研究》,中国社会科学出版社1988年版,第98页。

而遂通天下之故,则喜怒哀乐之性发焉,而心之用可见。以其无不中节,无所乖戾,故谓之和。此人心之正而性情之德然也。"这是说,已发未发不仅是讲人心之正,而且指明性情之德,即不只是把人心区分为不同阶段,而且包含着对性和情的某种理解。从上述话看,喜怒哀乐未发时只是"喜怒哀乐之性",喜怒哀乐发则是指现实情感;性无所偏以为"中",情若中节则便为"和"。喜怒哀乐之性即心之体,喜怒哀乐之情即心之用。"未发"指性,"已发"指情。① 这是朱熹"中和新说"的基本内容。

　　无论是"中和旧说"还是"中和新说",探讨的问题主要是"未发"、"已发"时的状态,即什么状态下是"未发",什么状态下是"已发"。朱熹的"中和新说"比"中和旧说"更加贴近《中庸》本意,他认为在思虑未萌、事物未至、心体寂然不动、天命之性当具的这种状态,为"未发";而在感而遂通、心之用可见的这种状态,为"已发"。朱熹作这种探讨的目的,是想说明无论是"未发"还是"已发",心都贯通其中。"未发"指"性之静","已发"指"情之动";心之体为性,心之用为情。心统性情。

　　权近的《天人心性合一之图》继承了朱熹的这种思想,但又有所发展,有所细化。权近从致力于探索人之所以为人,人性善与恶的根源这一目的出发,对上述"未发"、"已发"中的"已发"作了进一步的探讨。为了全面了解权近的心性论思想及其对"已发"的深层论述,还需要结合其《天人心性分释之图》的《心之图》和《性之图》加以说明。其《心之图》和《性之图》如下:

《心之图》(见图5)

权近在此图下说明有:

---

①　陈来:《朱熹哲学研究》,第112页。

图5　心之图

　　心者，人所得乎天而主乎身，理气妙舍、虚灵洞沏、以为神妙之舍而统性情，所谓明德而具众理、应万事者也。气禀所拘，物欲所蔽，其用之发有时而昏。学者要当敬以直内，去其昏而复其明也。其字形方者，象居中方寸之地也。其中一点，象性理之源也。至圆至正，无所偏，象心之体也。其下凹者，象其中虚，惟虚故具象理也。其首之尖，自上而下者，象气之源，所以妙合而成心者也。其尾之锐，自下而上者，心于五行属火象，火之炎上也，故能光明发动以应万物也。其右一点象性发为情，心之用也；其左一点象心发为意，亦心之用也，其体则一而用则有二。其发原于性命者，谓之道心而属乎情，其初无有不善，其端微而难见，故曰道心惟微，必当主敬以扩充之。其生于形气者谓之人心而属乎意，其几有善有恶，其势危而欲坠，故曰人心惟危，必当主敬以克治之。遏人欲之萌，充天理之正,常使道心为主而人心听命,然后危者安,微者著。动静云为自无差谬而圣贤同归,参赞天地亦可以驯致矣。不然,则人欲日长,天理日消,此心之用不过情欲利害之事,虽有人形,其违禽兽不远矣。可不敬哉。

《性之图》(见图6)

性

图6 性之图

权近在此图下有说明:

> 性者,天所命而人所受其生之理具于吾心者也。故其为字,从心从生。人与万物其理则同,而气质之禀有不同者焉。告子曰生之谓性,韩子曰与生俱生,释氏曰作用是性,皆以气言而遗其理者也。《中庸》曰天命之谓性,《孟子》曰尽其心者知其性也,知其性则知天矣。①

上述《天人心性分释之图》中的《心之图》与《天人心性合一之图》中的写有"天"字圈的第二个圈内容相似,其形也是一个"心"字。权近在《心之图》下说明中讲:"心者,理气妙合。"其《心之图》标有"理之源"和"气之源",表明他认为心具理与气。其《性》之图

---

① 裴宗镐编:《韩国儒学资料集成》,第6页下、7页上。

下又标有"性者,天所命而人所受其生之理具于吾心者也。"这又
说明心中之理就是性。《天人心性合一之图》中第二个圈中,"理
之源"下面,写的就是"性"。而"气之源"旁边写的是"意几、善
恶。"按照权近的这一思维考虑,便是"性发为情,心之用也";"心
发为意,亦心之用也。"这里,值得注意的是性发为情的"情",指的
是"恻隐"、"辞让"、"善恶"、"是非"四端之情。如图中"情"下所
标示。权近认为发于性的"四端"之情是纯善无恶的,称为"道
心"。"道心"难见故微,所以应当主"敬"来扩充它。"心发为
意",有善恶之殊。这里的"意",为意识、意念,指心理活动的一种
状态。权近的意思是说,心为理气妙合,其中之理即为性,性发之
情必是善;而气有清浊、明暗、厚薄之分,因此所得之"意",亦有善
恶之别。《天人心性合一之图》第二图左部"气之源"下写有"喜怒
哀惧爱恶欲",即一般意义的"七情"。不过,权近称之为"意",认
为其有善恶之分。他在《心之图》下的说明解释为:"其生于形气
者谓之人心而属乎意,其几有善有恶,其势危而欲坠,故曰人心惟
危。"权近认为心发为意,由于气的明暗、清浊、厚薄不同,决定了
"意"有善有恶,但其势危,这就是"人心惟危"。应以"敬"克制
它。所以,性发为情,为道心;心发为意,为人心。这就是权近说的
"心,其体则一,而用则有二。""体一"指心,"用二"指性发为情,
为善;心发为意,有善恶之分。权近强调"情"和"意"都是心的作
用,旨在表明"已发"的详细过程。这个过程就是,因为心具理和
气,所以"四端"之情由性发,由于是纯善无恶,属"道心",但"道心
惟微",应以"敬"扩充之;"七情"之意由心发,由于有善有恶,属
"人心","人心惟危",应以"敬"克治之。

　　权近对"已发"过程的详细论述还解决了朱熹关于"性情"问
题的一个矛盾之说。

在朱熹思想中,"情"的意义至少有三种,一种是作为性理直接发见的四端,二种是泛指七情,三种是包括某些具体思维在内的广义的情。但是,这样一来,朱熹哲学的心性论中就出现了一个较大的问题。按照朱熹哲学,"性发于情,情根于性"的理论,只能是"四德"与"四端"相对应,才可自圆其说。然而,按照朱熹的说法,七情都是性之发,许多具体思虑也都是性之发。那么,一些发而不善的情感念虑,究竟是否也发自本然之性?如果说这些情也是四德之性所发,则善之性发为不善之情,体用便无法一致,这显然是一个很大的矛盾。①

权近在《天人心性合一之图》中将由性已发的"情"狭义地定义为"恻隐"、"辞让"、"羞恶"、"是非"四德,这就解决了朱熹思想中上述的"性"与"情"之间的矛盾。因为四德之情是纯善无恶的,所以性发之情为善。而广义的七情——喜怒哀惧爱恶欲,权近称之为的"意",则有善有恶。这是由于"意几"分善分恶的缘故。权近这一思想的理论根据是《中庸》的"发而中节"说。如权近的学生问他:"昔唐韩子《原性》而本于礼书,以喜怒哀乐爱恶欲七者为性发之情。程子亦取而言之。今子以四端属首性发而七情列于心下者,何也?"权近回答说:

> 七者之用在人本有当然之则,如其发而中节,则《中庸》所谓达道之和,岂非性之发者哉?然其所发或有不中节者,不可直谓之性发,而得与四端并列于情中也。故列于心下,以见其发之有中节不中节者,使学者致察焉。又况程子之言,以为外物触而动中,其中动而七情出,情既炽而其性凿矣。则其

---

① 陈来:《朱熹哲学研究》,第149页。

不以为性发也,审矣。①

这段话的意思是说若发而**中节**,七情则与四德同为善,而发其不中节者不为善,因此不能**说是性发**。七情中若发为善者,可以与四德并列;七情中若发为恶者,**不可以**与四德并列。所以将七情写在心下,以见其发有中节、不中节。**权近**又引程子话,认为"情炽"而"性鑿",即因七情的影响使性不能真实地呈现,所以有不中节。为此,不能说七情为性所发。

与四德之情由性发这一问题紧密相关的一个问题是,在《天人心性合一之图》中,权近在"四德"(恻隐、辞让、羞恶、是非)图下,又相连一个圈,写有"仁之端"、"义之端"、"礼之端"、"智之端"这四端。由此,将"四德"与"四端"分开来。对此,他的学生问道:"恻隐、辞让、羞恶、是非即仁义礼智之端,非有二也。今子既以四者列于情下,又书其端,于外别作一圈,何也?"权近回答说:

> 四者之性,浑然在中。而其用之行,随感而动。以为恻隐、辞让、羞恶、是非之心则是心,即为四者之端,诚非二也。然发于中者,谓之心;现于外者,谓之端。故孟子于此几两言之,或言端,或不言端。而朱子于言端,以为犹物在中,其端绪见于外,则其义愈明而不容无辨矣。②

权近这段话的意思是说,"四德"与"四端"并非为二,但将其分属于两个圈,根据《孟子》的"恻隐之心,仁之端也;辞让之心,礼之端

---

① 裴宗镐编:《韩国儒学资料集成》(上),第8页下。
② 裴宗镐编:《韩国儒学资料集成》(上),第8页下、9页上。

也;羞恶之心,义之端也;是非之心,智之端也"①这一理论,旨在阐明"已发"的详细过程。这就是性发的"四德"之情,显露于外时,则呈现为"仁之端"、"礼之端"、"义之端"、"智之端"这"四端",所以,在"四端"圈外写一"善"字,表示"四端"是无恶的。

按照权近的这一思维模式,便可推导出,"四端"是性之所发,无不善;"七情"是心之所发,有善有恶。关于"四端"与"七情"的所发问题,朱熹曾说过"四端是理之发,七情是气之发"。②其实,权近的"四端性发,七情心发"(这种话,权近没有说过,但这种意思,在其《天人心性合一之图》中已明显表露出来)与朱熹的"四端理发,七情气发"并无抵牾之处。如上所述,权近认为"心中之理即是性",所以,"四端性发"与"四端理发"并无二致,值得讨论的是"七情心发"与"七情气发"。其实,"心"在权近思想中具有两重意义。他主张,心是"其体则一而用则二"。所以,从"体"上说,心之体是指纯善无恶的"性"。在《天人心性合一之图》中,"心"与"性"居中、居正,在同一圆圈中,便是一个说明。另外,从"用"上说,由于"心是理气妙合",因此心之用的结果有二,或为"善",或为"恶"。这一思想,权近在《天人心性分释之图》中的《心之图》中作了具体阐述。其图中的"意几善恶"在"气"(或"气之源")之下,这也就是朱熹讲的"七情气发"。可见,权近的"七情心发"与朱熹的"七情气发",并无本质上的区别。那么,权近为什么要强调"七情心发"呢?这与权近的学问观具有密切关系。权近性理学思想的目的,是为了对人性善恶根源的研究,具体讲,就是

---

① 《孟子·公孙丑》。
② 《朱子语类》53,辅广录。朱熹这一思想成为朝鲜朝李退溪与奇高峰关于"四七"论辩的依据。

对"已发"过程的探讨。为什么有"圣人"、"君子"和"小人"（权近称为"众人"）的区别，其根据在于"已发"。纯善无恶的性所发之四德之情，必是善的，为"圣人"。关键在于"理气妙合"之心所发的"七情"，（权近叫做"意"）是有善有恶的。这里的"心"，是从心之用的意义上讲的，因此所发之"意"有善恶的区分。权近主张，必须"主敬以克治之，遏人欲之萌"。对君子和众人进行"敬"的修养工夫，以遏人欲，复天理。可见，权近认为只有了解了"已发"的过程，才能明白善、恶的根据，也才能因人而异地进行"主敬"的道德修养。最终，使有善有恶之"人心"变为纯善无恶之"道心"。这就是人的价值所体现，人的高贵之处所表现。所以，权近更加重视对心之作用的研究，也就是对"已发"过程的研究。

权近作为一位性理学者，主张天人心性合一，这种合一的过程是将"天人"关系还原为"心性"关系。从其《天人心性合一之图》中可以看到，从最上一个圈"天"到右侧最下一个圈"圣人与天同大"，是一个天人合一的程序。这个程序包括了心之体为性；心之用有二：性发为情，心发为意；"恻隐"、"辞让"、"羞恶"、"是非"四德外显为"仁之端"、"礼之端"、"义之端"、"智之端"四端；"四端"为善，至诚，是圣人之性；"意"几有善恶，所以"善恶分"、"万事出"；对于恶，当以"敬"克之、治之，施以存养、省察工夫，去恶存善。这个程序体现了"心"与"性"的一种复杂的合一关系。这种关系正是权近对人的本质问题探讨的反映而这也正是权近的《天人心性合一之图》的主旨。

二、权近性理学思想的价值

作为丽末鲜初的性理学者，权近的性理学思想在韩国儒学史具有重要的价值和影响。具体表现如下：

　　第一,权近的性理学思想对朝鲜朝儒学具有导向的作用。

　　权近的重要代表作《天人心性合一之图》说明了他对心性之学的重视和深入研究。此外,他的《大学指掌之图》、《中庸首章分释之图》等也表明了他对心性问题的重视。

　　如在《大学指掌之图》中,权近对八条目的"格物"的解释就颇有特色。关于"格物",权近在此图下之说中有处集中论述:

　　　　所谓格物穷理之事而非扞格外物者。
　　　　致知在格物,则物非外物,格非扞格。①

在这里,强调"物非外物","格非扞格"。权近所说的"非外物"之物,是指内在德性与外在事物接汇、汇聚,旨在强调人的心性的重要性。这种"非外物"之物,就不是普通的事物,而渗透了人的主体性——心性性。格这样的物,才能够致知,穷理。再有,"格非扞格",所谓"扞格",是讲互相抵触,格格不入。《礼记·学记》讲:"发然后禁,则扞格而不胜。""扞格"不会进入物之中,而只能是与物格格不入。所以,权近强调"非扞格",即一定要深入物之中,才能穷物之理。而这样的"格",必定是以人的心性与物相汇,才能嵌入物之中,穷尽物之理。可见,权近对"格物"的诠释,亦凸显了他的心性学思想。

　　又如权近的《中庸首章分释之图》加进了"敬",如图7②所示:

这个图是对《中庸》"天命之谓性,率性之谓道,修道之谓教"这段

---

　　①　裴宗镐编:《韩国儒学资料集成》(上),第10页下。
　　②　裴宗镐编:《韩国儒学资料集成》(上),第12页上。

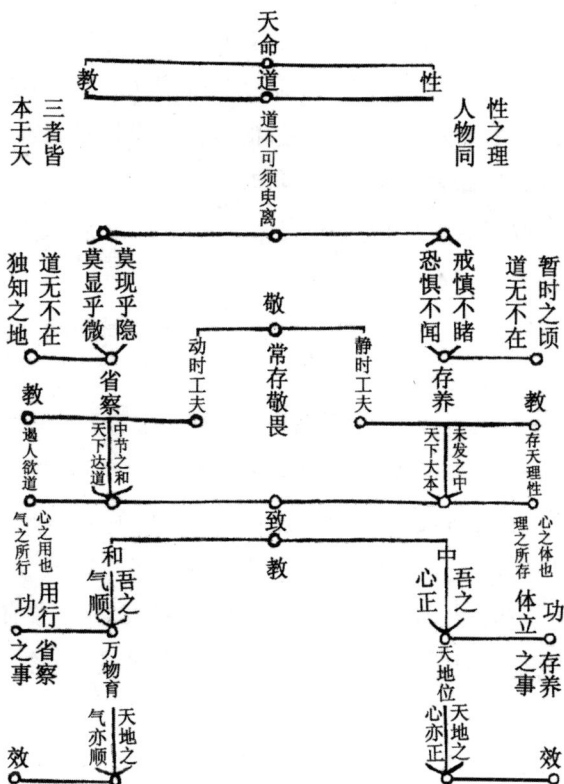

图7　中庸首章分释之图

话的解释。值得注意的是《中庸》中没有"敬"字,而上图中加进了"敬"字,并在"敬"字下写有:"常存敬畏"。权近在这里对"敬"的强调,大概是对朱熹"大抵敬有二,有未发,有已发,所谓毋不敬,事思敬是也"[①]思想的具体发挥。"未发"和"已发"都是讲的心性问题,所以这里的"敬"也是与心性相关联。

① 《朱子语类》卷17,郑可学录。

　　权近对心性问题的重视,对朝鲜朝儒学具有重要的影响作用。朝鲜朝儒学者大都重视对心性问题的探讨和研究,并提出了一些具有韩国特色的理论和观点,标示韩国儒学与中国儒学、日本儒学、越南儒学的不同之特色。权近的心性学思想对朝鲜朝儒学的这种导向作用,具体表现为以下两点:

　　其一,权近关于"四端"和"七情"的论述,开启韩国儒学史上"四七"论辩之先河。

　　"四端七情"论辩是韩国儒学史上一场著名的关于心性问题的大论辩。这场论辩的理论焦点涉及到了理、气、心、性、人心、道心等心性学的所有重要理论问题。朝鲜时代的许多重要儒学者如李退溪、奇高峰、李栗谷、成牛溪等都先后参与了这场大论辩。这场论辩前后持续8年之久。而这场论辩的开端,可追溯到权近对于"四端"、"七情"的论述。

　　如上所述,权近关于"四端"和"七情"的思想,主要有"四端是性之所发,七情是心之所发"。这种思维模式成为朝鲜时代的大儒李退溪所说的"四端理之发,七情气之发"①之先河。虽然李退溪这句话的直接来源是根据朱熹的"四端是理之发,七情是气之发"而来,但权近在《天人心性合一之图》中关于心性与四端、七情的关系论述,可以说是韩国儒学史上最早关于"四七"关系的论述。这一论述在韩国儒学史上具有一定影响。例如朝鲜朝时代儒者沙溪金长生说:"愚与韩士仰书曰:退溪先生四端七情互发之说,其原出于权阳村《入学图说》。其图中四端书于人之左边,七情出于人之右边。郑秋峦因阳村而作图,此互发之说所由起也。

────────────

　　① 《天命图说后叙·附图》,《增补退溪全书》(2),成均馆大学校大东文化研究院,1978 年影印版,第325—326 页上。

退溪曰：'四端理发而气随之，七情气发而理乘之。'是阳村书左右之意。"①

其二，权近在《中庸首章分释之图》中写的"性之理，人物同"成为韩国儒学史上"人物性同异论"的滥觞。

"人物性同异论"是继"四七"论之后的又一次关于心性问题的大论争。这场论争又称为"湖洛论争"，即以南塘韩元震为代表的湖论和以魏岩李柬为代表的洛论之间的大论争。湖洛论争的主要问题有二，一个是关于人物性偏全问题，即人物性是异，是同的问题；一个是关于未发有气质善恶问题，即心体本善，还是有善恶之分的问题。这场论争的起源，按韩国学者李丙焘讲，应起始于西溪朴世堂、农严金昌协及遂庵季弟权尚游。但值得注意的一点是，权近在《中庸首章分释之图》的右上角写的"性之理，人物同"已含有"人物性同"的理论主张。为此，韩国学者金忠烈认为，权近的这种主张成为了人物性同异论的开端。② 可以说，这也是权近的性理学思想对朝鲜朝儒学导向作用的具体体现。

第二，权近的性理学思想为朝鲜朝指明了以儒治国的方向。

权近的《洪范九畴天人合一图上》和《洪范九畴天人合一图下》及《无逸之图》中以儒治国的思想，对朝鲜朝初期的统治层以很大影响。例如，他在《洪范九畴天人合一图》（上下两图）的下面，写有：

《洪范·九畴》天人之道备焉。五行者，天之所以生物之

① 《近思录释疑·沙溪先生全书卷之十七》，《沙溪·慎独斋全书》上，白山学会1985年版，第287页。

② 金忠烈：《高丽儒学思想史》，第347页。

始,在天道莫大焉,故居一而为首。既有五行,万物生焉,则人者万物之灵,而五事人道之本,故居二而为次。既有人,则必有所事,而八政者事之最急,故君三。欲修人事,又当验于天道,而历象授时不可缓也,故五纪居四。顺五行,敬五事,厚八政,协五纪,人君之道备焉。故皇极居五而当中。皇极者,继天道而立人极,为四方之标准,万民之取法者也。人君之治,酬酢万变,其用不同而皆皈于中正。故三德次皇极而居六。事之可疑,当听于天,故稽疑居七。治有得失,则征有休咎。所当推天而省己,故庶征居八。得失休咎之征,不惟现于天象,而善恶吉凶之应,终必及于吾身。故福极居九而终焉。人君治天下之大典,未有加于此者也。然畴虽有九而枢要有三,在天惟五行,在人惟五事,而皇极者合天人而一之者也。五事得而皇极立,则五行顺而雨旸燠寒风之休征应;五事失而皇极不立,则五行汨而雨旸燠寒风之咎征应焉。是其天人相互、流通感应之道,可谓明矣。至于八政五纪三德稽疑福极之用,亦皆在乎极之立不立尔。然则修五事而立皇极者,其道何由在乎敬之一字而已?叙畴圣人以敬加于五事之上,所以示万世人主以心法也。为人主者,可不念哉?①

这段话上半部内容是对《洪范·九畴》内容的具体介绍,下半部内容权近提出了"敬"在行"九畴"中的重要性,并强调人君者要"以心法之"。以洪范九畴治国理民,这本身就是以儒治国,权近更强调了儒家主张的"主敬"思想,对朝鲜建国初期的统治者颇有启示。

---

①　裴宗镐编:《韩国儒学资料集成》(上),第17页。

再有,《无逸篇》在高丽时代就已成为人君治理国家的座右铭,权近对此篇加以图和说,使之更加广泛地流传开来,其中不骄奢淫逸,体恤民情的思想,成为朝鲜建国初期以儒治国的指导理念。如权近在《无逸之图》下的说中讲:

> 自古有天下国家者,莫不由祖宗勤俭以兴盛,由子孙逸怠以覆亡。先知稼穑之艰难,以勤俭不怠为家法,稼穑人食之本,人君生长深宫不知其艰,不恤其民,骄侈淫逸,傲然自肆,小则损寿以自丧,大则亡国而绝祀者,万世人主之所当先知者也。①

这种思想在朝鲜朝初期导向儒治之时,不能不说具有深远的意义。

第三,权近的性理学思想开启了朝鲜学者以"图说"为形式的研究方法。

如上所述,权近的《入学图说》共有四十幅"图"和"说",其"图"以通俗易懂的形式将儒家经典的奥义表示出来,其"说"以深入浅出的语言解释"图"中之义。这种"图说"研究方法为普及儒家经典和儒家思想,起到了积极的作用。权近之后的朝鲜学者大都采用了这种研究方法。例如朝鲜大儒李退溪在与郑秋峦(郑之云)和奇高升论辩"四端七情"时,就曾利用权近这种"图说"形式来阐释自己的思想。李退溪之后的诸多儒学者也都或多或少地采用了"图说"形式作为自己的研究方法,这不能不说是权近研究方法的继续和发展。

朝鲜朝儒学者一方面对权近思想有所继承,但另一方面也有

---

① 金忠烈:《韩国儒学思想史》,第354页。

所批评。例如李退溪认为权近的《入学图说》巧则巧矣,但未免有牵合杜撰之病;韩元震认为权近的心性学分理与气、心与性、情与意、四端与七情,有二体、二用之偏,不见其浑融无间之妙。

　　但是,在丽末鲜初之际,权近的心性学思想不论是对中国程朱理学有所细化、有所发展来看,还是其"图说"以通俗易懂的方法推广、宣讲儒家思想来讲,他的心性学思想无疑是非常有学术价值的。

第三章 朝鲜前期儒学

（1393—1637 年）

第一节 朝鲜儒学概观

朝鲜朝（1393—1860）五百年的历史，是韩国儒学最丰富多彩、光辉灿烂的历史。因为在这五百年中，高丽儒学最终演变成具有自我特色的，与中国儒学不同的韩国儒学。朝鲜朝五百年儒学细分又可分为朝鲜前期儒学（1393—1637）和朝鲜后期儒学（1638—1860）。

朝鲜朝时期的儒学成为朝鲜王朝的官方统治理念，因此儒学得以广泛传播，深入发展。其结果，形成了儒学的众多流派，相互启发、相互补充，丰富和发展了东亚儒学。

在朝鲜朝儒学中占主导地位的是韩国朱子学，其次是韩国实学，而韩国阳明学则处于弱势地位。

具体讲，在韩国朱子学中，由于对朱熹学说中"理"与"气"关系的不同理解，通过"四七论辩"而形成了"主理"派（岭南学派）和"主气"派（畿湖学派）。

朝鲜朝自 16 世纪起，兴起了对朝鲜前期性理学改造的风潮，由此产生了韩国实学。韩国实学是一种改新了的儒学，它对韩国的近代化起了导向作用。韩国实学又可分为启蒙派、经世致用派、利用厚生派、实事求是派。

　　朝鲜朝儒学除了朱子学和实学外,还有韩国阳明学。韩国阳明学虽然不像韩国朱子学和韩国实学那样学派众多、五彩斑斓,但它也有一个传承的脉络,并在韩国近代社会发挥了重要作用。此外,朝鲜朝时代的儒学还经历了四次大论辩,即以退溪李滉和高峰奇大升为主的"四七论辩",畿湖学派内部关于"人物性同异"论争的"湖洛论辩",为了收拾经过"壬辰倭乱"(1592—1598)和"丙子战乱"(1636—1637)而混乱不堪的社会,为了强化实践法规的要求而日渐活跃的"礼学论辩",以韩国儒学对于"心"概念特别关心而形成的"心说论辩"。①

　　朝鲜朝儒学之所以能够绵延发展五百年,这与它自身的价值具有密切关联。朝鲜朝儒学的价值表现为以下三个方面:

　　第一,人间性。朝鲜朝儒学又称为性理学,所谓性理学基本上是在性善说的基础上,相信、尊重人的本性,同时也强调本性的自律能力。朝鲜朝时期的儒学者大都以做"圣人"为安身立命的最高境界,所以他们的儒学研究、儒学思想多集中于对"人性"的关怀。例如朝鲜朝时期的儒学双璧——李退溪和李栗谷的儒学思想就是最好的代表。李退溪作《圣学十图》,其主旨是讲"敬",即阐述人的道德修养问题。李栗谷著《圣学辑要》,中心思想围绕着一个"诚",论述诚正之功夫。此外,朝鲜朝时期的两次儒学大论争("四七论辩"和"湖洛论争")也都是关于"性"、"情"、"善"、"恶"等人性方面的辩论。如何做人,如何做一个圣人,这是朝鲜朝儒学的一个重要主题。

　　第二,道义性。朝鲜时代的儒者大多是忧国、忧民、忧道的积

---

　　① 参见安银洙、洪正根著:《魏岩、南塘湖洛论辩的分歧及其意义》,刊于崔英辰主编的《中译湖洛论争资料集》,韩国儒教学会2003年,第1页。

极入世者。为了国家利益和民族生存,他们敢于直指朝政,由此引发了接二连三的"士祸"。最著名的有戊午士祸(1498)、甲子士祸(1504)、己卯士祸(1519),乙巳士祸(1545)等。一些坚守社会正义并具有批判精神的性理学者在"士祸"中被害。这些儒者为了图谋国事而不顾自身的安危,在民族有事时而不计较个人的祸患。他们的这种道义精神被称为国家之元气。朝鲜朝儒学的这种"道义"精神与新罗时期的"花郎"精神是一脉相承的。忧道、忧国、忧民,这是朝鲜朝儒学的基本性格之一。

第三,合理性。朝鲜朝儒学之所以能够延续五百年之久,正是因为它自身所具备的合理性。这种合理性突出地表现在它与朝鲜社会的近代化是心心相印的。这种合理性具体地表现为朝鲜朝实学的兴起和发展。朝鲜朝实学是根植于对新世界秩序的认识而滋生的"民族的自觉",朝鲜朝实学是随着接触西欧文明而激增的"科学技术精神",朝鲜朝实学是通过扩充儒学传统的民本和为民意识而出现的"民众意识的成长"……所有这些都是朝鲜朝儒学以民族的力量敲击近代之门的所谓实学的内容[1]。为此,朝鲜朝实学担当了连接传统社会与近代社会的桥梁作用,在韩国社会的近代化过程中,起到了理论导向作用。实学体现了朝鲜朝儒学的实事求是品格。

第二节　花潭徐敬德唯气的儒学

徐花潭生于成宗 20 年(1489),卒于明宗元年(1546),名敬德,字可久。因常年隐居松京(今开城)郊外花潭,故时人称其为

---

[1]　参见尹丝淳著:《韩国儒学研究》,第15页。

花潭先生。

花潭一生,生不逢时。在他一生中,经历了一连串的文臣受难事件,即四大士祸。戊午士祸(燕山君四年,1498)、甲子士祸(燕山君十年,1504)、己卯士祸(中宗十四年,1519)、乙巳士祸(仁宗元年,1545)。其中,戊午士祸和甲子士祸,分别发生在他10岁和16岁的时候,己卯士祸发生在他31岁之时,而乙巳士祸则发生在他死前一年即57岁之时。面对"己卯以后,道学为世大禁,士皆驰骛于训诂文章之末,不复知有儒者事"①的沉寂世态,花潭隐盾于花潭,作诗以泄心中之愤。如《溪声》所示:

> 聒聒岩流日夜鸣,如悲如怨又如争;世间多少衔冤事,诉向苍天愤未平。②

花潭一生隐居山林,在学术上无师门可寻,完全是自学成才。据朴世采所记:花潭自幼就对自然现象怀有与众不同的惊奇之念,并以思索培养了非凡的哲学素质。花潭家甚贫,儿时,父母在春后叫他到田间采野菜,每日必迟归,菜亦不满筐,父母奇怪并问他是何缘故? 花潭回答说:采菜时,有鸟飞,今日离地一寸,明日离地二寸,又明日离地三寸,渐次向上而飞。我观此鸟所为,窃思其理而不能得。是以,每致迟归,菜也不能满筐。③花潭从飞鸟跟着地气上升而忽高忽低的现象中去穷其现象背后的理,这成了他以后确立气哲学的重要素材。

---

① 参见《耻斋遗稿·附录·墓志铭》,转引自《韩国哲学史》(中),第127页。
② 《花潭集·诗》,汉城世界社1992年版,第71页。
③ 《花潭集·补论·遗事》,第315页。

　　关于花潭对自然现象的深入观察和思索，还流传着如下逸事。花潭家的庭院有一杏树，奇怪的是到了春末，树无生机，如枯死状。门人认为杏树已死，主张将它锯掉。花潭命家童刨土露根，以水洒之，覆以藁席。不数日，萌芽钻出，门人皆奇怪，问花潭是何缘故？花潭作了如下说明：凡草木之生出，地各有分。今见此树，培土太过，土崇而气不达，故生意不得发也。披而疏之，使通阳气，所以复生。花潭认为，杏树的复生，正是地上之阳气与地下之阴气相互交合的结果。①

　　花潭通过对自然现象中"气"的解释和分析，最终使他成为了朝鲜朝前期以"气"哲学而著称的重要的性理学者。由此也奠定了花潭在朝鲜朝儒学史上的学术地位。诚如朴民献所撰写的《神道碑铭并序》所云：

　　　呜呼先生，能自得师；不由人传，乃自性推。心为神明，理涵其中；吾心不尽，于理未穷；能穷其理，是曰知性。为此有道，思作睿圣；先生勇诣，是穷是思。阙理跃如，若或相之，物无不格，知然后至。真妄既分，自能诚意；正修以下，道本一致；自始至终，不容不二。先生之学，上无所传；邹孟之言，始合符然。二三遗篇，大义炳然；开示幽赜，后人之幸。象数之窟，尤极精微；天胡啬寿，俾不发挥。偏荒其地，叔季其辰；先生之功，有倍古人。殁后褒赠，非所敢期；无与于己，有关于时。碑于花潭，望之有穹；人盍敬之，大东师宗。②

花潭的学术思想不仅在韩国儒学史上颇有价值，而且他的学术著作在

---

①　参见《韩国哲学史》（中），第 132 页。

②　《花潭集·补论·神道碑铭并序》，第 296 页。

中国也受到了重视。中国清朝乾隆年间完成的《四库全书总目》中收录并介绍了徐花潭的文集。在《四库全书总目》卷178中记有：

《徐花潭集》二卷

> 是集杂文杂诗其二卷,其文中原理气一篇、理气论一篇、太虚说一篇、鬼神生死论一篇……敬德之学,一以宋儒为宗,而尤究心于周子太极图说,邵子皇极经世。集中杂著,皆发挥二书之旨。……亦颇究心于礼、制,盖东土之务正学者。诗则强为击壤集派,又多杂其国方音。……其卓然传濂洛关闽之说以教其乡者,自敬德始。亦可谓豪杰之士矣。故诗文虽不入格,特存其目,以表其人焉。①

这表明花潭的学术思想与中国宋儒具有密切关系。韩国学者李丙焘说："花潭私淑邵康节(雍)及张横渠(载),深被其思想之影响。而即其气数之学则追踪康节,理气之学则出于横渠。"②韩国学者柳承国说："关于花潭的学问,一般视为源于宋朝的张横渠。"③在徐花潭的文集中,多次提到中国宋儒邵雍和张载的姓名及其思想,尤其对邵雍更是倾慕。例如,在花潭的《诗集》中,有四首诗都是谈论邵雍的。

《观易偶得首尾吟以示学易辈诸贤》

花岩不爱邵吟诗,吟到尧夫极论时,一未开来无混有,二

---

①　《四库全书总目》卷178,集部,中华书局1965年版,第1609页中。
②　李丙焘:《韩国哲学史略》,第131页。
③　柳承国:《韩国哲学史》,第130页。

能交处坎生离。

神于水面天心得,易向柳风梧月知,秋洛春潭景何远,花岩不爱邵吟诗。

《又一绝》

观物工夫到十分,日星高揭霁披氛,自从浩气胸中养,天放林泉解处纷。

《笑戏》

花岩不爱邵吟诗,输得尧夫闲静时,道不远人须早复,事皆方物莫教暌。

既知性处宜温养,必有事来岂太持,自在工夫曾吃力,花岩不爱邵吟诗。

《体述邵尧夫首尾吟聊表尚友千古之思》

花岩不爱邵吟诗,吟戏尧夫不试知,鲲跃三千虽得地,鹏搏九万奈无期。

物皆藏用圣何弃,代不乏人天有时,闲却当年经世手,花岩不爱邵吟诗。①

除此而外,在花潭的《杂著》中有三篇文章也都涉及到邵雍思想,

---

① 《花潭集·诗》,第40—43页。

如《皇极经世数解》、《六十四卦方图之图解》和《卦变解》。徐花潭在汲取张载气学思想的基础上，又吸纳了邵雍的象数学思想，由此建构了他颇具特色的韩国的气学哲学。

花潭一生著述不多，56 岁时，他在病床上完成了《原理气》、《理气说》、《太虚说》、《鬼神死生论》四篇文章。这是研究花潭气学思想的重要著作。此外，还著有《复其见天地之心说》、《温泉辩》、《声音解》、《皇极经世数解》、《六十四卦方圆之图解》、《卦变解》等著作。这些著述也是研究花潭学术思想的宝贵资料。

花潭死后，他的门人朴民献①和许晔②将其著作与诗、赋等收集在一起，编成《花潭文集》一书。此书在壬辰之乱时遗失。

宣祖三十八年（1605），殷山县监洪雺，偶得收有君孝先跋文的遗稿，辑书出版，称之为《乙巳殷山本》。此书收藏在开城花谷书院，因版面模糊，诸秀才计划重刊文集，于英祖四十六年（1770）刊行《英祖庚寅开城本》。其内容共有四卷，第一卷收有赋与诗；第二卷收有疏、书、杂著、序、铭等；第三卷为附录，收有年谱、碑铭及言行杂录；第四卷亦为附录，收有赐祭文、书院上梁文、从祀议、门人录等。此外，尚有元仁孙、尹塾的序文和尹孝先、金用谦、尹得观、蔡伟夏等人的跋文。③

徐花潭的气学哲学以气为主，兼通数术和易象，旁涉天文和地理，自创概念而独成一家之说。为此，下面围绕徐花潭的"太虚先天"思想、"机自尔"思想、"气数"思想和"气易"思想进行论述。

---

　　① 朴民献（1516—1586），字元夫、颐正、希正，号正庵、琴倜，咸阳人。

　　② 许晔（1517—1580），字太辉，号草堂，阳川人。

　　③ 参见李甦平主编：《东方著名哲学家评传·韩国卷》，山东人民出版社2000 年版，第 155 页。

一、关于"太虚先天"的思想

在徐花潭的气学思想中,有四个基本范畴,这就是"太虚"、"气"、"太一"、"先天"。

"太虚"范畴随着中国儒家典籍而传入朝鲜半岛。在中国哲学史中,"太虚"范畴的发展演变大致经历了如下阶段:

其一,老子、庄子所使用的"太虚"范畴主要在于说明道的虚寂性。这是《老子》"有生于无"和《庄子》"物物者非物"的"虚无"思想的表示。

其二,稷下道家著作《管子》讲"虚"也讲"气",在一定程度上看到了虚空与气的相互关系,但这种关系是外在的,而不是内在性的。

其三,汉代哲学中常常提及"太虚"、"道"、"气"三大范畴的关系。其中"道"是"太虚"的内容,"太虚"是"道"的形式;"太虚"(道)可以生"气"而它本身不是"气"。这种理论形式虽然在一定程度上看到了虚与气的相互联系,但并没有克服掉《老子》"有生于无"的宇宙论模式的局限性。

其四,宋代张载在继承而又超越前哲"太虚"观的基础上,直接吸收《易经》的"保和太和乃利贞"的"太和"论思想,提出"太虚即气"的重要命题,将中国哲学史上的气论思想提高到一个新的理论水平。

以上是"太虚"范畴在中国的发展过程。"太虚"一词传入朝鲜半岛后,与半岛的固有传统思想相结合,亦有它的发展历程。现以《三国史记》、《三国遗事》等史书中出现的"太虚"概念为例,对"太虚"一词进行分析。

《三国史记》是12世纪中叶高丽仁宗二十三年,金富轼受主命而著述的一部时间最早、资料较全的史书。其中包括高句丽、新罗、百济历史的本记、志、列传等,共 50 卷。据这部史书记载有:"乐浪谓内虚"①、"虚室为情"②、"某以虚薄"③、"是以仓庾虚竭"④、"举无虚发"⑤、"虚己问政"⑥、"虚角二星光芒赫然下垂"⑦、"实欲观其虚实"⑧、"互相寇击无虚月"⑨等。这里的"虚"不具有哲学的意义,是指"空"、"浅薄"、"徒然"或星宿名称。

《三国遗事》是高丽名僧一然的一部著名历史散录,全书共 5卷 9 篇。其特点在于将《三国史记》中所遗漏的历史编辑记录而成书,故名《三国遗事》。此书中涉及"太虚"的内容有"慈眼虚度、杨机社春"⑩,"自生虚、自乃息心、乐道之虚境也"⑪,"当终之时、寺东北虚中、音乐满室、异香充院、道俗悲庆"⑫,"与徒众绕塔、每步虚而工、不以阶升"⑬等。这里的"虚"是指"空"、"虚灵"、"虚静"等意思。

除此而外,丽末鲜初的儒者郑道传在批评佛教时使用了"虚",如他在《儒释同异辩》中说:"然此(指儒)之虚,虚而有;彼

---

① 《新罗本纪·南解次次雄》,《三国史记》卷 1。
② 《新罗本纪·文武王下》,《三国史记》卷 7。
③ 《新罗本纪·文武王下》,《三国史记》卷 8。
④ 《百济本纪·盖卤王》,《三国史记》卷 25。
⑤ 《列传·甄萱》,《三国史记》卷 50。
⑥ 《百济本纪·东城王》,《三国史记》卷 26。
⑦ 《列传·金庾信上》,《三国史记》卷 41。
⑧ 《列传·乙支文德》,《三国史记》卷 44。
⑨ 《列传·素那》,《三国史记》卷 47。
⑩ 《芬皇寺千手大悲盲儿得眼》,《三国遗事》卷 3。
⑪ 《鍪藏寺弥陁殿》,《三国遗事》卷 3。
⑫ 《圆光西学》,《三国遗事》卷 4。
⑬ 《义湘传教》,《三国遗事》卷 4。

（指释）之虚,虚而无。此之寂,寂而感;彼之寂,寂而灭"①。虽然
儒与佛都讲"虚",但儒之"虚"是虚而有,佛之"虚"是虚而无。郑
道传以虚而无对佛教的批评,是为了确立程朱理学的学术地位。
这里的"虚"已具有了哲学意义。

丽末鲜初的另一位重要儒者权近对"虚"的论述较多,如一,
他在《天人心性分释之图》中谈"心"时说:"其下凹者,象其中虚,
惟虚故具象理也"。这是指"心"字的"凵"是"中虚"的,由其"虚"
而具众理。这个"虚"是从心性虚灵的意义上来说。如二,权近在
解释周敦颐《太极图说》的最上一个"〇"的"无极而太极"时指
出:"故周图圆其象,而虚其中,而又以无极名之矣。"虚其中是指
无极而言。如三,从未发的至静虚无而言,"故其未发也,至静而
虚无,有名状之可言;及其既发则于事物之理"。② 这里的虚是指
喜怒哀乐之性未发而至静的虚无状态。可见,权近论"虚"涉及对
心性、无极、《中庸》未发已发的理解,意义深刻。

柳崇祖(1452—1512)字宗孝、号真一斋,是朝鲜朝的一位儒
者。他倡导性理学而批评《老子》。他说:"吾儒之虚,虚而有,故
具众理。老之虚,虚而无,故反天理"。③ 柳崇祖所讲的"虚"与郑
道传批评佛教所讲的"虚"意义相同。④

上述论述表明,在徐花潭之前,"虚"已具有了哲学意义,但
"太虚"一词未正式提出。徐花潭在中国哲学和韩国哲学关于"太
虚"论述的基础上,详细阐述了他的"太虚"思想。而要全面了解
花潭的"太虚"理论,就要深入分析花潭思想中"太虚"与"气"、

---

① 《三峰集·儒释同异辩》。

② 《阳村集·入学图说》。

③ 《真一斋集·心之虚灵神明》。

④ 参见李甦平主编:《东方著名哲学家评传·韩国卷》,第163—167页。

"太虚"与"太一"、"太虚"与"先天"的内在关系和结构。它们的这种关系和结构在《原理气》中具有提纲挈领的论述。

其一,"太虚"与"气"。

关于"太虚"与"气"的关系,《原理气》篇开头第一段就说:

> 太虚湛然无形,号之曰先天。其大无外,其先天始,其来不可究,其湛然虚静,气之原也。弥漫无外之远,逼塞充实,无有空阙,无一毫可容间也,然挹之则虚,执之则无,然而却实不得谓之无也。到此田地,无声可耳,无臭可接,千圣不下语,周张引不发,邵翁不得下一字处也。撼圣贤之语,沂而原之,易所谓寂然不动,庸所谓诚者自成。语其湛然之体曰一气,语其混然之周曰太一。濂溪于此不奈何,只消下语曰无极而太极。是则先天。①

在这段话中,关于"太虚"与"气"的关系有一个关键字,就是"原"。本段引文中第一句话的缩写为"太虚,号之曰先天,气之原也"。译为白话文的意思便是"太虚又称先天,是气的本原"。笔者以为"太虚是气之本原",这是徐花潭"太虚先天"说的一层重要意义。但学术界多数观点将文中的"原"解释为"原形"之意,"太虚湛然无形,……气之原也"解释为"太虚之湛然虚静,乃气之原形"。这种解释固然无错,但忽视了"原"作为"本原"的哲学意蕴。笔者之所以说花潭视"太虚为气之本原",还可以从《原理气》、《理气说》及《鬼神死生论》中的有关论述中加以佐证。

例一,《原理气》的补充部分有:

---

① 《花潭集·原理气》,第178页。

　　先生又曰:"虚者,气之渊也"。①

　　《原理气》的《补充》部分是对《原理气》正文的补充内容。在补充部分中,将这句话放在首位,可见"虚者,气之渊也"这句话的重要性。而这里的"渊"就是"渊源"、"本原"的意思。这表明"太虚"为"气"之本原,是徐花潭气学思想的一个重要内容。
　　例二,徐花潭在另一篇重要著作《理气说》中讲:

　　气之源,其初一也。……太虚为一,其中涵二。……原其所以能阖辟,能动静,能生克者,而名之曰太极。②

　　这是说,作为气之本原的是"一",而这个"一"又是指"太虚"。当太虚作为能阖辟、能动静、能生克的"原"时,又叫做"太极"。关于"太极"之说,初见于《易传》。《周易·系辞上》载有:"是故易有太极,是生两仪……"这里的两仪,即指"阴阳"或"天地"。因此,派生"两仪"的"太极",无疑是指阴阳或天地的本原概念。至北宋,视"太极"为"本原"的思维被周敦颐所继承。他说:"无极而太极。太极动而生阳,动极而静,静而生阴。阴极复动,一动一静,互为其根。分阴分阳,两仪立焉。阳变阴合,而生水火木金土"。③宇宙最初只是一无极而太极,由于太极的动静而产生阴阳,阴阳的变合又产生了五行(万物)。这表明在周敦颐的思想中,"太极"是

---

①　《花潭集·原理气补充》,第181页。
②　《花潭集·理气说》,第184页。
③　周敦颐:《太极图说》,《周子通书》,上海古籍出版社2000年版。

作为宇宙的"本原"概念。邵雍亦以"太极"为宇宙"本原",如他视"道"为"太极"。"以道生天地,则天地亦万物也。道为太极"。① 道生天地万物,为宇宙之本,而道即为太极。道与太极同类,故太极为天地万物之本。这表明"太极"是作为产生天地万物的本原的概念。徐花潭将"太虚"与"气"的关系,看成是"太极"与"万物"的关系,意在说明"太虚"是"气"之本原。

例三,徐花潭在《鬼神死生论》中也说过:

> 气之湛一清虚,原于太虚之动而生阳,静而生阴之始。②

由于"太虚"的动静,才产生了"阳气"(动而生阳)和"阴气"(静而生阴)。所以,"太虚"为"气"之渊。

既然"太虚"是"气"之本原,那么作为本原的太虚,是一种空泛的虚无,还是一种存在的实体? 对此,徐花潭有明确的论述,他多次指出:

> 虚即气也。③
>
> 太虚虚而不虚,虚即气。……知虚之不为虚,则不得谓之无。老氏曰:有生于无。不知虚即气也。④

这表明花潭认为"太虚"就是"气"之实体。花潭的这一思想与张载的"太虚即气"是相一致的。

---

① 邵雍:《皇极经世·观物外篇》,中华书局1983年版。
② 《花潭集·鬼神死生论》,第190页。
③ 《花潭集·理气说》,第183页。
④ 《花潭集·太虚说》,第186页。

可见,在花潭的气学思想中,"太虚"与"气"的关系有两层意义:其一是说"太虚"为"气"之本原,其二是说"太虚"即"气"之实体。这样,"太虚"就具有双重价值,从宇宙生成论来看,它是气的本原;从本体实体论来看,它就是气之实体。徐花潭将"太虚"界定为"本原"和"气",既表明了太虚具有派生他者的本原价值,又说明了"太虚"不是虚无,而就是"气"之实体。这是花潭吸取张载思想而又在细微处胜过张载之处。这也是中韩气学思想互动的具体表现。

张载关于"太虚"与"气"的关系,主要体现在"太虚即气"这一命题中。因此,中国学者在论述这一思想时,大都认为"太虚"与"气"的关系就是太虚为气。如张岱年先生认为"万物只是气,气只是太虚。太虚乃气之本然,并非由太虚而生出气。太虚与万物乃气之散聚形态,并非实有的万物存在于空无的太虚之中。要之,一切皆一气之变,似乎空无之太虚,乃气之原始状态;坚固有形之万物,皆由气凝聚而成"①。张岱年明确表示:太虚是气之本然,即气的原始状态,而坚固有形之物则是由气凝聚而成。所以,并非由太虚生出气。又如冯友兰先生说过:"'太虚'并不是虚无,而是'气之本体'。"②又说过:"'太虚'说的是宇宙的物质结构。"③这说明冯友兰认为在张载思想中,"太虚"是作为"气"之本体而存在着。再如牟宗三先生虽然主旨在从心体、性体方面诠释"太虚"和"气",但在谈到"太虚"和"气"时亦说:"'太虚无形,气之本体',此与《乾称篇》的'气之性本虚而神'为同义语。'气之性'是气之

---

① 　张岱年:《中国哲学大纲》,中国社会科学出版社1982年版,第45页。
② 　冯友兰:《中国哲学史新编》第5册,人民出版社1988年版,第127页。
③ 　冯友兰:《中国哲学史新编》第5册,第128页。

超越的体性,是遍运乎气而为之体,故此处直云'气之本体'。说本体比较妥当,不易生误解。说性则须简别提醒。气以太虚——清通之神——为体,则气始活。活者变化之谓尔。浮沉、升降、动静、相感、絪缊、相荡、胜负、屈伸,皆气之活用也。或聚或散亦气之活用也。"①牟宗三认为"气"以"太虚"为体时,气才有变化(活),也是强调了"太虚"即"气"的方面。

与载的"太虚即气"相比较,花潭更加强调太虚为气之本原的宇宙生成论方面。这可从徐花潭的"太虚"与"太一"关系的论述中加以论证。

其二,"太虚"与"太一"。

徐花潭在《原理气》开篇首段中有:"语其湛然之体曰一气,语其混然之周曰太一。"除这一处提到"太一"外,在此篇讲气之运动时还提到"太一",如:"既曰一气,一自含二,既曰太一,一便涵二。"②除上述两处外,他在《理气说》的《补充》部分第三次提到"太一":"易者,阴阳之变,阴阳二气也,一阴一阳者,太一也。"③这三处"太一"的意思是讲"太虚"之所以具有本原之价值,是由于"太一"具有能创生义。例如第一处的"语其湛然之体曰一气,语其混然之周曰太一"。这是说,从湛然清虚的太虚本体来说,就是气;从阴阳二气混然变化的运动来说,可称为太一。这个"太一"就相当于周敦颐《太极图说》中的"无极而太极"。花潭在"语其混然之周曰太一"句后,紧接着说"濂溪于此不奈何,只消下语曰无极而太极"。关于周敦颐《太极图说》中的"无极而太极"("无极"

---

① 牟宗三:《心体与性体》(上),上海古籍出版社1999年版,第380页。
② 《花潭集·原理气》,第178页。
③ 《花潭集·原理气补充》,第185页。

是形容"太极"的,实际上是讲"太极"),如上所述,是从宇宙本原这一角度来说的。因此,这里的"太一"可作为宇宙本原理解。

第二处的"既曰一气,一自含二,既曰太一,一便涵二"的意思为既然称为一气,一气中自然而然地包含着阴气和阳气。"一自含二"的"二"指阴、阳二气。既然叫做太一,其中便会蕴涵着阴阳、动静、刚柔、屈伸等对立的两面。"一便涵二"的"二"是指矛盾的对立。之所以这样说,还因为"既曰太一,一便涵二"句后面紧接着有"一不得不生二,二自能生克"句。[1] 这就是说,"太一"必定能产生阴阳、动静等对立的两体,矛盾的两体必定要相生相克。宇宙中的万物就是在相生相克中产生和发展的。这里的"太一"可视为"太虚"为本原的依据。

第三处的"易者,阴阳之变,阴阳二气也,一阴一阳者,太一也",这段话中的"一阴一阳者,太一也"是从《系辞上传》的"一阴一阳之谓道"演化而来的。"一阴一阳之谓道"是说一阴一阳,对立而迭运,这是变化之常则。"道"即变化中之常则。[2] 而"一阴一阳者,太一也"则是强调之所以能够发生一阴一阳对立而迭运变化的是"太一"。可见这里的"太一"亦是作为阴阳二气产生及变化的本原。

在徐花潭关于气学思想的四篇主要论文中,有三处讲到"太一",可见他对"太一"概念的重视。徐花潭"太一"思想的来源,在他的生平事迹中不可得知。笔者以为是受中国传统文化中"太一"思想的影响。

在中国思想史、天文学史、宗教史上,"太一"是一个非常重要

---

[1] 《花潭集·原理气》,第178页。

[2] 参见张岱年:《中国哲学大纲》,第28页。

的概念。"太一"在中国古典作品中有不同的写法,如太乙、泰壹、大一等。《庄子》、《礼记》、《荀子》、《文子》、《吕氏春秋》、《淮南子》、《史记》及纬书等,都曾出现过。如:

《吕氏春秋·大乐》曰:"乐者所由来者远矣,生于度量,本于太一。太一出两仪,两仪出阴阳。阴阳变化,一上一下,合而成章。混混沌沌,离则复合,合则复离,是谓天常。天地车轮,终则复始,极则复反,莫不减当。日月星辰,或疾或徐,日月不同,以尽其行。四时代兴,或暑或寒,或短或长,或柔或刚。万物所出,造出太一,化于阴阳。"这是对宇宙万物生成顺序的描述,即太一→两仪→阴阳→四时→寒暑→刚柔等。

《荀子·礼论》曰:"故至备,情文俱尽;其次,情文代胜;其下,复情以归大一也。天地以合,日月以明,四时以序,星辰以行,江河以流,万物以昌。"这里的"大一→天地→日月→四时→万物"也是关于宇宙生成论的图式。

《礼记·礼运》曰:"是故夫礼必本于大一,分而为天地,转而为阴阳,变而为四时,列而为鬼神,其降曰命,其官曰无"。这是说,从"大一"到"天地"、"阴阳"、"四时"、"鬼神"构成了一个宇宙生生的模式。

可见,不论是《吕氏春秋》、《荀子》还是《礼记》都将"太一"作为万物的起源。除此之外,《汉书·艺文志》中著录了许多题名"太一"的著作,分属兵、天文、五行、杂占、神仙、房中诸方面。这说明从战国至西汉,"太一"是十分流行的思想主题,但这些题名"太一"的著作,都没有流传下来。可喜的是,1993年10月出土的郭店楚墓竹简中发现了一篇论宇宙发生的文章,名为《太一生水》。释文如下:

太一生水,水反辅太一,是以成天。天反辅太一,是以成地。天地[复相辅]也,是以成神明。神明复相辅也,是以成阴阳。阴阳复相辅也,是以成四时。四时复相辅也,是以成仓热。仓热复相辅也,是以成湿燥。湿燥复相辅也,成岁而止。故岁者,湿燥之所生也。湿燥者,仓热之所生也。仓热者,[四时之所生也]。四时者,阴阳之所生[也]。阴阳者,神明之所生也。神明者,天地之所生也。天地者,太一之所生也。是故太一藏于水,行于时,周而又[始,以己为]万物母;一缺一盈,以己为万物经。此天之所不能杀,地之所不能埋,阴阳之所不能成。君子知此之谓[口,不知者谓口口]。

这段话主要是讲太一创造天地四时的程序,可分为两层意思:一层是讲空间即天地的创造,相当于《系辞》"太极生两仪"的概念;一层是讲时间即岁时的创造,相当于《系辞》"两仪生四象"的概念。第一层意思,是讲太一生水,水反过来与太一相辅而生天,天反过来又与太一相辅而生地。第二层意思,讲天地生神明,神明生阴阳,阴阳生四时,四时生寒热,寒热生湿燥,最后形成岁。最后是总结,太一是万物的源泉,万物的本原,即为万物母。①

中国典籍中的"太一"主要是从万物之母即宇宙生成论之本原方面进行论述。这一观点对徐花潭有所影响,所以他多次提到"太一",并视其为太虚之所以为万物之本原的依据。徐花潭对"太一"的重视也形成了他与张载重视"太和"思想的一个重要

---

① 参见强昱著:《〈太一生水〉与古代的太一观》和李零著:《读郭店楚简〈太一生水〉》,刊于陈鼓应主编:《道家文化研究》(第17辑),三联书店1999年版,第353—355、316—317页。

区别。

"太和"这一概念不曾出现在徐花潭的著作中,而张载在其代表作《正蒙》的首句便是"太和所谓道","太和"与"太虚"、"气"构成了张载气学思想的基本概念。张岱年认为:"太和一词来自《周易·象传》'保合太和',张载把它解释为气的'絪缊'状态。"①"太和"为"气"。冯友兰认为:"'太和'说的是宇宙的精神面貌。这个精神面貌是宇宙发展的规律所决定的,所以说'太和所谓道','道'就是规律。这个规律就是客观辩证法,就是矛盾的统一,所谓'相感'、'相荡'、'胜负'、'屈伸'就是矛盾,正是这些矛盾构成了宇宙统一体。一个矛盾的统一体,就是一个'和'。宇宙是最大的统一体,所以这个'和'称为'太和'。"②"太和"是矛盾的统一体,具体到张载气学思想中,主要指阴气和阳气的矛盾统一体。牟宗三认为:"'太和所谓道'一语,是对于道之总持地说,亦现象学之描述地指点说,中含三义:(一)能创生义;(二)带气化之行程义;(三)至动而不乱之秩序义。……横渠虽有时喜就气化之行程义说道,如下文'由气化有道之名',便是就行程义说道。"③张载思想中的"太和",主要是就气化行程意义上使用。所以,张载讲"太和"强调的是气的运动和变化;花潭讲"太一"强调的是气的本原价值。

其三,"太虚"与"先天"。

徐花潭在《原理气》开篇第一句话就写道:"太虚湛然无形,号之曰先天"。他把湛然无形的"太虚"称之为"先天"。这个"先

---

① 张岱年:《张载》,刊于《中国古代著名哲学家评传》第三卷上,齐鲁书社1980年版,第89页。

② 冯友兰:《中国哲学史新编》(第5册),第128页。

③ 牟宗三:《心体与性体》上,第377页。

天"来自于邵雍的"先天学"。如上所述,徐花潭对邵雍非常仰慕,对邵雍的学说亦很重视。邵雍的学说被后人称为"先天学"。所谓"先天",有两种解释:一种解释是伏羲所画的八卦是"先天",周文王所演的六十四卦是"后天"。这种解释显然讲不通。另一种解释,"先天"是道学家们所谓"画前有易"。照这个说法,在伏羲画卦以前就有八卦和六十四卦了,就是说在《周易》这部书之前就有一部《周易》了,不过那部《周易》是一部"无字天书",经过伏羲、文王,它才成为"有字人书"。所谓"天地自然之数"就是"无字天书"的内容,横图和圆图是"无字天书"的表现,是"有字人书"的内容。这是邵雍的"先天学"的主要思想。邵雍所说的"先天"和"后天"的分别,启发了后来的道学家所说的形上和形下的分别。①徐花潭将邵雍的"先天"观念植入太虚,视"先天"为太虚的特性,称为太虚先天。这样,太虚就具有了形而上的色彩。有形上之先天,就有形下之后天。关于"后天",花潭说:"一气之分为阴阳,阳极其鼓而为天,阴极其聚而为地。……是谓之后天。"②天、地、日、月、星、辰、水、火等为"后天"。天地日月等"后天"是太虚"先天"的派生,太虚"先天"是天地日月等"后天"的本原。这是太虚先天的一方面内容,另一方面,这个太虚先天就是气,韩国学者李丙焘称之为"先天之气","先天之气则全然独立于时间空间之制约外,为无始终,无限制,普遍妥当之定相也"③。先天之气具有恒久的、超越的、本质的意义。

　　可见,在徐花潭的气学思想中,"太虚"作为一个重要的基本

---

①　参见冯友兰:《中国哲学史新编》第5册,第72页。

②　《花潭集·原理气》,第178页。

③　李丙焘:《韩国哲学史略》,第131页。

范畴,既具有宇宙本原的意义,又具有气之实体的意义。所以,宇宙生成论和本体实体论并建是花潭气学的一个特征。

二、关于"机自尔"的思想

徐花潭把他的气学称为体用之学。从"体"来说,把气概括为"太虚"、"先天",在有形有像的万物生成之前,把湛然无形的静态之气规定为本体之气。他说:"虚静即气之体,聚散其用也。"①上述内容主要谈徐花潭的气之体思想,关于他的气之用思想与他前辈学者或同时代学者的观点都很不相同,颇有特色。要想了解花潭的气之"用"思想,还需要审视韩国学术史上"气"范畴的发展。

"气"范畴在韩国学术史上有其自己的发展历程,如在《三国史记》中载有"东南有白气如匹练"②、"香气郁然"③、"风高气切"④、"实兮无智慧多胆气"⑤等,这是指"空气"、"香气"、"气节"、"气运"等意思。《三国遗事》中有:"待敌其气恒为士卒先以劳"⑥、"香气芬馥"⑦、"云气始出来"⑧等,也是指"气势"、"香气"、"空气"等意思,无哲学意义。

丽末鲜初的郑道传继承了朱熹的理先气后思想,他认为"于穆厥理在天地之先,气由我(自注:我为理之自称也)生,心亦禀

---

① 《花潭集·太虚说》,第186页。
② 《新罗本纪·助贲尼师今》,《三国史记》。
③ 《新罗本纪·宝圣尼师今》,《三国史记》。
④ 《新罗本纪·文武王下》,《三国史记》。
⑤ 《列传·实兮》,《三国史记》。
⑥ 《后百济甄萱》,《三国遗事》卷2。
⑦ 《阿道基罗》,《三国遗事》卷3。
⑧ 《鱼山佛影》,《三国遗事》卷3。

焉"。① 这里所谓"我",是指"理"而言。这就是说,气由理生,理是先天地的超越的本体。

权近为了批判佛、老思想,论证朱子学是最完善的学说,他对佛、老、儒中最基本的哲学范畴"心"、"气"、"理"作了解释,他说:"理为心气之本原,有是理然后有是气,有是气然后阳之轻清者,上而为天;阴之重浊者,下而为地。"②理是气之本原,理先气后,有理然后有气,气分阴阳二气,由阴阳二气的作用,产生天地、万物、人类。权近与郑道传一样,视理为形而上者,气为形而下者,由此明确了理气之别。

金时习(1435—1493),字悦卿,号梅月堂,是朝鲜朝主气论者。他认为气是天地万物的根源,是形上学本体。关于气,他说:"盈天地之间者皆气也,竖言则日月之往来,星辰之运行,寒暑之相推,阴阳之相代,消息盈虚生旺休因皆气也;横言则山岳河川之融结,风雨霜露之施行,草木之荣枯,人物之动息,圣贤愚迷之群,分清浊粹驳之不齐,皆气之寓于两间也。"③气无所不在,无所不包,从自然界的日月星辰动植到人的身心气质都来源于气,统一于气。

李彦迪(1491—1553),字复古,号晦斋,为徐花潭同时代性理学者。他继承朱熹的理气观,一方面认为理在气先,另一方面又主张理气相依不离。他说:"专以气化而语此理之有无,岂云知道哉! 所谓灵源者,气也,非可以语理也。至无之中,至有存焉。故曰:无极而太极,有理而后有气,故曰:太极生两仪。"④他以"太

---

①　《心气理篇》,《三峰集》。

②　《阳村集》,《心气理篇注》。

③　《服气鬼神说》,《梅月堂记》卷2,《梅月堂集》,景仁文化社1997年版。

④　《答忘机堂第一书》,《晦斋集》,景仁文化社2000年版。

极"为"理",阴阳二气为两仪,太极生两仪,便是理生气。有理才有气,有气,理才得以体现,所以他又说:"理虽不离于气,而实亦不杂于气。"理气不离不杂。[1]

上述的郑道传、权近和李彦迪关于气与理关系的思想是对朱熹理气观的继承,而金时习的气学思想与这种观点不同。花潭在这样一种学术背景下,对气与理的关系重新加以界定,并对气范畴进行创造性的发展。这种发展就是他的气之"用"思想,主要表现在两个方面,一是凸显了"气"内在的功能性,一是强调了"气"的不灭性。

1. 气的生化论

徐花潭在谈到气的作用和万物的生成变化时说:"一气之分为阴阳,阳极其鼓而为天,阴极其聚而为地。阳鼓之极,结其精者为日,阴聚之极,结其精者为月,余精之散为星辰。其在地为水火焉,是谓之后天,乃用事者也"。[2] 这段话分解示之则为:

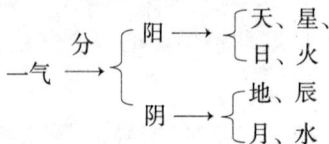

$$
\text{一气} \xrightarrow{\text{分}}
\begin{cases}
\text{阳} \longrightarrow \begin{cases} \text{天、星、} \\ \text{日、火} \end{cases} \\
\text{阴} \longrightarrow \begin{cases} \text{地、辰} \\ \text{月、水} \end{cases}
\end{cases}
$$

花潭认为后天万物都是气生化的结果,至于气之所以具有这种生化功能,花潭分析道:

不其奇乎? 奇乎奇。不其妙乎? 妙乎妙。倏尔曜,忽尔辟,孰使之乎? 自能尔也,亦自不得不尔。……(气)不能无

---

① 参见李甦平主编:《东方著名哲学家评传·韩国卷》,第176—178 页。
② 《花潭集·原理气》,第178 页。

动静,无阖辟,其何故哉? 机自尔也。①

动静之不能不相禅,而用事之机自尔,所谓一阴一阳之谓道,是也。②

这是说,气之所以能够"分"为阴和阳,阴阳二气之精又能够忽而翕、忽而辟,结为天、地、日、月、星、辰、水、火等万物,这种奇妙现象的原因是什么? 是什么指使气的生化作用? 花潭用"机自尔"、"自能尔"(引文中重点号为笔者加)加以解释。

"机自尔"是徐花潭的独创语,在他的思想中,这个"机"可释为动机、活机之意。"自"即强调内在性、自律性。"机自尔"是讲运动是"气"的内具的、必然属性,是不靠任何外力影响的一种自律机制,也可以理解为气具有自律性运动因。韩国学者对徐花潭的"机自尔"一语十分重视。如李丙焘讲:"'机自尔'一语,亦花潭之独创语也。机有机关、机械、动机、活机之义,则谓能动能静之神妙势力或倾向也。……花潭此言,确实出于自得的见解,其及影响于后学,又不堪。如后日李栗谷于自己学说中,利用此语,尤可注意也。(栗谷与成牛溪书'阴静阳动,机自尔',非有使之;'阴静阳动其机自尔,而其所以阳静阳动者,理也'云云)"。③ 李云九认为"机自尔"是"物质运动变化的契机"④。安炳周称"机自尔"是"运动变化的必然的内在原因"⑤。可见,花潭的"机自尔"概念在韩

---

① 《花潭集·原理气》,第178页。
② 《花潭集·原理气补充》,第182页。
③ 李丙焘:《韩国儒学史略》第132页。
④ 李云九著:《以徐敬德为中心的气一元论的考察》,第59页;转引自李甦平主编:《东方著名哲学家评传·韩国卷》,第193页。
⑤ 安炳周著:《读〈徐敬德气一元论〉后》,第173页;转引自李甦平主编:《东方著名哲学家评传·韩国卷》,第193页。

国儒学史上具有一定地位和价值。"自能尔"在花潭思想中就是自我能够的意思。他有时又解释为"自不得不尔"。"自能尔"、"自不得不尔"的提法，更加强调了气化功能的内在性、自律性。

为了凸显气的内在功能性，也为了进一步解释气之所以具有这种内在功能性，花潭又从两个方面展开论述。

其一个方面，气之所以具有内在功能性，是由于"两故化，一故妙"。

> 两故化，一故妙。非化之外别有。所谓妙者，二气之所以能生生化化而不已者，即其太极之妙。①
>
> 一气分而为阴阳。②
>
> 一生二，二者何谓也？阴阳也，动静也，亦曰坎离也。一者何谓也？阴阳之始，坎离之体，湛然为一者。③
>
> 一阴一阳之谓道。……一阴一阳，一动一静，此本非两事，只是天之一事。阴阳一用，动静一机，此所以流行循环，不能自已者也。④

这四段话是花潭关于"两故化，一故妙"的主要论述。分析这些论述的基本意思，可以概括为以下三点：

第一点，徐花潭思想中的"一"指一气、阴阳之始、坎离之体，即为统一体；"二"指阴阳二气、动静、坎离（水火），即对立的两体。"一"与"二"的关系为"一故妙"，统一体（一气）中的两个对立面

---

① 《花潭集·理气说补充》，第185页。
② 《花潭集·温泉辨》，第201页。
③ 《花潭集·原理气》，第178页。
④ 《花潭集·复其见天地之心说》，第198页。

（阴阳二气）生生化化而不已为之妙；"两故化"，阴阳两个对立面的生化作用，不可能在统一体（一气）之外发生。

第二点，"两故化，一故妙"是天地间的一种规律。统一体中矛盾对立双方的生生化化，用传统儒家的语言来说，就是"一阴一阳之谓道"。在儒家典籍中，这个"道"有规律的意思。一阴一阳、一动一静的生化运动，只是天之一事，即宇宙间的一种变化规律，"此所以流行循环，不能自已者也"。

第三点，徐花潭特别指出"两故化，一故妙"的这种规律是事物内具的。他在《理气说补充》部分说："易者，阴阳之变，阴阳二气也。……若外化而语妙，非知易者也。"①如果把阴阳二气的生化看做外力作用的结果，就是不懂易学。《系辞上传》云："一阴一阳之谓道"。在徐花潭看来，阴阳的运动变化不能脱离具体的事物，即气。所以，"一阴一阳之谓道"作为常则，也不能离开具体事物。故他在《原理气补充》部分有"而用事之机自尔，所谓一阴一阳之谓道，是也"②的表述。这表明，花潭将"机自尔"亦视为阴阳二气化生的一种常则，而这种常则只能是气内在的。

其另一个方面，气之所以具有内在功能性，是因为"气外无理"。

关于"气"与"理"的关系，徐花潭说过这样的话："学者用功之方，已经四先生无所不言。只理气之说，有所未尽，故不得不明辨云。"③上文中的"四先生"，指中国宋代四位大儒，即周敦颐、张载、程颐和朱熹。徐花潭此文的意思是说，关于如何作学问，周、

---

① 《花潭集·理气说补气》，第185页。
② 《花潭集·理气说补气》，第182页。
③ 《花潭集·言行杂录》，第418页。

张、程、朱已"无所不言",而唯有"理气之说",尚"有所未尽"。所以,他要对此加以"明辨"。徐花潭的明辨主要有两点,一点是主张"气外无理",另一点是指出"理气妙合化生"。

关于"气外无理",花潭首先强调理在气中,理不先于气。如他说:"气外无理","理不先于气,气无始,固理无始。若曰理先于气,则是气有始也。"①花潭的"气外无理"意味着理存在于气中,因气无始,故理无始,若理先于气,则气有始。这充分体现了他的主气论思想。其次,在"气外无理"的前提下,花潭又认为"理为气之宰。"他说:"理者气之宰也,所谓宰,非自外来,而宰之指其气之用事,能不失所以然之正者,而谓之宰。"②这里的"宰",具有两个规定性。第一,"所谓宰,非自外来"。这是说,作为"气"之"宰"的"理",不能游离于气之外,必须蕴涵于气之中,故花潭在"理者气之宰也"之前,有"气外无理"的表述。理在气中,是花潭"宰"的第一个规定性。第二,"宰之指其气之用事,能不失所以然之正者,而谓之宰"。这里的"气之用事",是指气的运动变化而言。"不失所以然之正者",是讲气的运动变化必须按照其固有的常则、法则运作,才可称为"正"。这表明,"理"作为"气"固有的规律性,它规定着气的运动变化过程,并通过气的运动变化表现出来。可见,徐花潭的"理为气之宰"思想,旨在说明:理在气中,理不离气;而理又规定着气运动变化的过程,理是气运动变化的规律、法则。③

关于"理气妙合化生",花潭说:"理之一其虚,气之一其粗,合

---

①　《花潭集·理气说》,第184页。

②　《花潭集·理气说》,第184页。

③　参见李甦平主编:《东方著名哲学家评传·韩国卷》,第194页。

之则妙乎妙。"①这是说，形而上之理自身为虚，必须要挂搭在气上;形而下之气本身为粗，必须要以理为法则，方可成象。因此，理是气的内在运动法则，但理必须以气的属性而存在着;气的变化受到理的规定，而理又不能离开气的变化而存在。理是气的内在规定，气是万物的物质性本体，气与理的结合，才有万物的形成。这就是"合之则妙乎妙"。花潭又说:"气之湛一清虚者，既无其始，又无其终，此理气所以极妙底。"②这是花潭在论述气的不灭论时所说的话。他认为气之所以能永恒不灭，即气聚为物、物散归气，"既无其始，又无其终"的根源，就是"理气妙合"。由于理气妙合，才有万物的生生不已，才体现出湛一清虚之气的永恒性。

很显然，在理气观上，花潭主张气外无理、理在气中、气在理先的观点与朝鲜朝的主流学术观点即理在气先、理为气主的主张相左。因此，他的理气观既受到了一些学者的批评，同时也被一些学者所接受和继承。如李退溪在《答郑子中讲目》(《退溪全书》卷25)中说:"理本无'有无'，而犹有以'有无'言者。若气，则至而伸，聚而形，为有。反而归，散而灭，为无。安得谓无有无耶? 气之散也，自然消尽而泯灭，不必与天地之气混合无间而后就泯。"在《非理气为一物辩证》(《退溪全书》卷41)中又说:"尝试以花潭说揆诸圣贤说，无一符合处。……自谓穷深极妙，而终见得理字不透。"又在《答南时甫书》(《退溪全书》卷14)中说:"因思花潭公所见，于气数一边路熟。其为说未免认理为气，亦或有指气为理者。"退溪对花潭的气学思想持否定态度，认为花潭不知区分理与气，有认理为气之弊。李栗谷深受徐花潭气学思想的影响，如他的

---

① 《花潭集·原理气补充》，第181页。
② 《花潭集·鬼神死生论》，第190页。

"气包理"观点就受到花潭"气外无理"思想的影响。所以,他在比较退溪和花潭的学问时说:"花潭多自得之味,退溪多依样之味。"又说:"盖退溪多依样之味,故其言拘而谨。花潭多自得之味,故其言乐而放。谨故少失,放故多失。"栗谷称赞徐花潭的思想多自己创见,但又认为花潭在理气观上不懂"理通气局",故其有认气为理的缺陷。如他说:"花潭则以为一气长存,往者不过,来者不续。此花潭所以有认气为理之病也。"①

2. 气的不灭论

花潭的气之生化论思想表明,气具有内在的生化功能,所以能够生生不已。其结果,气聚之大者为天地,气聚之小者为万物。人作为万物中的最灵之一族,其生死如何解释? 对此,花潭说:

> 吾亦曰:死生人鬼,只是气之聚散而已。有聚散而无有无,气之本体然矣。……人之散也,形魄散耳。聚之湛一清虚者,终亦不散,散于太虚湛一之中,同一气也。②

花潭认为,人之生,是气之聚;人之死,是气之散。所以,死生人鬼只是气之聚散而已,不存在纯粹的"无"。因为人死形散,其气回归太虚湛一之中,气是不灭的。不仅人的形魄如此,人的知觉及其万物亦是如此。"聚散之势,有微著久速耳。大小聚散于太虚,以大小有殊,虽一草一木之微者,其气终亦不散,况人之精神知觉,聚之大且久者哉! ……其知觉之聚散,只有久速耳。虽散之最速,有

① 《答成浩原》,《栗谷全书》卷 10,成均馆大学校大东文化研究院 1992 年版,第 215 页上。
② 《花潭集·鬼神死生论》,第 190 页。

日月期者,乃物之微者尔,其气终亦不散"。① 气的聚散,有大小快慢之别,但气是不灭的。像一草一木之生,是气聚之小且快,而一草一木之枯,是气之散,气虽散而不灭,回归于太虚。人的知觉精神是气聚之大且久,而人死知觉亡,则是气之散,气虽散而不灭,回归于太虚。这表明不论是万物,还是人;不论是人之形魄,还是人之精神知觉,宇宙间的万事万物的生生死死,都不过是一气之聚聚散散的结果。而气只有聚散,没有有无。这就如同"虽一片香烛之气,见其有散于目前,其余气终亦不散。乌得气之尽于无耶?"②香烛燃烧化为一缕缕烟气,消失在空气中,最终从有形化为无形。香烛燃烧尽了,这表明气散了,但气并没有消失,它是回归到了太虚湛一之气之中。所以,气是不灭的。为了说明气之不灭,花潭作诗进行形象的解释。如《有物》诗云:

> 有物来来不尽来,来才尽处又从来,
> 来来本自来无始,为问君初何所来。
>
>   *   *   *
>
> 有物归归不尽归,归才尽处未曾归,
> 归归到底归无了,为问君从何所归。③

这首诗从物"来无始"(物从气聚而来,气无始),"归无了"(气散物归,散之气归于太虚之气为归无了),说明了气的永恒性、不灭性。物之来与归是这样,人之来(生)与归(死)亦如此。花潭的又

---

① 《花潭集·鬼神死生论》,第190页。
② 《花潭集·鬼神死生论》,第190页。
③ 《花潭集·有物诗》,第46页。

一首哲理诗《挽人》表明了这一点：

> 物自何来亦何去，阴阳合散理机玄，
> 有无悟了云生灭，消息看来月望弦，
> 原始反终知鼓缶，释形率魄等忘筌，
> 堪嗟弱丧人多少，为指还家是先天。
>
> *　　　　*　　　　*
>
> 万物皆如寄，浮沉一气中，
> 云生看有迹，冰解觅无踪，
> 昼夜明还暗，无贞始复终，
> 苟明于此理，鼓缶送吾公。①

　　这首诗表明了花潭的生死观。他认为人的死与生就是阴阳二气的合与散，这就如同云之生灭、月之圆缺、冰之消融一样自然。人的生生死死、死死生生就像昼夜之循环，元贞之反复一样正常。因为人死气散，还归于太虚先天。明白了气是不灭的这一道理，人就应当坦然面对生与死，就可鼓缶送吾公。可见，花潭的"气不灭论"思想赋予人的生死观以达观的智慧。

三、关于"气数"思想

　　徐花潭的"气数"学是对邵雍"象数"学的继承和发展，其基本内容是用气哲学和数来解析宇宙中的各种现象。

　　例如，关于宇宙万物的生成，花潭吸取了邵雍"一气分而为阴阳，判得阳之灵者为天，判得阴之多者为地"和"动之大者，谓之太

---

　　①　《花潭集·挽人诗》，第132页。

阳;动之小者,谓之少阳。静之大者,为之太阴;静之小者,谓之少
阴。太阳为日,太阴为月,少阳为星,少阴为辰。日月星辰交而天
之体尽之矣。太柔为水,太刚为火,少柔为土,少刚为石。水火土
石交而地之体尽之矣"[1]的思想,认为"一"(太虚先天之气)含有
"二"(阴气和阳气),阳动阴静而成天与地;结阳精者为日,结阴精
者为月;余精者在天为星辰,在地为水火。这是花潭从"气数"学
角度对宇宙生成的解释。

　　例二,关于温泉的形成,花潭也用气数给以解释。他说:"天
则主阳,地则主阴,火热而水冰,其性也。火则未闻有寒者,而泉或
有温者,何也? 邵子曰:一气分而为阴阳,阴阳半而形质具焉,阴阳
偏而性情分焉。知此则泉之温无足怪也。天未始无阴,地未始无
阳,水火互藏其宅。且天之阳,常贯乎地之虚,而地不得而不受。
故曰:天一而实地二,而虚阳蕴于地中,气或辐凑于一处,积而蒸
郁,泉脉被他蒸薄,而热坎之中实,亦见其阳潜于水中。水生于天
一,而成于地六;土生于天五,而成于地十,是则水与土,未必无阳
也。况日之出入于地之上下,阳之融会,初无内外,浑然为一,则地
岂得不蒸薄,而或钟其热乎。泉于是渗漉其流,不得不沸蒸也。不
独泉为然,凡物之气,散则凉,聚则热。故草积则生热,粪积则自
焚。"[2]天为阳、地为阴,火为热、水为凉,没听说过火寒,而水却有
凉温之别,这是什么缘故呢? 依据河图、洛书,一、三、五、七、九奇
数为天数;二、四、六、八、十偶数为地数。所以,上文讲"天一"而
"地二","水生于天一而成于地六","土生于天五而成于地十"。
花潭解释说,水中有"天一"(阳气),土中有"天五"(阳气),这说

---

① 邵雍:《皇极经世·观物外篇》和《皇极经世·观物内篇》。
② 《花潭集·温泉辨》,第201页。

明水和土中都有虚阳蕴于其中,积而久之,阳气蒸发使泉脉蒸薄,于是泉水渗漉其流,不得不沸蒸,温泉由此形成。花潭还以此推彼,根据凡物之气,散则凉,聚则热的道理,认为草积多了必生热,粪积久了必自焚。

例三,花潭还用“气数”对声音进行解释。他说:“时之与物,有数存焉。物有声色气味,声之数为盛。故邵子穷阴阳刚柔大小之数,原本以推体以致用,致用则体数退而本数藏矣。天之用数百有十二,地之用数,百有五十二。于是推正声正音之字母,列之为图。声音高下,故分以平上去入,癖翕随焉;曰日声,阳之阳也,其声宜平以辟。……曰月声,阳与阴也,其声宜平以翕。……曰星声,太阳中之少阳也,其声亦宜平辟。……曰辰声,太阳中之少阴也,其声宜平翕。……声之数止七,音之数止九,何也? 天之用数,常盈于六而极于七,故天星之明可见者,北斗而数止七。昼夜之数,过七则变矣。地之用数,常止于九,故开物于月之寅,闭物于月之戌。亥子丑三月,不为用数,究于九而变化极矣。是则声不得不七个调列,音不得不九样调列。”①这段话有三个意思,一是讲声音与天地的阴、阳爻数字的关系。花潭吸取邵雍象数思想,认为天和地共有 44 个卦,其中内卦和外卦相加的爻共有 264 爻。264 爻中有 152 个阳爻和 112 个阴爻,而声的高下、音的屈伸,就是按着 152 个阳爻、112 个阴爻进行的。二是讲声音与阴阳的关系。他认为所有的发声、音调都是阴、阳、太阳、少阴、太阴、少阳相互配合的结果。三是讲声音与天地之数的关系。他认为声之数止于七,是由于天之数极于七;音之数止于九,是因为地之数常于九。可见,花潭用气(阴、阳、太阳、太阴、少阳、少阴)和数(152、112、7、9)对声

---

① 《花潭集·声音解》,第 212—214 页。

音作了详细分析。

例四,花潭用"气数"解释宇宙时间。徐花潭作《皇极经世数解》解释了邵雍的《皇极经世》中的象数哲学,同时也对宇宙时间作了气数学的解释。邵雍在《皇极经世》中为宇宙作了一个年谱。这个年谱用"元"、"会"、"运"、"世"计算时间。十二会为一元,三十运为一会,十二世为一运,三十年为一世。计算法为以十二乘三十得三百六十,即一运之数;以三十乘三百六十,得一万零八百,即一会之数;用十二乘一万零八百,得十二万九千六百,即一元之数。其结果,宇宙的时间为十二万九千六百年。花潭将这一宇宙时间与易经64卦原理相联系,把元、会、运、世的计算方法简化为 $1 \times 12 \times 30 = 360$ 的自乘,其结果仍然为一元之年数是十二万九千六百年。通过这一时间计算法,徐花潭把世界看做是循环往复的,这与他的气不灭论哲学也是相吻合的。

四、关于"气易"思想

在徐花潭的《杂著》中,关于易学的著作主要有《皇极经世数解》、《六十四卦方圆之图解》、《卦变解》及《复其见天地之心说》等四篇。除《复其见天地之心说》外,其余三篇主要是对邵雍和朱熹易学思想的解释和发挥。而《复其见天地之心说》更体现了花潭自己的气易学思想。在这篇论文中,花潭通过对"冬至"日和"复卦"的诠释,将他的气学与易学、自然哲学和伦理学结合在一起,形成了别具特色的气易学。

徐花潭很重视农历二十四节气中的"冬至",他称"至日"。冬至是一年中最冷的一天,但也是万物复苏,冬去春来的一天。在一片严峻的冰天雪地之中,却蕴涵着勃勃生机。对于这样一个季节转换的节气,花潭解释说:"至日乃天地始回旋,阴阳初变化之日也。故曰：复其见天地之心"。① 要想了解这句话，就要明白与"冬至"相对应的六十四卦中的"复"卦。复卦的卦象为：䷗，复卦是由坤卦(☷)和震卦(☳)上下叠合而形成的地雷复卦。花潭所说的"至日乃天地始回旋，阴阳初变化之日也"，就是讲复卦的初九爻是一"阳爻"。在六十四卦中，复卦仅邻"坤"卦，坤卦全部是阴爻。从坤卦到复卦，可看成是"阴阳初变化"。从复卦到乾卦，阳爻数目逐渐增多，至乾卦(☰)为全部阳爻。

花潭上文中所说的"复其见天地之心"，这句话本是复卦象传之句，花潭作了发挥。在复卦象传中，复卦的意思是"雷在地中"，预示着一阳在蠕动，由坤之静将进入阳之动，即复之机也。"反本复静，坤之时也；阳气发动，复之机也。"②花潭形容这种"复之机"的情形为："方天地静洒洒，玄酒之味淡，大音之声希，漠然虚静，若无所事，一阳之复倏尔而跃，其不自容己之妙，是可见天地之心也。"③天地静悄悄，却有一阳气在跃动。这一阳气在冰天雪地之中，就是新的生命。这一生命之芽于"冬至"日开始复苏回生，就如同烈酒蕴于淡味之中，大音寓于希声之中一样，都是于无声处听惊雷。徐花潭视"冬至"日所发生的自然界中的这一奥妙变化为见到天地之心。为此，他还作《冬至》诗两首，以诗的语言描述这一天地之心。

其一

阳吹九地一声雷，气应黄宫已动灰，

---

① 《花潭集·复其见天地之心说》，第197页。
② 《花潭集·复其见天地之心说》，第197页。
③ 《花潭集·复其见天地之心说》，第197页。

泉味井中犹淡泊，木根土底始胚胎，

人能知复道非远，世或改图治可回，

广大工夫要在做，君看驯致至朋友。

其二

天道恒流易，悠悠老此身，

韶颜年共谢，衰鬓日复新，

复礼难三月，知非又一春，

稚阳看渐长，为善勿因循。①

正如诗中所说："天道恒流易"、"知非又一春"，花潭认为以"冬至"日为始，阳气忽入阴气之中，随着阳气的加强，天气日渐和暖，由冬天换转为春天。这种季节上的变化，是自然界不变的法则。所以，他又说："未尝盈缩些一毫，万古常常如此，可见其心之无改移也。"②每年的"冬至"日都是冬去春来、一阳复动之时，万古常如此。花潭将这一天地之心看成是天地间恒常不变的法则，进而又将这一法则视为天理。"一阴一阳之谓道，继之者善，此语尽至日之理也。""万化之所自，万殊之所本，此阴阳大头庐处，可以一贯之者也。"③"一阴一阳之谓道，继之者善也，成之者性也。"这是《易系辞》中的一句话，按照朱熹的解释，"继之者善"即指天地间流行的天理。花潭认为"冬至"日的阴阳变化，这一天地之心中便包含了"继之者善"的意义。同时，由于万事万物的变化和殊异，也都源于阴阳的流行和生化，而复卦则是阴与阳之变的始端。所

---

① 《花潭集·诗》，第37—38页。

② 《花潭集·复其见天地之心说》，第197页。

③ 《花潭集·复其见天地之心说》，第198页。

以他又讲"阴阳大头庐处,可以一贯之者也"。

进一步,花潭将自然界中"冬至"日的道理又运用于人间社会的伦理学之中。他说:

> 天地之中庸,至善至信之德,于此而识之。
>
> 或曰:至中至善至信之德,只得于至日上语之,其于他不得语之乎。曰:无时不然,无物不有,三百六旬之运,二十四气之分,无非至日上流行者,所谓时中也。
>
> 反于吾身,仁智之性,忠恕之道,无非至日之理。①

徐花潭将天地间最美好的原则、人间社会最高的道德标准——中庸即至中至善至信之德,也看做是"至日之理"。他认为"冬至"日体现了"时中"原则。所谓"时中","时中"一词最早出现于《周易》"蒙"卦的《象传》:"蒙,亨。以亨行,时中也。"意思是说,蒙卦表示希望亨通。所以,以通行事,是符合蒙这个时机的。然而,关于"时中"的思想则早就为儒家思想家所关注。所谓"时中"的原则,主要有两方面的含义:一是要"合乎时宜",二是要"随时变通"。儒家思想家注意到了这样一个事实,即同样的言行,在不同的时间、场合下,将会产生十分不同的实际效果。因此,他们认为,一个人的言论为要获得好的实际效果,遵守"合乎时宜"和"随时变通"的原则十分重要。在儒家思想中,"时中"作为"合时"的含义,则不仅被看做是个人道德修养和行为实践所应遵循的根本原

---

① 《花潭集·复其见天地之心说》,第197—198页。

则,同时也被推广为治国的重要原则之一。① "时中"的两个原则——"合乎时宜"和"随时变通"正是复卦卦辞的意思。其卦辞曰:"复,亨。出人(人)无疾,堋(朋)来无咎。反复其道,七日来复。利有攸往。"其意为:"复,亨通。出门归来而没有疾病,赚得朋具(朋友的钱)而没有灾患。往返于旅途,七日可往返一次。有所往则利。"②其中,出入、往返有利无疾、无咎,为"合乎时宜";反复其道而亨通,则为"随时变通"。花潭认为"时中"作为个人道德修养和行为实践的准则,都充分体现在"冬日"这一"至日"之中了,故他说"反于吾身,仁智之性,忠恕之道,无非至日之理"。他还在《冬至》诗中规劝世人说:"人能知复道非远,世或改图治可回"。可见花潭对"至日"(复卦)的重视。花潭对"至日"的重视,还充分表现在他在《复其见天地之心说》中开篇就说:

> 古之圣贤于至,皆尝致意。尧陈暮闰之数,孔论天地之心,程邵亦皆有说。后之学者,须大段着力于至日上做工夫,所得甚广,非如格一物,致一知之比也。若于一物上十分格得破,则亦见得至理。顾于至日,则所该广大耳。③

格一物,只能致一知;格穷"冬日"(至日、复卦)之理,则能致天地之心、自然之理、至中至善至信之德。为此,徐花潭特意将自己的号定为"复斋",以示他对"复卦"(冬至)的敬慕。

---

① 参见楼宇烈:《"用中"和"时中"——儒家实践的辩证原则》,《唯物辩证法问题的再探讨》,人民出版社1993年版。

② 张立文:《帛书周易注译》,中州古籍出版社1992年版,第358页。

③ 《花潭集·复其见天地之心说》,第197页。

第三节　退溪李滉主理的儒学

李退溪,名滉,字景浩,号退溪、退陶、陶叟,生于朝鲜朝燕山君七年(1501),历经燕山君、中宗、仁宗、明宗、宣祖五代,卒于宣祖三年(1570)。退溪幼年丧父,随叔父研习儒学。他善于动脑,长于思索,曾将"理"字问叔父:"凡事之是者得,是理乎?"叔父高兴地夸他:"汝已解文义矣"。1530 年,退溪 29 岁时中进士,后蒙明宗、宣祖知遇之恩,官至大提学,死后,谥文纯,从祀文庙。

李退溪是朝鲜时代一位继往开来,有创造性的重要儒者。他"集大成于群儒,上以继绝绪,下以开来学,使孔孟程朱之道焕然复明于世"。① 李珥称他是儒宗,赵穆、金诚一称他是东方第一人,张志渊称他是阐明正学、启导后生、弘扬孔孟程朱之道的唯一者,文一平称他说,如果佛宗是元晓,那么儒宗就是李滉。

李退溪 70 岁辞世时,其门下弟子已辈出。其中,历任政丞的超过 10 名,得到谥号的有 30 名,经大学提的超过 10 名,配享书院及祠宇者多达 74 名。他的儒学思想不仅对韩国学术界影响至大至深,而且还引起了中国和日本学术界的关注。可以说,李退溪的儒学思想是东亚儒学史上的一块瑰宝。②

代表退溪儒学思想体系的是他于 50—68 岁间撰写的四篇重要代表著作。其一是《天命图说》。此是李退溪于 53 岁时撰成,55 岁时重新修订的成熟著作,精辟地论述了其理气论和心性说思

① 《退陶先生言行通录·实记》卷 1,《增补退溪全书》(4),成均馆大学校大东文化研究院,1978 年影印本版,第 16 页。

② 参见李丙焘著:《韩国儒学史略》,第 144 页;《韩国哲学史》(中),第 176 页。

想。其二是《启蒙传疑》。此是李退溪57岁时所撰,是其探究朱熹《易学启蒙》的成果,集中体现了其易学思想。其三是《非理气为一物辩证》。此是李退溪于64岁时所撰,专为批评中国明代罗钦顺和朝鲜朝徐敬德的主气观点而写,文中突出其"理与气决是二物"的原则。其四是《圣学十图》。此是李退溪68岁时向朝鲜朝宣祖进献的十个图及其解说。李退溪为学一生,身体力行,最后由十个圣图将其思想和践履工夫糅合成一个整体,构成了退溪完整的性理学思想体系。《圣学十图》是退溪晚年深思熟虑、提纲挈领的结晶,也是他体认圣学大端、心法至要的心得大作,所以《圣学十图》是研讨退溪性理学思想的重要代表作。《圣学十图》的具体内容为:第一《太极图》、第二《西铭图》、第三《小学图》、第四《大学图》、第五《白鹿洞规图》、第六《心统性情图》、第七《仁说图》、第八《心学图》、第九《敬斋箴图》、第十《夙兴夜寐箴图》。

　　上述十图将李退溪的性理思想和践履工夫融为一体,构成他性理学的完整体系。故中国近代学者梁启超称赞《圣学十图》说:"巍巍李夫子,继开一古今;十图传理诀,百世诏人心。云谷琴书润,濂溪风月寻;声教三百载,万国乃同钦。"①梁启超认为《圣学十图》在东亚学术史上具有继往开来的学术价值,是李退溪性理思想的最成熟体现。这是因为《圣学十图》主要在三个方面凸显了李退溪性理学的特色,即关于理气的问题,他更加强调的是"理"的重要性和活动因素;关于心性情的问题,他突出了从"情"的视角对"四端"和"七情"的研究;关于践履问题,他竭力主张"敬"是成圣的须臾不可离的工夫。故下面就围绕这三个问题,对李退溪的性理学思想进行论述。

---

①　《退溪学报》第2辑,1974年3月,第171—173页。

一、"理"论

作为一名性理学者,李退溪用"理气"范畴来说明和解释宇宙、人生、社会中的一切问题。

关于"理",李退溪认为"理"是学问道术的根本问题,对其真知妙解很困难。如他经常说:

> 盖尝深思古今人学问道术之所以差者,只为理字难知故耳。所谓理字难知者,非略知之为难,真知妙解到十分处为难耳。①
>
> 凡人言理,孰不曰无形体、无分段、无内外、无大小、无精粗、无物我、虚而实、无而有哉。但真知其实无形体、实无分段、实无内外、实无大小、实无精粗、实无物我、实为虚而实、实为无而有为难。此某所以平日每云理字难知也。②

退溪认为"理"是一个很重要的概念,但又是一个很难理解的概念。正是由于它既重要,又难理解,古今学人对它的不同解释,而形成不同的学术派别。李退溪的这一分析、判断是很准确的,不论是韩国性理学,还是中国理学,其学派分殊,大都缘于对"理"的理解的差异所致。那么,李退溪是如何理解"理"的? 他关于"理"思想的特点表现在哪里?

笔者认为,李退溪"理"思想的特点主要表现在以下两个方面。

---

① 《答奇明彦·别纸》,《增补退溪全书》(1),第424页。
② 《言行通录·学问》,《增补退溪全书》(4),第32页。

第一个方面,强调理气不杂。

李退溪思想中的"理"以"极"的意义为其前提。如当学生问"理字之义"时,他回答说:

> 若从先儒造舟行水,造车行路之说仔细思量,则余皆可推也。夫舟当行水,车当行路,此理也。舟而行路,车而行水,则非其理也。君当仁,臣当敬,父当慈,子当孝,此理也。君而不仁,臣而不敬,父而不慈,子而不孝,则非其理也。凡天下所当行者,理也。所不当行者,非理也。以此而推之,则理之实处可知也。

又说:

> 事有大小而理无大小,放之无外者,此理也;敛之无内者,亦此理也;无方所、无形体,随处充足,各具一极,未见有久剩处。[①]

退溪这段话的意思是说,船在水中行,车在陆上走,这是船、车之理。反之则不是船、车之理。同样,国君仁,臣子敬,父亲慈,儿子孝,这是君臣父子之理。反之则不是君臣父子之理。所以,理不分大小,没有哪样事物能超越理,也没有哪样事物不被理所包含。这说明,理没有空间,没有形体,随时随地都是完美具足的,它是事物的极致。"各具一极"的"极",除了"极致"的意思之外,还具有

---

① 《论理气》,《退溪全书》卷下,成均馆大学校大东文化研究院 1958 年影印本,第 702 页。

"标准"的意思。如李退溪在《答南时甫(乙丑)》中说:

> 极为之义,非但极致之谓,需兼标准之义,中立而四方之
> 所取正者看,方恰尽无遗意耳!①

"极"除了"至极"、"极致"的意义外,还具有"标准"的意思。因此,理是事物的标准。这是说某一事物之所以成为其事物,是由于理这一基准的作用或规定。

理既具有极致、至极之义,又兼有标准、基准之义。这样的理,其特性是"形而上"。关于理的形而上性,退溪说:

> 就日用而看,事物为形而下,所具之理为形而上。盖无物
> 不有,无处不然。凡形而上皆太极之理,凡形而下皆阴阳之
> 器也。②

李退溪指出,任何事物都是形而下者,而其所具之理都是形而上者。

在性理学中,与"理"相对的概念是"气"。

关于"气",退溪认为主要指阴阳五行之气,即"二五之气"。退溪依据朱熹的"阴阳是气,五行是质,有这质所以做得事物来"③和"阴阳变合,而生水火木金土"④的思想,认为阴阳、五行之气的运动变化而化生万事万物。如他说:

---

① 《答南时甫》,《增补退溪全书》(1),第369页。
② 《答李宏仲(甲子)》,《增补退溪全书》(2),第217页下—218页上。
③ 《朱子语类》卷1,第808页。
④ 《朱子语类》卷94,第3页。

　　二五之气运行交错、升降往来、纷纶杂糅,其端万千,其于妙凝成物之际,所值之气,自不能无纯驳邪正之不齐,虽天地造化亦不奈佗何耳。(《答赵起伯》)

　　五行生于阳者,阴成之;生于阴者,阳成之,故其分属阴阳皆可以互易也。然自水、火未离乎气者言之,互易而皆当矣。若木若金已有定质,则木但为阳,金但为阴。(《启蒙传疑》)

　　阴阳之生五行,譬诸人犹父母之生五子也。子之气虽曰即是父母之气,然子既各有其身,则其实五子各一其气,亦各一其性而已。(《答愚景善》)①

退溪认为阴阳、五行之气充满于宇宙之间,不断地运动变化。阴阳二气互易其位,而生出水、木、火、金、土五行。五行之气交错、升降、往来,又生出万事万物。这就是天地造化。

　　阴阳、五行之气的运动变化,生出事事物物,这说明气是有为、有欲的。"理无为,而气有欲"。②

　　正因为气"有欲",故退溪又说气有时体现为恶。例如:

　　性即理,固有善无恶;心合理气,似未免有恶。然极其初而论之,心亦有善无恶。何者? 心之未初,气未用事,唯理而已,安有恶乎? 惟于发处,理蔽于气,方趋于恶。③

---

①　《李子粹语·道体》,《增补退溪全书》(5),第189—190页。
②　《与朴泽之》,《增补退溪全书》(1),第335页下。
③　《与洪应吉》,《增补退溪全书》(1),第349页上。

这就是说,当"气"未用事,唯理之时,性为善;当"气"已用事,而且气遮蔽理时,性为恶。

退溪认为,阴阳二气能够生成具有形象的万事万物,故"气"又是形而下之器,具有"形而下"的特性。对此,他说:

> 示喻形而上下之说,则见得殊未端的,说得仍未明快。请略言之。凡有貌象形气而盈于六合之内者,皆器也;而其所具之理,即道也。道不离器,以其无形影可指,故谓之形而上也;器不离道,以其有形象可言,故谓之形而下也。……然就造化而看,太极为形而上,阴阳为形而下;就彝伦而看,父子君臣为形而下,其仁与义为形而上;就日用而看,事物为形而下,所具之理为形而上。盖无物不有,无处不然。凡形而上皆太极之理,凡形而下皆阴阳之器。[①]

在这里,退溪指出:理是形而上之道,气是形而下之器。这一道理无物不有,无处不然。这种思想一方面表明了"气"具有"形而下"的特性,另一方面也标示着退溪强调"理"与"气"相对待、相分、相殊的这一重关系。如他在《与朴泽之》一文中还说过"人之一身,理气兼备,理贵气贱"[②]这样的话。

固然,在"理"与"气"关系上,退溪依据朱熹思想,也看到了"理"与"气"相须不分的关系。如他说:"天下无无理之气,无无气之理。"[③]他承认"理"与"气"相依不离的关系。但为了批评中国

---

①　《答李宏仲(甲子)》,《增补退溪全书》(2),第217页下—218页上。

②　《与朴泽之》,《增补退溪全书》(1),第335页下。

③　《答李宏仲问目》,《陶山全书》(3),韩国精神文化研究院1980年版,第89页上。

明代罗钦顺和朝鲜朝徐花潭的主气观点,他认为更应强调的是"理"与"气"相分不杂的关系。

关于理气不杂的关系,如上所述,退溪指出"理"为道、为贵、为善、为形而上,"气"为器、为贱、为恶、为形而下。这种关系的实质是"然"与"所以然"的关系。

> 理为气之帅,气为理之卒,以遂天地之功。①
> 其飞其跃固是气也,而所以飞,所以跃者,乃是理也。②

退溪认为理气相杂的关系可以以"帅"和"卒"比喻。"理"为主导、为统帅,"气"为非主导、为兵卒。"理"与"气"有这种分殊,是因为"气"是"然",即飞和跃是"气"的运动或发,而"气"之所以能够那样,这是由于"理"的"使然",即由于"理"统帅的结果。李退溪认为"理"与"气"的这重关系被主气学者所忽视,过于偏袒理气不分而导致认理为气或提倡理气非异物说。"近世罗整庵倡为理气非异物之说,至以朱子说为非是"。③ 为了纠正认理为气观点的偏颇,为了全面、辩证地阐述朱熹的理气观,李退溪特作《非理气一物辩证》一文。如下:

> 孔子曰:"易有太极,是生两仪。"周子曰:"太极动而生阳,静而生阴。"又曰:"无极之真,二五之精,妙合而凝。"
> 今按:孔子、周子明言阴阳是太极所生,若曰理气本一物,

---

① 《天命图说》,《陶山全书》(3),第600页下。
② 《答乔侄问目(中庸)》,《陶山全书》(3),第209页上。
③ 《答奇明彦(论四端七情第一书)》,《陶山全书》(2),第22页上。

则太极即是两仪,安有能生者乎?曰真曰精,以其二物,故曰妙合而凝。如其一物,宁有妙合而凝者乎?

明道曰:"形而上为道,形而下为器,须著如此说。器亦道,道亦器。"

今按,若理气果是一物,孔子何必以形而上下分道器,明道何必曰"须着如此说"乎?明道又以其不可离器而索道,故曰"器亦道",非谓器即是道也;以其不能外道而有器,故曰"道亦器",非谓道即是器也。(道器之分即理气之分,故引以为证)

朱子《答刘叔文书》曰:"理与气决是二物,但在物上看,则二物浑沦,不可分开,各在一处,然不害二物之各为一物也;若在理上看,则虽未有物,而已有物之理。然亦但有其理而已,未尝实有是物也。"又曰:"须知未有此气,先有此性;气有不存,性却常在。虽其方在气中,然气自气,性自性,亦自不夹论。至论其偏体于物,无处不在,则又不论气之精粗,莫不有是理焉。"(今按:理不囿于物,故能无物不在)不当以气之精者为性,性之粗者为气也。(性即理也,故引以为证)

今按:朱子平日论理气,许多说话,皆未尝有二者为一物之云。至于此书,则直谓"理气决为二物"。又曰:"性虽方在气中,然气自气,性自性,亦自不相夹杂。"不当以气之精者为性,性之粗者为气。夫以孔、周之旨即如彼,程、朱之说又如此,不知此与花潭说同耶?异耶?滉愚陋滞见,但知笃信圣贤,依本分平铺说话,不能觑到花潭奇乎奇,妙乎妙处。然尝试以花潭说揆诸贤说,无一符合处。每谓花潭一生用力于此事,自谓穷深极妙,而终见得理字不透。所以虽拼死力谈奇说妙,未免落在形气粗浅一边了,为可惜也。而其门下诸人,坚守其误,诚所未谕,故今也未暇为来说一一订评。然窥见朱子谓叔文说:"精而又精,不可名状,所以得不已,而强名之曰太极。"又曰:"气愈精而理存焉,皆是指气为性之误。"愚谓此非为叔文说,正是花潭说也。又谓叔文"若未会得,且虚心平看,未要硬便主张,久之自有见处,不费许多闲说话也。如或未然,且放下此一说。别看他处,道理尚多,或恐别因一事透着此理,亦不可知。不必守此胶漆之盆,枉费心力也。"愚又谓,此亦非为叔文说,恰似为莲老针破顶门上一穴也。且罗整蓭于此学非无一斑之窥,而误入处,正在于理气非二之说。后之学者,又岂可踵谬袭误,相率而入于迷昧之域耶?①

退溪指出,朱熹在《答刘叔文书》中对"理"与"气"的关于,作了深入的辩证论述并明确指出:"理与气决是二物。"但主气论者徐花潭②却"终见得理字不透",总在"气"上下工夫,最终成为朱熹所批评的"气愈精而理存焉,皆是指气为性之误"那样的人。③

可见,强调理气不杂是退溪关于"理"思想的第一个特点。正是由于他强调理气不杂,凸显"理"的地位和价值,所以在"四端七情"来源问题上才引出了与奇高峰的一场大论战。

第二个方面,主张理有动静。

如果说强调"理气不杂"是退溪理思想的第一个特点的话,那么第二个特点则是主张"理有动静"。

关于"理"有无动静的问题,朱熹在《太极图说解》中主张太极

---

① 《非理气一物辩论》,《增补退溪全书》(2),第330页下—332页上。
② 关于徐花潭的主气论思想,详见本书第四章第二节。
③ 参见尹丝淳著:《韩国儒学研究》,第61—63页;参见高令印著:《李退溪与东方文化》,厦门大学出版社2002年版,第82—83页。

（理）自身并不动静,只是所乘之机有动静。如果说到太极动静,也只是指理随气而动,朱熹讲的"天理流行"正是在这个意义上讲的,并不是指理在气中运动或现实世界之外有一个理的世界在运动。这一思想朱熹后来作了进一步发展,如《朱子语类》记载:"阳动阴静,非太极动静,只是理有动静,理不可见,因阴阳而后知,理搭在阴阳上,如人跨马相似。"(《朱子语类》卷94,周谟录)这是说,周敦颐所谓阳动阴静并不是指太极自身能动静,所以说"非太极动静",动静的主体是阴阳,动静的根据是理。能够运动的二气与自身不动的太极好像人跨马行走,人(太极)没有绝对运动,但有相对运动。

上述朱熹所谓的"理有动静"有两个意义。其一,指理是气之动静的根据。朱熹在答郑可学书云:"理有动静,故气有动静,或理无动静,则气何自而有动静乎?"(《文集》56,《答郑子上14》)这是说气的动静是以静之理动之理为根据的。朱熹答陈淳之问说:"有这动之理便能动而生阳,有这静之理便能静而生阴,既动则理又在动之中,既静则理又在静之中。"(《朱子语类》94,陈淳录)气之动乃为其中有所以动之理为根据使然,气之静乃为其中有所以静之理为根据使然。其二,从理一看,实际只是一个理;而从分殊看,用处不同,或为动之理,或为静之理,故亦可说理有动静。综上所述,从本体上说,理自身并不运动。① 如朱熹曾明确地说过:"太极只是理,理不可以动静言"。②

明代学者薛瑄修正朱熹的"理不可以动静言"的观点,认为理自会动静。如"又观《语录》,却谓太极不自会动静,乘阴阳之动静

① 参见陈来著:《朱熹哲学研究》,第33、35、37页。
② 《朱子语类》卷94,第2370页。

而动静耳。遂谓理之乘气,犹人之乘马。……以喻气之一动一静,而理亦与之一动一静。若然,则人为死人,而不足以为万物之灵;理为死理,而不足以为万物之原,理何足尚,而人何足贵哉?”①这是说,理(太极)既不自会动,便是死理、死人;既是死理、死人,便不能为“万物之灵”和“万物之原”;既不足为“万物之灵”和“万物之原”,便不能为气(阴阳)动静的根据,气(阴阳)亦不以死理(太极)为动因。这样,理何足尚,人何足贵!而要解决这个矛盾,只有承认理(太极)自会动静,理(太极)不需乘气(阴阳),气(阴阳)不需以理(太极)为动因,理气一体,理与动静一体才可。这就意味着理自会动静。

李退溪为了更明确地说明太极生阴阳,理生气的问题,同时避免朱熹在理能否动静问题上的模糊性,他接受了薛瑄等人的太极(理)自会动静说,明确提出理有动静。如当李公浩以朱熹的理无情意、无造作,恐不能生阴阳相问时,他回答说:

> 朱子尝曰:“理有动静,故气有动静。若理无动静,气何自而有动静乎!”知此则无此疑矣。盖无情意云云,本然之体,能发能生至妙之用也。②

这里值得注意的是,文中所引朱熹那段话的旨趣,与朱子以形而上之理(太极)是形而下之气所以动静的根据但理自身不动的思想相符合。而退溪却是在理自会动静这个意义上引用朱熹的话,这

---

① 《太极图说辨戾文》,转引自《明儒学案》卷44,中华书局1985年版。
② 《答李公浩问目》,《增补退溪全书》(2),第299页上。

就与朱熹思想稍有差异。而这个差异正是退溪对朱熹思想的发展。[1]

退溪在《答郑子中别纸》中还讲到了理自会动静的思想。如：

> 盖理动则气随而生，气动则理随而显。
> 濂溪云："太极动而生阳。"是言理动而气生也。[2]

这里，退溪指出，由于理动才会生出阴阳之气。他解释周敦颐的"太极动而生阳"时，也明确指出，周敦颐这句话的意思是说，理自会动静。正是由于理的动静，才有阴阳之气的产生。

主张"理自会动静"，这是李退溪对朱熹思想的一个发展。而退溪提出的关于"四端"、"七情"的理气互发说，也正是在理自会动静这一思想基础上提出来的。

二、"情"论

李退溪提出的"四端七情"论在韩国儒学史上具有里程碑的象征。这是因为退溪提出的"四端七情"论导致了近代朝鲜朝儒学界主理、主气，或岭南、畿湖两派的形成和对立。围绕四七论而形成的主理、主气，或岭南、畿湖两派的对立，堪称朝鲜朝性理学的一个特色。这一特色构成了"儒学的韩国化"。这就是说，李退溪的"四端七情"论成为了韩国性理学的重要特征之一。所以，探究退溪的"四端七情"论具有探究儒学韩国化的典型意义。[3]

---

① 参见张立文著：《李退溪思想研究》，东方出版社1997年版，第134、136页。

② 《答郑子中别纸》，《增补退溪全书》(2)，第17页下—18页上。

③ 参见尹丝淳著：《韩国儒学研究》，第57、58页。

1."四端七情"论

"四端七情"论中的"四端",指孟子所说的"恻隐"、"羞恶"、"辞让"、"是非"四种心。《孟子·公孙丑上篇》说:

> 孟子曰:"人皆有不忍人之心。先王有不忍人之心,斯有不忍人之政矣。以不忍人之心,行不忍人之政,治天下可运之掌上。所以谓人皆有不忍人之心者,今人乍见孺子将入于井,皆有忧惕恻隐之心——非所以内交于孺子之父母也,非所以要誉于乡党朋友也,非恶其声而然也。由是观之,无恻隐之心,非人也;无羞恶之心,非人也;无辞让之心,非人也;无是非之心,非人也。恻隐之心,仁之端也;羞恶之心,义之端也;辞让之心,礼之端也;是非之心,智之端也。人之有是四端也,犹其有四体也。有是四端而自谓不能者,自贼者也;谓其君不能者,贼其君者也。凡有四端于我者,知皆扩而充之矣,若火之始燃,泉之始达。苟能充之,足以保四海;苟不充之,不足以事父母。"

孟子这段话的意思是说,每个人都有怜恤别人的心情。先王因为有怜恤别人的心情,于是就有了怜恤别人的政治。凭着怜恤别人的心情来实施怜恤别人的政治,治理天下就可以像转运小物件于手掌之上一样容易。我所以说每个人都有怜恤别人的心情,道理就在于:譬如有人突然看到一个小孩要跌到井里去了,任何人都会有惊骇同情的心情。这种心情的产生,不是为了与小孩的爹娘攀结交情,也不是为了要在乡里朋友中间博取名誉,更不是厌恶那小孩的哭声才如此去做。由此看来,一个人,如果没有同情之心,简直不是个人;如果没有羞耻之心,简直不是个人;如果没有推让之心,简直不是个人;如果没有是非之心,简直不是个人。同情之心是仁的萌芽,羞耻之心是义的萌芽,推让之心是礼的萌芽,是非之心是智的萌芽。人有这四种萌芽,正好比人有手足四肢一样,是自然而然的。有这四种萌芽却自己认为不行的人,就是自暴自弃的人;认为他的君主不行的人,就是暴弃了君主的人。所有具有这四种萌芽的人,如果懂得将它们扩充起来,便会像刚刚燃烧的火焰,永不会扑灭;就会像刚刚流出的泉水,定会汇为江河。假如能够扩充四端,便足以安定天下;假如不能够扩充四端,让它消灭,便连赡养爹娘都不行。① 可见,在这段话中,孟子围绕"四端"主要讲述了两个观点。即:

第一,何谓"四端"。孟子明确指出"同情之心"、"羞耻之心"、"推让之心"、"是非之心"为"四端"。之所以称其为"四端",正是因为它们体现了"仁"、"义"、"礼"、"智"四性,而将它们视为"仁之端"、"义之端"、"礼之端"、"智之端"。也就是说,表露仁、义、礼、智的"情"为"四端"。

第二,"四端"是纯善的。孟子认为作为一个人,必定具有怜恤、爱惜之心。"恻隐之心,人皆有之;羞恶之心,人皆有之;恭敬之心,人皆有之;是非之心,人皆有之。……仁义礼智,非由外铄我也,我固有之也。"②仁义礼智是人与生俱有,自然而然的。因此,孟子痛斥那些无同情心的人,无羞耻心的人,无推让心的人,无是非心的人,认为他们简直不是人。这表明孟子将仁、义、礼、智作为人的本质特性,即人性。"人性之善也,犹水之就下也。人无有不

---

① 参见杨伯峻著:《孟子译注》(上),中华书局1984年版,第80页。
② 《孟子·告子上篇》。

善,水无有不下"。① 人人都有善性,就像水注定往下流一样。这就是孟子的"性善说"。孟子将仁、义、礼、智视为善性,故其发端的"四端"也应是善之情。另外,说"四端"为善,还因为四端若扩充起来,人人行善事,君主行仁政,便可以使天下安定。

上述孟子的两个基本观点成为李退溪"四端七情"论的基本理论依据。

"四端七情"论中的"七情",指《礼记》中的"喜、怒、哀、惧、爱、恶、欲"。如《礼记·礼运》篇说:

> 何谓人情?喜、怒、哀、惧、爱、恶、欲,七者勿学而能。

可见,喜、怒、哀、惧、爱、恶、欲是人本能的情感,是人生而具有的七种情感。

李退溪关于"四端七情"论的思想主要是通过他与奇高峰②的论辩而表现出来的。退溪与高峰的论辩长达八年之久,堪称东亚儒学史上的一大事件。在这场论辩中,李退溪关于"四端七情"的原创性思想主要有两点,一是强调"四端"与"七情"的区别,认为"四端"与"七情"属于两个不同质的"情"范畴;二是用"理气观"对"四端七情"加以诠释。

> 性情之辩,先儒发明详矣。惟四端七情之云,但俱谓之情,而未见有以理气分说者焉。③

---

① 《孟子·告子上篇》。
② 奇高峰即奇大升、奇明彦,其性理学思想详见本书第四章第四节。
③ 《答奇明彦(论四端七情第一书)》,《增补退溪全书》(1),第405页下。

退溪认为关于性情问题,先儒已经论述得很周详了。但是,用"理"和"气"来分析、阐释"四端"与"七情",先儒却没有这方面的论述。所以,以"理气"观解释"四端七情",这确是李退溪的一个贡献。

如上所述,李退溪"理气"观的最大特色是强调二分说,即突出理气不相杂的一面。循着这样的思维模式,在"四端七情"问题上,他仍然主张"四端"与"七情"的相别和相殊,即强调"四端"与"七情"的不同质。关于这方面的集中论述主要有三段话和两个比喻。如:

论述一:

> 夫四端,情也;七情,亦情也。均是情也,何以有四、七之异名耶?来喻所谓"所就以言之者不同"是也。盖理之与气,本相须以为体,相待以为用。固未有无理之气,亦未有无气之理。然而所就而言之不同,则亦不容无别。从古圣贤有论及二者,何尝必滚合为一说而不分别言之耶?①

这段话是退溪写给奇高峰的。他说:"四端"是情,"七情"也是情。既然都是情,那么为什么还要有"四端"和"七情"之分呢?他认为是"所就以言之名不同"形成的。确实,理与气,相互依存而成为本体,相互对待而发生作用。不存在无理之气,也不存在无气之理。即使这样,也不容许没有区别。所以,从古以来的圣贤,凡是谈到理气的,何曾一定要将二者混合到一起而不分别论述呢?

这段话的关键词是"所就"。按着退溪前后论述之意,这里的

---

① 《答奇明彦(论四端七情第一书)》,《增补退溪全书》(1),第406页上。

"所就"是"立足点"、"角度"的意思。由于看问题的"立足点"不同,"角度"不同,所以才有"四端"与"七情"的区别。退溪认为这是表层的原因,真正的原因是"所指"不同而形成"四端"与"七情"之别。这就是论述二所要表达的内容。

论述二:

> 故愚尝妄以为,情之有四端七情之分,犹性之有"本性"、"气禀"之异也。然则其于性也,既可以理气分言之。至于情,独不可以理气分言之乎? 恻隐、羞恶、辞让、是非,何从而发乎? 发于仁、义、礼、智之性焉尔。喜、怒、哀、惧、爱、恶、欲,何从而发乎? 外物触其形而动于中,缘境而出焉尔。四端之发,孟子既谓之心,则心固理气之合也。然而所指而言者,则主于理,何也? 仁、义、礼、智之性粹然在中,而四者,其端绪也。七情之发,朱子谓"本有当然之则",则非无理也。然而所指而言者,则在乎气,何也? 外物之来,易感而先动者,莫如形气。而七者,其苗脉也。安有在中为纯理,而才发为杂气;外感则形气,而其发为理之本体耶?①

这段话的意思是说,情之所以有"四端"和"七情"之分,就犹如性之有"本性"与"气禀"相异一样。而性,可以用理、气分别言说,为什么情,就不可以用理、气分别言说呢? 恻隐、羞恶、辞让、是非,是从什么地方发出的呢? 是从仁、义、礼、智的性中发的。喜、怒、哀、惧、爱、恶、欲,是从什么地方发出的呢? 是外物与身体接触而引起心中的感动,即缘于外界事物而发。"四端"的发出,孟子说是心,

---

① 《答奇明彦(论四端七情第一书)》,《增补退溪全书》(1),第406页下。

而心是理与气之合,然而为什么所指是理? 仁、义、礼、智之性粹然在心中,而四者是其端绪。"七情"的发出,朱子说是"本来就有的当然法则",所以并不是没有理。然而为什么所指是气? 外物的到来,最易感觉并先动的,也就是形气了,而七者是其苗脉。哪有在心中是纯理,而才发出就为杂气了呢? 哪有外感是形气,而能为理本体发出的呢?

可见,这段话的关键词是"所指"。退溪认为"四端"的"所指"是"理","七情"的"所指"是"气"。他的这一思想在《论四端七情第二书》中讲的更明确,如他说:

> 若以七情对四端而各以其分言之,七情之于气犹四端之于理也。其发各有血脉,其名皆有所指。①

"七情"为"气","四端"为"理"。这就是"四七"的"所指"。而在李退溪的思想中,"理"与"气"属于不同层次的概念。"理"指事物的法则、本质,"气"指事物的质料(材料)。不仅如此,其性质也不同。"理"是形而上的,具有抽象、普遍的性质;"气"是形而下的,具有具体、特殊的性质。进而,退溪将其分属于"四端"和"七情"。这就决定了"四端"与"七情"的区别。其中最基本的区别是其价值的区别,即"四端,皆善也。……七情,善恶未定也。"②他根据孟子思想,认为"四端纯善"是绝对的。由此可见,四端是抽象的情。另一方面,他讲情,并非是作为理想的、完人的、圣人之情,也有常人之情,即具体的情。这样,他的"四端七情"就具有了互

---

① 《答奇明彦(论四端七情第二书)》,《增补退溪全书》(1),第420页上。
② 《答奇明彦(论四端七情第一书)》,《增补退溪全书》(1),第406页下。

相不同的意义和特征。①

为了进一步论证"四端"与"七情"的不同,退溪在上述引文中提到"其发各有血脉"。所谓"其发各有血脉",也就是"所从来"的问题。

论述三:

> 由是观之,二者虽曰皆不外乎理气,而因所从来,各指其所主与所重而言之,则谓之某为理,某为气,何不可之有乎!②

退溪认为,"四端"与"七情",虽然都来自气或理,但因其"所主"、"所重"不同,即指对于理气的所主、所重不同,而形成了"四端"或"七情"。这就是"所从来"的意思。可见,"所从来"就是讲"四端"、"七情"在形成根源、途径方面,是以理为主、为重,还是以气为主、为重。关于这个问题,李退溪在思想上有一个发展、变化的过程。

最初,李退溪将郑之云(1509—1561,字静而,号秋恋)的《天命旧图》中的"四端发于理,七情发于气"一句改为《天命新图》中的"四端理之发,七情气之发"。③ 李退溪这样修改后,受到了奇高峰的质疑。于是,他以朱子思想为佐证。如他在答奇明彦第一书中说:

> 自承示喻,即欲献愚而犹不敢,自以为其所见为必是而无

---

① 参见尹丝淳著:《韩国儒学研究》,第94、95页。
② 《答奇明彦(论四端七情第一书)》,《增补退溪全书》(1),第406页上。
③ 《天命图说·后叙·附图》,《增补退溪全书》(2),第324页上—326页上。

疑，故久而未发。近因看《朱子语类》论孟子四端处末一条，正论此事。其说云："四端是理之发，七情是气之发。"古人不云乎？不敢自信而信其师。朱子，吾所师也，亦天下古今之所宗师也。得是说，然后方信愚见不至于大谬。①

李退溪认为，朱熹所说的"四端是理之发，七情是气之发"与自己所说的"四端发于理，七情发于气"是一个意思。其实，朱熹这句话在他自己的理论系统中有明确的意涵，而其中两个"发"字的含义也不相同："理之发"的"发"，意谓"理是四端的存有依据"；"气之发"的"发"，则指心理学意义的"引发"，谓七情是由气之活动所引发。在朱熹的理论系统中，"理"本身不活动，因此不能说四端是由理之活动所引发。所以，这里的理之"发"为虚说，而气之"发"为实说。②

这之后，李退溪又经过深思熟虑，在《答奇明彦第二书》中说：

四，则理发而气随之；七，则气发而理乘之耳。……大抵有理发而气随之者，则可主理而言耳，非谓理外于气，四端是也；有气发而理乘之者，则可主气而言耳，非谓气外于理，七情是也。③

他在《答李宏仲问目》中也说：

---

① 《答奇明彦（论四端七情第二书）》，《增补退溪全书》（1），第407页下。
② 参见李明辉著：《四端与七情——关于道德情感的比较哲学探讨》，台湾大学出版社2005年出版，第235页。
③ 《答奇明彦第二书》，《增补退溪全书》（1），第418页上—421页上。

　　天下无无理之气,无无气之理。四端,理发而气随之;七
情,气发而理乘之。理而无气之随,则做出来不成;气而无理
之乘,则陷利欲而为禽兽。①

晚年,他在《圣学十图》第六图《心统性情图》中还是说:

　　四端之情,理发而气随之,自纯善无恶,必理发未遂而掩
于气,然后流为不善。七者之情,气发而理乘之,亦无有不善,
若气发不中而灭其理,则放而为恶也。②

上述三段论述集中反映了李退溪关于"四端七情"形成根源和途
径及善恶性质的完整思想。我们可以分以下三点来解读李退溪的
这一思想。

　　第一点,退溪所说的"四端,理发而气随之,七情,气发而理乘
之"一句话,可以译解为"四端可谓理之发,但此时并非无气,而气
的作用是顺理(随之)而为。七情可谓气之发,但并非唯气之发,
此时亦有理(乘之)"。这样解释,主要是为了回答奇高峰的诘难。
奇高峰主张,不论是"四端"还是"七情",都应从"理气不相离"的
"混沦而言"的角度解释。所以,退溪在说"理之发"、"气之发"的
同时,又补充上"气随之"、"理乘之",以表明"可主理而言耳,非谓
理外于气","可主气而言耳,非谓气外于理"。而实质上,退溪的
意思还是强调"四端"为理发,"七情"为气发。他所谓的"理发而
气随之,气发而理乘之"的意思,就是"理之发,气之发"。正是由

---

① 《答李宏仲问目》,《增补退溪全书》(2),第226页。
② 《圣学十图》,《增补退溪全书》(1),第206页上。

于"四端"是"理之发",所以"自纯善无恶",只有当"理发未遂而揜于气"时,才会流为不善。正是由于"七情"是"气之发",所以当"气发不中而灭其理"时,就为"放而为恶"。在这里,可以从李退溪文字上的理气不离的论述中,窥见到他实质上还是从理气相分的角度来阐释"四端"与"七情"形成的根源。

第二点,李退溪所说的"四端,理发而气随之;七情,气发而理乘之"中的"发"、"随"、"乘",是三个关键性的动词。

"发",是活动的意思。"气发",即指气的活动,气是可以动的。关于这一点,没有疑问。"理发",应解释为理的活动。如上所述,朱熹不承认理有动静,所以他说的"四端是理之发"为"虚发"。而退溪对朱熹思想的一个重要发展,就是认为理有动静。这样,在退溪的理论系统中,不论是"四端理之发",还是"四端,理发而气随之"的"发",都是讲的"实发",即"理发"与"气发"的"发",是一个意思。正是基于承认理有动静的观点,退溪竭力主张四端是理发。

"随",是跟随、尾随,即随着的意思。退溪讲"理发气随",就是表明气居于次要地位,所以,"理发气随"的"四端",是纯善无恶的。

"乘",是坐、驾的意思,所以"气发理乘"就是讲,气发而理驾驭气。当气发,而理能驾驭气时,七情表现为善;当气强理弱,理驾驭不了气时,七情易流于恶。

退溪通过"发"、"随"、"乘"三个关键动词,凸显了"理"的活动性、主宰性,即表明了他对"理"价值的肯定。

第三点,李退溪讲"四端"为理之发,其理论依据是孟子的"性善"说。孟子从"四端"(特别是恻隐之心和羞恶之心)的表露现象推测到仁、义、礼、智之性是人所具有的,而且从四端皆善的意义上讲"四端"的"本旨"即意图。所以,退溪讲"四端自纯善无恶",是"理之发",正是建立在孟子"性善"说的基础之上。性善说的立场作为退溪学问的立场,是先行于其方法论的前提。[1]

李退溪在阐述"四端"与"七情"的区别时,还形象地举了两个例子加以说明。

例一,人马喻。

> 古人以人乘马出入,比理乘气而行正好。盖人非马不出入,马非人失轨途,人马相须不相离。人有指说此者,或泛指而言其行,则人马皆在其中,四、七混沦而言者是也。或指言人行,则不须并言马,而马行在其中,四端是也。或指言马行,则不须并言人,而人行在其中,七情是也。[2]

以人、马喻"四端"和"七情",是退溪在回答奇明彦时作的一个比喻。文中的人、马喻出自朱熹。朱熹认为,理乘气而行,犹如"理搭在阴阳上,如人跨马相似"[3]。

退溪用朱熹这一比喻来说明"四端"与"七情"的关系。他说:人不乘马不能行走,而马无人驾驭就会迷失方向,人与马是相互依存而不可分离的。这就如同混沦而言"四端"与"七情"的关系,它们相须不分。而仅指人行而言时,则不必提到马,虽然马也在其中,但这是专指四端。而仅指马行而言时,则不必提到人,虽然人也在其中,但这是专指"七情"。可见,退溪这一比喻的主旨,还是

---

① 参见尹丝淳著:《韩国儒学研究》,第101页。
② 《答奇明彦论四端七情第二书》,《增补退溪全书》(1),第417页下。
③ 《朱子语类》卷94。

在强调或以人行("四端")为主,或以马行("七情")为重。以此突出"四端"与"七情"的不同性质和不同来源。

例二,月亮喻。

> 月落万川,处处皆圆之说,尝见先儒有论其不可。今不记得。但就来喻而论之,天上水中虽同是一月,然天上真形而水中特光影耳。故天上指月则实得,而水中捞月则无得也。……盖月之在水,水静则月亦静,水动则月亦动。其于动也,安流清漾,光景映彻者,水月之动固无碍也。其或水就下而奔流,及为风簸而荡,石激而跃,则月为之破碎闪飚,凌乱灭没而甚,则遂至于无月矣。夫如是,岂可曰水中之月有明有暗,皆月之所为而非水之所得与乎? 滉故曰:月之光景,呈露于安流清漾者,虽指月言其动,而水动在其中矣。若水因风簸石激而汩月无月者,只当指水而言其动,而其月之有无明暗,系水动之大小如何耳。①

这一比喻是在回答奇明彦时讲的。文中"月落万川",是朱熹借用佛教的"月印万川"之说,来说明他的"理一分殊"的道理。而退溪的月亮喻则与朱熹的月亮喻的侧重点不同。他强调天上的月亮是真、是实;而水中的月亮是虚、是无。另外,退溪还强调水中月亮的形成原因不仅仅是天上月亮之影,它还受到水的多方面影响。如当水流奔腾急下,加以风吹波浪,石激浪花,那么月影则破碎不堪,乃至完全灭没,就没有水中之月了。所以,天上之月和水中之月是性质不同的月亮。这就表明了"四端"与"七情"的不同质。

---

① 《答奇明彦论四端七情第三书》,《增补退溪全书》(1),第 429 页下。

李退溪论证"四端"与"七情"的不同,是为了进一步说明"道心"、"人心"及去恶复善等问题。

2. "四端"、"七情"与人心、道心

李退溪从理气二分的基准上,论述了"四端"与"七情"的区分。进而,在此基础上,他认为"四端七情"与人心道心相同。如他说:

> 人心,七情也;道心,四端也。①
>
> 人心,七情是也。道心,四端是也。非有两个道理也。②

以"道心"、"人心"来规定"四端七情",便使"四端七情"的内涵更为具体,这是因为在退溪看来,"人心"、"道心"又与"人欲"、"天理"有着密切关系。李退溪在回答乔侄问题时说:

> 《序》既曰人心,又曰人欲,所谓人心、人欲同乎? 异乎? 孰为先后?
>
> 人心者,人欲之本;人欲者,人心之流。夫生于形气之心,圣人亦不能无,故只可谓人心,而未遽为人欲也。然而人欲之作,实由于此。故曰:人欲之本陷于物欲之心。众人遁天而然,故乃名为人欲,而变称于人心也。是知人心之初,本不如此,故曰:人心之流。此则人心先而人欲后,一正一邪,不可以轻重言也。③

---

① 《答李平叔》,《增补退溪全书》(2),第259页上。
② 《答李宏仲问目》,《陶山全书》3,第89页上。
③ 《答乔姪问目(中庸)》,《增补退溪全书》(2),第307页上。

在退溪看来,"人心"还可以变称为"人欲"。之所以称"人心"为"人欲",是因为人心乃人欲之本(根源),人欲乃人心之流(流变)。人受人欲即物欲的驱使而背叛天道,从而导致了恶的结果,这种人欲乃是自人心而产生的,因此将"人心变称为人欲"。

如果说"人欲"是导致恶的结果的"人心"所产生(人心之流),那么"天理"则是作为善之基准的"道心"的内容的本然之性。

退溪论述人心、道心与人欲、天理的关系,是为了达到"遏人欲、存天理"的目的。"遏人欲事,当属人心一边;存天理事,当属道心一边也。"①可见,退溪对"四端七情"解释的意义,最终归结于"遏人欲,存天理"的目的。"遏人欲,存天理"的结果,便是去恶复善为圣人。可以说,这是退溪的终极关怀。

三、敬论

"敬"是理学家成圣修养的重要工夫之一,作为性理学者的李退溪固然知道这一道理。为此,退溪把"敬"作为自己学问的重要内容。如《圣学十图》是退溪晚年的经典之作,可视为他学问体系的全部内容。而退溪却以"敬"之一字评价他《圣学十图》的基本内容。"今兹十图,皆以敬为主焉"。② 这就是说,敬彻上彻下,贯通十图之间。

退溪主敬的理论依据,主要有三:

第一,受《心经附注》的影响。

《心经附注》为宋真德秀(号西山)撰、明程敏政(号篁墩)附注,内容大都为程朱语录。李退溪大约在 23 岁游太学成均馆时见

---

① 《答李平叔》,《陶山全书》3,第 140 页上。
② 《圣学十图》,《增补退溪全书》(1),第 203 页下。

到的。退溪得此书如获至宝，闭门数月，沉潜探索，极有心得。如《言行录》记载：

> 先生尝游泮宫……尝访上舍姓黄人，始见《心经附注》，心甚爱之，授纸求得一本。其为注皆程朱语录，人见之或不分句读。惟先生闭门数月，沈潜反复，或验之践履之实，或察之义理之精，或以文义推之，或以他书考之，久久思量，自然心会，始有不得者，亦不强探力索，始置一边，时复拈出，虚心玩味，故未有不洞然处。①

退溪对《心经附注》非常尊崇，《言行录》记载李退溪自己评价《心经附注》的话说：

> 先生自言：吾得《心经》而后知心学之渊源，心法之精微。吾平生，信此书如神明，敬此书如严父。②

《心经附注》之所以能引起李退溪如此尊重，是因为此书的大训至言都是他平日所践履，所论学的所常言者。如《心经》所取《易经·坤卦》的"君子敬以直内，义以方外"一节，《附注》多引二程和朱熹关于主敬之说，像程颐的"主一无适"、"整齐严肃"，尹和靖的"其心收敛不容一物"，朱熹的"敬义挟持"等说，均为李退溪言敬的主要内容。此书对李退溪主敬的践履思想，起了一定影响作用。

---

① 《言行录》，《退溪全书》下，成均馆大学校大东文化研究院1958年影印本，第643—644页。

② 《言行录》，《退溪全书》下，第644页。

第二,受《朱子大全》的影响。

明嘉靖癸卯即 1543 年,朝鲜国王中宗命书馆刊印《朱子大全》并颁行。李退溪 43 岁时购得《朱子大全》一书,并开始阅读此书。他精研《朱子大全》则是在其 50 岁以后。李退溪认为此书是教导人存养躬行以践仁成德,进而达到孔子圣人境界的方法,因此,此书不但是退溪待人接物的范本,而且也是他教育门人的教材。关于退溪对此书奉若神明的态度,《言行录》中有详细记录。如:

> 先生尝得《朱子全书》于都下,自是闭户静观,历夏不辍,或以暑热致伤为戒。先生曰:讲此书便觉膈生凉,自不知其暑何病之有。[①]

这是说退溪深爱朱子书,而不知暑病之须戒。

> 晔问:《小学》、《近思》、《心经》中,何书最切于学者。先生曰:……然以余观之,无踰于《朱子书》,知旧门人,资质病疼,有万不同,故因材施教,对症下药,许多问答之中,岂不有偶合于我者乎。苕能沉潜玩绎,如承面命,则其于自修之功,岂曰无少补哉。[②]

这是说退溪以朱子书为自己的教材,以达自修之功;而其方法,则在沉潜玩绎,如承面命,而不是一时顿悟,立地见功。

---

① 《言行录》,《退溪全书》下,第 644 页。
② 《言行录》,《退溪全书》下,第 644 页。

先生家有《朱子书》写本一帙，卷帙甚旧，字画几剜，乃读而然也。其后，人多印出，每得新帙，必校雠点窜，温习一过，章章融会，句句烂熟。其受用，如手持而足蹈，耳闻而目睹。故日用之间，语默动静，辞受取予，出处进退之义，无不合于是书。人或质疑问难，则必援是书而答之，亦无不合于事情，宜于道义焉。是乃实见得信得，及心融神会之所致，非靠书册徇口耳之所可能也。若先生可谓善读书矣。①

这是说退溪对朱子书用功之深。不仅个人行为一一合乎朱子，而且当人之质疑，亦以朱子之行谊为准。可见退溪之于朱子书，已达心融神会的境界。

退溪在精研《朱子大全》基础上，将其"尤关于学问而切于受用者"挑选出来，编辑为《朱子书节要》。就《朱子书节要》的内容来看，朱子书对退溪影响最大的还是关于"敬"的理论和工夫方面的论述。

朱熹关于"敬"思想的特色，在于敬贯动静。敬贯动静的思想主要体现在"中和新书"之中。其主要内容为：

然人有是心，而或不仁，则无以着此心之妙。人虽欲仁，而或不敬，则无以致求仁之功。盖心主乎一身，而无动静语默之间，是以君子之于敬，亦无动静语默而不用其力焉。未发之前，是敬也，固已立乎存养之实；已发之际，是敬也，又常行于省察之间。方其存也，思虑未萌，而知觉不昧，是则静中之动，

① 《言行录》，《退溪全书》下，第644页。

复之所以见天地之心也。及其察也，事物纷纠，而品节不差，是则动中之静，艮之所以不获其身不见其人也。有以主乎静中之动，是以寂而未尝不感。有以察乎动中之静，是以感而未尝不寂。寂而常感，感而常寂，此心之所以周流贯彻，而无一息之不仁也。……仁则心之道，而敬则心之贞也。此彻上彻下之道，圣学之本。①

上述内容是朱熹关于"敬"的基本思想，这一思想对退溪影响很大。如他在《答金淳叙》中说：

大抵人之为学，勿论有事无事，有意无意，惟当敬以为主，而动静不失则。当其思虑未萌也，心体虚明，本体深纯；及思虑已发也，义理昭著，物欲退听。②

又说：

静而涵天理之本然，动而决人欲于几微。③

这里的"动静不失则"，即静则思虚未萌心体虚明，这就是朱子《中和新书》所谓"思虑未萌而知觉不昧"，也是退溪所说的"静而涵天理之本然"；而动则思虑已发义理昭著，此即《中和新书》的"事物纷纠而品节不差"，也是退溪所说的"动而决人欲于几微也"。而

---

① 《朱文公文集》卷22，第25页。
② 《答金淳叙》，《退溪全书》上，第660页。
③ 《答金淳叙》，《退溪全书》上，第661页。

动静一,则寂感是一,未发已发是一。贯彻动静、寂感、未发已发的则是"敬"。这又是朱子的"敬贯动静"思想。

除此而外,退溪有关"敬"的论述也多出自朱子之说。如:

退溪说:"为学莫如先立其主宰。……敬可以立主宰。"①

此语承朱子:

敬则心有主宰而无偏系。②

大抵诚字,在道则为实有之理,在人则为实然之心,而其维持主宰,全在敬字。③

又如:

退溪强调:

只将敬以直内为日用第一义。④

真知实践之说,敬以始之,敬以终之。⑤

敬者,彻头彻尾,能知持敬之方,则理明而心定。以之格物,则物不能逃吾之鉴;以之应事,则事不能为心之累。⑥

---

① 《言行录》,《退溪全书》下,第652页。

② 《答何叔京》,《朱文公论文集》卷4,第40页。

③ 《答曾致虚》《朱文公文集》卷45,第43页。

④ 《答金而精》,《退溪全书》上,第681页。

⑤ 《戊辰六条疏》,《退溪全书》上,第187页。

⑥ 《答金淳叙》,《退溪全书》上,第654页。

此承朱子:

　　敬之一字,圣学之所以成始而成终者也。①
　　敬之一字,真圣学始终之要。②
　　圣门之学,别无要妙,彻头彻尾,只是敬字而已。③
　　敬字工夫,乃圣门第一义,彻头彻尾,不可顷刻间断。④
　　敬之一字,万善根本,涵养省察,格物致知,种种工夫,皆从此出,方有根据。⑤

以上表明退溪的"敬"思想与朱子关于"敬"的论述有着密切关系。⑥

第三,退溪主敬思想还是退溪自身理论逻辑发展的必然。

如上所述,在理气观上退溪重理轻气,视理善气恶,由此导致在性情观上,他主张"四端理发而气随,七情气发而理宰之",这就是说"四端"理发为善,而"七情"气发为恶;这就必然得出"四端,道心是也","七情,人欲是也"的结论,进而"道心"又可称为"天理",而"人心"则是"人欲"。要想"遏人欲,存天理",最重要的修养工夫便是"敬"。"敬以直内为初学之急务","敬以直内为日用第一义"⑦,这是说"敬"是涵养天理,遏制人欲的根本方法。

---

①　《大学或问》。
②　《答胡广仲》,《朱文公文集》卷42,第1页。
③　《答程允夫》,《朱文公文集》卷41,第8页。
④　《答郑子上》,《朱文公文集》卷56,第37页。
⑤　《答潘恭叔》,《朱文公文集》卷50,第19页。
⑥　以上参见蔡茂松著:《韩国近世思想文化史》,台湾东大图书公司1995年,第298—309页。
⑦　《答金而精·别纸》,《增补退溪全书》(2),第91页。

李退溪关于"敬"的理论与朱熹"居敬"、"主敬"的学说,在内容上基本一致,即强调敬贯动静、敬贯始终、敬贯知行①,但退溪超过朱熹的地方是在实践、践履"敬"的真工实行方面。

本来,个人修身和道德情操的培养始终是理学的基点和归宿,可是,在程颐,特别是在朱熹哲学中由于更多地容纳了追求外界知识的内容,造成了格物穷理的具体活动与理学所规定给它的出发点和最终目标之间的某种不一致。……因此,在格物穷理上包含着可能突破理学的倾向:一种是埋头古人之书而忽略身心的修养;一种是完全投入自然事物的研究。② 可以说,日本朱子学是在重视对自然事物的研究上,发展了中国朱子学而走上了一条以追求客观经验之理为目标的道路。③ 而李退溪的"敬"的实践主张则是对埋头古人之书而忽略身心修养弊病的一种突破,亦是对恢复孔孟修身养性成圣传统思想的努力实践。

李退溪之所以强调突出"敬"的实践工夫,也是由朝鲜朝社会自身内部原因所决定的。朝鲜朝时期"士祸"迭起,使许多知识人惨遭杀害。从燕山君至明君时期(1495—1545)短短的五十年间,就发生了四次大士祸,被残害的读书人多达一百八十余人。李退溪岳父权礩的父亲权柱就在"甲子士祸"(1504)中被处死,权礩遭株连被流放到济州岛,李退溪本人也受到株连,被剥夺了授予的春秋馆记事官职位。李退溪亲历了四次"士祸",目睹了亲朋好友及学者文人的悲惨遭遇,认为惩治这一弊端的措施就是去恶从善以

①　参见陈来著:《朱熹哲学研究》,第258页。
②　参见陈来著:《朱熹哲学研究》,第253页。
③　参见李甦平著:《圣人与武士——中日传统文化与现代化之比较》,中国人民大学出版社1992年版,第2章。

治心,故立志"敦圣学以立治本"。① 而"治本"、"治心"的关键就是"敬"的修养工夫。

李退溪强调"敬"的实践工夫的思想,主要体现在《圣学十图》之中。《圣学十图》中十个图就有四个图是谈"敬"的修养工夫。这就是:

《第三小学图》,李退溪在此图后写道:

吾闻敬之一字,圣学之所以成始而成终者也。为小学者,不由乎此,亦无以开发聪明,进德修业,而致夫明德新民之功也。② 退溪认为"敬"的工夫贯彻圣学之始终,所以,《小学》所谓的洒扫、应对进退的仪表、节度等内容就是"敬"的工夫。这些关于"敬"的基本功是很重要的,因为这关系到《大学》的明德、新民之功。

《第四大学图》,李退溪在此图后也作了一段说明:

　　然非但二说当通看,并与上下八图,皆当通此二图而看。盖上二图是求端扩充,体天尽道极致之处,为小学大学之标准本原。下六图是明善成身,崇德广业用力之处,为小学大学之田地事功。

　　而敬者又彻上彻下着工收效,皆当从事而勿失者也。③

这里的"非但二说",即指小学图和大学中所引朱子关于"敬"的论说。退溪的意思是说,从本质上看,《圣学十图》讲的都是关于"敬"的道理。《第一太极图》和《第二西铭图》讲的是"立太极"和

---

①　《言行通录·议论》,《增补退溪全书》(4),第69页。
②　《圣学十图》,《增补退溪全书》(1),第202页上。
③　《圣学十图》,《增补退溪全书》(1),第203页下。

"立人极"的问题,也就是为什么要主"敬"的问题,故退溪说是"小学大学之标准本原"问题。而《第五白鹿洞规图》、《第六心统性情图》、《第七仁说图》、《第八心学图》讲的是如何明善、如何诚身、如何盛德等身心修养问题。而这些身心修养问题,关键处是"要之,用工之要,俱不离乎一敬。盖心者,一身之主宰,而敬又一心之主宰也"。① 所以,《大学图》中讲的"修身→齐家→治国→平天下"这些事功,都离不开敬。而修身→齐家→治国→平天下的过程也是"敬"的实践过程。

《第九敬斋箴图》,此图告诉人们"敬"的具体规定是什么,如何行为才能做到"敬"。李退溪认为持敬就是主体心的主一无适。从持敬的静弗违来说,便是正其衣冠,尊其瞻视,潜心以居,对越上帝;从动弗违来说,便是足容必重,手容必恭,择地而蹈,折旋蚁封。这就构成了动静弗违。弗违是主体心(人)对于客体敬的被动接受。从持敬表交正而言,便是出门如实,承事如祭,战战兢兢,罔敢或易;从持敬裹交正而言,便是守口如瓶,防意如城,洞洞属属,罔敢或轻。这就构成了表里交正。交正是主体心(人)对于客体敬的主动适应。虽然心有间、有差,但只要心敬,依照动静弗违,表里交正的规定来体玩警醒,日用实践,就能消除有间和有差。

《第十夙兴夜寐箴图》,此图旨在表明敬在人们行为上如何贯彻。第九图和第十图都是讲持敬行为,但二图也有不同。不同之一是第九图"有许多用工地头,故随其地头而排列";第十图"有许多用工时分,故随其时分而排列"。② 这就是说,九图是按事件而讲敬的修持工夫,而十图是按时间而讲敬的要求训练。不同之二

---

① 《圣学十图》,《增补退溪全书》(1),第208页上。
② 《圣学十图》,《增补退溪全书》(1),第210页下。

是,第九图以"心"为核心而展开敬的工夫;而第十图则以"敬"为核心而辐射敬的行为规范和思想情感。例如早晨醒来的思虑情感,省旧绅新和早晨起来的行为践履,虚明静一,然后读书应事,终日乾乾,夕惕若厉。从鸡鸣而寤,到昧爽乃兴,从读书对越圣贤到应事则验于为,再从日间动静循环,休养性情到晚上日暮人倦,心神归宿,都作了仔细的规定。

第九图和第十图两图结合,便明确了何时,何地,怎样做,才是持敬工夫,才能做到无毫厘之差,由此,也才能达到"作圣"的境界。①

可见,主张持敬的实践工夫是退溪性理学思想的一个重要特色。因为他以成圣为性理学的目标,而成圣的关键是通过"敬"的修养工夫,明善诚身以至为仁、为圣。这是李退溪的终极关怀。

第四节　高峰奇大升理气混沦的儒学

奇大升,字明彦、号高峰,生于中宗恭僖王 22 年(1527),卒于宣祖昭敬王 5 年(1572)。

《行状》评论高峰说:

> 自小从事圣贤之学,见识高明,与李滉论辩义理,发前人所未发者多。入侍经幄,其所敷陈启沃者,无非圣帝明王之道,一世推重以为儒宗。②

---

① 参见张立文主编:《退溪书节要》,中国人民大学出版社 1989 年版,第 16 页。

② 《行状》,《高峰集》第 2 辑,韩国东洋哲学会影印 1997 年版,第 57 页下。

这一评论客观地表明了奇高峰在朝鲜朝性理学史上的学术地位。高峰一生最主要的业绩是与李退溪关于"四端七情"的论辩。明宗十三年（1558），高峰32岁，中举步入仕途并针对郑秋峦《天命图说》中退溪修改的部分，提出异议。这就是他的《上退溪四端七情说》。明宗十四年（1559）一月，退溪致书高峰，表明自己关于四端七情理气之说，尚需修正。三月，高峰针对退溪此书，写出了由十二节构成的长文及说明，这就是《答退溪论四端七情书》。后经八年的往复论辩，高峰将自己的观点整理、总结，写成了《四端七情后说》与《四端七情总论》。这些是研究高峰性理学思想的主要资料。

高峰38岁（1564）时任经筵侍讲，以对民族、对国家高度忧患的情怀和强烈的社会责任意识，敢于"正色立朝"而"气劲言厉"。他的讲稿共二十五讲，分上下两篇，题名《论思录》。这是研究高峰社会历史思想的主要资料。

此外，高峰31岁（1557）时编撰的《朱子文录》，39岁（1566）时针对罗整庵的《困知记》而著述的《论困知记》，也都是研究高峰学术思想的主要资料。

奇高峰性理学思想的资源主要是朱熹的"理气不离"思想和明代朱子学"主气"倾向思想的结合。①

"理"与"气"是程朱理学的一对最基本、最重要的范畴。作为理学集大成者朱熹的理气观的一个重要命题是理气"不离不杂"②，故朱熹在理气关系的论述中，一方面，强调理先气后、理本

---

①　参见成泰镛著：《高峰奇大升的四端七情论》，刊于尹丝淳主编：《四端七情论》，曙光社1992年版，第69页。

②　参见牟宗三著：《心体与性体》（下），上海古籍出版社1999年版，第8章第2节。

气末、理主气次、气生于理,例如他说:

> 理与气本无先后之可言,但推上去时,却如理在先,气在后相似。
>
> 以本体言之,则有是理,然后有是气。
>
> 天道流行,发育万物,有理而后有气。虽是一时都有,毕竟以理为主。
>
> 太极生阴阳,理生气也。①

但另一方面,他又主张理在气中,理气相依不离。如他说:

> 既有理,便有气;既有气,则理又在乎气之中。
>
> 元亨利贞理也,有这四段气也;有这四段,理便在气中,两个不曾相离。
>
> 天下未有无理之气,也未有无气之理。②
>
> 气与理本相依。③

朱熹的这种理气"不离不杂"思想被朝鲜朝时代的朱子学者所继承,其中李退溪主要继承了朱熹关于理先气后、理本气末、理主气次、理生气这一理气"不杂"的思想,并有所深化和发展;而奇高峰则主要吸取了朱熹关于"理"在"气"中的理气"不离"思想,并以此作为与退溪关于"四端七情"论辩的主要理论依据。

---

① 《朱子语类》卷1,《朱子语类》卷3。
② 《朱子语类》卷94,《朱子语类》卷68,《朱子语类》卷1。
③ 《朱子语类》卷59。

　　朱熹上述关于理气的论述在中国明代,开始向两个方向演变。其一是向心学方面演化,其二是向气学方面发展。这一变化始于明前期的薛瑄(1389—1464),而主要代表者则是罗钦顺(1465—1547)和王廷相(1474—1544)。由于奇高峰的著作《论困知记》涉及罗钦顺的思想,故这里重点介绍一下罗钦顺对朱熹理气思想的改造。

　　罗钦顺,字允升,号整庵,自命为程朱学派,但在哲学基本问题上继承和发展了薛瑄的传统,在理气关系问题上,基本上完成了对朱熹理学的改造,确立了"气"学观点。他的理气思想集中反映在他晚年所著的《困知记》一书中。他在《困知记》中说:

　　　　盖通天地亘古今,无非一气而已。气本一也,而一动一静,一往一来,一阖一辟,一升一降,循环无已。积微而著,由著复微,为四时之温凉寒暑,为万物之生长收藏,为斯民之日用彝伦,为人事之成败得失,千条万绪,纷纭胶轕而卒不可乱,有莫知其所以然而然,是即所谓理也。初非别有一物依于气而立,附于气而行也。(《困知记》卷上)

这段话集中代表了罗钦顺的理气观,主要有以下三点内容:

　　第一,罗钦顺的所谓"气",同朱熹一样,是指构成世界万物的基本的物质形态。但朱熹是形而上学本体论者。罗钦顺则否定了朱熹的理本体论。他认为"气"才是宇宙的根本存在,是世界万物的本原。

　　第二,罗钦顺对朱熹的"理"进行了改造。如他说:"理只是气之理,当于气之转折处观之。往而来,来而往,便是转折处也。夫往而不能来,来而不能不往,有莫知其所以然而然,若有一物主宰乎其间而使之然者,此理之所以名也。"(《困知记续》卷上)罗钦顺为了证明理是气化流行本身所固有的规定,用气之"转折处"这一概念来说明理气关系,从而表达了物质运动的一条基本规律。这是罗钦顺对朱熹"理"思想的一个根本改造。

第三,罗钦顺虽然认理气为一物,但并不认为理就是气,理气是一回事。如他说:"理须就气上认取,然认气为理便不是。此处间不容发,最为难言,要在人善观而默识之。只就气认理与认气为理,两言明有分别,若于此说不透,多说亦无用也。"(《困知记》卷下)只就气认理而不能认气为理,这是罗钦顺关于理气关系的一个重要观点。他不是把理等同于气,或把气等同于理,而是把理看做物质运动的必然属性,具有相对独立性。这表明罗钦顺不是简单地回到了气一元论,而是批判地吸取了程朱理学的思维成果,具有理性主义特点。①

罗钦顺的这种理气观,尤其是"只就气认理而不能认气为理"的思想给予奇高峰一定的影响。既然如此,高峰又为什么要写《论困知记》批评罗钦顺的"理气为一物"思想呢?

奇高峰的《论困知记》大约 1800 字,基本观点是认为罗钦顺的思想是佛教之流弊。如他说:

　　殊不知儒释道既不同而立心亦异,有如阴阳昼夜之相反。乌可据彼之见而能为此之道乎?佛氏作用是性之说,固认气为理而以心论性也。整庵实见之差,实由于此。故理气一物之说,道心人心性情之云,亦皆因此而误焉。盖既以理气为一

---

① 参见蒙培元著:《理学的演变——从朱熹到王夫之戴震》,福建人民出版社 1984 年版,第 7 章第 1 节。

物,则人心道心固不可分属理气,故其为说,必至于如是。而整庵之所自以为向上寻到者,亦不过于佛氏所见之外。

知有理字,而其所谓理字者,亦不过于气上认其有节度处耳。整庵所谓理只是气之理,当于气之转折处观之者,正是此病也。……且整庵每自谓至当归一,而其言自相矛盾者,亦多矣。既以理气为一物矣,而又以体用为二物焉,并引一阴一阳之谓道,阴阳不测之谓神,以证体用之为二物。则理气果一物乎? 理气果一物,则道与神又何以为二物乎? 整庵又以心与性为体用之二物,心与性既是二物,则与理气为一物之说,不亦矛盾之甚乎?①

诚如奇高峰所言,罗钦顺中举后,曾用十多年时间钻研佛学,并接受了禅宗思想,他自叙说:"昔官京师,逢一老僧,漫问何以成佛,渠亦漫举禅语为答:'佛在庭前拍树子'。意其必有所谓,为之精思达旦。揽衣将起,则恍然而悟,不觉流汗通体。既而得'证道歌'读之,若合符节,自以为至奇至妙,天下之理莫或加焉。"(《明儒学案》卷47,又见《困知记》卷下)这说明,他和王守仁一样,曾出入佛道。但是,他后来却走上了和王守仁不同的道路。《明史·本传》说:"钦顺为学,专力于穷理、存心、知性。初由佛氏入,既悟其非,乃力排之。"(《明史》卷282)他后来能够对王守仁心学进行深刻批判,与此有密切关系。罗钦顺40岁后,对佛教进行了批判。如他说:"盖佛氏以知觉为性,所以一悟便见个虚空境界,'证道歌'所谓'了了见无一物,亦无人,亦无佛有'是也。渠千言万语,只是说这个境界。"(《困知记续》卷上)后人高攀龙评价他的

---

① 《论困知记》,《高峰集》第1辑,第74页。

批佛思想说:"先生于禅学,尤极探讨,发其所以不同之故,自唐以来,排斥佛氏,未有若是之明且悉者。"(《明儒学案》卷74)这是有道理的。[①] 可见,罗钦顺是沿着信佛—排佛—气学这一条治学道路发展起来的。因此,他的理气学说不是建立在禅学基础之上,而是从小受理学教育又对朱熹理气思想进行修正的结果。由此看来,高峰批评罗钦顺的学术思想来源于佛教,不够客观、全面。

上述高峰《论困知记》引文中,还提到罗钦顺在理气问题上主张"理气为一物",但在体用、道神、心性等方面又分为二物,这不自相矛盾吗?奇高峰对罗钦顺的这一批评是有的放矢。罗钦顺的哲学思想是从朱熹哲学中演变分化出来的,在理气问题上,他坚持"理气为一",批评了理主宰气的思想,但在心性等问题上,又同意理为主宰的说法,与朱熹同。奇高峰对罗钦顺的这一批评,一方面揭示出罗钦顺哲学中的自相矛盾性,同时另一方面也反映了奇高峰对朱熹思想的不遗余力的维护。他所维护的正是朱熹关于理气不离的思想,而这一点也正是罗钦顺所谓的"只就气认理而不能认气为理"的思想。由此,奇高峰在理气观上,表现为"理气混沦"。

一、理气混沦

奇高峰关于理气的思想,主要集中在以下五段论述中:

今若以为四端发于理而无不善,七情发于气而有善恶,则

---

① 参见蒙培元著:《理学的演变——从朱熹到王夫之戴震》,第363—364页。

是理与气判而为两物也。①

夫理,气之主宰也;气,理之材料也。二者固有分矣,而其在事物也,则混沦而不可分开。②

盖理无朕而气有迹,则理之本体,漠然无形象之可见,不过于气之流行处验得。……或问:理在气中发见处如何? 朱子曰:如阴阳五行,错综不失端绪,便是理;若气不结聚时,理亦无所附着。然则气之自然发见,无过不及者,岂非理之本体乎? 且如恻隐、羞恶,亦岂非气之自然发见者乎? 然其所以然者,则理也,是以谓之发于理尔。夫以四端发于理,七情发于气,大纲固无不是。至于极论其所以然,则乃以七情之发,为非理之本体,又以气之自然发见者,亦非理之本体。则所谓发于理者,于何而见之? 而所谓发于气者,在理之外矣。此正太以理气分说之失,不可不察也。③

朱子曰:气则能凝结造作,理却无情意,无计度,无造作。只此气凝聚处,理便在其中,正谓此也。今曰:互有发用,而其发又相须,则理却是有情意有计度有造作矣。又以理气二者,如两人然。④

若大升则固非以理气为一物,而亦不谓理气非异物也。⑤

上述论述可以归纳为以下三点:

第一,奇高峰认为理是理,气是气,他不以理气为一物,同时也

① 《高峰上退溪四端七情说》,《高峰集》第3辑,第102页上。
② 《高峰上退溪四端七情说》,《高峰集》第3辑,第102页下。
③ 《高峰上退溪四端七情说》,《高峰集》第3辑,第111页下—112页上。
④ 《高峰上退溪四端七情说》,《高峰集》第3辑,第138页下。
⑤ 《高峰上退溪四端七情说》,《高峰集》第3辑,第112页上。

不说理气不是异物。

第二,关于"理"与"气"的关系,高峰认为"理"无形而"气"有迹而可验,所以理在气之流行处验得。这就是说,理为气之主宰,气为理之材料。"主宰"与"材料"的相互结合,构成了具体的存在物。在这个意义上说,一切现实的存在物必须由"理"与"气"共同构成,二者缺一不可。所以,在具体的,现存的事物中,"理"与"气"是混沦而不可分开的。这种理气关系是奇高峰的一个基本观点。

第三,奇高峰认为"四端发于理,七情发于气"的观点是明显地将"理"与"气"相分离,是不符合朱熹思想的。

"四端发于理,七情发于气"是李退溪用理气范畴对"四端"和"七情"所由来的一种解释。奇高峰认为如果讲"四端"发于"理",为纯善;"七情"发于"气",有善恶,那就等于将理与气"判为两物",是不妥当的。因为朱熹说过:气之所以能够错综而不失端绪,是理的作用;而气不结聚时,理便无所附着。理因气而显,气因理而行。理与气是混沦存在。如果只讲或发于理,而不讲气,那么理作为气发的所以然者的功用便不复存在,而无气之结聚,那又从何而见理之发呢? 如果只讲或发于气,而不讲理,就等于说气在理外,为此,高峰认为,这种观点之失正是太以理气分而言之,没有看到理气是混沦存在的。奇高峰指出,朱熹还说过:气能凝结造作而理无造作,所以理只在气之凝聚处。而按退溪"四端发于理"之说,则"理"是有情意、有计度、有造作的,即退溪主张的"理能动",显然与朱熹之意不相符合。同时,高峰再次指出"四端发于理,七情发于气"之说,好像理、气二者相分相离,如同两个毫不相干的人。

通过奇高峰对李退溪"四端发于理,七情发于气"观点的批评,可以看到在理气观上,高峰更加注意的是理为气之所以然者,气为理之显现者;理在气之凝聚处而理非气,这样一种理气混沦的状态。这一观点就是朱熹所讲的"理气不离不杂"的"不离"的思想,同时也与罗钦顺的"只就气认理而不能认气为理"的思想相符。

奇高峰理气观上的"理气混沦"思想,必然导致他在"四端七情"问题上主张"四端七情同质"的看法。

二、四七同质

如果说李退溪主张"四端"与"七情"是异质的,那么奇高峰则坚持"四端"与"七情"的同质性。[①] 其理由如下:

1. "七情"包"四端"

奇高峰认为,不论是"七情"还是"四端",其实质都一样,都是"情"。而至于有"四端"与"七情"之分,则是由于先圣所注重的部分不同而形成的。他的这一思想在《上退溪四端七情说》和《答退溪第二书第四节》中都作了详细阐述。如他说:

> 子思曰:喜怒哀乐之未发,谓之中;发而皆中节,谓之和。孟子曰:恻隐之心,仁之端也;羞恶之心,义之端也;辞让之心,礼之端也;是非之心,智之端也。此性情之说也,而先儒发明尽矣。然窃尝考之,子思之言,所谓道其全者;而孟子所论,所谓剔拨出来者也。盖人心未发则谓之性,已发则谓之情。而性则无不善,情则有善恶,此乃固然之理也。但子思孟子所就

---

① 参见李明辉著:《四端与七情——关于道德情感的比较哲学探讨》,第234页。

以言之者不同,故有四端、七情之别耳,非七情之外复有四端也。①

四端七情,固均是情也。而其立各有异者,岂非所就而言之不同乎? 大升前说之意,正是如此。……盖孔子时,性善之理素明,虽不详著其条而说自具。至孟子时,异端蜂起,往往以性为不善,孟子惧是理之不明而思有以明之。苟但曰浑然全体,则恐其如无星之秤,无寸之尺,终不足以晓天下,于是别而言之,界为四破,而四端之说于是而立。此岂非所就而言之者不同,而意亦各有所主乎。盖子思论性情之德,以中和言之,而曰喜怒哀乐,则情之兼理气,有善恶者,固浑沦言之,所谓道其全也。孟子发明性善之理,以仁义礼智言之,而曰恻隐、羞恶、辞让、是非,则只以情之善者言之,所谓剔拨出来也。古之圣贤论及理气性情之际,固有合而言之者,亦有别而言之,其意亦各有所主,在学者精以察之耳。②

这表明奇高峰认为,所谓"七情"是子思从性情总体出发,混沦而言。所谓"四端"是孟子为了立"善"之标准,专门从"七情"中剔拨出恻隐、羞恶、辞让、是非为"四端"。可见,子思主性情之全体,故曰"七情";孟子主性情之"善",故曰"四端"。其实,它们是名异实同。因此,"七情"之外无"四端","四端"包含于"七情"之中,这就是说,"四端"与"七情"都是情,它们在本质上是一样的。

进而,奇高峰以"理气混沦"的理气观论述"四端七情"的同质性。他从理气不离、混沦而存的观点出发,认为不论是"四端",还

---

① 《高峰上退溪四端七情说》,《高峰集》第3辑,第102页上。
② 《高峰答退溪论四端七情书》,《高峰集》第3辑,第107页。

是"七情",都是理气之合。同时还以此观点批评李退溪所主张的"四端"为理,"七情"为气的将理气分开的论点。如他在答复退溪关于"四端"、"七情"的信中说:

> 按:此数段极论四端七情之所以然,正是一篇紧要处。然太以理气分开说去,而所谓气者,非复以理与气杂而言之,乃专指气也。故其说多倚于一边。①

高峰针对退溪"四端理发,七情气发"的观点,指出将理与气分开来说是不妥的,是"倚于一边",应该是"理与气杂而言之",即理气混沦。为什么"四端"、"七情"应是理气之合呢? 高峰的理论依据是:

> 愚谓四端七情,无非出于心者。而心乃理气之合,则情固兼理气也。非别有一情,但出于理而不兼乎气也。此处正要人分别得真与妄尔。②

上文中的"心乃理气之合"出自朱熹思想。朱熹认为人得天地之理为性,得天地之气为形。理与气合,然后有心。"问知觉是心之灵固如此,抑气之为耶? 曰:不专是气,是先有知觉之理。理未知觉,理与气合,合能知觉。譬如这烛火,是因得这脂膏,便有许多火焰"。③ 朱熹这一思想被高峰所利用,称为"心乃理气之合"。高

---

① 《高峰答退溪论四端七情书》,《高峰集》第3辑,第108页下。
② 《高峰答退溪论四端七情书》,《高峰集》第3辑,第109页下。
③ 《朱子语类》卷5。

峰又按照理学家"心统性情"的理论,指出"四端七情无非出于心"。而心又是理、气之合,故"四端"、"七情"都是理气之合。奇高峰这一思想的理论依据虽然来源于朱熹思想,但却又是对朱熹思想的发展,尤其是关于"情"思想的发展。

关于心、性、情,朱熹的基本观点有"心统性情"、"性为心之体,情为心之用"、"性即理也"等,这些论述主要是讲心、性的性质。用理气思想解释"情",朱熹没有详细的论述,而奇高峰作了回答。"情兼理气"就是奇高峰对朱熹思想的深化和发展。所谓"情兼理气",就是说不论"四端",还是"七情",都既有理、又有气,即都是理气之合。所以上文中的"非别有一情,但出于理而不兼乎气也"一句,就是对退溪所谓"四端理发"的指正。继而,奇高峰分析四端也是理、气之合。他说:

> 朱子曰:性之欲,即所谓情也。然则情之感物而动者,自然之理也。盖由其中间,实有是理,故外边所感,便相契合。非其中间,本无是理,而外物之来,偶相凑着而感动也。然而外物之来,易感而先动者,莫如形气一语,恐道七情不著也。若以感物而动言之,则四端亦然。赤子入井之事感,则仁之理便应,而恻隐之心于是乎形。过庙过朝之事感,则礼之理便应,而恭敬之心于是乎形。①

高峰分析"情"的由来是"理"与外物(气)相感动而相契合的结果。具体到"四端",像恻隐之心就是赤子入井之事(气)与仁之理相感动而相契合的结果,而恭敬之心亦是过庙过朝之事(气)与礼

---

① 《高峰答退溪论四端七情书》,《高峰集》第3辑,第109页下。

之理相感动而相契合的结果。其他如羞恶之心、辞让之心也是如此，可见作为"情"的"四端"都是理气之合。

"四端"是理气之合，"七情"同样是理气之合，而不能像李退溪所说只是气而已。奇高峰的这一思想在他与退溪的书信中随处可见。如他说：

> 来辩以为情之有四端七情之分，犹性之有本性气禀之异也。此言甚当，正与朱子之言互相发明。愚意亦未尝不以为然也。然而朱子有曰：论天地之性，则专指理言，论气质之性，则以理与气杂而言之。以是观之，所谓四端是理之发者，专指理言；所谓七情，是气之发者，以理与气杂而言之者也。①

在这段话中，高峰以朱熹的"天地之性堕在气质之中而为气质之性，故气质之性为理与气杂"的思想为理论，说明"七情"就如同"气质之性"一样，是理与气相合。关于"气质之性"，朱熹在《答严时亨一》中说："气质是阴阳五行所为，性即太极之全体。但论气质之性，则此全体堕在气质中耳，非别有一性也。"②在《朱子语类》中又说过："论天地之性，则专指理言；论气质之性，则以理与气杂而言之。"③朱熹的意思是气质之性是理气相杂。循着朱熹的这一思路，高峰强调"七情"类似"气质之性"。因此所谓"七情"是气之发，其实质是理堕在气之中，是理气相杂相合的结果。所以，他又说：

---

① 《高峰答退溪论四端七情书》，《高峰集》第3辑，第105页下。
② 《朱子文集》第6册，卷61。
③ 《朱子语类》卷4。

　　至若论其情,则缘本性堕在气质,然后发而为情,故谓之兼理气、有善恶。而其发见之际,自有发于理者,亦有发于气者。虽分而言之,无所不可。而仔细秤停,则亦似不能无碍。况以四端七情,分属理气,则七情非但专指气而言者。此处曲折,殊觉未安尔。①

　　高峰创造性地主张"情"是本性(理)堕在气质(气)之中而为之,所以情兼理气。尤其是"七情",不能只是指气,而是理气相兼、相合。

　　在高峰的视野中,不论是"四端",还是"七情",都是理气相合。既然如此,为什么还有"四端"、"七情"之别呢?这就涉及到从理气观的角度如何界定"四端"与"七情"的界限问题。关于这个问题,李退溪认为"四端"与"七情"的区别在于其不同的发源处,即"四端"为理发,故纯善无恶;"七情"为气发,故有善有恶。退溪这种观点强调于人的内在动机处(心)发现道德的根源。与此种观点不同,奇高峰则认为"四端"与"七情"的区别在于气发之后是否中节。关于中节问题,他有许多论述。如:

　　　　盖人之情,一也。而其所以为情者,固兼理气,有善恶也。……所谓七情者,虽若涉乎气者,而理亦自在其中。其发而中节者,乃天命之性,本然之体,而与孟子所谓"四端"者同实而异名者也。至于发不中节,则乃气禀物欲之所为,而非复性之本然也。是故愚之前说,以为非七情之外,复有"四端"

———————————
① 《高峰答退溪论四端七情书》,《高峰集》第3辑,第108页上。

者,正谓此也。①

这是说,"七情"是理、气相杂,当气发而中节时,便是本体理的呈现,就如同是天命之性。其实,这时的"七情"与"孟子所谓四端者,同实而异名者也",即为"四端"。而当发而不中节,即理被气禀、物欲所遮掩,而不能完全呈现,就有善有恶,这就如同气质之性,也就是"七情"。可见,"七情"之发而中节者为"四端",而不中节者为"七情"。"四端"含于"七情"之中,"七情"之外无"四端"。高峰的这一思想至晚年,在他所写的《四端七情后说》和《四端七情总论》中也提到过。例如:

> 然而七情之发而中节者,则与四端初不异也。盖七情虽属气,而理固自在其中。其发而中节者,乃天命之性,本然之体,则岂可谓是气之发而异于四端耶?②
> 鄙说谓七情之发而中节者,今四端同实而异名。③
> 七情虽兼理气,而理弱气强,管摄他不得,而易流于恶,故谓之气之发也。然其发而中节者,乃发于理而无不善,则与四端初不异也。但四端只是理之发,孟子之意正欲使人扩以充之,则学者于四端之发,可不体认以扩充之乎。七情兼有理气之发,而理之所发,或不能以宰乎气,气之所流,亦反有以蔽乎理,则学者于七情之发,可不省察以克治之乎。④

①　《高峰答退溪论四端七情书》,《高峰集》第3辑,第106页上。
②　《四端七情后说》,《高峰集》第3辑,第139页下。
③　《四端七情后说》,《高峰集》第3辑,第140页上。
④　《四端七情总论》,《高峰集》第3辑,第140页下。

这三段论述与上述《高峰答退溪论四端七情书》的意思互为补充，一脉相承。主要意思是说，"七情"发而中节者，即为纯善无恶，与"四端"实同。而当理弱气强，理管摄不住气，气蔽于理时，则流于恶，为"七情"。所以，气发能否中节，是"七情"与"四端"区别之所在。高峰的这一思想表明他不像退溪那样，从人的内在动机处寻求道德的根源，而是注重人的主观积极性对伦理道德的作用，即更加强调人的主体性价值。所以，他在上述论述中常常提醒人们于"四端"之发时，要努力"体认以扩充之"，而于"七情"之发时，则要"省察以克治之"。这就涉及到正心修身问题。

关于一般人的正心修身，如高峰上述引文中所说的人要努力发挥自己的主观努力，像孟子所说的培养"浩然之气"，以体认善端并竭力扩而充之，培养仁、义、礼、智之善性。而当有不善念头出现时，则要像孔子所说努力"克己复礼"，不断省察自身，以克治不善，恢复本善无恶的天地之性。可见，高峰在修养问题上，更加注重的是人后天的主观努力和人的主体性功能的发挥。

鉴于朝鲜朝历史的特殊性，士祸频繁、小人当权、贤良被害、君主不能得到贤臣的辅佐，致使社会腐败、风俗不正。对此，奇高峰认为，君主的正心修身非常重要。

君主要正心修身，必须有自我修养的自觉。高峰说："自古帝王，欲兴至治，必以修身为本。"①修身为本的内涵一是修德，一是修心。关于修德，"古之圣王，劳心焦思，侧身修德，正以此也"。②高峰指出，自古以来的圣王君主"劳心焦思"，即自觉地修身养性、努力修炼、培养圣人品德，只有这样才能成为有所作为的帝王君

---

① 《论思录》上篇，《高峰集》第2辑，第113页上。
② 《论思录》下篇，《高峰集》第2辑，第143页上。

主。关于修心,高峰认为君主要想成为一代贤君,有所作为,就必须具有能够明辨是非的好善之心。这种明辨是非的好善之心是人先验的本心,也就是孟子所说的是非之心。这种心有时会被蒙蔽,但没有泯灭,因此只要去除蒙蔽,就可恢复本心。这就要君主发挥自己的主观努力,端君心之本,清君心之源。按照孟子意思,恻隐、羞恶、辞让、是非四端之心统摄于仁之恻隐;仁、义、礼、智亦统摄于仁,君主必须行仁政,修仁心。这就是高峰所说的"仁于人君,果为至大,一号令之间,一念虑之际,皆当以仁为心也"①君主如能如此修身正心,最终就可达到齐家、治国、平天下的目标,就是一代有所作为的人君。以上表明,奇高峰认为不论是一般人的道德修养,还是君主的成德之教,都侧重于人的主体价值的发挥和显现。

2."四端"有善恶

按照奇高峰"四端"与"七情"同质的思维考察"四端"的善恶问题,因为"七情"有善有恶,所以"四端"亦有不中节者,为不善。为此,高峰专门写有《四端不中节之说》。此文如下:

> 按四端不中节之云,乍看似可骇。鄙意亦疑其未蒙印可,今果然也。然鄙说,初亦不谓孟子本旨如是也。特以常人之情,不能无如是者耳。而其说,亦有所从来也。《语类》论孟子四端处一条曰:"恻隐、羞恶也,也有中节、不中节。若不当恻隐而恻隐,不当羞恶而羞恶,便是不中节。"此乃就孟子所已言,发明所未备,极有意思,不可不深察也。盖孟子发明性善之理,而以四端言之。其大梁,虽曰无不善,而亦未说到细密处也。自古圣贤者少,而愚不肖者多;生知者少,而学知因

---

① 《论思录》上篇,《高峰集》第2辑,第103页上。

知者多。苟非生知之圣,其所发之四端,安能必保其粹然天理乎? 亦恐不能无气禀物欲之蔽也。令乃不察乎此,而徒以四端为无不善,而欲扩以充之,则吾恐其明善之未尽,而力行之或差也。①

在这篇文章中,高峰从主体道德修养角度即"明善未尽","力行或差"论述了"四端"也有发而不中节者,所以"四端"亦有善有恶。同样的论述,高峰在《答退溪论四端七情书》中也有类似的说法。如他说:

> 夫以四端之情为发于理,而无不善者,本因孟子所指而言之也。若泛就情上细论之,则四端之发,亦有不中节者,固不可皆谓之善也。有如寻常人,或有羞恶其所不当羞恶者,亦有是非其所不当是非者。盖理在气中,乘气以发见,理弱气强,管摄他不得,其流行之际,固宜有如此者,乌可以为情无有不善? 又乌可以为四端无不善耶?②

高峰举平常人不当羞恶而羞恶,不当是非而是非为例,说明当理弱气强,理管摄不住气时,"四端"同样会不中节,亦为不善。奇高峰这种见解,一是为了强调人的主观修养的重要性,二是根据朱熹的有关论述。在《朱子语类》中,确有"四端有不善"的说法,如以下三条所言:

---

① 《四端不中节之说》,《高峰集》第3辑,第135页下、136页上。
② 《高峰答退溪论四端七情书》,《高峰集》第3辑,第114页上。

　　恻隐羞恶,也有中节,不中节。若不当恻隐而恻隐,不当
羞恶而羞恶,便是不中节。

　　而今四端之发,甚有不整齐处。有恻隐处,有合恻隐而不
恻隐处;有羞恶处,有合羞恶而不羞恶处。且如齐宣不忍于一
牛,而却不爱百姓。嘑尔之食,则知恶而弗受;至于万钟之禄,
则不辨礼义而受之。

　　恻隐、羞恶、是非、辞逊,日间时时发动,特人自不能扩充
耳。又言,四者时时发动,特有正与不正耳。如暴戾愚狠,便
是发错了羞恶之心;含糊不分晓,便是发错了是非之心;如一
种不逊,便是发错了辞逊之心。日间一正一反,无往而非四端
之发。①

　　以上是朱熹的观点。李明辉教授认为朱熹根据理、气二分,心、性、
情三分的义理间架诠释孟子的"四端之心"的观点并不符合《孟
子》的文本及其含义。因此,奇高峰上述根据朱熹这一观点的论
述,也是对孟子"四端之心"的一种误解。②

　　首先,在《孟子·告子上》一章中,孟子区分"大体"与"小
体",并解释道:"耳目之官不思,而蔽于物;物交物,则引之而已
矣。心之官则思,思则得之,不思则不得也。""七情"当属于"小
体"(自然生命)的范围。所谓"耳目之官",其实是以听觉与视觉
两种官能来代表人的整个自然生命(包含生理与心理两面),即所
谓"小体"。人的自然生命在本质上处于一种与外在对象交接,且

---

　　①　《朱子语类》卷53。
　　②　参见李明辉著:《四端与七情——关于道德情感的比较哲学探讨》,第
220—222 页。

接受刺激的状态。人的耳与目对于外在的刺激最敏感,故孟子以之代表其自然生命。"物交物"之前一个"物"字是指耳目之官,后一个"物"字则是指外在对象。耳目之官为外在对象所牵引,故在本质上,它是被动的(不思)。至于孟子所说的"四端",当属于"大体"(精神生命)的范围。"心之官"之"心"是指"本心",即道德主体。它在本质上具有自发性("思则得之,不思则不得")。就此而言,"四端"之心并非如耳目之官那样,被动地由外在对象所引发,而是具有自发性。也就是说,它无须外物的牵引,自己便具有自我实现的力量。以恻隐之心来说,其发用并不以"孺子将入井"之情境为条件。此一情境是其发用之机缘,而非条件。这犹如《孟子·尽心上》中对于舜的描述:"舜之居深山之中,与木石居,与鹿泉游。其所以异于深山之野人者几希。及其闻一善言,见一善行,若决江河,沛然莫之能御也。"此章紧接着孟子论良知、良能的一章,故孟子在此所要说明的显然是良知、良能的自发力量。可见,高峰将具有自发性的"四端"之情与由外物引发的"七情"归于一类,显然误解了孟子所说的"四端之心"。

其次,"四端亦有不善"之说,不但在《孟子》书中毫无根据,而且直接违背孟子的性善说。因为孟子正是借"四端"之善来说明本性之善,若"四端"亦有不善,他便得放弃性善说,而只能主张"性有善有不善"之说,但这却是孟子所明白反对的三种人性观之一(另两种观点是"性无善无不善"与"性可以为善,可以为不善")。

所以,高峰本人亦觉其说有无法自圆其说之处,故亦坦然表示:

> 大升从来所陈,皆以四端为理、为善,而今又以为四端之

发亦有不中节者,其语自相矛盾,想先生更以为怪也。然若究
而言之,则亦不妨有是理,而自为一说也。①

其实,只要奇高峰坚持"四端"与"七情"的同质性,则在逻辑上必
然导出"四端亦有不善"的结论。因此,他只能以"不妨有是理,而
自为一说"而自解了。②

3. 情发即气发

奇高峰针对李退溪的"四则理发而气随之,七则气发而理乘
之"的说法,提出:

情之发也,或理动而气俱,或气感而理乘。③

高峰这句话具有两个意思,一个意思是说不论"四端"还是"七
情",应一律统称为"情"。他的第一句话为"情之发也",便是这个
意思。如上所述,在奇高峰的思想体系中,"四端"与"七情"是同
质的,统称为"情"。

另一个意思是说不论是"四端",还是"七情",其发都是气的
发动、作用。

在字面上,高峰所说的"理动而气俱"与退溪的"四则理发而
气随之"相对应,高峰的"气感而理乘"与退溪所说的"七则气发而
理乘"相呼应。很显然,"理动而气俱"讲的是"四端",而"气感而
理乘"说的是"七情"。这样就产生了一个问题,高峰这里所谓"理

---

① 《高峰答退溪论四端七情书》,《高峰集》第3辑,第114页下。
② 以上参见李明辉著:《四端与七情——关于道德情感的比较哲学探讨》,第247—250页。
③ 《高峰答退溪论四端七情书》,《高峰集》第3辑,第132页下。

动而气俱"是否与退溪的"理发而气随之"一样,也主张"理"是可
以"动"的呢? 要了解这个问题,尚需看高峰有关的另外三条
论述。

论述一:

> 气之顺理而发,无一毫有碍者,便是理之发矣。若欲外此
> 而更求理之发,则吾恐其揣摩摸索愈甚,而愈不可得矣。①

在这条论述中,高峰明确定义"理发"、"理动"为当气顺理而发,而
没有丝毫障碍,称之为"理之发"或"理之动"。这就是说,所谓的
"理发"、"理动"是指"气"按照一定的规律、规则(即"顺理")运
动、作用,就称之为"理动"。动的是"气"而不是"理","理"是
"气"动的所以然。可见,在高峰的"或理动而气俱,或气感而理
乘"的论述中,不论是"理动",还是"气感",其实质都是"气动"、
"气发"。

论述二:

> 盖七情虽属于气,而理固在其中。其发而中节者,乃天命
> 之性,本然之体,则岂可谓是气之发而异于四端耶?

论述三:

> 来书谓,孟子之喜、舜之怒、孔子之哀与乐,是气之顺理而
> 发,无一毫有碍,及各有所从来等语,皆觉未安。夫发皆中节

---

① 《高峰答退溪论四端七情书》,《高峰集》第3辑,第132页下。

谓之和,而和即所谓达道也。若果如来说,则达道亦可谓是气之发乎?①

以上两条论述是奇高峰在总结性文章《四端七情后说》中所说的,主要是再次表明他的"理动"即气"顺理而发"即"气发"的观点。关于这两条论述,韩国学者尹丝淳作了如下分析:

> 高峰首先以退溪所拒绝的所谓气之"顺理而发"即"理之发"为基础,坚持自己的观点。他说退溪认为孔孟的七情(喜怒哀乐)为气之"顺理而发"(气之顺理而发无一毫有碍),以及所从来各异是不妥当的(未安)。凡七情之"发而中节者",既然是本然之性(天命之性)和理之本体(本然之体),则不可谓七情异于四端,而且是气之发。所谓发而中节者乃是"和",和即所谓"达道";如果将"气之顺理而发者"即中节者视为气之发,则"达道"亦可谓气之发。所谓"理之发",自始至终只是气顺理而发。②

奇高峰在与李退溪关于"四端七情"论辩中形成了自己的思想体系,如强调"理气混沦"的思想,主张"四端与七情同质"、"四七都是情"的思想等。高峰的这些思想对以后的朝鲜朝性理学思想产生了重要影响作用,尤其是对以李栗谷为代表的"主气"一派的影响更甚。

而奇高峰与李退溪关于"四端七情"的论辩更是开启了朝鲜

---

① 《四端七情后说》,《高峰集》第3辑,第139页下。
② 尹丝淳:《韩国儒学研究》,第90页。

朝性理学关于心、性、情问题的深入、细微研讨的先河。"四端七情"的论辩标志着具有朝鲜特色的韩国儒学的形成。

奇高峰关于"四端七情"的一些论述,如对于"情"的规定、来源、善恶标准的界定等问题的细密论述,既依据于朱熹思想,又是对朱熹思想的细化。这是韩国性理学对中国理学的发展。

第五节　栗谷李珥主气的儒学

栗谷,名李珥,字叔献,号栗谷,1536年出生于朝鲜江原道江陵府北平村,本籍在朝鲜庆畿道德水县(现为丰德)坡州栗谷村,故号栗谷。他是司宪副监察李元秀公的第三个儿子,其母是以诗、书、画三绝著称于世的申师任堂。1584年,栗谷病逝,年仅49岁。

出身于书香门第的栗谷自幼聪慧,学语便知读书。他从13岁至29岁,曾九次中科举状元榜首,被世人赞为"九度状元公"。栗谷23岁时,曾拜访长他35岁的著名性理学家李退溪,就"主一无适"、"居敬穷理"等虚心请教。退溪对他印象极为深刻,赞他"后生可畏"。《行状》中对此事作了详细记载:栗谷"二十三岁谒退溪先生于陶山,问主一无适、应接事物之要,厥后往来书札,辨论居敬穷理及庸学辑注,圣学十图等说。退溪多舍旧见而从之,尝致书曰:世间英才何限而不肯存心于古学,如君高才妙年,发轫正路,他日所就何可量哉? 千万益以远大自期。"[1]栗谷也确实不负退溪的厚望,在学问上"多阐先儒所未发者",[2]最终成为与李退溪齐名的

---

① 《行状》,《栗谷全书》卷35,成均馆大学校大东文化研究院1992年第5版,第343页上。

② 《行状》,《栗谷全书》卷35,第363页下。

一代儒学大师。他的主要学术代表作有《天道策》、《人心道心图说》、《圣学辑要》、《答成浩原书》等。

栗谷不仅是一位罕见的儒学大师,而且还是一位卓越的经世家。他从29岁担任户曹佐郎开始,一生为宦,在治国理民方面,主张理论与实践、学问与经世的结合,并强调革弊更张。这方面的主要代表作有:《东湖问答》、《经筵日记》、《万言封事》、《时务六条启》等。

在朝鲜朝儒林中,李栗谷是一位难得的全才。他以明道为己任,以济世为己忧,由此使他的儒学思想更具特色和价值。

栗谷儒学思想即学问观的基础是要成为"圣人"。他19岁奔金刚山修佛,经一年的反省,认识到人生的终极价值是成为"圣人"。于是,弃佛学儒。20岁作《自警文》云:"先须大其志以圣人为准则,一毫不及圣人,则吾事末了"①,以此明志。为了成为圣人,栗谷在理论上主要关心的不是本体的未发状态,而是已发后的善恶之分以及如何将恶恢复为本然之善的问题。这就是栗谷性理学的基点。

一、气发理乘一途说

理气观是栗谷性理学的核心。在理与气的关系问题上,可以说栗谷思想是对朱熹和退溪思想的深化和发展。

在东亚学术史上,理学宗师朱熹对理气问题作了周密、完整的论述,韩国性理学大师李退溪在继承朱熹理气观的基础上,又有所发展。而栗谷的理气思想则是在继承这两位前辈学者思想基础上的深化和发展。如朱熹理气观的一个基本内容是主张理先气后,

---

①　《自警文》,《栗谷全书》卷14,第300页下。

理生气说;退溪在此基础上,提出理为气之帅,气为理之卒和理有动静,故气有动静的思想。对此,栗谷认为理气是一而二、二而一的辩证关系,即理气妙合,并在这一基础上提出了自己的独创观点,理通气局说。关于理气与"四端"、"七情"的关系,朱熹说过"四端是理之发,七情是气之发";①退溪发展这一思想说:"四端理发而气随之,七情气发而理乘之"。② 对此,栗谷修正为:不论是"四端",还是"七情",都是"气发理乘",即气发理乘一途说。下面,就上述问题进行详细论述。

1. 理气妙合

关于"理"与"气"的关系,栗谷的一个基本观点是认为理气是"一而二,二而一"的辩证关系。他的这一思想集中体现在两处论述中,一是《答成浩原书》,一是《圣学辑要》。具体论述如下:

> 理气既非二物,又非一物。非一物故一而二,非二物故二而一也。非一物者何谓也? 理气虽相离不得而妙合之中,理自理,气自气不相夹杂,故非一物也。非二物者何谓也? 虽曰理自理,气自气,而混沦无间无先后,无离合,不见其为二物故非二物也。③

> 有问于臣者曰:理气是一物,是二物? 臣答曰:考诸前训,则一而二,二而一者也。理气混然无间,元不相离,不可指为二物。故程子曰:器亦道,道亦器。虽不相离而浑然之中实不相杂,不可指为一物。故朱子曰:理自理,气自气,不相夹杂。

---

① 《朱子语类》53,辅广录。
② 《答李宏仲问目》,《陶山全书》3,第89页上。
③ 《答成浩原》,《栗谷全书》卷10,第197页上。

合二说而玩索,则理气之妙庶乎见之矣。①

所谓一而二,讲的是理气之异、之分;所谓二而一,讲的是理气之同、之合。其中的异和分,是从理气的特性和功能性来看;而同和合,则是从理气的圆融性和内在性来看。

首先,从"一而二"的视角释阐理气之异、之分。

关于"理",栗谷认为它是"冲漠无朕者",即"本然之理"。"冲漠无朕者,指理而言"。②"冲漠无朕"讲的是理的寂然状态,这种状态相当于未发的寂然而静,这种状态的理也就是理的本然状态。对于这种状态的理,栗谷作了进一步论述:"理形而上者",③"理无形也","理无为也",④"理者,气之主宰也"。⑤ 理的无形、无为,标示的是理的超越性和普遍性。理的超越性和普遍性决定了万事万物都具有理,物有物之理,事有事之事,人有人之理。无无理之物,无无理之事,无无理之人。而理为气之主宰,表明了理的至上性和价值性。这就是说,不论任何事物,都必须依照理才能成为事物。以上这些都说明理是形而上的存有。理是形而上的,但又不是虚无,是一种形而上的存有。栗谷将这种状态的理,又称为"实理"。他说:"真实无妄者,理之本然。"⑥本然之理,真实无妄,才有化育之功,人伦之则。例如实理在自然界表现为"自然之理"。栗谷在《节序策》中说:"一阴一阳,天道流行,元亨利

---

① 《答成浩原》,《栗谷全书》卷20,第456页下。
② 《答朴和叔》,《栗谷全书》卷9,第183页下。
③ 《答成浩原》,《栗谷全书》卷10,第202页上。
④ 《答成浩原》,《栗谷全书》卷10,第208页下。
⑤ 《答成浩原》,《栗谷全书》卷10,第197页上。
⑥ 《诚策》,《栗谷全书·拾遗》卷6,第570页上。

贞,周而复始,四时之错行,莫非自然之理也。"①栗谷认为,就天道而言,元亨利贞配春夏秋冬,周而复始,循环不殆。这就是自然之理,它是客观实存的。在这种实理的作用下,春夏秋冬季序的运行,春种秋收作息的循环,是不能颠倒,不能错位的。又如实理在人间社会表现为伦理道德的原理、原则。栗谷在回答学生关于"道学"问题时说:"道学本在人伦之内,故于人伦尽其理,则是乃道学也。"②人伦是指君臣、父子、夫妇、兄弟、朋友等人与人之间关系和等级秩序。人伦之理,便是处理这种等级关系秩序的原理和原则,如"为臣尽忠,为子尽孝"③等。在存有等级关系社会中,人与人关系和人们行为的"应当"或"不应当"的规矩、准则,便是理。这个理也是客观实有之理。

栗谷强调理是实理,"天以实理而有化育之功,人以实心而致感通之效,所谓实理实心者不过曰诚而已"。④ 他的这一思想是对朱熹的"佛氏偏处只是虚其理,理是实理"⑤这一思想的发挥,如果与退溪的理学思想相比较,则更显特色。

在栗谷的思想中,与"理"相比较,"气"则是一个内容更丰富、更充实的概念。在东亚学术史上,朱熹认为"气"是"理"的挂搭处,"理"是本体,所以理自身并不运动。李退溪对这一观点作了否定的发展,他认为正是因为"理有动静",所以"气有动静",凸显了他的主理观点。对此,栗谷又进行了否定,他强调气动理则动,气静理则静,指出唯有"气"能够一动一静。通过这一否定之否定,栗谷又回归到了朱熹思想。但是,栗谷并不是简单的回归,他强调"理"不动,是为了彰显"气"的活动性、能动性、功能性,即是为了突出"气"的价值和地位。

栗谷23岁所作《天道策》是一篇以理气思想论述天道流行、万物化生、自然妙用的重要文章。文中对"气"的运化、造作、使然作了精彩的论述。例如:

> 夫盈天地间者,莫非气也。
>
> 窃谓万化之本,一阴阳而已。
>
> 呜呼!一气运化,散为万殊。分而言之,则天地万象各一气也;合而言之,则天地万象同一气也。钟五行之正气者,为日月星辰;受天地之戾气者,为阴霾雾雹;雷电霹雳则出于二气之相激,风云雨露则出于二气之相合。……位天地,育万物,其道何由?
>
> 天地之气既正,则日月安有薄蚀,星辰安有失躔者哉?天地之气既和,则雷电霹雳岂浅其威,风雨霜雪岂失其时,阴霾戾气岂有作孽者哉?[1]

栗谷认为阴阳之气充斥于天地之间,它是万化之本原,品汇之质料。日月星辰是五行正气所使然,阴霾雾雹是天地戾气所使然,阴阳二气之激,运化成雷电,阴阳二气之合运化成雨雪。气不仅能散为万殊为天道流行,而且还能正天地、矩万物。这是说,栗谷指出只要天地之气正,那么日月星辰则不敢失躔;只要天地之气和,那么雷电霹雳则不敢泄威。如此,阴霾戾气则不敢作孽。其结果便

---

[1]　《天道策》,《栗谷全书》卷14,第309页上、308页上、310页下。

是天地之位正，万物之育盛。可见，位天地，育万物，气也。进一步，栗谷还认为气不仅能孕育万物，而且气之聚散还能运化为人之生死。他说：

> 人之生也，气之聚也，其死也，气散也。自然而聚，自然而散，岂容人力于其间哉？①

聚和散，是气运动变易的自然属性，是自然而然的，是不受人力支配的。但是，正是气的这种聚和散，却自然而然地运化成了人的生和死。人的生死决定于气的聚散，人与人之间的差异也取决于气的差异性。这是因为：

> 惟人也，受阴阳之正气者也。其性虽一，而其形气之禀或厚、或薄、或清、或浊焉。厚薄者，修短之所以分也；清浊者，善恶之所以殊也。均是人也，而其气不同，则其数亦异也。所谓数因乎气者，良以此也。②

栗谷认为气的差异性展现于人时，则人寿命的长短、人性的善恶，皆因所禀气的厚薄、清浊所不同。这就是说，气的差异性决定了人与人之间的相异性。此外，气机之动还运化为人的道德情感。栗谷说：

> 情是心之动也，气机动而为情。

---

① 《神仙策》，《栗谷全书·拾遗》卷5，第549页上。
② 《寿夭策》，《栗谷全书·拾遗》卷5，第558页上。

天理者,无为也,必乘气机而乃动。气不动,而理动者,万无其理。性之乘气而动者,乃为情,则离气求情,岂不谬乎?①

《中庸》:"喜怒哀乐之未发谓之中,发而皆中节谓之和"。朱熹《中庸章句》注曰:"喜怒哀乐,情也;其未发,性也"。喜怒哀乐怎样从未发到已发? 这是因为"气机之动",就是说气自身具有动静的功能。未发之性乘气而动,而为已发之情,表现为人的道德情感。这就是说,若无气机之动,性之未发便不可能转化为情之已发。正是从这个意义上说,气机之动运化为人的道德情感。

可见,在栗谷思想中,天道流行、万物化生、人之生死、善恶情感,皆是气所使然,从中展示了气的功能、价值和力量。而气之所以能够位天地、化万物,这是因为气具有"能动性"的原因。"大抵有形有为而有动有静者,气也"。② 气作为有形象、有作为的存在,而有运动和静止这两种存在的形态。动、静这两种形态是气的自然的动与静,便是气的能动性。所以,上述的气之正、气之和、阴阳二气相激、相合,均是气能动性的展现;而气之聚、气之散,则是气能动性的形式;至于气之清、浊、厚、薄,更是气感而遂通的状态,即能动性的一种状态。

栗谷从"一而二"的角度,认为气能动、理不动,气有为、理无为,气有形、理无形,气为形而下者,理为形而上者。不应认理为气,亦不应认气为理。为此,对于徐花潭认气为理之弊进行了批评。"花潭则以为一气长存,往者不过,来者不续。此花潭所以有

---

① 《答安应休》,《栗谷全书》卷12,第249页上—250页上。
② 《答安应休》,《栗谷全书》卷12,第248页下。

认气为理之病也"。①

其次,从"二而一"的视角释阐理气之同、之合。

在栗谷思想中,他更加强调的是理气之合。他认为"气不离理,理不离气,夫如是,则理气一也"。② 理气浑然一体,元不相离,不可指为二物。对于理与气的这种"二而一"的状态,栗谷曾作诗予以生动的说明:

> 元气何端始,无形在有形。
>
> 穷源知本合,治泒见群精。
>
> 水逐方圆器,空随小大瓶。
>
> 二歧君莫惑,默验性为情。③

这是说,阴阳之气无始,而无形之理在有形之气之中。理气本合,非有始合之时,所以理气原一,而分为二五之精。理在气中,如水在瓶中,方则同方,圆则同圆,动则同动,无分别,无先后。进而,栗谷又从时间和空间上对理气之合进行了论述。

在时间上,他认为理气之合表现为无先后之分。他在解释朱子的"天以阴阳、五行化生万物,气以成形,理亦赋焉"时说:"理气元不相离,即气而理在其中,此承阴阳化生之言,故曰气以成形,理亦赋焉,非谓有气而后有理也。不以辞害意可也。"④当阴阳五行之气化生万物之时,形而下的气化生万物之形。与此同时,理亦赋予其中。理气不离,无先后之别。不应以为朱子先说"气以成

---

① 《答成浩原》,《栗谷全书》卷10,第215页上。

② 《答成浩原》,《栗谷全书》卷10,第205页上。

③ 《理气诛呈牛溪道兄》,《栗谷全书》卷10,第207页上。

④ 《圣学辑要》,《栗谷全书》卷19,第423页上。

形"，后又说"理亦赋焉"，就认为气在先，理在后。这种理解是"以辞害意"，是错误的。对坚持以气为理先错误观点的朴和叔，栗谷也进行了规劝和解释："圣贤之说果有未尽处，以但言太极生两仪，而不言阴阳本有、非有始生之时故也。是故缘文生解者乃曰：气之未生也，只有理而已，此故一病也。又有一种议论曰：太虚澹一清虚乃生阴阳，此亦落于一边，不知阴阳之本有也，亦一病也。大抵阴阳两端循环不已，本无其始，阴尽则阳生，阳尽则阴生，一阴一阳而太极无不在焉。"①朴和叔是徐花潭的弟子，他坚持师门以气为本、以气为先的观点，对栗谷的理气不分先后说提出疑问。对此，栗谷讲了上述话。主要意思是说，有些学者经常望文生义，或者认为"气之未生，只有理"，这是视理在气先之弊病；或者认为"太虚澹一清虚乃生阴阳"，这是视气在理先之弊病。不论是理先气后，还是气先理后，都是不对的，因为理气无先后之分，"大抵阴阳两端循环不已"，"一阴一阳而太极无不在焉"。阴阳之气循环不已，而太极（理）亦寓于阴阳之气之中。

在空间上，栗谷认为理气之合表现为"气包理"。理气相合，它们怎样合？以什么形式合？栗谷说：

> 理在气中。②
> 即气而理在其中。③

言气，则理在其中。这是栗谷对朱熹和退溪理气观的又一深化和

①　《答朴和书》，《栗谷全书》卷9，第184页下。
②　《理气诛呈牛溪道兄》，《栗谷全书》卷10，第207页上。
③　《圣学辑要》，《栗谷全书》卷19，第423页上。

发展。栗谷强调理在气中,气包理,一方面是显示他对气的能动性的强调和重视,另一方面,这也是"气发理乘一途说"的理论基础。

理气的"一而二",是从理与气各自的特性和功能方面来说,既不能指气为理,也不能指理为气,理与气不相夹杂,理是理,气是气。理气的"二而一",是从理与气的存续状态来说,理与气如同水与器,器方则水方,器圆则水圆,器动则水动,器静则水静,同方、同圆、同动、同静,说明理与气已经混沦无间,无先后,无离合。而理与气这种既"一而二",又"二而一"的关系,用李栗谷的话来说,就是"理气妙合"。

"理气妙合"是李栗谷对李退溪和朱熹理气观的发展。栗谷很重视"理气妙合",他认为"一理浑成,二气流行,天地之大,事物之变,莫非理气之妙用也。知此说者可与论《易》也。"①天地之大化,事物之变异,都是理气妙合的结果。栗谷认为这个道理就如同《周易》所讲天地之生生一样重要。理气妙合很重要,但又是很难认识的。"理气之妙,难见亦难说"。② 所谓难见,是讲理与气妙合的状态是一种既形而上,又形而下的那么一种状态;所谓难说,是讲理气称为妙合,是因为理气的自然而然。从哲学视野来关照理气妙合的本质,主要体现在以下三个方面:

理气妙合一:理气体用一源。

体与用,从一般意义上讲,体有本质、本体、本来状态等意蕴,是事物的根本性质或现象背后的实在。体用之用,是指在一定条件下产生的表现、现象或变化的功用,是外在的。本体是恒常的,功用是变异的,本体是功用之体,功用是本体之用。《语录》记载:

---

① 《易数策》,《栗谷全书》卷14,第304页下。
② 《答成浩原》,《栗谷全书》卷10,第204页下。

　　本体之理在于人，则为人底道理；在于物，则为物底道理矣。人物之性虽殊，而初不害其本体之理也。人物之性虽亡，而亦不添其本体之理也。大抵瓶与瓮破，则空无依着之器，故器虽无，而其所以为空者，常自若也。人与物亡，则理无禀受之形，故形虽无，而其所以为理者，亦尝自若也。推此论之，则气虽消长，而其本体之理，亘古亘今，固尝自若而少无欠缺之时也。曰：此议论是。①

本体理不因人性和物性的分殊和存亡，而损害或添补什么；人物灭无形体，而其所以为理，并无影响；气有消亡或增长，本体理并无欠缺。这就是说，作为本体理不受人物之性的差异、人物的有无存在、气的变化而改变自己，而人物之性之殊、人物的存亡和气的消长，都是理在人在物的表现或现象，即是本体理的用的层面。从这个意义上说，是理体气用。这是从本体理的层面来观照气用，而有理气之殊，理气体用不杂。由不杂，故理气体用一源。

　　从理气体用不离视野来观照，体用相因相通，"抑愚之所见，则理也、气也、数也，其体相因，而其用相通，不知其乘戾也"。② 这是说，由体用不离，相因相通，可推知理气相互依存，相互融通，互为因果。由不离，故理气体用一源。

　　由理气不离不杂而体用一源，由理气体用一源而一源又各有体用，即理有理之体用，气有气之体用。栗谷说："理有体用固也，

---

　　①　《语录上》，《栗谷全书》卷31，第235页上。
　　②　《寿夭策》，《栗谷全书·拾遗》卷5，第558页上。

一本之理,理之体也;万殊之理,理之用也"。① 一本之理,为理之体;理一分殊,为万殊之理,便是理一的体现、展现,便是用,故万殊之理为用。就气而言,《语录》记载:"'气之体用,阴与阳是也。'曰:'阴静为体,而阳动为用耶?'曰:'是'。"②气为阴阳二气,有体有用。阴静为气的未发、寂然不动状态,为气之体;阳动为气的已发、感而遂通状态,为气之用。

理气体用一源、显微无间的模式,说明理气体用具有系统的整体性和相对性(动态性)。栗谷在答牛溪的信中说:"足下所谓'以吾心对事物而言,则吾心为体,事物为用'者,甚是。但以吾心对天道而言,则天道为体,吾心为用矣。统体中也有体用,各具中也有体用"。③ 由于对象、层次、视角的差异,体用的规定亦有差异。这就是说,既有"统体"中的体用一源(理体气用),又有"各具"中的体用一源(一理为理之体,万殊之理为理之用;阴静为气之体,阳动为气之用)。理气体用一源所具有的系统的整体性和相对性(动态性)就是理气妙合的一种体现。

理气妙合二:理气然所以然。

与体用相联系,是然与所以然的关系。"所以然者,理之体也;所当然者,理之用也"。④ 栗谷同意这种说法。所当然,是当下现实的层面,它是外在的、显露的、变易的存在;所以然,是超越现象的层面,它是内在的、隐藏的、永恒的存有。当下现实层面的事物之所以存在,其原因、其根据是在于超越现象的形而上存有。

这种"然"与"所以然"的关系,具体到理气上,则"气"为

---

① 《答安应休》,《栗谷全书》卷12,第248页下。
② 《语录上》,《栗谷全书》卷31,第231页下。
③ 《答成浩原》,《栗谷全书》卷9,第187页下。
④ 《语录上》,《栗谷全书》卷31,第231页下。

"然","理"为"所以然"。"然"是形而下者,是具体的事物,是一动一静,故云"其然者气也"。而"所以然"是使气成为具体事物的原因、原理,是动静的根源,故云"其所以然者理也"。对此,栗谷解释说:

> 夫形而上者,自然之理也;形而下者,自然之气也。有是理则不得不有是气,有是气则不得不生万物。是气动则为阳,静则为阴。一动一静者,气也;动之静之者,理也。阴阳既分,二仪肇辟;二仪肇辟,万化乃生。其然者,气也;其所以然者,理也。[①]

气有动静,是然;其所以动之静之是理,是所以然。阴阳二气既分,便化生万物,这是然;其所以分而化生万物,便是所以然之理。正是由于理气然所以然,才有天道之流行,如日月丽天、风雪降地、风云起、雷电作,这种千差万别的现象是在、是然、是气,其所以丽天、降地、起作的根据和原因是所以在、所以然、是理。而天道之流行也正是理气妙合的结果。[②]

理气妙合三:理气所宰所为。

与然、所以然相关联的是理气的所宰所为。所宰,是主宰、是根据;所为,是表现、是作用。就理气而言,理为气之所宰,气为理之所为。栗谷在《答成浩原》时对此说得很清楚:

---

① 《易数策》,《栗谷全书》卷14,第304页下—305页上。
② 参见张立文著:《栗谷的理气观》,刊于《第三回栗谷思想国际学术会议论文集》(韩文版),1992年。

　　　　理者气之主宰也,气者理之所乘也。非理则气无所根柢,
　　非气则理无所依着。……参差不齐者,气之所为也。虽曰气
　　之所为,而必有理为之主宰,则其所以参差不齐者,亦是理当
　　如此。①

理为气之根柢、气为理之依着,故而参差不齐的万事万物是气之所
为,而气之所以能有这些所为,又是因为这是理之主宰。

　　关于理气所宰所为的缘由,栗谷解释为:

　　　　阴静阳动机自尔也,非有使之者也。阳之动则理乘于动,
　　非理动也;阴之静则理乘于静,非理静也。故朱子曰:太极者
　　本然之妙也,动静者所乘之机也。②

关于理为主宰,栗谷认为这是理“本然之妙”的使然。在《栗谷全
集》中,他多次提到理有“本然之妙用”的观点。如“本然之妙无乎
不在”,“理无所不在各为其性,而其本然之妙则不害其自若
也”。③“本然之妙”就是理自身所具有一种自然而然的妙用。这
种妙用无时、无处不在,故使理为之主宰。

　　关于气为所为,是阴静阳动的结果,而气之所以能够一动一
静,用栗谷的话来说,是“机自尔”。这就是说,阴静阳动的原因,
不是外力所使然,而是气自身的本能。栗谷的“机自尔”思想是对
徐花潭“机自尔”观点的继承。栗谷之所以认为“阴静阳动机自尔

---

①　《答成浩原》,《栗谷全书》卷 10,第 197 页上。
②　《答成浩原》,《栗谷全书》卷 10,第 209 页上。
③　《答成浩原》,《栗谷全书》卷 10,第 209 页上。

也"，是与他重气，强调气的能动性和活动分不开的。

理为气之"所宰"，气为理之"所为"。无所宰，则无所谓所为；无所为，则无所谓所宰。理气所宰所为，才有天道流行，万物化生。可见，理气所宰所为，既是理气妙合的体现，又是理气之所以妙合的原因。

"理气妙合"是李栗谷理气观的理论基石。由"理气妙合"而推导出"理通气局"和"气发理乘"。而"理通气局"更是对"理气妙合"的直接体贴。

2. "理通气局"

如果说"天理"二字是中国理学家二程自家体贴出来的话，那么"理通气局"四字则是韩国性理学家李栗谷的自谓见得。"理通气局四字，自谓见得，而又恐读书不多，先有此等言，而未见之也"。[1] 尽管佛教华严宗有理事通局之说，但就理通气局而言，却是栗谷的个人见得。虽然理通气局深受理学家"理一分殊"思想的影响，但栗谷的"理通气局"说确实是对他自己提出的"理气妙合"思想的直接体贴。关于"理通气局"，栗谷说：

> 理气元不相离，似是一物，而其所以异者，理无形也，气有形也；理无为也，气有为也。无形无为而为有形有为之主者，理也。有形有为而为无形无为之器者，气也。理无形而气有形，故理通而气局。理无为而气有为，故气发而理乘。理通者何谓也？理者，无本末也，无先后也。无本末、无先后，故未应不是先，已应不是后，是故乘气流行、参差不齐，而其本然之妙无乎不在。气之偏则理亦偏，而所偏非理也，气也。气之全则

---

① 《答成浩原》，《栗谷全书》卷10，第208页下。

理亦全,而所全非理也,气也。至于清浊、粹驳、糟粕、煨烬粪
壤污秽之中,理无所不在各为其性,而其本然之妙则不害其自
若也。此之谓理之通。气局者何谓也? 气已涉形迹,故有本
末也、有先后也,气之本则湛一清虚而已曷。尝有糟粕、煨烬
粪壤污秽之气哉? 惟其升降、飞扬、未尝止息,故参差不齐而
万变生焉。于是气之流行也,有不失其本然者,有失其本然
者。既失其本然,则气之本然者已无所在,偏者偏气也,非全
气也;清者清气也,非浊气也;糟粕煨烬,糟粕煨烬之气也;非
湛一清虚之气也。非若理之于万物本然之妙,无乎不在也。
此所谓气之局也。①　`

栗谷"理通气局"的意思是"理同气异"。这就是说,不论是本体之
理还是流行之理,其理同一。"本体之中,流行具焉;流行之中,本
体存焉"。② 本体之理和流行之理(即分殊之理)浑然一体,实为
一理。因为不论是在清浊粹驳糟粕之中,还是在煨烬粪壤污秽之
中,"理无所不在各为其性,而其本然之妙则不害其自若也"。关
于"理通"为"理同",栗谷还说过"则理之在枯木死灰者,固局于气
而各为一理。以理之本体言,则虽在枯木死灰而其本体之浑然者,
固自若也。是故枯木死灰之气非生木活火之气,而枯木死灰之理
即生木活火之理也"。③ 由于理之本体浑然自若,所以枯木死灰之
理与生木活火之理同。这是"理同"。

　　所谓"气局"为"气异",是说"局"字具有两个意思。从字面

---

① 《答成浩原》,《栗谷全书》卷 10,第 208 页下—209 页上。

② 《与与浩原》,《栗谷全书》卷 10,第 216 页上。

③ 《答成浩原》,《栗谷全书》卷 10,第 212 页下。

上讲,"局"为"局部"之意,所以栗谷说:当气流行时,有不失气之本然者,也有失其本然者。当气失其本然之时,则不是全气,而变成部分之气,或为偏气、或为浊气、或为清气、或为糟粕煨烬之气等,而这些气都不是湛一清虚之本气,故为"气异"。"局"字引申讲,为局促狭隘之意,即见识不广而蔽塞。所以,"气局"的"局"的另一个意思为"蔽塞"之意。这是说,由于浊气、偏气、糟粕煨烬之气不是湛一清虚之气,所以理常受这些气之蔽塞之累,而不能全部显现出来,似乎偏也。故栗谷说:"气之偏则理亦偏,而所偏非理也,气也"。理乘气流行,气全则理全,气偏则理偏。实际上,理是同一的,关键是气。当气之偏,即气有蔽塞之障时,本体之理便不能全部显现出来,呈现为"理偏"状态。气不同,气之蔽塞之障也不同,故理偏也有不同的显现。归根结底,还是"气异"。

关于"理通气局"实为"理同气异",还可根据栗谷强调要从本体上理解"通"和"局"。他说:

> 理通气局要自本体上说出,亦不可离了本体别求流行也。人之性非物之性者,气之局也。人之理即物之理者,理之通也。方圆之器不同,而器中之水一也;大小之瓶不同,而瓶中之空一也。气之一本者,理之通故也;理之万殊者,气之局故也。①

栗谷强调"理通气局"必须从本体上理解,就是说从人物之"性"、之"理"上来理解"通"和"局"的意义。如人之性与物之性不同,这是因为构成人之形与物之形的"气"不同,由于气之蔽塞而赋予

---

① 《与成浩原》,《栗谷全书》卷10,第216页上。

人和物的"理"(性)亦不同。所以人性非物性,是由于"气异"的原因。又按照:"理一分殊"和"月印万川"的观点,本体之理予人、予物都是同一的,故"理同"。"理同气异"就如同方器和圆器不同(气异),而器中之水一也(理同);就如同大瓶和小瓶不同(气异),而瓶中之空一也(理同)。关于这一点,栗谷在《圣学辑要》中解释"理通气局"时,明确地说:

> 理通者,天地万物同一理也。气局者,天地万物各一气也。①

可见,理通者理同也,气局者气异也。正是由于"理同",所以无形无为之理为有形有为之气之主宰,气才呈现为有形有为一体之气。也正是由于"气异",在气的各种蔽塞之障下,分殊之理才呈现出万殊之理。而在本体上,理还是同一的。"所谓理一分殊者,理本一矣。而由气之不齐故随所寓而各为一理。此所以分殊也,非理本不一也。"②

栗谷提出"理通(同)气局(异)"观点的目的是为了探究人性善恶的原因以及如何将恶恢复为本然之善。为此,他对孟子的"性善论"、荀子的"性恶论"及扬雄的"性善恶混"的人性观点,以"理通气局"理论加以评论。

> 荀扬徒见零碎之理各在一物而不见本体,故有性善恶混之说。孟子只举本体而不及乘气之说,故不能折服告子。故

---

① 《圣学辑要》,《栗谷全书》卷20,第457页上。
② 《圣学辑要》,《栗谷全书》卷20,第457页上。

曰论性不论气,不备论气不论性,不明二之则不是。①

栗谷认为荀子和扬雄只看到"气局"即由于气之异,乘气之理也不同而形成性异的一面,所以有"性恶论"、"性善恶混"说。与之相反,孟子只看到"理通"即本体之理同一的一面,所以有"性善论"。因此,必须从理通(同)气局(异)角度全面考察人性问题。

进而,栗谷对人性善恶问题进行了分析。他说:"理本纯善而气有清浊。气者盛理之器也,当其未发、气未用事,故中体纯善及其发也,善恶始分。善者,清气之发也;恶者,浊气之发也"。② 这里强调的是气的作用,即气异之不同,而形成性善和性恶。性善是由于清气所发,性恶是由于浊气所发。性有善恶之分,表明分殊之理也有善恶。栗谷又提出了"理有善恶"观点。

这一观点是栗谷对程颢思想的直接继承。"程子曰:'人生气禀,理有善恶'。此晓人深切,八字打开处也。其所谓理者,指其乘气流行之理而非指理之本然也。本然之理固纯善,而乘气流行其分万殊,气禀有善恶,故理亦有善恶也。夫理之本然则纯善而已乘气之际,参差不齐,清净至贵之物及污秽至贱之处,理无所不在。而在清净则理亦清净,在污秽则理亦污秽。若以污秽者为非理之本然,则可遂以为污秽之物无理,则不可也。夫本然者,理之一也;流行者,分之殊也。舍流行之理而别求本然之理,固不可。若以理之有善恶者为理之本然,则亦不可。理一分殊四字,最宜体究。"③栗谷认为理一即本体之理是纯善无恶,所以能够"理通"(理同)。

---

① 《答成浩原》,《栗谷全书》卷10,第212页下。
② 《人心道心图说》,《栗谷全书》卷14,第283页上。
③ 《答成浩原》,《栗谷全书》卷9,第194页下。

而分殊之理有善亦有恶,其善恶取决于所乘之气的清浊。"譬之于水则本清之水,投之于污秽之地,则水亦为之污秽。盛之于清净之器,则水终不失本清之性耶"。① 气禀有清浊,理有善恶。这就是"气局"(气异)的结果。为此,栗谷认为矫正气质是去恶从善的重要因素。而这正是他修养论的基本内容。可见,"理通气局"说成为栗谷主诚、养气、知至的理论基础。

3. "气发理乘"

李栗谷的"气发理乘一途"说主要是针对李退溪的"四端理发而气随之,七情气发而理乘之"的"理气互发"说而提出的。

> 退溪之病,专在于互发二字。②

> 退溪之精详谨密近代所无,而理发气随之说亦微有理气先后之病。老先生未捐馆舍时,珥闻此言,心知其非,第以年少学浅,未敢问难归一。每念及此,尝不痛恨也。③

栗谷很尊重退溪的学问,但认为他的"理发气随"说有理气先后之分的病处,故而提出"气发理乘一途"说。

栗谷的"气发理乘一途"说虽然是针对退溪"互发"说而发,但更重要的原因是栗谷自身理论逻辑发展的结果。

"理气妙合"是栗谷理气观的核心和基础。强调理气无先后、无离合,是理气妙合的一个重要内容。从这一重要内容出发,栗谷认为"互发"说在理论上是站不住的。他说:

---

① 《语录上》,《栗谷全书》卷31,第230页下。
② 《答成浩原》,《栗谷全书》卷10,第202页下。
③ 《答成浩原》,《栗谷全书》卷10,第200页上。

理形而上者也,气形而下者也。二者不能相离,既不能相
离则其发用一也,不可谓互有发用也。若曰互有发用,则是理
发用时,气或有所不及;气发用时,理或有所不及也。如是,则
理气有离合、有先后,动静有端、阴阳有始矣。其错不小矣。①

栗谷认为,如果"互发"说成立的话,那么就会出现理发时,气不能
与之同步;气发时,理不能与之同步的情况,这就是理气分离,有先
有后。而这种状况是与理气无分离、无先后的妙合理论不符的。
因此,只能是"气发理乘"。"大抵发之者气也,所以发者理也。非
气则不能发,非理所无所发"。② 从理气妙合出发,栗谷指出气为
发之者,理为气发之所以然者。没有气则不可发,没有理亦无发之
根据。可见,"气发理乘"是理气然、所以然,所宰、所为的具体体
现和必然结果。

栗谷形象地将"气发理乘"比喻为水与器皿关系。"物之不能
离器,而流行不息者惟水也。故水可以喻理,水之本清,性之本善
也。器之清净、污秽之不同者,气质之殊也。器动而水动者,气发
而理乘也。器水俱动,无有器动水动之异者,无理气互发之殊也。
器动则水必动,水未尝自动者"。③ 这里,水喻理、器喻气,水装于
器中,犹理乘于气。器动则水动,表明气发理乘,理气俱动。不可
能只器动而水不动,也不能器不动而水自动,说明理气互发是不可
能的,惟有"气发理乘"一种。同时,这种水器之喻也是上述"气包
理"的形象体现。正是由于理寓于气中,气为理之载体,所以才能

---

①　《答成浩原》,《栗谷全书》卷10,第202页上。
②　《答成浩原》,《栗谷全书》卷10,第198页下。
③　《答成浩原》,《栗谷全书》卷10,第203页上。

够"气发理乘"。

之所以说"气发理乘",还因为"理气妙合"理论指出,气有为而理无为。"理无为而气有为,故气发而理乘"。① 栗谷专门对这句话作了注解:"阴阳动静而太极乘之,发者气也,乘其机者理也"。② 动静是阴阳二气所为,而不是太极自身的动静。所谓"太极动而生阳,静而生阴"之说,其实是讲此时太极之理已乘阴阳气之机,由于太极之理对阴阳之气的主宰,所以阳气动,所乘太极之理亦动;阴气静,所乘太极之理亦静,这就是"发者气也,乘其机者理也"。而之所以气为发、理为乘,还是在于"理无为,气有为"。依据"理气妙合"之说,无为之理为有为之气之主宰、主体,有为之气为无为之理之所为、作用。理体气用、理气是所宰、所为。这种理论逻辑发展的结果就是"气发理乘"。

栗谷经常将"气发理乘"称之为"气发理乘一途"说。所谓"气发理乘一途"说,是讲栗谷认为不论是天道,还是人道的运行,都只有"气发理乘"这一途径,而没有其他的途径。"天地之化,无非气化而理乘之也,是故阴阳动静而太极乘之。此则非有先后之可言也。若理发气随之说,则分明有先后矣。此岂非害理乎?天地之化即吾心之发也。"③天道运行是气发而理乘,不能说理发而气随,这有违于理气无先后之说。根据天地之造化以观人道流行,人之性禀受于天地之理,人之形体得之于天地之气。故吾心之用便是天地之化,即也只有气发理乘这一种途径。所以不论是天地之化的天道流行,还是吾心之发的人道流行,都是"气发理乘"这一

---

① 《答成浩原》,《栗谷全书》卷10,第209页上。
② 《圣学辑要》,《栗谷全书》卷20,第457页上。
③ 《答成浩原》,《栗谷全书》卷10,第198页下。

种运行途径。因此称为"气发理乘一途"说。栗谷的"气发理乘一途"说的另一层意思是针对退溪的"四端是理发而气随之,七情是气发而理乘之"的说法,强调无论是"四端"还是"七情",都只能是"气发理乘一途"。

"盖气发理乘一途之说,推本之论也"。① 这是"气发理乘一途"说的价值所在。所谓"推本之论",是说栗谷认为"气发理乘一途"说为现实生活中的人最终修养为"圣人",提供了理论根据。这就是说,人为了恢复其本然之善性,必须检束有为之气,即通过后天的修养,使有为之气皆变为湛一清虚之气。通过矫气质的工夫,达到去恶为善的目的。

二、心性情意一路说

如果说理气问题是栗谷性理学的核心,那么心性问题则是栗谷性理学的要点。这一要点可归纳为以下三个问题:

1. 心性情意一路而各有境界

在理气问题上,栗谷的思维模式是"妙合",也就是强调"合",反对"分"。遵循这种"合"的思维模式,在心性问题上,他主张"心性情意一路而各有境界"。针对有些学者将"心性为二用","情意为二歧"的观点,他指出:

　　今之学者为此说所误,分心性为有二用,情意为有二歧。余甚苦之。……性是心之理也,情是心之动也,情动后缘情计较者为意。若心性分二,则道器可相离也;情意分二,则人心有二本矣。岂不大差乎? 须知性心情意只是一路而各有境

---

① 《答成浩原》,《栗谷全书》卷10,第209页下。

界,然后可谓不差矣。何谓一路? 心之未发为性,已发为情,
发后商量为意,此一路也。何谓各有境界? 心之寂然不动时
是性境界,感而遂通时是情境界,因所感而绅绎商量为意境
界,只是一心各有境界。①

这里的所谓"一路",是说"性"是心之体,"情"是心之用,"意"是
心缘情计较者,即都是"心"的不同境界的呈现。"心"寂然不动的
境界为性,"心"感而遂通的境界为情,"心"因所感而绅绎思量的
境界为意。可见,性、情、意都是一心的不同状态、功能、表现。以
此为基点,在"性"和"情"方面,栗谷强调"性非二性","情非二
情"。

2. 性非二性,情非二情

朝鲜朝的性理学者沿袭中国理学,视"性"为"本然之性"(天
命之性)和"气质之性"。李栗谷解释"本然之性"和"气质之性"
时说:

朱子曰:天地之性专指理而言,气质之性则以理杂气而
言,只是此性(本然之性)在气质之中,故随气质而自为一性
(气质之性)。……臣按:本然之性、气质之性,非二性也。就
气质上单指其理,曰本然之性;合理与气质而命之曰气质
之性。②

这里,栗谷理解并发挥朱熹的"天地之性指理而言,气质之性为理

---

①　《杂记》,《栗谷全书》卷14,第297页上。
②　《圣学辑要》2,《栗谷全书》卷20,第452页。

杂气而言",强调了两点,一点是强调"本然之性"与"气质之性"不是两种不同的人性,"非二性"。二是强调"气质之性"兼"本然之性"。

　　在"本然之性"与"气质之性"的问题上,中国理学家朱熹常常反驳那种认为人同时有两种并立的人性的观点。他说:"气质是阴阳五行所为,性即太极之全体。但论气质之性,则此全体堕在气质之中,非别有一性也。"①"大抵本然之性与气质之性亦非判然两物也。"②朱熹在反对有人视"本然之性"与"气质之性"为并列二性时,指出"本然之性"与"气质之性"不能判然为二性。栗谷认同朱熹这一观点,但他从"合"的思维出发,更加强调二者的同一。如他在回答成牛溪关于心性问题时,强调指出:"就形质中单指其理而言之,则本然之性也,本然之性不可杂以气也。子思孟子言其本然之性,程子张子言其气质之性,其实一性,而所主而言者不同。今不知其所主之意,遂以为二性,则可谓知理乎?"③栗谷认为形气体质中的"理"为"本然之性",它不可以杂以气;理与气合则为"气质之性",所以,"本然之性"与"气质之性"实为一性,只不过侧重不同。正是由于侧重不同,"气质之性"指气与理合,"本然之性"单指其中的理,所以,栗谷又强调"本然之性"包含在"气质之性"中,或者叫"气质之性"兼"本然之性"。"本然之性则不兼气质而为言也,气质之性却兼本然之性"。④ 栗谷这一思想如图8⑤所示:

　　① 《答严时享一》,《朱文公文集》卷61。

　　② 《答方伯谟三》,《朱文公文集》卷44。

　　③ 《理气诀呈牛溪道兄》,《栗谷全书》卷10,第207页上。

　　④ 《答成浩原》,《栗谷全书》卷9,第192页下。

　　⑤ 参见刘明钟著:《退溪和栗谷的哲学》,东亚大学出版社1987年版,第279页。

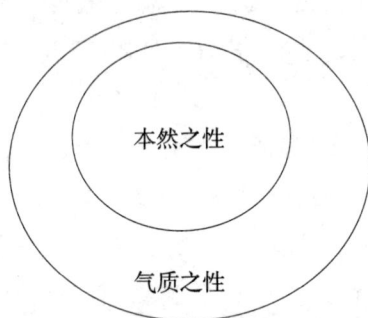

图8 二性图

与"性"相同,在"情"问题上,栗谷提出"情非二情","七情包四端"。"七情实包四端,非二情也"。[①] "四端七情正如本然之性,气质之性。本然之性则不兼气质而为言也,气质之性则却兼本然之性,故四端不能兼七情,七情则兼四端。"[②]栗谷之所以强调"情非二情"、"七情包四端",从理论上讲是他理气观的"气发理乘一途"说的继续。如上所云,在"四端"、"七情"是"理发"、"气发"问题上,栗谷与退溪观点有异。李退溪从"互发"说出发,认为"四端理发而气随之,七情气发而理乘之"。对此,李栗谷提出"一途"说,即认为不论是"四端",还是"七情",都是"气发理乘"。这一问题从心性情角度分析,栗谷指出,退溪强调"互发"说,即强调"四端"与"七情"的区别,是因为他主张"四端"是心"由中"而发之情,而"七情"是心"感外"而发之情,故为二情。对此,栗谷指出"四端"和"七情"都是心"感外"而发之情,即均是"气发理乘"。他说:

① 《圣学辑要》2,《栗谷全书》卷20,第455页上。
② 《答成浩原》,《栗谷全书》卷9,第192页下。

　　窃详退溪之意,以四端为由中而发,七情为感外而发。以此为先入之见而以朱子之发于理、发于气之说主张而伸长之,做出许多葛藤,每读之未尝不慨叹。以为正见之一累也。《易》曰:"寂然不动,感而遂通。"虽圣人之心,未尝有无感而自动者也。必有感而动,而所感皆外物也。何以言之? 感于父,则孝焉;感于君,则忠动焉;感于兄,则敬动焉。父也、君也、兄也者,岂是在中之理乎? 天下安有无感而由中自发之情乎? 特所感有正有邪,其动有过有不及,斯有善恶之分耳。今若以不待外感由中自发者为四端,则是无父而孝发,无君而忠发,无兄而敬发矣。岂人之真情乎? 今以恻隐言之,见孺子入井,然后此心乃发。所感者,见孺子也。孺子非外物乎? 安有不见孺子入井而自发恻隐者乎? 就令有之,不过为心病耳,非人之情也。夫人之性有仁义礼智信五者而已,五者之外无他性;情有喜、怒、哀、惧、爱、恶、欲七者而已,七者之外无他情。四端只是善情之别名,言七情,则四端在其中矣。①

　　这里,栗谷明确指出人之"情"都是心感而遂通的结果。喜、怒、哀、惧、爱、恶、欲七情涵盖了人的一切"情"。而"四端"则是"孟子就七情中剔出善一边,目之以四端"②而已。所以"四端"是"七情"之善的一边,"七情"是"四端"之总会。"七情"已包"四端"在其中,所以不可谓"四端"非"七情","七情"非"四端",也不可将"四端"与"七情"相对立。这就是栗谷强调的"情非二情",用图9

①　《答成浩原》,《栗谷全书》卷10,第199页上。

②　《人心道心图说》,《栗谷全书》卷14,第283页上。

表示为①：

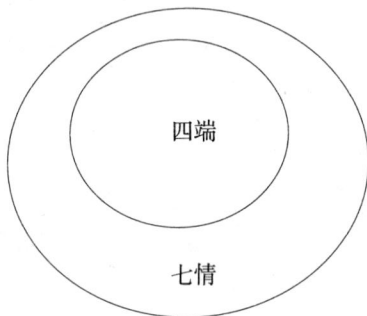

图 9　二情图

可见，栗谷的"气质之性包本然之性"，"七情包四端"的思想，正是他"气包理"思想的展开和具体化。

3. **人心道心终始说**

与"四端七情"相关联的是人心、道心问题。关于何谓人心、何谓道心，栗谷说："天理之赋予人者，谓之性，合性与气而为主宰于一身者，谓之心。心应事物而发于外者，谓之情。性是心之体，情是心之用，心是未发已发之总名，故曰心统性情。性之目有五，曰仁、义、礼、智、信；情之目有七，曰喜、怒、哀、惧、爱、恶、欲。情之发也，有为道义而发者。如欲孝其亲，欲忠其君，见孺子入井而恻隐，见非议而羞恶，过宗庙而恭敬之类是也，此则谓之道心。有为口体而发者，如饥欲食、寒欲衣、劳欲休、精盛思室之类是也，此则谓之人心。"②这些说法是性理学关于人心、道心的通说，无甚新

意。因为这不是栗谷思考的重点,他的侧重点在于人心、道心生出或发出的途径,即人心、道心是理气"互发"还是"一发"的问题。栗谷好友成牛溪就此问题致函栗谷:"顷日读朱子人心道心之说,有或生或原之论,似与退溪之意合。故慨然以为在虞舜无许多议论时,已有此理气互发之说。"①这里的"或生"与"或原",是指朱熹所说人心生于形气之私,道心原于性命之正。牛溪认为朱熹的"或生"和"或原"的思想"与退溪之意合",是指退溪视"道心"为"四端",视"人心"为"七情"。而"四端"、"七情"是理气"互发",故牛溪认为人心道心也应是理气"互发"。对此,栗谷从其"气发理乘一途说"出发,认为人心道心也都是"气发理乘"。栗谷答复牛溪说:

　　气发理乘一途之说与或生或原……之说,皆可通贯。

　　朱子曰:"心之虚灵知觉一而已矣。或原于性命之正,或生于形气之私"。先下一心字在前,则心是气也,或原或生而无非心之发,则岂非气发耶? 心中所有之理乃性也,未有心发而性不发之理,则岂非理乘乎? 或原者,以其理之所重而言也;或生者,以其气之所重而言也,非当初有理气二苗脉也。

　　人心道心俱是气发。而气有须乎本然之理者,则气亦是本然之气也,故理乘其本然之气而为道心焉。气有亦乎本然之理者,则亦变乎本然之气也,故理亦乘其所变之气而为人心。②

---

① 《附问书》,《栗谷全书》卷10,第200页下。
② 《答成浩原》,《栗谷全书》卷10,第209页下—210页。

这里，栗谷从理气观角度论述了人心、道心皆是"气发理乘一途说"。心为理气合，按照栗谷"理气妙合"的思维原则，"气"有为、"理"无为，"气"有动静、"理"无动静，所以当理乘本然之气而发时，为"道心"。此时以"理"为重，即朱熹所谓"或原者"。当理乘变化之气而发时，为"人心"。此时以"气"为重，即朱熹所谓"或生者"。可见，不论是道心（或原者），还是人心（或生者）都是"气发理乘"。栗谷这一思想很有创见。他一反朱熹和退溪之说，以"道心"不离乎"气"，"人心"原于"理"的观点而开辟关于人心、道心来源的新思路。

从人心、道心都是"气发理乘"这一点看，"人心道心非二心也"。① 既然心非二心，那么人心、道心应与"四端"、"七情"、本然之性、气质之性一样，呈"人心包道心"形式。但栗谷认为，在这方面人心、道心的关系不能像"七情兼四端"、"气质之性兼本然之性"一样，而是"人心道心相为终始"。这是因为人心与道心是"源一而流二"②。所谓"源一"，是说人心、道心的来源都是"气发理乘"；所谓"流二"，是讲所乘之气或为本然之气，或为所变之气。因此，乘气发用不同，或为道义、为道心，或为形气、为人心。这就是"人心道心则或为形气，或为道义。其原虽一，而其流既歧，固不可不分两边说下矣"③。人心、道心分为两边来看时，二者呈现互为终始的状态。栗谷解释这种互为终始的状态说：

　　人心道心相为终始者，何谓也？ 今人之心直出于性命之

---

① 《答安应休》，《栗谷全书》卷12，第250页上。
② 《答安应休》，《栗谷全书》卷10，第202页上。
③ 《答安应休》，《栗谷全书》卷10，第198页下。

正而或不能顺而遂之,间之以私意,则是始以道心而终以人心
也。或出于形气而不咈乎正理,则固不违于道心矣。或咈乎
正理而知非制伏,不从其欲,则是始以人心而终以道心
也。……人心道心之相为终始矣。①

栗谷指出,当人不能坚持不懈地追求性命之正,被私欲所染,就会
使性命之正的道心变为形气之私的人心。这是始于道心,终于人
心。反之,当人知道私欲不正确,并决心制伏私欲,就会由人心转
为道心。这是始于人心而终于道心。栗谷强调人心、道心不相兼
而互为终始,是与他的治学宗旨相一致的。

　　如上所云,栗谷的学问观以成圣为目的,因此栗谷性理学的基
点不在于心的"未发"状态,而在于心"已发"后的善恶之分及如何
去恶为善。

　　未发和已发是指心的体与用两种状态。《中庸》讲:"喜怒哀
乐之未发,谓之中。发而皆中节,谓之和。"喜怒哀乐之未发的中
状态,又被看做是天命之性。发而皆中节的和状态,又被看做是率
性之道。对此,栗谷将天命之性叫做"至善之体"、"未发之中",将
率性之道叫做"至善之用"、"自有之中"。他说:"至善之体即未发
之中,而天命之性也。至善之用即事物上自有之中,而率性之道
也。"②这里的"自有之中",是指心感物而发,如果发时直出于正
理并不受外界干扰,心就以道心面貌出现,维持了原有的本然之纯
粹,表现为仁、义、礼、智之端,为善。栗谷将这种状态称为"自有
之中"。反之,心在发动时不能精察,而偏于私欲,便会表现为发

---

①　《答安应休》,《栗谷全书》卷9,第192页。
②　《答成浩原》,《栗谷全书》卷9,第187页上。

于仁、义、礼、智而反害仁、义、礼、智，为恶。因此，事物上的"自有
之中"很关键。为要达到"自有之中"，栗谷认为"意"具有调节性
和情的功能。他主张以"人之意"去调节"人之性"与"人之情"，
如表2、表3所示①：

表2

人之性（善）	人之意	人之情
仁之端	当喜而喜，临丧而哀，见所亲而慈爱，见理而欲穷之，见贤而欲齐之	喜 怒 哀 欲 四情
义之端	当怒而怒，当恶而恶	怒恶二情
礼之端	见尊贵而畏惧	惧情
智之端	当喜怒哀惧之际知其所当喜所当怒所当惧，又知其所不当喜所不当怒所不当惧	是非之情

此表是说在意作用下，善情之发，善而中节，直逐其性之本然。

表3

人之性（恶）	人之意	人之情
原于仁而反害害仁	当喜不喜，临丧不哀，见所亲不爱	喜怒哀欲四情
原于义而反害义	为怒不怒，当恶不恶	怒恶二情
原于礼而反害礼	当尊不尊	惧情
原于智而反害智	当喜怒哀惧之际不知其所当喜怒哀惧，不当喜怒哀惧之际又不知其所不当喜怒哀惧	是非之情

---

① 此二表参见张敏著：《立言垂教——李珥哲学精神》，北京大学出版社
2003年版，第136—137页。

　　此表是说在意作用下,恶情之发,恶而不中节,失其性之本然。

　　可见,"意"的作用至关"善"与"恶"。这是因为意"精察而趋乎理,则人心听命于道心也。不能精察而惟其所向,则情盛欲炽,而人心愈危道心愈微矣。精察与否,皆是意之所为。故自修莫先于诚意"。① 精察与否,为意之所为。而只有诚意才能精察,才能分别是非,才能转人心为道心,才能去恶为善。所以,"诚"是栗谷修养哲学的要点。

三、格致诚正—诚说

　　性理学以人性本善,恶是由于气禀不同或后天物欲的引诱和蒙蔽而造成的,因此,性理学者的修养论是向内追求,以求得内在的超越而达到内圣的道德理想境界为宗旨。而在修养的途径上,李退溪主"敬",李栗谷主"诚"。这是栗谷与退溪的又一重要区别。如栗谷说:"敬是用功之要,诚是收功之地,由敬而至于诚矣。"②敬是修养的方法,诚不仅是方法更是修养的目的,所以必须由"敬"而至"诚"。

　　格致诚正是性理学的修养论。栗谷认为不论是格致(格物致知)还是诚(诚意)正(正心),都离不开"诚"。"格致诚正固学者事,亦不可舍此而求圣人也。……愚则以为物极其格,知极其至,意极其诚,心极其正者,圣人也"。③ "臣又按,诚意为修己治人之根本。今虽别为一章,陈其大概,而诚之之意实贯上下诸章。如志无诚则不立,理无诚则不格,气质无诚则不能变化。"④栗谷指出,

---

①　《答成浩原》,《栗谷全书》卷9,第193页上。

②　《圣学辑要》,《栗谷全书》卷21,第479页下—480页上。

③　《答成浩原》,《栗谷全书》卷9,第189页上。

④　《圣学辑要》3,《栗谷全书》卷21,第465页上。

圣人的境界是格物要格到极处,致知要知到极处,诚意要诚到极处,正心要正到极处。而"诚"则贯通格致诚正。这就是志诚则立,理诚则格,气诚则变。所以,"诚"是修己治人的大本。

1. 格致与诚

"格致"是讲通过格物而达对知、对理的体认,这就是格物致知,格物穷理。而格物的方式或读书、或行事、或讲论等,不拘一格。但一言一动,都要诚心,方能致知、穷理。如栗谷在《东湖问答》中所云:

> 如欲格物致知,则或读书而思其义理,或临事而思其是非或讲论人物而辨其邪正,或历览古史而求其得失;至于一言一动,皆当思其合理与否? 必使方寸之地,虚明洞彻,……出于至诚。①

这里的"方寸之地,虚明洞彻"指心,"出于至诚",指心要诚。"一言一动,皆当思其合理与否"指一言一行都要出以诚心。因为诚是吾心上本然之中,只有以吾心上本然之中求事物中之本然之中(又称"至当之理",如栗谷说的在"每遇一事,必求至当之理,去其非,而行其是"②)时,才可以穷理而致知。以诚则穷理,以诚而致知,这里的诚是方法。为了强调格致与诚的关系,栗谷也常常讲"物格知至"。"程朱皆说格至也。据此论之,格物云者,人穷物之理而使之至于尽处也。物格云者,物之理已至于尽处,更无可穷之

---

① 《东湖问答》,《栗谷全书》卷15,第320页下。
② 《圣学辑要》2,《栗谷全书》卷20,第461页上。

余地也。此说通透洒落,十分明白。"①格物与物格不同,格物是穷理,物格是理明。致知与知至也不同,致知是指知的部分和体认知的过程,知至是指知的整体和体认知的终极。所以,"物格知至"是指格物致知后的"豁然贯通"。这种豁然贯通的境界就是《大学》所说的"明德",即虚灵不昧,以众理而应万事。这是指心之本体。按着栗谷"诚者,天之实理,心之本体"②的观点,诚是心之本体。可见,栗谷强调"物格知至"③,是为了突出"诚心"的重要性。因为心诚可以明善,可以诚身,这是人道之诚。这里的诚,则主要指目的。

2. 诚意与诚

栗谷的"诚意"主要依据《大学》的"诚意"思想。如他在回答学生什么是"诚意"时说:"所谓真诚意者,格物致知,理明心开,而诚其意之谓也。"④这与《大学》所说"物格而后知至,知至而后意诚"的意思基本相同。他在《东湖问答》中又说:"如欲诚意,则好善如好好色而必得之,恶恶如恶恶臭而决去之。幽独隐微之中,敬畏无怠,不睹不闻之时,戒惧不忘,必使念虑之发,莫不一出于至诚,以尽其诚意之实。"⑤诚意可使意有决断性,对好好色必得之做决断,对恶恶臭决去之做决断。同时,对此心之萌,常存戒惧敬畏,不使意念有所偏倚,不使思虑有所邪曲。这里的意包括念、虑、思。而念、虑、思是未定者,故必须以"诚"来主宰之。以"诚"诚其意,

---

① 《语录下》,《栗谷全书》卷32,第267页上。
② 《圣学辑要》3,《栗谷全书》卷21,第479页下。
③ 栗谷的"物格知至"思想被其学生沙溪金长生所继承和发展。具体内容可参看本书第五章第一节。
④ 《语录下》,《栗谷全书》卷32,第263页下。
⑤ 《东湖问答》,《栗谷全书》卷15,第320页下。

使意有主宰,以定好善去恶。

关于"诚意"的方法,依栗谷《圣学辑要·修己·诚实》的内容,主要有:

1. 主忠信。(《论语》)

2. 子张问行。子曰:"言忠信,行笃信,虽蛮貊之邦行矣。言不忠信,行不笃敬,虽州里行乎哉?"(《论语》)

3. 诚其意者,毋自欺也。如恶恶臭,如好好色,此之谓自谦,故君子必慎其独也。(《大学》)

4. 诚者,物之终始,不诚无物,故君子诚之为贵。(《中庸》)

5. 诚者,天之道也。思诚者,人之道也。(《孟子》)

如上,诚意的方法是"忠信"、"毋自欺"、"诚之"、"思诚"等。如此修养,方能诚其意。[1]

3. 正心与诚

关于"正心",栗谷说:"如欲正心,则不偏不倚,以立其本;无过不及,以达其用;惺惺不昏,以全其本明;凝定不乱,以保其本静。廓然而大公,物来而顺应,以尽其正心之实。"[2]"正心是心无偏系、期待、留滞,且不起浮念之谓也"。[3] 这二段话表明,栗谷认为"正心"是立大本、行达道,且又无气禀之偏以弃之。就人心、道心而言,则为道心主宰人心,所显无非天理之流行。如此,正心则纯粹

---

① 参见蔡茂松著:《韩国近世思想文化史》,台湾东大图书公司1995年版,第388—389页。

② 《东湖问答》,《栗谷全书》卷15,第320页下。

③ 《语录下》,《栗谷全书》卷32,第263页下。

是道心之表现。同时,栗谷非常称赞朱熹关于"心正之极功"的论述。他在给成浩原的信中说:"朱子有言曰:'人心私欲者,非若众人所谓私欲也。但微有一毫把捉底意思,则虽云本是道心之发,然终未离人心之境,所谓动以人则有妄,颜子之有不善,正在此间者也。既曰有妄,则非私欲而何?须是都无此意思,自然从容中道,方纯是道心也'。深味此言,则可见心正之极功。"①心正是道心,心不正是人心。人心有妄,去妄则心正。去妄的方法,栗谷以"存诚"和"去昏乱"为主。

　　关于"存诚",栗谷以"子曰:闲邪存其诚"和"子曰:诗三百,一言以蔽之,曰思无邪"②为基本内容。这就是说"思无邪"是至诚的主要方法。这是因为栗谷视"思无邪"为"诚"。他在评价孔子这两句话时说:"臣按:夫子此言为论诗而发第,以思无邪是诚。"又说:"臣按:诚者,天之实理,心之本体。人不能复其本心者,由有私邪为之蔽也。"③人之所以不能复其本心,即正心,就是由于私邪所蔽,因此必须尽除私邪,即"思无邪",才能使心正,这就是"存诚"。

　　关于"去昏乱",栗谷说:"臣按:心之本体,湛然虚明,如鉴之空,如衡之平。而感物而动,七情应焉者,此是心之用也。惟其气拘而欲蔽,本体不能立,故其用或失其正,其病在于昏与乱而已。昏之病有二:一曰智昏,谓不能穷理,昧乎是非也。二曰气昏,谓怠惰放倒,每有睡思也。乱之病有二:一曰恶念,谓诱于外物,计较私欲也。二曰浮念,谓掉举散乱,相续不断也。常人困于二病,未感

---

①　《答成浩原》,《栗谷全书》卷9,第189页下。
②　《圣学辑要》3,《栗谷全书》卷31,第479页上。
③　《圣学辑要》3,《栗谷全书》卷31,第479页下。

物时,非昏则乱,既失未发之中矣。其感物也,非过则不及,岂得其
已发之和乎。君子以是为忧,故穷理以明善,笃志以帅气,涵养以
存诚,省察以去伪,以治其昏乱。"①栗谷指出,心不正的原因在于
"昏"与"乱",而去昏、去乱的方法为穷理而善明,笃志而气帅,涵
养而诚存,省察而伪去。然此方法,实则以"诚"一以贯之。②

　　栗谷以"诚"格物致知,以"诚"诚意,以"诚"正心,其目的在
致"中和"。"致中和"是李栗谷性理学的目标。

第六节　牛溪成浑折衷的儒学

　　成牛溪(1535—1598),名浑,字浩原,于明世宗皇帝嘉靖十四
年生于汉京顺和坊本第。其父成守琛受学于赵静庵,专研道学,乙
卯士祸后,闭门不出,为易于听松,筑书室于白岳松林间,世人称为
"听松先生"。其母是平尹氏。

　　牛溪早承家学,10 岁时学业大进,15 岁时博通经史文辞,为人
所佩服,称之为"贤胤纯正而能文,真奇男也"。19 岁时与栗谷为
道义之交,相与切磋,以至成德。栗谷尝称赞说:"若论见解,各有
所长,至于操履,敦确则吾所不及"。28 岁时,其父听松先生患病,
牛溪侍病昼夜不解衣,其父病重时,牛溪割股肉拌药。父子之情,
感人至深。34 岁时,与栗谷论"中"、"至善"说。原书遗失,牛溪
在《答宋云长书》中说:"叔献以至善为专指正理,中为兼指德行。
某以至善兼指事物,中专指心之体用。"是年秋,谒退溪先生于京
邸。牛溪十分尊慕退溪,在知道退溪准备弃官还乡时,特作诗《闻

---

①　《圣学辑要》3,《栗谷全书》卷31,第480页上。
②　参见蔡茂松著:《韩国近世思想文化史》,第391—392页。

退溪先生弃官归山》曰：“己巳春暮月，退溪浩然归。京城少宗仰，
士子失所依。大老也无福，皇天时运衰。山中空窈叹，中夜涕涟
洏”。38 岁时，与栗谷就“四端七情”、“理气”问题，展开论辩。这
场论难，往复九度，栗谷曾对人说：“吾于义理上晓解处，优于牛
溪，牛溪多从吾说。而吾性迟缓，虽知之而不能实践。牛溪则既知
之便能一一践履，有诸已此。吾所以不及也。”50 岁时，李栗谷以
49 岁而早逝。牛溪哭栗谷恸曰：“栗谷于道体洞见大原，所谓天地
之化无二本，人心之发无二原，理气不可谓互发者，此等说话，真是
吾师”。牛溪与栗谷两人感情其笃，学问甚深。后学称赞他们说：
“道德造诣，则两贤自有品题矣。栗谷曰可任经纶，先生（指牛溪）
曰三代人物。栗谷必欲与先生共贞，先生必期栗谷以大任，高下深
浅之等雄。栗谷知先生，先生知栗谷。”还有学者将牛、栗二人与
李退溪相提并论：“李滉奋于绝学之后，出而唱之，士风一变。深
知而笃好之者，唯李珥、成浑二人而已。自滉没后，二人者，道德益
尊，归然为一世儒宗。今之士大夫间，稍知有伦纪礼法者，皆滉与
珥、浑之功也。”牛溪一生几进、几出官场，在栗谷离开人世以后，
决意退出仕途，隐居坡山，授徒讲学，世人称为“牛溪先生”。①

　　牛溪的一些重要论著佚失，后人将保存下来的文稿整理为
《牛溪先生集》，共六卷。其中，卷一为“诗”，卷二、卷三为“疏”、
“辞”，卷四为与栗谷讨论“四端七情”、“人心道心”“理气”的九度
往复书信，卷五为回答友人、门生的书信，卷六为“杂著”。这些是
研究牛溪思想的第一手重要资料。

　　成牛溪在韩国儒学史中，发挥了重要作用，其学问和业绩，诚

---

　　① 参见《牛溪先生年谱》、《牛溪先生年谱补遗卷之一》、《坡山世稿》，坡山
世稿刊行委员会 1980 年版，第 361—396、420—426 页。

如后人所云："成浑之学，得之家庭。渊源甚正，庄重纯粹；表里如一，出处语默；动法圣贤，德器成就。巍然为士林领袖，正如祥麟瑞凤，表仪当世"。又云："牛溪先生学问门路之正，平生进退之义，粹然一以古圣贤。自程吾东儒先中，盖未有如牛溪者也。此非阿好之言，后世有朱子，必能定之矣。"①

一、牛溪思想的特点——折衷性

在韩国朱子学中，如果说李退溪的思想代表了主理学派，李栗谷的思想代表了主气学派的话，那么成牛溪的思想则摇摆、犹豫于退溪与栗谷之间，表现为折衷，故称成牛溪为折衷派。

成牛溪思想的折衷性主要表现在他与栗谷关于"理气互发"和"气发理乘"的互相辩难的往来书信中。这次论辩的起因源于李退溪与奇高峰的"四端七情"论辩。在关于"四端"与"七情"是理发，还是气发的问题上，李退溪的结论是"四则理发而气随之，七则气发而理乘之"。对此，高峰加以反对，认为不论是"四端"，还是"七情"，都应该是"情之发也，或理动而气俱，或气感而理乘"。李退溪的上述观点被称为"理气互发"说。对于退溪的这种"理气互发"观点，李栗谷也持批评态度而倾向于奇高峰，故他认为不论是"四端"还是"七情"，都是"气发理乘"一途。栗谷的这种观点被称为"气发理乘"。牛溪既看到了退溪的"理气互发"的论述，也知道栗谷的"气发理乘"思想，但判断不出谁更符合朱熹的思想。牛溪在读了朱熹《中庸章句序》中"心之虚灵知觉，一而已矣。而以为有人心道心之异者，则以其或生于形气之私，或原于性命之正"之后，认为退溪关于"四端七情"的"理气互发"说与朱熹的"或生于形气之私，或原于性命之正"（即"或生或原"论）相

---

① 《牛溪先生年谱补遗卷之一》，《坡山世稿》第 425、426 页。

符合,故支持退溪的观点,并以此向栗谷请教,由此展开了牛溪与栗谷之间的论战。牛、栗之间的这场论战是退溪与高峰之间长达七年之久的"四七之辩"的延续和深入。牛溪与栗谷间的这场论战持续了一年之久,两人之间往返书信多达九封。但遗憾的是牛溪的九封书信,目前保留下来的只有第一、第二、第四、第五、第六共计五封书信,而第三、第七、第八,第九封书信都已佚失。所以,我们只有从这五封书信中,研讨牛溪的思想。

与栗谷论理气第一书(壬申)

霖阴不止,想惟道兄清和否?

倾仰不自已。前禀别纸乞答示何如? 今看《十图·心性情图》,退翁立论,则中间一端曰:"四端之情,理发而气随之,自纯善无恶;必理发未遂,而掩于气,然后流为不善。七者之情,气发而理乘之,亦无有不善;若气发不中,而灭其理,则放而为恶云。"究此议论,以理、气之发,当初皆无不善,而气之不中,乃流于恶云矣。人心、道心之说,既如彼其分理、气之发,而从古圣贤皆宗之,则退翁之论,自不为过耶? 更望于此痛加血战,极意消详以解钝涩之惑。千万至祝。

以上是牛溪写给栗谷的第一封书信。此书信还附有"别纸"一封,内容如下:

心之虚灵知觉,一而已矣,而有"人心"、"道心"之二名,何软? 以其或生于形气之私,或原于性命之正,理、气之发不同,而危、微之用各异,故名不能不二也。然则与所谓"四端、七情"者同耶? 今以道心谓之四端,可矣;而以人心谓之七情,则不可以。且夫四端、七情,以发于性者而言也;人心、道心,以发于心者而言也。其名目意味之间,有些不同焉。……人心、道心,其所从来,固有主气、主理之不同,在唐虞无许多议论时,已有此说,圣贤宗旨,皆作两下说,则今为四端、七情之图,而曰'发于理'、'发于气',有何不可乎?理与气之互发,乃为天下定理,而退翁所见,亦自正当耶?然"气随之"、"理乘之"之说,正自拖引太长,似失于名理也。愚意以为四、七对举而言,则谓之"四发于理,七发于气"可也。为性情之图,则不当分开,但以四七俱置情圈中,而曰四端指七情中理一边发者而言也;七情不中节是气之过、不及而流于恶云云,则不混于理气之发,而亦无分开二歧之患否耶。并乞详究示喻。①

牛溪第一封书信的内容,基本上是站在退溪"理气互发"的立场上,向栗谷提出辩难。而牛溪支持退溪"理气互发"说的重要理论依据,就是朱熹的"或生或原"论。他把朱熹的"或生于形气之私,或原于性命之正",理解为退溪所说的"四端为理发,七情为气发",认为这两种说法相符合。所以,特别在"别纸"中作了发挥:"人心、道心之发,其所从来,固有主气、主理之不同,在唐虞无许多议论时,已有此说,圣贤宗旨,皆作两下说,今则为四端、七情之图,而曰'发于理','发于气',有何不可乎? 理与气之互发,乃为天下之定理,而退翁所见,亦自正当耶。"朱熹说:人心"生于形气之私",道心"源于性命之正"。可见,"发于理"、"发于气"乃是圣贤宗旨。因此,退溪的"理气互发"说乃是天下的定理。

---

① 《第一书·牛溪先生集卷之四》,《坡山世稿》第139页。

按说牛溪赞同退溪的"四端为理发,七情为气发"的观点,那么也就应该按照退溪的"人心,七情是也;道心,四端是也"①的观点,承认"道心"、"人心"与"四端"、"七情"的对应关系。但是,牛溪在《别纸》中却说:"今以道心谓之四端,可矣;而以人心谓之七情,则不可矣。"这种观点显然又脱离了退溪,而与退溪相辩难的奇高峰相符合。"四七之辩"中,高峰针对退溪"四端之发纯理,故无不善;七情之发兼气,故有善恶"之说,反驳道:"论人心、道心,则或可如此说;若四端、七情,则恐不得如此说,盖七情不可专以人心观也。"②可见,牛溪的"今以道心谓之四端,可矣;而以人心谓之七情,则不可矣"的提法,与奇高峰反对退溪时所说的"盖七情不可专以人心观也"是一致的。至于牛溪何以反对"以人心谓之七情",他并未说明理由。大概是认为人心既是生于形气之私,则必然是恶的;而七情则是善恶未定,故"以人心谓之七情,不可"③。

第二书

　　连承手诲,获审静况超胜,欣遡无任。昨来别纸之诲,谨已三复领读矣。浑于退溪之说,常怀未莹。每读高峰之辩,以为明白无疑也。项日读朱子人心、道心之说,有"或生或原"之论,似与退溪之意合。故慨然以为在虞舜无许多议论时,已有此理气互发之说,则退翁之见不易论也,反欲弃旧而从之。故敢发问于高明矣。人心、道心与四七之名理,非欲强比而同

---

①　《退溪先生文集》,第2册,卷36,第2页上,见《韩国文集丛刊》,民族文化推进会1996年版。

②　《高峰集》,第3辑,第102页。

③　参见李明辉著:《四端与七情——关于道德情感的比较哲学探讨》,第268页。

之,牵扯此而合彼也。……浑之发问,乃欲知四七之与人心、道心意味、旨意之同不同? 以为理气互发之论,果合于此否也? 大抵四七之与人心、道心,虽其立言意味之差不同,皆其说性情之用耳。然则若非理气互发之说,为天下之定理,则朱子何以有此言也? 此说甚长,所见未明,已入高峰、退翁是非丛中,何能涣然自释于来喻耶? 如高峰尊兄之说,非不明白、直截,而或疑道理有如此耳。愿更深察"或原或生"之义,常加精思,何如? 续有所得,当即驰禀也。愚意以为人心、道心,以其发于心者而言也,则与四七之发于性之目,意味差不同云耳。非谓人心、道心只发于心而不与性情干涉也。来喻兼情意而为言者,正是鄙见差不同者,而在浑不能说出耳。此是道理筑底处大头脑处,于此错则无不错矣。正要极意研究,要归于正者也。①

以上是牛溪"第二书"的基本内容。这封书信是牛溪读了栗谷的回信以后的答复。在这封书信中,牛溪向栗谷提出三个问题请教,即第一,"四端七情"与"人心道心"在旨意上,是同还是不同? 第二,"理气互发"论是否与"四七"和"人心道心"相符合? 第三,朱熹所说的"或生或原"的真义是什么? 这三个问题一方面反映了牛溪考虑问题的深入和全面,另一方面也暴露了牛溪思想的摇摆性。

关于"四端七情"与"人心道心"的关系问题,栗谷在答牛溪"第一书"中,就明白地说过:"心一也,而谓之道,谓之人者,性命形气之别也。情一也,而或曰四,或曰七者,专言理兼言气之不同

---

① 《第二书·牛溪先生集卷之四》,《坡山世稿》,第141页。

也。是故人心、道心不能相兼而相为终始焉。四端不能兼七情，而七情则兼四端。道心之微、人心之危，朱子之说尽矣。四端不如七情之全，七情不如四端之粹。是则愚见也。"①对于栗谷的"人心道心相为终始"，"四端不兼七情，而七情兼四端"这一观点，牛溪仍然维护退溪的"四端为道心，七情为人心"的观点②，向栗谷提出"四七与人心道心"是同还是异的问题。另外，牛溪仍然根据朱子的"或生或原"论，认同退溪的"理气互发"说。

　　同时，另一方面，牛溪又认为栗谷答书中关于"人心道心兼情意"的思想，正是他想说而未能说出的重要问题，深表敬仰。如上引文中的"来喻兼情意而为言者，正是鄙见差不同者，而在浑不能说出耳。此是道理筑底处大头脑处，于此错则无不错矣。正要极意研究，要归于正者也"。栗谷在答牛溪的第一书中，为了表达自己认为"四七"与"人心道心"不同这一观点时，写道："盖人心道心兼情意而言也，不但指情。七情则统言人心之动，有此七者。四端则就七情中，择其善一边而言也。固不如人心道心之相对说下矣。"③栗谷所要阐述的"人心道心"与"四七"不同，不能加以类比，这一观点是牛溪所不认同的。但是，牛溪又非常欣赏栗谷所讲的"人心道心兼情意"这句话，并给予极高的评价。这种矛盾处，正是牛溪思想折衷性的体现。

----

　　①　《牛溪先生集卷之四·栗谷答书》，《坡山世稿》，第139页下。

　　②　牛溪在给栗谷的第一封书信中认为：以道心为四端可以，但以人心为七情则不可以。这表明了他徘徊于退溪与高峰观点之间。但在他给栗谷的第二封书信的最后，补充说道："高峰四七说曰：'论人心道心，则或可如此说，若四端七情，则恐不得如此说。'愚意以为论人心道心可如此说，则论四端七情亦可如此说也。"（见《牛溪先生集卷之四》，《坡山世稿》，第141页下）这说明在牛溪第二封书信中，他又变为支持退溪的"四端为道心，七情为人心"的观点。

　　③　《栗谷答书·牛溪先生集卷四》，《坡山世稿》，第140页上。

第四书

前后二书,皆一意也。此在前日已讲之说,敢不钦领乎?浑于退溪先生有金注之惑,每于理气互发之说,不以为然而犹恋着不能舍。及其读人心道心之说,而看所谓"或生或原"之论,则与退溪之言暗合,故慨然向之,欲弃旧而从之,此其所以改思之端也。互发之说,非我创新,乃老先生之说也。……至于人心道心之说,犹不能无疑焉。古人以人乘马出入,譬理乘气而行,正好。盖人非马不出入,马非人失轨途,人马相须不相离也。然则人马之出门,必人欲之,而马载之也,正如理为气之主宰,而气乘其理也。及其出门之际,人马由轨途者,气之顺理而发者也。人虽乘马,而马之横骛不由其轨者,气之翻腾决骤而或过或不及者也。以此求理气之流行,诚几、恶几之所以分,则岂不明白直截,而性情体用之理,可以昭晰而无他歧之惑矣。人之察理者,由夫已发之后,善恶之所由分者,而名之曰:如此,性之发而无不善也;如此,气之不齐而流于恶也。以此玩之,则只于才动之际,而便有主理、主气之不同,非元为互发而各用事也。人之见理见气,各以其重而为言也。如是求之,与吾兄之诲不背焉矣! 奈何朱子之说曰:"或生于形气之私,或原于性命之正。"陈北溪之说曰:"这知觉有从理而发者,有从气而发者。"正如退溪互发之说,何耶? 四、七之对举而分属,固然矣;人心道心,亦情也,奈何以道心为理发,而人心为气发乎? 人之有是形气,大而身心,小而百骸,无非有物则者矣。声色臭味之欲,亦发于天理之不可已者矣。今言戒其过,而节其情,亦可以为训矣。奈何独以耳目口鼻之欲属之气。而谓之"人心"耶? 无乃是气者,亦有造作自用之时,而别为一场流行耶? 不然,何以从气上说出耶? 人之乘马,相须以行,而今也指其人为道心,指其马为人心,似不成说话。而人心、道心之分言,亦不知端的之所在矣。深望吾兄说出此端意味,极反复而谆切,再示提诲,则此处打破一重,则其处无不吻合矣。①

这封书信充分表现出牛溪在面对栗谷质问时的游移、折衷态度。

栗谷在答牛溪第三书(已佚失)时批评牛溪认为“未发之体亦有善恶”是错误的。对此,牛溪强调“夫已发之后,善、恶之所由分者,而名之曰:如此,性之发而无不善也;如此,气之不齐而流于恶也”。即认同栗谷的批评,认为善、恶之分是指已发之后。同时,还进一步修正了“理气互发”的内容。他讲:所谓“理气互发”,“非元为互发而各用事也”,而是在“才动之际,而便有主理、主气之不同”。他的这种看法与栗谷的说法是不违背的,“与吾兄之诲不背焉矣”。

但是,另一方面,他又为朱熹的“或生或原”论及其弟子陈淳的说法感到困惑,认为退溪的互发之说与朱子、陈淳之说相符。但牛溪也明白表示对“理气互发”之说的不理解,如上述引文中的“人之乘马,相须以行,而今也指其人为道心,指其马为人心,似不成说话。而人心、道心之分言,亦不知端的之所在矣”。为此,他希望栗谷能够给予教诲。

第五书

来喻:“性情本无理气互发之理,凡性发为情,只是气发

---

①　《第四书·牛溪先生集卷四》,《坡山世稿》,第 147 页下—148 页上。

而理乘之也。"敢请再三详订于高明,此理真是如此,建天地俟后圣而不悖不惑耶?窃愿更入容思量何如,果如此也?朱子何以曰:"或生或原",北溪何以曰:"这知觉有从理而发,有从气而发?"从古议论,何以仁义皆归之理发,而知觉、运动、食色、形气,皆归之气乎?人之五脏百骸,无非有是理而具是形矣。今于物则之地、性情之发,主理而言其善恶之几可矣。何必曰:"人心、道心,从理、从气而发乎?"得非斯气也,能主张于形气而能过、能不及,任其所自为而理不能管摄也耶?来喻人心、道心,虽有主理、主气之异,其源皆理,而发之者皆气也。所谓"或生或原",见其既发之后而特取其所重者而立名也。如此立说,岂不简便而易晓耶。然朱子之意果如此,则当变文立说,明其如此,略如"诚几图"之意也,不曰"或生或原"也。"或生或原"从理、从气之说,鄙人骏钝,不知果如来喻看否也?所谓生于此、原于此、从理、从气等语,似是理气二物先在于此,而人心、道心生于此、原于此,从此而发也。吾兄善说道理,横说竖说,无所不可,切愿曲为敷畅,使此元说可合于来喻也。①

以上是牛溪给栗谷第五封书信的内容。牛溪这封书信的观点仍然徘徊于栗谷的解释与退溪的"理气互发"之间。

栗谷在写给牛溪第四书的答书中,专门写了一封《长书》,重点讲述了理、气与性情、人心道心的关系问题,并且以"人马喻"和水与器皿关系的比喻详细说明了理气、人心道心,善恶三者之间的关系。如栗谷说:"人性之本善者,理也,而非气则理不发。人心、

---

① 《第五书·牛溪选集要卷四》,《坡山世稿》,第153页。

道心,夫孰非源于理乎? 非未发之时亦有人心苗脉与理相对于方寸中也,源一而流二。朱子岂不知之乎? 特立言晓人,各有所主耳。程子曰:'不是善与恶在性中为两物相对,各自出来'。又说:"人心、道心之立名,圣人岂得已乎。理之本然者固是纯善,而乘气发用,善恶斯分。徒见其乘气发用、有善有恶,而不知理之本然,则是不识大本也;徒见其理之本然,而不知乘气发用或流而为恶,则认贼为子矣,是知圣人有忧焉。乃以情之直遂其性命之本然者,目之以道心,使人存养而扩充之。情之撧乎形气而不能直遂其性命之本然者,目之以人心,使人审其过、不及而节制之。"①对于栗谷的这种诠释,牛溪也很认同,故他在第五书中特意写道:"来喻人心、道心,虽有主理、主气之异,其源皆理而发之者皆气也。所谓'或生或原'见其既发之后,而特取其所重者而立名也。如此立说,岂不简便而易晓也"。

　　但是,另一方面,他对"或生或原"之说又总是"横格而不去"。这表明他还是依恋于退溪的"理气互发"之说,所以他在认同栗谷的诠释后,仍然发出疑问说:"朱子之意果如此,则当变文立说,明其如此,略如'诚几图'之意也,不曰'或生或原'也。"所谓"诚几图",见朱子《答赵致道》书。赵致道(字师夏)为朱子弟子。他借周敦颐"诚无为,几善恶"之说反驳胡宏(字五峰,1100—1155)的"天理、人欲同体而异用"之说,并分别以图表示两人之说。朱子在复函中印可其说,并改定其图。函中引致道之文曰:"于此可见未发之前,有善无恶,而程子所谓'不是性中元有此二物相对而生',又曰:'凡言善恶,皆先善而后恶',盖谓此也。若以善恶为东西相对,彼此角立,则是天理、人欲同出一源,未发之前,已具此二

---

① 《答书之长书·牛溪先生集卷四》,《坡山世稿》,第149页下—150页上。

端,所谓'天命之谓性',亦甚污杂矣。此胡子'同体异用'之意也。""天理、人欲同体而异用"之说出自胡五峰的《知言》卷一。朱子尝作《胡子〈知言〉疑义》,质疑其说。赵致道之说继承了朱子的说法。而在牛溪看来,朱子的"或原或生"之论似有类乎"天理、人欲同体而异用"之说,故有此问。①

第六书

退溪之所云"互发"者,岂真如来喻所谓"理气各在一处,互相发用"耶? 只是滚在一物,而主理、主气,内出、外感,先有两个意思也。浑之所谓"性情之间,元有理气两物各自出来"云者,亦看如此也,岂所谓"人马各立,出门之后相随追到"耶? 浑则笔力未足、下语太重,是为罪耳。吾兄前后勤喻,只曰:"性情之间,有气发理乘一道而已,此外非有他事也。"浑承是语,岂不欲受用,以为简便易晓之学。而参以圣贤前言,皆立两边说,无有如高诲者,故不敢从也。昨赐长书中有曰:"出门之时,或有马从人意而出者,或有人信马足而出者。马从人意而出者,属之人,乃道心也;人信马足而出者,属之马,乃人心也。"又曰:"圣人不能无人心,譬如马虽极驯,岂无或有人信马足而出门之时乎?"浑究此数段,皆下两边说,颇讶其与"只有一边,气发理乘"之语稍异,而渐近于古说也。又读今书有曰:"发道心者,气也,而非性命,则道心不发;原人心者,性也,而非形气,则人心不发。以道心原于性命,以人心生于形气。岂不顺乎"? 浑见此一段,与之意合,

---

而叹其下语之精当也。虽然于此亦有究极之未竟者焉。吾兄必曰："气发理乘无他途也。"浑则必曰："其未发也,虽无理气各用之苗脉,才发之际,意欲之劲,当有主理、主气之可言也。非各出也,就一途而取其重而言也。"此则退溪互发之意也,即吾兄"马随人意、人信马足"之说也。即"非性命则道心不发,非形气则人心不发"之言也。……情之发处,有主理、主气两个意思,分明是如此。此则马随人意、人信马足之说也。非未发之前,有两个意思也。于才发之际,有原于理、生于气者耳,非理发而气随其后,气发而理乘其第二也。乃理、气一发,而人就其重处言之,谓之主理、主气也。①

以上是牛溪第六书的基本内容,他在这封书信中以调停退溪与栗谷的"理气互发"说与"气发理乘一途"说这一基本矛盾观点,再次显示了他的折衷观点。

在"四端七情"与"理气"关系问题上,李退溪主张"四端理发,七情气发"的"理气互发"说,而李栗谷主张不论是"四端",还是"七情",都是"气发理乘一途"。这两种观点构成了退溪与栗谷的基本区别之一。牛溪在上述书信中,竭力调和这一区别。如他在《第六书》中有两段话,都是在为退溪的"理气互发"说作辩解,以图接近栗谷的观点。这两段话意思很接近,都是强调所谓"主理"、"主气",不是说"未发"之时,"未发"时"无理、气各用之苗脉",只有在"才发之际",才有"原于理、生于气者",而人就其重者,称为"主理"、"主气"。牛溪认为退溪的"理气互发"说就是这个意思,而这也正是栗谷的"气发理乘一途"说的

---

① 《第六书·牛溪先生集卷四》,《坡山世稿》,第155页、156页上。

意思。

二、牛溪折衷性理学的原因——深刻性

成牛溪性理学的折衷性表明了他对性理学的深入思考,由此使朝鲜朝性理学更加深刻、更加细密。牛溪在与栗谷的往返论辩中,涉及到理气、人心道心、善恶、"四端七情"、未发已发、性等性理学的六对基本范畴,并对此进行了深入讨论。牛溪的主要观点可以归纳为以下两个方面。

第一个方面,关于"道心人心"。

"道心人心"最早出现于伪《尚书·大禹谟》:"人心惟危,道心惟微,惟精惟一,允执厥中。"意思是说众人之心危而难安,道义之心微而难明,只有精一而不杂,才能保持中而不偏。而"道心人心"成为理学心性论的重要范畴,首先由程颐提出。他把"道心"解释成合于道之心或体道之心,而不是"滞在知识上"的认知之心。体道之心就是自我体验的道德本心,即"不当以体会为非心"之心。这完全是一种道德意识和道德观念。所谓"学者全体此心"、"敬守此心"(《二程遗书》卷二上),就是体验、涵养此道德之心。他认为,人人都有先验的道德之心,"心,道之所在;微,道之体也。心与道,浑然一也。对放其良心者言之,则谓之道心;放其良心则危矣。"(《二程遗书》卷二十一下)所谓"浑然",就是主体意识完全被道德化而变成了道德观念,又叫"良心"。

"人心"则被说成是感性的自然本能、物质欲望等个体意识。程颐将"道心"和"人心"对立起来,以道心为正,人心为邪,要用"精一"功夫,使"道心"得以保持,而不被"人心"所扰乱。如他说:"人心,私欲也;道心,正心也。危言不安,微言精微。惟其如

此,所以要精一。"(《二程遗书》卷十九)他认为道心与人心,二者不能同时存在,因为"人心私欲,故危殆。道心天理,故精微"。他把道心、人心和天理、人欲等同起来,这就意味着必须消灭人心才能保存道心。

朱熹对程颐的这一思想作了修正和发展。他认为合于道德原则的知觉是"道心",专以个人情欲为内容的知觉是"人心"。道心指道德意识,人心指感性欲念。而道心、人心都是人的知觉之心,所以"如人心惟危,道心惟微,不成只道心是心,人心不是心!"(《朱子语类》卷四,黄㽦录)

而人何以会有道心、人心两种不同知觉? 朱熹在《中庸章句序》说:"心之虚灵知觉,一而已矣。而以为有人心道心之异者,则以其或生于形气之私,或原于性命之正,而所以为知觉者不同,是以或危殆而不安,或微妙而难见耳。然人莫不有是形,故虽上智不能无人心,亦莫不有是性,故虽下愚不能无道心。"他认为,凡人之生,都是禀气为形,禀理为性。各种情欲根源于构成血肉之躯的形气,而道德意识直接发自以理为内容的人的本性。情欲不加控制则流于不善,所以为"危"。良心潜隐在内心深动,微妙难见,所以为"微"。人无例外地具有形体与性理,所以无例外地兼有人心和道心。

按照这一观点,圣人也兼有人心、道心。所以,朱熹反复申明"人心"并不就是邪恶之心。他说:"人心人欲也,此语有病,虽上智不能无此,岂可谓全不是。"(《朱子语类》七十八,肖佐录)"人心亦未是十分不好底人欲,只是饥欲食,寒欲衣之心尔。"(同上,黄士毅录)如果只是以"人欲"、"私欲"指人的生理欲望和由此产生的基本物质要求,而不是以"人欲"、"私欲"为全不是的话,也不碍把"人心"叫做人欲或私欲。朱熹就是用这样的方法解释二程以人心为私欲的说法的。① 而以上内容也是朱熹关于人心、道心的基本解释。

成牛溪关于人心、道心的思想主要是吸取了朱熹思想，并有所深化和细化。如上所述，朱熹关于道心"原"于义理，人心"生"于血气的"或生或原"思想给予牛溪很大影响。他在上述第一、第二、第四、第五、第六等五封书信中，几乎每一封书信都谈到了朱熹这一思想。"或生或原"的实质，是关于人心、道心的根源问题。正是在这个重要问题上，牛溪作了深入的思考和研究。例如，他在给栗谷的第一封书信中，就明确提出：人心、道心与理气是什么关系？人心、道心与理气的关系是否与"四端""七情"与理气的关系相同？人心、道心与"四端"、"七情"是否对等？人心、道心与善恶的关系等。这些问题又一直贯穿于牛溪的所有书信中，成了他始终关注的重要问题。

如上所述，在"四端"、"七情"问题上，牛溪基本上是站在退溪立场上，为退溪的"四端理发，七情气发"作辩护。而其辩护的重要理论依据，就是朱熹的"人心或生于形气之私，道心或原于性命之正。"这一思想可以化简为"人心生于气"或"人心发于气"，"道心生于理"或"道心发于理"。牛溪认为在道心、人心与理气关系上，朱熹的观点是"道心理发，人心气发"。正是因为牛溪自认为朱熹是这样的"理气互发"论，所以他才以此为理论根据，认为退溪坚持的"四端理发，七情气发"可以和"道心理发，人心气发"相对等。可见，关于人心、道心的根源问题，成牛溪是从理气这对性理学的基本范畴着眼，从理气关系来解释人心、道心的生成问题。

---

① 参见蒙培元著：《理学范畴系统》，人民出版社 1998 年版，第 285—286 页；又参见陈来著：《朱熹哲学研究》，第 166—167 页。

循着牛溪这样的思路,关于人心、道心与"四端"、"七情"的关系问题,他认为道心、人心与"四端"、"七情"可以对举。这一思想在他给栗谷的第二封书信中,作了明确认可。例如他说:"论人心、道心,可如此说,则论四端、七情,亦可如此说也。"①牛溪的意思是说"道心为四端","人心为七情"。这也就是说,牛溪认为"道心为四端",是纯善无恶的;"人心为七情",是有善有恶的。而这又涉及到心与性情的关系问题。牛溪主张"心兼情意",并认为这是"大头脑处"。与性情相关联的另一问题就是关于性善、性恶问题。对此,他在给栗谷的第四书中作了简要论述:"已发之后,善恶之所以由分者而名之曰:如此性之发而无不善也,如此气之不齐而流于恶也"。② 可见,牛溪仍然用理气关系来解释性之善恶的形成。他认为,性之善恶之分,在"已发"之后。如果发而中节,便是性发为善;如果发而不中节,便是气不齐为恶。

第二个方面,关于"理气一发"。

在关于"四端七情"与"理气"关系的论述上,如果说李退溪主张"理气互发"说,李栗谷主张"气发理乘"说,那么,成牛溪则主张"理气一发"说。这是他的特点。

所谓"理气一发",就是说在"刚发之际,或以理为主,或以气为主",以"理"为主,则"气"随之;以"气"为主,则"理"随之。牛溪的这一思想在他写给栗谷的第六封书信中表达的最为完备。

　　浑则必曰:其未发也,虽无理气各用之苗脉,才发之际、意欲之动,当有主理、主气之可言也,非各出也,就一途而取其重

----

① 《第二书·牛溪先生集卷四》,《坡山世稿》,第141页下。
② 《第四书·牛溪先生集卷四》,《坡山世稿》,第147页下。

而言也。

　　非未发之前有两个意思也,于才发之际,有原于理、生于气者耳。非理发而气随其后,气发而理乘其第二也。乃理、气一发,而人就其重处言之,谓之主理、主气也。①

　　性是一种潜在的能力,在其潜在的情况下,道学家称之为"未发",在其实现作用的情况下,道学家称之为"已发"。"已发"就是"情"。② 而用"理"、"气"来诠释"已发"之后的"情",何谓"四端",何谓"七情"。这是韩国性理学者的贡献。在这个问题上,虽然退溪和栗谷的观点截然不同,但都作出了突出贡献。与他们相比,牛溪在这个问题上虽然游离于退溪与栗谷之间,但也提出了自己的观点,即"理气一发"。

　　如上述两段引文所说的,牛溪不太看重"未发",他重视的是"刚发"或"才发"之际。他认为在"刚发"或"才发"之际,有"原于理"者,也有"生于气"者,但这不意味着"理先发而气随其后",这也不是说"气先发而理再乘其后"。这是强调"刚发"或"才发"时,或以"理"为主,或以"气"为主,人则就其重处,称为"主理"或"主气"。牛溪认为"刚发"之际,"主理"则为"四端","主气"则为"七情"。这就是他的"理气一发"说。

　　牛溪的"理气一发"说,在主观上有调和退溪和栗谷观点的意图,但在客观上却深化、细化了"四端七情"与"理气"的关系问题。李退溪强调理的价值和理的能动性,站在理气相分立场上主张"四端理发,七情气发"的理气互发说。李栗谷强调气的功能性,

---

　　① 《第六书·牛溪先生集卷四》,《坡山世稿》,第155页下—156页上。
　　② 参见冯友兰:《中国哲学史新编》(第5册),第110页。

从理气相合角度,认为不论是"四端",还是"七情",都是"气发理乘",即一途说。而成牛溪在"刚发"或"才发"之时,既能看到理的能动性,又能看到气的重要性,提出理气一发的思想。可见,牛溪"理气一发"的思想丰富了韩国性理学关于理气与"四端"、"七情"关系的论述,为后世学者思考这一问题又提供了一条重要研究途径。

第七节　南溟曹植敬义的儒学

曹植,字楗仲,号南冥,生于朝鲜燕山君七年(明弘治十四年,1501),卒于宣祖王五年(明隆庆六年,1572)。曹氏为世之名族,高丽时太祖德宫公主下嫁曹谦,生曹瑞,为刑部员外郎,高祖曹殷,为中郎将,相继昌显。

南冥少年时豪勇不羁,气宇清高,喜读《左传》和柳宗元文章。25岁时肄业于山寺,读《性理大全》得许衡(鲁斋,1209—1281)语曰:"志伊尹之志,学颜子之学。出则有为,处则有守"。以为丈夫当如此,于是惕然警悟,发愤笃志实学。坚苦刻厉,博求经传,旁通百家,然后敛繁就简,反躬造约,自成一家之学。①

南冥与李退溪同年生而后卒14个月。他们二人均为朝鲜朝儒学之宗师。《东儒学案》之《德山学案》云:

> 退溪居岭左之陶山,……南冥居岭右之德山……蔚然为百世道学之宗师。二先生以天品:则退溪浑厚天成,南冥高明

---

① 参见《行状·南冥先生文集卷之五》,《南冥集》,亚细亚文化社1982年版,第136页上。

刚大。以出处:则退溪早通仕籍,位至贰相;南冥隐居尚志,屡
征不起。以学问:则退溪精研力索天人性命之理,无有余蕴;
南冥反躬实践,敬义夹持之功,自有成法。①

可见,虽然南冥与退溪都对朝鲜朝儒学作出了贡献,但贡献点却不
尽相同。李退溪主要是在性理学方面深化、发展了中国朱子学说,
奠定了他在韩国儒学史上的显赫地位。而曹南冥则强调元典儒学
的"敬义"和"实践"精神,故有"自成一家之学"和"自有成法"
之说。

　　体现南冥这种学术思想的著作是《学记类编》。《学记类编》
分为上、下二卷。上卷又分"论道之统体"和"为学之要"两部分,
共绘有22个图式加以阐释。下卷主要是对儒学诸家言论的搜集
整理,共分为"致知"、"存养—省察—敬"、"力行"、"齐家"、"出
处"、"治道"、"治法"、"临政处事"、"教人"、"戒谨"、"辨异端"、
"圣贤相传"等条目,并附有两个图式。

　　上述24图被韩国学者称为《南冥圣学图》。用图说的形式来
表达自己的学术思想,是南冥的特点,也是朝鲜朝儒学者的一个传
统。韩国的图说可以追溯于朝鲜初期权阳村的《入学图说》,以后
相继出现过郑秋峦和李退溪合作的《天命图说》,李退溪的《圣学
十图》,李栗谷的《心性情图》和《人心道心图说》等。以"图"示
"说",以"说"释"图","图"与"说"的结合则简明扼要地表达了作
者的思想。南冥的24个图就是这样的图说。

──────────

　　① 河谦镇纂:《东儒学案》中篇十《德山学案》;又见张永儁:《南冥先生之理
学造诣与人格成就》,刊于《南冥学研究论丛》第一辑,南冥学研究院1988年版,第
163页。

关于 24 个图说，裴宗镐先生认为其中有 10 个图最重要，即
《三才一太极图》、《太极图与通书表里图》、《天人一理图》(《天道
图》和《天命图》)、《心统性情图》、《忠恕图》(《忠恕一贯图》)、
《敬诚图》(《敬图》和《诚图》)、《审几图》(《几图》)、《为学次序
图》(《小学》、《大学》图)、《博约图》、《易书学庸语孟一道图》。①
裴宗镐先生之所以将这 10 图视为最重要的图说，是因为他侧重于
南冥的形上学本体论。若从南冥的主旨思想或核心观点来看，24
图中最重要的 10 图应是《敬图》、《小学、大学图》、《诚图》、《人
心、道心图》、《博约图》、《知言、养气图》、《易书学庸语孟一道
图》、《心为严师图》、《几图》、《神明舍图》。这是因为南冥思想的
精髓是"敬义"和"力行"。

如南冥后学评价南冥的学术思想是：

先生以和恒直方为四字符，以格物致知为第一工夫。②

这里的"和"，按照《神明舍铭》文的意思，可理解为"礼之用，和为
贵"(《论语》)之"和"，亦可理解为"中和"之和。

"中和"是儒家学说的一对重要范畴。《中庸》说："喜怒哀乐
之未发谓之中，发而皆中节谓之和。中也者，天下之大本也；和也
者，天下之达道也。致中和，天地位焉，万物育焉。"③中和是主体
心性的不同层次，两者存在的状态、功能、特性均有区别。喜怒哀
乐潜藏在心中，澹然虚静，是中状态；喜怒哀乐表现出来符合一定

---

① 裴宗镐：《南冥圣学图》，刊于《南冥学研究论丛》第一辑，第 51 页。
② 《言行总录·南冥先生别集卷之二》，《南冥集》，第 180 页上。
③ 《中庸》第一章。又参见《南冥先生文集卷之一》，《南冥集》，第 29 页上。

节度,无所乖戾,是和状态。由这两种不同存在状态,决定两者的特性:中是大本,朱熹注:"天下之理皆由此出"(《中庸章句》)和是达道,朱熹注:"天下古今之所共由。"(《中庸章句》)中和便是修道所达到的最高境界,一旦进入这个境界,就可以位天位,育万物,与天地相参,天人相合。可见,中和问题既涉及到本体,又关系到修养,体现了本体与修养的一致性。如朱熹的"中和新说"就"确立了他以主敬致知为宗旨的'一生学问大旨'。"①

"恒"为"久"、"长"的意思。六十四卦中的"恒"卦的卦辞说:"恒,亨,无咎,利贞。利有攸往。"其意为:恒,亨通,没有灾害,宜于占问,有利于所往。关于"恒",序卦传曰:"夫妇之道,不可不久也,故受之以恒。恒者,久也。"象传、杂卦传并曰:"恒,久也。"《周易集解》引虞翻和郑玄均曰:"恒,久也。"可见,"恒"为久之意。②

"直方"是"坤"卦"六二"爻的爻辞。"六二,直方大,不习无不利。"关于"直方大",古人和今人均有疑"大"字为衍文。《周易·坤文言》解释"直方"为:"直其正也,方其义也。君子敬以直内,义以方外。敬义立而德不孤。"③"直方"讲的就是一种"敬义"道德和行为。

可见,"和恒直方"四字的含义便是以"敬义"为永恒的宗旨和最高的境界。"以和恒直方为四字符",就是说南冥也像朱熹一样以"敬义"为其"一生学问大旨"。而"以格物致知为第一工夫"便成了南冥的"力行"主旨。这就表明了南冥思想的两个面向:一是

① 参见张立文著:《中国哲学范畴发展史》(人道篇),中国人民大学出版社1995年版,第157页;又参见陈来著:《朱熹哲学研究》第111页。

② 参见张立文著:《周易帛书今注今译》(上),学生书局1991年版,第401页。

③ 参见张立文著:《周易帛书今注今译》(下),第413页。

由"直方"而面向"敬义"；二是由"格致"而面向"力行"。"敬义"
和"力行"构成了南冥学的主要内容。

一、直方——敬义

"敬义"是南冥思想的精髓。韩国学者金忠烈教授说:南冥学
的要谛是"敬义",台湾学者蔡仁厚教授说:南冥学以"敬义"为
主纲。①

南冥门人金宇颙和郑仁弘都对南冥尊奉"敬义"的思想作了
详细记述。如:

> 南冥书室有板窗,左书敬字,右书义字。其敬字边旁,细
> 书古人论敬要语,常目击而心念之。至于疾革之日,犹颂其语
> 不绝口。寝疾逾月,精爽不乱。其与学者语,犹以行己大方,
> 出处大命,谆谆不倦。②
> 特提"敬义"字大书窗壁间,尝曰:"吾家有此两个字,如
> 天之有日月,洞万古而不易。圣贤千言万语,要其归,都不出
> 二字外也。学,必以自得为贵。"③
> 南冥自己也说过:"'敬'者圣学之成始成终者,自初学以至
> 圣贤皆以主敬为进道之方,学而欠主敬工夫则其为学伪矣……此
> 非我妄言,乃圣贤之遗训,而每于学者以是告焉。"④

可以说在中国和韩国儒学者中,南冥是关于"敬义"思想论述最全

① 　参见《南冥学研究论丛》第一辑,第67页;第二辑,第22页。
② 　《行状·南冥先生文集卷之五》,《南冥集》,第139页上。
③ 　《行状》,《南冥集》,第300页上。
④ 　《示松坡子·南冥先生文集卷二》,《南冥集》,第41页上下。

面、体贴,最深刻的一位学者。他对中国儒学者关于"敬义"的论述,作了全面的记叙,并根据这些论述作图说明,以此阐述他自己的"敬义"思想。

南冥关于中国儒学者有关"敬义"论述的整理,仅从《学记类编》看,就有如下内容:

(1)关于"敬":

太公送武王的"丹书"上写有"敬胜怠者吉,怠胜敬者灭;义胜欲者从,欲胜义者凶。"敬义二字盖自黄帝而始。

朱子注:"敬便竖立,怠便放倒;以理从事是义,不以理从事是欲。这敬义是体用,与坤卦说同。"

坤文言曰:"直其正也,方其义也。君敬以直内,义以方外,敬义立而德不孤。"

朱子注:"敬而无义,则做事出来必错了;只义而无敬,则无本何以为义,皆是孤也。须是敬义立,方不孤。"

程明道曰:"天地设位,易行乎其中,只是敬,敬则无间断,体物而不可遗","敬而无失,便是喜怒哀乐未发之中,敬不可谓中识中"。"识得此理,诚敬存之而已,不须防检,不须穷索","须是合内外之道,一天人,齐上下,下学上达","休物而不可遗者,诚敬而已。"

程伊川曰:"主一者谓之敬,一者谓之诚。""闲邪则诚自存。""闲邪更着甚工夫?惟是动容貌,整思虑。则自然生敬。""敬是闲邪之道。""严威严格,非敬之道,但致敬须自此入。""须敬守此心,不可急迫,当栽培深厚。""忘敬而后无不敬,更说甚涵养。""问敬还用意否?曰:其始若不用意,却是都无事了,必有事焉,而勿正心不忘勿助长。""纯于敬,则己与理一,无可克,无可复者。""宗庙之中,不期敬而自敬,是平居未尝敬也。然则以静为悦者,必以动为厌。""养心之助之曰敬。""发于外者谓之恭,有着中者谓之敬。"

南轩张氏曰:"居敬集义,工夫并进相须而相成也,若只要能敬,不知集义则所谓敬者,亦块然无所为而已。乌得心体之周流哉!"

曰:"涵养须用敬,进学则在致知。"曰:"学莫先于致知,未有致知而不在敬者。""问:敬莫是静否? 曰:才说静便入释氏之说也,不用静字只用敬字,才着静便是忘也。""执事须是敬,但不可令拘迫,拘迫则难久也。""必有事焉,有事于敬。勿忘则是必有事也,勿助长是勿正也。须默识,取主一之义也。""大凡人心不可二用,用于一事,则他事更不能入者,事为之主也。事为之主,尚无思虑纷扰之患。若主于敬,又焉此患乎? 所谓敬者,主一之谓敬;所谓一者,无适之谓一。且敬涵泳主一之义,不一则二三矣。"

曰:"学者须是将敬以直内,涵养此意,直内是本。""操约之道,敬而已矣。"

朱晦庵曰:"诚字在道则为实有之理,在人则为实然之心。其维持主宰,专在敬字。""敬比如镜,义便是能照的。""以敬义二字,随处加工,久久自当得力。""有死敬有活敬,若只守着主一之敬,遇事不齐之以义,辨其是非,则不活。若熟后敬便有义,义便有敬。静则察其敬与不敬;动则察其义与不义。须敬义夹持,循环无端,则内外透彻。""涵养此心须用敬。""持敬是穷理之本,穷得理明,又是养心之助。"

曰:"敬如治田,而灌溉之功,克治则是去其恶草也。""主敬者存心之要,而致知者进学之功","君子务穷理而贵果断。""致知、敬、克己三事,以一家譬之,敬是守门户之人,克己则是拒盗,致知却是去推察自家与外来底事。""敬是个扶策人底物事"。

曰:"敬字工夫,乃圣门第一义,彻头彻尾,不可顷刻间断。"

"程先生有功于后学者,最是敬之一字有力。""二程俱讥横渠清虚一大之说,劝人向别处走,不如且道敬。""敬则万理具在。""敬字只是将来说,更不做将去,根本不立故。其他零碎工夫,无凑泊处。明道延平皆教人静坐者以此","当守敬之一字,只是常求心"。

曰:"敬以直内,是持守工夫;义以方外,是讲学工夫。直是直上直下,胸中无纤毫委曲;方是割裁方正之意,是处此事皆合宜,截然区处。若是圆时便转动得,未有事时只说敬以直内;若事物之来,当辨别一个是非。""才敬以直内,便义以方外。若无敬也中知义之所在。""敬义只是一事如两脚立定是敬,才行是义;合目是敬,开眼见物便是义。""敬要回头看,义要向前看。"

曰:"主一无适者,亦必有所谓穷理者,以先后之也。故程子曰涵养必以敬,而进学则在致知。此两言者,如车两轮如鸟两翼。未有废其一而可行可飞者也。敬之与否,只在当人一念操舍之间,而格物致知莫先于读书。又必循序致一积累渐进而后,可以有功也。"

曰:"圣贤教人,虽以恭敬持守为先,而于其中又必使之即事即物考古验今,体会持寻,内外参合。盖如此然后,见得此心之真。此理之正,而于世间万事,一切言语,无不洞然,了其黑白。大学所谓知至意诚,孟子所谓知言养气,正谓此也。""盖欲应事,先须穷理,而欲穷理,又须养得心地。本原虚静明彻,方能察见几微……见得事理分明","持敬致知,实交相发,而敬常为主。"

曰:"以敬喻药,则矜持乃是服药过剂,反生他病之证。……若知敬字只是自心自省,当体便是无此病。""以敬为主则内外肃然,不忘不助而心自存。""观二先生之论心术,不曰存心而曰主敬。其论主敬,不曰虚静渊默,而必谨之于衣冠容止之间,可谓言近而指远矣……而便语以敬,往往一向外驰,无可据守,则不察乎此之过也。""此心操之则存,而敬者所以操之之道也。"

其他诸家说:南轩张氏曰:"诚者天之道,敬者人事之本。敬道之成则诚而天矣。"隆山李氏曰:"乾画—实则生诚,坤画－－虚则生敬。此诚敬之别,而诚敬二字,始于包羲心易。"五峰胡氏曰:"居敬所以精义也。"云峰胡氏曰:"谨独是敬以直内,絜矩是义以方外。"上蔡谢氏曰:"敬之貌于俨若思时可见,矜持过当,却不是寻常。作事用心过当便有失。"

东莱吕氏曰:"敬之一字,最难形容。古人所谓心庄则体舒,心肃则容敬。此两语当深体也。"勉斋黄氏曰:"敬是束得个虚灵知觉住。如火炬束得紧时,那焰头上来则散灭了。"北溪陈氏曰:"恭与敬字却相关,恭是敬之见于外者,敬是恭之存乎中者。恭与敬不是二物,如形影然,与忠信忠恕相关一般……坐如尸,立如斋,便是敬之容。正衣冠尊瞻视,俨然人望而畏之,便是恭之容。敬工夫细密,恭气象阔大。"

潜室陈氏曰:"横渠云:未知立心,患思多致疑。盖立心持敬之谓,先立个主人翁了,方做得穷理工夫。"西山真氏曰:"所谓主一者,静时要一,动时亦要一。动静皆有养……端庄静一乃存养工夫;端庄主容貌而言,静一主心而言。盖表里交正之功,合而言之,则敬而已。"鲁斋许氏曰:"圣人之心,如明镜止水,物来不乱,物去不留,用工夫主一也。主一是持敬也。"

南轩张氏曰:"所谓收敛,则失于拘迫;从容则失于悠缓,此学者之通患。于是二者之间必有事焉,其惟敬乎。"东莱吕氏曰:"敬也者,纯一不杂之谓也。事在此而心在彼,安能体得敬字。""持心之要,只是要得此心常自整顿,惺惺了了。则未发时不昏昧,已发时不放纵耳。问敬之一字,初看似有两体。一是主一无适,心体常存,无所走作之意;一是遇事小心谨畏,是心心念念,常在这一事上，无多歧之感，便有心广体胖之气象……主一盖兼动静而言。”

（2）关于“义”：

程明道曰：“大凡出义则入利，出利则入义，天下事惟义利而已”。

程伊川曰：“在物为理，处物为义。”“操约者敬而已矣，惟其敬足以直内。故其义以方外。义集而气得所养，是喜怒哀乐之发，其不中节者寡矣。孟子论养吾浩然之气，以为集义所生。继之曰：必有事焉而勿正，勿忘勿助长，盖又以居敬为集义之本也。”“至大，至刚，以直，三者阙一，便不是浩然之气。”“内直则其气浩然。”“问敬以直内便能充塞天地？曰：气须是养，集义所生。只将敬，安能便到充塞处？”“浩然之气方未养，则气自是气，义自是义，人自是人，道自是道。须是以人行道，始得道体义用也”，“敬义夹持，直上达天德自此。”“敬是贯动静，彻始终，具存者。”“才直内发为正。”“莫大之祸，起于须臾之不敬。”“问敬义何别？曰：敬只是持己之道，义便知有是有非，顺理而行是为义也。若只守一个敬，不知集义，却是都无事也。”“问义莫是中理否？曰：中理在事，义在心。”“人臣之义，当以王陵为正。”“问伊川谓永叔何如，和靖曰：前辈不言人短，每见人论前辈则曰汝辈且取他长处”。

朱晦庵曰：“人顺有廉耻，不耻则能有所不为。今有一样人不能安贫，其气销屈，以至立脚不住。不知廉耻，则亦何所不至。”“义理身心所自有，失而不知所以复之，富贵身外之物求也，惟恐不得；纵便得之，于身心无分毫之益，况不可必得乎。若义理求则得之，能不丧其所有，可以为圣为贤。”“或问义利之别？曰：只是为己为人之分，才为己这许多便自做一边，去义也是为己，天理也是为己。若为人，那许多便自做一边去。”“学者常常以志士不忘沟壑为念,则义重而计较死生之心轻矣"。①

曹南冥将上述中国儒学者关于"敬义"的语录汇成了《敬图》、《小学、大学图》、《诚图》、《人心、道心图》、《博约图》、《知言、养气图》、《易书学庸语孟一道图》、《心为严师图》、《几图》和《神明舍图》。这样,中国儒学者的"敬义"思想便通过这十个图式展现出来。而这十个图中,除了《人心、道心图》是仿中国宋元之际的隐儒程复心(号林隐)的《人心、道心图》之外,其余九个图全部是南冥亲自制作。所以,这十图又充分表达了南冥的"敬义"思想。可以将这十图称为《敬义十图》。根据《敬义十图》和南冥所录中国儒学者关于"敬义"语录的基本内容,可以将南冥的"敬义"观概括为以下四个方面:

1. 关于"敬义"的内涵

中国宋明理学认为"敬"有四义:(1)主一无适,(2)整齐严肃,(3)常惺惺法,(4)身心收敛。总之即是"敬以直内"。而关于"义",则认为义者宜也,即措事之宜,也就是"义以方外"。"敬"与"义"的关系为"敬"是内心的态度,"义"是外表的行为。二者体用一贯,互为表里。②

南冥关于"敬义"的内涵,在吸取上述定义的基础上,又有所细化。他这方面的思想主要体现在《敬图》和《小学、大学图》之中。

《敬图》中围绕"敬"的上、下、左、右的"主一无适"、"其心收敛"、"整齐严肃"、"常惺惺法",是宋儒关于"敬"的说法。南冥认

---

① 参见金忠烈著:《南冥学的要谛——"敬义"》,刊于《南冥学研究论丛》第一辑,第101—106页。

② 参见张永儁著:《南冥先生之理学造诣与人格成就》,刊于《南冥学研究论丛》第一辑,第176页。

同这些观点,认为这都是对"敬"的界定。

南冥的《小学、大学图》可视为他对中国儒学者"敬"观点的细化。此图上部分讲"小学"和"大学"的学习内容及目的。他把"小学"教育内容定为"收放心,洒扫应对进退之事"和礼乐射御书数六艺。小学的教育目标是"涵养本源,""养其德性"。小学教育很重要,它是打"圣贤坯璞"阶段。大学教育内容是"教之以穷理、正心、修己、治人之道"。也就是南冥所定的"察义理、穷理、正心、修己、治人"。教育目标是"学小学所学之所以"。因此,以"进德修业"。厝诸事业,这是知之深和行之大。

此图下部分是讲"敬"的内涵。《大学》的"进德修业"的最终目的是"敬"。所以,图中"敬"的内涵是大学之道的"明明德,在新民,在止于至善"三纲领和"格物、致知、诚意、正心、修身、齐家、治国、平天下"八条目。"敬"通过"知行"与"诚"相贯通。图中"诚"的内涵包括"天命之性,率性之道、修道之教"的性、道、教,"智、仁、勇"三达德,君子之道用广(费)和体微(隐),总归于天道(诚)和人道(诚之)。这就是朱熹所说的"诚字在道则为实有之理,在人则为实然之心。其维持主宰,专在敬字"。这表明南冥的"敬义"内涵既包含了《大学》的"三纲领"、"八条目。"又涵盖了《中庸》的"性、道、教。""智、仁、勇。""费、隐"等内容,是和合《大学》与《中庸》之旨,贯彻于"天道"与"人道"。

2. 敬义是儒家哲学的一种心体

儒家哲学是一种心性之学,而对此问题的诠释,朝鲜朝儒学者们意见不一。如徐花潭视"心"为"气",李退溪以"理"释"心"等,曹南冥讲"心"、讲"敬义",并把"敬义"提升为"心体"的高度。他的这一思想反映在《人心、道心图》、《心为严师图》和《神明舍图》中。

在《人心、道心图》中的上半部，"良心"、"本心"、"大人心"、"道心"、"人心"、"赤子心"围绕着一个圆圈，圆圈内下部标有"心，一身主宰"，上部的"虚灵"、"知觉"、"神明"则是心本体存在的状态和功能。此图下半部又是一个开放的圆圈，其中的"戒惧"、"慎独"、"克己复礼"、"存心养性"、"心在心思"、"放心养心"、"正心尽心"、"四十不动心"、"七十而从心所欲"等都是对"本心"、"良心"的涵养。而圆圈正中的"敬，一心主宰"则是此图的关键和主题。这说明"敬"既是涵养本心、良心的关键处，又是心之主宰。所以，南冥在此图后面的众多语录中，特意写有朱熹的话："涵养此心须用敬。""持敬是穷理之本，穷得理明又是养心之助"。① 因此图不是南冥自造，所以他借朱熹之语试图表明养心须用敬。因为"主敬是存心之要"，只有"居敬"、"持敬"，才能使良心得现，本心确立。这就是"敬为一心主宰"之意。

而《心为严师图》的主旨，就是讲"敬义之心"。图中的"敬义"是讲"敬以直内，义以方外"，即君子通过"修己以敬"，"庄敬日强"②的克己工夫所得到的"敬义之心"。"常惺惺"是说敬义之心的状态，即经常地清醒，而无私欲之杂。"慎独"是讲如果能自觉地保有一颗敬义之心，便能够自修存养省察即做到慎独，进而达到一种理想的人格境界。可见，"敬义之心"就是"敬义"作为心体的一种状态。

《神明舍图》则可视为南冥"敬义"思想的总括。此图由于没有放在《学记类编》之中，而这个图又是南冥思想的结晶，故现将

---

① 《学记类编上·南冥先生文集卷三》，《南冥集》，第94页下。
② 《学记类编下·南冥先生文集卷四》，《南冥集》，第107页上。

此图①(见图10)介绍如下:

南冥在《神明舍图》下还作有"铭",其内容为:"太一真君,明堂布政。内冢宰主,外百揆省。承枢出纳,忠信修辞。发四字符,建百勿旗。九窍之邪,三要始发。动微勇克,进教厮杀,丹墀复命,尧舜日月。三关闭塞,清野无边。还归一,尸履而渊。"②关于这个"铭"的内容,台湾学者张永儁教授作了详细注释。他认为:

(1)神明舍——朱子曰:"心是神明之舍。"心,虚明灵觉,作主宰,涵万理,故谓之。

(2)太一真君——《礼记·礼运》:"礼必本于太一。"《庄子·天下篇》:"主之以太一。"太一凡有三义:a. 天地未分之元气;b. 道;c. 天帝之别名。此处之"太一",是指唯一绝对的精神主宰,在人而言,就是"心"或"心体"。

(3)内冢宰主,外百揆省——"冢宰",周代官名,为六卿之首,又称"太宰",此处特指"敬"。"百揆",尚书舜典曰:"纳于百揆,百揆时叙"。为古代统领国政的长官,此处特指"义"。"内"、"外",《易·坤象》曰:"敬以直内,义以方外。""主",伊川曰:"主一之谓敬。""省",察也。全文的意思是,内心要用"敬"来坚持固守,外在的行为要用"义"来时时考核。犹如冢宰在朝廷内辅佐国君,领导群臣;"百揆"处理国政,考核百官一样。

(4)承枢出纳——承枢,指"冢宰"的掌握枢机。出纳,指"百揆"统领国政。此处指"敬以直内,义以方外"。所谓"敬义立则德不孤"。这是说,心,如果用敬来涵养,用义来省察,就不会蒙蔽而放失了。

---

① 《铭·南冥先生文集卷一》,《南冥集》,第28页下。
② 《铭·南冥先生文集卷一》,《南冥集》,第29页上。

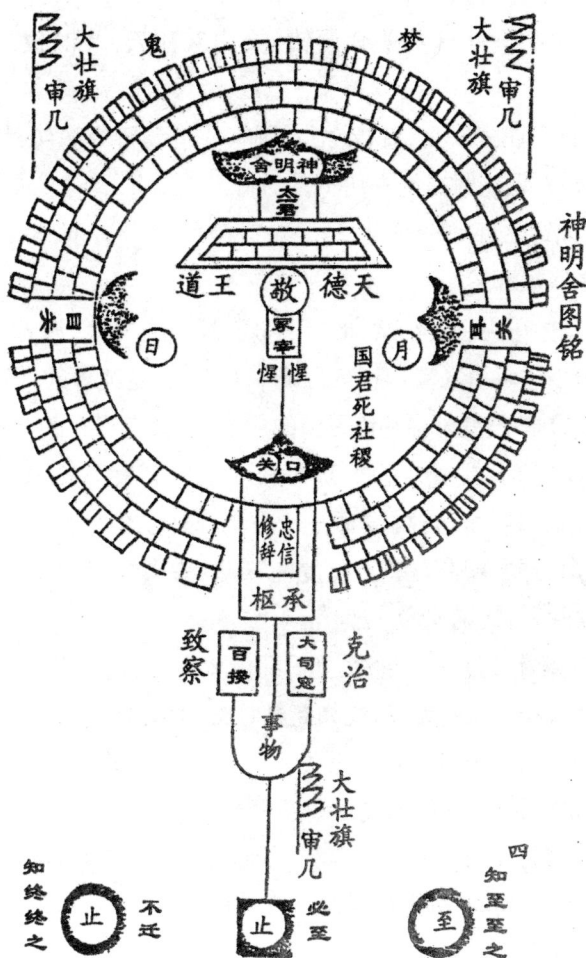

图 10　神明舍图

（5）忠信修辞——孔子曰："主忠信"，《易·坤文言》曰："修辞立其诚"。前者指内心的道德情操，后者指道德行为。其意是说，有了"敬"的涵养和"义"的省察，就可以培养高尚的道德情操和良好的道德行为。

（6）四字符——《神明舍图铭》文内有注云："和、恒、直、方"四字。

（7）百勿旗——百，百行，指人所有的道德行为。勿，禁止词。其意是指，人须克服戒绝一切不善的行为。

（8）九窍之邪——指眼、耳、鼻、口等"九窍"。邪，邪辟不正。指人欲之盛炽邪辟。

（9）动微勇克——动微，指"几"，周濂溪《通书》："诚无为，几善恶。"几为心意萌动之初。其意为诚本天之道，是纯善的，但是一旦成为良心的律令，受外界环境习惯的影响，就会有善有恶。因此，在邪念刚刚发生时，要猛勇克服，犹如大兵交锋，制敌几先一样。

（10）进教厮杀，丹墀复命——丹墀，殿上之丹阶，此处指"本心"。复命，拜服朝命，指"克己复礼"，即"去人欲，明天理"。犹如大军杀敌胜利，凯旋复命一般。

（11）尧舜日月——尧舜之世，郅治太平。人，复其本心，照见真源，义理悦心，仁寿无疆，犹如尧舜日月，光辉灿烂。

（12）三关——耳、目、口三关。"三关闭塞"即指非礼勿言，非礼勿听，非礼勿视，非礼勿动。

（13）清野无边——坚壁清野，主敬由义，一切皆心为主宰，不使邪僻复生，涵养心体永恒光明。

（14）还归一———一，指"太一真君"。

（15）尸而渊——《庄子·在宥》曰："尸居而龙见，渊默而雷声，神动而天随。"这是指圣人无为之天地境界。①

----

① 　参见张永儁著：《南冥先生之理学造诣与人格成就》，刊于《南冥学研究论丛》第一辑，第174~175页。

　　此"铭"结合此"图",清晰地阐明了南冥是把"敬义"作为
"心"之体。此图定义为《神明舍图》,"神明舍"讲的就是"心",因
此将喻为"心"或"心体"的"太一真君"置于最上端,犹如屋顶。
而"心"的实体内容便是"敬",故"敬"圈与"太一真君"通过墙砖
相连接。这种墙外、墙内的设置,是对敬为心之体的一种形象比
喻。"敬"又与"冢宰"相连通,如上述所言,此图中的"冢宰"特指
"敬"。"敬"可"直内",故"忠信、修辞"即内心的道德情操为"承
枢"。大圈外的"百揆",此图特指"义"。"义"可"方外",故"百
揆"如同"大司寇"考核百官一般,直接与事物相连接,以达"克
治"、"致察"之目的。这样,"敬"与"义"的关系就像朱熹所说的
"敬义只是一事如两脚立足是敬,才行是义;合目是敬,开眼见物
便是义"。"敬要回头看,义要向前看"。"敬以直内,是持守工夫;
义以方外,是讲学工夫。直是直上直下,胸中无纤毫委曲;方是割
裁正方之意,是处此事皆合宜,截然区处"。"敬以直内,义以方
外"的结果,达到了"知至至之"、"审几必至"、"知终终之"的目
的。按照"铭"的意思,就是说有了"敬"的涵养和"义"的省察,这
时的心体便能永远光明。这就是"敬义之心"。"敬义之心"的主
旨是讲人心的主宰和持守专在"敬义"。南冥在其《佩剑铭》中写
有:"内明者敬,外断者义。"[1]这里的"内明"是指《大学》里的"明
明德"之义,一方面是说"明德"即"心","内明"就是"明德",即指
"心","敬"为心体;另一方面,是讲"明明德"的工夫就是"内明",
就是说涵养此心必须以"敬"为主。"外断"也就是"断制"的意
思,将不合宜的行为进行决断,则为"义"。"义"的目的还是为了
"明明德"。可见,"敬义"为心之主宰,为心之体。在南冥的思想

---

①　《铭·南冥先生文集卷一》,《南冥集》,第28页下。

中,他视"敬义"为儒家哲学的一种心体。

3."敬义"是儒家精神的一种境界

"敬义"本是儒家基本的伦理范畴和基本的修养工夫,但在南冥思想中,"敬义"被提升为人人追求的崇尚目标,精神境界。南冥的这种思想体现在《诚图》、《易书学庸语孟一道图》和《神明舍图》之中。

南冥为《神明舍图》作的《铭》的最后两句话是"三关闭塞,清野无外。还归一,尸履而渊"。其意是说人经过非礼勿动的克己复礼修养工夫后,不使邪辟复生,涵养心体,使之永恒光明。"还归一",指复归"敬义之心"。此时的人也就进入到了一种圣人的天地境界。

南冥这一思想在《诚图》和《易书学庸语孟一道图》中得到具体展现。这两个图较相近,都是以易(《周易》)庸(《中庸》)为本,以论(《论语》)孟(《孟子》)为归。如《易书学庸语孟一道图》中之中轴"进德居业",是《周易·乾文言》对《乾九三》爻辞"君子终日乾乾,夕惕若厉,无咎"的诠释:"君子进德修业,忠信所以进德也,修辞立其诚,所以居业也"。第一圈的"精"与第二圈的"一",即《书》之"惟精惟一","克己复礼"、"博文约礼"而能惟精惟一。中轴之右侧,"格物致知"、"义以方外",才能"明善";"意诚心正"、"敬以直内",才能"身诚"。这是说,对于"自外入"之视听,便能做到非礼勿视,非礼勿听。中轴之左侧,"慎独戒惧"、"尽心立命",才能"闲邪存诚"、"修辞立诚"。"闲邪存诚"出于《周易·乾文言》对乾卦九二"见龙在田"爻辞的诠释:"龙德而正中者也,庸言之信,庸行之谨,闲邪在其诚,善世而不伐,德博而化。"南冥认为"闲邪"是指"言动接物",因邪自外入,但常言常行能做到信谨,恶念便不会产生。"修辞立诚"如上述,是对《乾九三》爻辞"君子终日乾乾"的诠释。这是说,对于"由内出"的言动,能做到非礼勿言,非礼勿动。中轴第三圈"雷天"的意思是说,"大壮"卦(☱)乾下震上,"无妄"卦(☳)震下乾上。乾为天,震为雷,其象为雷天。《大壮·象传》:"雷在天上,大壮。君子以非礼弗履。"《无妄·象传》:"天下雷行,物与无妄,先王以茂对时育万物。"朱熹注释:"天下雷行,雷动发生,万物各正其性命,……先王法此以对是育物,因其所性而不为私焉。"进一步发挥"四勿"之意。这与《神明舍图》中的"大壮旗"意思相近。

此图还专门画出两个圆圈,上圆为"几",下圆为"敬",两圆竖排为一纵列。南冥的意思是说,如果上述图说讲人成圣成贤的修养过程的话,那么最关键处是"几"。"几"为动之微,即指意念初动之时。"惟精惟一",便要"谨行"、"慎独",这是"日用第一动静地头"。而意念初动之时,便能做到省察、克己、诚意,就会做到"主一无适"、"常惺惺",就也是"整齐严肃,心息相顾"。这种状态就是"敬义"。朱熹说:"敬字工夫,乃圣门第一义。"《易书学庸语孟一道图》总体就是讲,"敬义"是儒家"生生之谓易"的生命价值的实现,是《尚书》道统心传的生命根据的所在,是《学》《庸》的人性本质的呈现和内圣外王的内超越、外开出,是《论》《孟》仁的精神提升与取义、集义的善言善养,而达到天人上下同流,宇宙大化,圆融无碍。这就是儒家圣人"天地境界"。

《诚图》的基本内容与《易书学这庸语孟一道图》相近,其中心主旨也是上述意思。

"敬义"所标示出的"天地境界"是崇高而完美的,但又是很难达到的。南冥在他临死之前,还就此对其门生说道:"此二字(指敬义)极切要。学者要在用功熟熟,则无一物在胸中。吾未到这境界以死矣。"①

4."敬义"是儒家修养的一种工夫

敬义十图中的《博约图》、《知言·养气图》和《几图》是关于以"敬义"为修养工夫的图说。

《博约图》的意思为"博学于文,约之于礼"。其中,"博学于文"讲的是"知","约之于礼"讲的是"行"。这里的知,讲的是明善、择善的敬义工夫。知通过格物致知而获得,并通过格物致知而转化为行。行是诚身、诚意的敬义工夫。行又通过克己复礼而表现为"非礼勿视"、"非礼勿听"、"非礼勿言"、"非礼勿动"。此"四勿"就是克己的条目,如颜渊四勿,克己复礼为仁,"其心三月不违仁",并且能做到"一箪食,一瓢饮,在陋巷,人不堪其忧"的境遇下,仍"不改其乐"。这就是博文约礼的真意。

而《知言·养气图》则是根据《孟子·公孙丑》"我知言,我善养吾浩然之气"的思想而制成的。因此,此图最上圈为"知言、善养气"。"何谓知言?曰:'诐辞知其所敝,淫辞知其所陷,邪辞知其所离,遁辞知其所穷。'"②这是说对于不全面的言辞,过分的言辞,不合正道的言辞和躲闪的言辞,能知道其片面、失足、分歧、理屈的原因之所以。何谓善养浩然之气,"其为气也,至大至刚,以直养而无害,则塞于天地之间。其为气也。配义与道,无是,馁也。是集义所生者,非义袭而取之也。"③这是说,浩养之气要用正义去培养并与义和道相配合,由正义的不断积累而产生。朱熹在解释"我知言,我善养吾浩然之气"时说:"盖惟知言,则有以明夫道义,

---

① 《行状》,《南冥集》,第301页上。
② 《孟子集注》卷三,《公孙丑上》。
③ 《孟子集注》卷三,《公孙丑上》。

而于天下之事无所惧,此其所以当大任而不动心也。"①因此,南冥在"知言、善养气"下标出"无疑惧"。知言无疑,于是"道明",明道便为任大、责重之人;养气无惧,于是"德立",以道义为主者。这个图表明了"义"在培养浩然之气中的重要作用。

《几图》主要是讲意念动时的工夫。"几"指意念初动之时,从未发到初发之时。此图主要是讲,在这时要"省察克己",慎独而诚义。省察在格致,克己得仁勇。《几图》下端引《大学·诚意》章的"诚其意者,毋自欺也(工夫),如恶恶臭,如好好色(实),此之谓自谦(敬),故君子必慎其独也(地头、惟慎独可以行王道)。"②这段引文中括号内的字为南冥自注。南冥强调了"工夫"、"实"、"敬"、"地头",惟慎独可以行王道"。这说明南冥主张在"几"时即意念初动之时,便要做省察克己的工夫,此工夫要实实在在,这就是"敬"的工夫。只有通过"敬"的工夫,才可以行王道。③

上述敬义十图充分说明了南冥一生学问的主旨是以"敬义"标宗,南冥学的实质就是"敬义"学。"敬义"在南冥学的体系中,既是体(如他把敬义视为"心体"),也是用(如他视敬义为工夫),是即体即用、亦体亦用、体用不二。"敬义"在南冥学的体系中,贯穿天、地、人三才,融会"天道"与"人道"(如他视敬义为天地境界),是天人合一。"敬义"在南冥学的体系中,是"真"(如敬义为诚),是"善"(如敬义为仁),是"美"(如敬义为圣),是真善美的统一。这是南冥"敬义"思想的三项基本要点。

---

① 《孟子集注》卷三,《公孙丑章句上》。

② 《大学·诚意》,《大学章句》。(　)中的字,为南冥注。

③ 参见张立文、李甦平著:《南冥曹植》,刊于《东方著名哲学家评传》(韩国卷),第330—338页。

二、格致——力行

如上所述,南冥"以格物致知为第一工夫"。在儒家学说中,"格物致知"有两重意思,一是指人们对客观外界事物的认识过程;一是指人们道德修养的目的与工夫,而这两方面又是紧密联在一起的。人们通过对各种事物的考察、体认,逐渐穷进其理,便会不断完善自我,达到某种道德境界。这就牵扯到是知而必行,还是只知不行的问题。对此,南冥主张知行合一的"力行"哲学。如他常对学生说:

> 为学初不出事亲、敬兄、悌长、慈幼之间,如或不勉于此,而急欲穷探性理之奥,是不于人事上求天理;终无实得于心,宜深戒之。①

南冥主张人们首先要注重事亲、敬兄、悌长、慈幼等这些具体的事务,将这些日常生活中的小事情做好了,便会从这些人事中求得天理。反之,不实践,不力行,是难于体贴出天理来。为了说明这个道理,他又举3个例子:

> 遨游于通都大市中,金银玩玩,靡所不有,尽日上下街衢而谈其价,终非自家家里物;却不如用我一匹布,买取一尾鱼来也。今之学者,高谈性理,而无得于己。何异于此?②

---

① 《言行总录·南冥先生别集卷之二》,《南冥集》,第184页下。
② 《言行总录·南冥先生别集卷之二》,《南冥集》,第185页下。

有人在商市中又看又问价,但就是不买。这就如同今之学者,只是高谈性理,却不付诸实行。南冥主张学者应学以致用,就像用一匹布换取一尾鱼一样,用实际行动取得属于自己的东西。为此,南冥将那些只知高谈性理,却不付置行动的学者,称为"假道学"。他在给李退溪的书信中,就表明了这种观点。如《年谱》有如下记载:

> 43 年甲子(先生 64 岁)……《与李退溪书》:"先生常想,世之学者,不事下学,事务上达,往往有假道学之名",故以书与退溪,盖欲戒禁而救正之也。书略曰:"近见学者,手不知洒扫之节,而口谈天理……。"①

南冥反对只说不做的"假道学",并指出"假道学"的实质是为了获取个人的私利。

> 先生病今之士,习偷弊利欲,胜义理丧,而外假道学,内实怀利,以趋时取名者,举世同流,坏心术,误世道,岂特洪水异端而已,观其行已做事,往往专不似学者所为,俗学辈从而讥谓焉。此固取名蔑实者之罪也。其间倘有直实为学者,亦被假伪之名,诚可痛也。然特患学不直实而已,庸何病于此乎?②

这里,南冥痛斥那种以道学为幌子,而干"内实怀利,趣时取名"之

---

① 《年谱·南冥先生别集卷之一》,《南冥集》,第 172 页下。
② 《言行总录·南冥先生别集卷之二》,《南冥集》,第 186 页上。

事的行为是"蔑实"之罪。同时,他积极称赞那些讲究实干的行为为"直实"。南冥所谓的直实,就是力行。南冥的力行思想,正如裴绅所总括的那样,即:

> 先生以格致诚正为学问之根本,以修齐治平为学问之功用。①

格物致知、诚意、正心、修身、齐家、治国、平天下——这些都是儒家元典《大学》的基本内容。南冥以此为学问的根本和功用,就是要在朝鲜朝性理学出现脱离实行之际,努力提倡向讲究学以致用的元典儒学回归。

南冥之所以要回归以修齐治平为功用的元典儒学,一个重要原因是因为他目睹朝鲜社会的时弊而引发的忧患意识所致。《南冥集》中的《疏》、《状》对此都有所反映。如南冥在《乙卯辞职疏》中对朝鲜社会危机的严重性,尖锐指出:

> 殿下之国事已非,邦本已亡,天意已去,人心已离,比如大木,百年虫心膏液已枯,茫然不知飘风瀑雨何时而至者久矣。②

在《丁卯辞职呈承政院状》中,又针对朝鲜社会的各种弊端陋习作了深刻揭露:

---

① 《言行总录·南冥先生别集卷之二》,《南冥集》,第203页上。
② 《疏·南冥先生别集卷之二》,《南冥集》,第56页。

伏见邦本分崩,沸如焚,如群工荒废,如尸如偶,纲纪荡尽,无气莆尽,礼义扫尽,刑政乱尽,士习数尽,公道丧尽,用舍混尽,饥馑竭尽,飨祀渎尽,征贡横尽,边围虚尽,贿赂极尽,掊克极尽,冤痛极尽,奢侈极尽,饮食极尽,贡献不通,夷狄凌加,百疾所急,天意人事亦不可测也。①

从纲纪、礼仪到刑政、士习,都已丧尽;从飨祀、征贡到贿赂、掊克,都已穷尽,因此导致朝鲜社会内部是"冤痛极尽,奢侈极尽",外部"夷狄凌加,百疾所急"。最终,朝鲜社会呈现"邦本分崩"的状态②。

为此,南冥从一个学者的良知出发,竭力呼吁以"修齐治平"为功用的儒家力行哲学。他关于"力行"的具体思想,充分展现在《学记类编下》中。

《学记类编下》编有《力行》一个条目。此条目内记录了《周易》、《论语》、二程、张载、朱熹等关于"力行"的言论近四十余条。其中第一条就是:

《易》曰:天行健,君子以自强不息。

雷风恒,君子以立不易方。

风自火出,家人、君子以言有物而行有恒。③

天人合一,人要像天行健、风雷恒有一样,永远自强不息、力行永

① 《疏·南冥先生别集卷之二》,《南冥集》,第57页下。

② 参见邬昆如著:《南冥社会哲学之研究》,刊于《南冥学研究论丛》第一辑,第116—119页。

③ 《学记类编下·南冥先生别集卷之四》,《南冥集》,第111页下。

恒。这里，南冥将"力行"看做是如同天、风、雷自然运行的法则一样的人应该自然而然去做的一种本能。为此，南冥在《力行》条目后，又编有《齐家》和《出处》两个条目。其中内容主要是告诉人们父要做什么、子要做什么、妻要做什么、富裕人家要做什么、贫困人家要做什么，才能够"齐家"；君子为人处事应如何做，高尚之人待人处事应如何做，才是合于礼仪即儒家的"出处"原则。针对治国、平天下关键是君主的问题，南冥还设有《治法》、《治道》、《临政处事》三个条目，告诫君主如何做，才能够治国理民；怎样做，才能够使国富民强。总之，南冥的"力行"思想是他"以格物致知为第一工夫"的深刻反映，也是他"发愤笃志实学"的真实写照。

第四章　朝鲜后期儒学

（1638—1860 年）

第一节　沙溪金长生重礼学的儒学

金长生（1548—1631），字希元，号沙溪，学者称他"沙溪先生"。由于他出身于名门望族之家，故从小就受到了很好的教育。《年谱》记载：

> 先生十三岁，从学于宋龟峰先生。自奋发励读书，于世俗趋好，一切不屑也。至是从龟峰受《四书》、《近思录》等书，专心探究不懈，益勤学日益进。
>
> 先生二十岁，受业于栗谷先生之门。自是备闻圣学之奥，潜心力行，自任甚重。李先生及归海西，辄随往留门下，寻温旧学，琢磨新得，尤精于礼学，节目该尽，巨细毕举。李先生常倚重之，期许特深。①

沙溪一生学问受益于两位恩师，一是宋龟峰翼弼，为沙溪讲授《四书》和《近思录》，使他受益匪浅；另一位是李栗谷，向沙溪传授心

---

① 《附录·年谱·沙溪先生全书》卷43，《沙溪·慎独斋全书》下，白山学会1978 年版，第 776 页下—777 页上。

性之学,使他成为栗谷门下卓越英才。

遇到好老师,是他的幸运,但沙溪之所以能够在朝鲜朝儒学史上占有重要历史地位的根本原因还在于他本人的慨然求道之志和专意求学之心,据他的门生宋时烈说:

> 先生天赋敦厚,气貌和粹,谦冲乐易之资,方正确实之操,自然近道,早承家训,已知向学及从事师友之间,慨然有求道之志,遂专意于性理之学,其所以为学者,必以读书穷理为先,反躬力行为主,故其读书也,必整饬衣冠,端拱危坐,专心致志,终日沉潜,字求其训,句探其义,少有疑晦,则仰思俯读,必得通贯而后己,穷昼夜忘寝食,必以默识,心融精思,实得为务,如是者,自初至终,常如一日焉。①

经沙溪严肃、认真、刻苦的读书钻研,使他对东方道学学脉及其内容,得出了独特见解。他说:

> 东方道学之统,以郑甫隐梦周倡绝学于丽季;金寒暄宏弼继坠绪于我朝,而微言未著,至道未倡;静庵赵先生光祖,以诚明之学,任君民之责,立朝施说蔚有可观,其遗风余韵,足以耸动百世矣。自是厥后,问有一二儒贤,挺生名世,而未见卓然传道者,退溪先生承群贤斩伐之余,至以兴起斯文为己任,沉潜经传,讲明义理,守一己之谦德,牖后学于来世,其功可谓大矣。能如明白,纯粹洞彻无滓,真知实践,得圣人之宗旨,考之

---

① 《附录·行状·沙溪先生全书》卷48,《沙溪·慎独斋全书》下,第865页下。

言行,而无瑕,尤措之事业而合时宜,出处以正,进退以义,任继开之丕责,寿道脉于无穷者,唯吾栗谷先生一而已。①

上文表明两个意思:

一是沙溪对道学学统的表述,他将郑梦周→金宏弼→赵光祖→李退溪→李栗谷视为朝鲜朝性理学学脉。这一支脉在朝鲜朝儒学史上被称为正统儒学或节义派。沙溪视此为东方道学学统,表明了他在学问观上追求以尊王攘夷的义理为价值基础的心性之学。

二是沙溪对栗谷思想的坚持和宣传。诚如上文年谱所说,沙溪以作为栗谷门生为荣,而栗谷也对沙溪"斯许特深",寄予厚望。这从《沙溪先生全书》中亦可看出。在沙溪的《说》、《书》、《经书辨疑》、《近思录释疑》等著作中,基本上都是对栗谷学术思想的宣讲。栗谷和沙溪不仅是互尊互信的一对师生,而且也是朝鲜朝儒学史上一大一小两颗耀眼的学术明星。他们在韩国学术史上的价值,就像宋时烈说的那样:

> 盖天既生栗谷于前,以高明超绝之资,抽关启键,洞开道学之源,委以日星乎。乾坤又生先生于后,以笃实践履之学,真诚积久,卒究圣贤之成法,以模范乎。来裔天之所以生我两先生,以启我东方道学之统者,夫岂偶然哉!②

---

① 《附录·行状·沙溪先生全书》卷48,《沙溪·慎独斋全书》下,第867页下。

② 《附录·行状·沙溪先生全书》卷48,《沙溪·慎独斋全书》下,第869页。

沙溪平生不事著述，只记录读书的疑惑之处，故主要的学术著作《经书辨疑》六卷、《近思录释疑》四卷、《典礼问答》两卷、《家礼辑览图说》两卷、《家礼辑览》六卷、《丧礼备要》四卷、《疑礼问解》八卷等，全部收录在《沙溪先生全书》之中。

金沙溪是朝鲜朝礼学的集大成者，而他的礼学与心性学又有着密切的关联，故这里着重探讨沙溪的礼学心性学思想及在朝鲜朝儒学史上的作用。

礼学与心性学具有内在的关联。

在中国学术史上，"礼"在春秋时代被称为"周礼"，其内容被确定为一整套的典章、制度、规矩、仪节等。这些规定反映了当时社会上下等级、尊卑长幼的明确而严格的秩序，而当时的古代社会也正是凭借着这些"礼仪"来维系着整个社会的生存和活动。

儒学创始者孔子努力从人性心理原则——"仁"来解释"礼"。

"仁"在孔子思想中是最高的道德原则和做人的标准，"仁"字在《论语》中出现百次以上，如重要的几条有：

> 其为人也孝悌，而好犯上者，鲜矣。不好犯上而好作乱者，未之有也。君子务本，本立而道生，孝悌也者，其为仁之本欤！[1]
> 弟子入则孝，出则悌，谨而信，泛爱众，而亲仁。[2]
> 君子笃于亲，则民兴于仁。[3]

---

[1] 《论语·学而》。
[2] 《论语·学而》。
[3] 《论语·泰伯》。

可见,孔子把"孝"、"悌"作为"仁"的基础,把"亲亲尊尊"作为"仁"的标准。这种以血缘和亲情为基本内容的"仁",其实质就成为了人的内在的伦理——心理状态,也就是人性。孔子用这种"人性"来解释"礼"。如孔子对宰我问"三年之丧"时,回答说:

> 宰我问三年之丧,期已可矣。君子三年不为礼,礼必坏;三年不可乐,乐必崩。旧谷既没,新谷既升,钻燧改火,期已可矣。子曰食夫稻,衣夫锦,于女安乎? 曰安。女安则为之。夫君子之居丧,食旨不甘,闻乐不乐,居处不安,故不为也。今女安,则为之。宰我出。子曰,予之不仁也! 子生三年,然后免于父母之怀。夫三年之丧,天下之通丧也。予也有三年之爱于其父母乎![①]

宰我认为替父母守三年之丧,时间太长,只一年就行。对此,孔子批评他:父母死了,不到三年,你便吃那白米饭,穿那花缎衣,你心里安吗? 君子守孝,吃美味不知道甜,听音乐不觉得快乐,住在家里不以为舒适。宰我真不仁呀! 儿女生出三年以后,才能完全脱离父母的怀抱。替父母守孝三年,天下如此。宰我难道就没有从他父母那里得三年怀抱的爱护吗? 可见,孔子把"三年之丧"的传统礼制,直接归结为亲子之爱的生活情理,把"礼"的基础直接诉之于心理依靠。这样,既把整套"礼"的血缘实质规定为"孝悌",又把"孝悌"建筑在日常亲子之爱上,这就把"礼"从外在的规范约束解说成人心的内在要求,把原来僵硬的强制规定,提升为生活的自觉理念,把一种宗教性神秘性的东西变为人性日用之常,从而使

---

① 《论语·阳货》。

伦理规范与心理欲求融为一体。在这里,重要的是,孔子没有把人的情感心理引导向外在的崇拜对象或神秘境界,而是把它消融满足在以亲子关系为核心的人与人的世间关系之中。这正是仁学思想的关键所在。①

如果说孔子以"仁"释"礼",从内在的人性来解释"礼",那么,荀子则是从外在的规范这一角度阐释"礼"。

众所周知,"礼"是荀学的核心观念。荀子对于"礼"的起源、内容、作用等,都作了详细的论述。关于"礼"的起源,荀子说:

> 礼起于何也? 曰:人生而有欲,欲而不得,则不能无求,求而无度量分界,则不能不争。争则乱,乱则穷。先王恶其乱也,故制礼义以分之,以养人之欲,给人之求。使欲必不穷乎物,物必不屈于欲,两者相持而长,是礼之所起也。②

荀子认为,"礼"的产生是由于人生而有欲求,有欲求便会引起斗争,斗争的结果是乱和穷。因此,先王为了治理乱和穷,便制定了礼仪,以养人之欲,给人之求。使欲求和物达到两者相长,这就是"礼"的起因。可见,"礼"就是维护人类社会正常运转的规定尺度。对于"礼"作用规矩尺度,荀子还有形象的说明:

> 故绳墨诚陈矣,则不可欺以曲直;衡诚悬矣,则不可欺以轻重;规矩诚设矣,则不可欺以方圆;君子审于礼,则不可欺以诈伪。故绳者,直之至;衡者,平之至;规矩者,方圆之至;礼

---

① 参见李泽厚:《中国古代思想史论》,人民出版社1985年版,第20页。
② 《荀子·礼论》。

者,人道之极也。①

这里,荀子将"礼"形象地比喻为测曲直的绳墨,称轻重的度量衡,量方圆的规矩,并指出如果绳为直之至、衡为平之至、规矩为方圆之至的话,那么"礼"则是"人道之极"。在荀子看来,人内在的仁义道德必须通过"礼"这种外在的规范才有可能达到。所以,"礼"才是"仁义"的"经纬蹊径"和"人道"准则。

可见,虽然孔子以"仁"释"礼",企图为这种古老的外在规范寻求某种心理的依据,而荀子是从外在的规矩释"礼",但他们的共同处是,充分注意了作为群体的人类社会的秩序规范(外)与作为个体人性的主观心理结构(内)相互适应这一重大问题,也就是人性论问题。②

直接从人性论角度论述"礼"与"理"(天理)关系的是程颐。他说:

> 礼者,理也③
> 视听言动,非理不为,即是礼,礼即是理也。
> 不合礼,则非理。④

人们的视听言动,不离礼的规范,这个礼既是社会上下等级的典章制度,又是仁、义、礼、智的道德原则。程颐将社会的等级秩序和道德原则这个"礼",视为"天理"之"理",这是从性理学角度对"礼"

---

① 《荀子·礼论》。
② 参见李泽厚:《中国古代思想史论》,第109、112页。
③ 《河南程氏粹言》卷1,中华书局1981年版。
④ 《河南程氏遗书》卷15,中华书局1981年版。

的提升和肯定。朱熹继承并发展了程颐这一思想,他说:

> 礼为之天理之节文者,盖天下皆有当然之理。但此理无
> 形无影,故作此礼之化出一个天理与人看。教由天之矩,可以
> 凭据,故为之天理之节文。①

朱熹认为天理无形无影,故作出"礼",以为天理之节文。所以,有
形的礼仪是无形的天理的表现,"礼"者"理"也。礼仪的修养,是
"存心养性"的外在方式,通过"礼"的规范,可以达到"明心"、"存
诚"、"性善"的修己目的和道德自觉。由此,便引出了"理气"与
"心"、"性"、"情"的关系,"人心"与"道心"的关系,"四端"与"七
情"的关系,"物格"与"格物"的关系,"戒慎"与"慎独"的关系等
一系列心性论方面的问题。而沙溪的心性论思想则对上述问题进
行了研究和论述,并得出了自己独到的见解。下面,分三个方面进
行论述。

一、"四端"气发说

"四端"、"七情"与"理"、"气"的关系问题,是朝鲜朝儒学史
上的重大理论问题。这个问题经李退溪与奇高峰的多次论辩,又
经李栗谷的论述,其论辩内容和思路,已渐明晰。在"四七"论上,
金沙溪基本上沿袭了其师李栗谷的思想,但在某些方面又有自己
的独特见解。

沙溪对于李退溪关于"四七"论的基本观点,即"四端"是"理
发而气随之","七情"是"气发而理乘之"的"互发"说,指出这种

---

① 《朱子语类》卷42。

思路是源于权阳村的《入学图说》。他说：

> 愚与韩士仰书，曰：退溪先生四端七情互发之说，其原出于权阳村《入学图说》。其图中，"四端"书于人之左边，"七情"书于人之右边。郑秋峦因阳村而作图，退溪又因秋峦而作图。此互发之说，所由而起也。退溪曰：四端理发而气随之，七情气发而理乘之。是阳村书左右之意，而或者引语类中朱子说，比而同之。此则不然，朱子说概谓人心主形气而发，道心主义理而发云尔，语势差异，何可与退溪说作一意看也。夫五性之外无他性，七情之外无他情。孟子于七情中，剔出善情目为四端，非七情之外，别有四端也。善恶之端，夫孰非情乎。其恶者本非恶，只是掩于形气有过不及而为恶。故程子曰：善恶皆天理。朱子曰：因天理而有人欲。四端七情果是二情，而理气果可互发乎？夫以四端七情为二情者，于理气所未透故也。栗谷曰：凡情之发也，发之者气也，所以发者理也。非气则不能发，非理则无所发。盖理气混融，无不相离，若有离合，则动静有端，阴阳有始也。理者太极也，气者阴阳也。今日太极与阴阳互动，则不成说话，太极阴阳不能互动，则谓理气互发，岂不谬哉。鄙人常对公言之，公亦知退陶分对之非，而反以分对左右为有功于朱子本意，后学于先贤之说，固不可据加非议也，亦不可知其是非而谬为赞美也。①

这段话具有三重意思：

---

① 《近思录释疑·沙溪先生全书》卷17，《沙溪·慎独斋全书》上，第287页下—288页上。

第一层意思,情非二情。

沙溪认为,退溪关于"四端七情"理气"互发"的观点是依据了权阳村《入学图说》分"四端"与"七情"为二的思路而作出的。沙溪认为,分"四端"与"七情"为二,就是承认情有二情,对此,他提出了不同的观点,即"情非二情"。

"情非二情"是沙溪的老师李栗谷提出来的,沙溪亦首肯这一观点。他在《近思录释疑》一文中多次引栗谷这一观点,以示赞许。例如:

> 栗谷答成牛溪曰:若四端七情则有不然者,四端是七情善一边也,七情是四者之总会也。一边安可与总会者分两边相对乎?……七情包四端。吾兄犹未见得乎? 夫人之情,当喜而喜、临丧而哀、见所亲而慈爱、见理而欲穷之、见贤而欲齐之者,仁之端也;当怒而怒、当恶而恶者,义之端也;见尊贵而畏惧者,礼之端也;知其所当喜、所当怒、所当哀、所当惧,又知其所不当喜、所不当怒、所不当哀、所不当惧者,智之端也。若以四端准于七情,则恻隐属爱、羞恶属恶、恭敬属惧、是非属知。其当喜怒与否之情也,七情之外更无四端。①

这是说,仁、义、礼、智"四端"是喜、怒、哀、惧、爱、恶、欲"七情"的"善"的一个方面,而七情是全部。因此,全部包括一个方面,一个方面应涵盖在全部之中。这就是"七情包四端"。具体解释"七情包四端"就是:当喜而喜、当丧而哀,这是人之情(喜、爱、哀),这种

---

① 《近思录释疑·沙溪先生全书》卷17,《沙溪·慎独斋全书》上,第284页。

情就是仁之端也;当怒而怒、当恶而恶,这也是人之情(怒、恶),这
种情是义之端也;见尊贵而畏惧之情(惧)则是礼之端也;知其当
喜、不当喜、当怒、不当怒之情(欲)便是智之端也。所以,四端包
于七情之中,七情包四端。

沙溪又举栗谷话说:

> 栗谷曰:先儒心性情之说,详备矣。然各有所主而言或不
> 一,故后人执言而迷旨者多矣。……四端专言理,七情合理
> 气,非有二情。而后人遂以理气为互发,四端犹性之言,本然
> 之性也;七情犹性之合理气而言也,气质之性,实是本性之在
> 气质者,非二性。故七情实包四端,非二情也。须是有二性方
> 能有二情。①

这是说七情包四端,情非二情的一个原因是因为性非二性。"四
端"犹"本然之性","七情"犹"气质之性"。而"气质之性"实是
"本性"(即"本然之性")在气质中,意为"本然之性"包含在"气质
之性"中。正因为"气质之性"包含"本然之性",所以,性非二性。
"本然之性"含在"气质之性"中的思路与"四端"含在"七情"之中
一样,是一脉相承的。"性非二性",所以"情非二情"。

沙溪所承袭的栗谷的这种"性非二性,情非二情"的思想,一
方面是对程朱理学的"体用一源"思想的发展,另一方面也是对孟
子"性善"说的重视。像沙溪和栗谷都讲:

---

① 《近思录释疑·沙溪先生全书》卷17,《沙溪·慎独斋全书》上,第285
页。

> 五性之外无他性，七情之外无他情。孟子于七情之中，剔出其善情目为四端。非七情之外，别有四端也。①
>
> 四七之说，栗谷与牛溪书无虑，万余言极分明。取而见之，孟子时，人只知性之为恶而不知性之善。故孟子剔出七情中情之善者，目之以四端。以晓时人，诚有功于万世也。……譬之水，四端浑浑澄沏之，水泼泼于源头无所污者也。七情则是水之派流也，不能无清浊之分云。吾所谓太分析者，此也。余前书所谓七情之外更无四端，四端在七情之中之说，有何语病？亦何不顺于理乎？②

沙溪很重视孟子的"性善"思想，认为孟子专门将"七情"中的善情，名之为"四端"，是孟子"性善"论的具体体现。这是孟子的一大功绩。所以，"四端"与"七情"不是二情，就如同水："四端"为水之源，"七情"为水之流；但不论是源，还是流，它们都是水。沙溪之所以重视"性非二性，情非二情"，是因为这是他"四端气发"说的理论基础。

第二层意思，气发理乘。

"四端七情"问题必然涉及到"理"与"气"的关系问题。对于"理气"关系问题的研究，朝鲜朝的儒学者有两种倾向，一是将理气问题作为宇宙的根本原理，对其自身进行研究。二是将理气问题视为主体的形而上学之根本，从人的心性来研究。金沙溪属于后者，这与他的礼学具有密切关系。

---

① 《近思录释疑·沙溪先生全书》卷17，《沙溪·慎独斋全书》上，第285页下。

② 《书·答金南·沙溪先生全书》卷4，《沙溪·慎独斋全书》上，第66页。

关于"理"与"气"的关系,金沙溪认为要了解它是很难的,而要讲清楚它,则更加困难的。

> 理气二字,知之难,而言之尤难。徒知理在气中而不知理自理,气自气,则有理气一物之病;徒知理之自为一物而不知与气元不相离,则有悬空独立之误。须知一而二,二而一,然后可无弊也。①

沙溪认为,"理"与"气",要想说清楚是很不容易的。因为如果只知理在气中,而不知道理是理、气是气,那就有视理气为一物,混淆理气的错误。反之,如果只知道理为一物,而不知它与气不可分离,那就有使理悬空孤立起来的错误。正确理解理与气的关系,应是知道它们是一而二,二而一。将理气关系概括为"一而二,二而一"是沙溪的老师栗谷的基本思想之一。沙溪忠实地继承了老师的这一思想,并加以宣讲。如崔汝允在问栗谷对陈北溪之说批评的问题时,沙溪向他讲解理与气的一而二、二而一关系时说:

> 愚答曰:理气元不相离,本混融无间。若如陈氏之说,则人物未生时,理气元不相合,至始生时,得天地之理,又得天地之气,与之相合而生。如阴阳男女相合而生,人物其可乎? 栗谷先生之意,必以此也。尝见先生论太极图说,至朱子解妙合而凝曰:本混融无间也。先生极赞美之矣。②

----

① 《附录·语录·沙溪先生全书》卷45,《沙溪·慎独斋全书》下,第83页下。

② 《经书辨疑·大学·沙溪先生全书》,《沙溪·慎独斋全书》上,第169页。

中国宋代的北溪陈淳在阐述"明明德"时说：人生得天地之理，又得天地之气，理气相合而虚灵。对此，栗谷进行了批评。而崔汝允对栗谷对陈淳的批评不太理解，故问沙溪。理与气虽不相离，但绝不是一物，陈淳说理气相合，有什么弊处呢？为此，沙溪作了上面的回答。沙溪的基本意思是说，如果理与气的关系，按陈淳的意思，人物未生之时，理气相分；人物始生之时，理气相合。如男女相合而生人。这怎么成呢？理与气的关系，应是"混融无间"，即朱子所说的"妙合而凝"。不论是"混融无间"还是"妙合而凝"，讲的都是"二而一"。可见，沙溪更加倾向于理气之合。这种思维路数在与景任的论辩中也有表示。景任即愚伏郑经世，为西崖门人，属退溪学派。他坚持理气为二物的观点，对栗谷的学说持怀疑态度，故常与沙溪论辩。沙溪针对他的分理与气为二的观点说：

> 朱子曰：理气推之于前，不见其始之合；引之于后，不见其终之离。若曰理与气合而成气质，则有合时，有离时。恐学者以为理气各为一物，将此物合彼物，而不知理气之元不相离也。①

沙溪引朱子的话说明"理"与"气"原本是不相离的，也即强调了理气"二而一"的方面。但沙溪也对景任说明了栗谷关于理气的辩证关系。即：

> 栗谷之言，本非以理气为一物，亦非以理气为二物。理气

---

① 《经书辨疑·大学·沙溪先生全书》卷11，《沙溪·慎独斋全书》上，第1页。

元不相离,一而二、二而一者,正谓此也。景任何疑于栗谷之言,而不信之乎。若如景任之言,以理气分为二物,而各自发动,则是退溪理气互发之言矣。①

沙溪对景任说:栗谷先生的意思是既不认为理气是二物,也不认为理气是一物。理与气的关系应是一而二,二而一。所谓"一而二",是说理与气不是一物,而是理为理,气为气。所谓"二而一",是说理与气元不相离。沙溪之所以坚持其师栗谷的理气一而二、二而一观点,是为了强调"气"的功能性,进而强调人的能动性。这与他的礼学思想具有密切关联。沙溪对他的学生讲授理气问题,强调"气"的功能性时说:

> 退溪云:七情气发而理乘之,四端理发而气随之。退溪之病专在于"理发"二字矣。盖理是无情意、造作之物,宁有先气动之理乎? 大概原其本初而言,则有理而后有气,然理在气中,元不相离。故其流行之时,气常用事而理则随之而流行矣。故朱子释《中庸》"天命之性"曰:天以阴阳五行化生万物,气以成形而理亦赋焉。又释《太极图》"妙合而凝"曰:太极、二五本混融而无间,此言理在气中也。其曰凝者,气聚而成形也。②

在这里,沙溪将朱子"理是无情意、无造作之物"的观点进行发挥,

---

① 《经书辨疑·大学·沙溪先生全书》卷11,《沙溪·慎独斋全书》上,第1页。

② 《附录·语录·沙溪先生全书》卷45,《沙溪·慎独斋全书》下,第813页。

强调"气"是有形、有为的。他按照朱子学的正统观点,指出先有理,后有气,而理在气中。由于理是"无情意、无造作"的,即无形、无为的,所以在流行之时,气便"常用事",即气是有形、有为的。如朱子说的天以阴阳五行(即气)化生万物,"妙合而凝"也就是理气"妙合",其"凝"就是气聚而成形。这些都是气的功能性的具体体现。正是由于理无为、无形,气有为、有形,所以"非气则不能发,非理则无所发"。① 也就是发之者,为气;所以发者,为理。这就是理气的一而二,二而一的"妙合而凝"。所以,不论是"七情"还是"四端",都是"气发理乘"。即:

> 所谓气发理乘之者,可也,非特七情为然,四端亦是气发而理乘之也。何则? 见孺子入井而恻隐者气也,此所谓气发也;恻隐之本则仁也,此所谓理乘之也。②

恻隐,为仁之端。通过孺子入井,讲明"四端"是"气发理乘"。

沙溪强调"气发理乘",突出"气"的功能性,旨在表明人发挥主体能动性,通过后天的修养(礼),就能使有为之气变为湛一清虚之气,恢复并扩充人性善。

第三层意思,人心为道心可。

与"四端七情"、"理气"紧密相关的问题是"道心"与"人心"的关系问题。在这个问题上,金沙溪继承李栗谷的思想,但又具有自己的独创性,这无疑又是同他的"礼"思想有关。

---

① 《近思录释疑·沙溪先生全书》卷17,《沙溪·慎独斋全书》上,第288 页上。

② 《近思录释疑·沙溪先生全书》卷17,《沙溪·慎独斋全书》上,第284 页。

　　沙溪记述栗谷关于"人心"、"道心"的思想时说:"栗谷答成牛溪书曰:人心、道心虽二名,而其原则只是一心。其发也,或为理义、或为食色,故随其发而异其名。其发也为理义,则推究其故,何从而有此义理之心乎? 此由于性命在心,故有此道心也。其发也为食色,则推究其故,何从而有此食色之念乎? 此由于血气成形,故有此人心也。……四端专言道心,七情合人心、道心而言之也。"①沙溪认为,栗谷关于人心、道心的思想主要有,人心、道心虽各异,但实为一心。人心、道心各异的根源是,若为理义而发,则为道心;若为食色而发,则为人心。所以,"四端"专言道心,而"七情"总汇人心和道心。

　　循着栗谷的这样一种思维,沙溪关于人心、道心的主要论述有两段话,一段是在回答金嶙时说的,即:

　　　　来书谓:"四端属于道心之用,七情属于人心之用。"若然,则孔颜曾思时,只有七情之说,是不知有道心而只知有人心也? 余故曰:"四端主道心而言,七情兼道心人心而言。来试探分析四端七情,恐不可也?"又谓:"自四端而言,则七情为之用;自七情而言,则四端为其体。体中有用,用中有体。"愚意:四端七情是心之用,何以分体用乎? 四端七情既是用,又加体字何意也?②

另一段话是在与韩士仰的书信中所说:

────────

　　① 《近思录释疑·沙溪先生全书》卷17,《沙溪·慎独斋全书》上,第284页上。

　　② 《书·答金嶙·沙溪先生全书》卷4,《沙溪·慎独斋全书》上,第66页。

公既曰:"四端道心也,七情也有道心,也有人心。"而复致疑于栗谷七情兼理气之说,何也? 夫人情总合人心道心,是兼理气而言也。语类七情气发之说,是主气而言也。栗谷之疑为误录,良以此也。栗谷之言无所不可,有何龃龉? 公曾不求之于心,又有不察人言之失? 栗谷所谓七情中有人心道心之说者,无可疑。曾思论人之情只言七情,不言四端者,七情中自有道心,至于孟子始言四端,子思以前不言道心一边,然则子思不知有道心乎? 七情指其发于形气者,则谓之人心;指其发于义理者,则谓之道心。栗谷之所谓兼理气而言,非主气而言者,正谓此也。①

上述两段话表明了沙溪关于人心、道心的基本观点为:"四端七情"都是心之用,"四端"主道心,而"七情"总合人心、道心,兼理气。沙溪的这些思想基本上是栗谷人心、道心思想的宣讲。但也有不同之处,最明显的相异处是在人心、道心的关系问题上,栗谷持"人心、道心互为终始"说。即如果正气充足并不断扩充,那么开始时的"人心"会最终变为"道心";反之,始于"道心",也会终于"人心"。对于栗谷的这一思想,沙溪提出了相异的看法。金沙溪说:

愚意或有因形气而发之时,或有因性命而发之时,二者所发皆出于方寸之中,故谓之杂。栗谷先生曰:人心、道心皆指用而言之。若如前说犯未发之境,二者所发皆在于一事。有

---

① 《近思录释疑·沙溪先生全书》卷17,《沙溪·慎独斋全书》上,第288页下。

发于人心而为道心者,有发于道心而为人心者云云。发于人
心而为道心则可,发于道心而为人心则似未稳。若以道心而
转为人心,则即为人欲也。①

沙溪认为,"人心"转为"道心"可以,这表明人通过外在的"礼"的
仪式而达到内在的修养,培育浩然之气,使人性纯善。而所谓"道
心"转为"人心",则说明"人欲"的扩展,人性善的丧失。对此,沙
溪是坚决反对的。这一方面标示着他对"道心"的重视,另一方面
也凸显了他礼学思想的价值,即认为内在"道心"的培育与外在的
礼仪具有一定关联。按照"礼"的要求去做,便可去掉邪念,培育
正气,使"人心"变为"道心",最终达到正心、诚意。

二、物格知至说

"格物致知"是中国宋明理学的一个重要理论问题,也是朝鲜
朝性理学的根本主题之一。"格物致知"最早是以政治哲学和修
养哲学的面目出现在《大学》中。《大学》写道:

> 致知在格物。物格而后知至,知至而后意诚,意诚而后心
> 正,心正而后身修,身修而后家齐,家齐而后国治,国治而后天
> 下平。

其中,"格物"、"致知"、"诚意"、"正心"、"修身"、"齐家"、"治
国"、"平天下",这就是"八条目"。由于《大学》对于"诚意"以下

---

① 《书·上龟峰宋先生·沙溪先生全书》卷2,《沙溪·慎独斋全书》上,第
34页下。

的六条目,都有说明,惟独对于"格物"、"致知"没有解释,所以朱熹以此为阙文,作《补传》如下:

> 所谓致知在格物者,言欲致吾之知,在即物而穷其理也。盖人心之灵,莫不知有知,而天下之物,莫不有理。惟于理有未穷,故其知有不尽也。是以大学始教,必使学者即凡天下之物,莫不因其已知之理而益穷之,以求至乎其极。至于用力之久,而一旦豁然贯通焉,则众物之表里精粗无不到,而吾心之全体大用无不明矣。此谓物格,此谓知之至也。①

《大学》中所说的"八条目",将儒家哲学的人生观、社会观、政治观都包括在一起,认为要"治国"、"平天下",就要"修身"、"齐家",而要"修身"、"齐家",则要"诚意"、"正心","诚意"、"正心"的前提是"格物"、"致知"。所以,格物致知既是治国、平天下的基础,也是正心、诚意的基础。基于格物致知的重要性,朱熹对此作了论述。朱熹的意思是说,所谓致知在格物,是讲人心的"灵明"是有"知"的,天下的事物都是有"理"的。尽管"心"中包含"万理",然而"心"不能直接认识自己,必须通过"格物","穷极"事物的"理"。久而久之,就能"豁然贯通",达到对"理"的体认。这也可以叫做"物格"、"知至"。这表明,"格物致知"与"物格知至"在基本内容上是一致的。但这二者之间,又有细微的区别。就其二者的区别,朱熹有如下论述:

> 物必格而后明,伦必察而后尽。格物只是穷理,物格即是

---

① 朱熹:《四书集注》。

理明。①

这是朱熹在答汪应辰书时所云。此外,他还说过:

> 经文物格犹可以一事言,知至则指吾心所有知处,不容更有未尽矣。程子曰一日一件者,格物工夫次第也;脱然贯通者,知至效验极致也。②

上述两段论述表明,朱熹认为"知至"指"致知"的终极境界而言。一物穷格之后,人的知识得到充扩,这是"致知"。经过反复格物,不断积累而后达到对万物之理的脱然贯通才算"知至"。可见,"知至"与"致知"有整体与部分、终极与过程的区别。而"格物"与"物格"的不同则表现为今日格一物是"格物",格过此物之后便可称为"物格"。至脱然贯通之后,亦可称为"物格"。③

在朱熹思想中,他论述较多的是"格物致知"。这是因为朱熹受其师李侗"理一分殊"思想影响的结果。如朱熹回忆李侗关于"理一分殊"思想时曾说过:"沈元用问尹和靖:'伊川《易传》何处是切要?'尹云:'体用一源,显微无间,此是最切要处。'后举以问李先生,先生曰:'尹说固好,但须是看得六十四卦、三百八十四爻都有下落,方始说得此话'。"④这里所说的,也就是理一不难见,所难在分殊之意,要切处固然是"体"、是"一",然而"体"不离"用"和"殊",必须在六十四卦、三百八十四爻上逐一理会,融会贯通,

---

① 《答汪尚书》3,《朱文公文集》,卷30。
② 《答黄商伯》4,《朱文公文集》,卷46。
③ 参见陈来:《朱熹哲学研究》,第214—215页。
④ 《朱子语类》11。

才是真正把握了一理。才算是体用一源。可见,如果把注重分殊作为方法论来看,朱熹的格物穷理方法,正是注重从具体的分殊的事物入手,认为经过对分殊的积累,自然会上升到对理一的把握,这些思想显然贯穿了李侗的"理一分殊"思想。把格物到致知,规定为从分殊的具体上升到理一的普遍,正是朱熹对程颐"今日格一件、明日格一件,积习既多,脱然自贯通处"的发展。朱熹的为学方法主张由分殊而达一贯,他一生中多次表示,不应凭空理会玄妙道理,要作格物的踏实工夫。① 这表明"格物致知"强调的是"理一分殊"。

　　朝鲜朝的性理学者李栗谷和金沙溪论述"格物致知"和"物格知至"问题时,基本观点与朱熹相同,但也稍有不同。其不同点是,朱熹对"格物致知"论述的较多,而栗谷和沙溪则对"物格知至"论述的较多,尤其是沙溪。例如在《沙溪全书·经书辨疑》中的"格物物格"条中,就有许多关于"物格知至"的论述。比较具代表性的论述有:

　　　　尝问栗谷先生曰:"物格"云者是物理到极处耶,吾之知到极处耶? 答曰:物理到极处也。若吾之知到极处则是知至,非物格也。物格知至只是一事,以物理言之,谓之物格;以吾心言之,谓之知至,非二事也。又问:物理元在极处,岂必待人格物后乃到极处乎? 曰:此问固然。譬如暗室中,册在架上、衣在桁上、箱在壁下,缘黑暗不能见物,及人取灯以照见……。理本在极处,非待格物始到极处也,理非自解到极处。吾之知

---

① 　参见陈来:《朱熹哲学研究》,第194页。

有明暗,故理有至未至也。①

这是说,"物格"与"知至"是一事,而非二事。从物理方面看,称为"物格";从吾心方面看,称为"知至"。事物之理原本在极处,若吾之知光明,则能穷尽物之理,这就是知至。反之,若吾之知昏暗,则理不能尽。这就如同在黑暗之中看不见册、衣、箱所在之处,而在灯光下则能一清二楚地看到册、衣、箱之所在一样。册、衣、箱原本就在架上、桁上、壁下,只有当灯光与册、衣、箱结合在一起时,才能看清它们所在之处。与这个道理一样,事物之理原本存在于极处,只有当吾心之全体大知与理融会在一起时,才能穷尽理之极。可见,物格知至的关键是以吾心之全体大知去穷尽物之理,知与理的融会贯通是至关重要的。对于这一点,沙溪又作了深入的论述。

> 景任曰:朱子所解"物理之极处无不到此"一句,须细看。到者,到何耶? 谓来到吾心也。盖格物而物格,譬如请客而客来云耳。今日物理到极处则全不成说话,亦不成义理,自与吾心不相干涉焉。其为合内外之道耶? 窃恐栗谷之答必不如此,无乃记录或误耶。其曰物理元在极处云者,语亦有病,精粗少深无所不在。②

这是景任对栗谷上述论述的质疑。景任质疑的主要内容是将格物喻为请客,将物格喻为客来,即视物之理与心之知为两物,也就是

---

① 《经书辨疑·格物物格·沙溪先生全书》卷11,《沙溪·慎独斋全书》上,第172页下。

② 《经书辨疑·格物物格·沙溪先生全书》卷11,《沙溪·慎独斋全书》上,第172页下。

将"物格"与"知至"当件两事。景任的这一观点是与他一贯的理气相分相离的观点一致的。对此,沙溪进行了详细的论述。他说:

愚按栗谷之言,盖出于程朱之说,求之义理,文字不窗,明白切当,而特以吾心之知,有所不及于此,故未免疑之耳。朱子之言,曰物格者,事物之理,各有以诣其极,而无余之谓也。理之在物者,既诣其极,则知之在我,亦堕所诣,而无不尽矣。景任之意,以为朱子之所谓各诣其极云者,非物理之各诣其极处乎,抑亦理之极处,来到吾心乎。盖物理本具吾心,只缘人不穷故不明耳。今既格物豁然贯通,则在物之理各诣其极,而吾心之知亦随而无不尽。此程子所谓物我一理,才明被既晓此也。物理本具吾心,岂有复来于吾心之理乎?景任今曰:格物如请客也,物格如客来也。则是以物理为客而往来于心,又欠知至一段,自与吾心不相干涉,乌在其为合内外之道乎?若如此说,则何必更言知至也?景任又曰:物理到极处云者与吾心不涉。若但有物格一段则或可如此说,而物格下又有知至一段,何害其合内外之道乎?物格知至只是一事。栗谷所谓以物理言之谓之物格,以吾心言之谓之知至。朱子所谓理之在物者,既诣其极云者物格也;知之在我者,亦随所诣而无不尽云者乃知至也。鄙人所谓物理元在极处云者,如孝之理、忠之理、又如禽兽草木之理各自有其极处,岂必待人格之然后乃到其极处乎云耳?且精粗浅深之理皆各有极处。若如果任之说,则是精深但有极处而粗浅则无之也,其可乎?①

----

① 《经书辨疑·格物物格·沙溪先生全书》卷11,《沙溪·慎独斋全书》上,第172页下—173页。

沙溪这段论述的主旨是要强调"物格"与"知至"是从两个方面看的一件事。"物格"就是物理于极处，不是物理来到吾心。因为物理本具吾心，就看人能不能穷尽其理。如果通过格物，达到豁然贯通，那么人心之知就可随物之理之穷尽而无不知。这种境界就是"知至"。可见，之所以说物格与知至是一件事，这是"物我一理"、"豁然贯通"的原理所使然。沙溪从其心性论的"七情包四端"出发，强调主观的"知"与客观的"理"是可以相互融会的，其融会的条件就是"豁然贯通"。所谓"豁然贯通"，从物之理方面看，就是理之明、理之尽、理之穷，也就是"物格"；从人之知方面看，就是知之全、知之至、"才明彼即晓此"，也就是"知至"。所以，物格和知至是豁然贯通的两个方面。而景任之所以把理看做客，把理来解释为客来，为物格，就是因为他不懂得"物我一理"、"豁然贯通"的道理，将"物格"与"知至"当做两件事。

如果说，"格物致知"强调的是"理一分殊"的话，那么，"物格知至"强调的则是"豁然贯通"。沙溪之所以重视"物格知至"，强调"豁然贯通"，这与他的礼学具有一定关系。如上所述，物格知至就是人心之知对物之理穷尽到了极处，而人之知也随之达到了极处，进入到豁然贯通的境界。值得注意是，这里的"理"，既包括了事物的一般法则规律、伦常规范，也包括了一切礼法制度。因此，从礼学角度来说，物格知至的结果应是对一切礼法制度的踏实践履，通过礼仪的修养，而达到意诚、心正。这就是沙溪说的"物格知至曰意诚"。①

---

① 《经书辨疑·格物物格·沙溪先生全书》卷11，《沙溪·慎独斋全书》上，第174页下。

三、戒惧慎独说

在心性修养方面,如果说李退溪主"敬"、李栗谷主"诚"的话,那么金沙溪的特点则是主张"戒惧慎独"。这与他的礼学思想具有密切的关系。礼学的目的是要通过礼仪节文的规范而达到对人主体的修养。用儒家的语言来说,就是"存天理,灭人欲"。而"戒惧慎独"就是关于人主体修养的问题。何谓"戒惧慎独"?用沙溪的话来诠释,即"戒慎恐惧"、"慎其独",①具体的解释为:

> 戒慎恐惧通动静说,慎独专就静处说。以本注常存敬畏。②

关于"戒惧慎独"说的内容,沙溪在这里表述得很清楚。"戒惧"即为劝诫谨慎和畏惧,"慎独"即为独处时亦谨慎。戒惧慎独也就是朱熹所说的"常存敬畏"。而戒惧贯动静,慎独专就静处说。这就是金沙溪的"戒惧慎独"说。其中最具创造性的思想是,通俗观点将"戒惧慎独"分属动静,而沙溪提出"戒慎恐惧通动静说"。关于这一思想的论述如下:

> 朱子初年所见,与《中庸集注》有异。胡季随曰:戒惧者,所以涵养于喜怒未发之前;慎独者,所以省察于喜怒已发之后。朱子曰:此说甚善。栗谷亦以此说录之《圣学辑要》中,

①　《经书辨疑·格物物格·沙溪先生全书》卷13,《沙溪·慎独斋全书》上,第196页上。
②　《经书辨疑·格物物格·沙溪先生全书》卷13,《沙溪·慎独斋全书》上,第196页上。

盖以戒惧慎独分动静看也。但与《中庸集注》不同,集注所谓"常存敬畏"云者,立时敬畏、坐时敬畏,至于虽不见之时,亦不敢忽视自动处,至于静皆当戒惧之谓也。公见得亦字之意,犹未见得虽字之意,常存敬畏者,动静之敬畏也。下文所云,既常戒惧者,亦兼动静言之也。于此,尤可谨焉云者,于动处尤可慎焉之意也。来示以或问中,君子自其不睹不闻之前,而所以戒慎恐惧者,愈严愈敬数语,以证戒惧之专于静。余则以为戒惧非但静时也,当通动静看也。或问则以中对和而言,中之所以为中,由于戒惧之愈严愈敬,以至于无一毫之偏倚云耳。非以此戒惧,专为静时工夫也。以中对和而言之,则中为静而和为动,故以戒惧为静时工夫也。然慎独时,亦岂无戒惧工夫也?①

沙溪之所以强调戒慎恐惧是通动静、贯始终,是因为他依据《中庸》的"天命之谓性,率性之谓道,修道之谓教,道也者,不可须臾离也。可离非道也。是故君子戒慎乎其所不睹,恐惧乎其所不闻。莫见乎隐,莫显乎微,故君子慎其独也"的观点,强调"七情"应发扬为"四端",人心应发扬为道心,实现人性善。

朱子在《中庸章句》中解释上述内容说:"道者,日用事物当行之理,皆性之德,而具于心,无物不有,无时不然。所以不可以须臾离也,若其可离,则岂率性之谓哉?是以君子之心,常存敬畏。虽不见闻,亦不敢忽,所以存天理之本然,而不使离于须臾之顷也。"又说:"幽暗之中,细微之事,迹虽无形而几则已动,人虽不知而已

---

① 《与梁振翊论戒惧慎独分动静说·沙溪先生全书》卷5,《沙溪·慎独斋全书》上,第83页。

独知之。则是天下之事,无有著见明显而过于此者。是以君子既常戒惧,而于此尤加谨焉。所以遏人欲于将萌,而不使其潜滋暗长于隐微之中,双至离道之远也。"①

朱熹的意思很明确,因为"道"是性之德且具于人心之中,它外化为日用事物当行之理。因此,无时、无物不有,是须臾不可分开的。所以,人应常存敬畏之心,即戒慎恐惧之心。尤其是当人处在幽暗之中,对待细微之事,别人不知而自己独知之时,更要常戒惧。因为这样可以将人欲之心遏制于萌芽之中,不使其潜滋暗长。这是存天理之本然。沙溪忠实继承了朱熹的这一思想,这可从他与梁振翊的论述中看出。沙溪之所以强调戒慎恐惧贯动静,就是主张将人欲遏制在萌芽之中,努力发扬"七情"和人心中的善,使"七情"为了保存并发扬为"四端",使人心为了保存并发扬为道心,迫切要求要"戒惧慎独",以存心养性。这与他的礼学思想是紧密相通的。

金沙溪的礼学心性学思想在朝鲜朝儒学史上,上承其师李栗谷的思想,下启宋时烈的心性学,具有重要的学术价值。

第二节　尤庵宋时烈直的儒学

宋时烈(1607—1689),号尤庵,字英甫,为沙溪长生的门生,被称为溪门之杰。宋时烈一生历仕仁祖、孝宗、显宗、肃宗等四朝,为朝鲜朝历史上不可多得的学者政治家。

韩国学者李丙焘评价宋时烈说:

---

① 朱熹:《四书集注》。

尤庵,其学一主于朱子,而于东儒,以栗谷为第一,故言必称朱子、栗谷。其言行进退,亦准于朱栗门法。门人权尚夏(遂庵)撰其墓表曰:"朱子之道,至栗谷而复明;栗谷之业,至先生而益广。栗谷如天开日月,先生如地负海涵"云云。余亦以为,朱子之学,至栗谷而发展之以论理,栗谷之论理,至尤庵而益彻底矣。

尤庵天资严毅刚大,有英雄豪杰之姿。长于辩论,志介如石,主义主张,少不屈于人。时或过高,由是往往为时辈所激,而实为屈指的学者政治家也。尤庵历事仁、孝、显、肃四朝,深被孝庙恩顾,特升冢宰(吏曹判书),自任以北伐之事。孝宗赐貂裘一件曰:"辽阳风雪,以此防寒。"世乃以昭烈、孔明拟之。而孝宗升退,事遂不行,常自以为恨事。晚年入清州华阳洞,读书讲学,题石壁"大明乾坤,崇祯日月"八字,以寓尊周(慕华)思想。显宗亦累召累拜,官至右相左相,愈益以学者政治家自任。而适值党论激烈之世,每与南人一派相为冲突,尚矣。亦与同门,后辈有隙,其于公私生活,大有不幸者焉。①

诚如李丙焘的评价,宋时烈一生仕途坎坷不平,几起几落。如就西(为栗谷、牛溪系统)南(退溪系统)两派之争来说,仁宗时文武勋臣皆属栗牛系统的学者,为西人得势时期。仁祖元年(1623),知经筵事郑晔为栗谷门人,疏请栗谷和牛溪二贤从祀文庙,未许。仁祖十三年(1635),宋时莹等西人系统儒生又上疏请栗、牛二贤从祀文庙。当时,岭南南人系统儒生蔡振后等人投疏诋斥栗牛二贤,说"珥(栗谷)入山毁形,得罪名教","浑(牛溪)遗君负国,明戕士

---

① 李丙焘:《韩国儒学史论》,第181页。

类"。对此,西人吴允谦和安邦俊(皆为牛溪门人)相继上疏斥诬。因仁祖有"从祀为重典,故不敢轻许"之教,故栗牛从祀文庙之事暂停。孝宗继位初年,太学生洪葳等西人学者又上疏请栗、牛二贤从祀。与此同时,岭南人柳稷等亦投疏诋毁二贤。宋时烈当时在朝为官,为辩斥诬论,逐条一一攻破柳稷等人的投疏。于是,围绕栗、牛二贤可否从祀问题,成为西人与南人两派争论的一个大问题,西南两派亦从此成为宿敌。

己亥,孝宗升遐,西人与南人之间因礼说引起了一场激烈的争论,这就是"己亥服制"。孝宗丧后,母后(仁祖继妃)慈懿太妃赵氏为孝宗应当服丧几年? 就这一问题,礼官问教于宋时烈(时任吏判),根据仪礼丧服疏,宋时烈说:"疏有'虽承重,不得三年'之文,大行大王虽已承统,而于伦序,自是次嫡,太妃之服,不得过期年。"因孝宗为次子,于是宋时烈主张期年服制说。与此同时,南人学者尹鑴(1617—1680),字希仲,号白湖,聪明超人、不拘泥于古、讲书讲义、不拘注疏。最初,宋时烈很看重他,于孝宗九年(1658)特意推荐尹鑴入朝为吏,欲与之共谋国事。然而尹鑴为人才胜气高、器浅德薄,虽被宋时烈提拔,但看到西人得势、南人失意,常怏怏不乐,党争心态严重。在礼说问题上,他根据仪礼斩章贾疏"第一子死,则取嫡妻所生第二长子,立之,亦名长子"之文,主张三年服制说。于是,围绕是"期年服制说"还是"三年服制说"的问题,西人与南人展开了激烈论争。尹鑴等南人以礼说为武器,攻斥宋时烈是"卑主贰宗"、"寿嫡寿宗"、"贬降君主"、"乱人大伦"等,欲杀宋时烈。至肃宗五年时,王命73岁的宋时烈移配济州,西人失势,南人得志。后因南人专权植党,误国家、害百姓,积怨甚重,导致肃宗大怒,罢免南人,又起用西人。史称"庚申换局"。

西人重代南人,宋时烈从谪居地济州岛被召入朝。这时的宋时烈声望甚高,名震一时。栗牛二贤从祀文庙这一历史大案,因西人当政,亦得王命许可从祀。而此时,西人内部发生了分裂,分为勋戚派和清议派。所谓勋戚派即年老高官者,又称老论派;所谓清议派即年少名官者,又称少论派。在两派论争中,宋时烈常常偏袒老论派,引起少论派的不满,以致发展为"怀尼反目"。

"怀尼反目"即指宋时烈与其门人尹拯(1629—1714)之间的明争暗斗以致彻底决裂。因宋时烈居怀德(今大德郡之怀德),尹拯居尼山(今论山郡之鲁城),故称"怀尼反目"。此事件始于尹拯之父美村。美村即尹宣举,系牛溪外孙,曾与宋时烈共求学于金沙溪父子门下,友谊深厚。当南人尹鑴与宋时烈因己亥礼讼事件而相为冰炭之后,宋时烈以"谗贼"攻击尹鑴。而美村因敬畏宋时烈和尹鑴二人,常为尹鑴护短,折衷于宋、尹二人之间,而宋、尹二人亦批评美村。显宗十年,美村去世。尹拯即美村之子,曾受学于宋时烈。尹拯字子仁、号明斋,因其学业日进,宋时烈很器重他。当礼讼之事,尹鑴等南人得势而宋时烈及门人获罪之时,唯独尹拯因与南人联姻而免于党祸。这引起了宋时烈对他的怀疑。并且,尹拯父亲美村生前写有《己酉拟书》,其中有"尹鑴、许积二人,安得断以谗贼,而不容之乎"这种责备宋时烈的话。此书在美村生前未公开,但尹拯认为"父师存亡,义不容有隐",将书公之于众。宋时烈看到后十分气愤,对美村父子甚为敌视。肃宗七年(1681),尹拯撰写《辛酉拟书》,攻击宋时烈在心术、学问、躬行诸方面的缺陷,欲致宋时烈于死地。宋时烈的孙子淳锡窃得此书并给宋时烈看,宋时烈见之,大怒曰:"拯必杀我。"由此,宋时烈与尹拯的师弟之谊,彻底决裂。这就是"怀尼反目"。怀尼反目也标示着西人内部少论派(尹拯为宗主)和老论派(宋时烈为宗主)的彻底决裂。

后因肃宗爱妃张氏生一子,王欲立其为世子。宋时烈认为立幼儿为世子尚早，上书切谏，肃宗大怒。南人乘机攻击宋时烈，并联名上疏请杀宋时烈。肃宗十五年（1689），赐宋时烈死，时年宋时烈83岁。宋时烈临死前对人说："此祸由拯，何疑。"①

　　宋时烈一生仕途，一进一退，一起一落，波澜壮阔，艰苦卓绝。这种特殊的阅历使他深谙为人、处世的准则，并提出了关于"直"的哲学思考。这是宋时烈作为一名学者政治家的一个重要贡献。

　　与此相应，宋时烈作为一名政治家学者，其学脉属栗谷一系。宋时烈的学生权尚夏在为其撰写的《墓表》中说："睡翁公（宋时烈之父）……尝责勉曰：朱子后孔子也，栗谷后朱子也。学朱子者，当自栗谷始。先生（即宋时烈）自儿时已受此教，遂自任以圣贤之学及师沙溪先生，尽得其所传于栗谷者。又专读朱子书以成家计。"②宋时烈可算是栗谷的再传弟子，故十分尊崇栗谷，并以栗谷上承朱子和孔子。他常说："朱子后孔子也，栗谷后朱子也。学孔子当自栗谷始。"③因此，"读书当以栗谷先生所定次第为主"④。关于读书，宋时烈认为："我东儒贤，寒暄堂尊《小学》，静庵尊《近思录》，退陶尊《心经》，栗谷尊《四书》，沙溪尊《小学》、《家礼》。"⑤寒暄堂即金宏弼（1454—1504），静庵即赵光祖（1482—1519）。此二人是朝鲜朝士祸期间士林领袖，被视为坚守义理思想传统的性理学派的代表。宋时烈举他们所尊书籍，意为尊崇和正本。退溪所尊的《心经》，不是朱子所自撰，宋时烈有诋贬之意。而栗谷所尊的《四书》，乃是朱熹所注；沙溪所尊的《小学》和《家

---

①　参见李丙焘著：《韩国儒学史略》，第181—188页。
②　《墓表·附录》卷13，《宋子大全》7，保景文化社1993年版，第280页上。
③　《年谱·附录》卷2，《宋子大全》7，第12页下。
④　《年谱·附录》卷2，《宋子大全》7，第18页下。
⑤　《尤庵先生言行录》下篇，《宋子大全》8，第548页下。

礼》,则为朱熹所重视,故宋时烈认为读书应当从《小学》、《家礼》和朱熹注《四书》开始。这是为学入头处。

尊栗谷必尊朱熹,尊朱子的言论在《宋子大全》中俯拾皆是。如:

> 先生每言曰:言言皆是者,朱子也;事事皆是也,朱子也。故已经乎朱子言行者,夬履行之而未尝疑也。①

宋时烈认为,朱子的言行举动皆为真理,按照朱子的言行而言行,绝无错误。他不仅自己以朱子之言行为准则,而且还劝谏朝鲜君主应重视朱子之言行。

> 上曰:卿言必称朱子,卿几何年读朱子书,如此惯熟乎?
> 对曰:臣自少读《大全》、《语类》,心诚好之。而心力未强,其未读者尚多矣。
> 上曰:朱子之言行,果可一一行之乎?
> 对曰:古圣之言,或以时势异宜,而有不能行者。至于朱子,则时势甚近,且其所遭之时与今日正相似,故臣以为其言一一可行也。②

宋时烈视朱子—栗谷—沙溪为性理学主脉,而他的"直"哲学也成为对栗谷思想的具体化和实践化。

宋时烈一生著作丰厚,流传于今的有《宋子大全》共215卷,

---

① 《尤庵先生言行录》下篇,《宋子大全》8,第549页上。
② 《拾遗》卷7,《宋子大全》7,第547页上。

内容包括诗、赋、疏、跋、铭、书、杂著、封事、祝文、疏札、书启、献议、启辞等,是研究宋时烈的珍贵资料。

一、宋时烈的"直"哲学

关于宋时烈学问之主旨,《墓表》中有这样一段记录:

> (先生)尝以为天地之所以生万物,圣人之所以应万事,直而已。孔孟以来相传者,惟是一直字,以此为终身服行之。凡是以其动静,言为正大光明。如青天白日,人得以见之。此其为学之大略也。①

这表明宋时烈一生为学,在于一"直"字。这个"直",就是《墓表》所说的"正大光明"的意思。宋时烈认为这是孔孟相传下来,后朱子又继承并留传于世的一点真骨血。

"直"是孔、孟、朱三圣同一揆也。②

宋时烈认为孔子—孟子—朱子三圣为人处世的准则是一样的,这一准则就是"直"。孔、孟、朱三圣的所言、所行,都遵循着"直"这一尺度,即动静举止、为人处事,皆正大光明。宋时烈以圣人为楷模,将"直"作为终身服行的准则。宋时烈之所以视"直"为三圣相传于世的真理,是因为这是朱子临终前的重要遗嘱。他在《示诸子孙侄孙等》书信中说:

> 朱子之学,以穷理、存养、践履、扩充为主,而以敬为通贯

---

① 《墓表·附录》卷13,《宋子大全》7,第280页。
② 《杂著》卷134,《宋子大全》4,第696页下。

始终之功。至于临箦而授门人真诀,则曰:天地之所以生万物,圣人之所以应万事,直而已。明日又请,则曰:道理只如此,但须刻苦坚固。盖孔子曰:人之生也直,罔之生也幸而免。孟子所以养浩然之气者,亦惟此一字而已。①

这段话揭示了宋时烈关于"直"哲学思想的三个重要内容:

第一,宋时烈的"直"哲学凸显了人的主体性。

笔者以为,韩国儒学与中国儒学和日本儒学相比较,它的一个突出特点就是具有一种强烈的民族主体性,而这种民族主体性又常常通过对人的主体性的张扬而表现出来。栗谷一系,就是以强调"气"的功能和价值而凸显出人的主体能动性。作为栗谷二传弟子的宋时烈则将"气"具体化、实践化、道德化为一个"直"。他将"直"作为人之所以为人的一个重要标志,认为人就是因为具备了"直"的品质,才可以挺立于天地之间,才可以为万物之灵,才可以尽人之职责。对此,宋时烈常缅怀先师沙溪先生和朱子的教导,如他在《杂著》中记有:

> 沙溪先生之学专出于"确"之一字,而每以"直"之一字为立心之要。此朱子易箦时授门人之单方也。其言曰:天地之所以生万物,圣人之所以应万事,直而已矣。②

> 朱子于易箦前数日,诸子问疾而请教焉,则应之曰:为学之要,唯事事审求其是,决去其非,积集久之心与理一,自然所发皆无私曲。圣人应万事,天地生万物,直而已矣。又曰:道

① 《杂著》卷134,《宋子大全》4,第696页下。
② 《杂著》卷131,《宋子大全》4,第650页上。

理亦只是如此，但相与倡率，下坚苦工夫，牢固着足，方有进步
处。我文元公先生每诵此，以教小子曰：吾平生所为，虽有不
善，未尝不以告人。虽发于心，而未见于外者，苟有不善，未尝
不以语人。汝须体此心此一直字。①

可见，"直"就是"立心之要"。所谓"立心"，按照朱子的解释和沙
溪的体悟，就是要尽净私欲，以达到实事求是，决去其非，慎独为
善，进而再达到集久之心与理一，洞然通达的境界。这种境界也就
是宋时烈所说的"心直"、"身直"、"无所不直"的境界。他说：

　　　自吾心直而吾躬直，吾事直，以至于无所不直而以无负生
直之理矣。②

宋时烈认为从"心直"可以达到"身直"，进而达到"无所不直"的
境界。这与上述的去私欲——去非求是——心与理一是同一个意思。
两者讲的都是"生直之理"。这种"生直之理"其实质就是一种人
应追求的道德境界。这种境界也就是正大无私、光明磊落的道德
体现。只有具备了这种道德品质，达到了这种道德境界，才是天地
间一个顶天立地的人。而只有这样的人，才可以"应万事"，即肩
负起社会的责任和道义。所以，"直"揭示了人的功能，张扬了人
的价值，显示了人的主体性。
　　宋时烈的"直"哲学不是一种凭空杜撰的概念，而是他从自己
的毕生实践中，从对先贤为人处事的体悟中，总结出的一种主体道

---

① 《杂著》卷136，《宋子大全》4，第718页下。
② 《杂著》卷135，《宋子大全》4，第750页上。

德哲学。

如上所述,宋时烈认为朱子的临终真传——"直"的思想来源于孔子。孔子在《论语·雍也》篇中说:"人之生也直,罔之生也幸而免。"孔子的意思是说,人的生存是由于正直,不正直的人也可以生存,那是由于他侥幸地免于祸害。这表明孔子把"直"(正直)作为人之为人的根本。在人类社会中,具有正直品行的人,才能充分发挥主体能动性。这就如同《论语·为政》篇所说:哀公问曰:"何为则民服?"孔子对曰:"举直错诸枉,则民服;举枉错诸直,则民不服"。鲁哀公问:"要做些什么事才能使百姓服从呢?"孔子回答:"把正直的人提拔起来放在邪曲的人之上,百姓就服从了;若把邪曲的人提拔起来放在正直的人之上,百姓就会不服从。"这也就是说,正直的人才能治理好国家。宋时烈对此感悟颇深。他一生跌宕起伏、屡遭诬陷,但因他能以"直"为道德操守,行为规范,所以虽在83岁高龄被赐死,但仅过六年(肃宗二十年,1695),又被肃宗追复官职,恢复名誉。他以"直"哲学成为遂庵权尚夏、南塘韩元震、华西李恒老、勉庵崔益弦、毅庵柳麟锡等为代表的义理学派的开创者。

同时,宋时烈也从朱熹的身世遭遇中体悟到"直"的价值。朱熹在70年的生涯中,40余年从事讲学和著述,10年为官,分别在高宗、孝宗、光宗、宁宗四朝。朱熹晚年,因朝廷内部斗争受牵连,以干预朝廷罪名被罢官,并被指控犯有十大罪状,如"不孝其亲"、"不敬于君"、"不忠于国"、"玩侮朝廷"等,实际上是对朱熹的攻击。更有甚者,还"更道学之名曰伪学","《六经》、《语》、《孟》、《中庸》、《大学》之书,为世大禁",弄得朱熹的"门人故交,尝过其门凛不敢入",以致"更名他师,……变易衣冠,狎游市肆,以自别其非党"。面对此情,朱熹仍"日与诸生讲学不休,或劝以谢遣生徒者,笑而不答"。临死前,还在修改《大学·诚意章》①。朱熹以正大光明之胸襟面对各种各样的诬陷和诽谤,至死不渝。在他死后9年,朝廷召赐朱熹遗表恩泽,"谥曰文",称"朱文公",并将朱熹的《四书集注》列入官学,作为法定教科书。之后,朱熹的著作又传入朝鲜半岛和日本,朱熹的思想成为朝鲜朝的官方哲学。

与朱熹的身世相类似的宋时烈在他的书信、杂著等文章中常常提到朱熹的遭遇,并反复强调朱熹临死之前将"直"传示门人弟子的重要性。这是因为宋时烈认为朱熹之所以能够成为一代伟大学者,正是由于他坚挺了"直",以正大光明战胜了奸佞,以堂堂正气战胜了邪恶,做到了"心直"、"身直",凸显了人的主体性的结果。这也是宋时烈对朱熹奉若神明的一个重要原因。

第二,宋时烈的"直"哲学揭示了宇宙万有的本质。

宋时烈认为,"直"不仅凸显了人的主体性,而且还是宇宙万有的本质。如他在《李迪字说》中说:

> 余又告之曰:天尊地卑,阴降阳升,亦无非理之所以直也。直之道,顾不大欤?②

天尊地卑、阳升阴降、阴阳相合、万物化生,这是自然界的生化规律。对此,宋时烈从他的"直"哲学角度进行阐释。他认为,宇宙万有无不具有其自身的生成变化的"理之直"(规律)。所谓"理之直",就是真实无妄,没有丝毫之假,宇宙万有正是具有这种真实的"直理",才能正常地生长、发芽、变化,这就是"直之道"。这种

---

① 参见《朱熹传》,《宋史》卷429。
② 《杂著》卷135,《宋子大全》4,第704页下。

"直理"，"直之道"也就是宋时烈一生反复强调，并被他视为朱门真骨血的"圣人所以应万事，天地所以生万物，直而已矣"。[①]"圣人所以应万事"已如上述。"天地所以生万物"，正是因为"天地"、"万物"即宇宙万有自身蕴涵有"直"，即那种实实在在的"直理"，所以天地才可以生育万物，万物才可以按照繁壮、衰落、再繁壮的程序变化着。这就是上面所说的"直之道"，也就是宇宙万有的"生之道"。否则，"不直，则失其所以生之道，而将不免于死矣"。[②] 不直，宇宙万有就会丧失生命。可见，"直"是宇宙万有的必须遵循的规律。同时，"直理"又内在于宇宙万有自身之中，故"直"又是宇宙万有的本质体现。

第三，宋时烈的"直"哲学与孟子"浩然之气"的关系。

宋时烈作为栗（谷）门弟子，将栗谷的重气思想向实践哲学方面作了发展和深化，提出了关于"直"的哲学。而他的"直"哲学又根植于栗门的重气理论之上。

栗谷的重气思想是受朱熹"理气观"理论的影响。

在朱熹思想中，"理"与"气"有无先后，有无离合，这是一个复杂的问题。朱熹44岁时完成了《太极解义》（《太极图解》和《太极图书解》合称为《太极解义》）。《太极解义》是朱熹对周敦颐的《太极图》和《太极图说》的阐释。《太极图说》提出了"无极而太极，太极动而生阳，静而生阴"的宇宙发展图式。但由于过于简约，许多重要问题未阐明。朱熹以《太极图说》首句为"无极而太极"，便以"理"解释太极，这就把周敦颐的《太极图说》纳入理学体系之中。朱熹以太极为"理"，阴阳为"气"，这就发生了理气关系

---

① 《杂著》卷136，《宋子大全》4，第719页上。
② 《杂著》卷135，《宋子大全》4，第704页下。

问题。《太极图说》本言"太极动而生阳,静而生阴"。朱熹在《太极本义》中没有从理能生气,理先气后去理解和解释,这是值得注意的。例如他在《太极图说解》中没有提出理先气后的问题,反而强调理气的无始终、无离合。他说:"太极者,本然之妙也;动静者,所乘之机也。太极,形而上之道也;阴阳,形而下之气也。……推之于前而不见其始之合,引之于后而不见其终之离也。故程子曰:动静无端,阴阳无始,非识道者,孰能识之!"理与气,在时间上没有开始和终结,两者又是不离不杂的。又如朱熹在与《太极解义》成稿同年的一封与友人的书信中说到:"又曰五行阴阳、阴阳太极,则非太极之后别生二五,而二五之上先有太极也"。不是先有太极之理,以后才生阴阳二气;也不是在阴阳二气之先,已有一个太极之理。理与气无先后,无离合。这表明,在这一时期朱熹强调的是理气的无先后、无终始、无离合,而未形成理先气后的思想。

朱熹关于理先气后的思想是在 50—60 岁时形成的。但朱熹65 岁以后至 71 岁去世之间,他的理先气后的理气观又发生了新的演变。如他 68 岁说:"或问理在先气在后,曰:理与气本无先后之可言,但推上去时,却如理在先、气在后相似。这是说,理与气在本原上、实际上并无先后,但从理论上讲,理在气先。这表明,在朱熹思想中,理与气的关系为:第一,理与气实际上无所谓先后。第二,从逻辑上说,可以说理在气先。①

朝鲜朝时期的退溪学派着重吸收并发展了朱熹的理先气后思想,而栗谷学派则吸收并发展了朱熹的理气无先后、无离合的思想,进而提出了重气的主张。

身为栗门弟子的宋时烈忠实地继承了朱熹关于理气无先后、

---

① 参见陈来著:《朱熹哲学研究》第 5—8、18、24—25 页。

无离合的思想。如他在看朱子书后写下的杂录中,就有许多这方面的言论。

　　盖心,气也;智,性也,性则理也。气与理二者不可离而亦不可杂也。①

　　先生(指朱熹)尝言:天非气,无以命于人;人非气,无以受天所命。盖理与气元不相离故也。

　　死生有命之命,带气言之;天命之谓性之命,纯乎理言之。此说出语类人物之性篇,然以中庸首章注说及先生(指朱熹)所尝言,天非气无以命于人者言之,天命之性亦岂离气而言也。②

上述言论表明,宋时烈是从理与气既不相离,亦不相杂的角度而突出气的功能和价值。循着这种思路,他对《孟子》的《浩然之气章》(或称为《知言养气章》)十分重视。他自己讲对《孟子·浩然章》曾下过很大工夫,反复诵读理解。他说:

　　余年十四时受读孟子书,始以为其义无难解者,则大喜。逐日课过,及至浩然章则茫然莫知其何等语也。愈进而请益,而愈如坚木,有时泚出于颡而或出愠语曰:“孟子何故立言如是,使人难晓也。”先君子笑曰:“汝且置此章而换受下章可也。”遂勉承命而中心蕴结如负罪过者。然至十七岁,慨然叹曰:“书无难易而顾吾之功力有所未至尔。”遂闭门俯读至五

---

① 《杂著》卷131,《宋子大全》4,第642页上。
② 《杂著》卷131,《宋子大全》4,第644页下。

六百遍,则虽句读上口圆滑而其义理则终未能窥闯矣。又复权行倚阁,然眼时又不住检看,以至老大则虽与初间有异,终有隔靴搔痒之叹矣。岁癸丑尹子仁来访于华阳,余请与通读,质其所疑而犹未能哂然于心矣。时复自解曰:"朱先生于此章极力解说,而曰:'余不得孟子意而言者,天厌之! 天厌之!'然则今日吾侪之如是辛苦,无足怪也。"①

宋时烈 14 岁开始读《孟子》书,对其中的《浩然之气章》下工夫最甚,可以说一生精力都在研读这一章。这说明孟子关于"浩然之气"的思想与他重气的观念有相通之处。

《浩然之气章》出于《孟子·公孙丑篇》第二章。

对这章每个字、每句话的理解,他都记录在《杂著》中。其中最具代表性的论述有:

1. 孟子之学固主于心,而于言与气,亦未尝放过。必曰知言,必曰养气。②

2. 曾子谓子襄止吾往矣孟子于此收杀,以义理之勇以扫去贲黝舍粗的勇,而只以缩之一字为本根。此缩字即下文所谓以直养之直字。然则于此虽无浩然之名,而其本根血脉则已具矣。③

3. 配义与道云云上文所谓以直养者,以道养之之谓也。夫此气始从道义而生、而养之既成,则此气还以扶助道义。正

---

① 《杂著》卷 130,《宋子大全》4,第 627 页。
② 《杂著》卷 130,《宋子大全》4,第 621 页下。
③ 《杂著》卷 130,《宋子大全》4,第 621 页上。

如草木始生于根,而及其枝叶畅茂;则其津液反流于其根,而其根亦以深长。极其本而言之,则阴阳生乎太极,而及其阴阳既生,则反以运用乎太极,以生万化。大小虽殊,而其理则一也。①

4. 先生又曰:以直养之直,即道义。而既以道义养成此气之后,则又便扶助此道义,此所谓配义与道者也。②

上述第一段论述表明宋时烈认为孟子在《浩然之气章》中讲的主要是气。从这一观点出发,他着重论述了孟子的浩然之气与直的关系。这两者的关系主要有两方面内容:

一方面,浩然之气即是"直"。

上述第二段论述主要就是讲这个意思。这是宋时烈在读曾子谓子襄曰:"子好勇乎?吾尝闻大勇于夫子矣:自反而不缩,虽褐宽博,吾不惴焉;自反而缩,虽千万人,吾往矣。"这些话时写下的感悟。宋时烈认为孟子之所以能够用义理之勇扫去(孟)贲、(北宫)黝、(孟施)舍的粗鲁之勇,关键在于以缩为本根。并且,宋时烈按照朱熹的解读法,将"缩"字解释为"直"③。"缩"为"直",孔子原话的意思就是:反躬自问,正义在我,对方纵是卑贱的人,我也不去恐吓他;反躬自问,正义确在我,对方纵是千军万马,我也勇往直前。进而,宋时烈认为这个"直"就是"浩然之气",因为它们在"本根血脉"上是一样的。

---

① 《杂著》卷130,《宋子大全》4,第622页下。
② 《语录·附录》卷14,《宋子大全》7,第306页下。
③ 朱熹在《四书集注》中关于"吾尝闻大勇于夫子矣:自反而不缩,虽褐宽博,吾不惴焉;自反而缩,虽千万人,吾往矣"这段语中注有:夫子,孔子也。缩,直也。

"浩然之气"是孟子的一个专用名词,但其确切的意义,孟子却又说"难言"。宋时烈在《杂着》中引朱熹的解释为解释:"先生(指朱熹)尝谕:浩然之气若粗说,只是仰不愧、俯不怍,无所疑畏"。"浩然之气只是气,大概做一样人畏避退缩、事事不敢做;一样人未必识道理,然事事敢做,如项羽力拔山、气盖世,便是这样人。须有盖世之气,方得"。"无浩然之气即如饥人"。"无此气以扶持之,仁或见困于不仁,义或见陵于不义"。① 这表明,宋时烈认为"浩然之气"是一种"正气"(仰不愧、俯不怍),人具有了这种"正气",就会"事事敢做",绝不"畏避退缩",否则,人无此气,就像饥饿的人一样。究其实质,浩然之气也就是仁义。仁义者,即有浩然之气者,便会做到"富贵不能淫,贫贱不能移,威武不能屈"。其中不淫、不移、不屈就是"直"。

另一方面,浩然之气与"直"相资相助。

上述第三段论述是宋时烈对《孟子》"配义与道"体悟的心得记录。宋时烈这段话的意思是讲:浩然之气由道义而生,但此气养成后又对道义以扶助。宋时烈这一思想来源于朱熹。

如朱熹在对"其为气也,配义与道,无是馁也"进行解释时说:"配者,合而有助之义。义者,人心之裁制,道者,天理之自然。馁,饥乏而气不充体也。言人能养成此气,则其气合乎道义而为之助,使其行之勇决,无所疑惮;若无此气,则其一时所为,虽未必不出于道义,然其体有所不充,则亦不免于疑惧,而不足以有为矣。"朱子将"配"解为合而为之助,是很特别的训解。他将"其为气也,配义与道",解为浩然之气配合道义而又帮助道义,意即此气使人在实践道义时,能勇敢果决地实践出来。"无是馁也"的"是",朱

---

① 《杂着》卷130,《宋子大全》4,第625页下。

子认为是指"气"，即若无此气之助，道义便不容易实践出来，或人即使可一时表现出道义，但必不能持久。至于"无是馁矣"之"馁"，是指人无浩然之气，则其体不充，便无气魄以担当道义之义，即是指人之体馁。朱子认为践行道义，须气为之助。朱子对自己的这种解释，十分自信，他说："某解此段，若有一字是孟子意，天厌之！天厌之！"①

　　宋时烈对朱熹这一思想进行了发展，他从直哲学思维出发，认为"道义"就是"直"。上述第四段论述就是他回答学生提问时对道义的诠释。他认为"直"就是"道义"，"直"养成浩然之气以后，此"气"又扶助直，这就是"配义与道"的意思。按照宋时烈的逻辑，浩然之气有赖于直养之资助，如他说："先生（指朱子）尝以为养气之药头，只在于以直养"，"先生（指朱子）尝试至大至刚以直绝句，曰：若于直字断句，则养字全无骨筋，却似秃笔写字，其话没头"。② 所谓浩然之气有赖于直养，是说以正义、正大光明培植的气，一定也是一种纯正无私的正气。当这种正气养成后，又会扶助此"直"。所谓"直"有赖于浩然之气之相助，是说有浩然之气者，堂堂正正立于宇宙之间，一身傲骨，满腔正气。到此地位者，真可以说是一个顶天立地的"大人"、"伟丈夫"。这就是宋时烈所谓的"浩然之气"与"直"的相资相助的关系。就这样，宋时烈借助于《孟子》的"浩然之气"，将气实践化、道德化，演绎为他的直哲学。这是宋时烈性理学的一个突出特点。

---

　　① 参见杨祖汉著：《朱子对孟子学的诠释》，刊于黄俊杰主编的《孟子思想的历史发展》，台湾"中央研究院"中国文哲研究所筹备处 1995 年版，第 143—144 页。

　　② 《杂著》卷 130，《宋子大全》4，第 625 页上。

二、宋时烈的修养工夫

宋时烈从他的"直"哲学出发,在修养工夫上强调"格致"和"敬"。

在"格致"工夫上,他从《孟子》的《知言养气章》出发,认为"知言"就是"格致"。如他说:

> 格致,《大学》劈初头第一工夫而孟子所谓知言实格致事也。①
>
> 何谓知言云云,以《大学》言之,则知言是格致之事,养气是诚正之事。由此,伯王是治国平天下之事也。盖《大学》说古之明明德于天下而格致居末,盖以用力之最先者,收杀于最末。古人语势自如此也。故朱子尝言:孟子先说知言,后说养气。丑先问养气,某以为承上文方论气而问。今看得不然,是丑会问处。如《大学》说:正心、修身,合杀在致知格物一句云云。据此则告子之不得于言,勿求于心者是不为格致而径欲诚正。不先切琢而径欲研磨者也。于此,虽不复言告子之失而其失益自见矣。②

宋时烈认为,格致是《大学》的第一工夫,但从工夫的节度来看,是明明德→治国→齐家→修身→正心→诚意→格致。最终工夫是格致,说明了格致的重要性。宋时烈认为,《大学》的"格致"就是《孟子》的"知言"。关于如何格致,宋时烈主张要在明辨是非善恶上

---

① 《杂著》卷131,《宋子大全》4,第647页上。
② 《杂著》卷130,《宋子大全》4,第623页下—624页上。

下工夫,要探究治国安邦的大道理。他说:

> 夫格致者,所以明此心之体,使于事物之理通达无碍而处之各得其当也。……后世迂儒以致察于草木昆虫之理为格致,此虽亦格致中之一事,然只专于此而不先于彝伦事为之大者,则恶足为格致,而又将焉用哉!……昔朱子以凡事求是为格致之要,此言当深体也。①

他反对穷草木昆虫之理的格致,视这种格致为迂儒之事。他认为朱子所说的凡事要求是去非,才是格致之要。因为这种格致,穷的是治国理民之理。为此,宋时烈十分重视《孟子》知言的重要性。关于知言的重要性,他在读《知言养气章》后说:

> 此章专以知言为主,若不知言,则自以为义而未必是义,自以为直而未必是直。然说知言又只说诐淫邪遁四者,盖天下事只有是与非而已。②

知言就是格致,就是穷理,不经格致而达穷理的话,就不会知道什么是义,什么是直。这是讲知言的重要性,关于知言的内容,就是"诐"(偏陂)、"淫"(失足)、"邪"(不正)、"遁"(无理)四种。所谓知言,就是通过知诐、淫、邪、遁之非,而明其是。归根结底,知言就是要格致事物的是与非。因为这关系到国家生民的祸福问题。为此,宋时烈经常强调知言之事,不可遗漏一物。如他讲:

---

① 《崒对说话·拾遗》卷7,《宋子大全》7,第544页下。
② 《杂著》卷130,《宋子大全》4,第626页上。

孟子所谓知言实格致事也,无一物之可遗。而孟子条列
其目之大者,则诐淫邪遁四辞而已。此四者始害于性命道德
之正而终为国家生民之祸者,甚于洪水与夷狄,盖源于心术之
不正而生故也。是以孟子不得不苦死明辨之而曰:圣人复起,
必从吾言。朱子赞其勋烈而配之于明四端之大功。盖曰:明
四端是安社稷之功,辟异端是扞边境之工夫。①

在这里,宋时烈一针见血地指出诐、淫、邪、遁四者,对人来说可危
害道德之正,对国来说则危及国计民生,这是决不可忽视的大事。
而解决的措施应是朱子说的要"明四端"。进而,宋时烈对"明四
端"进行了发展,认为"四端"亦有善恶,要做去恶求善的工夫。

愚于此别有所疑而不敢言矣。退溪、高峰、栗谷、牛溪皆
以四端为纯善,朱子以为四端亦有不善者。未知四先生皆未
见此说乎? 夫四端何以亦有不善乎? 四端亦气发而理乘之故
也。发之之时,其气清明,则理亦纯善;其气纷杂,则理亦为之
所掩而然也。②

此说新锐、奇特,但这却是宋时烈对自己颠簸坎坷一生经历的真实
体悟。只有明四端,使四端纯善,这样的人才是心胸坦荡的正人君
子,这样的人为官从政,便能达到国富民强的目的。而人要心术纯
正,就必须要拒诐、淫、邪、遁之异言,否则正路榛芜,圣门闭塞。而

---

① 《杂著》卷131,《宋子大全》4,第647页上。
② 《杂著》卷130,《宋子大全》4,第632页上。

拒诐、淫、邪、遁四者的工夫,唯有"知言"。可见,"知言"工夫就是"格致"工夫。宋时烈重视"格致"工夫,也正是因为"知言"关系到国政民生之大计。

在"敬"工夫上,宋时烈遵循朱子的"敬字工夫,乃圣门第一义";"敬之一字,真圣门之纲领,存养之要法"①的精神,非常重视"敬"工夫。这可以其学生权尚夏的评价为证。权尚夏在《墓表》中这样说:

> 其用功也,致知、存养、实践、扩充,而敬则通贯始终。②

"敬"作为一条红线,贯穿致知、存养、实践和扩充各个方面。这表明在宋时烈思想中,"敬"具有普遍的重要价值。为此,宋时烈对"敬"工夫十分在意,并努力贯彻于自己的举止言行之中。在仪容行为方面,他努力做到正衣冠、尊瞻视,端庄严肃、举止有度。他认为,人的外在表现是其内在精神的体现。因此,他更加重视内在修养,认为持敬工夫主要在正心。他常常提到"敬以直内"工夫,"敬以直内"就是以敬治心,使心专一,专一则无委曲,无委曲则直。这样,性发为情,天理流行,便能直接呈现出来。由此,敬工夫的结果使人做到知行并进,表里如一。这样的人,便是宋时烈所称赞的心直、身直、无所不直的正人君子。这样的人,是治国之栋梁,是理民之贤才。这也是宋时烈强调"敬"工夫的目的之所在。

宋时烈通过"知言"、"主敬"的修养工夫而达到"直"哲学的境界。他的"直"哲学克服了朝鲜性理学的重理论的特点,而成为

---

① 《朱子语类》卷12,第210页。
② 《墓表·附录》卷13,《宋子大全》7,第280页上。

一种重视践履的实践哲学。正是这种实践哲学,使朝鲜主气学派越来越贴近社会现实,对社会发展的指导价值也越来越清晰。

第三节 湖洛学者关于性的儒学

湖洛学者就是指以南塘韩元震为主的湖派学者(因这些学者主要居住于畿湖—忠清道地区,故称之为"湖派")和以魏岩李柬为主的洛派学者(因这些学者主要居住于洛河—首尔附近地区,故称之为"洛派"),而湖派和洛派又同属于"畿湖学派"。"畿湖学派"即对以栗谷李珥为首的学派的称谓。

从学脉上讲,韩元震与李柬同是权尚夏(1641—1721,号遂庵)的学生,而权尚夏又自称为尤庵宋时烈的高足。[①] 权尚夏曾讲学于清风的黄江书院,其门徒众多,而最杰出者为韩元震和李柬。但韩李二人在栗谷"主气"的学问传统下,对于"未发心体善恶"问题、"人性物性同异"问题等,产生了分歧,随着对这些问题的论辩,逐渐形成了湖论和洛论,也就是湖派和洛派。

一、魏岩李柬主"性同"的儒学

李柬(1677—1727),字公举,居温阳魏岩(今忠南牙山郡松岳),故号魏岩,李柬是"洛派"的主要代表者,在"人性物性同异"问题上,持"人性物性相同"观。围绕这一观点,他的主要学术观

---

① 遂庵权尚夏始终问学于尤庵宋时烈,尤其是当宋时烈受祸之时,权尚夏往迎中路,宋时烈握住他的手说:"学问当主朱子,事业当主孝宗大义。"这被认为是宋时烈对权尚夏的传钵传心之举。于是,权尚夏便以尤门嫡传,栗门正统自居。为继承栗谷学统,权尚夏在故乡创办了"黄江书院"(详见李丙焘著:《韩国儒学史略》,第200页)。

点有:

1."未发"论

魏岩关于"未发"的思想是对朱熹"未发"、"已发"思想的深化。在朱熹的心性思想中,关于"未发"、"已发"有两方面的意义,一是指心的未发已发,一是指性情的未发已发,但其宗旨是将未发已发作为一种适当修养的理论。为此,朱熹确立了他以"主敬"(未发)和"致知"(已发)为宗旨的"一生学问大旨"。① 但是,关于"未发"的状态,圣人与凡人的"未发"相同还是相异,以及"未发"有善恶否等细节问题,朱熹缺乏明确而详细的论述。正是在这一点上,魏岩提出了自己的观点并与"湖派"主要代表者南塘形成了对立。

魏岩根据《大学章句》中朱熹对"明德"的解释和《大学或问》中朱熹对"心"的解释,主张"未发"是圣人与凡人同得的普遍现象,"未发"以"心之体"(本然之心)来保障,是超越善恶的绝对善的境界。例如他在《未发有善恶辨》一文中,开章便说道:

> 明德者,人之所得乎天而虚灵不昧,以具众理而应万事者也。但为气禀所拘,人欲所蔽,则有时而昏。然其本体之明,则有未尝息者。
>
> 按:明德,是圣凡之所同得者也。夫气禀所拘,人欲所蔽,其昏明固有万不齐矣。独其虚灵不昧之本体,则圣凡初何间然也。然则未发之体,当论于所拘所蔽有时而昏者乎,抑当论于本体之明有未尝息者乎? 于此有一转语,则未发真境界,当有一不易之所在矣。

---

① 参见陈来著:《朱熹哲学研究》,第99、111、115页。

人之一心,湛然虚明,如鉴之空,如衡之平,以为一身之主者,固其真体之本然。故其未感之时,至虚至静,所谓鉴空衡平之体,虽鬼神,有不得窥其际者。

按:人之一心云者,独指圣人之心欤,抑通言人心未感之本体欤? 所谓未发,所谓不偏不倚之中,所谓天下之大本,就此心之湛然虚明鉴空衡平真体之本然者言之,其言甚顺,恐未可易矣。今必就气禀所拘,人欲所蔽,不得其真体之本然者,只据其不应接事物而谓之未发,则此岂未发之本旨而其言果顺乎哉?

右两段,于未发之体,辨境界勘情实之大端也。①

通过魏岩对"明德"和"心"的解释,可以看到他所谓的"未发"不是指"心"接触事物之前的状态,而是指本然的根源的状态,也就是天理之全体所存在的领域。这种领域即朱熹所说的"大本底未发"。

进而,魏岩又将朱熹的"未发"分为三种状态,即"浅言"、"深言"和"备言"。他说:

大抵未发,朱子有只以众人之不接事物浅言之者,有就源头上一齐深言之者,又有以此心存亡通深浅而备言之者。其说不可不考,今录于左。

喜怒哀乐未发而不中者,何? 曰:"此是气质昏浊,其未发时,只是块然如顽石相似,劈斫不开。"又曰:"众人虽具此

---

① 《杂著·未发有善恶辨》,《魏岩遗稿》卷12,《韩国儒学资料集成》(上),延世大学出版部1995年版,第872页。

心,未发时已自汩乱了。至感发处,如何会得如圣人中节?"

右一段,浅言之者。

喜怒哀乐未发之中,众人与圣人都一般。或曰:"恐众人未发与圣人异否?"曰:"未发只做得未发,不然,是无大本,道理绝了。"或曰:"恐众人于未发,昏了否?"曰:"这里未有昏明,须是还他做未发,若论原头,未发都一般。"又曰:"未发之时,自尧舜至于涂人,一也。"

右一段,深言之者。

"此心存则寂然时,皆未发之中,感通时,皆中节之和。心有不存,则寂然木石而已,大本有所不立也。感通驰惊而已,达道有所不行也。"

右一段,备言之者。①

对于上述"未发"的三种状态,魏岩认为"浅言"是指"不中底未发",而"深言"是指大本的未发,这种状态的未发,是无圣人与凡人之差异,所以称为"大本底未发"。这种状态的未发是超越善恶的绝对善的境界。

大抵论心之本体者,一则曰:"虚灵洞彻",一则曰:"神明不测"。又曰:"本心原无不善。其不善者,亦出于心,而非心之本体也。"夫心一也,其昏明美恶,虽有万不齐者,而其分亦不越乎存与亡之间也。苟其虚灵洞彻,神明不测者,为能主宰于中,则此正朱子所谓"此心存而寂然时,皆未发之中也"。

---

① 《杂著·未发有善恶辨》,《魏岩遗稿》卷12,《韩国儒学资料集成》(上),第873页。

本心元无不善者也,洞彻神明,则已明矣。昏何所复在? 元无不善,则已善矣,恶何所复见?①

这是魏岩针对南塘的"未发有善恶"观点提出的"未发本善"论,并以此批评南塘。

2."天命 = 性 = 一原 = 人性物性"的逻辑

魏岩根据《中庸》的"天命之谓性"和程朱的"性即理"的基本观点,认为"性"与"理"同,"性"外无"命","命"外无"性"。如他说:

> 《中庸》开卷第一句,子思开口第一言,不过曰:"天命之谓性"。朱子释之曰:"天命之性,仁义礼智而已"。详此两说。则性外无命,命外无性,亦较然矣。②

天命就是性,这个性也就是朱熹所说的"天地之性"、"本然之性"。魏岩认为,"天命之性"、"天地之性"、"本然之性"就是栗谷说的"理通",朱熹说的"理同",其实质是从"一原"上讲性。他在同南塘论辩时说道:

> 夫宇宙之间,理气而已。其纯粹至善之实,无声无臭之妙,则天地万物,同此一原也。尊以目之,谓之太极,而其称浑然;备以数之,谓之五常,而其条灿然。此即于穆不已之实体,

---

① 《杂著·未发有善恶辨》,《魏岩遗稿》卷 12,《韩国儒学资料集成》(上),第 873—874 页。

② 《杂著·五常辨》,《魏岩遗稿》卷 12,《韩国儒学资料集成》(上),第 883 页。

人物所受之全德也。自古言一原之理,本然之性者,曷尝以性
命而判之,人物而二哉? 此子思所谓"天命之性"(朱子曰:
"天命之性,仁义礼智而已"。只此一句公案,可了百场聚讼)
朱子所谓"理同",栗谷所谓"理通"者也。[1]

魏岩认为,从"一原"即本原、本然、根本的视角来看,"天命之性"、
"本然之性"不论对人对物都是无异的,并自认为这种说法与朱子
的"理同",栗谷的"理通"是一样的。可见,魏岩认为从"天命之
性"、"本然之性"的角度来看,人性物性是没有区别的,而人性、物
性的区别在于从"异体"即从"气质之性"来看,则人与物、人与人
又是万殊不齐的。他说:

> 人贵物贱,而偏全不齐,圣智凡愚,而善恶不伦,此即造化
> 生成之至变,气机推荡之极致也。自古言异体之理,气质之性
> 者,曷尝以人物而齐之,圣凡而等之哉? 此程子所谓"生之谓
> 性",朱子所谓"理绝不同",栗谷所谓"气局"者也。[2]

从"气质之性"角度来看,由于禀气的不同而形成人与人、人与物
的区别,即人性物性的相异。

从魏岩的"天命=性=一原=人物物性"的逻辑来看,他强调的
是"天命之性"、"本然之性"的价值反映在人性、物性上是相等的。[3]

---

①　《杂著·五常辨》,《魏岩遗稿》卷12,《韩国儒学资料集成》(上),第882页。

②　《杂著·五常辨》,《魏岩遗稿》卷12,《韩国儒学资料集成》(上),第882页。

③　参见金银洙、洪正根著:《魏岩、南塘　湖洛论辩的分歧及其意义》,刊于
崔英辰主编:《中译魏岩·南塘湖洛论争资料集》,韩国儒教学会出版2003年版,
第2—4页。

为表明他这一观点符合于朱子之意,故他在《五常辨》文章结尾处,反复引述朱子的话为依据。魏岩说:

> 朱子曰:"天命之性,则通天下一性耳。何相近之有? 相近者,是气质之性,孟子'犬、牛、人性之殊'者此也。"又曰:"孔子谓'性相近,习相远'。孟子辨'生之谓性',亦是说气质之性。"又曰:"犬之性、牛之性、人之性三节语,犹戏谑。然只告子不知所答,便休了,竟亦不曾说得性之本体是如何。"又曰:"孟子答'生之谓性'语,终觉未尽。"又曰:"孟子言'人异于禽兽者几希',不知人何故与禽兽异。又言'犬之性'云云,不知人何故与犬牛异。此两处,似欠中间一转语。"又答徐元聘曰:"人、物之性,本无不同,而气禀则不能无异。'性同气异'只此四字,包含无限道理,幸试思之。"
>
> 按:右数说,朱子定论,可谓昭烂日星矣。告子不复问"犬、牛、人性何为不同"? 故不同之说,发其端而不得尽其辞。告子又不复曰:"然则性元是不同之物耶?"故性之本体,初未尝不同者,亦不曾分别说得,此孟子论性所以不备也。故朱子既曰"语终觉未尽",又曰"似欠中间一转语"。其责备之论,可谓周匝详恳矣。①

在学术观点上,魏岩从批评南塘的"未发的善恶"而主张未发是一种超越善恶的绝对善的境界出发,重视"天命之性"、"本然之性"的价值,在"性之本体"的立场上提出了"人性物性俱同"的观点。

---

① 《杂著·五常辨》,《魏岩遗稿》卷12,《韩国儒学资料集成》(上),第888页。

对于魏岩的这一观点,韩国学者李丙焘颇为称赞。他称道:"以余观之,魏岩之说,似无害理,却有兴味者存。盖其说,与佛家说及德国哲学者康德(Kant)之说相类似。换而言之,魏岩所谓本然之性、本然之心者,即佛家所谓真如也,吠多教所谓高等梵天也。康德所谓理性(Vernunft),或自律性(Autonomie)也。又其所谓气质之性、气质之心者,即是佛家所谓无明也,吠多教所谓劣等梵天也,康德所谓感性(Sinnlichkeit)或他律性(Heteronomie)也。佛说以为,吾人自无始以来,即有真如、无明之两子,合于性海识藏之中而互相熏。凡夫以无明熏真如,故迷智为识。学道者,复以真如熏无明,故转识成智。此则魏岩所谓'圣人天君主宰,而血气退听于百体之中;众人天君不宰,而血气用事于方寸之中'者也。康德以为吾人之生命有二种,其一则五官肉体之生命,被划于一方域、一时代,而与空间时间相倚者也。其所有动作,亦不过一现象,与凡百庶物之现象同,皆有不可避之理而不能肆。是即现象也,即感性也、即他律性也。虽然吾人于此等生命之外,复有高等生命者存,是即本质也,即理性也,即自律性也。"[1]

二、南塘韩元震主"性异"的儒学

韩元震(1682—1751),字德昭,号南塘(因居住于结城南塘,即现今忠南洪城邑西)。南塘才智超诣,自少博涉经史,旁及天文地理兵学算术,而其主旨在于理气心性之学。在这方面,南塘是一位善于独立思考的学者。他认为朝鲜性理学者不论是"主理"派还是"主气"派,都以朱熹的言论为其理论的依据。而如何界定朱熹早期言论与晚期言论的同异及其关系,这就成为了衡量朝鲜性

---

[1]　李丙焘:《韩国儒学史略》,第232页。

理学"主理"和"主气"派理论正确与否的重要问题。基于这一思考,他撰写了《朱书同异考》。在此书序文中,他说:

> 前圣而作经,莫盛于孔子;后贤而传义,又莫备于朱子。故学者必读孔子之书而后可以尽天下之义理,又必读朱子之书而后可以读孔子之书也。然孔子生而知之者也,故其言无初晚之可择。朱子学而知之者也,故其言不能无初晚之异同。而学者各以其意之所向为之取舍,往往有以初为晚,以晚为初,而失其本指者多矣。①

南塘认为,要区分朱子言论的早期说法和晚期说法,才能正确理解朱子的真义。他的"人物性异论"的主张就是以朱子言论同异考察的成果为基础而提出的。除《朱书同异考》而外,南塘还撰有《经义记闻录》及辞、赋、诗、疏、收议、筵说、书、杂著、序、记、跋、题、铭、赞、祝辞、祭文、告文、碑等,被辑为《南塘集》,共三十八卷十九册。

南塘韩元震的主要学术观点有:

1."未发心"论

南塘与魏岩一样,在"未发"问题上深化、细化了朱熹思想,但与魏岩不同之处是他从"理气观"上对"心"进行了详细论述。从而,"未发心"论成为南塘学术思想的一大特色。

从学脉上讲,魏岩和南塘同属于栗谷学派,即朝鲜朝性理学中"主气"一脉。但魏岩是"主气"学派中侧重于"理"的一方,而南塘是"主气"学派中侧重于"气"的一方。这是湖洛学派在理论上

---

① 《朱书同异考》,《南塘集》卷31,《韩国儒学资料集成》(上),第1019页。

的一个根本区别。所以,南塘的理气观具有明显的重"气"特点。

南塘重"气"的特点表现在在强调"理气不离"的基础上,将"气"与"心"联系起来解释,主张"心即气也"。如他说:

> 若夫天地万物之形,气之为也,其所以为天地万物者理也。理无形而气有形,理无为而气有为,此则理气之别也。理寓于气,气以行理,有是理则必有是气,有是气则必有是理;理外无所谓气,气外无所谓理。则理气虽非一物,亦不能顷刻相离也。①

这里,南塘在指出理与气的区别(有形与无形,有为与无为)之后,强调的是"理气不能顷刻相离"。在"理气不离"的前提下,南塘提出"心即气"的命题。他在《附未发气质辨图说》一文中讲:

> 右愚说也,心即气也,性即理也。气有清浊美恶之不齐,而理则纯善,故单指理为本然之性,兼指理气为气质之性。性非有二体也,只是气质之兼不兼而有二名耳。气虽有清浊美恶之不齐,而未发之际,气不用事。故善恶未形,湛然虚明而已矣。
>
> 虽则湛然虚明,其气禀本色之清浊美恶则亦未尝无也。故即其湛然虚明无所掩蔽于天理者而单指其理,则为本然之性;因其气禀本色清浊美恶之不齐者而兼指理气,则为气质之性。故朱子曰:"喜怒哀乐未发之时,只是浑然。所谓气质之

---

① 《杂著·示同志说》,《南塘集》卷29,韩国民族文化推进会《韩国文辑丛刊本》1998年版,第30页。

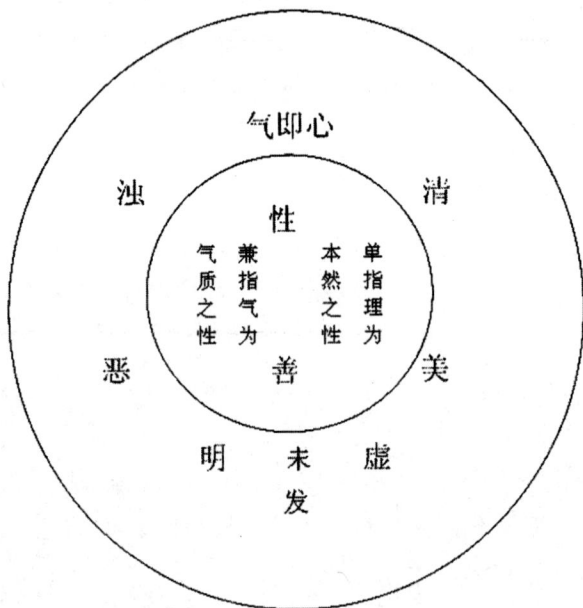

图11 附未发气质辨图

性,亦皆在其中。至于喜怒哀乐,却只是情也。"斯言也恐未可以改评也。①

文中之图(见图11)表示的是南塘的"未发心"。图上方写有"心即气"。此图中的"气",是同时含有"湛然虚明"(如图下方写有"虚明")与"气禀"(如同左方写有"浊恶")两个方面的气。南塘将"湛然虚明"理解成气质的"纯善",例如他说:"气质纯善云者,亦若只指其湛然虚明底气象而言,则固不始不可。愚见亦以为然矣。"②南塘

---

① 《书·附未发气质辨图说》,《南塘集》卷11,第44页。
② 《答尹瑞膺》,《南塘集》卷13,第9页。

将"气禀"理解成"有善恶",例如他说:"愚所谓善恶者,指其气质有清浊粹驳而言也。"①可见,南塘以"气"解释"心",这时的"心"(未发心)既包含了"湛然虚明"的本体,也包含了"气禀不齐"方面。对此,他有明确论述:

> 湛然虚明,气禀不齐,皆以气言。而湛然虚明,是言未发气象,朱子所谓心之本体,指此而言也。气禀不齐,是言气禀本色,朱子所谓心有善恶,亦以此而言也。②

"湛然虚明"和"气禀不齐"都是说的"气"。这里的"湛然虚明"指的是心之本体,是纯善的;这里的"气禀不齐"指的是气禀本色,有善恶之分,南塘认为,气禀之有善恶也就是心有善恶。这样,气质的善恶问题就转换成了心的善恶问题。

虽然南塘认为"未发心"具有"湛然虚明"和"气禀不齐"两个侧面,但是与此同时他还指出"湛然虚明"与"气禀不齐"又同存于"一心"之中。关于这一点,他用铁镜与潭水的关系加以说明。

> 镜水之譬,愚自谓粗合性命之命体。盖镜水则心也,镜水之明止,即心之未发虚明也。潭之大小,铁之精粗,即心之气禀不齐也。镜水之明止与铁潭,决非二物,无界分部伍之可以各寻者,则心之虚明与气禀,亦犹是耳。即其未发虚明而单指理,为大本之性;以其气禀不齐而兼理气,为气质之性。而虚

---

① 《与蔡君范》,《南塘集》卷14,第3页。
② 《答金子静》,《南塘集》卷18,第20页。

明气禀,又非二物,则此所以性无二性而心无二心也。①

南塘认为,铁镜之明与潭水之止,如同心之未发虚明;而铁之精粗与潭之大小,又如同心之气不齐。由于铁镜由铁制成,潭水置于潭中,所以,不论铁之精粗,它与镜是一事物的两个侧面;不论潭之大小,它与水也是一事物的两个侧面。这就是说,"未发心"之"湛然虚明"的本体与"不齐"的气禀,亦同时是"一心"的心之两个侧面。换言之,南塘认为,"虚明气禀,又非二物"。这就是说"虚明"与"气禀"非为二物,而是一物(即"未发心")的两个侧面。他的这一思想在《与沈信夫》一文中也明确提出过。如他说:

> 虚灵则气禀之虚灵,气禀则虚灵之气禀,非有二物也。……气禀虚灵,原只一物者。②

文中的"虚灵"即指"湛然虚明"的心之本体。如南塘曾讲过:"未发之虚明,即心之虚灵也"。③ 在南塘思想中,"未发心"既有"虚灵"之纯善的一面,又有"气禀"之有善恶的一面。也就是说,他把含有善恶特性的"气禀"移植在"未发"之中,这就在逻辑上必然得出他主张"未发心体有善恶"的结论。而这一结论,正成为洛论者批评的对象。虽然南塘一次也没有说过"未发心体有善恶"。④

---

① 《附未发五常辨》,《南塘集》卷11,第21页。
② 《与沈信夫》,《南塘集》卷15,第19页。
③ 《答尹瑞膺》,《南塘集》卷13,第29页。
④ 南塘认为,未发时,清浊的气禀显示不出善恶,只存在于善恶的可能态。如他说:"气虽有清浊美恶之不齐,而未发之际,气不用事,故善恶无形。"(见《附未发气质辨图说》,《南塘集》卷11,第45页)

2. "性三层"说

在"性"的问题上,南塘把"性"分成三个层面,即有"超形气"的、人物皆同的性,有"因气质"的、人人同而人物不同的性,有"杂气质"的、人人不同而物物亦不同的性。这就是他的"性三层"说。他的这一思想集中表述在《上师门》一文中。文曰:

> 元震窃以为性有三层之异,有人与物皆同之性(《中庸》二十二章章句:"人物之性,亦我之性"),有人与物不同而人则皆同之性(《孟子》、《告子》篇辑注:"以理言之,则仁义礼智之禀,岂物之所得而全哉?"《大学》序文:"天降生民,则既莫不与之以仁义礼智之性"),有人人皆不同之性(《论语》子曰:"性相近也")。性非有是三层而件件不同也,人之所从而见者,有是三层耳。
>
> 就人物上除了气,独以理言,则混沦一体,不可以一理称之一德名之,而天地万物之理,仁义礼智之德,无一不具于其中矣,此人与物皆同之性也。
>
> 就人心中,各指其气之理而名之,则木之理谓之仁,金之理谓之义,火之理谓之礼,水之理谓之智。四者各有间架,不相淆杂,而亦不杂乎其气而为言,故纯善而无恶。人则禀气则全,故其性亦皆全。物则禀气不能全,故其性亦不能全。此人与物不同而人则皆同之性也。
>
> 以理杂气而言之,则刚柔善恶,有万不齐,此人人皆不同之性也。
>
> 岂人既有人与物皆同之性,又有人与物不同之性与人人皆不同之性哉? 特以其独言理而不及气,则人与物皆同。各指其气之理,而亦不杂乎其气而为言,则人与物不同,而人则

皆同(各指其气之理,故有仁义礼智名目之不同,而人与物不同;亦不杂乎其气而为言,故纯善无恶,而人则皆同)。以理与气杂而言之,则人人皆不同而有是三层耳(上二层本然之性,下一层气质之性)。其实一性而已也。

　　崔征厚、韩弘祚诸人于前一层之说,不可谓无见,于后二层之说,似未有见,故其言多窒。其论仁义礼智,则以为随木气而发则为仁,随金气而发则为义(发为仁、发为义之说,殊甚怪骇)。论人物之性,则以为禽兽亦禀得尽五常之性,而与人初无异。论气质之性,则以为未发之前,只有本然之性,而及其发也,方有气质之性,以人心当气质之性。此皆未案。禹执卿亦以彼说为非,元震之见,如上所禀,未知果得否?①

这篇短文围绕"性三层"说主要谈了四个问题:

第一,从"理气"观阐释"性三层"说。

在南塘的思想中,所谓超形气的、人物皆同的性,指的是人物不囿于形气的性。从理气观来看,指的是"理"。如他讲:"盖以理之不囿乎形气者而论其一原,则人之理即物之理,物之理即人之理,而其性无不同矣。"②这里所说的"理之不囿乎形气者",讲的是理在气中,但又不考虑其气质,单指其理而言。"就气中不犯形气,单指其理,则浑然全体无所偏倚,故尊以称之曰太极……张子所谓万物之一原是也。"③"超形气而言,则太极之称是也,而万物

---

　　①　《上师门》,《南塘集》卷7,第2页。

　　②　《与崔成仲别低》,《南塘集》卷8,第22页。

　　③　《理气性情图说》,《经义记闻录》卷6,第2页;转引自崔英辰主编:《中译魏岩·南塘湖洛论争资料集》,第9页注㉘。

之理皆同矣。"①南塘视"太极"为万物的本体,并且"太极"是超形气、无加无对的,是万物之"理"。万物之理皆同,所以万物之性皆同,即人性与物性同。这是南塘的第一层性,又称为"本然之性"。

南塘的第二层性是说人禀气全,故其性全;物禀气不全,故其性不全。所以人与人性相同,而人与物性相异。所谓禀气全不全问题,用《上师门》一文中的话来说就是"木之理谓之仁,金之理谓之义,火之理谓之礼,水之理谓之智"。这是从气之理上来说的性,因此南塘说这是"因气质的性"。"不因乎气质则不名为性矣,性虽因气质而名,然其所指为性之物,则实指其中所赋之理,非杂乎气质而言也。"②虽然叫"因气质的性",实际上指的还是气中之理。不过,南塘认为这种气中之理,人禀得全,而物禀得不全。所以,这种"因气质的性"就如同是孟子所说的"犬之性、牛之性、人之性",周濂溪所说的"各一其性",朱子所说的"偏全之理"是一个意思。如南塘在反驳魏岩的"人物性同"观点时曾说过:"孟子又言犬、牛、人性之不同,而朱子于《辑注》释之曰:'此人性之所以无不善,而为万物之灵。'又于其章《或问》曰:'此章孟子之意,只恐其昧于人性之善也。'孟子言性善,则朱子以人性之贵于物者释之。孟子言人性之贵于物,则朱子又以性善者释之。性善之人物不同,孟、朱之指,灼然可见矣。"③南塘以孟子和朱子的言论证明"性善之人物不同"。继而,他又列举出尤庵宋时烈的话说明人物性不同。如他说:"尤庵先生又答人书曰:'天下万物,莫不配属于五行,谓五行之理赋予人而为五性,可也。因以为凡配五行者,皆

① 《拟答李公举》,《南塘集》卷11,第9页。
② 《性》,《朱子言论同异考》卷2,第1页;转引自崔英辰主编:《中译魏岩·南塘湖洛论争资料集》,第8页注㉖。
③ 《附未发五常辨》,《南塘集》卷11,第19页。

具仁义礼智信,则大不可。'吾东方诸儒之论,又皆如此"。① 人禀气全,而物禀气不全,所以人物性异。南塘认为这是东方诸儒的共识,所以他在《上师门》文中强调人禀气全,故性全;物禀气不能全,故性亦不能全。关于这一思想,他还引述朱子话以佐证。如他说:"《中庸》首章吕焘录曰:'问:以健顺五常言物之性,如健顺字,亦恐有碍否?'曰:'如牛之性顺,马之性健,即健顺之性;虎狼之仁,蜂蚁之义,即五常之性。但禀得来少,不似人禀得来全耳。'"② 南塘认为,因为人与物禀气全与不全,就决定了人性与物性相异,不同。

南塘所谓的"因气质之性"因不杂乎其善恶之气,所以又是纯善无恶的。关于这一点,南塘也是从理气关系进行解释的。如他说:"就气中各指其气之理,则理已偏于一德,而不得为全体,故分而目之曰,建顺五常,亦不杂乎其气之善恶而言,故其本善之体自若也。夫子所谓成之者性、各正其性命,周子所谓五行各一其性,孟子所谓犬之性、牛之性、人之性,朱子所谓偏全之理,是也"。③ 南塘思想中的"因气质之性",指的是气中之理。这种理是不杂乎"有善恶之气"的气的,所以是纯善不恶的,是人的本善之体。在这层意义上,南塘将这第二层性也叫"本然之性"。这种"本然之性"是纯善无恶的,是人心自若的一种状态。因此,这种性,是人人皆具有的,即人人相同的,但是人与物却不相同。

南塘的第三层性,是"杂气质"的,是人人不同而物物也不同的性。这种性,是理杂"有善恶"的气而成的性,故这种性是刚柔

---

① 《附未发五常辨》,《南塘集》卷11,第19页。
② 《附书·气质五常辨后》,《南塘集》卷11,第42页。
③ 《理气性情图说》,《经义记闻录》卷6,第3页;转引自崔英辰主编:《中译魏岩·南塘湖洛论争资料集》,第8页注㉓。

善恶,有万不齐,是纯粹的"气质之性"。南塘从理气关系解释这种性时说:

> 兼指理气,则气有善恶,理亦有善恶,故据气称之曰善恶之性。夫子所谓性相近,周子所谓刚柔善恶中,程张所谓气质之性是也。①

由于气有善有恶,故理亦有善有恶,理与气杂而生成的性,也就是有善有恶。因此,这种"气质之性"是人人不同而物物不同的。

第二,南塘所谓的"本然之性"。

在南塘的"性三层"说中,他把第一层性("超形气"的、人物皆同的性)和第二层("因气质"的、人物不同而人人同的性)都称为"本然之性"。那么,这两种"本然之性"的区别是什么?

从上述论述中可以看到,虽然这两种"本然之性"都是指"理"而言,但这个"理"的内涵不同。

第一层性("超形气"的、人物皆同的性)是指"太极"之理,即天地万物之理、仁义礼智之德,无一不具于其中。这是从宇宙之本、万物之源上来说的,也就是说这是"一原之性",所以"人与物性同"。

第二层性("因气质"的、人物不同而人人同的性)是指气中之理而言。这种气中之理不是统体一太极,而是各具一太极。"各指处,不可唤做太极之全体。"②也就是说,这时的"理"主要是指

---

① 《理气性情图说》,《经义记闻录》卷6,第3页;转引自崔英辰主编:《中译魏岩·南塘湖洛论争资料集》,第9页注⑦。

② 《理气性情图说》,《经义记闻录》卷6,第4页;转引自崔英辰主编:《中译魏岩·南塘湖洛论争资料集》,第9页注⑥。

"气"中之"理",故南塘称为"因气质"的。既然"因气质"的性,又为什么叫做"本然之性"? 对此,南塘作如下解释:

> 有言万物皆同之性者,是则不犯形气,单指其理而言也,所谓专以不杂言者也。有言人与物不同,而人与人同,物与物同之性者,是则就气中各指其气之理,而亦不杂乎其气之善恶而言也。
>
> 是故以五常之性对太极而言,则太极为本然之性,而五常为气质之性。虽曰气质之性,不害其为本然也。①

这是说,第一层性即万物皆同的性,是单指理(太极)而言的。第二层性即人物不同而人人同的性,是就气中之理而说的。在这层意义上,称之为"因气质"。但要强调的是,它不杂乎"有善恶"的气,所以这种性是纯善无恶的。虽然它是纯善无恶的,但这种性(五常之性)对超形气的性(太极)而言的话,如果太极为本然之性,那么五常则为气质之性。但这种气质之性是不害其本然的,就是说这时的气质之性不是带有"有善恶"的俗性的性,而是维持着本然纯善的性,因此不能称它为"气质之性",而是应称为"本然之性"。总之,南塘的意思是说,第一层性是"本然之性",第二层性与第一层性对比的话,可以相应地称之为"因气质之性",但它实质上是"本然纯善"的,故又称为"本然之性"。真正的"气质之性"是第三层性,即"杂气质"的、有善有恶的、人人不同物物也不同的性。

---

① 《太极图》,《经义记闻录》卷3,第2页、第13—14页;转引自崔英辰主编:《中译魏岩·南塘湖洛论争资料集》,第9页第70注,第8页注⑥。

由于第二层性是"因气质"的性,这就存在着"禀气"的"偏全"问题,由此造成了人性(禀气全)与物性(禀气不全)的不同。所以,第二层性("因气质"的"本然之性")是人人同(本然纯善)而人物异(禀气偏全)的性。实际上,南塘把这"因气质"的"本然之性"(第二层性)视为事实上真实的性。与主张"人物性同论"的魏岩相比较的话,南塘主张的"人物性异论",就是指的这种性。

由此可见,南塘是想凭借"超形气"的"本然之性"(第一层性)来论证"人物性同"的观点。南塘又想根据"因气质"的"本然之性"(第二层性)来证明"人物性异"的观点。

第三,南塘所谓的"气质之性。"

在南塘学说中,他将纯粹的"气质之性"规定为杂善恶之气,人人、犬犬、牛牛之性都不同的性,即他所谓的第三层性。这无须赘言,但要注意的是南塘认为"气质之性"在"未发之前"。这是他同魏岩又一争论之处。例如他在《上师门》最后就谈到了这一点。"论气质之性,则以为未发之前,只有本然之性,而及其发也,方有气质之性,以人心当气质之性,此皆未安"。[①] 为了批评魏岩主张的"未发之前,只有本然之性"的观点,南塘作《附未发气质辨图说》一文,其中说道,如认为未发之前无气质之性,那么则有五大弊端。即:

> 若曰未发之前,气虽有清浊粹驳之不齐,而亦不可兼指谓气质之性,则是未发前清浊粹驳之气,乃为无理之气,而理之具于其中者,亦为气外之理矣。此一不可也。
>
> 若曰未发之前,气质纯清极粹,故理亦由之而纯善,不可

---

① 《上师门》,《南塘集》卷7,第2页。

复谓有气质美恶之性。则是性善由于气质,而气质为大本矣。
且其所谓性善者,只是气质之性善一边,而非性之本体也。此
二不可也。

若曰未发之际,气始用事。喜怒哀乐之感,或中或否者,
为气质之性,则是本然之性,发为气质之性。本然之性为体,
气质之性为用矣。且前古圣贤未有以喜怒哀乐之情为性也。
此三不可也。

若曰心之昏昧乱者,正是气之用事,而气质之性,乃在于
此。则是气质之性,纯乎不善,而圣人之心,无此昏乱者,独无
有气质之性矣。此四不可也。

若曰气质之性,不在未发,亦不在已发,则是气质之性,终
无安顿归宿之所。而程张之立此说以晓人者,不过为张虚驾
诞无实之空言也。此五不可也。①

这五大不可就是将理气分离,认为性善不是性之本体,颠倒性体情
用,圣人之心不具气质之性,气质之性无所安顿。南塘的这一观点
与他的"未发心"具有密切联系。

第四,南塘所谓"三层性"的关系。

在南塘思想中,他的第一层性、第二层性、第三层性不是互无
关联、没有联系的,而是层层递进、以"气"为关键点。

第一层性是"超形气"的性,是"理一"即"一原"性。南塘认
为,这种性从"理气不离"的角度看,是不考虑其气质,单指其理而
说的。这种性就是"超形气"之性。"超形气"之性从"气中之理"
看,木之理为仁、金之理为义、火之理为礼、水之理为智等五常之

---

① 《附未发气质辨图说》,《南塘集》卷11,第44页。

性。因人能禀得气全,即性全;物则禀不得气全,故性不全。这是"因气质"的第二层性。这种"因气质"的"本然之性"猛掺上"有善有恶"的气,就形成了"杂气质"的"气质之性",即第三层性。不过,这只是从理论构造上来说而已。

另外,南塘还用"单指"、"各指"、"兼指"来名命第一层性、第二层性、第三层性。即"单指"是指"超形气"的人物皆同之性,"各指"是指"因气质"的人物不同之性,"兼指"是指"杂气质"的人人不同、物物不同之性。如果以此来看魏岩代表的"洛论"学者的观点的话,那么"洛论"者则把"性"分为"单指"的"本然之性"和"兼指"的"气质之性"两个侧面。

在理论上,南塘主张"性三层"说,是为了以"超气形之性"来说明人物性同,以"因气质之性"来说明人物性异,以"杂气质之性"来说明人人、物物性异。但是,在本质上,南塘主张只能是一个性。如他强调:

> 性非有是三层而件件不同也,人之所从而见者,有是三层耳。……其实一性而已也。①

可见,南塘的"性三层说"是从理论上说的,在本质上,他认为性只能是一个性。②

---

① 《上师门》,《南塘集》卷7,第2页。

② 参见金银洙、洪正根著:《魏严、南塘湖洛论辩的分歧及其意义》,刊于崔英辰主编:《中译魏岩·南塘湖洛论争资料集》,韩国儒教学会出版2003年版,第8—10页。

第四节　霞谷郑齐斗的阳明学

一、韩国没有阳明学吗

学术界长期流传着一种观点,认为中国和日本有阳明学,而韩国没有形成阳明学。果真如此吗? 史料证明这种观点是不科学的,中国阳明学传到了韩国,并形成了独特的韩国阳明学。

关于中国阳明学传入朝鲜朝的时间,韩国学术界主要有三种观点。

一种观点认为:中国阳明学传入朝鲜朝的时间应在朝鲜中宗十六年,即 1521 年左右。如吴钟逸教授认为:阳明学传入朝鲜朝的时间应该在 1521 年①。这一观点的根据是朴祥(1472—1530,号纳斋)的《纳斋集》和金世弼(1473—1533,号十清轩)的《十清轩集》两部文集。其中,《纳斋集·年谱》中有"阳明文字东来,东儒莫知其为何等语,先生见其《传习录》,斥谓禅学","辨王阳明守仁《传习录》于辛巳"的记载,时为朝鲜中宗十六年。《十清轩集》卷二中则有"阳明老子治心学,也入三家晚有闻,道脉千年传孔孟,一毫差爽亦嫌云"的诗句。可知《传习录》初刊本(1518)在 1521 年左右传入朝鲜朝。又如刘明钟教授在《韩国哲学史》第十六篇第一章中说:

阳明学向韩半岛的传播是从阳明在世的时候就开始了

① 参见朱七星主编:《中国、朝鲜、日本传统哲学比较研究》,延边人民出版社 1995 年版,第 370;参见张立文《李退溪思想研究》,东方出版社 1997 年版,第27 页;参见楼宇烈主编:《东方哲学概论》,北京大学出版社 1997 年版,第 221 页。

的。笔者也曾根据《西崖集》认为起始时间是明宗十三年
(1558)，但目前根据朴祥(1472—1530)的《纳斋集》和金世弼
(1473—1553)的《十清轩集》判断，《传习录》初刊本传到韩半
岛那是中宗十六年(1521)，也就是王阳明五十岁时候的事。
因此，我认为，将初刊本的刊行时间(1518)往后推三年，即公
元1521年才是正确的。①

另一种观点认为：中国阳明学传入朝鲜朝的时间是在明宗十三年，
即1558年。如金忠烈教授根据柳成龙(1542—1607，号西崖)的
《西崖先生文集》的有关资料，提出了明宗十三年(1558)说②。关
于阳明学传入朝鲜朝的问题，《西崖先生文集》中有这样的记载：

> 右《阳明文集》，余年十七，趋庭义州，适谢恩使沈通源自
> 燕京回，台劾不检，罢弃重于鸭绿江边而去，行囊中有此集。
> 时阳明之文未及东来，余见之而喜，遂白诸先君，令州吏善写
> 者誊出，既而藏筐箧中。③

按《西崖先生文集》的记载，柳成龙从沈通源丢弃的行囊中获得
《王阳明文集》的时候当是在1558年。又如柳承国教授在《韩国
儒学史》第六章第二节中写道："王阳明学说初传来韩半岛是在朝
鲜朝的明宗代。明宗十三年(1558)，少年时节的柳成龙(1542—

---

① 《韩国哲学史》(下)，第3页。
② 参见朱七星主编：《中国、朝鲜、日本传统哲学比较研究》，第370—371
页。
③ 《西崖先生文集》卷18，韩国民族文化推进会，《韩国文辑丛刊本》1996年
版。

1607)在侍奉义州府史的父亲同住之时,赴明而返的谢恩使一行在回程时为逃避检查而将行囊弃于江边,由其拾得行囊中得到《阳明集》一书,此乃阳明学最早传来的记录。"

第三种观点认为:中国阳明学传入朝鲜朝的时间为李退溪(1501—1570,号滉)当年时。其理由是退溪生前著有《传习录辨》一文,对阳明学作了批判。退溪的批判是朝鲜学术史上对阳明学所作的最早的公开批判,例如李丙焘教授在《韩国儒学史略》第三编第六章第一节中说:

> 王书之传来我东,始自何时?年代未可得知。然李退溪生存时,已得见《传习录》而为之辨证一篇,载在其文集(见《退溪集》,卷41)矣。退溪之作辨证,又不知在何时。假使其作系于晚年,王书之传来,恐不后于明宗朝矣。王书之东来也,最初著为文字,以加一棒者,除退溪外,未闻其人焉。①

关于阳明学在朝鲜朝传播、发展的脉络,笔者以为可以分为以下六个阶段:

1. 阳明学早期传播期

从历史记载看,朝鲜朝最早的阳明学信徒当推东冈南彦经(1528—1594)和庆安令李瑶(生卒年不详)。

南彦经是徐敬德的门客,但同时又与李滉交游过。所以,他的阳明学思想可从《陶山全书》的《静斋记》②考察,其内容主要有:

---

① 李丙焘:《韩国儒学史略》,第266页。
② 《静斋记》,《陶山全书》3,韩国精神文化研究院1980年版,第269—270页。

(1)主张"一气长存说",认为"虚静微妙者,气之湛寂而先天之体也;生动充满者,气之流行而后天之用也"。

(2)反对李滉的"静时气不运,理自然存在"的主张,同时亦反对"理非静有动无,气也非静无动有"的主理说。

(3)南彦经说:"涵养体察为我之宗旨,天理与人间之理并非两种事物。"这就是说:天理就是人间之理,即我心。其实,这就是王阳明的"心即理"思想。

(4)李滉认为:"时甫前次所言心有善有恶,其主张大错",南彦经的"心有善有恶"说与王阳明弟子钱德洪的"无善无恶心之体,有善有恶意之动"有一定关系。

(5)南彦经说:"若曰静而气未用事,则所谓气者,静处无而动处有;所谓理者,静处明而动处暗。安见其理气合一、流行无端之妙乎!"理气合一之妙即暗示"良知"。

南彦经的"一气长存"说和"理气合一即为良知"的观点,表明了他对理气问题的关心及对气的重视。这一思想演为朝鲜阳明学的主气说。

李瑶就学于南彦经,深信阳明学。他曾向宣祖宣讲过阳明学。据《宣祖实录》记载,宣祖曾对李瑶说:若按南彦经说,用阳明学治国可一扫倭寇;阳明才气过人,吾人才气低下,难以学之。李瑶对答说:"常省吾心"的主张很对,阳明的意思要先正其心,事事必求正当,阳明的主旨为致良知。

2. 阳明学奠基期

张维(1587—1638,号谿谷)是朝鲜阳明学的奠基者,其阳明学的代表著作为《谿谷漫笔》。朝鲜阳明学集大成者郑霞谷是通过《谿谷漫笔》受到启发而潜心钻研阳明学。

张维关于阳明学的主要思想有:

（1）张维与南彦经一样，主张气一元论。不过，张维的"气"是把老子、庄子、阳明的气与朝鲜学者李珥的气综合在一起。这表现了他"好老庄之道"的遗风。关于气，他在《谿谷集·杂记》卷三中说："气的本体是极其虚无的，往前无始，往后无终，大无际，小无心，无处不在。此处谁也难得，谁也难失，谁也难让其死，谁也难让其活，因为天地万物没有不是气的。"这表明：他认为气具有绝对性、普遍性、永恒性，是作为宇宙本体的一种实体。这种作为宇宙本体的实体气，在张维看来，就是良知之气，即心气的宇宙化。

（2）张维主张自治、自立和自主。这一观点是以阳明学尊重自由、个性为其根本。他批评朝鲜学术界没有实心、实事、实功、实得和志气。他在《谿谷漫笔》卷一第二十四页中认为：中国学术多种多样，有正学、禅学、道教、程朱学、陆王学等，而我们朝鲜不管有知无知，只要是能识字者，就只知程、朱而不知其他，其原因在于没有一个真正的学者。没有实心的学问或对学问没有实得，就会过于拘谨，缺乏志气，耳听口说都是程朱学的重要，行动上的表现也只是进行捧场。这不是假学问，又是什么？而究其根源则是缺乏自治、自立、自主之心。而缺乏自治、自立、自主之心的实质是对良知自我拓展之缺乏。

（3）张维主张"慎独"说。在心性修养方面，他批评了程、朱的穷理和居敬，认为即物穷理和居敬与我们的心性修养不合，而"慎独"更为切合实际。为此他写了《慎独箴》一文："有幽有室，有默其处。人莫闻睹，神其临汝。警尔惰体，遏尔邪思。"慎独就是神的降临，要像站在神面前一样进行自身警惕，防止邪思，实现良知的虔诚的心境。慎独的实质就是心身修养。而心身修养不仅是知，也是行。张维认为："先儒以穷理为格物致知之事，专属于知。唯阳明以为兼知行而言。范淳夫曰：'自君臣而言之，为君尽君

道,为臣尽臣道,此穷理也,与阳明之说合'"。① 张维这一思想是、
对王阳明"知行合一"说的一种具体阐述。

3. 阳明学被实学派摄取期

实学是朝鲜朝后期的一个重要学派。朝鲜实学以强调"实事
求是"、"经世致用"、"利用厚生"为其目标。因此,实学学者对阳
明学表现出较多的关心。他们认为阳明学在打破道学(即朝鲜朱
子学)以正统主义实现一元优化统治而走向学术多元化方面有积
极的贡献。而且,阳明学的"知行合一"思想成为鼓励实学派努力
实践的理论。实学派从阳明学中找到了自己的哲学根据。实学派
对阳明学的这一态度,在客观上亦构成了阳明学在朝鲜传播、发展
的一个重要环节。例如,许筠(1569—1618)、李晔光(1563—
1628)是实学启蒙派,他们的思想都受到阳明学的影响。

许筠与王阳明及阳明左派何心隐、李贽、公安派袁宗道、袁宏
道、袁中道的新文学运动之间有许多相似之处。像许筠反对嫡庶
差别,尊重民众意识;反对朱子学的教条主义,并揭露其虚伪性,严
格区别真与伪、公与私;反对禁欲的礼教主义,肯定人欲;反对文艺
的陈腐框架,提倡白话文。

李晔光号芝峰,是个百科全书派,可是他的著作《芝峰集》或
《芝峰类说》却很特别,对理学几乎没有论及,对王阳明的学说则
进行了简单的评价。如他在《芝峰类说·学问》卷五中称赞阳明
学说:

> 王守仁说:"人生大病,只是一傲字。为子而傲,必不孝;
> 为臣而傲,必不忠;为父而傲,必不慈;为友而傲,必不信。"他

---

① 《谿谷漫笔》卷1,大学社1996年版,第22页。

又说:"今人病痛,大段只是傲,千罪百恶,皆从傲上来。傲则自高自足,不肯屈下人。故为子而傲,必不能孝;为弟而傲,必不能悌;为臣而傲,必不能忠。……为学,先要除此病根,方才有地步可进。傲之反为谦,谦字便是对症之药。"世上舞墨弄笔的人如果自高自大,不仅寸步难行,反会倒退,其原因都在于这种病痛。傲病者何止都是学者,千罪万恶都起源于傲,我认为这才是对的。①

这里,李晬光引用了王阳明《书正宪扇》中的语言,赞同王阳明所说的人生大病只是一个傲字的主张。另处,李晬光还十分称赞王阳明的"知行合一"说。如他认为:

所谓学问只有"知行"两个字。《大学》的格物致知是求知之因,诚意二相也就是行动条目这个因。《中庸》提出了博学、审问、慎思、明辨等四个为知之因,笃行为行动之因。圣贤之教诲虽有千言万语,但其要领却离不开这一条。我从小时候起主张的"真知中有行",以行为主,学问和阳明的知行合一说没有什么两样。阳明的"知行合一"说实际上是以行为主,强调自得和实践。②

可见,李晬光以王阳明的"知行合一"思想对光说不干的后进学者之弊端进行了揭露和批评。

---

① 李晬光撰、青柳纲太郎编:《芝峰类说(原文和译)》卷5,朝鲜研究会1916年版,第153页。

② 李晬光撰、青柳纲太郎编:《芝峰类说(原文和译)》卷5,第154页。

梁得中(1665—1742,号德村)则从阳朱阴王的立场发展阳明学。梁得中的阳明学思想,一是强调良知,二是主张立诚,并提倡诚与良知的统一。

王阳明哲学的要旨是致良知。而梁得中则用朱子学佐证良知说。他在《德村集·答尹大源书》中解释良知说:"人皆有良知,故朱夫子补《大学》格致之说,莫不因其已知之理而益穷之,盖言其不待学问,本有良知也。""当行吾所明,无行吾所疑,盖言其学未至、见未透者,且从吾良知之明白无疑处,作得去也。"这里,先以朱熹思想解释良知本有,然后证明"且从吾良知之明白无疑处,作得去也"是阳明学的精髓。梁得中认为"良知"的实质是"一诚"。李建芳评论他的思想时说:德村的根本是一诚。这句话是以王阳明所说的以诚意为主就是不必再添一个敬字,之所以只用"诚意"二字,是因为它是以学问的大头脑处①为基础的。梁得中将"诚"具体化为"实事求是",如他对英祖说:不掺入一丝私意,行至诚,勤磨炼,不期而成,自然就会使国家太平。英祖答道:看来"实事求是"这句话非常好,我应该把这四个字挂在墙上,经常看到它。于是英祖用"实事求是"四字代替了原来的"荡平"二字。可见,实事求是就是诚,就是良知。主张良知和实事求是的实学是以"诚"之道德为原理的。

以利用厚生为旗帜的洪大容(1731—1783)、朴趾源、朴齐家等被称为实学中的北学派。而北学派在学术思想上是实学和阳明学的折衷。

洪大容从内心深处喜欢阳明学,故郑寅普认为:洪大容的《毉山问答》的虚实论与王阳明的拔本塞源论自成表里之关系。洪大

---

① 　参见《传习录》上,《王文成公全书》卷1,四部丛刊本。

容在《毉山问答》中认为：扶助正学、排斥邪说、救世之仁、保身之哲，都来自于体认矜心、胜心、权心和利心，不过是一种虚。因而，他主张要有实心。贯穿这一问答的根本精神是"万物一体"论。而王阳明讲的拔本塞源论本是从"万物一体"论而来的。由此可见洪大容对阳明学的吸取和发展。

朴趾源的文学思想对阳明左派何心隐、李贽、三袁公安派进行了不同程度的吸取，而表现为民主、平等意识。

朴齐家吸取阳明学者刘宗周的"慎独"思想，强调慎独为治国之根本。"无慎独，则虽治国平天下，皆假也。"

4. 阳明学确立期

朝鲜朝阳明学派自16世纪中叶引入中国阳明学后，历经百年之久，到17世纪中叶才由郑齐斗开创为一个学派，在朝鲜朝学术思想上占有一席地位。

5. 阳明学江华期

江华传统指郑霞谷的后代以阳明学为基础，在史学、书法、诗歌、实学等广泛领域的研究成果，而对霞谷学（即朝鲜阳明学）有所继承和发展。例如，恒斋李匡臣在《书斋壁》中写道："学问只有从心髓入微之处努力，才能到达笃实光辉境界。只要确立了大本，即使会产生私欲的萌芽，也不可怕。"这里所说的"心随入微"、"立大本"即是心学。这与阳明的"吾人为学，当从心髓入微处用力，自然笃实光辉；虽私欲之萌，真是洪炉点雪，天下之大本立矣"①这一思想是一致的。另外，李匡师对郑霞谷加以评论："先生之学，专于内，实于己，如乔岳之蓄、大海之藏，荣华不显于外，接待人言

---

① 《阳明文录·与黄宗贤》，《王阳明全集》，红旗出版社1996年版，第393页。

词详尽,仁和旁畅而人自异之也。余识浅不敢知造道至何地,而概其去外诱,存实理,别无余境矣。古所谓笃恭者,先生其几矣。"①他认为这里所说的诚实和"专于内"、"实于己"、"去外诱"、"存真理"等是郑霞谷对王阳明的"诚是实理,又是一个良知"思想的发挥。

又如李建昌、李建升、李建芳一起努力阐明阳明学,并继承了王阳明、郑霞谷的思想。他们在江华开办了启明义塾,义塾宗旨为:(1)四民皆学;(2)务实;(3)心即事;(4)实心实事;(5)恢复独立权。他们撰写论述真与假的《原论》上、中、下和《续原论》,认为假和假心不是良知,强调真、真实、实心的重要性,以此提倡阳明学的"良知"说。

6. 阳明学近代光复期

韩国的光复运动指韩国近代史上对日本帝国主义的民族抵抗时期。这一时期具有代表性的阳明学者首推朴殷植和郑寅普。

朴殷植是韩国近代史具有代表性的爱国启蒙家和阳明学者。

郑寅普(1892—1953年)的《阳明学演论》对"致良知"、"至善"、"拔本塞源"等进行了论述和发展,并从宏观上对韩国阳明学进行了归纳、分析。郑寅普将韩国阳明学者分为三类:(1)明确承袭阳明学的,如张维、郑霞谷及江华阳明学派;(2)阳朱阴王的,如李匡师、李令栩、李忠栩等;(3)不谈阳明学,但精神为阳明学的,如洪大容等。

韩国阳明学在以朱子学(性理学)为主导思潮的社会环境中,以不屈不挠的精神在与性理学的对抗中流传、发展,显示了顽强的

---

① 《门人语录·霞谷全集上》,韩国骊江出版社1988年版,第349页下。

生命力。①

二、郑霞谷的阳明学思想

郑霞谷生于仁祖二十七年(1649),卒于英祖十二年(1736),讳齐斗,字士仰。郑霞谷出身名门,为郑梦周第11世孙。

《行状》说:霞谷五岁而孤,被养于祖父忠贞公处,少年时就受到成人的教育。他常侍于忠贞公身旁,一次,有好东西放在霞谷身边。忠贞公命他去取,霞谷取来看了看,又放回原处。忠公贞很感叹地说:"世之贪得者有愧于此儿多矣。"霞谷16岁时,忠贞公卒。霞谷斋心素食,一如重哀。后因看破官场利禄之争,随请求母亲"废举可乎"?母亲许之,于是不复以外物,经心杜门求志、读书。

《遗事》说:霞谷25岁前在应举业时,已能够通经书及礼乐、数学、百家诸子、天文、地理、医学等,自废举业之后,专治经学,尤以心性之学、务实之行为主。

门人李震炳说:霞谷先生以醇粹之资,负特立之才,超然于俗学之中。……自成心与道合,泯然无际,晔和之气,溢于面背。其所知之博,则于帝王为治之道,阴阳造化之理,万理万物之变,无不融会贯通。

门人尹淳说:霞谷先生常说,所论虽千言万语,若不务实德尽,归文具唯在默而成之,不言而信而已矣。于是反躬实践,务本力行。以为天下万事之本在于正心,而正心又在于慎独,此乃为学之根本也。……故世之学者为人,而先生之学为己;世之学者务于外,而先生之学专于内。

门人李匡臣说:霞谷先生初年从事于考亭之学,凡大全语类,

---

① 参见《韩国哲学史》(下),第9—48、65—70页。

义理精微,蛛丝牛毛,靡不贯穿研索。顾其格致之训,即物穷理之说,终觉有抵悟。……中年得明阳书,读之,至其致良知、知行合一之说,乃有发周程所未发者,遂乃曜然省悟,专心致知于此。①

郑霞谷的阳明学思想一方面是对南彦经、张维、李晬光等前期阳明学者的继承,另一方面则是对朝鲜性理学者对朝鲜阳明学攻击之反动。

众所周知,以李退溪为代表的朝鲜性理学是朝鲜朝的统治思想。作为统治思想的性理学在阳明学一传入朝鲜朝时,就对它进行了残酷的打击。例如,李退溪著《传习录论辨》,对王阳明的学说进行批评,要点如下:

(1)王阳明、陈献章的学问是以陆九渊之学为出发点,形式为儒而实质为佛。

(2)笃信唯心论,不以物之理为然,认所有事物皆为心障,唯有排除心,本心、良知的作用才能得到自由发挥。总之,六经为心之支柱,凡事可从心得,不一定非读书不可。

(3)"知行合一"说与穷理之心相悖。

(4)阳明所谓的"性"实为古时告子所说的"生之谓性"之理,但朱子认识到纯属理之本体的仁、义、礼、智四德,就是"本然之性"。

另外,退溪的弟子柳成龙对阳明学也作过批评。他指出:第一,阳明学虽富实践性,但心中并无准则,若持主心说,会孳长猖狂妄为之弊端;第二,王阳明主张致良知,不读书,哪会对一切事物皆了如指掌? 陈献章不精道学,阳明以儒学代替禅学;第三,虚灵

---

① 参见《行状遗事·霞谷全集上》,第 330 页下—331 页上、344 页上、346 页下—347 页上、348 页下—349 页上、349 页上。

为心之本体,知觉为心之作用,心中所藏之理即仁、义、礼、智,也就是所谓的"性"。若将虚灵和知觉均归为性,那必然与佛学相近。格物致知的"知"说的是心知,"物"说的是物之理。王阳明将致良知视为学问的精髓,贬朱子学为支离破碎,属外道即佛家学说。①

在这一思潮背景下,郑霞谷创建了韩国阳明学——霞谷学。霞谷学的主要内容如下:

1. 生气论

霞谷学的一个显著特点或基本特点,是把"气"概念引入阳明学,所以,在这种意义上可以称霞谷学为主气心学。而郑霞谷之所以重视"气",也正是朝鲜朝学术界理气之辩的具体反映。

被誉为朝鲜朱子的李退溪是朝鲜朱子学的主要代表者。他对朱熹思想作了全面的继承和发展。在理气观上,退溪主张"理先气后"的理一元论。如他说:"理为气之帅,气为理之卒,以遂天地之功。"②而与退溪齐名的另一位重要学者李栗谷则反对退溪的"理一元"论,而主张"理气妙合"论。在理和气的关系问题上,李栗谷既反对退溪的"理先气后"论,又批评徐敬德的"气一元"论,而主张把二者调和起来,认为"理"与"气"同时形成世界的本原。如他说:

> 非理则气无所根底,非气则理无所依着,既非二物,又非一物。非一物,故一而二;非二物,故二而一也。非一物者何谓也?理气虽相离不得,而妙合之中,理自理,气自气,不相夹杂,故非一物也。非二物者何谓也?虽曰理自理,气自气,而

---

① 参见《韩国哲学史》(下),第4—5页。
② 《天命图说》,《陶山全书》,第3册,第600页下。

混沦无间,无先后,无离合,不见其为二物也。是故
动静无端,阴阳无始。理无始,故气亦无始也。①

栗谷的这种理气观被郑霞谷摄取,演绎为他的"生气"论。霞谷学
"生气"论的内容,主要有以下两点。

第一点:大气元神。

郑霞谷认为:"气"充满天地万物之中,无始无终,是无限的,
而且,"气"还是生动活泼,生生不已。他说:

窃谓大气元神,活泼生全,充满无穷。神妙不测而其流动
变化,生生不已者,是天之体也,为命之源者。②

在这里,郑霞谷虽然没有明确提出"生气"一概念,但其思想中的
"气"是"元神",是"活泼生全",是"神妙不测"的,是以"生生不
已"为其机能的,即为"天之体、命之源"。故他又说:

是故凡有动气处,皆是气之动;凡有作为者,皆是气
之作。③

这里的"凡有动,皆是气之动;凡有作为,皆是气之作为",提纲挈
领地总括了"气"的生生不息之机能。

进而,郑霞谷又把气的生生不息之机能比喻为"相火"。

①　《答成浩然·栗谷全书》卷10,第197页上。
②　《存言中·霞谷全集上》,第300页上。
③　《存言上·霞谷全集上》,第285页下。

他说：

> 气之用皆是相火。
> 故如凡动气嗜欲，皆是相火也。①

把"气"形象地比喻为"火"，引"火"入"气"这一思维在中国始自方以智（1611—1671）。方以智的早期哲学观点可以概括为"气一元论"。如他认为："塞两间，皆气也。知其所以为气，气即神矣。"就是说，天地之间万物的基础在于"气"，即为"气"，所充塞、由"气"所构成，正是在这个意义上称为"所以为气"；就其造物之功能言，称之为"神"。与早期相比，方以智中期较为自觉地探讨"气"的功能，即注意研究"气"何以生物。这一研究使他引"火"入"气"，提出了"气以火运"说，或曰"气动皆火"。他指出"凡运动皆火为之"，是因为"火"本身就意味着矛盾。他借用朱震亨的医学术语，把这种矛盾称之为"君火"与"相火"的对立统一，叫做"君相道合"②。据笔者所阅资料，还未发现郑霞谷直接吸取方以智著作的证据。但郑、方二人的思维路数是很贴近的。除了引"火"入"气"外，霞谷从"气"的活泼运动、神妙不测的功能出发，也称"气"为"神"、"元神"。

另外，霞谷亦从医学角度论证"气"为"生命之源"的功能。如他说：

---

① 《存言上·霞谷全集上》，第285页下。
② 参见王茂、蒋国保、金秉颐、陶清著：《清代哲学》，安徽人民出版社1992年版，第501—502页。

录曰:婴儿在母腹只是纯气,有何知识?是一点纯气。
……医经曰:心主脉,脉舍神(注:脉为血气之先)。又曰:一
息不运,则机缄穷;一毫不续,则穹壤判(注:是先天一气,先
天之灵。人之脉者是血气之妙、神之主也,是理之形体也)。①

方以智在中国明清之际,是一位很有独特见解的哲学家。郑霞谷
对"气"的论述,在朝鲜学术界中也颇具特色。

第二点:理气非二。

如上所述,霞谷的理气观与栗谷的理气观很接近。李栗谷的
理气观如他自己所言:

理气元不相离,似是一物,而其所以异者,理无形也,气有
形也;理无为也,气有为也。无形无为而为有形有为之主者,
理也;有形有为而为无形无为之器者,气也。理无形,气有形,
故理通而气局;理无为,气有为,故气发而理乘。②

这表明:栗谷的理气观从性能分析,是"气发而理乘";从结构分
析,是"理通而气局"。这一理气观被郑霞谷所摄取和发展。

关于理和气的关系,郑霞谷说:

理者,气之灵通处,神是也;气者,气之充实处,质是也。
一个气而其能灵通者为理(注:是为气之精处、明处),凡其充

————————

① 《存言上·霞谷全集上》,第300页上。
② 《答成浩原·栗谷全书》卷10,第208页下。

实处为气（注：是为气之粗者、质者）。①

理为神，气为质，理是气的灵通处。这种观点与栗谷的"理通气局"、"气发理乘"的观点很接近，即强调"理"与"气"之合。关于理气不分的思想，郑霞谷在其《存言篇》中有更明确的论述，如：

> 其以心性以言于理气者，以其性有善恶，心有邪正，故以此而以善者为理也，邪与恶者气也。遂以其性者为理，心者为气；理为善，气为恶，遂以此分歧者，如此耳然。其实，只一理也，只一气也，不可分二。
>
> 又以心有主理而言者，有主气而言者，其言亦似明而实非。心只是理也，亦只是气也，不可以分二也，故只可以言理也。②
>
> 气亦理，理亦气；性亦情，情亦性。③
>
> 如见其理不出于此心，理气非二。④

这四段论述主要表明了三层意思。第一层意思：霞谷对程朱理学和退溪学进行了批评，将心与性、理与气分离开来，并视理为性为善，气为心为恶，这种思维路数正是程朱、退溪常讲的。霞谷批评说：其实只是一个气，只是一个理，因为理与气不可以分为二物。

第二层意思：霞谷明确指出"气亦理，理亦气"，"理气非二"，这种观点是对栗谷"理通气局"、"气发理乘"思想的继承。之所以

---

① 《存言上·霞谷全集上》，第286页上。
② 《存言中·霞谷全集上》，第300页下。
③ 《存言中·霞谷全集上》，第304页上。
④ 《存言上·霞谷全集上》，第292页下。

说是继承,还是因为霞谷这里所说的"气亦理,理亦气","理气非二"的实质是以"气"为价值视角而作出的评论。如上所述,霞谷认为:一个气,其灵通者为理,其充实处为气;气之精处、明处为理;气之粗者、质者为气。可见在霞谷的理气观中,他强调的是"气"。

第三层意思:霞谷追随阳明,亦讲"心即理"。按照霞谷以气为贵的"理气非二"价值观发展,必然可以得出"心即气"这一命题。霞谷自己也说过:"心只是理也,亦只是气也,不可以分二也。"但是,他又强调理是"气之灵通处,神是也"。这种人心神明上的生命元气,就是他所讲的"理",又特命名为"生理"。而这样的"理不出于此心",故只可以言"心即理"。为此,霞谷也说过"气者,心包气膜"①这样的话。

2. 生理论

"生理"是霞谷学的一个重要概念,也是韩国阳明学的独特用语。郑霞谷的"生理"出自王阳明的《传习录》,也是对王阳明思想的深化和发展。关于"生理",《传习录》上载:

> 先生曰:美色令人目盲,美声令人耳聋,美味令人口爽,驰骋田猎令人发狂。这都是害汝耳口鼻四肢的,岂得是为汝耳目口鼻四肢? 若为着耳目口鼻四肢时,便须思量耳如何听,目如何视,口如何言,四肢如何动;必须非礼勿视听言动,方才成得个耳目口鼻四肢,这个才是为着耳目口鼻四肢。汝今终日向外驰求,为名为利,这都为着躯壳外面的物事。若汝为着耳目口鼻四肢,要非礼勿视听言动时,岂是汝之耳目口鼻四肢自能勿视听言动,须由汝心。这视听言动皆是汝心:汝心之视,

---

① 《存言上·霞谷全集上》,第285页下。

发窍于目；汝心之动，发窍于耳；汝心之言，发窍于口；汝心之
动，发窍于四肢。若无汝心，便无耳目口鼻四肢。所谓汝心，
亦不专是那一团血肉。若是那一团血肉，如今已死的人，那一
团血肉还在，缘何不能视听言动？所谓汝心，却是那能视听言
动的，这个便是性，便是天理。有这个性，才能生，这性之生理
便谓之仁。这性之生理，发在目，便会视，发在耳，便会听，发
在口，便会言，发在四肢，便会动，都只是那天理发生，以其主
宰一身，故谓之心。这个心之本体，原只是个天理。①

这里的"生理"是王阳明在回答学生萧惠"如何克己"问答时使用
的一个概念。王阳明的意思是说："生理"发出的视听言动便是
仁、便是善，强调"生理"是"性"的重要功能。

霞谷将"生理"这一概念进行了深化，并加以哲学界说。
他说：

> 一团生气之元，一点灵昭之精，其一个生理[原注：即精
> 神生气为一身生理]者，宅窍于方寸，团圆于中极。其植根在
> 肾，开华在面，而其充即满于一身，弥乎天地。其灵通不测，妙
> 用不穷，可以主宰万理，真所谓周流六虚，变动不居也。其为
> 体也，实有粹然本有之衷，莫不各有所则，此即为其生身命根，
> 所谓性也。只以其生理，则曰"生之谓性"，所谓"天地之大德
> 曰生"。惟以其本有之衷，故曰"性善"。所谓天命之谓性。
> 谓道者，其实一也，万事万理，皆由此出焉。人之皆可以为尧、
> 舜者，即以此也。老氏之不死，释氏之不灭，亦皆以此也。凡

---

① 《传习录上》，《王阳明全集》，第37—38页。

夫之贪利殉欲,亦出于此,而以其揍弊也。禽兽之各一其性,
亦得于此,而持其一端也。此即其生身命根,所谓"天地之大
德曰生"。然惟其本有之衷,为之命元,故有不则乎此也,则
生亦有所不取,利亦有所不居。①

郑霞谷的这些话,可以从"人身论"、"人性论"、"宇宙论"三方面
来解释"生理"的含义。所谓"人身论",霞谷认为:"生理"就是
"精神"与"生气"为一身生理。它存于方寸间,根植于肾,开华在
面,充满全身,这是生气之元,又是灵昭之精。这就是说生气的根
源与智慧精华相结合,就是生理。所以,生理是生气的灵通性。而
就"人身论"而言,生理是生身命根,也就是心。

　　所谓"人性论",霞谷认为:有了"生理",人人皆可以为尧、舜。
这是因为在上述引言中,霞谷把"生理"之体称为"衷",并多次强
调"衷"是"生理""本有之"的。关于"衷",霞谷解释说:

　　性者,天降之衷,明德也,自有之良也,有是生之德,为物
之则者也,故曰明德,曰降衷,故曰良知良能,故曰秉彝。自有
之中,故回天地之中。生生一理于穆流行者,性之源也。②

可见,"衷"是明德,是良知良能,而且是"天降之",即先验地生而
有之的。正是由于"衷"是明德、是良知良能,所以"性善","人人
皆可以尧、舜"。而当"衷"即良知被掩蔽时,则"凡夫之贪利殉
欲",这就是恶的起源。

　　①　《存言上·霞谷全集上》,第285页上。
　　②　《存言下·霞谷全集上》,第310页下。

所谓"宇宙论",霞谷认为:"生理"可以弥乎天地,灵通不测,妙用无穷,使天地生生不息。因此,它"可以主宰万理","万事万理皆由此出焉"。"生理"是宇宙间万事万理的本源。

可知,"生理"在郑霞谷思想中是"心",是"良知",亦是万事万物之源。郑霞谷之所以特别提出"生理"这一概念,是为了批评朱子学的"理"概念。他认为:朱子把气道之条路称为"理",就是称气的根源为"理"。这种"理"是空虚的,如同枯木死灰一般,没有任何生气。如他说:

> 朱子以其所有条通者谓之理,虽可以之该通于事物,然而是即不过在物之虚条空道耳,茫荡然无可以为本领宗主者也。夫圣人以气主之明体者为理,其能仁义礼智者是也。朱子则以气道之条路者为之理。气道之条路者,无生理,无实体,与死者同其体焉。苟其理者,不在于人心神明,而只是虚条,则彼枯木死灰之物,亦可以与人心神明同其性道,而可以谓之大本性体者欤? 可以谓人之性犹木之性,木之理犹心之理欤①?

换言之,朱子以气之条路为理,这种理"在气之上",虽然能"为其各物之条贯",但"非所以为统体本领之宗主者也"②。因此,朱子的"理"没有实体,没有生气,是死物枯木。"生理"是指心的神明所存在的内在之理,即"圣人以气主之明体者为理"。这样,霞谷的"生理"就不是像朱子那样的物理之"理",而是人心的神明,即心气的灵通途径。这样的"生理"是活生生的、有生命力的,所以,

---

① 《存言上·霞谷全集上》,第286页上。
② 《存言上·霞谷全集上》,第286页上。

它能主宰、统领万事万物。

3. 生道论

"生道"这一概念在郑霞谷思想中,相当于"良知"。霞谷明确说过:

> 恻隐之心,人之生道也。良知即亦生道者也。①

郑霞谷思想中的"生道",就是指生命的根本、生命的原理。按上述引文的分析,"恻隐之心,人之生道也。"这就是说,"恻隐之心"是生命的根本、生命的原理。故郑霞谷说:

> 凡此生道不息,即所谓仁理也。此仁理即天地之体,五性备焉;于事物无不尽,于天地无不具,惟在充之而已。不知何故,必欲添岐物理邪? 其求于物理者,盖谓欲识天地之性,以求性命之源焉耳。其为心固是也,然所谓天地之性即此仁体,吾之仁体即天地之性也。岂有不能尽吾仁之体,而可以求性命之源者乎?②

霞谷认为作为生命根本的"生道"是"恻隐之心",亦是"仁"。"仁"是天地之体、性命之源。这表明霞谷是性善论者,他认为:如果不扩充善性,仁理灭绝,"生道"就将覆灭。

> 凡有四端于我者,良知也,人皆有之,多不能察。及其知

_____

① 《与闵彦晖论辩言正术书·霞谷全集上》,第21页下。
② 《存言中·霞谷全集上》,第302页上。

之也,则悉皆张大而充之,是致知也。如火燃泉达,则是其端始发,而其势不可遏者,充之至于炎炽流溢,而燎于原,放于海,则其体充尽而仁道之成也。四海虽远,皆吾度内,何不保之? 有所谓可运掌也。如遏其心而不充,则其端灭息,岂复有水火乎? 是仁理灭绝,无复生道。虽有至亲,何能保也?①

致良知的过程,就是将"仁"之善端扩充的过程。这一过程也就是"生道"亨通的过程,性命之源扩张、显现的过程。否则,遏制善端,灭绝仁理,那么将无复"生道",生命的根本亦将枯竭。可见,郑霞谷十分重视"仁"、"善"。他视"仁"、"善"为性命之源、"生道"之本。这也表明了霞谷的道德情感色彩,即是说霞谷是从"恻隐"、"仁"、"善"这一道德角度来把握"生道"(良知),诠释"生道"(良知)。如他谈到"良知"(生道)时,多以"恻隐之心"来解释。"良知即是恻隐之心之体,惟其能恻隐,故谓之良知耳。""恻隐之心是人所固有之良知也。"②郑霞谷的这一思想,还表现在他的《天地良知体用图》③(见图12)中。

图中最里面的圆圈叫做"心之性"。"心之性"圈包括"仁、义、礼、智",霞谷认为这是"心之本然、良知之体"。图中的第二个圆圈,叫做"心之情"。"心之情"圈包括"恻隐、羞恶、辞让、是非"和"喜、怒、哀、惧、爱、恶、欲"的内容。霞谷将"心之情"圈视为"心之发、心之情、良知之用"。可见郑霞谷认为:"仁、义、礼、智""四端"是心之性,属"良知之体、心之本然",即未发之性;又把"恻隐、羞

---

①　《存言下·霞谷全集上》,第313页下—314页上。
②　《与闵彦晖论辩言正术书·霞谷全集上》,第21页下—22页上。
③　《答闵诚斋书·霞谷全集上》,第33页上。

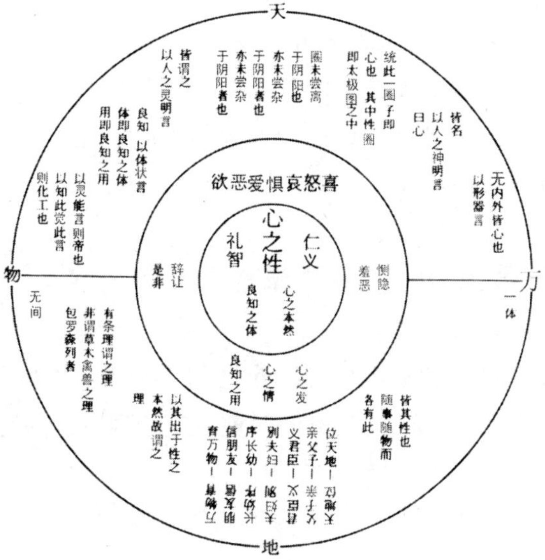

图12　天地良知体用图

恶、辞让、是非"和"七情"，规定为心之情，视为"良知之用、心之发"，即已发之情。此图不论是良知之体(仁、义、礼、智)还是良知之用(恻隐、羞恶、辞让、是非、喜、怒、哀、惧、爱、恶、欲)，都是从道德价值判断的角度加以确认。视"良知"(生道)为道德理性，这是霞谷学的一个重要特点。

"生气"(气)、"生理"(心)、"生道"(良知)构成了霞谷学的基本概念和主体思想。在《霞谷全集》中，阳明学的基本命题如"理气"、"良知"、"心即理"也使用或出现过，但郑霞谷又常使用"生气"、"生理"、"生道"等独特的概念。这一方面说明了郑霞谷的思想是对中国阳明学的发展，另一方面也表明了霞谷学是一种强调生命智慧的哲学。"生气论"阐明了由于气的生生不息，才有活泼的生命力之生生不已；"生理论"说明了正是由于生理永不停息的运动和变化,它才成为宇宙生成的命根;"生道论"表明了流行发育、化化生生的生道(良知)是宇宙的原理、生命的根本。这一个"生"字,凸显了霞谷学对宇宙生命的终极关怀。生生不息的元气是宇宙生命的根本,而对仁、对善的不断扩充致极,则是宇宙生命永葆长青的本根。

第五节　星湖李瀷经世致用的实学

在韩国儒学发展史上,自 16 世纪末叶至 19 世纪中叶是"实学"思潮产生、发展、成熟的时期。"实学"对于韩国社会的近代化,产生了重大的导向作用。因此,探讨"实学"的内涵、演化以及与儒学的关联,就成为了研究韩国儒学不可缺少的重要环节。

一、"实学"之经纬

要想对朝鲜朝后期"实学"作一界定,首先就要了解它与朝鲜朝前期"性理学"(儒学)的关系。其关系在韩国学术界有三种观点,即所谓"性理学即实学"(以韩右劢先生为代表)和所谓"反性理学即实学"(以千宽宇先生为代表)。第三种观点以全海宗先生为代表,他认为所谓"实学",只是表现儒学本来的学问性格的用词而已。"实学"体现了儒学的"修己为人"(即"内圣外王")的根本精神。其实,韩先生和千先生也承认实学与儒学是同义词。如韩先生指出:所谓实学一词在儒学者中间使用,绝非"只是在李朝后期以来的所谓实学派学者中间"。在这种意义上,实学意味着具有"实心实学"、"穷经实学"、"治心实学"性质的真实之学。对于这种意义的实学,千先生也认为实学是"忠实于儒学本领的学

风"的学问。为此,千先生将"实学"称为"改新儒学"。① 这表明
"实学"是"儒学"的一种换转、一种改新,实学与儒学具有内在的
关联性。

关于"实学"的规定,有代表性的观点有以下几种:

1. 文一平的规定

文一平将"实学"规定为"实事求是"。他认为贯彻"实事求
是"这种态度的学问,是对偏重空理的朝鲜朝儒学的反动。"实事
求是"的学问全盛于18世纪英祖和正祖时代。

由于朝鲜朝儒学以朱子崇拜和大明义理为绝对标准,因此丧
失了思想上的自由性和自我性,所以偏重理论、轻视实践是朝鲜朱
子学的特征。18世纪兴起的新学风规定为"实事求是"之学,即
"实学"。并且,文一平指出,"实学"是对自我精神和民族主体性
的再检讨,它具有近代指向的意义。"实学"最重要的品格是"科
学性"和"主体性"(自主性)。"修己"是指"主体性","治人"是
指"科学性"(实事求是)。"修己治人"的实学是18世纪实学的形
态。

2. 千宽宇的规定

在韩国对实学进行研究,最早关于"实学"概念提出指导性观
点并具有一定影响作用的学者是千宽宇。他对朝鲜实学派鼻祖磻
溪柳馨远进行了详细研究,于1953年发表了题为《磻溪柳馨远研
究》(《历史学报》,1953年)的论文。其中的结论部分指出:

将以上由于各种各样的原因而产生的各种各样的思想倾
向,概括为新思潮。这种新思潮的倾向,具有三个特征。即:

① 参见尹丝淳著:《韩国儒学研究》,第167—169页。

第一,在奔放知识欲的驱使下,大胆地批判、独创和对权威的否定,这是其"自由性"。第二,经验的、实证的、归纳的学风和态度,这是其"科学性"。第三,对脱离现实的空疏观念和理论的轻蔑,对现实社会和现实生活的不满,这是其"现实性"。所以,朝鲜的这种新思潮的三个特征与中国清初学者顾炎武的"贵创"、"博证"、"致用"思想相符合。

由此可见,千宽宇提出的"自由性"、"科学性"、"现实性"三个规定,简洁地概括了朝鲜18世纪实学的基本特征。他的所谓"自由性",相当于文一平提出的"自我",即"自主性"、"主体性"。说得再具体些,就是提倡从中国中心主义和华夷观念束缚下解脱出来。他的所谓"科学性",就是实证主义精神、实事求是的态度,具体说,就是考证学和西欧自然科学的体现。他的所谓"现实性",就是"利用厚生"之学,具体说来,就是指以朴趾源和朴齐家为代表的"北学派"。

但是,千宽宇的这个"实学"规定,没有体现出实学的近代意识和近代精神。所以,又经过十多年的研究,1970年,他进一步指出"朝鲜实学是具有近代志向意识和民族主义性格的学问",并将"实学"定义为是"一种新的改新儒学"。这一提法,见于千宽宇于1970年发表的论文,后收集在《韩国史的新视点》(《学生社刊》,1976年)中。他在这篇论文中,将朝鲜朝后期实学称为"改新儒学",并规定其为具有"近代志向的意识=进步意识"和"民族意识=自主意识"的一种"复合体系"。

3. 李佑成的规定

1970年,韩国学者李佑成发表了《实学研究序说》。在这篇论文中,他将朝鲜实学划分为三大流派:

第一派,以星湖李瀷为大宗的经世致用派——此派重视土地制度及行政机构和其他制度的改革。

第二派,以严燕朴趾源为中心的利用厚生派——此派以商工业流通和生产机构、一般技术的革新为目标。

第三派,以阮堂金正喜为代表的实事求是派——此派以经书及金石、典故考证为主。

李佑成将"经世致用"派规定为实学第一期,将"利用厚生"派规定为实学第二期,将"实事求是"派规定为实学第三期。

由此可见,李佑成对"实学"概念的规定,是从经世致用、利用厚生、实事求是诸方面性质和时代顺序两个方面,即从实学的多样性和历史性两个方面进行界说。①

4. 尹丝淳的规定

尹丝淳在《实学之再认识》一文中,对"实学"作了如下说明:

> 儒学通过各种脱离封建的努力,在其自身的母胎中孕育而出的"近代萌芽"即实学。实学世界确实是性理学世界划时代的转换。②

尹丝淳从"实学"孕育于"儒学",但又与其具有不同时代印记这一角度,对朝鲜朝实学作了说明。

关于朝鲜朝实学发展、演变的情况,可以通过以下五个派别的特点加以说明。

---

① 参见李甦平等著:《中国、日本、朝鲜实学比较》,安徽人民出版社1995年版,第13—17页。

② 尹丝淳:《韩国儒学研究》第15页。

1. 转型实学派

所谓转型实学派是指在性理学内部开拓出实学的学派。此学派在时间上表现为 16 世纪中叶至 17 世纪中叶,这一时期为实学准备期。这一时期的实学的特点表现为以性理学为基础,主张向元典儒学的"务实"思想回归。其主要代表学者有:李栗谷(1536—1584)、李晬光(1563—1628)、柳馨远(1622—1673)等。

李栗谷是朝鲜朝重要的性理学者,在他的性理学思想中具有强烈的求实、务实精神。如他的经世思想、变法更张理论、抗战便民政策、民为邦本言论等凸显了一个"实"字。由此,使他成为朝鲜朝实学思想的嚆矢。[①]

实学运动的直接的思想先驱者是芝峰李晬光。他曾作为朝鲜使臣三次出使中国,是向朝鲜介绍西方文化的开山鼻祖。他向一直奉中国为唯一世界的朝鲜介绍了比中国文化更发达的英、法等国以及他们的文物制度。李晬光对儒家经典、佛教、道教、天主教以及西方科学书籍广泛涉猎,深入研究有关地理、历史、风俗、艺术等各方面知识,特别对朝鲜的历史、地理、语言和制度等作了具体阐述,完成了百科全书式的巨著《芝峰类说》,对后世实学家研究领域的拓展影响颇大。虽然他的著作未能建立起一定的体系,但从中可以看到他对士大夫们的事大主义以及儒学万能之权威信念的批判。同时,也反映了他所主张的从具体的现实中寻找真理的实事求是的学风。

柳馨远被有的韩国学者视为朝鲜实学的鼻祖,认为朝鲜实学以磻溪(柳馨远的号)为肇始(如崔南善:"学风的变迁",《朝鲜历

---

① 参见《韩国哲学史》(中),第 210 页。

史》;文一平:"实事求是派的学风",《湖岩全集》Ⅱ)。① 在性理学理气观上,柳馨远主张从"实"中即从实在性方面把握理与气的关系。而他的《磻溪随录》(13 册 26 卷)的问世,标志着朝鲜实学进入了一个新阶段。在这部书中,他从社会现实问题出发,对土地制度、官僚机构、军事设施等提出了具体改革方案,从而为实学成为一门改新的儒学奠定了基础。

2. 星湖实学派

这是以星湖李瀷为代表的一个学派,此学派主要代表人物有:李瀷(1681—1763)→安鼎福(1712—1791)→丁茶山(1762—1836)等。此学派出现的时期为 17 世纪中叶至 18 世纪中叶(丁茶山为实学集大成者,故时间稍靠后)。此实学派以经世致用为基本特点。

李瀷是星湖派实学的创立者,也是朝鲜实学进入鼎盛时期的主要代表人物。在他思想中西学影响的成分很多。星湖崇尚西洋科技,对天主教的宗教信仰则持怀疑态度。其门下也以批判的立场,盛行对西学的研究。但在对西学的研究中,星湖的学生逐渐分化为以慎后聃、安鼎福为首的一派人士,对天主教持批判态度,进而对西洋科学技术也持怀疑、不关心态度。而权哲身、李家焕、李蘖、李承熏、丁若钟等则醉心于西洋科学知识,也渐渐地对其文化背景的天主教产生了兴趣,并进行研究。

19 世纪初,实学集大成者茶山丁若镛,兼长经世致用之学和利用厚生之学。他一方面恪守星湖学派的立场,一方面又直接或间接同利用厚生派学者朴齐家等交往,虽未能接受他们的重商主义理论,但全面吸取了他们关于生产技术革新的主张,强调了农

---

① 　参见尹丝淳著:《韩国儒学研究》,第 115 页。

具、织机、兵器的发展。茶山自己就设计起重机、鼓轮和滑轮。他吸收西学,发挥自己的创造力,大大超过了利用厚生派的技术理论水平。茶山不但成为实学思潮经世致用和利用厚生思想的汇合点,而且他广博而精湛地对古典经学的研究,亦推动了实事求是派即考据学的发展。

3. 北学实学派

此学派的核心思想是其"北学"主张。"北学"一词来源于《孟子·滕文公章句》:"陈良乃楚国人,悦周公仲尼之道,北学于中国。"因此派学者主张向北面的中国学习,故称之为"北学派"。此学派主要代表人有:洪大容(1731—1783)→朴趾源(1737—1805)→朴齐家(1750—1805)等。此学派活跃于18世纪中叶至19世纪前期。此派的特点是主张利用厚生。

洪大容、朴趾源、朴齐家等则以自主意识,对当时朝鲜排清自大的狭隘的民族主义进行攻击。他们提倡北学于清朝,发展工商业,加强朝鲜同外国的贸易往来,形成了朝鲜实学史上同星湖学派争艳的并蒂莲——北学派。北学派多活动于京城,他们通过接触商人,手工业者,痛感发展工商业的必要性,主张扩大流通,改进生产工具,鼓励技术革命以推动生产力的发展,维护城市庶民的正常生活,称之为"利用厚生"派。

4. 考据实学派

所谓考据实学派是指以经学为主,注重考据,讲究实事求是的一派实学。此学派主要代表者为金正喜(1786—1856)等。此学派活跃于18世纪末至19世纪中期。

考据学者金正喜等在继承了实证的研究方法的同时,注意通过挖掘与研究民族文化,以高扬民族主体意识。他们对金石、典故等有着精深的造诣。而他们对客观事物的求实的研究方法又丰富和发展了实学一贯主张的实事求是的学风。

5. 气学实学派

这一实学派别出现在 19 世纪后半期,即向开化的转折期,故此学派讲究"气"学,并将"气"的思想与西方的科学技术结合在一起,由此提倡学习西方的技术、科学、医学,具有鲜明的"近代指向"。此学派的重要代表者是崔汉绮(1803—1870)等。

从上述朝鲜朝实学发展、演化的情形中,可以看到这种"改新儒学"的基本性质。

第一,复归元典儒学的经学品格。

儒学是朝鲜朝的官方哲学思想,朝鲜朝儒学是韩国儒学的成熟期和鼎盛期。韩国儒学具有有别于中国儒学和日本儒学的主"气"、重"情"、细密化、严谨化等特点。韩国儒学发展到朝鲜朝后期,由于它的官方化、正统化、经典化而导致了它的局限性、形上性、滞后性。由此,实学派提出了回归元典儒学的主张。日本学者小川晴久在谈到"实学"与"元典儒学"关系时,曾经分析道:"《书经·大禹谟》篇规定了'三事'、'六府'。'三事'为正德、利用、厚生。'六府'为水、火、金、木、土、谷。其中,'正德'就是修己,'利用厚生'就是治人。而水、火、金、木、土、谷六府则是利用厚生的质料。所以,实学的原型是'修己'的'正德'之学和'利用厚生'的'治人'之学的结合与统一。"[①]修己治人,内圣外王是儒家政治抱负的集中体现和施展政治思想的具体措施。它的基本精神是讲在自我修养基础上,要经邦弘化、治国理民,为社稷、为人民造福谋利。所以,元典儒学是一种经世、济民的学说。这种经世济民的下

---

① 小川晴久:《实学和哲学》,载于《第四回东洋学国际学术会议论文文集》1998 年,第 340 页。

学精神在高丽儒学和朝鲜朝前期儒学中都有所体现。不过,16世纪末叶以后,由于长年的"士祸"和"党争",使朝鲜朝儒学逐渐走上了谈空说玄之途,丧失了经世思想。所以,才涌现出了对元典儒学经世思想加以继承的实学。如"经世致用"实学派的代表李瀷和其弟子安鼎福主张穷经,穷经的目的就是为改革社会,以利发展,否则说经而不措于天下事,就是徒读经而已。他们的经世致用观奠定了以标榜原始儒学为精神的实学学问观。如果说"经世致用"实学的价值目标偏重于政治、经济改革的话,那么"利用厚生"实学派则侧重于发展手工业、商业、海外贸易和科学技术。其代表人物像洪大容、朴趾源、朴齐家等都提倡"正德利用厚生",鼓励发展工商业,以做到人尽其才,物尽其用。而丁茶山作为兼容经世致用和利用厚生精神的实学者,更是号召当时的性理学者摒弃隐者的超然心态,忠实作为经世人的仕的本分。他试图从恢复元典儒学精神中以寻找克服当时性理学之弊端的途径。

第二,主张重"气"的哲学品格。

在理气观上,重"气"是实学的哲学性格。从实学的滥觞李栗谷的"理气妙合"的主"气"思想到实学理论家崔汉绮的"气"学思想体系,无不贯彻着"气"哲学这一红线。尹丝淳教授曾经在《实学思想之哲学性格》一文中,对11位实学者的理气观进行了考察,列表(见表4)如下:

表4

实学者姓名	理气说及其业绩		理气倾向及其强度	
李晬光	少	少	主理	弱
柳馨远	有?	佚	主气	弱
朴世堂	回避	少	主气	弱

李瀷	有	有	主理	
安鼎福	有	有	主理	
洪大容	有	有	主气	
林趾源	回避	少	主气	
朴齐家	回避	无	主气	弱
丁若镛	有	有	主气	
金正喜	回避	无	……	
崔汉绮	多	多	主气	强

　　从上表的情况来看，主理与主气的比例为三比七。这就是说主气是主理的两倍以上，是压倒性的倾向。由此可见，重"气"是实学派理气说的"代表性倾向"。基于重"气"的倾向，他们更关心的是形而下的、器的方面，即儒学的下学方面。①

　　第三，"指向近代"的时代品格。

　　韩国实学是韩国儒学的一种转型，也是韩国儒学史上的一个重要发展阶段。韩国实学与韩国儒学的一个本质区别是在于尽管它是以扩充、强化性理学的实践思想的形式而表现出来，但其对性理学的社会实践思想加以扩充和强化的结果达到了最终摆脱性理学所具有的中世性格而向着指向近代性格转变的结果。② 这就意味着韩国实学与韩国近代社会有着密不可分的关系。

　　这种关系表现在韩国实学提出的"经世致用"、"利用厚生"、"实事求是"等进步主张是对贫穷迂腐的社会现实的反思；是基于忧患意识，试图从性理学思想和传统价值评判的束缚中解脱出来，

---

　　①　尹丝淳：《韩国儒学研究》，第299页。
　　②　千宽宇：《韩国实学思想史》，《韩国文化史大系》VI，第1048页。

对现实社会的认真研究而提出的主张;是为走向国家富裕,政治民主,百姓安居的世界中去而作出的一种探究和努力;是为韩国社会走向近代的一种指南。具体讲,韩国实学者目睹中世纪社会的历史矛盾,并为打开这种局面而提出的上述理论的结果是趋向近代社会。特别是在推动取消中世纪的阶级划分、金属货币流通、工商业发展、开放对外贸易、土地所有制和经济形态改革等方面,近代走向的色彩特别浓厚。因此,这些理论也继续为港口开放以后的近代改革主义者所采用;进而成为韩国近代思想中的一条经络。正是在这重意义上,可以说韩国实学具有指向近代的积极价值。①

二、星湖李瀷经世致用的实学思想

李瀷(1681—1763)字子新,因一生居住于京畿道广州郡瞻星村,故自号星湖。李瀷出身于两班贵族,自幼攻读儒学,博览群书,好学不倦,并勤于著作。他的主要著作有《星湖僿说》,后由弟子安鼎福(1712—1791)等编辑成《星湖僿说类选》十卷。安鼎福在《凡例》中说:"是书先生说经之暇,或静居研究,或因课儿,或因观书有得,或因门第禀问而思虑所及者,随手别录。……取而名之曰僿说,即杂著之类也","僿即细琐也,盖自谦之辞"。其他还有《星湖文集》,亦是其门人弟子编录的有关李瀷的诗文集。

李瀷的仲兄李潜因上疏国王,弹劾西人老论党派金春泽、李颐命谋害世子(景宗),被反对党杀害。此事对李瀷影响很大,此事后,他誓不求仕,专攻学问。李瀷和他的门人弟子开创了以经世致用为特征的星湖学派。

---

① 姜万吉:《韩国近代史》,东方出版社1993年版,第165页。

1. 穷经致用的经学观

经学,指训解或阐释儒家经典之学。经学起源于孔子弟子卜商(子夏)和荀子。《诗》、《书》、《礼》、《乐》、《易》、《春秋》六部典籍,在先秦《庄子》、《荀子》等书中,已被称做"经"。汉武帝"罢黜百家,独尊儒术"后,这些书籍被视为儒家经典之作。唐文宗时刻十二经,这十二经为《易》、《书》、《诗》、《三礼》、《三传》、《论语》、《孝经》、《尔雅》,宋时增《孟子》,定为十三经。

随着中国理学在高丽和朝鲜朝的传播,经学也传播开来。对于经学不同的态度,形成了不同的学派。李瀷对于经学的态度是立足于元典儒学,努力提倡其中的"下学"精神。这种"下学"精神的实际性,就是他所说的"穷经将以致用"。如李瀷说:

> 穷经将以致用也,说经而不措于天下万事,是徒能读耳。子所雅言,诗、书、执礼。《诗》以道志,《书》以道事,《礼》以道行,皆相为用而不可阙者也。①

李瀷认为儒家经典中包含着天下万事万物的普遍原理(即"下学"),因此,穷经的目的在于掌握这些"下学"(事物的普遍原理)并运用于实际之中。相反,如果论经只是为了虚讲,只停留在口耳上,置实事实物而不顾,这样的穷经是没有任何意义的。这是因为李瀷认为人们之所以陷入空谈经论之中,是不懂得经学注疏多有错误,后人不可轻信盲从。他在《星湖僿说类选》中对于中国宋以后一些理学家和朝鲜朝一些性理学者治经的空疏学风,批评说:

---

① 李瀷:《星湖僿说类选》,韩国骊江出版社1984年版,卷6上。

余谓自宋以还,儒学转深转隐,一字两字之义,深究极讨,辨说盈篋。人便汨汨没没,又不免急于知而缓于行,与圣人行有余力则以学文之教,气象不侔矣。①

为了纠正这种空虚学风和提倡"下学"精神,他写了一系列对经典的"疾书"。如《大学疾书》、《小学疾书》、《中庸疾书》、《论语疾书》、《近思录疾书》、《心经附注疾书》、《家礼疾书》、《易经疾书》、《书经疾书等》(其中若干种已佚)。其目的就是为了克服当时朝鲜朝性理学一味追求经学中形而上的经学观,同时也是为了树立发扬经学中"下学"的新经学观。"政以治民为要,治民又莫于下情之达。故《诗》可以察其隐而安之也。"②这是立足于元典儒学(洙泗学)精神唤起新学风的"下学",其经典研究的态度则是志向于"经世致用"。

李瀷这种"穷经致用"的经学观在他的学生安鼎福那里得到了继承和发展。如安鼎福批评朝鲜朝性理学空谈心性学风时说:

圣人言行,具于《论语》一书,其言皆是下学卑近处、易知易行之事,而无甚高难行之事矣。后世论学必曰心学,曰理学。心理二字是无形影、无捉摸,都是悬空说话也。……后世学者却以下学有卑浅而不屑为,常区区于天人、性命、理气、四七之说。夷考其行,多无可称,而唯以不知上达为羞吝。终身为学,而德性终不立,才器不成。③

———————

① 李瀷:《星湖僿说类选》卷2。
② 李瀷:《星湖僿说类选》卷6上。
③ 安鼎福:《题下学指南》,《顺庵先生文集》卷19,韩国骊江出版社1984年版。

他认为圣人之学原本就是"易知易行"的"下学",但是后世学者却以"下学"为"卑浅而不屑为",以追求心学、理学这些形而上学为荣。安鼎福批评这些学者会"终身为学而德性终不立,才器终不成",一生无所建树。为此,安鼎福于1740年撰《下学指南》一书,提倡以"下学"为学,他论其"下学"要旨说:

> 学者,知行之总名,而其所学,学圣人也。圣人生知安行,而为人伦之至,学圣人之道,不过求圣人之知与行,而不出于日用彝伦之外也。舜明于庶物,察于人伦,言其明知庶物之理,而尤致察于人伦也。《大学》论格致之义,亦曰,知所先后,即近道矣。知虽多般,而所当先者,实不出于日用彝伦之外。孟子亦曰,尧舜之知而不遍物,急先物也。其谓先务,指何事也? 子曰:"下学而上达。"下者,卑近之称也。卑近易知者,非日用彝伦而何? 用工于此,积累不已,备尽多少辛苦境界,然后心体为一无艰难扞格之患,而庶几睹快活洒然之境,上达即在此也。故所谓学者,只是下学而已。①

在这里,安鼎福明确指出,所谓"下学",就是指涉及人事的日用彝伦之学。并且,他还明确指出"所谓学者,只是下学而已"。

可见,在李瀷和安鼎福思想中,穷经的目的就是研究"下学",而"下学"即经世致用。经世致用是作为他们扬弃以追求形而上学性理学经学观的实际内容。在此奠定了星湖学派标榜元典儒学

---

① 安鼎福:《题下学指南》,《顺庵先生文集》卷19。

精神的新的经学观。①

2. 经世致用的改革论

经世致用的改革论是李瀷和其弟子安鼎福所提倡的穷经致用的经学观的实际运用。例如：

李瀷以中国历史事实说明不变法，不改革，社会便会停滞消亡。"夏商之衰，不变法而亡；三代之兴，不相袭而王；尧舜异道，汤武殊治，法宜变动，非一代也"。② 同时，他也很称赞李栗谷和柳馨远的改革主张，夸奖他们的改革之论"一一中綮"，是"国朝以来识时务"者③。李瀷的改革主张如下：

在农业方面：

(1) 主张改革土地制度。他据《诗·小雅·北山》"溥天之下，莫非王土"的观点指出："王者定天下，凡天下之田，莫非其土，黎庶之各名其田。"王莽"遂名天下田为王田，盖欲先明其非私物"④。他认为王莽的"王田"即土地的国有。又赞赏夏之贡，殷之助，周之彻法所谓"古之授田"，禁止私相卖买。他说，"田者本国家之所有，恐非私主所敢断，古今所憎恶者是私田之弊"⑤。李瀷主张土地国有，反对私相卖买，意在"禁绝兼并"⑥。这与当时朝鲜时代的土地制行科田法有直接关系，科田法代替王氏高丽的田柴科以后，按新贵族新官僚分18科(等)在京畿授收租的科田，在地方上分给中小两班为永世享用的军田，在各道设公廨、衙禄田、

---

① 参见尹丝淳著：《韩国儒学研究》第156—157页；又参见葛荣晋主编：《韩国实学思想史》，首都师范大学出版社2002年版，第198—199、258—259页。
② 李瀷：《星湖僿说类选》卷3下。
③ 李瀷：《星湖僿说类选》卷3上。
④ 李瀷：《星湖僿说类选》卷4下。
⑤ 李瀷：《星湖僿说类选》卷4下。
⑥ 李瀷：《星湖僿说类选》卷4下。

军资田,以其收入充地方政府经费,土地尽为各种名义私占,无地少地的众多佃农日益贫困。李瀷企望恢复土地国有,不准私相卖买,在他看来,这是禁绝兼并的好办法。

(2)主张推行均田制。李瀷考察了中国历代田亩制度,认为井田不可复,在总结董仲舒的"限田"、王莽的王田制、西晋占田制、北魏至隋唐所行的均田制等的成败利弊的基础上,提出了自己的均田主张:"其概谓以田几亩定限,为一夫永业(田),田多者不减,无者不责,几亩之外,任其买卖,但多者取其中几亩永业,焚毁券文,只官藏其籍,使不得斥卖,无才或得寸得尺,在永业之限者,如右例,其余勿问。如斯而已。凡卖者必贫室也。贫而不得卖,则兼并不得售矣;永业有人无出,则贫室无荡产矣。多田者许其卖则众子分占,或不肖破落,稍稍归于均一矣。其概如此"。李瀷自认为,他的此一方案"非大拂富强之心,而今日行之,明日必有受其泽者"①。

李瀷的这一主张是在未看到宋朝林勋的《本政书》②以前提出的。在读到《本政书》之后,发现自己的主张"与此略相符,而先儒之所许也"③,从中国先儒那里寻找到了理论和实践根据,甚为满意。

应该充分肯定李瀷密切关注社会现实问题并积极思考解决方案的实学派精神,他为杜绝土地兼并、不使贫室荡产的意愿是令人敬佩的。

---

① 李瀷:《星湖僿说类选》卷4下。
② 林勋,贺州(今广西贺县)人,宋政和五年(1115)进士,曾任广州教授。建炎三年(1129)上《本政书》13篇,被派为桂州节度掌书记。《宋史》有传。《本政书》又称《政本书》。曾得到朱熹、张栻称誉。
③ 李瀷:《星湖僿说类选》卷4下。

（3）主张轻徭薄赋。李瀷对劳动农民抱着深切的同情心，他看到："农夫终岁作劳，不足以自食。"①何以如此？其中重要原因之一是农民繁重的苛捐杂税。"国无务本之政，而害农者多"②。他主张切实贯彻"十一之税"方针，"耕稼之劳十居其九，故留九以优民，但十取其一，亦足以偿治功"，即使如此，也非敛民，只为"凶年饥岁，必损于上"③。他又主张取消对农民许多不合理的差役，务使农民得以富庶。李瀷的以农为本的经济改革思想，处处从劳动农民利益着想，这是十分可贵的。

除此之外，在农业改革方面，他提出兴修水利的意见："利莫于水利，生民命悬于衣食，衣食系乎水旱。天之所为，民不能奈何，其在人力，犹有可致之道。夫有雨泽之水，有井泉之水，有川溪之水。雨泽时溢，恨不能储以待也；井泉恒潴，恨不能挈而上也；川泽流下，恨不能决而分也，苟使无用之物，归之有用，斯民岂有饥寒之患哉！"④"若使川溪之水，灌于农亩，庶其免害"⑤，并提出壅水溉田、筑坝修闸建水库的具体办法。

在国防方面：

在兵防方面，从居安思危、常备不懈思想出发，主张"寓兵于农"。认为"兵不授田，则田皆为豪贵占据"⑥。只有"兵农合一"，才能自行解决兵饷供给问题。他又根据朝鲜三面滨海、陆上又多山地，主张大力发展水军。他建议把全国划分"五卫"，近京士兵，

---

① 李瀷:《星湖僿说类选》卷4下。
② 李瀷:《星湖僿说类选》卷3下。
③ 李瀷:《星湖僿说类选》卷4下。
④ 李瀷:《星湖僿说类选》卷4下。
⑤ 李瀷:《星湖僿说类选》卷4下。
⑥ 李瀷:《星湖僿说类选》卷5上。

专守都城,其余四卫,制阃居外,军队将领要从行阵实战中选拔,绝对排除从门第中选出。

在外交方面:

在外交方面,以"诚信"、"义命相敬"为睦邻的指导原则,主张"交之以礼表示之以诚,弭知己于未萌",反对"慢以僇辱","虚恭实骂"[1],严防蓄意挑起事端,以交恶邻邦。

在刑政方面:

在刑政方面,主张省刑轻罚,反对恢复肉刑,指斥墨、劓、荆、聝、宫五刑是"虐政"。主张"德教先于刑教","宽猛所施,各有其时"。指出"凡作奸犯科多是豪猾蔑法之徒,此而必宽,害必及民,故欲惠于民,必先从抑强始"。[2]

除此之外,李瀷在《论更张》一文中,还提出许多具体改革措施,诸如改贡,定田赋,禁苛索,并小郡,汰冗官,用贤才等。

安鼎福继承李瀷的改革思想,也提出了许多经世致用的改革主张。他的这些改革思想集中在他所撰写的《临官政要》一文中。

(1)把实学贯彻到治国之实践。安鼎福主张把实学贯彻到政治治理中去,他作《临官政要》的目的就在于此。在《临官政要序》中,安鼎福强调:"天德王道本一体,修己治人无二致。学优而仕,仕优而学,出处不同,其道则同也。"[3]这里所谓的"王道"、"治人"、"仕"都带有政治治理的含义,它们与"天德"、"修己"、"学"具有密切的联系,是其在政治治理上的体现。通过学而修己,掌握了天德的人,出而临民,把所学运用于政,即是学与政的结合,这得

---

① 李瀷:《星湖僿说类选》卷5上。
② 李瀷:《星湖僿说类选》卷5上。
③ 安鼎福:《临官政要序》,《顺庵先生文集》卷18。

到了安鼎福的肯定。而"后世学与政为二,有儒吏、俗吏之别"①,把学与政割裂开来,这遭到了安鼎福的批评。他所作《临官政要》分为三编:上编《政语》,主要引"圣人之训",及先儒关于政治治理各个方面的言论;下编《政迹》,主要讲"已行之效",即前人治理的事迹;唯有续编《时措》是安鼎福本人的"瞽说之酌时而斟之者也"②,即是他本人关于时政的言论,表达了他把实学运用于治国的实政思想,亦是学与政的结合。

安鼎福力主行王道政治于天下,其所谓王道不过是农桑教养之实事。他说:

> 所谓王道者,非谓天子独行之也,即先王治天下之道也。其道不过农桑教养等事。……乡曲自好之士,入孝出悌,务农节稽,行成于家,而名彰州里,是一家之王政行也。推此一人之为而天下人行之,则是天下之王政行也③。

主张行王道政治从一人一士始,凡做到了入孝出悌,务农节稽等日用之实事,就是行王政于一家。然后将此王政实学推广开来,以至于天下,就是行王道政治于天下,即在治理中体现实学的原则。为此,他要求为仕者"励志于真知实践之地"④,"为政当以通下情为先务"⑤,强调通下情,了解客观实际,以此作为政治治理的先务,并勇于实践,把所知付诸实践,以获得真知。即把实学贯彻到为仕

---

① 安鼎福:《临官政要序》,《顺庵先生文集》卷18。
② 安鼎福:《临官政要序》,《顺庵先生文集》卷18。
③ 安鼎福:《顺庵先生文集》卷11。
④ 安鼎福:《临官政要》续编,《持身章》,《顺庵先生文集》卷18。
⑤ 安鼎福:《临官政要》续编,《临民章》,《顺庵先生文集》卷18。

者政治治理的实践中去。

（2）实政论。《临官政要》集中体现了安鼎福的实政思想,其实政论要点有三:一是便民爱民,以为实政;二是知民察俗,从实际出发;三是利民劝农,以重实效。

①便民爱民,以为实政。针对当时以便民爱民谓之要誉而不肯为之的时弊,安鼎福从重民出发,以便民爱民为实政而大力提倡之,他说:

> 近世一种要誉成习,故自好之士或矫枉过正,若近于便民爱民之政,则谓之要誉,而却不为之。噫! 自古及今,为政莫过于便民爱民而已,若为近名而不为,则是不几于见放饭流歠者,而废食哉! 彼以其名,我以其实,亦何用心于其间哉。①

安鼎福认为,便民爱民是一种实政,并不是徒为名而谓之要誉,即提倡便民爱民之政并不是为了沽名钓誉,而是具有实际的内容。由此他主张修实政,"察民疾苦",奉行七事:"农业盛,户口增,学校兴,军政修,赋役均,词讼简,奸猾息",强调"国家兴亡在于生民之休戚"②,以民为本,"临民爱为纲"③,以爱民为纲。爱民首先要革除弊政,"爱民以革弊政为首"④,以民之好恶为好恶。在这里,安鼎福提出了顺民心,尊重民意的思想,要求统治者体察民情。他说:"人心之不顺,恒由于为上者激之也。……《大学》曰:'民之所好,好之;民之所恶,恶之,此之谓民之父母。'为治者当先观民心

---

① 安鼎福:《临官政要》续编,《临民章》,《顺庵先生文集》卷18。
② 安鼎福:《临官政要》续编,《为政章》,《顺庵先生文集》卷18。
③ 安鼎福:《临官政要》续编,《处事章》,《顺庵先生文集》卷18。
④ 安鼎福:《临官政要》续编,《持身章》,《顺庵先生文集》卷18。

之所恶。"①统治者应顺应民心,以民心为己心,才能得到民众的拥护。如果"罔民"、害民,民必弃之。

②知民察俗,从实际出发。他说:"为政当先察人心习俗之如何,而施其教。山川区别,风气殊异,则留心世务者,不可不知一国八方风俗,思所以治之。"②把察人心习俗作为为政之先务,察民俗的目的在于"思所以治之","趋利避害",为治国服务。由此,安鼎福强调从实际出发,调查研究,充分了解民情,作为行政令的基础。他不仅提出"为国之本在周知民数,民数不周,事不均一;事不均一,虽欲兴治,不可得也"③。而且要求"为守令者,必先知户口之多寡、民产之丰啬,然后可以辨真伪而行教令矣"④。安鼎福列举为官者上任之后需要了解的事项包括:"所管之地幅员几何? 田结几何? 民户几何? 军卒几何? 钱谷几何? 费用几何? 仓舍几面? 还上几石? 吏奴几名? 狱囚几人? 进上几件? 俸禄几斛? 关防几所? 场市几处? 学宫几区? 神坛几地? 佛宇几何? 驿院几何? 境接何郡? 民习何业? 谷宜何种? 土宜何物? 弊之未革者何法? 讼之未决者何事?"⑤以上诸事须"一一详问于县吏及曾经前任者,务以革弊安民为意"⑥。如此详尽的调查研究,周密地了解民情,其目的是为了"革弊安民","询民瘼,务以通下情为意"⑦。可见安鼎福从实际出发,知民察俗的宗旨是以民为本,这正是他实政思想的出发点和归宿。

---

①　安鼎福:《临官政要》续编,《临民章》,《顺庵先生文集》卷18。
②　安鼎福:《临官政要》续编,《风俗章》,《顺庵先生文集》卷18。
③　安鼎福:《临官政要》续编,《户口章》,《顺庵先生文集》卷18。
④　安鼎福:《临官政要》续编,《户口章》,《顺庵先生文集》卷18。
⑤　安鼎福:《临官政要》续编,《为政章》,《顺庵先生文集》卷18。
⑥　安鼎福:《临官政要》续编,《为政章》,《顺庵先生文集》卷18。
⑦　安鼎福:《临官政要》续编,《教化章》,《顺庵先生文集》卷18。

③利民劝农，以重实效。安鼎福主张兴农桑以利民，并重实效。他说："利民之具，农桑同功，而农则或劝，桑则独歇，后甚可叹也……终无实效。"①认为只劝农而不种桑，则无实效。安鼎福重视农桑的目的是为了利民，舍农则无以为生，故务农"以利民为意"②。他说："百亩之不治，农夫之忧也。古者四民各有定业，不易其事，今之士舍农则无以为生矣。"③士、农、工、商"四民"均不能离农而生，所以"王者之政，务农为先，是以舜命九官播谷在敦教之先；孟子论政，学校居制产之后；《洪范》曰：既富方谷；《论语》曰：既富矣，教之；《管子》曰：衣食足而知礼节……而以农为急"④。安鼎福指出，由于农业生产在社会生活中占有非常重要的地位，所以王者之政以务农为先，以农为急，历代圣贤也是把务农、制产，满足民众物质生活的需求放在教育、礼节等其他社会生活的前面，可见对劝农的重视。由此，安鼎福主张劝农之政要重实效，"为守令者当依法典，各洞置劝农官一人"⑤。劝农官的职责是："田有陈荒则罪；耕耘失时则罪；谷种不给者，汝则告官而给之；有牛不借者，汝则告官而治之；堤堰之合筑者，预先筑之；沟渠之合修者，及时修之。如有不能，则汝有重罚。"⑥并批评"劝农之政徒为文具，而无实效"⑦的时弊，由此体现出安鼎福劝农以重实效的思想。

在李瀷及其弟子安鼎福为代表的星湖实学派以"穷经致用"

①　安鼎福：《临官政要》续编，《农桑章》，《顺庵先生文集》卷18。
②　安鼎福：《临官政要》续编，《农桑章》，《顺庵先生文集》卷18。
③　安鼎福：《与郑永年书》，《顺庵先生文集》卷4。
④　安鼎福：《临官政要》续编，《农桑章》，《顺庵先生文集》卷18。
⑤　安鼎福：《临官政要》续编，《农桑章》，《顺庵先生文集》卷18。
⑥　安鼎福：《临官政要》续编，《农桑章》，《顺庵先生文集》卷18。
⑦　安鼎福：《临官政要》续编，《农桑章》，《顺庵先生文集》卷18。

的经学观和"经世致用"的实学思想为其特征,在韩国实学思想史上占有重要地位。①

第六节　湛轩洪大容的实心实学

洪大容生于英祖七年(1731),卒于正祖七年(1783),享年52岁。洪大容字德保,号湛轩,是"北学派"实学的奠基者。

洪大容出身于世代为官的两班望族,幼年时师从渼湖金元行学习儒学典籍,但是他只是对"六艺之学"、"象数"、"名物"等实用之学感兴趣。李淞在《湛轩洪德保墓表》中对此有这样的记述:

> 德保又师事渼湖先生金公元行,同门士皆磨砺道义,谈说生命;德保诸父、兄弟治博士业,亦有以文词著名。德保独有志于古六艺之学、象数、名物、音乐,正变研穷,覃思妙契,神解天文,厘次日月来往、象形制器、占时测候,不爽毫厘。②

可见,洪大容自幼便热衷于自然科学研究。在汉城时,他常去罗景绩家中研究浑天仪和自鸣钟等,后又向安处仁学习到了浑天仪的制作方法。洪大容在自己家里制作了许多天文仪器,认真研究天文宇宙之学。通过实际观察、深入考证,他提出了"地转说"、"宇宙无限"等崭新的宇宙自然观,为"北学派"实学提供了科学的宇宙自然观。

---

① 参见葛荣晋主编:《韩国实学思想史》第216—217、219—221、263—266页。

② 《湛轩洪德保墓表》,《湛轩书·附录》,韩国景仁文化社1969年影印本,第555页。

1765 年 12 月至 1766 年 2 月,洪大容跟随作为冬至谢恩使书状官的叔父洪檍来到中国。在北京,他实地考察了当时中国的政治、经济、文化等各方面的情况,通过笔谈还结识了进京赶考的钱塘学者潘庭筠、陆飞、严诚、孙天义等。他们言语不通,就以笔代言进行笔谈。洪大容与钱塘学者就历史、地理、风俗、艺术、社情等,进行了广泛的笔谈。洪大容广博的知识深受钱塘学者的钦佩,挚友潘庭筠称他为"洪君博闻强记"。而洪大容与严诚交情最笃,二人结拜为兄弟,在杭州流传有"洪严友谊"的佳话。洪大容回国后,一直与钱塘学者保持书信往来,直至终老。这些书信后集为《杭传尺牍》。

洪大容在北京还接触到了西方的自然科学和技术。如他在北京拜见了当时在华的德国人钦天监正哈列尔斯威泰因(Anqustinnsvon Hollerstein,汉名刘松龄)、别监盖瑟(Antonins Goqeisl,汉名鲍友管)。他还亲自到宣武门天主堂参观考察了西洋的器物,又到建国门参观考察了古观象台。洪大容四处走访搜索,对比研究,一一记录,形成了"北京学"。在此基础上撰写出了《燕记》。

洪大容在北京短短的数月中,通过对中国先进的文化、风俗、典章制度、器物利用的学习,针对当时朝鲜朝的一班文人以"小中华"自居,轻浮自傲,蔑视清朝的陋习,他力主"北学"中国,以达利用后生、经世济民,实现富国强兵的目的。洪大容北学中国、利国富国的思想,成为"北学派"实学的主导思想。"北学派"实学也因此而得名。

洪大容学识渊博,因而著述内容广泛,先后撰有《湛轩书》与《湛轩外书》。《湛轩书》分内、外两集,还有附录。其中,反映洪大容实学思想的主要著作有《心性问》、《小学问疑》、《孟子问疑》、

《论语问疑》、《中庸问疑》、《医山问答》、《杭传尺牍》、《燕记》等。①

一、实心实学与气哲学

洪大容实学思想的要点是"实心实学"。"实心实学"的主旨是"问学在实心,施为在实事。以实心作实事,过可寡而业可成"。② 洪大容主张必须以实实在在的心(实心)去做实实在在的事(实事),才能有成就而少过错。归根结底,也就是"实心实事日踏实地"③,强调每天都要踏踏实实地以实心做实事,这是洪大容实学思想的特点。而这一特点贯穿于他的言论和行动。

洪大容"实心实学"的理论基础是气哲学,即他关于"主气"、"重气"的思想。从朝鲜朝学术界的划分来看,"主气"学派是一个重要的派别,并在韩国学术史上占有重要地位。而洪大容的老师金元行秉承其祖父金昌协的学统,曾受学于尤庵宋时烈。所以,从学脉上讲,洪大容应属于李栗谷这一"主气"的畿湖学派。洪大容关于"主气"、"重气"的气学思想,可以从他关于对"气"、"理"、"心"这些基本范畴的论述中加以研究。

1. 气与理

主气派学者以"气"为主、为重,但在"气"与"理"的关系上,一般都主张"理气不离"。如主要代表者李栗谷的一个重要观点就是"理气妙合",理气关系为"一而二,二而一"。这就表明他们重视"气"的价值,但并不排斥"理"的作用。而洪大容在理气关系

---

① 参见姜日天著:《朝鲜朝后期北学派实学思想研究》,民族出版社1999年版,第21—22页。

② 《祭溪湖金先生文》,《湛轩书·内集》,第297页。

③ 《答朱郎斋文藻书》,《湛轩书·外集》,第449页。

问题上,持"挺气排理"的观点,即以对"理"价值的排斥而挺立"气"的作用。如他在《医山问答》、《心性问》、《答徐成之论心说》中讲:

　　太虚寥廓,充塞者气也。无内无处,无始无终。积气汪洋,凝聚成质。①

　　充塞于天地者,只是气而已,而理在其中。论气之本,则澹一冲虚,无有清浊之可言。(句中点字为笔者所加)②

洪大容认为"气"充塞于太虚之中,而"理"在"气"中。这是他对理气关系的一个基本判断。而关于"气",他强调了两点,一点是"气"可以凝聚成"质";另一点是"论气之本,澹一冲虚"。这两点可以看出是他关于"气"的本质的两个定性。

关于"气"能够凝聚成"质"问题,这里的"质",指的是"实质"、"本质",即事物的属性、质地。洪大容认为宇宙中之所以有形形色色的事物,就是由于气能够凝聚成不同的"质"的缘故。如他解释说:

　　积气汪洋,凝聚成质。周布虚空,旋转停住,所谓地、月、日、星是也。③

地、月、日、星的存在,正是因为气可以凝聚成不同的"质"的结果。这

---

① 《毉山问答》,《湛轩书·内集》,第327页。
② 《答徐成之论心说》,《湛轩书·外集》,第6页。
③ 《毉山问答》,《湛轩书·内集》,第327页。

就涉及宇宙生成论的问题。关于人和万物的产生,洪大容说:

> 人物之生,动本于日火,使一朝无日,冷界凌竞,万品融消,胎卵根子,将安所本?顾曰:地者,万物之母;日者,万物之父;天者,(气)万物之祖也。①

这就是说,洪大容认为,人与万物的生成是由于"日火"运动、发展、变化而来。假使没有"日火"的运动、变化,则"万物消融"于冷寂。作为万物生成之本的"胎卵",又将以什么为实有的本体呢?作为实有之物载体的"地",是"生卵"之母;而"日火"则是其父。最终,作为"地母"与"日父"的先在根据的"天"(即"气")则是万物之祖,即产生人与万物的实存本体。

关于"气"产生人与万物的程序,洪大容提出"气化"的观点。

> 岩洞土窑,气聚成质,谓之气化。
>
> 邃古之时,专于气化。人物不繁,钟禀深厚。神智清明,动止纯厖。养生不资,于物喜怒。不萌于心,呼吸吐纳。不饥不渴,无营无欲。游戏于于。鸟兽鱼鳖,咸遂其生。草木金石,各葆其体。天无淫沴之灾,地无崩渴之害。此人物之本真,太和之世也。②

所谓"气化",就是由"气"凝聚成有"质"地的物,这一过程就是"气化"生"物"的过程。洪大容认为遂古时代,只是"气化"。如

---

① 《毉山问答》,《湛轩书·内集》,第351页。
② 《毉山问答》,《湛轩书·内集》,第357页。

遂古时代人稀物少，一切确实非常的安宁、祥和，那时既没有天灾，也没有地祸，人和物都处于"本真"（自然的、真实的）状态，那时的社会就是理想的"太和之世"。这表明洪大容认为人与物的"本真"面貌，是"气化"的结果。此外，关于雨、霜、雪、虹等的"气化"过程，洪大容也作了详细论述。例如：

> 雨者，甑露之势也。水土之气，蒸腾于空，郁于密云，无所泄而凝成气，蒸而云，不密则不成雨；云密而气不蒸，则亦不成雨。雪者，冷气之蒸也。霜者，温冷之集也。雹者，温冷相薄，急雨之冻也。皆成于蒸汽，雨之类也。虹者，水汽也。朝东夕西，借日以成。①

这里的"水土之气"、"冷气"、"蒸汽"、"水汽"等都是指自然界中的雨、雪、霜、虹等生成的"气化"过程。

关于"论气之本，澹一冲虚"的问题，是讲太虚中充塞的是如同水波似的气，这就是"气之本"，即"气"以什么形态充塞于太虚之中。这个问题的实质则涉及到宇宙结构论。

如上所述，洪大容认为地、月、日、星都是"气"凝聚成"质"的结果。而天体中的地、月、日、星之间的结构关系如何，尤其是天与地之间的结构关系，更是洪大容关心的问题。对此，在《毉山问答》中，他借实翁之口讲述了自己的观点。如他说：

> 天者，虚气荡荡、灏灏，无形、无朕，开成何物，闭成何物，不甚思矣。

---

① 《毉山问答》，《湛轩书·内集》，第345、346页。

> 天者,清虚之气,弥漫无际,其可以蕴尔;地界之嘘吸、拟议于至清、至虚之中乎。
>
> 夫地者,水土之质也。其体正园,旋转不休,浮浮空界,万物得以依附于其面也。①

洪大容认为天体是清虚之气,而地为正圆,浮浮于至清、至虚的天体之中,万物才得以依附于地面。这里,他同意"地圆"说。进而,又对传统的"地方"说进行了批评。

> 虚子曰:古人云天圆而地方。今夫子言地本正圆,何也?
>
> 实翁曰:甚矣! 人之难晓也。万物之成形,有圆而无方,况于地乎? 月掩日而蚀于日,蚀体必圆,月体之圆也;地掩日而蚀月,蚀体亦圆,地体之圆也。然则,月蚀者地之监也。见月蚀月而不识地圆,是犹引监自照而不辨其面目也。不亦愚乎?②

洪大容通过月蚀现象来论证"地圆"的道理,通俗而实证。

在前辈先贤"地圆"说的基础上,洪大容又独自提出了"地转"说。

> 夫地块旋转,一日一周,地周九万里,一日十二时。以九万之阔,趋十二之限,其行之疾,亟于震电,急于炮丸。③

---

① 《毉山问答》,《湛轩书·内集》,第 336、350、327 页。
② 《毉山问答》,《湛轩书·内集》,第 327—328 页。
③ 《毉山问答》,《湛轩书·内集》,第 330 页。

地球旋转既地球自转,一日转一周,约九万里。而地球自转的速度极快,犹如雷电和炮弹。

在"地转"说的基础上,洪大容进一步提出了"宇宙无限"的思想。

> 满天星宿,无非界也。自星界观之,地界亦星也。无量之界,散处空界。惟此地界,巧居地中,无有是理。①

苍茫宇宙之中,充满了星宿,无有边界。地球亦为星,不可能像有人所说的居于正中,即所谓"地球中心说"是不成立的。浩瀚宇宙是"无量之界",宇宙是无限的。② 洪大容的"地圆地转"说和"宇宙无限"的思想是他所提倡的"实心实学"的重要的自然观。

在宇宙生成论和宇宙结构论上,洪大容都突出了重"气"的哲学理念。那么,"理"在他思想中占有何种分量? 也就是他的"理气观"的基本内容如何? 对此,他讲过这样的话:

> 凡言理者,必曰无形而有理。既曰无形,则有者是何物? 既曰有理,则岂有无形而谓之有者乎? 盖有声则谓之有,有色则谓之有,有臭与味则谓之有。即无是四者,则是无形体、无方所,所谓有者,是何物耶? 且曰无声、无臭,而为造化之枢纽、品汇之根柢,则既无所作为,何以见其为枢纽、根柢耶? 且所谓理者,气善则亦善,气恶则亦恶,是理无所主宰而随气之所为而已。如言理本善,而气恶也为气质所拘,而非其本体。

---

① 《毉山问答》,《湛轩书·内集》,第334页。
② 参见姜日天著:《朝鲜朝后期北学派实学思想研究》,第27页。

此理既为万化之本矣,何不使气为纯善,而生此驳乘浊戾之
气,以乱天下乎?①

在这里,洪大容通过对朝鲜朝性理学关于"理"的三个规定性的批
评,而挺立了"气"的主体地位,使"理"与"气"的价值得以转换。

第一个规定性是"无形而有理"。洪大容认为"理"是四无:无
形体、无方所、无声、无臭,既为四无,则"有"是何物? 这是对"理"
的第一个否定。

第二个规定性是"理为造化之枢纽,品汇之根柢"。洪大容认
为既然"理"是无所作为的,那么怎能成为造化的枢纽,品汇的根
柢呢? 也就是说"理"是不能成为万物之本原的。这是对"理"的
第二个否定。

第三个规定性是"理本善,其恶为气之所拘"。洪大容认为如
果理为万化之本,何不使气都成为纯善,而生出驳杂承戾之气而乱
天下呢? 他指出,正是因为"理"不能成为万化之本,所以,"理"不
能主宰"气"。这是对"理"的第三个否定。

在否定"理"价值的基础上,洪大容高扬了"气"的价值。他明
确指出"理无所主宰而随气之所为而已"。"气"是"理"的主宰。
洪大容的这一观点是对传统性理学"理为气之主宰"观的强烈冲
击,同时这种观点也成为他"实心实学"的重要的理论基础。

2. 气与心

洪大容实学的重点是"实心实学",但何谓"实心"? 他没有详
细的文字说明。通过他的论著,可以对洪大容的"实心"思想,作
如下分析。

---

① 《心性问》,《湛轩书·内集》,第1页。

洪大容所谓的"实心"，可以从两个层面进行分析。其一为义理层面，所谓义理层面，就是性理学所说的"心""气"关系。对此，洪大容有如下论述：

> 尤翁谓《浩然章》，所谓心既对气而言，则当以理看，然亦不可全然离气看，此恐可疑。既以理看，则何可以不离气也？既不可离气，则恶在其以理看也。盖理者理也，非气也；气者气也，非理也。理无形而气有形，理气之别，天地悬隔。有理必有气，而言理则曰理而已；有气必有理，而言气则曰气而已。今日当以理看而亦不可离气看，则是既为理而又为气，既为无形而又为有形，不惟心之体段无以测知，殆恐不免于理气一物之病矣。窃以为心者，五脏之一，有动有迹，只是气而已。而理在其中，非无理也。而语其体，则气也。虽有理也，而不可认理而为心。[①]

这段话表明了洪大容的一贯价值观，既对"气"的挺立，对"理"的排斥。此对话上半部分是对理气不离思想的批评，他认为这样易患"理气混淆为一物"之病。洪大容对视"心"即为"理"，又不可离"气"的观点的批评，是为了强调此段论述下半部分的内容，即他自己的"心为气"的观点。

在下半段论述中，洪大容一是强调"心为五脏之一"，这是指心的物质内容。二是强调"心，只是气而已"，即便"理"在其中，但"语其体则气也"。最后，再一次强调"不可认理为心"。在洪大容的这些语境中，可以看出他要表达的意思只有一个，既"心"为

---

① 《孟子问疑》，《湛轩书·内集》，第45页。

"气"实体。之所以说这个"气"是实体的气,是因为洪大容在谈"心"与"气"关系时,有一个前提,他说"心者,五脏之一,只是气而已"。从"心"的物质性前提出发,"心为气"的"气"应该是实体之气。"心之体,只是气而已"。这话应理解为"心"的本体,只是实体之气或是气之实体。这就不难理解洪大容所谓"实心"的意蕴了。

其二为伦理层理。洪大容在《医山问答》中借对虚子的批评,指出了四种使社会日渐于虚的心。这四种"虚心"就是:矜心、胜心、权心和利心。洪大容的原话如下:

> 孔子之丧,诸子乱以;朱门之末,侏儒汨之。崇其业而忘其真,习其言而失其意,正学之扶,实由矜心。邪说之斥,实由胜心。救世之仁,实由权心。保身之哲,实由利心。四心相仍,真意日亡,天下滔滔,日趋于虚。①

这里的"矜心"和"胜心",是洪大容对朝鲜朝那些所谓的"崇周孔之业,习程朱之言"(虚子语)的性理学者的批评。洪大容指出,正是他们持有的"矜心"和"胜心",使"周孔之业"、"程朱之言"成为了学子入仕的敲门砖,只知坐而论道,不尚实际实行。由此使"道术之亡久矣"。"权心"指所谓的权势之心,"利心"指明哲保身之心。洪大容认为"权心"和"利心"也不是"真心",故使天下"真意日亡"。可见,"矜心"、"胜心"、"权心"、"利心"都是"虚心",是不真、不实的。在这四种虚心作用影响下,使真意日渐消亡,社会风气日趋于虚。

---

① 《毉山问答》,《湛轩书·内集》,第323页。

　　针对"矜心"、"胜心"、"权心"、"利心"四种"虚心",洪大容提出了"实心"。他在给友人的信中写道:

　　　　正心诚意,固学与行之体也;开物成务,非学与行之用乎?①

文中的"正心诚意"出自于《大学》:"古之欲明明德于天下者,先治其国;欲治其国者,先齐其家;欲齐其家者,先修其身;欲修其身者,先正其心;欲正其心者,先诚其意;欲诚其意者,先致其知。致知在格物,格物而后知至,知至而后意诚,意诚而后心正。"这说明,"正心"、"诚意"是儒家的重要伦理道德。这种伦理道德需要通过"格物"这一实践修养,由"知至"而到"意诚"、"正心"。所以,"正心诚意"就是"诚"、就是"真",也就是"实心"。洪大容的"实心"就是指的"诚心"、"真心"。

　　如果说"正心诚意"是"实心"之体的话,那么"开物成务"则是"实心"之用。"开物成务"出自《周易·系辞上》"子曰:夫易何为者也? 夫易开物成务,冒天下之道,如斯而已者也"。其意是说,明白了天下之理,按着这个道理去做,就会成功。他强调的是实行、实践。洪大容关于"开物成务"说:

　　　　揖让升降,固开物成务之急务,律历算数,钱谷甲兵,岂非开物成务之大端乎?②

────────────

① 《与人书二首》,《湛轩书·内集》,第252页。
② 《与人书二首》,《湛轩书·内集》,第252页。

"揖让升降"固然是开物成务的急务,但洪大容更看重的是律、历、算、数、钱、谷、甲、兵这些更实际更具体的事务。洪大容视实践这些实事为"开物成务之大端"。

在洪大容的思想中,"实心"之体——正心诚意与"实心"之用——开物成务是体用如一,一以贯之的。这就是说,主体伦理——"正心诚意"与客体伦理——"开物成务"是相辅相成、互利互补的。

洪大容非常重视他的"实心"说,认为人的一生要有所成就,有所作为,必须要持有"实心"。如他在评论李栗谷、成牛溪等朝鲜朝大儒业绩时说:

> 此等人成就如此,皆以其实心实学也。苟不实践而徒务空言,则当时无所成其业,后世无所垂其名。①

这就是洪大容要将自己的学说定义为"实心实学"的缘故。

二、实心实学与"六艺之教"

洪大容自幼便"有志于六艺之学"。"六艺之学"指的就是古代的教育内容,即礼、乐、射、御(驭)、书、数。"六艺之学"又称"古学"。关于"古学",洪大容说过这样的话:

> 容自十数岁,有志于古学,誓不为章句迂儒而兼慕军国,经济之业。②

---

① 《桂坊日记》,《湛轩书·内集》,第 172 页。
② 《杭传尺牍·与汶轩书》,《湛轩书·外集》,第 465 页。

可见,在洪大容思想中他把军事、治国、经济之实事视为"古学"(或古六艺之学),并将"古学"与只尚空谈性命义理的"章句迂儒"对立起来。洪大容这样做的目的,就是要以高扬原典儒学讲究实际,不务空谈的学风来批评当时朝鲜朝的性理学。他在《小学问疑》中就通过褒"六艺之学"而贬"章句之教"。如他说:

> 古之教也,于其幼时已教以六艺,故其长也,上而虽未及知道,下而不失为适用。今人之专务章句,固得其本,而于其末艺,不合专废。事以知道之人既未易得,则诵说章句,虽或无差,而日用之不可缺者,却昧焉不察,往往以疏脱事情为高致,综核庶务为鄙俗。古之君子虽不器于一才一艺,而曷尝有无能的君子乎?此所以无补于世而见笑于俗辈,是以六艺之教固当并行于洒扫之节,而不容或废也。①

洪大容指出古人自幼便教以"六艺",待其长大,即便不知"道",但一切人情世故等实际事物,都无有所失并应酬适宜。而性理学者只知记诵章句,以争论形而上之事为高雅,视综合庶务为鄙俗。其结果是对社会"无补于世",并让俗辈"见笑"。所以,六艺之教、洒扫之节,是万万不可偏废的。其实,洪大容所谓的"六艺之教",就是他提倡的"实心实学"。洪大容"实心实学"或"六艺之教"的基本内容为"实行"、"实见"、"实效"。

1."实行"

洪大容"实心实学"的主要内容是强调"实行",既主张知一行

---

① 《小学问疑》,《湛轩书·内集》,第8页。

一,知而必行。他在石室书院学习时便注重实践、实行,如他 23 岁时就写道:

> 古之学者,才知一事便行一事。一掴一掌血,一棒一条痕。今之学者,开口便说性善,恒言必称程朱,而高者泪于训诂,下者陷于名利。呜呼! 孰不知圣人之可好而世无其人,孰不知下流之可恶而众皆归之。无他,不行之过也。人能行其所知,何古人之不可及哉。读精一便去精一,读敬义便去敬义。吾与子行之一字。①

这里,洪大容称赞古代学者的实行精神如"一掴一掌血,一棍一条痕",一步一个脚印,扎扎实实,知而必行,读了必作。同时,他还对那些"开口便说性善,恒言必称程朱"而不苟实行的人,进行了批评。指出这些人明知"下流可恶"却"众皆归之",其根源就是"不行之过",即不实行的结果。所以,他特意赠与同门"行之一字"。

从重实行出发,洪大容倾向于阳明学的"知行合一"说。如他在写给挚友铁桥的信中说:"天下之英才不为少矣,……而能黯然用力于实学者鲜矣。……赞主敬之训,刻刻提撕,不欲先讲馀事,则己见用力于实学矣。平日好观,近思以僭,论阳明为极是。"②洪大容欣赏王阳明的"知行合一"说,他本人亦对"知"与"行"的关系,有深刻的见解:

---

① 《赠周道以序》,《湛轩书·内集》,第 265 页。
② 《杭传尺牍·与铁桥书》,《湛轩书·外集》,第 379 页。

先知而后行,此古今之通义也。虽然知得半分,必继以行得半分;行得半分,然后方可以语知之全分,而行亦全分矣。①

洪大容认为"知"与"行"的关系应当是"知"了半分,便要立即"行"半分,只有"行"了半分,那"知"才能为全分,而此时"行"也就是全分了。这种思想是一种"知行合一"、"知行并进"的思维。洪大容在《自警说》中也讲过类似的话:"才知一句,便要知之;才见一句,便要行之。一知一行,足目两进。"②"知"一句,"行"一句,一知一行,足目两进。这里的"足目两进",就是"知行并进"、"知行合一"。

其实,在"知行"观上,洪大容的思想不仅仅是主张"知行并进"、"知行合一",而是更加强调"行"的价值。在讲"行"的重要性时,他说过这样的话:

虽然知行两端固不可偏废,而本末、轻重之分,又大有差别。③

以本末、轻重这些原则性问题来讲,"行"更加重要。因为"不先知以半分之行,而欲求全分之真知者,吾知其妄想臆料,欲求而欲远矣"。④ 如果不先"行"半分的话,那"知"就永远不会是全分。可见,在洪大容思想中,"行"是本,"行"为重。这就是他的"实行"。

---

① 《杭传尺牍·与铁桥书》,《湛轩书·外集》,第391页。
② 《自警说》,《湛轩书·内集》,第274页。
③ 《杭传尺牍·与铁桥书》,《湛轩书·外集》,第378页。
④ 《杭传尺牍·与铁桥书》,《湛轩书·外集》,第391页。

2. "实见"

洪大容从"实行"出发，必然更加重视实践知识，主张"实见"之学。他教导人们"与其信古人传记之言，岂若从现前目盯之实境地"。① 与其死读古人的旧书，不如读实践这部活书，更有价值。这是因为洪大容认为：

> 殊不知孔朱之所以为孔朱，在道而不在书也。半生耗神，作得百十卷疣赘之书，成就私利之契卷而徒乱人意，卒无补于世教也。呜呼！此实近世儒学心腹膏肓不治之疾也。且夫人生之心力有限，理义之真精无涯。应物发虑，外有事业之实物；静观息养，内有本原之真功。乃今好学者，终岁勤苦，不出于寻行数墨、参伍考证之间。宁事业之有阙，唯恐看书之不博；宁本原之日荒，唯恐着书之不多。余力学文，圣训之弁髦，吁已久矣。是以古之学者患在于无书，今之学者患在于多书。在古无书而英贤辈出，在今多书而人才日下。此惟运气之相悬哉？实多书为之崇也。②

在这段话中，洪大容就"书本知识"和"实践知识"的利弊，阐述了自己的观点。他一针见血地指出，古代书少却英才辈出，今日书多却人才日下。究其原因，是因为今日学者只热衷于寻行数墨、参伍考证，即只求多读书、多着书，视事业有阙，本原日荒，即无视实践之知、实见之学。明白了这个道理，就会懂得孔子、朱子之所以能成为一代哲人，不在于他们读的书多，而是因为他们重视实见之

---

① 《毉山问答》，《湛轩书·内集》，第328页。
② 《与人书二首》，《湛轩书·内集》，第251页。

学、实际经验。这就说明了死读书本知识是不行的,必须要在真知实践上下工夫,才能有所作为。洪大容还指出,凭借自己的本原真功(内有本原之真功),在实践中辨别知识的真伪(外有事业之实务),才能获得真知识。这就是"实见"之学。

洪大容自己就是这样,他的天文学知识基本上都是"实见"的结果。如为了证实"地圆"说,洪大容在渡过鸭绿江后,又西行三百里,到一个叫新店的村落记载说:"自辽东西行三百里,大陆漫漫无涯,日月出于野而没有野。至新店,村后有小陵十数丈,登眺甚快,盖行平野,四望不过十余里。是故不观海,不渡辽,地圆之说终不得行也。"这是通过观察地平线和海面所获得的"实见"之知,来证明"地圆"说。辽东至辽西多山地,即是登临"小陵十数丈",也只是"四望不过十余里"。在这种自然环境下获得的"实见"之知,不能证明"地圆"说。所以,通过"观海"、"渡辽"及其一路观察所获得的"实见"之知,才能证实"地圆"说。① 又如洪大容提出的"地转"说,就是他经过反复实证试验,从"实见"中总结出来的。科学的地球自转说在欧洲已于16世纪提出,但直到洪大容时代,这一学说尚未传到朝鲜半岛。洪大容通过常年的观测、考察,在对天文地理的实际研究中,独立发现了"地转"说。这是他"实见"之学的具体成效。

3."实效"

洪大容的"实行"和"实见"的结果是"实效"。所谓"实效",就是对国家、对社会有益的学问,就是具体的实实在在的效益,也就是经世致用,利用厚生。从这种"实效"之学出发,洪大容一生积极致力于社会改革,经世济民。

---

① 参见姜日天著:《朝鲜朝后期北学派实学思想研究》,第25页。

例如,针对朝鲜王朝的"两班"等级制度,他提出要打破世袭身份制,改革社会结构。朝鲜朝时代,"两班"阶层是国家的统治阶层,朝鲜朝后期,他们利用手中权力,一方面专于虚礼、空谈,另一方面进行党派纷争,使国家处于水深火热之中。洪大容一方面对"两班"贵族宁可饿死也要为名分而不愿耕种的不务实作风进行了严厉批评,另一方面又主张打破这种世袭的身份等级制度,认为只有这样,才能克服社会矛盾,进而谋取社会的发展和进步。又如,针对朝鲜朝后期的土地兼并现象,他提出"分田制产"的土地改革主张。朝鲜英、正两朝时期,贵族的"私田"扩大,"公田"减少,国家财源渐枯,社会矛盾日益激化。针对此,洪大容提出了土地改革主张,主张均田分配,通过"分田制产"使朝鲜王朝进入"小康"、"大同"理想社会。再如,针对朝鲜朝人才缺乏的现状,他提出人人皆有享受教育的权利,力主改革教育。在教育对象方面,洪大容主张凡8岁以上儿童均有受教育的机会。这就打破了原有的只有两班子弟才能受教育的陋习,并且还提出国家录用人才应以德才为重,唯才是举,任才是用,反对只在两班阶层中录用人才。在教育内容方面,洪大容主张人道与务实知行并举。具体说就是强调孝悌忠信之道与六艺并重。他批评当时的性理学是"诵说章句虽无差错",却"综合庶务为鄙俗",轻卑实行,是一种错误的生活、生存理念,"无补于世"。为此,他主张教育要从"六艺"学起,在"洒扫庭除"这样的具体事务中,培养身心,在实际行动中体味知行并举的真理。……总之,经世致用、利用厚生是洪大容实效之学的价值目标。

三、洪大容的"实心实学"与朴趾源的"利用厚生"实学

如果说洪大容是北学派的奠基者,那么朴趾源则是北学派的

集大成者。这是因为作为北学派标志的"利用厚生"理论体系，正是由朴趾源完成的。

朴趾源（1737—1805）字仲美，号燕岩，出生于世代为官的两班贵族家族。他自幼多病，一直未能求学，直到16岁结婚后，才得以在妻叔李亮天门下求教。朴趾源三年杜门不出，苦读经书及柳馨远、李瀷、洪大容等实学家的著作。经过数载刻苦攻读，20岁时他便成为远近知名的学者。朴趾源很早就与洪大容交笃，受其影响，在理、气、心、性等方面，亦主张"重气"、"主气"说，并继洪大容之后，成为北学派的重要理论代表者。朴趾源44岁时随族兄使臣朴明源赴北京进贺清高宗70寿辰。在中国，他路经辽东、辽西、热河，游历北京、承德等地。回国后，朴趾源将他在中国的所见、所闻撰写成二十余万言的《热河日记》。此书涉及政治、经济、文学、艺术、宗教、民俗和自然科学等诸多领域，发表后引起了广泛的社会反响。

朴趾源一生著述颇丰，除《热河日记》之外，尚有书信、墓志铭、诗、疏等，一并收入《燕岩集》，共十七卷。韩国启明文化社1986年出版影印本。[①]

作为"北学派"标志的"利用厚生"一语出自《尚书》。《书经·大禹谟》讲："正德、利用、厚生，维和。"其意是大禹认为做好"三事"即正德、利用、厚生和"六府"即水、火、金、木、土、谷，就可以达到和谐（即"维和"）。朴趾源很注重这种思想，他在《课农小抄》，这篇文章中，有三处集中论述了"利用厚生"问题。这就是：

　　　圣作神兴，人文淑阐，物则融昭，丕显丕承。式（世）至于

---

①　参见葛荣晋主编著：《韩国实学思想史》，第317—318页。

今,开物成务之功靡不周矣,利用厚生利用之法靡不修矣。以臣愚见,由百世而等之,今日隆昌之运,其殆汉之文景富庶之际乎? 于休盛矣,斯实。①

朴趾源认为,朝鲜社会正是由于"开物成务"和"利用厚生",才使得社会隆昌,出现了中国汉代文景之治时的昌隆景象。这种情景正是百世等待的"富贵共之"的一种理想。而这种理想也就是《书经·大禹谟》中的"正德、利用、厚生,维和"中的"维和",即一种和谐社会。

第二处论述为:

禹叙六府,无非利用厚生之资。而利用厚生,又必以正德为本矣。②

朴趾源认为,大禹讲水、火、金、木、土、谷六府,无非是利用厚生的资源,而他注重的是德为利用厚生的根本。这表明朴趾源在"利用厚生"问题上,很重视德行的修养,以"正德"为本。

第三处论述为:

圣人之利用厚生之道,唯恐其巧之未尽也。轩帝之指车,大舜之玑衡,何尝不用机哉?③

---

① 《课农小抄》,《燕岩集》卷16,韩国启明文化社1986年影印版,第333页。
② 《课农小抄》,《燕岩集》卷16,第540页。
③ 《课农小抄》,《燕岩集》卷16,第491页。

这段议论是朴趾源针对当时的性理学者对农业、手工业、商业的务实活动斥责为"奇技淫巧"而作出的批评。他指出,圣人利用厚生之道,就在一个"巧"字,如轩帝之车,大舜玑衡。其实质表明朴趾源对农业的重视,对其价值的肯定。

上述三段论述及其中反映出来的"富贵共之"的和谐社会、重视德行的以"正德"为本的思想及对农工商价值肯定的思想构成了朴趾源"利用厚生"理论的基本内容。下面,我们来分别论述。

1. 对农工商价值的肯定

朴趾源从实学立场出发,认为农、工、商与士一样,都各有其学,各有其用,都是有价值的。

> 臣谨按古之为民者四,曰士农工贾。士之为业尚矣,农工商贾之事,始亦出于圣人之耳目心思,继世传习莫不各有其学。如《周礼·冬官》及太史迁所著《货殖》一篇,概见工贾之情。而汉《艺文志》所载九家百一十四篇,即农家之艺术也。然而,士之学实兼包农工贾之理,而三者之业必皆待士而后成,夫所谓明农也,通商而惠工也。其所以明之、通之、惠之者,非士而谁也? 故臣窃以为后世农工贾之失业即士无实学之过也。①

朴趾源认为士与农工商不是对立的关系,而是社会所不可缺少的不同分工。农工商之业都是出自圣人的思考,世代传承所形成的学艺。许多史书都对他们的作为和价值,作了重要记载。究其实质,农工商之理都包含在士之学理之中。所以,明农、通商、惠工,

---

① 《课农小抄》,《燕岩集》卷16,第367—368页。

都是士之实学的基本内容。这段论述表明了朴趾源将农工商与士一视同仁的观点。而这种观点的意义在于通过对农工商价值的肯定,达到对鄙薄农工商的朝鲜性理学的批评。

作为朝鲜朝的一位实学家,朴趾源秉承传统的重农思想,认为"农为立国之本",治国先治人,治人则要重农。他说:

> 古圣先王之所以理人者,先务农也。农业非徒为地利也,贵其志也。人农则朴,朴则易用,易用则边境安,边境安则主位尊。人农则童,童则少私义,少私义则公法立。①

这段话凸显了朴趾源重视农业的真谛。他认为,治理人的道理在农业,因为治农不能只看到地利,更应关注的是"贵志"。何谓农业的贵其志? 朴趾源认为农人质朴,朴则安分守己,由此国家安定,国君位尊;农人质纯(童),纯则私义少,由此公法易立。可见,治国利民的道理就蕴涵在农业之中,这也正是朴趾源重视农业的真正原因。基于这一原因,朴趾源强调农业是立国的根本,农业中具有性理学家所强调的"博学审问之功"。他指出:

> 夫诵孔孟程朱之书,相与讲说义理,以为治心修身之方者,是固士之学问。而天下之末业小技,一皆不可以无学问也,而况农为民生之大本,而独不可以苟然率臆,不致其博学审问之功乎?②

---

① 《课农小抄》,《燕岩集》卷16,第343页。
② 《课农小抄》,《燕岩集》卷16,第457页。

这段论述表明正是由于朴趾源与一般的性理学者对待农业的根本态度不同而导致了不同的价值取向。性理学者只是以诵读孔孟程朱之书为重,故只以治心修身为学问。而朴趾源则认为天下所谓的"末业小技",都均有学问,更何况农业关乎国计民生之大本,因此性理学家所强调的"博学审问之功",都存在于农业之中。为此,朴趾源专门撰写了《课农小抄》这部重要著作。《课农小抄》关系到农业的各个方面,可谓是一部农业的大百科图书。例如此书共分十五大类,有诸家总论、授时、占候、田制、农器、耕垦、粪垠、水利、择种、播谷、诸谷品名、锄治(附备蝗杂法)、收获、养牛(附治病诸药)、限民名田议等。其中"田制"类又分为区田、圃田、围田、架田、柜田、梯田、涂田、沙田、箕子田记等项;"农器"类细分为耒耜、犁、方耙、人字耙、耖、劳、耧车、瓠种、碌碡、枥泽、挞、砘车、铁刃锹、铁搭、秧马、耱、耰锄、镰、连枷、碓、砻磨、碾、海青辗、连磨、磨等项;"水利"类细分为议、疏、看泉法、水栅、闸、陂塘、翻车、筒车、水转翻车、驴转筒车、水转筒车、连筒、架槽、戽斗、刮车、桔槔、辘轳、石窦、石笼、浚渠、阴沟、水荡、龙尾车、恒升、天衡、水库等项;"播谷"类细分为稻、粟、黍、稷、薯、麦、荞麦、豆、小豆、胡麻、芝麻等项。

此书不仅内容丰富,而且将性理学的深奥义理贯穿于农业技艺之中。如朴趾源在关于种植的一段论述中,就涉及到了天命之性、率性之道、修道之教和天道、人道、地道等重要性理学问题。他说:

> 臣窃惟种之于谷亦云重亦。夫一粒之微,而莫不有天命之性焉?莫不有率性之道焉?亦莫不有修道之教焉?夫诞降嘉谷,各受形气,实极斯活,踵踵生生。今以五谷种子,同器而藏,同畦而播,虽子百岁不能易其所禀之不同,此非所谓命与

性者乎？宜于路者不能生于水，熟于夏者不能登于秋。得其宜，得其时，又无水旱稂莠之害，以至于日至之时而获焉。味甘气香，养人体性，此非所谓率性之道乎？今夫蓺稗不择，秕稗多杂，藏而郁浥，苗而扶朴，卤莽而种之，蔑裂而收之。如此而曰：种粟食粟，种稻食稻，农之道如斯而已。此乃圣人所谓罔之生也幸而免，而梏之反复，终亦有种而不食者矣。是即所谓修道之教未有其方也。《书》曰：迈种德，德乃降。孔子曰：人道敏政，地道敏树。夫不纯于德而能敏于政者，未之有也。故曰种之于谷为重也，夫使百谷各尽其性而终其稼穑之道者，此篇尽矣。①

文中的"天命之性"、"率性之道"、"修道之教"来自于《中庸》首章的"天命之谓性，率性之谓道，修道之谓教"。朱熹作注说："命，犹令也；性，即理也。天以阴阳五行化生万物，气以成形，而理亦赋焉，犹命令也。于是人物之生，因各得其所赋之理，以为健顺五常之德，所谓性也。率，循也；道，犹路也。人物各循其性之自然，则其日用事物之间，莫不各有当行之路，是则所谓道也。修，品节之也。性道虽同，而气禀或异，故不能无过不及之差。圣人因人物之所当行者而品节之，以为法于天下，则谓之教。"②根据朱熹这一经典注释，朴趾源以此说明种植中的大道理。他认为五谷种子，虽然同器皿收藏、同一块地播种，即使数百年也不能改变他们的质，这是"天命"所使然。如果按照五谷各自所需的土壤、季节播种、管理、收获，那么就会有"五谷丰登"的结果，而这也就是"率性之谓

---

① 《课农小抄》，《燕岩集》卷16，第509—510页。

② 朱熹《四书集注》。

道"的结果。由于五谷种子有优劣之别,即"气禀"不同。如果不择优去劣,良莠不分地播种,即不对种子"品节之",其结果自然是"蔑裂而收之","有种而不食者矣。"这是因为没有按照"修道之谓教"去做而导致的恶果。文中还讲到"人道"和"地道"问题。朴趾源借孔子之口说,不能在德行上有好的表现的人,能够在政绩上有出色表现的人,是不可能有的。按"天人合一"的性理学观点,"地道"和"人道"是相通的,如果不了解百谷的特性,不掌握稼穑的规律,同样也种不出好的农作物。可见,在平凡的稼穑之中却充满了"博学审问之功"。这就是朴趾源推崇农业价值的原因所在。

除了重视农业之外,对于手工业和商业,朴趾源也具有很大兴趣,并在其著作中努力肯定工商业的价值。如他在《玉匣夜话》中借许生和其妻之口,对工商业者作了赞喻,对只知读死读书而不工不商的性理学者作了讽刺。其文为:

> 许生好读书,妻为人缝刺以糊口。一日,妻甚饥,泣曰:"子平生不赴举,读书何为?"许生笑曰:"吾读书未熟。"妻曰:"不有工乎?"生曰:"工未素学,奈何?"妻曰:"不有商乎?"生曰:"商无本钱,奈何?"其妻恚且骂曰:"昼夜读书,只学奈何?不工不商,何不盗贼?"[1]

这里,朴趾源大声喊出"不工不商,何不盗贼?"其意是不做工、不经商,只会挨饿受冻,最终落草为盗为贼。朴趾源这样讲的目的是号召人们要务实,或工或商,做对社会有益的事情。除此之外,在《热河日记》中通过对中国北京"隆福寺"商贾的真实记录,高度评

---

① 《玉匣夜话·热河日记》,《燕岩集》卷14,第183页。

价了商贾的社会价值并对朝鲜朝性理学者鄙视商业观点进行了批评。如他写道：

> 我国贫士，家虽乏无尺僮者，未尝敢身至场市间，与贾竖辈评物高下，为鄙屑事。宜其大骇，于我人之木然。今吾历访买卖者，皆吴中名士，殊非裨贩驵侩之徒。以游览来者，类多翰林庶吉士，为访亲旧，问讯家乡兼买器服。其所觅物类多古董彝鼎、新刻书册、书法名画、朝衣朝珠、香囊眼镜。①

文中对隆福寺市场的盛况，作了真实的描述，并强调指出逛市场的人多是"吴中名士"，游览买物的人多是"翰林吉士"，所购之物亦多是古董、书册、法书、名画等高雅之物。朴趾源这样记述的目的是为了批评朝鲜朝那些视商家之事为"鄙屑事"的性理学家，同时也表明了他对商业的高度重视。

2. "正德"与"利用厚生"

关于"正德"与"利用厚生"的关系，朴趾源给予了辩证的回答。他一方面强调"以正德为本"，另一方面又指出"利用厚生"应排在"正德"前面。如他说："大禹之所第次，武王箕子之所问答其事，则不过正德利用厚生之具，其用则不出乎中和位育之功而已矣。……吾先言五行之用，而九畴之理可得而明矣。何则？利用然后可以厚生，厚生然后德可以正矣。"②又如"利用成则后生行，后生行则正德成"。③ 这表明，朴趾源认为"正德"是元典儒学的

---

① 《隆福寺·热河日记》，《燕岩集》卷14，第253—254 页。
② 《燕岩集》卷1；转引自尹丝淳著：《韩国儒学研究》第158 页注①。
③ 《燕岩集·热河日记·渡江录》；转引自《韩国儒学史》（下），第122 页注①。

最终目的和最高价值,所以他认为"利用厚生"应以"正德"为本。以"正德"为本,表明了他作为一名儒学者的态度。但是,朴趾源又不是一般的性理学者,他是主张实用,重视现实,强调实效的实学家,所以在先后次第上,他主张先"利用厚生",然后"正德"。这种以"正德"为本,以"利用厚生"为末;同时又以"利用厚生"应先于"正德"的主张和思维方式,恰好说明了"实学是改新的儒学"这一道理。也说明了朴趾源作为"利用厚生"实学派代表学者的基本立场,即主张重视现实事物与效果,同时也主张正德修身,将"正德"与"利用厚生"同时视为"修己治人"的表现。

3."富贵共之"的和谐社会

"富贵共之"的和谐社会是朴趾源的一种理想。他深入中国的辽、热、京、冀等地,看到当时的清朝由于开物成务、利用厚生,到处是一片繁荣富饶的盛景。作为实学家的朴趾源希望自己的国家也能够一天天强盛起来,最终实现"国富民强"。于是,朴趾源在《热河日记》中写了一篇名为《玉匣夜话》的随录。在《玉匣夜话》中提出了他关于"富贵共之"的和谐社会的思想。

文中主人公叫许生,他寒窗七年,功名未就,被妻子一顿数落而出走异乡,戴上刀具布匹在济州岛做起了马鬃生意。时东国人皆以马鬃制帽,许生想如能"悉收"马鬃,囤积数载,供需将大度倾斜。于是"居顷之,网巾价值十倍"。许生通过工商业而致富。致富后,一日问老篙师曰:"海外岂有空岛可以居者乎?"篙师曰:"有之。常漂风直西行三日,夜泊一空岛,计在沙门与长崎之间。花木自开,果瓜百熟,麋鹿成群,游鱼不惊。"听了篙师语后,许生大喜曰:"尔能导我,富贵共之。"于是,许生与篙师两人来到了空岛。篙师问许生:"岛空无人,尚谁与居?"许生回答说:"德者,人所归也。尚恐不德,何患无人?"作为朴趾源代言人的许生认为,只要

有德行,就不愁没有人跟随。许生将附近官府正在追捕的边山群
盗(即边山地方的起义农民)两千人召集于岛上,组织他们耕种、
生产、捕鱼,并前往日本长崎岛作贸易。岛上户户富饶,无盗无警,
一派其乐融融的祥和景象。①

　　朴趾源笔下的许生是一个经商致富而又不以致富为最终理想
的人,故他通过"利用厚生"即发展农工商,而创建了一个和谐的
富裕社会。这种和谐的富裕社会虽然是一种空想,却反映了朴趾
源作为"北学派"代表者主张"利用厚生",而使社会发展进步的先
进思想。

第七节　茶山丁若镛集大成的实学

　　丁茶山,名若镛,字美镛,号与犹堂、茶山、洌水。英祖三十八
年(1762)出生于京畿道广州郡马岘陵内里,以75岁卒于宪宗二
年(1836)。

　　茶山出身于业儒名门巨家,自幼颖悟、颇知文字,长而博学多
才、成实学之巨擘。然而茶山一生坎坷多歧,他于正祖七年
(1783)中进士、进入太学成均馆,正祖十三年(1789)殿试、被选召
启文臣,正祖十六年(1792)入玉堂弘文馆、为修撰,正祖十九年
(1795)历任谏院司谏、拜兵曹参议,深受正祖眷宠,常在奎章阁阅
览珍书。正祖去世,1801年(纯祖元年)开始严禁西学,由于丁茶
山曾读西教书籍,遂受难。如他在《自撰墓志铭》中所说"正宗大
王薨,于是乎祸作矣。……从李蘗游,闻西教、见西书,丁未以后

---

　　① 《玉匣夜话·热河日记》,《燕岩集》卷14,第183—186页;参见姜日天著:
《韩国后期北学派实学思想研究》,第142—143、第146页。

四、五年,颇倾心焉"。① 茶山的二哥丁若钟因深信西教被杀,大哥丁若铨被流配黑山岛,茶山则被流散于康津18年之久。这18年的流散生涯反而成就了他的学问,茶山的大量著作都是在这18年中完成的。如他在《自撰墓志铭》中所说:

> 镰既谪海上,念幼年志学,二十年沉沦世路,不复知先王大道,今得暇矣。随欣然自庆,取六经四书,沉潜究索。凡汉魏以来,下逮明清,其儒说之有补经典者,广搜博古,以定讹缪,着其取舍用备,一家之言。②

按着茶山《自撰墓志铭》的统计说法,他的著述有:
《毛诗讲义》(12卷)、《别作讲义补》(3卷)、《梅氏尚书平》(9卷)、《尚书古训》(6卷)、《尚书知远录》(7卷)、《丧礼四笺》(50卷)、《丧礼外篇》(12卷)、《四礼家式》(9卷)、《乐书孤存》(12卷)、《周易心笺》(24卷)、《易学绪言》(12卷)、《春秋考征》(12卷)、《论语古今注》(40卷)、《孟子要义》(9卷)、《中庸自箴》(3卷)、《中庸议义补》(6卷)、《大学公议》(3卷)、《熙政堂大学讲录》(1卷)、《小学补笺》(1卷)、《心经密验》(1卷)、《诗律》(6卷)、《杂文前篇》(36卷)、《杂文后篇》(14卷)、《经世遗表》(31卷)、《牧农心书》(48卷)、《钦钦新书》(30卷)、《我邦疆域考》(10卷)、《我邦备御考》(30卷)、《典礼考》(2卷)、《大东水经》(2卷)、《小学珠串》(3卷)、《雅言觉非》(3卷)、《麻科会通》(12

卷)、《礜零》(1 卷)等共二百六十余卷。①

茶山评价自己的这些著述为:

> 镰之志也,六经四书以之修己,一表二书以之为天下国家,所以备本末也。②

这就是说,经学思想是他修身的依据,为其本;"一表"(《经世遗表》)"二书"(《牧民心书》和《钦钦新书》)是他治国理民的准则,为其末。这里的"本"和"末",构成了茶山完整的实学思想。所以,茶山实学思想的基本内容包括两部分,即:一、经学之实学,二、经世之实学。下面,分别论述。

一、茶山的经学之实学

丁茶山认为儒家的经典非常伟大,有经天纬地之功用,能贯穿古今,弥盖宇宙。因此,十分重视对儒家经典的研究,如他说:

> 大抵经天纬地之谓经,圣作贤述之谓经,亘古今、弥宇宙之谓经。经也者,恒久之至道,不刊之鸿教也。汪涉浑灏,经之文也;简易渊邃,经之义也;光大贞明,经之教也。通明知化、尽精微之蕴,开物成务、极繁赜之几,优优乎大哉!③

但当他审视中国经学史,认为不论是汉唐儒者、还是宋明儒者,都

---

① 《诗文集·自撰墓志铭》,《与犹堂全书》(增补本)第 1 集,第 334、335、337 页;参见李丙焘著:《韩国儒学史略》,第 289、290 页。
② 《诗文集·自撰墓志铭》,《与犹堂全书》(增补本)第 1 集,第 337 页下。
③ 《诗文集·十三经策》,《与犹堂全书》(增补本)第 1 集,第 161 页下。

未能体现孔子和孟子典籍中的原义。对此,颇感忧虑。这种忧虑
之情,在他的论述中多次体现出来。如他说:

> 有宋诸君子出,而继洙泗不传之绪,扫汉唐穿凿之陋,拔
> 庸学于《礼记》之中,进《孟子》以配《论语》。而鼓一世以心
> 性道器之说,于是乎儒林道学歧焉。①
>
> 汉儒注经,以考古为法,而明辨不足,故谶纬邪说未免俱
> 收。此学而不思之弊也。后儒说经,以穷理为主,而考据或
> 疏,故制度名物有时违舛。此思而不学之咎也。②
>
> 盖宋贤论性,多犯此病。虽其本意亦出于乐善求道之苦
> 心,而其与洙泗之旧论或相抵牾者,不敢尽从。③

丁茶山指出中国汉代儒学者注经因学而不思的弊病,使明辨不足,
所以谶纬邪说也混于经注之中。而宋儒注经因思而不学之错,注
经忽视考据,以穷理为要,导置心性道器之说盛行,最终又分为理
学学派与心学学派。所以,这些儒者的经注都与孔子和孟子(洙
泗之旧论)的原意相抵牾。

　丁茶山认为自己的责任就是要"取六经四书,沉潜究索",恢
复元典经学的本来面貌。可见,丁茶山经学思想的主旨就是要回
归洙泗之学,即以孔子和孟子的论述为宗的元典儒学。丁茶山以
此思想作为他研究儒学经典的指南,对元典儒学作了具有实学意
义的解释。

---

① 《诗文集·十三经策》,《与犹堂全书》(增补本)第1集,第161页下。
② 《论语古今注》,《与犹堂全书》(增补本)第2集,第167页下。
③ 《中庸讲义补》,《与犹堂全书》(增补本)第2集,第61页下。

1. 对《论语》的解释

《论语》是孔子的弟子对孔子言论的记录,是研究孔子思想的重要典籍。丁茶山对此著有《论语古今注》共四十卷。

"仁"的思想是《论语》的一个重要观念。而"仁"与"孝"的关系,亦是《论语》的一个根本问题。《论语》中有一段讨论"仁"与"孝"的关系的重要文字说:"君子务本,本利而道生。孝悌也者,其为仁之本与!"对于这段话,儒学者有不同的解释。一般将"为仁之本"的"为"字解释成"是"的意思。"孝悌为仁之本",就是孝悌是仁之根本。

但是,宋儒程颢提出了一种新的解释。他说:"'孝悌也者,其为仁之本与!'言为仁之本,非仁之本也。"[①]程颢的弟弟程颐同意这种说法,并作了进一步的解释:"孝悌为仁之本,此是由孝可以至仁否?曰:非也。谓行仁自孝悌始。盖孝悌是仁之一事,谓之行仁之本则可,谓之是仁之本则不可。盖仁是性也,孝悌是用也。性中只有仁义礼智四者,几曾有孝悌来?仁主于爱,爱莫大于爱亲。故曰:孝悌也者,其为仁之本与!"[②]在程颐这段注释中,"仁"与"孝"的关系为"人为性,孝悌是用"。这也就是说,"仁"为"本","孝"为"用"。所以,按照二程兄弟的解释,"孝"不是"仁"的根本,只是"仁"的一种作用。可见,二程兄弟没有把"孝"视为"仁"的根本,只是认为"孝"是实现"仁"的一种功夫、一种方法而已。此后,朱熹也接受了二程的这种观点,将"孝"解释成实行"仁"的一种作为。"孝悌,乃是为仁之本,学者务此,则仁道自此而生

---

① 《河南程氏遗书》卷11。
② 《河南程氏遗书》卷18。

也".①

对于宋儒的这种解释,丁茶山提出了自己的观点。与宋儒一样,他也承认"仁"是孔子思想的命脉,也是人伦间一等重要的事情。如他说:

> 窃尝思之,吾人之一生行事,不外乎仁一字。何哉?仁者人伦之爱也。天下之事,由外乎于人伦者乎?父子、兄弟、君臣、朋友,以至天下万民,皆伦类也。善于此者为仁,不善于此者为不仁。孔子深知仁外无事。②

茶山认为天下万民构成了父子、兄弟、朋友、君臣等关系,处理这些关系的原则就是"仁"。善者为"仁",不善者为"不仁"。所以,人的一生行事就只有一个"仁"字。孔子的高明处也正是因为他"深知仁外无事"。

虽然"仁"很重要,但在"仁"与"孝"的关系中,丁茶山认为"孝"为"仁"的根本。如他说:

> 仁者二人相与也。事亲,孝为仁,父与子二人也。事兄,弟为仁,兄与弟二人也。事君,臣为仁,君与臣二人也。牧民,慈为仁,牧与民二人也。以至夫妇、朋友凡二人之间,尽其道者皆仁也。然孝悌为之根。
>
> 《孝经》曰:夫孝,德之本也。教之所由生也,教行而民焉有不归仁者乎?

---

① 朱熹:《论语集注》卷1,《四书章句集注》,第48页。
② 《论语古今注》,《与犹堂全书》(增补本)第2集,第267页上。

　　　夫仁人之有孝,犹四体之有心腹,枝叶之有根本也。故曰:夫孝,天之经也,地之义也,人之行也。孝悌也者,其为仁之本与!

　　【质疑】孝悌亦仁,仁亦孝悌。但仁是总名,事君、牧民、恤孤、哀鳏,无所不包。孝悌是专称,惟事亲、敬兄乃为其实,故有子谓诸仁之中,孝悌为之本。而程子谓"行仁自孝悌始",未尝不通。但程子曰"孝悌谓之行仁之本则可,谓是仁之本则不可",此与有子语不合。"仁"与"为仁"不必猛下分别也。①

　　上述引文中的第一段引文主要讲"仁"是人伦关系的根本,不论是事亲、事兄、事君,还是牧民等,都离不开"仁"。但是"孝悌"却是"仁"的根。为什么说"孝"为"仁"之根本?上述第二、第三段引文主要说明这个问题。

　　丁茶山引《孝经》的话,认为"孝为德之本"。按照儒家观点,仁、义、礼、智、孝等都是基本的德行,而"孝"为其根本。这就凸显了"孝"的地位。在上述第三段引文中,丁茶山将"孝"与"仁"的关系作了形象比喻,以此突出"孝"的根本性。他说仁人君子有"孝",就如同人的四肢有心腹,树的枝叶有根一样。对于人来说,大脑是支配四肢器官的,所以,大脑为人之根本。对于树来说,根深才能叶茂,所以,根为树之根本。因此,"孝"就是天经和地义,是天地间最根本的道德和行为。归根而论,"孝"为"仁"之本。

　　在三段正面论述的基础上,丁茶山又对二程关于"孝"是"为仁"之本,而不是"仁"之本的观点(即认为孝是仁之用,是实现仁

――――――――――

　　① 《论语古今注》,《与犹堂全书》(增补本)第2集,第157页。

的方法、工夫而已)提出了质疑。这就是上述第四段引文的内容。第四段引文中的所谓"总名"与"专称",就是讲"仁"与"孝悌"的关系。"总名"是指"仁"的所有关系而言,孝悌是其中的一种关系。但是就"专称"而言,孝悌不仅是仁之一事,而且是仁的本质,其他各种关系都可以从孝悌中产生。正因为如此,才说"孝"为仁之本。在丁茶山对"孝悌也者,其为仁之本与"的解释中,"为"字显然是"是"的意思。因此,它可以接受二程的"行仁自孝悌始"的说法,但是不同意其"孝悌谓之行仁之本则可,谓是仁之本则不可"这一解释。认为这一解释是在"仁"与"为仁"之间,"猛下分别",即将二者截然分开了。可见,丁茶山强调的是"孝"为"仁"之根本。从"仁"的内涵来说,"孝"既是仁的根本,也是实行仁的根本。这里,又涉及到关于"仁"的内涵问题,即什么是"仁"?

关于"仁"的内涵,丁茶山在解释孔子评管仲"如其仁,如其仁"这句话时说:

> 朱子曰:"管仲虽不得为仁人,而其利泽及人,则有仁之功矣。"案:仁者非本心之全德,亦事功之所成耳。然则,即有仁功,而不得为仁人,恐不合理。然孔子于二子之问,每盛言其功以拒未仁之说,而亦未尝亲自口中直吐出一个"仁"字,则孔子于此亦有十分难慎者,朱子之言其以是矣。①

这段引文中的关键之处是"仁者非本心之全德,亦事功之所成耳"。这表明丁茶山认为一切对人有利的"事功",都是"仁"。茶山从实际效果出发,认为一个人做出了仁的事功,产生了对人有利

---

① 《论语古今注》,《与犹堂全书》(增补本)第2集,第298页下。

的效果,这就是"仁",这个人就是仁人。可见,他的这种解释与实学的"实事实功"是相通的。这是茶山对"仁"的实学解释。

另外,从他视"孝"为"仁"之根本这一解释来看,也凸显了他的实学思想。从"孝悌为仁之本"的解释可以看出,丁茶山很重视家庭伦理关系,将其视为一切伦理关系的根基。仁不是超越的先验的普遍人性,而是现实的伦理关系。孝是仁的实质内容,是一种具体的、现实的方法、行为,是践履、实行。可见,丁茶山强调的是伦理原则的现实把握。这说明,丁茶山有一种强烈的现实关怀,力图将孔子的仁学运用到现实社会,产生实际的效用。①

2. 对《大学》的解释

《礼记》中的《大学》篇是儒家重要经典之一,对此,丁茶山特作《大学公议》和《大学讲议》两篇重要文章解释。茶山对《大学》的解释,彰显了他努力恢复儒学元典中的实学精神。

《大学》首章曰:"大学之道,在明明德,在亲民,在止于至善。知止而后有定,定而后能静,静而后能安,安而后能虑,虑而后能得。物有本末,事有终始,知所先后,则近道矣。古之欲明明德于天下者,先治其国;欲治其国者,先齐其家;欲齐其家者,先修其身;欲修其身者,先正其心;欲正其心者,先诚其意;欲诚其意者,先致其知,致知在格物"。朱熹将其中的"明明德"、"亲民"、"止于至善"概括为《大学》的"三纲领",将其中的"格物"、"致知"、"诚意"、"正心"、"修身"、"齐家"、"治国"、"平天下"称为《大学》的"八条目"。这"三纲领"和"八条目"成为儒学者论述、诠释的重要问题。对此,丁茶山指出,"三纲领"和"八条目"的基础是《大

---

① 参见蒙培源著:《丁若镛的"仁学观"》,刊于《第三届茶山国际学术研讨会论文集》2005年清华大学,第348—350、355页。

学》首章的首句"在明明德"。为此,茶山作出了自己的独特解释。

《大学》中最关键的命题是"明明德"。对于"明明德"的解释有:

郑玄注说:"明明德,谓显明其至德也"。① 这是说"明德"为"至德",即最高的道德。"明明德"即彰显最高的道德。但什么是最高的道德? 这个问题,郑玄没有说明。

孔颖达疏:"在明明德,言大学之道,在彰明已知光明之德。谓身有明德,而更彰显之"。这是说,"明明德"为自身的光明之德,使之彰显出来。孔疏只对"明德"作字面解释,为"光明之德",并且认为这"光明之德"为自身所有。但"光明之德"是什么? 也未作说明。

朱熹解释说:"明,明之也。明明德者,人之所得乎天,而虚灵不昧,以具众理而应万事者也。但为气禀所拘,人欲所蔽,则有时而昏;然其本体之明,则有未尝息者。故学者当因其所发而遂明之,以复其处也。"②这里所说的"得乎天,而虚灵不昧"就是天所赋予的"仁义礼智"之性。但由于受人欲所蔽,使这"虚灵不昧"之体昏暗不明,必须经过教化引导,使其恢复原来的面目。因此,朱熹认为"明德"是先验的仁义礼智之性,亦是"理"。

相对于上述注释,茶山作出了自己的解释。他于"在明明德"这一栏目下开篇就说:

　　　明者,昭显之也;明德也,孝悌慈。③

---

①　《礼记·大学》,《十三经注疏》中华书局影印本,第 1673 页。

②　朱熹:《四书章句集注·大学》。

③　《大学公议》,《与犹堂全书》(增补本)第 2 集,第 3 页下。

这表明,茶山将"明德"解释为"孝悌慈"。他的这种解释与上述各种解释都不同,视"明德"为"孝悌慈",非常直白、非常通俗。

接着,茶山又阐述了视"明德"为"孝悌慈"的理由。他是这样论述的:

> 《周礼·大司乐》以六德教国子曰:中和,祗庸,孝友。中和,祗庸者,《中庸》之教也;孝友者,《大学》之教也。大学者,大司乐教胄子之官,而其目以孝友为德。《孟子》曰:学则三代共之,皆所以明人伦也。明人伦,非明孝悌乎?……明德非孝悌乎?虚灵不昧、心统性情,曰理、曰气、曰明、曰昏,虽亦君子之所致意而断断非古者太学教人之题目。……设教题目,孝悌慈而已。《尧典》曰:慎徽五典,曰敬敷五教。五典五教者,父义、母慈、兄友、弟恭、子孝也。……然兄友、弟恭,合言之则悌也;父义、母慈,合言之则慈也。然则孝悌慈三字乃五教之总括,大学之教胄子,胄子之观万民,其有外于此三字者乎?……明明德全解,当于治国平天下节求之矣。乃心性昏明之说,绝无影响。惟其上节曰:孝者,所以事君也;悌者,所以事长也;慈者,所以事众也。其下节曰:上老老而民兴孝,上长长而民兴悌,上恤孤而民不倍。两节宗旨,俱不出孝悌慈三字,是则明明德正义也。①

这段论述主要讲述了如下三层意思:

第一,丁茶山认为将"明德"解释为"孝悌慈"是符合儒学元典本意的阐释。为此,他举《周礼》的话说,大学就是教授胄子的学

---

① 《大学公议》,《与犹堂全书》(增补本)第2集,第3页下—第4页上。

宫,而教授的内容为"六德"。"六德"中的"孝友"即"孝"德,就是
《大学》很重要的一个内容。接着,又举《孟子》的话说,学习主要
就是明人伦,而明人伦不就是明"孝悌"吗? 所以,"明德"就是"孝
悌"。最后,又举《尧典》的话说,所谓"五典五教"就是父义、母慈、
兄友、弟恭、子孝,而兄友、弟恭为"孝",父义、母慈为"慈"。所以,
"孝悌慈"三字是"五教"的总括。而大学教授胄子,胄子面临万
民,不也就是"孝悌慈"这三个字吗?

　　可见,丁茶山将"明德"解释为"孝悌慈"是依照了儒学元典的
本意,彰显了"明德"的人伦伦理内涵,是对元典儒学的一种回归。

　　第二,丁茶山认为对"明明德"的解释,应与"治国平天下"联
系起来考虑。为此,他解释所谓"孝"就是"事君",所谓"悌"就是
"事长",所谓"慈"就是"使众"。这就是说,臣子尽力侍俸君主,
就是"孝";下辈人尽力侍俸上辈人,就是"悌";君主合情合理地统
治万民,就是"慈"。换言之就是,统治层如能以老为老,那么万民
则兴孝;统治层如能以长为长,那么万民则兴悌;统治层如能体恤
单孤,那么万民则不背。如果人人都能做到"孝悌慈",那么国可
治,天下可平。这就是"明明德"正义。无疑,丁茶山的这种解释
凸显了他的实学思想。

　　为了明白地表示他的以上两层解释内容,丁茶山特绘"明明
德"图示①如下:(见图13)这一图示表明丁茶山思想中的"明明
德"具有两方面的性质。一方面说明"明德"就是"孝悌慈",所以,
"明德"就是人伦伦理。这就是它的伦理性。另一方说明"明明
德"就是事君、事长、事众的过程,也就是天子和庶人修身的过程。
而这一过程的结果就是"治国平天下"。可见,"明明德"就是实

---

　　① 《大学公议》,《与犹堂全书》(增补本)第2集,第6页下。

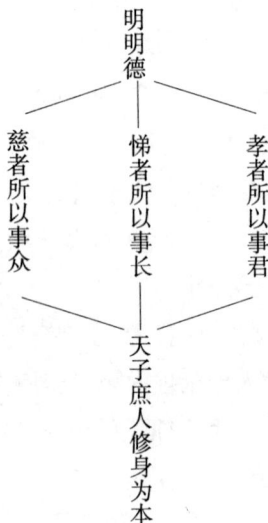

图 13　明明德图

行、实践、实功。这是它的实践性。强调"明明德"的伦理性和实践性,是茶山诠释《大学》的基本特点。

第三,丁茶山从"明明德"的伦理性和实践性这一形而下的立场出发,反对朱熹将"明明德"解释成"虚灵不昧"、"具众理而应万事"的形而上说法。在上述引文中,茶山明确指出:"明德"不就是"孝悌慈"吗？说什么理呀、气呀、明呀、昏呀等,都不是《大学》教人的题目。设教的题目,唯有"孝悌慈"而已。为了明确表达这一观点,丁茶山在回答学生关于"明德"是否如朱熹所说是"虚灵不昧"时,亦多次阐述了自己视"明德"为"德行"即"孝悌慈"的观点。例如《大学公议》中有这样的记录:

【答难】或问曰:心体虚明故谓之明德,有时而昏,人复明之,故谓指明明德。孝悌为物,本不虚明,不可谓明德。既不时昏,亦无复明,不可曰明明德。岂不然乎?

答曰:《诗》云:予怀明德。《易》曰:自昭明德。《周书》云:明德为馨(见《左传》)。《春秋传》曰:选建明德,以藩屏。《周》又曰:分鲁公以大路大旗以昭周公之明德。岂皆心体之谓乎? 凡德行之通乎![①]

这里,茶山在回答学生怀疑"明德"为"孝悌慈"时,举儒家经典《诗》、《周易》、《左传》、《春秋》中的记载,说明"明德"不是形而上的虚明的心体,而是一种伦理道德,是一种伦理行为。也就是说,茶山强调的是形而下的方面,他认为主张形而下,这才是儒学元典的本意。为此,他在回答朝鲜国王"亲策问《大学》"时,说:

臣妄窃以为,《大学》之极致,《大学》之实用,不外乎孝悌慈三者。今欲明《大学》之要旨,必先将孝悌慈三自疏涤表章,然后一篇之全体大用,乃可昭也。[②]

丁茶山认为《大学》的关键是"明明德",而"明明德"的主旨是"孝悌慈"。在茶山的解释中,"孝悌慈"既是一种人伦伦理,也是一种实践实功。所以,一部《大学》讲的就是天子、庶人的修身之道,讲的就是治国平天下。这种解释,充分表达了丁茶山的实用实功的实学思想。[③]

---

① 《大学公议》,《与犹堂全书》(增补本)第2集,第5页下。
② 《大学公议》,《与犹堂全书》(增补本)第2集,第4页下。
③ 参见丁冠之著:《丁茶山〈大学〉义解对朱熹的驳论》,刊于《第三届茶山学国际学术研讨会论文集》,第252—253页。

3. 对《周易》的解释

在对儒学经典的注释中,《周易》是丁茶山关注的重要经典。他从实学立场出发,重新对《周易》中的一些重要范畴作了解释。例如:

关于对"太极"的解释:

"太极"始见于《周易·系辞上传》。朱熹的学生陈淳说:"古经书说太极,惟见于《易》,《系辞传》曰:'易有太极'。"在陈淳看来,秦汉以后,对于"太极"的解释都说差了。如汉郑玄:"极中之道,淳合未分之气也"。唐孔颖达:"太极谓天地未分之前,元气混合为一,即太初太一也"。这些注释"都说属形气去了"。即使先秦的庄子,"谓道在太极之先,……而道又别是一个悬空底物,在太极之先,则道与太极分为二矣,不知道即是太极"。他们都没有把"太极"的真谛解释清楚,唯周敦颐作《太极图》,"方始说得明白"。[①] 朱熹又发展了周敦颐的思想。

朱熹既不同意"太极之先"别有一物,也不同意"太极"属于"形气"之类。他认为,"太极"就是"理"。如他说:"太极只是一个理字。""盖太极是理,形而上者;阴阳是气,形而下者"。[②] 在朱熹思想中,称"太极"为"理",有两个意思:一是枢纽的意思,它在事物之中,四面都围绕"太极"而运转,但"太极"自身不动。二是主宰的意思,天地的常运长存,人物的生生不息,都是由"理"为之主宰。[③]

---

① 以上引文均见陈北溪:《太极》,《北溪先生字义》卷下,中华书局1983年版。
② 《朱子语类》卷1,卷5。
③ 参见张立文著:《朱熹思想研究》,中国社会科学出版社1981年版,第214—215、217页。

　　针对朱熹对"太极"的这种诠释,丁茶山作出了另一种解释。他在《易学绪言》中对"太极"作了集中论述。如他讲:

　　太极者,阴阳混沌之物。太极分而生一阳一阴可也。一阳既是纯阳。如何生得少阴;一阴既是纯阴,如何生得少阳。若云阳中包阴,阴中包阳是。一阳仍是太极,太极仍是一阴,混沌仍未分矣。①

　　太极者,天地未分之先,混沌有形之始,阴阳之胚胎,万物之太初也。其名仅见于道家,而周公、孔子之书偶未之言。非敢曰天地之先,此无太极。但所谓太极者,是有形之始,其谓之无形之理者,所未敢省悟也。濂溪周先生绘之为图,夫无形则无所谓图也。理可绘之乎? 然此皆论《太极图》之太极也。夫《易大传》之云:"易有太极者。"是谓揲蓍之先,五十策之禾分者,是有太极之象,太极之貌也。故借以名之曰:"易有太极"。若谓是八卦诸画之先,又有彼混沌不分之物为之胚胎,则大荒唐矣。②

　　论曰:马融以北辰为太极,今人愕然不信。然求诸字义,实无错误。原夫极者,屋极也。中隆而受四聚者,谓之极。故皇极居中,以受八畴之聚。商邑居中,以为四方之极。建其有极,归其有极,以为民极。凡古经用极字,皆此一义,未有以混沦溟涬之气、冲莫玄妙之理名之曰极者也。③

---

①　《易学绪言》,《与犹堂全书》(增补本)第3集,第517页下。
②　《易学绪言》,《与犹堂全书》(增补本)第3集,第524页上。
③　《易学绪言》,《与犹堂全书》(增补本)第3集,第527页下—548页上。

　　上述三段引文中的第一段引文主要说明"太极"就是"物",即"阴阳混沦之物"。丁茶山分析说,如果"太极"是纯阳,那怎么能生出"少阴"? 如果"太极"是纯阴,又怎么能生出"少阳"? 可见,"太极"是阴中有阳、阳中有阴的"阴阳混沦未分之物"。明确地将"太极"解释为"物",这是茶山实学思想的反映。上述第二段引文则强调"太极"是有形的物,而不是无形的理。丁茶山指出"太极"就是阴阳的胚胎和万物的太初,所以在天地未分开之时,他就以有形之物(阴阳混沌之物)的形式存在着。因此,称他为"有形之始"。正是因为"太极"是有形之物,所以周敦颐(周濂溪)才能画出《太极图》来。如果认为"太极"是无形之"理"的话,那么作为无形之理的"太极",能够绘出来吗? 至于《易》所说的"易有太极",则是说在揲蓍之前,五十策未分时,有"太极"的"象"和"貌"而已。这里,丁茶山将"太极"解释为形而下之物,就是为了批评朱熹将"太极"诠释为形而上之理。上述第三段引文通过对"太极"字义的分析,再次说明了"太极"作为形而下之物,就如同屋极一样。而且古典中的"太极"都是这一意思。由此,丁茶山再次批评了以"冲膜玄妙"的形而上之"理"来解释"太极"的说法。值得注意的是,丁茶山在这段引文中还指出,将"混沦溟滓之气"解释为"太极",也是不妥的。这种说法一方面强调了丁茶山力图表明"太极"只是有阴阳构成的一种混沌未分的物,而不是任何"混沦冥滓之气"的混合体;另一方面也表明了丁茶山的唯实精神,正是因为"太极"是阴中有阳、阳中有阴的"阴阳未分之物",所以才能够生出"少阴"、"太阳"来。

　　可见,将"太极"释为形而下的"阴阳未分之物",这是丁茶山思想的特点。这一特点亦是他实学思想的具体反映。

　　关于对"两仪"、"四象"、"八卦"的解释:

"两仪"、"四象"、"八卦"是《周易》揲蓍之法中的基本概念,丁茶山对此也作出了自己的解释。他在《论邵氏八卦次序之图》中说:

> 所谓两仪者,即分而为二,以象两者也。四象者,即揲之以四,以象四者也。经文赫然,谁敢易之。两者,阴阳之清浊也。四者,天地与水火也。八者,天火以生风霜,地水以生山泽也。此两此四,皆有形、有质、可见、可摸之物。何得曰仪而曰象乎?揲蓍之法,依此两而象此四,故曰仪曰象。今指本物,冒之以仪象之名,其亦违之实矣。①

茶山的这番议论是针对中国北宋五子之一的邵雍(1011—1077)的《伏羲八卦次序图》而发。邵雍的《伏羲八卦次序图》(见图14)如下:

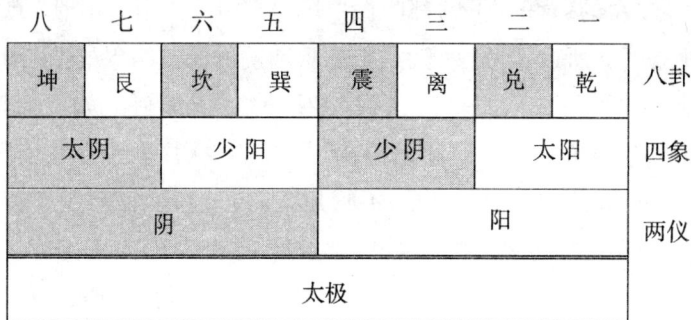

图14　伏羲八卦次序图

此图最下一层为"太极",邵雍释"太极"说:"心为太极","道

---

① 《易学绪言》,《与犹堂全书》(增补本)第3集,第517页下。

为太极"。① 由于太极"主乎动静",即产生"两仪"(阴阳)。关于"两仪",邵雍说:"阳不能独立,必待阴而后立,故阳以阴为基。阴不能自见,必待阳而后见,故阴以阳为唱。阳知其始而享其成,阴效其法而终其劳"。② 在邵雍思想中,凡属正面、阳面、上面的均属"阳",凡属反面、背面、下面的均属"阴"。而"两仪"分化为"四象",即"太阳"、"少阴"、"少阳"、"太阴"。最后,"四象"又演化为"八卦",即"坤"、"艮"、"坎"、"巽"、"震"、"离"、"兑"、"乾"。邵雍解释上述过程为:"阴阳生而分二仪,二仪交而生四象,四象交而成八卦,八卦交而成万物。"③邵雍的特点是从象和数两个方面研究《周易》,故它的学问又称为"象数学"。④

关于邵雍称"太极"为"心"、为"道",对此,如上所述,丁茶山释"太极"为"阴阳未分之物"。

在《伏羲八卦次序图》中,邵雍将正的、阳的、上的都叫做"阳",将反的、背的、下的都叫做"阴"。这里的"阳"和"阴"就是一种"象"。所以,"两仪"就是阳的象和阴的象。四象的"太阳"、"少阴"、"少阳"、"太阴",也是从"象"的角度来称呼。如:"太阳"就是最阳、最正,"太阴"就是最阴、最背,"少阴"就是阳中有阴,"少阳"就是阴中有阳。可见,不管是"两仪"还是"四象",都是虚的象,而不是实的物。由"四象"演化出的"八卦"亦是这样。对此,茶山明确将"两仪"、"四象"、"八卦"解释为是"有形、有质、可见、可摸之物"。他说所谓"两仪",就是一个对象"分而为二",即

---

① 邵雍:《观物外篇上》,《邵子全书》卷5,中华书局1983年版。
② 邵雍:《观物外篇上》,《邵子全书》卷5。
③ 邵雍:《观物外篇上》,《邵子全书》卷5。
④ 参见赵宗正著:《邵雍》,刊于《中国古代著名哲学家评传》(续篇)第3集,齐鲁书社1982年版,第212页。

一物分为两物。所谓"四象"，就是天、地、水、火。所谓"八卦"，就是天、地、水、火、风、雷、山、泽。这就是说，"两仪"、"四象"、"八卦"都是可触摸、可明见的有形质的物。丁茶山的这种说法是一种唯物、唯实的解释。

关于对"万物生成"的解释：

"万物是如何生成的"？历代哲学家都对这一问题作出了自己的解释。丁茶山也对此作出了实证的说明。如他说：

> 天地之理，一生两，两生四，故先儒强以羲皇画卦之法为两四之象。然一生两者，分一而为两，非于太极之外添出个天地也（太极之分为天地）。两生四者，分两而为四，非于天地之外添出个四气也（今所云二阳二阴）。四生八者，分四而为八，非于四气之外添出个天地水火风雷山泽也。①

丁茶山认为万物的产生在于事物内部的演化、分化。因为天地之理就是一生二、二生四、四生八、八生万物。循着这个道理，太极可以一分为二，生出天与地。天、地不是在太极之外产生的，而是太极自身一分为二的结果。同样，天（阳）于地（阴）自身又二分为四，生出天地水火。天地水火自身又分为八，生出天地水火风雷山泽。可见，万物的产生是事物自身内部矛盾运动、变化的结果。为了更通俗地阐明这个道理，茶山还举了西瓜从小长大到瓜熟的例子。他讲：

> 造物生物之法，虽若广大，其实皆用一例。西瓜之始生

---

① 《易学绪言》，《与犹堂全书》（增补本）第3集，第527页下。

也，其小如粟，而就其体中求其所以渐大之故，则先自蒂始，小舒为圆形，复收为花脐，乃实乃胀以成大瓜。天地创造之初，其法亦必如此。北辰者，瓜之蒂也，渐舒为圆形，复收为南极。南极者，瓜之脐也。草木瓜蓏、百果百谷，其例皆同，则洪造之初，其法应然。①

茶山讲：西瓜从如粟小般长大、长圆、长熟，其原因"就其体中求其所以渐大之故"。西瓜自身的内因，内部的力量使它逐渐发生了变化。这一实证的例子说明了天地之形成、草木瓜蓏、百果百谷之生成，皆不例外，皆是因为事物自身内部的原因。万物形成的根源，不在事物的外部，而在其自身内部。这就是"造物生物之法"。②

　　丁茶山对天地、万物生成的实证主义的解释，表明了他重视实例、重视实践的唯实观点。正是从这一实学观点出发，他评价《周易》的价值说："原来《周易》是义理书，不干卜筮"。③

　　总之，丁茶山对儒家经典的解释，突出了一种唯实、唯物的精神。这种精神正是他的实学思想的精义。茶山的经学实学思想成为他经世的指导原则。

二、茶山的经世之实学

　　正像茶山自己所云，如果他的经学实学为其本、为其体的话，那么他的经世实学则为其末、为其用。而反映他经世实学的代表

---

① 《易学绪言》，《与犹堂全书》（增补本）第3集，第548页上。
② 《易学绪言》，《与犹堂全书》（增补本）第3集，第548页上。
③ 《易学绪言》，《与犹堂全书》（增补本）第3集，第555页下。

著作为《经世遗表》、《牧民心书》、《钦钦新书》即"一表二书"。其中,《经世遗表》集中阐述了他的经世主张;《牧民心书》则阐明了作为地方官吏应如何体察民情、防止贪贿诸事宜;《钦钦新书》则是一部专讲立法断案的法治书。下面,分别介绍其基本内容并从中审视丁茶山的经世实学思想。

1.《经世遗表》

《经世遗表》是丁茶山治国理民的指导思想和具体措施的总汇,集中反映了他"为国之计,贵在务实,不在虚文"的求实、求真的实政思想。

丁茶山认为治国理民的关键在于官吏,而官吏的职责则是:

> 虑实事而建实职,怀实心而行实政,奋发事功,以成虞周之治。①

上文中的"实事"、"实职"、"实心"、"实政"、"事功"充分反映了丁茶山的实学精神。他认为治国理民的官吏考虑的应是"实事",履行的应是"实职",胸怀"实心",日行"实功",就可成就"事功",而成理想的虞周之治。所以,茶山治国的基本方针就是:

> 大凡为国之计,贵在务实,不在虚文。②

这就是说治国的大计在务实,而能够实行这种"务实"大计的官吏,则是十分必要的。为此,茶山专门论述了如何培养、选拔"唯

---

① 《经世遗表》,《与犹堂全书》(增补本)第5集,第15页下。
② 《经世遗表》,《与犹堂全书》(增补本)第5集,第276页下。

实"的人才。他在《治选之额》中批评了科举选人的方法,竭力推荐有治国理民实才的选才方略。如他说:

> 选治方法,为科举之目,不足以尽国人才之材也。臣窃伏念科举者,志士之所深耻也。中世之前,科规未坏,修洁之士黾勉赴试,故赵李诸先王,皆以科目出身。自仁祖朝以降,科场益淆,自好者皆不入场屋。于是经行之目归于山林,而科目出身者,不复敢以儒者自处,此古今之别也。……世固有邃学精识、绝类超群,而以之为诗赋表策反不如轻薄小儿逞其斗筲之才者。昔见一士,淹贯六经、融通诸史、精于历象、明于数理、劈毫剖芒、入于微密、骋辨如河、四座敛容,单骑词翰之技至拙极涩,尽日擢肠不成数章,若是者苟必以科目絷之。则虽学贯天人,才比管葛,终于弃物而已。臣目见此人,故知科目不足以竭贤也。……又凡山野之人,每以卿相家子弟目之为席势,每云肉食无谋、纨绔寡识、然幼学童习在于官方,耳闻目见、熟于庙谟,苟范家儿皆足以专对四方,王谢子弟终异于寻常百姓,特其门庭热闹、应酬浩穰,有不能专治科举之业耳?以之猝入场屋,与寒门若工之士角力斗能,则诚不能相为敌手,而以之任职、居官,决国论而行国政,则沛然若江河之不可御者多矣。若是者又必以科目囿之,卒枯槁以死,而雕虫绣虎之枝,盘踞庙堂之上,则其于收人才而亮天工,亦已疏矣。[①]

丁茶山指出,科举选治不能遴选出有真才实学的贤士。他举自己亲自见闻说明世间有许多上通天文、下知地理、精于历象、明于数

---

① 《经世遗表》,《与犹堂全书》(增补本)第5集,第288页下—289页上。

理的人才贤士,只是不会作诗写文章,被视为废弃之人。而那些仕宦之子弟,仅凭着一诗半文,由科举而踏上仕途。然而在经国理民的实践中,不论是决国论,还是行国政,都只是纸上谈兵的雕虫绣虎之技,无丝毫的真才实学。茶山指出切忌任用这样的人为官理政,应选拔那些干实事、有实才的人,方是治选之策。为此,他在文官、武官的选拔人数、方式、内容等方面均作了详细论述,其目的就是为国家选拔、培养能够奋发事功、治国有方、理民有策的贤达人士。

丁茶山务实的治国方略,除了务实的治国人才之外,还有两个重要方面,即一是重视发展工商业,二是重视发展农业。

关于发展工商业,丁茶山强调要"利用厚生",他说:

> 臣谨按《春秋》传:正德、利用、厚生。为王者致治之大目。[1]

这是他对"利用厚生"实学派的继承。如何利用厚生,他在《经世遗表》的春、夏、秋、冬各官工曹篇中,大量地论述了筑城、茶业、畜牧、采金、冶铁、树艺、造船、车制、武备等技术应用问题,探微问几,深入研究。[2] 在利用厚生的实践中,茶山又特别强调机械的运用及科学技术在工艺活动中的作用。如他说:

> 农器便利,则用力少而谷粟多;织器便利,则用力少而布

---

[1]　《经世遗表》,《与犹堂全书》(增补本)第5集,第36页下。
[2]　参见姜日天著:《丁若镛的"实践实用之学"》,刊于葛荣晋主编:《韩国实学思想史》,第367页。

帛足;舟车之制便利,则用力少而远物不滞;引重起重之法便利,则用力少而台榭堤防坚。此所谓来百工,则财用足也。然百工之巧皆本之于数理,必明于勾、股、弦、锐、钝角,相入相差之本理,然后乃可以得其法。苟非师付曹习、积有岁月,终不能袭而取之也。①

茶山的这些论述皆在主张发展器物技术,强调科技的重要性,以满足民众的物质生活需要,达到国家富裕的目的。这就是"王者致治之大目"。

关于发展农业,丁茶山在《经世遗表》中的《地官户曹第二》部分,进行了详细论述。尤其是对于"田制"的改革,在对"井田制"进行历史分析的基础上,又提了自己的改革主张。他的这一思想也是对于"经世致用"实学派重视农业思想的继承和发展。

丁茶山关于农业改革的思想,除了在《经世遗表》中有所论述外,在《诗文集·论》中,仅"田制"就有"田论一"、"田论二"、"田论三"、"田论四"、"田论五"、"田论六"、"田论七"。在这七论中,他对历史上出现的"井田"、"均田"、"限田"等土地制度分别作了考察,指出其缺陷,最终提出了一种"闾田"制。关于"闾田"制,茶山有如下论述:

> 今欲使农者得田,不为农者不得之,则行闾田之法,而吾志可遂也。何谓闾田?因山溪川原之势而划之为界。界之所函,名之曰闾(周制二十五家为一闾,今借其名,约于三十家,有出入,亦不必一定其率)。闾三为里(风俗五十家为一里,

---

① 《经世遗表》,《与犹堂全书》(增补本)第5集,第36页下。

今借其名,不必五十家)。里五为坊,坊五为邑。间置间长,
凡一间之田,令一间之人咸治厥事,无此疆尔界,为间长之命
是听,每役一日,间长注于册薄。秋既成,凡五谷之物,悉输之
间长之堂,分其粮,先输之公家之税,次输之间长之禄,以其余
配之于日役之薄。①

这是一种"耕者有其田"的平均分配的农业政策。茶山主张,凡是
农者都应有农田,将二十五家分为一间。间有间长,每日派工记
册,秋季收获后,在按每人的劳动多少分得粮食。这种田制法,是
茶山的志向。

同时,茶山还主张寓兵于农,将"间田"制与"兵役"制相结合。
他说:

古者寓兵于农,今行间田之法,则其于制兵也尤善矣。国
制兵有二用:一以编伍以待疆场之变,一以收布以养京城之
兵,二者不可废也。编伍之卒,常无统领,将卒不相习、不相为
用,奚其为兵哉? 今间置间长,令为哨官;里置里长,令为把
总;坊置坊长,令为千总;邑置县令,令得节制,则制田而兵在
其中矣。②

这里,茶山将"农"、"兵"、"政"合三为一,使"间田"制成为了亦农
亦武亦政的最基本的也是最全面的行政单位。诚然,这是茶山的
一种理想,但这种理想中也显示出了丁茶山务实的治国方略。

---

① 《诗文集·论》,《与犹堂全书》(增补本)第1集,第223页下。
② 《诗文集·论》,《与犹堂全书》(增补本)第1集,第224页下。

2.《牧民心书》

何谓"牧民"？何谓"心书"？丁茶山在《牧民心书》"自序"中说：

> 昔舜绍尧咨十有二牧，俾之牧民。文王立政乃立司牧，以为牧夫。孟子之平陆以刍牧喻牧民，养民之谓牧者，圣贤之遗义也。圣贤之教，原有二途，司徒教万民使各修身，大学教国子使各修身而治民。治民者，牧民也。……其谓之心书者，何有牧民之心而不可以行于躬也。是以名之。①

这表明，"牧民"就是"治民"，就是治理民众的官吏。所谓"心书"，就是说要以真心、诚心躬于行，在治民的实践中，以心待民。所以，《牧民心书》讲的就是官吏应如何修养，做一个为民称赞的好官、清官。为此，丁茶山专门写有："赴任六条"，内容有除拜、治装、辞朝、启行、上官、莅事；"律己六条"，内容有：务躬、清心、齐家、屏客、节用、乐施；"爱民六条"，内容有养老、慈幼、振穷、哀丧、宽疾、救灾等具体内容。

《牧民心书》最强调的一点就是为官要"廉俭"。如茶山说：

> 廉者，牧之本务，万善之源，诸德之根。不廉而能牧者，未之有也。
> 爱民之本在于节用，节用之本在于俭，俭而后能廉，廉而后能慈。俭者，牧民之首务也。②

---

① 《牧民心书》，《与犹堂全书》（增补本）第5集，第299页。
② 《牧民心书》，《与犹堂全书》（增补本）第5集，第319页上、303页下。

牧民的首务和本务就是"廉"、"俭",因为唯有"廉"才能有"善",有"德";因为唯有"俭"才能"慈"、才能"爱民"。可见,治民、理民的首务,就是牧民者要"廉俭"。当牧民者"廉俭"之后,才能为民着想,为民谋利。这也就是以真心、诚心、善心治理民众。这样的牧民者,必定会受到民众的爱戴,也一定会有理民的实际业绩。

3.《钦钦新书》

《钦钦新书》是一部关于执法、断案的法治经典。丁茶山解释"钦钦"之义为"钦钦固理刑之本也"。[①] "钦钦"就是"忧思"的意思,引申为深思、慎思。所以,丁茶山在《钦钦新书》开篇就说:

> 断狱之本在于钦恤。钦恤者,敬其事而哀其人也。[②]

这是说断狱的根本在于"恤刑",即用刑慎重不滥。而要做到这点,就必须"敬其事"(尊重事情的客观实情),"哀其人"(同情与案件有关的人)。总之,就是以人为本,实事求是。

关于断狱之法,茶山又说:

> 然且断狱之法,有经有权,不可胶柱。其或法律之所未言者,宜以古训古事,引之为义,以资参酌。[③]

---

① 《钦钦新书》,《与犹堂全书》(增补本)第6集,第62页下。
② 《钦钦新书》,《与犹堂全书》(增补本)第6集,第63页上。
③ 《钦钦新书》,《与犹堂全书》(增补本)第6集,第63页上。

这是审案断狱的判断准则,要以经、权为据,或以古训、古事为资参考。其意是说断狱要有客观标准,不可以主观的想象、爱恶为根据。这也就是强调断狱要"敬法"。

可见,"恤刑敬法"是《钦钦新书》的核心内容。

丁茶山集"经世致用"实学派和"利用厚生"实学派之长,成为朝鲜朝实学之大成者。

第五章　近代儒学

（1860—1945 年）

第一节　近代儒学纵观

韩国的近代哲学,按照韩国学者的观点大致从公元 1800 年开始。19 世纪实学派代表者丁若镛和金正喜被认为是近代哲学的最初代表。①

实学产生于朝鲜王朝的后期,是对性理学的一种革新。实学的基本指向是藐视脱离实际的空洞的观念游戏,强调经验、实证的科学性,提倡批判的、独创的、否定权威的自由性。这种实学思潮发展至 18 世纪末 19 世纪初时,已孕育出了近代哲学的萌芽。

虽然丁若镛和金正喜的思想具有了近代哲学的萌芽,但他们的思想还未彻底摆脱传统性理学的桎梏。因此,尚需树立一种新的思想,以标示近代哲学的一个新阶段。而这种新思想是与韩国近代社会的历史密切相关联。

韩国的近代史是一部饱受日本帝国主义侵略、沾满血和泪的历史,也是朝鲜民族不屈不挠、英勇奋斗的历史。从 1860年开化期始,日本帝国主义入侵朝鲜半岛,到 1910 年所谓的

---

① 参见《韩国哲学史》(下),第 174 页;参见柳承国著:《韩国儒学史》,第 196 页。

韩日"合邦",朝鲜半岛完全沦为日本帝国主义的殖民地。从1910年到1945年民族解放为止的这段期间,为日本帝国主义统治时期。

日本帝国主义不仅从政治、经济上,而且还从文化、思想上,全方位侵略、奴役半岛人民。但朝鲜民族是勇敢的民族,面对日本帝国主义的殖民统治,他们坚挺起民族的脊梁,努力提倡"民族主体意识"。因此,近代社会涌现出来的新思潮就是以鼓舞朝鲜民族得以再生为目标,以弘扬民族主体意识为基本内容的主体性哲学。这种主体性哲学也就是韩国近代儒学的基本取向。

一、强调人本思想

强调人本思想是韩国近代儒学普遍的思想潮流。例如在由崔济愚首创,崔时亨、孙秉熙继承、发展的东学派,就以强调人的尊严性、主张万物之中人为最灵为其基本观点。

"事人如天"是东学派的一个标志性口号。什么是"事人如天"的精神呢? 通俗地说,就是将人类的尊严作为一切价值的尺度。"事人如天"还包含着尊重"平等"的精神。如崔济愚自身的处世态度就早已超脱了一般的两班庶民观念,他从自我做起,将"平等"思想付诸于实践。像他将自己的法统传给身份低下的崔时亨,允许自己的儿子与家中的佣人结婚等,这些事例都是他的平等思想在实践中的切实体会。

在日本帝国主义侵略势力席卷朝鲜半岛,广大民众在日本帝国主义的肆意蹂躏而手足无措的境况下,这种主张强调人的尊严的平等的人本思想,正是在当时朝鲜半岛极度凝滞的情况下,围绕如何体现广大民众生存价值这一主题而产生的。

二、主张共生观念

在日本帝国主义的侵略下,朝鲜半岛变成为了日本的殖民地。在国家、民族危难之际,不屈的独立运动战士朴殷植以阳明学为基础,主张"儒教求新"论,并以此为理论指导,努力提倡"大同"思想。

朴殷植"大同"思想的要点是以提倡万物共生、民族与民族共生、国家与国家共生的观念以抵制用弱肉强食、优胜劣汰为招牌的帝国主义侵略理论,进而提倡民族自强论和"国家主义"。

朝鲜朝末期,西欧的社会进化论思想占据支配地位。西欧进化论主要包括"竞争原理"、"帝国主义强权论"、"进化原理"等内容。对此,朴殷植只接受了其中的"进化原理",并且还自觉地用"民族自强论"来对抗、抵制"帝国主义强权论"。具体说,他反对以优胜劣汰、弱肉强食的思维处理国与国之间的关系,主张依靠协作和大同来治理社会,解决国家间的问题。朴殷植大同思想的主要价值就是在强调民族与民族、国家与国家共生的基础上,主张高扬朝鲜民族的民族意识,为民族和国家的利益而献身的主体精神。有了这种精神,民族就可以昌盛,国家就可以富强,就可以自立于世界民族之林。

这种"共生"思想的实质是为了强化民族的主体性。

三、弘扬自强精神

以申采浩(1880—1936)为代表的朝鲜朝末期的抗日民族主义者主张运用自强主义思想谋求朝鲜民族的独立,这一思想成为韩国近代主体性思想的突出代表。

在韩国近代思想史上,受中国清末自强派的影响,从1901年到 1910 年这段时期,在韩国各地兴学会运动蓬勃兴起,其中有代表性的人物为组织大韩自强会的张志渊和朴殷植、申采浩三人。他们通过撰写文章鼓吹自强思想,以捍卫朝鲜民族的民族主体性。如朴殷植著《兴学论》,强调要保全"国魂"、"国脉",他所说的"国乃形也,史乃神也"便是要通过反映国魂的国史教育,培养爱国心,使作为"形"的祖国得以复活。申采浩是最早明确地认识到什么是朝鲜民族主体的思想家。为此,他提出了"我"和"非我"这对概念。他在《朝鲜上古史·总论》中说:"何谓我,何谓非我,浅而言之,居于主观位置者既为我,其他便为非我。例如,朝鲜人将朝鲜作为我,英、俄、法、美等则分别把自己国家作为我,而视朝鲜为非我,……"这是说,作为国家主体的"我"是指朝鲜民族,"非我"即指英、俄、法等民族。他把朝鲜民族作为一个民族国家加入到自强竞争之中,意在提升朝鲜民族的民族主体意识,并以此抗衡日本帝国主义的侵略。①

第二节　东学派以儒学为主的三教融合

东学是水云崔济愚(1824—1864)于 1860 年创立的,并由他的弟子崔时亨(1827—1898)和孙秉熙(1861—1922)作为信仰接受下来,传承于世。以后,李敦化又将东学作为一种哲学思想加以深化发展。在韩国近代史上,东学成为甲辰(1904)革新运动(指1904 年 8 月 30 日东学教徒组织进步会,发动 20 万群众举行示威,要求政府实施改革)和己未(1919)"三一"运动(指 1919 年 3 月 1日,东学第三代教祖孙秉熙等 33 位民族代表在首尔发表《独立宣

①　参见《韩国哲学史》(下),第 294—298 页。

言书》,高呼"独立万岁"并举行游行示威。这一民族独立运动迅
速发展到全国,600多团体,200万群众参加了反日运动。运动受
到日军镇压,死7500人,伤16000人,并有46000人被捕。为了纪
念这一抗日独立运动,3月1日这天,被韩国定为"法定节日")的
主导思想。可见,在日本帝国主义统治时期,东学思想为了反抗日
本帝国主义的殖民统治思想,在播种民族之魂,提倡民族的主体意
识方面,进行了不懈的努力。在这层意义上,可以说东学成了朝鲜
民族的精神支柱,主导了韩国的近代民族史。

东学的经典是《东经大全》,它是崔济愚于1860年至1863年
为阐明东学教义而撰写的汉文经典。《东经大全》由《布德文》、
《论学文》、《修德文》、《不然其然》、《叹道儒心急》、《八节》、《座
箴》、《笔法》八章构成。

其中,《布德文》是东学的宣言书,它在宣告东学创立的同时,
向世人宣布天主的恩德。

如果说《布德文》是《东经大全》的绪论,那么《论学文》则是
它的本核,是它的核心部分。"论学"就是论述学问的意思,也是
阐述东学的理论体系。《论学文》包含着东学的神观、人间观、善
恶观、历史观和修行观等。崔济愚根据他的宗教体验,领会了"吾
心即汝心"的心法。可以说这是《论学文》的精髓。

《修德文》是崔济愚为躲避官厅耳目隐居全罗道时,因担心家
乡庆州的弟子们误入歧途而著述的。《修德文》是在《论学文》的
基础上告诉人们如何培养和练就道德。

在《不然其然》这一章中,崔济愚以"不然"(指否定)和"其
然"(指肯定)这一独特的思维形式,阐明了如何理解天主的存在。
这篇是崔济愚在晚年,预感到了自己即将被捕,认为有必要强调东
学的宗教性而写作的。

崔济愚称东学为"五万年之运数",或是"五万年之道"。既然东学有五万年之大运,那么东学道人就不必心急,非要在当代完成布德于天下的大业,或者稍受挫折就产生急躁情绪。为了让人收敛和戒备急于求成的情绪,他著述了《叹道儒心急》一章。

《八节》指明、德、命、道、诚、敬、畏、心等修行的八项德目。因为共有八段话,故曰《八节》。

《座箴》是崔济愚写给弟子们的修道要领。它相当于座右铭,弟子们将它放置醒目的地方,天天看,并对照自己的言行,反省自己,以为警戒。

《笔法》就是书法。崔济愚教给弟子的是独特的书法。他强调每一笔每一画都要怀着修道之心态来书写,这就是他独特的书法。《修德文》中说"投笔成字,人亦疑王羲之迹",能像王羲之那样挥毫自如,其秘诀就在于此。从流传至今的崔济愚的墨迹之中,可以充分窥视其中的道力,由此可知这是与众不同的笔法。①

上述论述表明《东经大全》全面阐述了东学的宇宙观、人生观、社会观、幸福观、价值观等基本哲学观点和"侍天主"、"无极大道"、"一体同归"等宗教观点,成为东学的理论基础。

在社会思潮纷乱的近代,水云崔济愚创建东学的目的,是为了坚挺民族的主体思想,即是为了建立朝鲜民族的民族信仰,也就是韩国式的宗教。以后,他的弟子、东学第三代教祖孙秉熙于1905年将"东学"改称为"天道教"。"天道教"现在韩国有两千多个教区,信徒有一百万人,日本、美国也有教区。②

从宗教的角度解读东学经典《东经大全》,应该说它是一部

---

① 参见金哲编著:《东学精义》,东宣社1995年版,第118、162、171、173页。

② 《东学精义》,第10页。

儒、释、道三教和合的著作。虽然崔济愚认为儒教和佛教已经衰
败,如他在《龙潭遗词·教训歌》中所说"儒道佛道几行所来,力量
都耗尽了吧!"但是,仔细分析《东经大全》的内容,就会看到儒释
道的深刻影响。如崔济愚在《论学文》一章中说:

> 曰:"同道言之,则名其西学也?"曰:"不然。吾亦生于
> 东,受于东,道虽天道,学则东学。况地分东西,西何谓东,东
> 何谓西?孔子生于鲁,风于邹,邹鲁之风,传遗于斯世;吾道受
> 于斯,布于斯,岂可谓以西名之者乎?"①

这是对儒教明确的承袭。韩国学者也认为崔济愚对儒教思想有深
切的理解和把握。"这段论述虽很短小,但却体现了其(指崔济
愚)对孔孟先秦儒学思想的切实理解与掌握。"②

《东经大全》除对儒教进行公开接受外,对道教思想也表示了
明确接受。如他在《布德文》一章多次讲道"太极"、"仙药"、"长
生"等道教核心范畴,又在《论学文》一章的结尾处强调:"道之无
极之理皆载此书"。

可见,《东经大全》对于儒教和道教是明确的、公开的接受,即
是一种阳性的接受;而对于佛教,《东经大全》没有明确、公开的提
到,但字里行间却流露出对佛教思想的摄取。如《论学文》中讲
道:"我"通过背诵咒文,可以将自己的心与天心、天德相合。韩国
学者认为这实际上是自我解脱的"水云心法"③。之后,孙秉熙将

① 《东学精义》,第 84 页。
② 《韩国哲学史》(下),第 232 页。
③ 《韩国哲学史》(下),第 233 页。

这种境界的"心"称为"解脱心"①。所以,《东经大全》对于佛教的吸收,是融于全书的思想之中,即一种阴性的吸取。这是《东经大全》儒释道三教和合的一种形式。下面,对这种形式的三教和合,进行剖析。

一、对儒教"天人合一"思想的吸取,形成了提倡主体性的人间观

《东经大全》能够积极吸取儒教思想,这与崔济愚的家传具有密切关系。他在《修德文》中回忆先祖时说:

> 余出自东方,无了度日,仅保家声,未免寒士。先祖之忠义节有,余于龙山;君王之圣德岁复,回于壬丙。若是余萌不绝如流,家君出也,名盖一道,无不士林之共知,德承六世,岂非子孙之余庆?

文中"先祖之忠义节有,余于龙山",指的是崔济愚的七世祖贞武公崔震立将军。崔震立在品德上继承了儒教的忠义气节,68岁时战死于龙仁郡。文中"余萌不绝如流,家君出也,名盖一道,无不士林之共知",指其父近庵公崔沃先生。崔沃是崔震立的六代孙。近庵公在李象贤门下苦学十年,成为庆尚道一带的巨儒,名震士林。在他63岁时,夫人韩氏生下崔济愚。崔济愚从小就受到了来自父亲的儒教思想的影响。如他接着写道:

> 园中桃花,恐知渔子之舟;屋前沧波,意在太公之钓;槛临

---

① 《东学精义》,第97页。

池塘,无违濂溪之志;亭号龙潭,岂非慕葛之心?①

这里说的全是中国历史典故,"园中桃花,恐知渔子之舟"是引用中国秦代武陵桃园的典故;"屋前沧波,意在太公之钓"则是中国周时姜太公在渭水垂钓之典;"槛临池塘,无违濂溪之志"引用的是宋代理学家周敦颐的典故;"亭号龙潭"则与诸葛孔明有关,孔明曾自号卧龙,近庵公曾给新建亭子起名为"卧龙亭",后改称"龙潭亭",从中可见近庵公对孔明的敬慕之心。②

崔济愚在《东经大全》中对儒教思想的吸取,集中于儒教基本观点之一的"天人合一"说。

"天人合一"是关于宇宙与人关系的论述,其意有二:一为天人相通,一为天人相类。天人相通的观念发端于孟子,大成于宋代理学。这类学说认为天之根本性德,即含于人之心性之中,天道与人道,实一以贯之。人之所以异于禽兽,即在人之心性与天相通。而天人相类,则是汉代董仲舒的思想。他讲"人副天数",即认为天人在形体性质上皆相似。天人相类也是一种意义的天人合一。③

《东经大全》对儒教的这种"天人合一"思想进行了摄取,反映在《布德文》、《论学文》和《修德文》等篇章中,尤以《论学文》最为集中。《论学文》中有关"天人合一"的论述主要有:

夫道者,如无形而有迹;地理者,如广大而有方者也。故

---

① 《东学精义》,第 122 页。

② 《东学精义》,第 121、123 页。

③ 参见张岱年:《中国哲学大纲》,中国社会科学出版社 1982 年版,第 173 页。

天有九星,以应九州岛;地有八方,以应八卦,而有盈虚迭代之数,无动静变易之理。

阴阳相均,虽百千万物,化出于其中,独惟人最灵者也。故定三才之理,出五行之数。五行者,何也? 天为五行之纲,地为五行之质,人为五行之气,天地人三才之数,于斯可见矣。……

举此一一不已,故吾亦悚然,只有恨生晚之际,身多战寒,外有接灵之气,内有降话之教,视之不见,听之不闻,心尚怪讶,修心正气而问曰:"何为若然也?"曰:"吾心即汝心也。"

曰:"至者,极焉之为至气者,虚灵苍苍,无事不涉,无事不命,然而如形而难状,如闻而难见,是亦浑元之一气也。今至者,于斯入道,知其气接者也;愿为者,请祝之意也;大降者,气化之愿也。"

"故明明其德,念念不忘,则至化至气,至于至圣"。曰:"天心即人心,则何有善恶也?"曰:"命其人贵贱之殊,定其人苦乐之理,然而君子之德,气有正而心有定,故与天地合其德;小人之德,气不正而心有移,故与天地违其命,此非盛衰之理耶?"[1]

从上述引文中可以看到《东经大全》讲的"天人合一"的关键,是"至气"。崔济愚强调:凭借着"至气",通过"气化"、"至化"可以达到"至圣"即"天心即人心","吾心即汝心"。这就是东学的"天人合一",或者说是东学的"至气论"。东学的这种至气论,又可解释为心物一元论。这是因为崔济愚强调"至气"亦是生命的元素。

---

① 《东学精义》,第 205、206 页。

"至气者,虚灵苍苍"就表示"至气"不是单纯的"气"。这里的"虚灵",指的是灵的原初状态,也可以说是灵的无极状态,通俗地说,就是生命的元素。① 东学"至气论"的另一要点是"修心正气",在《修德文》中又称为"守心正气"。"仁义礼智,先圣之所教;守心正气,唯我之更定"。② 所谓"守心正气",就是守天之心,正天之气。要做到这一点,就像孙秉熙所强调的,必须把受污染的心——"物情心"变成摆脱掉物欲、名欲、权欲等一切欲望的廉洁的心——"解脱心"。这一修养工夫,崔济愚在《座箴》中教导子弟说:"吾道博而约,不用多言义;别无他道理,诚敬信三字。这里做工夫,透后方可知;不怕尘念起,惟恐觉来迟"。③ "解脱心","觉来迟"是《东经大全》对佛教思想的吸取。当人达到"解脱心"时,就是"君子之德,气有正而心有定,故与天地合其德",这就进入了"天人合一"的境界。而当人"觉来迟"时,就是"小人之德,气不正而心有移,故与天地违其命",这是非"天人合一"。可见修"心"的重要性。强调"人心"与"天心"的"一体同归",被韩国学者称为"水云心法"。④

　　崔济愚"天人合一"思想的核心,是提倡人的主体性、朝鲜民族的主体性。

　　朝鲜朝末年,封建专制统治面临崩溃,外敌势力席卷朝鲜半岛,日本帝国主义侵略者无视历史的发展,在其军国主义政策下,肆意蹂躏朝鲜半岛。在这种民族危难的形势下,使朝鲜民族得以再生,鼓舞民族主体性成为东学的主要任务。东学三代领导人都

---

① 《东学精义》,第88页。
② 《东学精义》,第129页。
③ 《东学精义》,第171页。
④ 《韩国哲学史》(下),第233页。

围绕着凸显人的主体性和民族性这一价值主题而布道。崔济愚在上述引文中说"阴阳相均,虽百千万物,化出于其中,独惟人最灵者也"就是对人的主体性的张扬。他认为占据宇宙最高位置的人类,不仅是宇宙的主人,也是宇宙的中心。作为宇宙主人和中心的人,在与天相合中,不是被动的,而是主动的。这种主动性就体现在"水云心法"中。水云崔济愚于庚申年四月五日在龙潭大彻大悟,成为唤醒天下所有人意识的人物。因此,他所说的"吾心即汝心"的"吾"(我)便成为人类绝对主体的存在。这一绝对主体者(我)的自我形式即表现为"一体同归",也就是上述引文中的"天心即人心"。东学第三代教主孙秉熙根据一代教主崔济愚的"吾心即汝心"、"天心即人心"的思想,进一步提出了"人乃天"。他的"人乃天"是强调人可以与天沟通,天的意志是通过人来体现的。人心可以升华为天心,在天地万物中,唯有人心酷似天心。所以,人类有权力享受自由、和平这一天的属性,并且尽力提倡之。这一思想也证实了东学第二代教主崔时亨提出的"事人如天"。"事人如天"就是"事人如事天"的意思。崔时亨将"事人如天"定为法说,并以此施教。他强调对待人事,就要像对待天那样虔诚、认真,突出了人的权威性。所以"事人如天"成为东学的实际道德和行动纲领。

东学借助"天人合一"说,确立了一种强烈的民族主体性。所以,研究东学的韩国学者认为,与其说东学是一种哲学思想,不如说它是那个时代民族凝聚力的象征。

二、对道教"自然无为"思想的吸取,形成了主张性灵的死后观
《东经大全》对于道教思想的吸取,在《布德文》中有:

曰:"吾有灵符,其名仙药,其形太极,又形弓弓。受我此符,济人疾病;受我咒文,教人为我则,汝亦长生,布德天下矣。"

在《论学文》中有:

曰:"吾道无为而化矣。守其心,正其气,率其性,受其教,化出于自然之中也。"

呜呼!噫噫!诸君之问道,何若是明明也。虽我拙文,未及于精义正宗,然而矫其人,修其身,养其才,正其心,岂可有歧贰二之端乎?凡天地无穷之数,道之无极之理,皆载此书,惟我诸君,敬受此书,以助圣德。于我比之,则恍若甘受和,白受采。吾今乐道,不胜钦叹,故论而言之,谕而示之,明而察之,不失玄机。

在《修德文》中有:

胸藏不死之药,弓乙其形;口诵长生之咒,三七其字,开门纳客,其数其然,肆筵设法,其味其如!
道家不食四足之恶肉。①

自然无为是道教的一个基本思想。道教经典《道德经》云:"辅万物之自然而不敢为"(64章);"道法自然"(25章);"处无为之事,行不言之教"(2章);"道常无为而无不为"(37章)。道的本性是

---

① 《东学精义》,第203、207、209页。

自然,自然中有真、善、美的精华,按事物的自然本性因势利导地撷取自然之精华,不违背自然规律去强作妄为,称做辅物自然。这就是道教修身、为人、处世、治国、论道的总原则,是道教哲学的精义。①

上述引文表明,崔济愚明确吸取了道教思想,如"吾道无为而化,……化出于自然之中也"。这里的"无为而化"就是按照自然之理,自行化生的意思。诚然,《东经大全》中所说的这个"自然之理"来源于天道。这就是说,东学的"道"不是人为的主观编造出来的,而是顺应自然之理,自然而然应运而生的。

东学这种顺应自然的"道",体现在人自身,便是道教的"长生"观。关于如何长生,上述引文有两处作了明确说明。一曰"吾有灵符,其名仙药,其形太极,又形弓弓。受我此符,济人疾病;受我咒文,教人为我则,汝亦长生"。二曰"胸藏不死之药,弓乙其形;口诵长生之咒,三七其字"。其实,这两段引文表明了一个意思,就是告诉世人长生不死的秘诀——灵符、仙药是什么。"其形太极,又形弓弓","弓乙其形"。以图示之为②(见图15):

图 15　太极、弓弓图

可见,太极和弓弓构成了一个"心"字。东学第二代教祖海月崔时

---

① 参见胡孚琛:《道学通论》,社会科学文献出版社 1999 年版,第 178 页。
② 《东学精义》,第 45 页。

亨解释"弓乙其形"时也曾明确指出,弓乙其形,即心字。这就是说:要想长生,必须将人心修炼为天心,人心与天心合时才可升华为长生。而这修炼的秘诀便是"口诵长生之咒,三七其字"。"三七其字"指的是东学的 21 字咒文,即《论学文》中所载:

至气今至,愿为大降;侍天主,造化定;永世不忘,万事知。①

崔济愚认为,从狭义而言,东学的所有真理都包含在这 21 字咒文中;从广义而言,世上的一切真理,一切伦理道德都凝聚在这 21 字咒文之中。这 21 字咒文最核心的是"侍天主,造化定"。其中"天主"的"主"字用来表示韩文中表示尊称的词,即"主"字是赞扬天的崇高道德。"侍天主"的意思就是告诫人们:天与我不分不离,心中要常念"抚养上天"。② 这样,人心与天心才能相融、相合,才能长生。

关于东学的"长生"内涵,金哲说:"什么是'长生'呢? 这里指的是东学的死后观。人的肉体终究是要死去的,可是人的性灵却是长生的。但这里有前提条件,即要口诵 21 字长生咒文,只有这样才能做到性灵的长生。东学并不是只重现实,无视死后的现世至上主义的宗教。它有一个明确的死后观,把现世和死后的世界联系在一起。……东学认为人的躯体死去以后,性灵仍然活在这个世上,它不会离开人世到另一个世界去,也无处可去。生在这个

① 《东学精义》,第 74 页。
② 《韩国哲学史》(下),第 195、229 页。

人世上,死后也在这个人世上,这就是东学的死后观。"①按照这种解释,东学的"长生"与道教的"追求肉身成仙、长生久视"②的教旨不太一致,反而与佛教的"灵魂转世"观点比较接近。佛教认为,"有某种精神实体,在一个人的身体死亡以后还继续存在,这就是主张灵魂不灭,个人不死。"③东学认为,人的躯体死去后,性灵仍然活在人世上。而这个"性灵"就相当于佛教的某种精神实体,如"灵魂"。可见,这一思想是对佛教的吸取。

东学主张性灵长存的死后观,被韩国学者称为"无极道"。"无极道"是东学的一个重要理论,为此,崔济愚在《论学文》中说"凡天地无穷之数,道之无极之理,皆载此书"。而"无极道"的基本观点又是对道教和佛教的吸取并融合。

关于《东经大全》的三教和合,李敦化在《天道教创建史》中作了如下论述:

> 1863 年 10 月 28 日是崔济愚的生日,各地门徒前来庆祝。崔济愚环顾左右,向崔时亨说:
> 吾道,元非儒、非佛、亦非仙。吾道乃儒佛仙合一。即天道不即是儒佛仙之道,而儒佛仙乃天道之一部分。儒之伦理,佛之觉性,仙之养气,乃人性自然之禀赋,天道固有之部分。吾道乃取其无极大源者,后之用道者,勿令误解,善以指导之。④

---

① 《东学精义》,第 47 页。
② 胡孚琛:《道学通论》,第 264 页。
③ 冯友兰:《中国哲学史新编》第 4 册,人民出版社 1986 年版,第 211 页。
④ 李敦化:《天道教创建史》,天道教中央总部 1933 年版,第 47 页。

可见,崔汝愚也承认东学确实包含了儒释道三教合一的思想。

　　作为东学经典的《东经大全》在公开吸取儒教和道教的基础上,又对佛教思想进行了隐性吸取,将儒释道三教协调、融合,构成了东学的基本理论。东学的这一基本理论在韩国近代史上,成为主张民族自立、国家富强的指导思想。其中,提倡民族主体性的"事人如天"思想成为反抗日本帝国主义,建设自主的独立国家的民主理念。通俗地说,"事人如天"的精神就是将人类的尊严作为一切价值的尺度。而在朝鲜朝末年日本帝国主义统治时期,高扬朝鲜人的尊严,则是关系到国家命运的大事。所以,"事人如天"表现了东学彻底的民族自主精神。这种精神也反映在以东学天道教为主导的"三一运动"时的《独立宣言书》中。宣言开宗明义表示"吾等此宣言我朝鲜为独立国,朝鲜人为自主民"。"独立国"、"自主民"显示了在日本帝国主义统治下,朝鲜半岛的主体意识。①

第三节　朴殷植的"儒教求新论"

　　朴殷植(1859—1925),字圣七,号谦谷、白岩,是 19 世纪末 20 世纪初韩国爱国文化启蒙运动的主要代表之一,也是韩国的近代国史学的创立者。朴殷植思想的特点在于通过"儒教求新"的道路,创立了以阳明学为基础的"大同思想",使韩国阳明学成为民族抵抗时代的主流哲学思想。

　　朴殷植的阳明学思想的形成过程,大致可分为三个阶段:

　　第一阶段,醉心朱子学。朴殷植于 1859 年 9 月 30 日(阴历)

---

① 参见李甦平、何成轩著:《东亚与和合——儒释道的一种诠释》,百花洲文艺出版社 2005 年版,第 4 章第 4 节。

出生在黄海道黄州郡南边一农村书堂训长家庭[①]。他 17 岁时,在身为私塾老师的父亲的影响下,接受了纯粹的正统派朱子学的教育。这段时间他笃信朱子学,每日清晨都向挂在自己房里的朱子像行礼,这一举动足见他醉心于朱子学的程度。这是他初涉学问研究的青少年时期,因此,朱子学对他产生了深远的影响作用。

第二阶段,移心茶山学。1880 年,22 岁的朴殷植对茶山丁若镛的实学思想产生了兴趣,并进行初步研究。他拜访了住在京畿道广州斗陵的丁茶山的弟子耆永和丁观燮,向他们请教了丁茶山从政治与法律方面治理世事的学问。24 岁时,朴殷植在京城亲眼目睹了壬午兵乱的经过,决心实现"治理国家,拯救百姓"的志向。于是,他针对当时的时政,上书朝廷,力陈自己的主张,但都未被采纳。这件事发生在他研究丁茶山治理世事学说之后。残酷的事实使他大失所望,于是便回到家乡,潜心研究学问。虽然他对茶山实学的研究是蜻蜓点水,但在当时社会条件不断变化的情况下,对于性理学者朴殷植来说,对实学的研究使他萌发了批判朱子学的意念。

第三阶段,潜心阳明学。据朴殷植自己的回忆,他是在 40 岁时对性理学及卫正斥邪思想产生怀疑,并开始关心新学问、新知识,同时开始认识到开化的重要性。身为卫正斥邪派学者的朴殷植,经历了 1890 年的"东学运动"和"甲午革新",认识到单纯的性理学不能解决那一时期的民族问题和社会问题。于是,深受由独立协会倡导并已全面展开的"自主民权自强运动"的影响,他开始了由卫正斥邪派"性理学者"向开化自强派思想家的转变。这一

---

① 参见慎庸夏:《八月文化人物——朴殷植》,韩国文化体育部·韩国文化艺术振兴院 1995 年,第 2 页。

转变也就意味着他要否定自己从前一直研究的以性理学为基础的所有学问。

1905年11月丧权辱国的乙巳条约的签订,使朴殷植受到强烈的震撼,同时,也使他进一步转化为要求变法和开化自强的思想家。与此同时,他对朝鲜民族丧失国权的原因进行了深刻的反省,沉痛地意识到被动挨打的根源在于未能及早培养挫败日本帝国主义侵略者嚣张气焰的力量,而更深层的原因则在于朝鲜朝时期儒教与儒林的弊端。在这样的思想基础上,他开始对自己的学术研究中早已根深蒂固的旧学问进行深入的批评,辛辣地抨击卫正斥邪思想,严厉地批评笃信儒教的学者,极力主张只有吸收新学问才能解救处于危难之中的祖国。

朴殷植认为他一生挚爱的儒教不应当是站在帝王的立场上而无视民众的朱子学,主张用言简意赅的阳明学对它进行改革,使它与新时代的文化相适应。同时,他还试图调动阳明学中的积极因素,积极地投入恢复国权的运动中。

这一时期朴殷植的著作有《王阳明实记》、《儒教求新论》、《旧习改良论》等百余篇论文,论述了以阳明学为基础、开创儒教求新的理论。

朴殷植阳明学思想的主要内容有如下两个方面:

1. 以阳明学为基础,开创儒教求新之路

朝鲜朝末期,乙巳条约的签订使朝鲜民族丧失了国家主权,国家处于生死存亡的紧要关头,朴殷植认为这恰是通过分析国权丧失的原因而唤醒民族的好时机。于是,他尖锐指出:为恢复国家主权,全民族都应该发愤图强,增加国家实力;若要增强实力,就应努力发展能够发挥人民的才智、提高人民素质的教育实业,并应抛弃旧习,提倡新文化。而要实现这些目标的一个大前提,也就是全体

韩国人都应反思的一个重要命题,那便是要对儒教——这一始终贯穿于韩国文化的核心内容——进行深入的反省和考察。

朴殷植认为,儒教的本质是美好的。朝鲜王朝初期,儒教成为国家的理念、百姓的师表。但朝鲜王朝末期,儒教成了虚学,儒者的腐化状况更加严重,国家也被推向了衰亡之路。为此,朴殷植写了《儒教求新论》,揭示了朝鲜王朝末期儒教的三大弊病。

在《儒教求新论》中,朴殷植认为,韩国儒教在其发展过程中之所以逐渐衰退,是因为存在着三大问题,此即:

第一大问题,儒教派完全站在帝王的立场,不把儒教精神向社会和人民进行普及。朴殷植指出:孔子的"大同之意"和孟子的"民为重"之说,都体现了向人民普及教义的精神。然而,孔子死后的诸子百家分别宣传他们的学说,孟子提出"民为重",而荀子则强调"尊君权"。后来,孟子的学说未能得到广泛传播,而荀子的学说却被李斯采纳,在秦国得到推广,后又传入汉朝,形成了"尊君权"学说。汉高祖为草莽之臣时憎恨儒教,但尊为皇帝后,提倡六经,重用儒臣,名义上崇尚儒教,而实际上并非尊奉孔子,而是试图用儒生的礼仪规范来提高自己的身价。

朴殷植还指出,因帝王厚遇儒生,使得数千年间东方儒教在国家政权中常常高居要位,这种状况是其他学派无法比拟的。所以儒林中的君子不过是把儒教作为羁络君心的法宝,儒林中的小人只是把儒教视为迎合帝王心意的绝妙之计。

朴殷植认为在开发民智、伸张民权的当今时代,要想充分发挥儒教的功能,就应努力推广孟子学说,同时改革与完善这一学说,并向广大民众普及。为此,他特别指出:

　　　儒教精神若只存在于帝王将相之中,不向人民普及,便无法在世界范围内得到充分发展。孔子的弟子，不宣传孟子之说，而只宣扬荀子观点，此为产生百姓大不幸之一大弊端。更何况今正是开发民智，继而伸张民权的时代，若不改良求新，则无法将其发展。儒林为了保住自己的利益与地位而常蹈痼习，不思变通。如果他们要真正成为孔门之忠臣，发扬孔教之功德，谋求民生之幸福的话，就必须改良儒教，并向全社会普及孟子的学说。

第二大问题，不寻求改变天下的主义，固执坚持"自己不去启发童蒙，却要童蒙启发自己"。朴殷植指出：孔子思易天下，释迦普度众生，基督舍身救民，其救世主义如出一辙。佛教教义有大乘法、小乘法，在哲人与百姓中得到普及。基督教的宣传范围也极为广泛，竭诚向六大洋、五大洲传播福音。与他们相反，儒教的教徒不遵循孔子周游列国、思易天下的主张，顽固地坚持"我不启发童蒙，而让童蒙启发我"，紧闭书门，静待别人登门求教。这样，不仅不能将儒教普及于民众之中，而且自己也孤陋寡闻，不谙世事。

朴殷植认为，要使儒教得到发挥，儒者必须满怀热忱之心，积极宣扬儒教教义。

第三大问题，韩国的儒学家不愿接受简单直接的教义，反而崇尚支离破碎的学问。朴殷植指出：儒教的内容虽然极为广泛，但是了解了"根本"和"要点"便可以掌握它。然而，在韩国儒教历史的六百年间，全国儒者传授的儒教教义几乎都是朱子学，如果有人从与朱子学不同的角度建立学说的话，那么他就会被斥为"斯文乱贼"，其学说也被视为异端邪说而遭到排斥。

朴殷植认为，朱子学虽无所不包，但因其有支离、烦琐的特征，所以许多人倾注一生心血进行研究，也未能领悟，这是一大弊端。

这一弊端使得青年们会因其晦涩而感困惑,因其复杂而感厌倦,从而不再研习儒教。这是儒学界一个不能忽视的问题。

基于以上存在的诸多问题,朴殷植主张对韩国儒教进行改革。他在《儒教求新论》中指出:

> 十九、二十世纪是西方文明发达、主导世界的时代,二十一、二十二世纪将是东方文明高度发达、主导世界的时代,孔子之道将再次在全世界大显光辉。为迎接这一时代的到来,儒教改革势在必行。如果没有马丁·路德的宗教改革,欧洲便不能开创出现代文明。同样,东亚儒教界也必须实行改革,才能开创大韩和东亚的新文明。①

关于儒教改革的具体方法,朴殷植指出:只有以阳明学为基础,才能开出儒教求新之路。这是因为阳明学具有教义简明扼要、切合实际、致良知说能够直指人心、知行合一说能够言行一致等优点,从而对于培养由于日本帝国主义侵略而丧失了国家主权的朝鲜民族的民族气节,开创恢复国家主权的伟业,具有极大的功效。

2. 对阳明学的新解释、新发展

朴殷植于1910年刊行的《王阳明实记》详细地记述了他对阳明学的新解释。这种新解释集中体现在他对"良知"概念的新发展上。关于"良知",朴殷植说:"良知者,自然明觉之知,纯一无伪之知,流行不息之知,泛应不滞之知,圣愚无间之知,天人合一之

---

① 参见《韩国哲学史》(下),第272—280页。

知,神乎! 妙乎!"①朴殷植的这些话是他对王阳明的"良知"思想的发展,具体表现为以下三个方面:

(1)"自然明觉之知"和"纯一无伪之知"表明了朴殷植对"良知"本体性的强调。朴殷植在《王阳明实记》一文中说:

> 呜呼! 良知二字,先生从石椁三年而得来,是天启之也。但其与学者说话,有提示本体之直捷也故。盖良知之本体即天理,天理以上更有何物可加乎? 学者惟当一心在天理上,静则存此而养之,动则循此而行之,方能以人合天,而语其发穷处则吾心之良知。是可知良知者,自然明觉之知,纯一无伪之知。②

这里所言"良知只是自然明觉之知"与王阳明所说"盖良知只是一个天理自然明觉"③之意基本相同。为强调天理为良知之本体,朴殷植又讲"良知是纯一无伪之知",旨在表明良知是纯正的、至真的。与此同时,为反驳世儒将阳明学视为狂禅之说,朴殷植专门写道:

> 世儒或讥为近禅,殊不知禅专求本心而遗物理。先生以本心与物合而为一,此其界限之别,固较然矣。且就上一截言之,王学之良知有似乎禅教之净智,然良知以天理为本体,净智以空寂为本体。其大本已自不同,则又何疑于近禅乎?

---

① 《朴殷植全书·王阳明实记》,檀国大学校东洋文化研究所1968年,第10页。

② 《朴殷植全书·王阳明实记》,第10页。

③ 《王文成公全书》,《答聂文蔚》,卷2,四部丛刊本。

未窥王学之真谛而辄肆讥诋者,不过门户之偏见矣。①

禅宗的"净智"把空寂作为本质,而阳明学的"良知"则把天理视为本质。朴殷植批评了那些将阳明学与禅学相等同的观点,通过表明"良知以天理为本体",而努力阐明阳明学是正宗儒学。同时,他强调"良知"的"自然明觉"和"纯一无伪",也是力图说明阳明学是一种与朱子学不相同的"求新"的儒学。

(2)"流行不息之知"和"泛应不滞之知"表明了朴殷植对"良知"动态性的强调。朴殷植以动态主义诠释"良知",对王阳明的"知行合一"说与"致良知"说作了能动化和实践化的发展。如朴殷植指出:王阳明特别强调"知行合一"与"致良知",并将体悟"良知"的方法分为"解悟"、"证悟"、"彻悟"。对这三种方法,朴殷植从追求永不停滞的动态之知出发,特别重视从世事磨炼之中获得的真知,即"彻悟"。

从人事磨炼而得者,忘言忘境,绝处逢原(源),愈摇荡愈凝聚,始为彻悟。盖先生之学,提缀本体之知而不假"闻见之增益,宜若谰于实用者矣"。乃其临事处变,回出常度,每遇一层难处,愈加一层精神,如良金入火,愈放其光彩。较诸世儒闻见之识,其效相万,何也?盖世儒闻见之识,泛滥不切,未离言诠者也。先生之本体工夫,从事上磨炼而致其精明,彻悟到底者也。故其鉴别之识,不眩于天下之事上磨炼,是即知即行,即动即静,本体即工夫,工夫即本体,不落空,不滞物,而为

---

① 《朴殷植全书·王阳明实记》,第10页。

万事之主宰者也。呜呼,其妙矣! 神矣![1]

朴殷植认为,从世事磨炼中得到的知,才是真知。因为这种知不是滞留于书本上的凝固不变的知,而是随着社会、时代的发展而不断更新、变化的知。

朴殷植对王阳明的"致良知"也作了动态主义的诠释。

> 王学以致良知三字为头脑,而良知是本体,致字是工夫,故曰本体即工夫,工夫即本体,而知行合一也,事上磨炼也。[2]

可见,朴殷植认为:本体与工夫是不能分开的,工夫是变动的、普遍的,所以,良知是流行不息的、泛应不滞的。进而,朴殷植在良知动态性基础上提出了进化论主张。他说:

> 其(指王阳明)论学之旨,亦多随时变易之义,如云良知即是易。其为道也,屡迁变动不居,周流六虚,上下无常,不可为典要,随时变易。如何执得,须是因时制宜。
>
> 呜呼! 天地之进化无穷,故圣人之应变无穷,所以因时制宜,以成天下之务者也。顾世儒不达于此,将一个道理执之为不可变之格式。殊不知宜于古者而不宜于今,不能因时制之,逆天地之进化,以祸其民国者多矣。[3]

---

① 《朴殷植全书·王阳明实记》,第100页。
② 《朴殷植全书·王阳明实记》,第128页。
③ 《朴殷植全书·王阳明实记》,第13、14页。

　　这里,朴殷植将他所受的欧洲进化论思想与阳明学有机地结合在一起。他将"良知"规定为"流行不息之知"和"泛应不滞之知",强调良知的变动性,并进一步将这种变动性与进化论结合在一起。他指出:由于世界在变化,而且这种变化永无止境,因而良知的应变也如天地之变一样无穷。所以,天下万事万物都要因时制宜。处于被日本帝国主义蹂躏下的朝鲜民族,因爱国启蒙运动的需要,应积极改革儒教,以阳明学对公民进行爱国教育。

　　(3)"圣愚无间之知"和"天人合一之知"表明了朴殷植对"良知"民主性的强调。朴殷植对阳明学中的民主要素十分重视,并有所发展。他认为:古往今来,对于圣贤和凡人来说,良知都是相同的,如他所说:"呜呼!此其所谓良知,无间于圣愚,而天下古今之所同也。"①这表明圣人与凡愚的良知是平等的。这种平等具有民主性,如朴殷植很强调阳明学的"天地人万物一体之仁"的思想,用"天人合一之知"解释良知。他说:"吾见先生(指王阳明)之学说,获取人心良知,做到万物同体,故可谓仁也。"②他认为王阳明将《大学》"亲民"解释为"与百姓亲近",反映了阳明学所具备的普遍的民主主义要素。朴殷植提出的"圣愚无间之知"和"天人合一之知"强调了人们在道德与本质上的平等,同时也体现了他所主张的"天下为公"、"天下一家"的大同思想。

　　以阳明学"良知"民主性为基础,糅合西欧社会理论,朴殷植创建了大同教,发展了大同思想,并以此作为拯救国难的手段。他的大同思想具有以下的独特性:

　　第一,他的大同思想主张公德和公利。朴殷植认为:只有国家

---

① 《韩国儒学史》(下),第284页。
② 《韩国儒学史》(下),第285页。

和社会的利益得到保证,自身和自家才能得以保全;也就是说,首先应把为国家和社会献身作为一种美德,由此号召韩国人投身于恢复国权的运动中去。

第二,他的大同思想主张救世主义的大乘教。他认为,未来的学术研究和教育都应依据大同思想的大乘法,以国家、民族、社会为根本,创立赈世济民的公共原理。为此,他提倡依据大乘主义,发展能够拯救因日本帝国主义的侵略而丧失国权的朝鲜民族的新学说、新教育。

第三,他的大同思想主张"尊我国主义"。朴殷植指出:大同思想首先应成为尊崇本民族思想。继而,他提倡朝鲜民族的民族主体性和爱国性。

第四,他的大同思想主张爱国的"知行合一"。他指出,当时一般人士只口头念及要热爱祖国,但若不承担爱国的义务,那么,所说的都只是一纸空谈。他立足阳明学的"知行合一"思想,指出对于求索救国之路的人来说,走爱国的"知行合一"之路是他们唯一的选择。

由此可见,朴殷植的大同思想就是为恢复国权而进行的爱国运动的实践思想。①

---

① 参见《韩国哲学史》(下),第290页。

附录　韩国儒学史上的两次大论战

"四七论辩"(关于"四端"与"七情"的论辩)和"湖洛论争"(关于人物性同异的论争)不仅是韩国儒学史上的两次重要论战,而且也是东亚儒学史上具有里程碑式的两次著名论争。这里以两次论辩的原始资料为主,以介绍论辩始末经过为辅,向读者展示这两次论辩的真实面貌。

一、"四七"论辩

所谓"四七"论辩,是一场关于"四端"即《孟子·公孙丑上》所说"恻隐之心,仁之端也;羞恶之心,义之端也;辞让之心,礼之端也;是非之心,智之端也"和"七情"即《礼记、礼运篇》的"喜、怒、哀、惧、爱、恶、欲"的论争。这场论辩持续时间之久,涉及理论之深,参与学者之广,在东亚儒学史上都属罕见。据韩国尹丝淳教授所编《四端七情论》(韩国瑞光社,1992年版)来看,先后参与对"四端七情"研究的学者有:权近(1352—1409)、郑之云(1509—1561)、退溪(1501—1570)、高峰(1527—1572)、栗谷(1536—1584)、牛溪(1535—1598)、金长生(1548—1631)、张显光(1554—1637)、尹镌(1617—1680)、丁时翰(1625—1707)、李玄逸(1627—1704)、郑霞谷(1649—1736)、金昌协(1651—1708)、李瀷(1681—1763)、李柬(1677—1727)、韩元震(1682—1751)、任圣周(1711—

1788）、丁荼山（1762—1836）、奇正镇（1798—1879）、李恒老（1792—1868）、李震相（1818—1886）、郭钟锡（1846—1919）、田艮斋（1841—1922）等；论辩时间从 16 世纪中叶开始到朝鲜朝末年为止，将近五百年之久；涉及的理论问题有理气、心性、善恶、性情、人心、道心、太极、无极、阴阳、五行、已发、未发、理一分殊、格物致知、天理人欲、修己正诚等。在这一论辩中形成了韩国儒学"主理派"（退溪学派）和"主气派"（栗谷学派），而这两大学派的形成则标示着有别于中国儒学的韩国儒学（朝鲜朝性理学）的形成。这场重要的论争有两个高潮，即以李退溪和奇高峰论辩的第一次高潮和以李栗谷与成牛溪论争的第二次高潮。下面就将这两次论战的原始资料记录于此。

＊　　　　＊　　　　＊

关于李退溪与奇高峰的论辩资料见《两先生四七理气往复书》，刊于《高峰集》第 3 辑《两先生四七理气往复书上篇》卷之一和《两先生四七理气往复书下篇》卷之二（韩国东洋哲学会景印1997 年版），第 102 页至 141 页。文中标点参见李明辉《四端与七情——关于道德情感的比较哲学探讨》附录二。

退溪与高峰书（节略）

又因士友间传闻，所论四端七情之说，鄙意亦尝自病其下语之未稳。逮得砭驳，益知疏缪，即改之云："四端之发，纯理，故无不善。七情之发，兼气，故有善恶。"未知如此下语，无病否？

高峰上退溪四端七情说

子思曰:"喜怒哀乐之未发,谓之中;发而皆中节,谓之和。"孟子曰:"恻隐之心,仁之端也。羞恶之心,义之端也。辞让之心,礼之端也。是非之心,智之端也。"此性情之说也,而先儒发明尽矣。然窃尝致之,子思之言,所谓道其全者,而孟子之论,所谓剔拨出来者也。盖人心,未发则谓之性,已发则谓之情。而性无不善,情则有善恶,此乃固然之理也。但子思、孟子所就以言之者不同,故有四端、七情之别耳。非七情之外,复有四端也。今若以为四端发于理而无不善,七情发于气而有善恶,则是理与气判而为两物也。是七情不出于性,而四端不乘于气也。此语意之不能无病,而后学之不能无疑也。若又以"四端之发,纯理,故无不善;七情之发,兼气,故有善恶"而改之,则虽似稍胜于前说,而愚意亦恐未安。盖性之乍发,气不用事,本然之善得以直遂者,正孟子所谓"四端"者也。此固纯是天理所发,然非能出于七情之外也,乃七情中发而中节者之苗脉也。然则以四端、七情对举互言,而谓之"纯理"、"兼气"可乎? 论人心、道心,则或可如此说;若四端、七情,则恐不得如此说,盖七情不可专以人心观也。夫理,气之主宰也;气,理之材料也,二者固有分矣。而其在事物也,则固混沦而不可分开;但理弱气强,理无朕而气有迹,故其流行发见之际,不能无过不及之差。此所以七情之发,或善或恶,而性之本体,或有不能全也。然其善者,乃天命之本然;恶者,乃气禀之过不及也。则所谓"四端、七情"者,初非有二义也。近来学者,不察孟子就善一边剔出指示之意,例以四端、七情别而论之,愚窃病焉。朱子曰:"喜怒哀乐,情也,其未发,则性也。"及论性情之际，则每每以四德、四端言之，盖恐人之不晓，而以气言性也。然学者须知理之不外于气，而气之无过不及，自然发见者，乃理之本体然也，而用其力焉，则庶乎其不差矣。己未三月。

退溪答高峰四端七情分理气辩

性情之辩，先儒发明详矣。惟四端、七情之云，但俱谓之"情"，而未见有以理、气分说者焉。右第一节

往年郑生之作图也，有"四端发于理，七情发于气"之说。愚意亦恐其分别太甚，或致争端，故改下"纯善"、"兼气"等语，盖欲相资以讲明，非谓其言之无疵也。右第二节

今者，蒙示辩说，摘抉差缪，开晓谆悉，警益深矣。然犹有所不能无惑者，请试言之，而取正焉。右第三节

夫四端，情也，七情亦情也，均是情也，何以有四七之异名耶？来喻所谓"所就以言之者不同"是也。盖理之与气，本相须以为体，相待以为用，故未有无理之气，亦未有无气之理。然而所就而言之不同，则亦不容无别。从古圣贤，有论及二者，何尝必滚合为一说，而不分别言之耶？右第四节

且以"性"之一字言之，子思所谓"天命之性"，孟子所谓"性善之性"，此二"性"字，所指而言者何在乎？将非就理气赋与之中，而指此理原头本然处言之乎？由其所指者在理不在气，故可谓之"纯善无恶"耳。若以理、气不相离之故，而欲兼气为说，则已不是性之本然矣。夫以子思、孟子洞见道体之全，而立言如此者，非知其一不知其二也，诚以为杂气而言性，则无以见性之本善故也。至于后世程、张诸子之出，然后不得已而有"气质之性"之论，亦非求多而立异也。所指而言者，

在乎禀生之后,则又不得以"本然之性"混称之也。故愚尝妄以为,情之有四端、七情之分,犹性之有本性、气禀之异也。然则其于性也,既可以理、气分言之,至于情,独不可以理、气分言之乎? 右第五节

恻隐、羞恶、辞让、是非,何从而发乎? 发于仁、义、礼、智之性焉尔。喜、怒、哀、惧、爱、恶、欲,何从而发乎? 外物触其形,而动于中,缘境而出焉尔。四端之发,孟子既谓之"心",则心固理、气之合也;然而所指而言者,则主于理,何也? 仁、义、礼、智之性粹然在中,而四者,其端绪也。七情之发,朱子谓"本有当然之则",则非无理也。然而所指而言者,则在乎气,何也? 外物之来,易感而先动者,莫如形气,而七者,其苗脉也。安有在中为纯理,而才发为杂气,外感则形气,而其发为理之本体耶? 四端,皆善也,故曰:"无四者之心,非人也。"而曰:"乃若其情,则可以为善矣。"七情,善恶未定也,故一有之而不能察,则心不得其正,而必发而中节,然后乃谓之"和"。由是观之,二者虽口皆不外乎理、气,而因其从来,各指其所主与所重而言之,则谓之某为理,某为气,何不可之有乎? 右第六节

窃详来喻之意,深有见于理、气之相循不离,而主张其说甚力,故以为未有无理之气,亦未有无气之理,而谓四端、七情,非有异议。此虽近是,而揆以圣贤之旨,恐有所未合也。右第七节

大抵义理之学,精微之致,必须大着心胸,高着眼目,切勿先以一说为主。虚心平气,徐观其义趣,就同中而知其有异,就异中而见其有同。分而为二,而不害其未尝离;合而为一,而实归于不相杂,乃为周悉而无偏也。右第八节

请复以圣贤之说,明其必然。昔者,孔子有"继善成性"之论,周子有"无极太极"之说,此皆就理、气相循之中,剔拨而独言理也。孔子言相近相远之性,孟子言耳目口鼻之性,此皆就理、气相成之中,偏指而独言气也。斯四者,岂非就同中而知其有异乎? 子思之论中和,言喜、怒、哀、乐,而不及于四端;程子之论好学,言喜、怒、哀、惧、爱、恶、欲,而亦不言四端,是则就理、气相须之中而混沦言之也。斯二者,岂非就异中而见其有同乎? 右第九节

今之所辩则异于是,喜同而恶离,乐浑全而厌剖析,不究四端、七情之所从来,概以为兼理气,有善恶,深以分别言之为不可;中间虽有"理弱气强"、"理无朕,气有迹"之云,至于其末,则乃以气之自然发见为理之本体然也,是则遂以理、气为一物,而无所别矣。近世罗整庵倡为"理、气非异物"之说,至以朱子说为非。是滉寻常未达其指,不谓来喻之意亦似之也。右第十节

且来喻既云"子思、孟子所就而言之者不同",又以四端为剔拨出来,而反以四端、七情为无异指,不几于自相矛盾乎? 夫讲学而恶分析,务合为一说,古人谓之鹘囵吞枣,其病不少。而如此不已,不知不觉之间,骎骎然入于以气论性之弊,而堕于认人欲作天理之患矣,奚可哉? 右第十一节

自承示喻,即欲献愚,而犹不敢自以其所见为必是而无疑,故久而未发。近因看《朱子语类》论孟子"四端"处,末一条正论此事,其说云:"四端是理之发,七情是气之发。"古人不云乎:"不敢自信,而信其师。"朱子,吾所师也,亦天下古今之所宗师也。得是说,然后方信愚见不至于大谬。而当初郑说亦自为无病,似不须改也。乃敢粗述其区区,以请教焉,不

审于意云何？若以为理虽如此，名言之际，眇忽有差，不若用先儒旧说为善，则请以朱子本说代之，而去吾辈之说，便为稳当矣。如何？如何？右第十二节

高峰答退溪论四端七情书

伏蒙垂示《四端七情分理气辩》一篇，其于性情理气之际，旁引曲譬，反复发明，可谓详且尽也。玩而复之，思而绎之，所感发者多矣；而于其中亦有所不能无疑者，岂非以义理难穷，而人之所见，或有异同而然耶？此正讲究体察，以求至当之归者，敢因来辩，逐条详禀，以冀先生之终有以教之也。伏惟先生明赐证砭，以惠后学，千万幸甚！

第一节

大升谓性情之说，先儒论之，固无馀蕴矣，然亦或详或略，而不能尽同焉。此在后之学者，但当因其所论之详略，反复究穷，以求自得于吾心，可也。不可徒据见成说话，略略领会，而谓其理之真，不过于如是也。朱子曰："心、性、情之分，自程子、张子，合下见得定了，便都不差。如程子诸门人，传得他师见成说，却一齐差却！"夫以程子门人，传得师说，尚不免差却，况后之学者乎！窃详今之所辨，于其大纲上，虽若不至有碍，而其曲折之际，亦多有所未安，正恐不能无毫厘之差也。朱子曰："诸儒论性不同，非是于善恶上不明，乃'性'字安顿不著。"愚意亦以为：今之所辨，非是于理气上不明，亦恐于"心"、"性"、"情"字，安顿不着而然也。按《语类》中一条曰："性才发，便是情。情有善恶，性则全善。心又是一个包总性、情底。"又一条曰："性、情、心，惟孟子、横渠说得好。仁是

性，恻隐是情，须从心上发出来。'心统性情者也。'性只是合如此底，只是理，非有个物事。若是有底物事，则既有善，亦必有恶。惟其无此物，只是理，故无不善。"又一条曰："性无不善。心所发为情，或有不善。说不善非是心，亦不得。却是心之本体本无不善，其流为不善者，情之迁于物而然也。性是理之总名，仁、义、礼、智，皆性中一理之名。恻隐、羞恶、辞让、是非，是情之所发之名，此情之出于性而善者也。"观此三条，则于"心"、"性"、"情"字，可以思过半矣。以四端、七情分理、气为说者，前此盖未之见。今奉来辩，乃引《语类》云云，则先儒已尝言之矣，特以孤陋之学，未之见耳。虽然，所谓"四端是理之发，七情是气之发"者，亦恐不能无曲折也。来辩以为："情之有四端、七情之分，犹性之有本性、气禀之异也。"此言甚当，正与朱子之言互相发明，愚意亦未尝不以为然也。然而朱子有曰："论天地之性，则专指理言。论气质之性，则以理与气杂而言之。"以是观之，所谓"四端是理之发"者，专指理言。所谓"七情是气之发"者，以理与气杂而言之者也。而"是理之发"云者，固不可易；"是气之发"云者，非专指气也。此所谓不能无曲折者也。大抵来辩，与鄙意所同者虽多，而所异者亦不少。况所异之处，正是大节目，于此既不能同，则其他说之同异得失，亦不须论。必当于此处，明辨笃信，然后其他说之同异得失，有可得而言者矣。盖来辩以为：四端发于仁、义、礼、智之性，故虽是理、气之合，而所指而言者，则主于理；七情，外物触其形而动于中，缘境而出，故非无理也，而所指以言者，则在乎气。是故四端在中为纯理，而才发不杂于气；七情外感于形气，而其发非理之本体，而四端、七情之所从来者不同。此数语者，实先生之所自得，故一篇之中，虽缕缕多端,而其大意,仍不出乎是也。若大升之愚见,则异于是。盖人之情一也,而其所以为情者,固兼理气,有善恶也。但孟子就理气妙合之中,专指其发于理而无不善者言之,四端是也。子思就理气妙合之中而混沦言之,则情固兼理气,有善恶矣,七情是也。此正所就以言之不同者也。然而所谓"七情"者,虽若涉乎气者,而理亦自在其中;其发而中节者,乃天命之性、本然之体,而与孟子所谓"四端"者,同实而异名者也。至于发不中节,则乃气禀物欲之所为,而非复性之本然也。是故愚之前说,以为非七情之外复有四端者,正谓此也。又以为四端、七情初非有二义者,亦谓此也。由是言之,以"四端主于理,七情主于气"而云云者,其大纲虽同,而曲折亦有所不同者也。夫以朱子之言,明白简约,而学者之所见不能无异同,则岂非毫厘之差者乎!然朱子之言,解以先生之意,则直截而易晓;证以大升之见,则曲折而难通。所谓毫厘之差者,正恐不在于先生,而在于大升也。但以《中庸章句》、《或问》及朱子平生诸说考之,而疑其为如是耳。伏乞详察,如何?如何?

第二节

"四端发于理,七情发于气。"此二句郑丈著之于图者,正与朱子所言不殊。若晓得时,岂有病乎?大升前日之所疑者,正恐使晓不得者却生病痛也。盖泛论四端、七情,而曰"四者发于理,七者发于气",固无不可矣。今乃著之于图,而以四端置理圈中,而谓之"发于理"。以七情置气圈中,而谓之"发于气"。虽写成图本,势不得不然,而位置之际,似不免离析太甚。若后学见之,指其已定之形,而分理与气二者,别而论之,则其为误人,不亦既甚矣乎?后来伏奉示喻,改之以"四端之发,纯理,故无不善;七情之发,兼气,故有善恶"云云,则视前语尤分晓。而鄙意亦以为未安者,盖以四端、七情对举互言,而揭之于图,或谓之"无不善",或谓之"有善恶",则人之见之也,疑若有两情,且虽不疑于两情,而亦疑其情中有二善,一发于理,一发于气者,为未当也。然大升向来所疑者,犹在于是。今详来辩,仍再捡图说,则其所可疑者,不止于是也。此虽未知真是非之在此乎在彼乎,而"向来所疑,使晓不得者生病痛"云者,亦非过计之忧也。

第三节

大升踈迂蹇浅,学不知方。其于性情、理气之说,盖未尝一日实下功夫,况有反身体验之效耶! 如是而不揆狂僭,辄申所见,亦可谓犯不韪之罪,而为无证之言者矣。岂意先生不赐谴斥,而往复酬酢,至于若是之倦倦耶! 此真大升之所敬慕叹服,而不能自已者。幸甚! 幸甚!

第四节

四端、七情,固均是情也,而其立名有异者,岂非所就而言之不同乎? 大升前说之意,正是如此,而来辩亦以为然焉。然其所谓"所就以言之不同"一句,若通之以鄙说,则不妨本是一情,而言之者有不同。若质之以来辩,则四端、七情各有所从来,而非但言之者不同也。是则虽同是一语,而彼此主意各有所在,不可不察也。而况子思、孟子所言不同者,则非特其言云尔,意亦各有所主也。尝观朱子《答陈器之书》曰:"性是太极浑然之体,本不可以名字言,但其中含具万理,而纲理之大者有四,故名之曰仁、义、礼、智。孔门未尝备言,至孟子而始备言之者。盖孔子时,性善之理素明,虽不详其条,而说自具。至孟子时,异端蠢起,往往以性为不善。孟子惧是理之不明,而思有以明之。苟但曰浑然全体,则恐其如无星之秤、无寸之尺,终不足以晓天下。于是别而言之,界为四破,而四端之说,于是而立。"此岂非所就而言之者不同,而意亦各有所主乎? 盖子思论性情之德,以中和言之,而曰喜、怒、哀、乐,则情之兼理气、有善恶者,固混沦言之,所谓"道其全"也。孟子发明性善之理,以仁、义、礼、智言之,而曰恻隐、羞恶、辞让、是非,则只以情之善者言之,所谓"剔拨出来"也。古之圣贤论及理气、性情之际,固有合而言之者,亦有别而言之者,其意亦各有所主,在学者精以察之耳。

第五节

此段所论,皆极精密,何敢更有拟议? 然亦有馀论,可以相发者焉。朱子曰:"未有此气,已有此性。气有不存,而性却常在。虽其方在气中,然气自是气,性自是性,亦不相夹杂。"又曰:"天命之性,非气质则无所寓。然人之气禀,有清浊偏正之殊,故天命之正,亦有浅深厚薄之异,要亦不可不谓之性。"又曰:"'天命之谓性',是极本穷源之性。"又曰:"孟子是剔出而言性之本,伊川是兼气质而言,要之不可离也。"又曰:"气质之说,起于程、张。"观此数段,则所谓"天地之性"与"气质之性"者,尤觉明白,而思、孟、程、张所言之异同,亦可见矣。又朱子曰:"天地之所以生物者,理也;其生物者,气与质也。人物得是气质以成形,而其理之在是者,则谓之性也。"此就天地及人物上,分别理与气,固不害一物之自为一物也。若就性上论,则所谓"气质之性"者,即此理堕在气质之中耳,非别有一性也。然则论性,而曰"本性"、曰"气禀"云者,非如就天地及人物上,分理、气而各自为一物也,乃以一性随其所在,而分别言之耳。至若论其情,则缘本性堕在气质,然后发而为情,故谓之"兼理气,有善恶"。而其发见之际,自有发于理者,亦有发于气者,虽分别言之,无所不可,而仔细秤停,则亦有似不能无碍。况以四端、七情分属理、气,则七情非但专指气而言者。此处曲折,殊觉未安尔。

第六节

按此数段,极论四端七情之所以然,正是一篇紧要处。然太以理、气分开说去,而所谓气者,非复以理、气杂而言之,乃专指气也,故其说多倚于一偏。今请先论七情之不专是气,然后乃可逐段理会也。《中庸》曰:"喜怒哀乐之未发,谓之中;发而皆中节,谓之和。中也者,天下之大本也;和也者,天下之达道也。"《章句》曰:"喜、怒、哀、乐,情也。其未发,则性也,无所偏倚,故谓之中。发皆中节,情之正也,无所乖戾,故谓之和。大本者,天命之性,天下之理皆由此出,道之体也。达道者,循性之谓,天下古今之所共由,道之用也。此言性情之德,以明道不可离之意。"《或问》曰:"盖天命之性,万理具焉。喜、怒、哀、乐,各有攸当。方其未发,浑然在中,无所偏倚,故谓之中。及其发而皆得其当,无所乖戾,故谓之和。谓之'中'者,所以状性之德,道之体也;以其天地万物之理,无所不该,故曰'天下之大本'。谓之'和'者,所以着情之正,道之用也;以其古今人物之所共由,故曰'天下之达道'。盖天命之性,纯粹至善,而具于人心者,其体之用全,本皆如此,不以圣愚而有加损也。"《章句》辑注中延平李氏曰:"方其未发,是所谓'中'也、'性'也。及其发而中节也,则谓之'和'。其不中节也,则有不和矣。和不和之异,皆既发焉而后见之,是情也,非性也。孟子故曰'性善'又曰'情可以为善'其说盖出于子思。"愚谓:七情之说,若于此看得破,则所谓"七情"者,果非专指气也,决矣。而况伊川《颜子好学论》、朱子《乐记动静说》,与《中庸》之旨,亦无不吻合者。夫以子思述传,立言以明性情之德,其言岂有所偏?而伊川、延平、晦庵诸先生之论,亦皆如此,则后学岂容别生异义耶?然则七情岂非兼理气,有善恶,而四端者,岂非七情中理也、善也哉?如是而欲以四端、七情分属理、气,而不相管,亦可谓倚于一偏矣。辩曰:"恻隐、羞恶,性焉尔。"愚谓:四端固发于仁义礼智之性,而七情亦发于仁义礼智之性也。不然,朱子何以曰"喜、怒、哀、乐,情也;其未发,则性也"乎?又何以曰"情是性之发"乎?辩曰:"喜、怒、哀、惧,出焉尔。"愚按:"外物触其形,而动于中"一句,出《好学论》。然考本文曰:"形既生矣,外物触其形,而动于中矣。其中动,而七情出焉。"其曰"动于中",又曰"其中动"云者,即心之感也。心之感而性之欲者出焉,乃所谓"情"也。然则情见乎外,虽似缘境而出,实则由中以出也。辩曰:"四端之发,其端绪也。"愚谓:四端、七情,无非出于心者,而心乃理、气之合,则情固兼理、气也,非别有一情,但出于理,而不兼乎气也。此处正要人分别得真与妄尔。辩曰:"七情之发,其苗脉也。"愚按《乐记》曰:"人生而静,天之性也;感于物而动,性之欲也。"朱子曰:"性之欲,即所谓'情'也。"然则情之感物而动者,自然之理也。盖由其中间实有是理,故外边所感,便相契合;非其中间本无是理,而外物之来,偶相凑着而感动也。然则"外物之来,易感而先动者,莫如形气"一语,恐道七情不著也。若以感物而动言之，则四端亦然。赤子入井之事感，则仁之理便应，而恻隐之心于是乎形；过庙、过朝之事感，则礼之理便应，而恭敬之心于是乎形。其感物者，与七情不异也。辩曰："安有在中，为理之本体耶？"愚谓：在中之时，固纯是天理，然此时只可谓之"性"，不可谓之"情"也。若才发，则便是情，而有和不和之异矣。盖未发，则专是理；既发，则便乘气以行也。朱子《元亨利贞说》曰："元亨利贞，性也；生长收藏，情也。"又曰："仁、义、礼、智，性也；恻隐、羞恶、辞让、是非，情也。"夫以生长收藏为情，便见乘气以行之实，而四端亦气也。朱子弟子问中亦曰："如恻隐者气，其所以能是恻隐者，理也。"此语尤分晓。但其气顺发出来，非有翻腾纷扰之失尔。来辩以七情为缘境而出，为形气所感，既皆未安，而至乃谓之外感于形气，而非理之本体，则甚不可。若然者，七情是性外之物，而子思之所谓"和"者，非也。抑又有大不然者。孟子之喜而不寐，喜也。舜之诛四凶，怒也。孔子之哭之恸，哀也。闵子、子路、冉有、子贡侍侧而子乐，乐也。兹岂非理之本体耶？且如寻常人，亦自有天理发见时节，如见其父母亲戚，则欣然而喜，见人死丧疾痛，则恻然而哀，又岂非理之本体耶？是数者，若皆形气所为，则是形气、性情不相干也，其可乎？辩曰："四端皆善，可以为善矣。"愚谓：此正延平先生所谓"孟子之说，出于子思"者也。辩曰："七情善恶，乃谓之和。"愚按程子曰："喜、怒、哀、乐未发，何尝不善？发而中节，则无往而不善。"然则四端固皆善也，而七情亦皆善也。惟其发不中节，则偏于一边，而为恶矣。岂有善恶未定者哉？今乃谓之"善恶未定"，又谓之"一有而不能察，则心不得其正；而必发而中节，然后乃谓之和"，则是七情者，其为冗长无用，甚矣！而况发而未中节之前,亦将以何者而名之耶? 且"一有之而不能察"云者,乃《大学》第七章《章句》中语,其意盖为忿懥、恐惧、好乐、忧患四者,只要从无处发出,不可先有在心下也。《或问》所谓"喜怒忧惧,随感而应;妍蚩俯仰,因物赋形"者,乃是心之用也,岂遽有不得其正者哉? 惟其事物之来,有所不察,应之既或不能无失,且又不能不与俱往,则其喜怒忧惧,必有动乎中,而始有不得其正耳。此乃正心之事,引之以证七情,殊不相似也。夫以来辩之说,反复剖析,不啻详矣,而质以圣贤之旨,其不同有如此者,则所谓"因其所从来,各指其所主与所重"者,虽若可以拟议,而其实恐皆未当也。然则谓"四端为理"、谓"七情为气"云者,亦安得遽谓之无所不可哉? 况此所辩,非但名言之际有所不可,抑恐其于性情之实、存省之功,皆有所不可也。如何? 如何?

第七节

大升非有所见者,特因前说有"四端乘于气,七情出于性"之意,乃以"有见于理、气之相循不离"者许之。大升固不敢当,而鄙意亦不专在是也。先生于此,恐亦未免为失言也。若"四端、七情,初非有二义"云者,盖谓四端既与七情中发而中节者,同实而异名,则推其向上根源,信非有两个意思也云尔,岂有直以为元无异义也? 若直谓之无异义,则岂不戾于圣贤之指乎?

第八节

此段所论,乃读书穷理切要之言,敢不眷眷服膺乎! 幸甚! 幸甚!

第九节

凡此数段,皆据先儒旧说,固无可议。但中间"偏指而独言气"一节,似觉未当。盖既谓之"性",则虽堕在气质之中,而不可专以气目之也。按《论语》子曰:"性相近也,习相远也。"《注》曰:"此所谓'性',兼气质以言之,然则性为主,而兼乎气质也。"孟子曰:"口之于味也,目之于色也,耳之于声也,鼻之于臭也,四肢之于安佚也,性也。有命焉,君子不谓性也。"《注》程子曰:"五者之欲,性也。然有分,不能皆如其愿,则是命也。"但辑注朱子曰:"此'性'字,指气质而言;此'命'字,合理与气而言。"此则可疑。然考《语类》有曰:"孟子谓'性也,有命焉',此'性'是兼气禀食色言之。"然则凡言"性"者,不偏指气,可见矣。今谓之"偏指而独言气",恐未然也。且辩曰:"子思之论中和,是就理、气中浑沦言之",则七情者,岂非兼理、气乎? 来辩之说,亦不能无出入者。如此,幸更详之,如何?

第十节

喜同恶离,乐浑全,厌剖析,乃末学之常累。然鄙意固未尝以是自安也,亦欲其一一剖析尔。"四端、七情所从来"及"兼理气,有善恶"等语,皆已详禀于前段矣。但所谓"气之自然发见,乃理之本体然也"之语,则亦有说焉。盖理无朕,而气有迹,则理之本体,漠然无形象之可见,不过于气之流行处验得也。程子所谓"善观者,却于已发之际观之"者,此也。鄙说当初分别得理气,各有界限,不相淆杂。至于所谓"气之自然发见,乃理之本体然",则正是离合处,非以理、气为一物也。且《论语》"子在川上"章《集注》曰："天地之化,往者过,来者续,无一息之停,是乃道体之本然也。"此岂非于气上识取乎?又或问:"理在气中发见处如何?"朱子曰:"如阴阳五行,错综不失端绪,便是理。若气不结聚时,理亦无所附著。"然则气之自然发见,无过不及者,岂非理之本体乎?且如恻隐、羞恶,亦岂非气之自然发见者乎?然其所以然者,则理也,是以谓之"发于理"尔。夫以"四端发于理,七情发于气",大纲固无不是。至于极论其所以然,则乃以七情之发,为非理之本体,又以气之自然发见者,亦非理之本体,则所谓"发于理"者,于何而见之?而所谓"发于气"者,在理之外矣。此正太以理、气分说之失,不可不察也。罗整庵所论,不曾见得,不知如何。若据此一句,则其误甚矣。若大升,则固非以理、气为一物,而亦不谓理、气非异物也。鄙说初无是意,亦无是语,诚恐先生于鄙说,见其有所不合,遂以为无可取者,而更不之察也。不然,何以有是教耶?伏乞更赐明订,何如?

第十一节

大升前者妄以鄙见撰说一篇。当时以为子思就情上,以兼理气、有善恶者,而混沦言之,故谓之"道其全";孟子就情中,只举其发于理而善者言之,故谓之"剔拨出来"。然则均是情也,而曰"四端"、曰"七情"者,岂非以所就而言之者不同,而实则非有二情也。是以其下再结之,以为四端、七情初非有二义,而不知其自相矛盾也。今承开谕,复自推详,而亦不觉其然,岂非暗于自知而然乎?以气论性,亦非鄙说之意也。若认人欲作天理之蔽,则当深察而克治之耳。

第十二节

朱子固天下古今所宗师,学者当谨守其言,可也。然其有异同处,亦不可不仔细消详也。《中庸》"未发"、"已发"之义,朱子尝因程子"凡言心者,皆指已发而言",以致错认语意,与南轩、西山论辩甚力。后乃大悟,与湖南诸公书,自言其失,而谓程子"凡言心者,皆指已发而言",此乃指赤子之心而言,而谓凡言心者,则其为说之误,故又自以为未当而复正之。固不可执其已改之言,而尽疑诸说之误。又不可遂以为未当,而不究其所指之殊也。此言至公至明,后学所当师也。然则谓"是理之发,是气之发"者,与其他前后所论,更互参较,则其异同曲折,自可见也。不知后学当遵前后备陈所周该之言乎?亦当守其一时偶发所偏指之语乎?此其从违,亦不难决,未委先生意以为何如耶?《天命图》立象连类,剖析该备,所谓不易见得及此者。然以鄙意论之,则其间似多有未安者,须更契勘教仔细,然后庶可不悖于古人矣。或若以为未然,则说中立论,以兼破此意,可也。不可谓用先儒旧说,而只如此鹘突,既已自误,又将误人也。如何?如何?

区区鄙见,已具逐条之下。然其可与不可,不敢自信,姑以是取正于先生。伏惟先生试详察焉,抑细看其间,尚有未尽者,敢复尘渎,并祈亮采,何如?大升偶阅《朱子大全》,见其中有论得此意甚分明者。其《答胡广仲书》曰:"伊川先生曰:'天地储精,得五行之秀者为人。其本也,真而静。其未发也,五性具焉,曰仁、义、礼、智、信。形既生矣,外物触其形,而动于中矣。其中动,而七情出焉,曰喜、怒、哀、乐、爱、恶、欲。情既炽而益荡,其性凿矣。'熹详味此数语,与《乐记》之说指意不殊。所谓‘静’者,亦指未感时言尔。当此之时,心之所存,浑是天理,未有人欲之伪,故曰‘天之性’。及其感物而动,则是非、真妄自此分矣。然非性,则亦无自而发,故曰‘性之欲’。‘动’字与《中庸》‘发’字无异,而其是非、真妄,特决于有节与无节、中节与不中节之间耳。来教所谓‘正要此处识得真妄’是也。然须是平日有涵养之功,临事方能识得。若茫然都无主宰,事至然后安排,则已缓而不及于事矣。”《答胡伯逢书》曰:“盖孟子所谓‘性善’者,以其本体言之,仁、义、礼、智之未发者是也。所谓‘可以为善’者,以其用处言之,四端之情,发而中节者是也。盖性之与情,虽有未发、已发之不同,然其所谓善者,则血脉贯通,初未尝有不同也”。自注:“程子曰:‘喜、怒、哀、乐未发,何尝不善? 发而中节,则无往而不善。’是也。”观此二书,则此间所辩,不难决也。想先生必已看过,但恐未及契勘,故今并举以求订。未知先生果以为何如也? 大升窃观近世名公钜人,为此学者亦不少,虽其浅深疏密,各有所就,而议论之间,多袭一轨,意其俚俗相传之语,自有一种支节而然也。如四端七情之说,曾闻长者之言,亦是分属理、气之云。鄙心以为疑,思欲质问,而顾自己元无功夫,不敢容易发言,以此嘿嘿闷督者有年矣。今幸得遇先生,以发狂瞽之言,虽僭妄之罪,所不敢逃,而亦庶几其终祛蔽惑也。幸甚! 幸甚! 窃尝考之,近世论性情者,其病根盖出于云峰胡氏。按《大学》经一章第四节辑注胡氏曰:“性发为情,其初无有不善。心发为意,便有善有不善。”此数句本解《章句》“所发”二字,而其言之有弊,遂使学者别生意见,以为情无不善,而以四端当之。则所谓“七情”者,乃无所当,而其中亦有不善,似与四端相反,故又以七情为发于气,歧而言之。夫岂知其性则无不善,性才发,便是情,而有善有不善哉?亦岂知其孟子所谓"情可以为善"者,乃就善一边剔出哉?以此纷纭舛错,至以为各有所从来,岂不惧哉?夫谓之"各有所从来"者,谓其原头发端之不同也。四端、七情,俱发于性,而谓之"各有所从来",可乎?若以四端、七情之中节、不中节者,为各有所从来,则或庶几也。凡此病根,皆原于胡氏之失,而后之学者不能慎思明辨,以求至当之归,良可叹也。纵言及此,僭越深矣。然先生若不遂以为罪,而更加精察,则恐不能无补于万分也。且朱子《性图》,其曰"性善"者,谓性也。故其自注曰:"性无不善。"其下兼列善恶者,谓情也。故"善"下注曰:"发而中节,无往不善。""恶"下注曰:"恶不可谓从善中直下来,只是不能善,则偏于一边为恶。"此图见《性理大全》第二十九卷,可检看也。夫以四端之情为发于理而无不善者,本因孟子所指而言之也。若泛就情上细论之,则四端之发,亦有不中节者,固不可皆谓之善也。有如寻常人,或有羞恶其所不当羞恶者,亦有是非其所不当是非者。盖理在气中,乘气以发见,理弱气强,管摄他不得,其流行之际,固宜有如此者,乌可以为情无有不善?又乌可以为四端无不善耶?此正学者精察之地,若不分真妄,而但以为无不善,则其认人欲而作天理者,必有不可胜言者矣。如何?如何?然大升从来所陈,皆以四端为理、为善,而今又以为四端之发亦有不中节者,其语自相矛盾,想先生更以为怪也。然若究而言之,则亦不妨有是理,而自为一说也。伏幸将入思议,何如?且前书僭禀以"理虚无对"、"心之虚灵,分属理、气"等语为未安。乃蒙下喻,以求其说之所以,其敢有所隐乎?按此二条,亦出近世之论,恐非圣贤本旨也。朱子曰:"天下之理,至虚之中,有至实者存;至无之中,有至有者存。"然则理虽若虚,而固不可谓之其体本虚也。或问"太虚",程子曰:"亦无太虚。"遂指虚曰:"皆是理,安得谓之虚? 天下无实于理者。"然则理本是实,而今乃谓之"虚",可乎? 其曰:"虚故无对。无对,故在人在物,固无加损,而为一者焉。"亦似说"理"字不出。盖理之无加无损,岂以虚而无对之故乎? 若但以为无对,故无加损,则恐所谓"理"者,正在珑侗恍惚间也。若心之为物,则其虚灵不昧者,乃其本然之体也。朱子于论心处,每每言"虚灵",或言"虚明",或言"神明",此皆专指心之本体而言也,未尝以虚与灵者,分属理、气也。盖其虚灵者,气也;其所以虚灵者,理也。故论心者曰"虚灵",则专指体言;曰"虚灵知觉",则兼举体用而言也。《大学》辑注北溪陈氏曰:"人生得天地之理,又得天地之气,理与气合,所以虚灵。"此言简切有味。故未尝以虚者属理,而灵者属气也。至玉溪卢氏,乃以"虚"、"灵"二字分释之,以虚为寂,以灵为感,而以具众理、应万事分属之。此说经新巧之弊,格以程、朱之说,亦恐未合也。然卢氏之意,只在"虚"、"灵"二字上,分别得《章句》语意,以为虚故能具众理,灵故能应万事云尔,亦未便谓虚是理,而灵是气也。今乃著为《图说》曰:"天之降命于人也,非此气,无以寓此理也:非此心,无以寓此理、气也。故吾人之心,虚而且灵,为理、气之舍焉"云云。而"虚"字下注曰"理","灵"字下注曰"气",则其为分裂,亦太甚矣,而其理亦有所未然也。凡此二条,恐皆世俗口耳相传之说,虽或未至碍理,然亦当论辨(辩)究极,以破世俗鄙陋之见。而乃反取为成说,以垂后来,则将使学者胥为虚无之论,而沦为老、佛之域矣,其可惮哉? 此实鄙意之所未安也。不审先生以为何如耶? 猥以疎卤之学,妄论先辈,固知僭率。然若不言,又何用讲究耶?以此矢口尽言,伏乞先生并加恕察,幸甚!幸甚!且此间疑愦山积,所欲仰资质问者,不可一二数。而笔札所传,不尽言意。唯有抚心长叹,东望殒涕而已。奈何!奈何!伏惟垂谅。大升谨顿首再拜言。

《四端七情说》"子思曰"云云。此即《高峰上退溪四端七情说》也,见第一板。

右鄙说一篇,欲见议论首末,今并录上。盖大升当初略见得意思如此,遂成鹘突之说,褊浅诞妄,固宜得罪于长者。然细看其间,语虽未究,而意似粗完;意虽不切,而理无太乖。若虚心平气,仔细看过,则亦恐不能无所助发也。来辩所指摘者,皆于逐条下陈之。不审先生以为何如也?但其谓"四端发于理,而无不善;七情发于气,而有善恶"者,大升曾见《天命图》,不能详细记得,只据大意以为如是,而著之于说。今而再检之,则只有"四端发于理"、"七情发于气"二句,而"无不善"、"有善恶"等语则无之。此是看书粗疎之病,所谓不能尽乎人言之意者,其病亦不少,深可愧悚。然考之说中,则其意本亦如是。故秋峦亲见鄙说,亦不以此诃也。如何?如何?似恐观者或有不察,故并言之。大升拜覆

退溪答高峰非四端七情分理气第一书 改本

顷承第二书诲谕,知滉前书语有疎谬、失秤停处,谨已修改。今将改本写在前面,呈禀可否。其后乃继以第二书。伏乞明以回教。

性情之辩,先儒发明详矣。惟四端、七情之云,但俱谓之"情",而未见有以理、气分说者焉。

往年郑生之作图也,有"四端发于理,七情发于气"之说。

愚意亦恐其分别太甚,或致争端,故改下"纯善"、"兼气"等语,盖欲相资以讲明,非谓其言之无疵也。

今者蒙示辩说,摭抉差谬,开晓谆悉,警益深矣。然犹有所不能无惑者,请试言之,而取正焉。

夫四端,情也;七情亦情也,均是情也,何以有四七之异名耶?来喻所谓"所就以言之者不同",是也。盖理之与气,本相须以为体,相待以为用,固未有无理之气,亦未有无气之理。然而所就而言之不同,则亦不容无别。从古圣贤,有论及二者,何尝必滚合为一物,而不分别言之耶?

且以"性"之一字言之,子思所谓"天命之性",孟子所谓"性善之性"。此二"性"字,所指而言者何在乎?将非就理气赋与之中,而指此理原头本然处言之乎?由其所指者在理不在气,故可谓之"纯善无恶"耳。若以理、气不相离之故,而欲兼气为说,则已不是性之本然矣。夫以子思、孟子洞见道体之全,而立言如此者,非知其一不知其二也,诚以为杂气而言性,则无以见性之本善故也。至于后世程、张诸子之出,然后不得已而有"气质之性"之论,亦非求多而立异也。所指而言者,在乎禀生之后,则又不得纯以"本然之性"。"纯以"以下,旧作"以本然之性混",今改。称之也。故愚尝妄以为:情之有四端、七情之分,犹性之有本性、气禀之异也。然则其于性也,既可以理、气分言之。至于情,独不可以理、气分言之乎?

恻隐、羞恶、辞让、是非,何从而发乎?发于仁、义、礼、智之性焉尔。喜、怒、哀、惧、爱、恶、欲,何从而发乎?外物触其形,而动于中,缘境而出焉尔。四端之发,孟子既谓之"心",则心固理、气之合也;然而所指而言者,则主于理,何也?仁、义、礼、智之性粹然在中,而四者,其端绪也。七情之发,程子谓之"动于中",朱子谓之"各有攸当",则固亦兼理气"程子谓"以下,旧作"朱子谓'本有当然之则',则非无理",今改。也;然而所指而言者,则在乎气,何也?外物之来,易感而先动者,莫如形气,而七者,其苗脉也。安有在中为纯理,而才发为杂气,外感则形气,而其发顾为理,不为气"顾为理"以下,旧作"为理之本体",今改。耶?四端,皆善也,故曰:"无四者之心,非人也。"而曰:"乃若其情,则可以为善矣。"七情本善,而易流于恶,故其发而中节者,乃谓之"和";一有之而不能察,则心已不得其正矣。"本善而"以下,旧作"善恶未定也,故一有之而不能察,则心不得其正;而必发而中节,然后乃谓之'和'",今改。由是观之,二者虽曰皆不外乎理、气,而因其所从来,各指其所主此间旧有"与所重"三字,今改。而言之,则谓之某为理,某为气,何不可之有乎?

窃详来喻之意,深有见于理、气之相循不离,而主张其说甚力,故以为未有无理之气,亦未有无气之理,而谓四端、七情非有异义。此虽近是,而揆以圣贤之旨,恐有所未合也。

大抵义理之学,精微之致,必须大着心胸,高着眼目,切勿先以一说为主。虚心平气,徐观其义趣,就同中而知其有异,就异中而见其有同。分而为二,而不害其未尝离。合而为一,而实归于不相杂,乃为周悉而无偏也。

请复以圣贤之说,明其必然。昔者,孔子有"继善成性"之论,周子有"无极太极"之说,此皆就理、气相循之中,剔拨而独言理也。孔子言相近相远之性,孟子言耳目口鼻之性,此皆就理、气相成之中,兼指而主言"兼指"以下,旧作"偏指而独言",今改。气也。斯四者,岂非就同中而知其有异乎?子思之论中和,言喜、怒、哀、乐,而不及于四端;程子之论好学,言喜、怒、哀、惧、爱、恶、欲，而亦不言四端，是则就理、气相须之中而浑沦言之也。斯二者，岂非就异中而见其有同乎？

今之所辩则异于是，喜同而恶离，乐浑全而厌剖析，不究四端、七情之所从来，概以为兼理气，有善恶，深以分别言之为不可；中间虽有"理弱气强"、"理无朕，气有迹"之云，至于其末，则乃以气之自然发见为理之本体然也，是则似遂以理、气为一物，而无所分矣。若真以为一物而无所分，则非滉之所敢知。不然，果亦以为非一物而有所别，故本体之下著"然也"二字，则何苦于图，独以分别言之为不可乎？"似遂以"以下，旧作"遂以理、气为一物，而无所别矣。近世罗整庵倡为'理、气非二物'之说，至以朱子说为非是。滉寻常未达其指，不谓来喻之云，亦似之也"，今改。

且来谕既云"子思、孟子所就而言之者不同"，又以四端为剔拨出来，而反以四端、七情为无异指，不几于自相矛盾乎？夫讲学而恶分析，务合为一说，古人谓之鹘囵吞枣，其病不少。而如此不已，不知不觉之间，骎骎然入于以气论性之蔽，而堕于认人欲作天理之患矣，奚可哉？

自承示谕，即欲献愚，而犹不敢自以其所见为必是而无疑，故久而未发。近因看《朱子语类》论孟子"四端"处，末一条正论此事，其说云："四端是理之发，七情是气之发。"古人不云乎："不敢自信，而信其师。"朱子，吾所师也，亦天下古今之所宗师也。得是说，然后方信愚见不至于大谬。而当初郑说亦自为无病，似不须改也。乃敢粗述其区区，以请教焉，不审于意云何？若以为理虽如此，名言之际，眇忽有差，不若用先儒旧说为善，则请以朱子本说代之，而去吾辈之说，便为稳当矣。如何？如何？

退溪答高峰非四端七情分理气辩　第二书

前者远垂辱书,副以论诲四端七情书一册,其不弃愚妄,谆谆开晓之意,至深切矣。会值小冗,不克究心悉意于其间,辄自徇便,粗先作报。付回使去后,始伺疾病稍间,得以玩读思绎。欲窥其绪论之一二,则旨意渊深,援引浩博,驰辞骋辩,不穷不测,以老人衰耗精力,许多义理包罗不得,譬如决水于龙门,而欲以一苇寻其源流,其亦难矣!然其积日沿沂之馀,若或有得于涓流之末,则既有以见其前说之差,又因以发其新知之益,学之所资于讲论者,岂少哉?幸甚!幸甚!

所谓说之差者,谨已修改,录在前面,以禀可否。而所喻首末,又欲逐一条对,以见区区之意。第以前后诸说、盘错肯繁,未易疏剔,若一一从本文次第而为之说,则其势未免于散漫重复,反至于雾昏而榛塞。故谨就全篇,每条撮其大要,以类相从,使略有伦叙,因复揆之以愚见,则其异同从违之际,又有所难齐者焉。盖有来语本无病,而混错有妄论者,有承诲而自觉己语有失称停者,有来诲与鄙闻本同而无异者,有本同而趋异者,有见异而终不能从者。今以此五者,汇分条列如左:

第十节:气之自然发见,乃理之本体然也。

右一条,来语本无病,混错看妄论者,已改之。

第六节:"七情不专是气"之说。

同节中,"辩曰"之二,"情虽缘境,实由中出"之说。

"辩曰"之七,"善恶未定"之说。

第九节:"偏指而独言气"之说。

右四条,承诲,觉己语有失称停者,亦已改之。

第一节:引《朱子语类》论心、性、情三条。

第四节:引朱子《答陈潜室书》,以明所就而言者不同。

第五节:引朱子说第一条,明气与性不相杂。

　　　　第二条,明气禀之殊,天命亦异,亦不可不谓之"性"。

　　　　第三条,天命之性,极本穷原之性。

　　　　第五条,程、张始言气质。

第六节:引《中庸章句》、《或问》、延平说、程子《好学论》。

朱子《动静说》,皆明七情兼理气。

右十三条,与鄙闻本同无异。以上不复论。

第一节:"天地之性",专指理。"气质之性",理与气杂。"是理之发",固然,"是气之发",非专指气。

第五节:就天地、人物上分别理、气,不害就性上论理堕气中;若论情,则性堕气质;兼理气、有善恶分属,未安。

第六节:"辩曰"之一,七情亦发于仁、义、礼、智。"辩曰"之三,非别有一情,但出于理,不出于气。"辩曰"之四,非中无是理,外物偶相感动。感物而动,四端亦然。"辩曰"之五,"既发,便乘气以行"云云。四端,亦气也。

第七节:推其向上根源,元非有两个意思。

第九节:"凡言性,不偏指气"云云;七情亦兼理气。右八条本同而趋异。

第一节:同实异名,非七情外复有四端,四七非有异义。

第二节:泛论无不可,着图离析太甚,恐悮人;或云无不善,或云有善恶,恐人疑有两情、有二善。

第三节:如来辩,则四七各有所从来,非但言之者不同。

第五节:引朱子说第四条:孟子剔言,伊川兼言,要不可离。

第六节："辩曰"之五,来辩谓"七情外感于形气,而非理之本体,则甚不可;若然者,七情是性外之物"云云;孟子之喜而不寐,岂非理之本体耶?

"辨曰"之七,一有之而不能察,其末,论所从来与所主之说之非。

第十二节:朱子错认"心为已发"之语,久后乃悟,仍论"理发"、"气发"之语,为偶发而偏指。

右九条见异而终不能从。以上皆有论辩在后。

来谕虽纵横变化,往复百折,约而言之,除其错看一条外,类成四截,而四截之中,又约而言之,不过为二截而已,何者?承诲而觉失称停者,固皆本同之类也;本同而趋异者,卒亦同归于终不能从者矣。

请试详之:夫理、气之不相离,七情之兼理、气,滉亦尝与闻于先儒之说矣。故前辩之中,累累言之,如统论性情,则曰"未有无理之气,亦未有无气之理"。如论四端,则曰"心固理、气之合"。论七情,则曰"非无理也"。如此之类,不一而足,是鄙人所见,何以异于第二截十三条之所论乎?然而未免有第一截四条之差说者,口耳之学,无得于心,而揣摩以为言,所以失于称停而有病痛,此深可恐惧也。惟公详其所改之语,则其有得于诲语,而旋归于本同之旨,可知耳。朱子谓:"孔颖达非不解撰法,但为之不熟,故其言之易差。"此则君子恕人之论也。若滉论学而易差如此者,乃是心不能真知之故,正当以不知自处,而闭口不谈,可也。然既不能无所异,而不竟其说,则又非讲磨求益之道,故其前二截同者不论,而于后二截者,致论其所以不得苟同之意焉。夫四端非无气,七情非无理,非徒公言之,滉亦言之。非徒吾二人言之,先儒已言之。非先儒强而言之,乃天所赋、人所受之源流脉络固然也。然其所见始同而终异者,无他,公意以为:四端、七情皆兼理、气,同实异名,不可以分属理、气。滉意以为:就异中见其有同,故二者固多有浑沦言之;就同中而知其有异,则二者所就而言,本自有主理、主气之不同,分属何不可之有? 斯理也,前日之言,虽或有疵,而其宗旨则实有所从来。盛辩一皆诋斥,无片言只字之得完。今虽更有论说,以明其所以然之故,恐其无益于取信,而徒得哓哓之过也。

辩诲曰:"'天地之性'专指理;'气质之性',理与气杂。'是理之发',固然;'是气之发',非专指气。"

滉谓:"天地之性"固专指理,不知此际只有理,还无气乎? 天下未有无气之理,则非只有理,然犹可以专指理言,则气质之性虽杂理、气,宁不可指气而言之乎? 一则理为主,故就理言;一则气为主,故就气言耳。四端非无气,而但云"理之发";七情非无理,而但云"气之发",其义亦犹是也。公于理发则以为不可易,气发则以为非专指气,将一样语截作两样看,何耶? 若实非专指气,而兼指理,则不应与理之发者对举,而并叠言之矣。

辩诲曰:"就天地、人物上,分理与气,不害就性上论理堕在气中。若论情,则性堕在气质。兼理气、有善恶分属,未安。"

滉谓:就天地、人物上看,亦非理在气外,犹可以分别言之,则于性于情,虽曰理在气中,性在气质,岂不可分别言之? 盖人之一身,理与气合而生,故二者互有发用,而其发又相须也。互发,则各有所主可知;相须,则互在其中可知。互在其中,故浑沦言之者固有之;各有所主,故分别言之而无不可。论性而理在气中,思、孟犹指出本然之性,程、张犹指论气质之性;论情而性在气质,独不可各就所发,而分四端、七情之所从来乎? 兼理气,有善恶,非但情尔,性亦然矣,然安得以是为不可分之验耶? 从理在气中处言,故云"性亦然矣"。

辩诲曰:"七情亦发于仁、义、礼、智。"

滉谓:此即所谓"就异而见同,则二者可浑沦言之"者也。然不可谓只有同而无异耳。

辩诲曰:"非别有一情,但出于理,而不出于气。"

滉谓:四端之发,固曰非无气,然孟子之所指,实不在发于气处。若曰兼指气,则已非复四端之谓矣,而辩诲又何得以四端是理之发者,为不可易耶?

辩诲曰:"非中无是理,外物偶相感动;感物而动,四端亦然。"

滉谓:此说固然,然此段所引《乐记》、朱子之说,皆所谓"浑沦言之"者,以是攻分别言之者,不患无其说矣。然而所谓"分别言"者,亦非滉凿空杜撰之论,天地间元有此理,古之人元有此说。今必欲执一而废一,无乃偏乎? 盖浑沦而言,则七情兼理、气,不待多言而明矣。若以七情对四端,而各以其分言之,七情之于气,犹四端之于理也。其发各有血脉,其名皆有所指,故可随其所主而分属之耳。虽滉亦非谓七情不干于理,外物偶相凑着而感动也。且四端感物而动,固不异于七情,但四则理发而气随之,七则气发而理乘之耳。

辩诲曰:"'既发,便乘气以行'云云;四端亦气也。"

滉谓:四端亦气,前后屡言之,此又引朱子弟子问之说,固其分晓。然则公于孟子说四端处,亦作气之发看耶? 如作气之发看,则所谓"仁之端"、"义之端"、"仁"、"义"、"礼"、"智"四字当如何看耶?如以些儿气参看,则非纯天理之本然。若作纯天理看,则其所发之端,定非和泥带水底物事。公意以仁、义、礼、智是未发时名,故为纯理;四端是已发后名,非气不行,故亦为气耳。愚谓:四端虽云乘气,孟子所指,不在乘气处,只在纯理发处,故曰"仁之端"、"义之端",而后贤亦曰"剔拨而言善一边"尔。必若道兼气言,时已涉于泥水,此等语言皆着不得矣。古人以人乘马出入,比理乘气而行,正好。盖人非马不出入,马非人失轨途,人、马相须不相离。人有指说此者,或泛指而言其行,则人、马皆在其中,四七浑沦而言者是也;或指言人行,则不须并言马,而马行在其中,四端是也;或指言马行,则不须并言人,而人行在其中,七情是也。公见滉分别而言四七,则每引浑沦言者以攻之,是见人说人行、马行,而力言人、马一也,不可分说也。见滉以气发言七情,则力言理发,是见人说马行,而必曰人行也。见滉以理发言四端,则又力言气发,是见人说人行,而必曰马行也。此正朱子所谓"与迷藏之戏相似",如何?如何?

辩诲曰:"推其向上根源,元非有两个意思。"

滉谓:就同处论,则非有两个意思者,似矣。若二者对举,而推其向上根源,则实有理、气之分,安得谓非有异义耶?

辩诲曰:"凡言性者,不偏指气,今谓'偏指而独言气',恐未然。且辩曰:'子思之论中和,浑沦言之',则七情岂非兼理、气乎?"

滉谓:言性,非无指气而言者,但鄙说"偏独"二字果似有病,故依谕已改之矣。然与"七情兼理气,浑沦言"者,所指本自不同。今以是为鄙说之不能无出入,其实非出入也,指既不同,言不得不异耳。

辩诲曰:"同实异名,非七情外复有四端,四七非有异义。"

滉谓:就同中而知,实有理发、气发之分,是以异名之耳。若本无所异,则安有异名乎? 故虽不可谓"七情之外复有四端",若遂以为非有异义,则恐不可也。

辩诲曰:"泛论曰:四端发于理,七情发于气,固无不可;著图而置四于理圈,置七于气圈,离析太甚,悞人甚矣。"

滉谓:可则皆可,不可则皆不可,安有泛论则分二发而无不可,著图则分二置而独为不可乎? 况图中四端、七情实在同圈,略有表里,而分注其旁云耳,初非分置各圈也。

辩诲曰:"或云无不善,或云有善恶,恐人疑若有两情、有二善。"

滉谓:纯理,故无不善;兼气,故有善恶。此言本非舛理也。知者就同而知异,亦能因异而知同,何患于不知者错认,而废当理之言乎? 但今于图上,只用朱子说,故此语已去之耳。

辩诲曰:"如来辩,则四七各有所从来,非但言之者不同。"

滉谓:虽同是情,而不无所从来之异,故昔之言之者有不同矣。若所从来本无异,则言之者何取而有不同耶? 孔门未备言,子思道其全,于此固不用所从来之说;至孟子剔拨而说四端时,何可不谓指理发一边而言之乎? 四之所从来既是理,七之所从来,非气而何?

辩诲引朱子说:"孟子剔而言之,伊川兼气质而言,要不可离。"

滉谓：引此，盖言性之不可离，以明情之不可分耳。然上文所引朱子说，不曰：性"虽其方在气中，然气自是气，性自是性，亦不相夹杂"云乎？妄意朱子就孟子剔言、伊川兼言处而言，则曰"要不可离"，即滉所谓"异中见其有同"也；就性在气中而言，则曰"气自气、性自性，不相夹杂"，即滉所谓"同中知其有异"也。

辩诲曰："来辩谓'七情外感于形气，而非理之本体，则甚不可；若然者，七情是性外之物'云云；孟子之喜而不寐，岂非理之本体耶？"

滉谓：当初谬说，谓"安有外感则形气，而其发为理之本体耶？"云者，言当其感则是气，而至其发则是理，安有此理耶？但觉语有未莹，故已改之矣。今来诲变其文，直曰"外感于形气，而非理之本体"，则既与滉本意远矣，而其下诋之曰："若然者，七情是性外之物。"然则朱子谓"七情是气之发"者，亦以七情为性外之物耶？大抵有理发而气随之者，则可主理而言耳，非谓理外于气，四端是也；有气发而理乘之者，则可主气而言耳，非谓气外于理，七情是也。孟子之喜、舜之怒、孔子之哀与乐，气之顺理而发，无一毫有碍，故理之本体浑全。常人之见亲而喜，临丧而哀，亦是气顺理之发，但因其气不能齐，故理之本体亦不能纯全。以此论之，虽以七情为气之发，亦何害于理之本体耶？又焉有形气、性情不相干之患乎？

辩诲曰："来辩谓'一有之而不能察，则心不得其正；而必发而中节，然后乃谓之和'，则是七情者，冗长无用甚矣，而反为心害矣。"

滉谓：此处，前说语意失其先后，故有病，今谨已改之，为赐甚厚。但来诲又斥"一有之而不能察"之语，以为此乃正心之事,引之以证七情,殊不相似,此则似然而实不然也。盖此虽正心章,而此一节则以喜、怒、忧、惧之不可有诸心下,说心之病耳,使人知病而下药耳,非直说到正心事也。夫四者之所以易为心病者,正缘气之所发虽本善,而易流于恶故然耳。若四端之理发,则何遽有此病乎?又何得谓"心有所恻隐,则不得其正;心有所羞恶,则不得其正"云尔耶?《定性书》曰:"人之心易发而难制者,惟怒为甚。第能于怒时遽忘其怒,而观理之是非,亦可见外诱之不足恶"云云。夫所谓"易发而难制"者,是为理耶?为气耶?为理,则安有难制?惟是气,故决骤而难驭耳。又况怒是理发,则安有忘怒而观理?惟其气发,故云忘怒而观理,是乃以理御气之谓也。然则滉之引此语,以证七情之属气,何为而不相似乎?

同上节末端,论"因其所从来,各指其所主"之说之非。

又云:"所辩,非但名言之际有所不可,抑恐于性情之实、存省之功,皆有所不可。"

滉谓:"所从来"及"所主"之说,因前后辩论而可明,不必更论于此。若其名言之际、性情之实,毫忽未安处,或因于承诲,或得于自觉,已谨而改之矣。已而看得未安处既去,则义理昭彻,分明历落,八窗玲珑,庶无有含糊鹘囵之病矣。其于存省之功,虽未敢僭云,恐未至大不可也。

辩诲谓:"朱子错认'心为已发'之语,久而乃悟,仍论'理之发'、'气之发'一语,为偶发而偏指。"

滉谓:观公此段语意,若以朱子此说为未满足,此尤未安也。夫程、朱语录,因未免时有差误,乃在于辞说铺演义理肯綮处,记者识见有未到,或失其本旨者有之。今此一段,则数句简约之语、单传密付之旨,其记者,辅汉卿也,实朱门第一等人。于此而失记，则何足为辅汉卿哉？使吾友平时看《语类》，见此语，则必不置疑于其间。今既以鄙说为非，而力辩之，而朱子此语，乃滉所宗本，则不得不并加指斥，而后可以判鄙语之非，而取信于人，故连累至此。此固滉僭援前言之罪，然滉于吾友此等处，虽服其任道担当之勇，得无有不能虚心逊志之病乎？如此不已，无乃或至于驱率圣贤之言，以从己意之弊乎？颜子有若无，实若虚，惟知义理之无穷，不见物我之有间，不知还有如此气象否？朱先生刚勇，百世一人，然少觉己见有误处，己言有未安处，无不乐闻而立改之。虽至晚年，道尊德盛之后犹然，岂尝才发轫于圣逸，而已向"吾无间然"上坐在耶？乃知真刚真勇，不在于逞气强说，而在于改过不吝，闻义即服也。

后　　论

窃观辩诲之文，竑言大论，叠见层出，博识高见，旷绝常情，区区不胜其望洋向若之叹，而管窥所不能无疑者，谨已具禀于前矣。后论馀诲，砭药尤切，益荷君子爱人无已之盛心也。

其中以"理"、"气"二字分注"虚"、"灵"字下。滉虽存静而本说，亦固疑其析之太琐。每看到此句，濡毫欲抹者数矣，尚喜其创新而止。今得垂诲，释然于心，亦当告静而抹去矣。但于其他诸说，则亦未免有同有异，不能以尽相从也。

其所引朱先生答胡广仲、胡伯逢书及《性图》三条，皆不过明"四端、七情非有二"之义，此即前所谓"浑沦言之"者。滉非不知此，惟以七情对四端，则不得不分而言之耳。前说已尽，不烦重论。

至其论"虚灵"处，"以虚为理"之说，则亦有所本，恐未可以"分注"二字之非，并与此非之也。今且就所引数说而论之。朱子谓"至虚之中，有至实者存"，则是谓虚而实耳，非谓无虚也。谓"至无之中，有至有者存"，则是谓无而有耳，非谓无无也。程子之答或人曰"亦无太虚"，而遂指虚为理者，是亦欲其就虚而认实耳，非谓本无虚，而但有实也。故程、张以来，以虚言理者故自不少，如程子曰："道，太虚也，形而上也。"张子曰："合虚与气，有性之名。"朱子曰："形而上底虚，浑是道理。"又曰："太虚便是太极图上面一圆圈。"如此之类，不胜枚举。至于朱子论"无极而太极"处，亦曰："不言无极，则太极同于一物，而不足为万化之根。不言太极，则无极沦于空寂，而不能为万化之根。"呜呼！若此之言，可谓四方八面，周偏不倚，颠扑不破矣。今徒欲明理之实，而遂以理为非虚，则周、程、张、朱诸大儒之论，皆可废耶？大《易》之"形而上"，《中庸》之"无声无臭"，其与老、庄虚无之说，同归于乱道耶？公虑"虚"字之弊，将使学者胥为虚无之论，而沦于老、佛之域。滉亦虑不用"虚"字，胶守"实"字，又将使学者想象料度，以为实有无位真人，闪闪烁烁地在那里看也。

且"四端亦有不中节"之论，虽甚新，然亦非孟子本旨也。孟子之意，但指其粹然从仁、义、礼、智上发出底说来，以见"性本善，故情亦善"之意而已。今必欲舍此正当底本旨，而拖曳下来，就寻常人情发不中节处滚合说去。夫人羞恶其所不当羞恶，是非其所不当是非，皆其气昏使然，何可指此说，以乱于四端粹然天理之发乎？如此议论，非徒无益于发明斯道，反恐有害于传示后来也。滉谓：公所见有似于罗整庵"理、气非二物"之说，此则滉妄说也。今窃瞷公意，非如整庵之误，但于四七之分,则不过忧其位置之离析,将使不知者认作二情。理虚之论,则不过忧其语涉空无,将使不知者向别处走。此语非不善矣。

　　然而鄙见以为:凡建图立说,固当为知者而作,不当为不知者而废也。若为不知者,而虑其分析之弊,则濂溪之图不应挑出太极,圈在阴阳之上矣。既有在上之太极,不应复有在中之太极矣。五行之圈,又不应置在阴阳之下矣。虑其虚无之弊,则太极之真实无妄,濂溪不应曰"无极"矣。道与性与太极之实,程子、朱子不应皆以"虚"言之矣。后来诸儒果谤濂溪《图说》者,纷纷而起,向非朱子论著发明之力,其废而不行久矣。试玩朱子《图解》后,论定诸人辩诘处,则可见不妨分析之意,何必过忧于流俗之弊乎? 吾所谓"虚",虚而实,非彼之虚;吾所谓"无",无而有,非彼之无,何必过忧于异端之归乎? 是故在滉读书之拙法,凡圣贤言义理处,显则从其显而求之,不敢径索之于微;微则从其微而究之,不敢轻推之于显。浅则因其浅,不敢凿而深;深则就其深,不敢止于浅。分开说处作分开看,而不害有浑沦;浑沦说处作浑沦看,而不害有分开。不以私意左牵右掣,合分开而作浑沦,离浑沦而作分开。如此久久,自然渐觑其有井井不容紊处,渐见得圣贤之言,横说竖说,各有攸当,不相妨碍处。其或以是自为说,则亦庶几不戾于义理素定之本分。如遇见差处、说差处,因人指点,或自觉悟,而随手改定,亦自快惬。何能一有所见,遽执己意,不容他人一喙耶? 又何得于圣贤之言,同于己者则取之,不同于己者则或强之以为同,或斥之以为非耶? 苟如是,虽使当时举天下之人,无能与我抗其是非者,千万世之下,安知不有圣贤者出,指出我瑕隙,觑破我隐病乎? 此君子之所以汲汲然逊志察言,服义从善,而不敢为一时蕲胜一人计也。

所云"近世名公钜人为此学者,未免多袭于俚俗相传之语",是则不可谓不然矣。滉山野朴学,于其相袭之说,专未习闻。往年忝国学,见诸生所习,率用其说,试从而广求得之,合众说而观之,诚有不可晓处,多有闷人意处,错看凿认,拘辞曲说,其弊有不可胜救者,独未见所谓"四端、七情分属理、气"之说。今图中分属,本出于静而,亦不知其所从受者。其初颇亦以为疑,思索往来于心者数年,而后乃定,犹以未得先儒之说为慊。其后得朱子说为证,然后益以自信而已,非得于相袭之说也。而况胡云峰之说,只论性、情、心、意,而非有理、气之分,自与四、七分理、气者所指各殊,定非鄙说所从出也。由是言之,四、七之分,乃滉过信朱子说之故耳,来诲乃以为出于俚俗,而归罪于云峰,窃恐不独云峰先生不甘引过,而近世诸公亦必称冤不已于斯也。

来诲又痛诋"理虚故无对,无对故无加损"之语。今详此语之病,只在"无对故"三字,今当改之曰:"理虚故无对,而无加无损。"如此,则似庶几矣。然公所诋,不在语病,而专以其语为出于谬妄之见。滉窃谓此乃看理到解悟处,说理到极至处。在滉则积十年之功,仅得其发佛,而犹未能真知,故有语病如此。在公则一笔句断于立谈之顷。人之有智无智,何止于三十里而已耶! 此何可复以口舌争耶? 只当尔月斯征,我日斯迈,又积十馀年之功,然后各以所造看如何,彼此得失,于此始可定耳。抑愚闻之,道同则片言足以相符,不同则多言适以害道。吾二人所学,不可谓不同矣,乃不能相符于片言,而多言至此,诚恐未有以发明,而反有所挠害也。虽然,亦有二焉:其心求胜,而不揆诸道者,终无可合之理,只待天下之公论而已。志在明道，而两无私意者，必有同归之日，此非达理好学之君子不能也。滉老昏如此，深惧学退私胜，而妄为无益之言，以自外于切偲之厚，惟愿恕其僭而垂仁，终幸焉。

高峰答退溪再论四端七情书

年前伏因来辩，僭修《论四端七情书》。仰彻左右，非敢自以为是也，亦欲历陈鄙见，以觊大君子俯以正之尔。人回书至，谨审不外之旨，忻幸亡以喻。但承条报之示，拟在冬间，寻常瞻跂之切，与日俱积。乃于十一月晦间，伏承手札，仍得拜领辩答书一通，纤悉昭晢，该尽同异。伏以读之，盖累日不能已焉。伏惟先生以盛德大度，加之以日新之学，其于性情之实、圣贤之言，固已洞澈而无馀矣。然于辩论之际，常若不自足者，不以己能而忽人之言，不以己长而愧人之短，虚己受人，不吝不厌。一字之差，必改而不掩。一句之偏，必陈而无隐。既有以自崇其知，而又有以开牖乎人。夫如是，虽以大升之无似，而亦庶乎涵浸熏陶，洗濯刻砺，有以不废乎问学焉。此诚古人之所难能者，而先生能之。大升何幸于吾身亲见之哉！幸甚！幸甚！窃详辩答条钦，几三十有几，而所已同者十八条，所未同者十七条。而所已同者，皆大节目；所未同者，或小小馀论也。因其所已同，而核其所未同，则其所未同者，亦将终归于同而已矣。而况其间，又有本同而趋异者，虽于下语之际，或失秤停，而似觉趋异，至其大义所在，则又未尝不同乎！幸甚！幸甚！道理在天地间，本无二致。圣贤议论，俱在方策。而今日所相讲劘者，初非求胜而不揆诸道，乃欲明道而两无私意者，其终归于同者，又可必也。或于其间，颇有一二处未合，虽曰所见之不能无偏，而自是小疵，惟不敢苟同，而终欲切磋，以求至当之归者，乃大人君子处心公正之所为也。先生既以此自任，大升亦何心而敢欲自外耶？伏愿先生终有以教之也。虽然，此间亦有所可疑者，不敢不仰禀焉。盖大升前日之所论，忧盛辩似涉分开，而剖析或过于偏重。先生今日所谕，虑鄙说之反归鹘突，而提诲又至于太拘。此等言论，似皆欲申所见，而反累正气者，亦不可不察也。此意固未知先生之谓何，然若以愚意度之，不如虚心平气，各进同异之见，毋以彼而废此，毋以内而疑外，毋以先入之言为主，毋以他人之说为客，博以考之，精以察之，然后庶几弗畔于古人，而为讲习之大益也。又请以一事譬之：有如两人同驱一马，而有所载。其所载之物，不能无偏重，行路摇摇，左低右昂。东边一人虑其遂倒，撑而起之，则翻了西边。西边一人惧其致翻，乃复极力撑起，则又倒了东边。如此不已，终无得平之势，将至于倾侧而颠仆矣。不如两人协心齐力，一时撑起，或所载有偏重者，亦须随宜推移，则庶无低昂倾侧之患，而可以终踰绝险，远到而同归矣。今段所争，颇亦类此。伏乞以此意思看，如何？幸甚！幸甚！辩答条列中，概有鄙意所已同者，亦有所未安者。敢述管见，仰承指教，伏幸不惜反复，何如？但大升于此道理，素未精熟，而信口见缕之际，尤觉易致差谬，非徒辞气精神不能无所挠害，而惴惴焉，惟获罪于左右是惧。伏惟先生察其愚，不录其罪，而垂仁，终幸焉。

第一书　改本

　　大升狂妄抵冒，敢于前日之书，仰禀来辩有未安处，固已犯不题之罪矣。然鄙意所在，则尝窃以为学者于讲论道理之际，不可苟且雷同，故辄欲倾竭下怀，以祈镌譬尔，非欲诋斥之,以逞私见也。伏蒙先生以包蒙纳妇之量,非惟不以为罪,而乃复虚受之,俯赐谆谆之答,并于辩书本文,多有修改,以开迷惑之胸,且诱之使言,曰"明以回教"。此非盛德大度几于无我者,何以至是! 不胜幸甚! 谨详辩中所论,果如诲谕之云:"如统论性情,则曰'未有无理之气,亦未有无气之理'。如论四端,则曰'心固理、气之合'。如论七情,则曰'非无理也'"等语,岂有不合于先儒之论者哉? 而真所谓鄙意所同,未有多于此段者也。但于其下,乃以四端、七情分理、气,作对句子,两下说破,则语势似不能无偏重,颇觉有撞翻了这坐子者。故鄙意曾以为疑,今乃改其未安处,则其分明历落者,又非前日之比也。敢不更加精思,以求自得之乎? 独"外物之来,易感而先动者,莫如形气",及"外感则形气"等语,尚恐不能无偏。敢用再禀,幸乞秤停,何如? 且"四端、七情非有异义",及"反以四端、七情为无异指"等语,似非大升本意。盖鄙说只作"四端、七情,初非有二义",而今曰"非有异义",又曰"为无异指",则语意颇转走了鄙说本意矣。又"不究四端、七情之所从来,概以为兼理气,有善恶"之语,亦非大升本意。盖鄙说以为"四端乃七情中发而中节者之苗脉",而前书亦以为"四端与七情中发而中节者,同实而异名",则因非概以为兼理气,有善恶也,今乃不蒙细察。而诲谕又曰:"公意以为四端、七情皆兼理气,有善恶,同实异名,不可以分属"云云,则是大升之意,终不能自伸于先生之崇听也,如之何! 如之何! 抑大升前书以为"七情兼理气,有善恶,故其发而中节者,乃根于理,而未尝不善者也。其发不中节者,则乃杂于气,而或流于恶矣;而四端,自是理也、善也",故以为"与七情中发而中节者,同实而异名"云云,前后缕缕,皆不出是意。而其间又有"四端亦气"之说者,乃为来辩"安有在中为纯理,而才发为杂气"之语而发,以明四端非无气之实也。又有"四端不中节"之说者,盖常人之情,不无气禀物欲之累,或天理才发,而旋为禀物欲之所拘蔽,则亦有不中节者尔,非固以四端亦兼理气,有善恶也。其曰"不可分属"云者,则盖鄙意以为"七情兼理气,有善恶"者,前贤已有定论。而今乃与四端对举互言,以四端为理,七情为气,则是七情理一边,反为四端所占,而"有善恶"云者,若但出于气。此于著图立像之意,似未为尽耳,非专以为不可也。不然,只以大纲说"是理之发,是气之发",如所谓"天地之性"、"气质之性"之说,则亦何有不可者乎? 伏乞明证,何如?

条列

窃详辩答条列,凡三十五条,而所谓错看者一条,觉失秤停者四条,本同多异者十三条,本同而多异者八条,见异而终不能从者九条,其别亦有五焉。谕曰:"除错看一条外,类成四截,而四截之中,又约而言之,不过为二截而已。而觉失秤停者,固皆本同之类,而本同多异者,卒亦同归于终不能从"云云。夫同异之辩,既不能齐,则从违之论,亦难以檗者,固其理势之必至,何足怪哉? 虽然,所谓"觉失秤停"者,固皆本同之类,则本同多异者,岂必同归于终不能从者耶? 而况所谓"终不能从"者,亦非如水火、南北之相反,特于毫厘之间,有所未契耳。若虚心平气,从容反复,则亦恐未必不归于本同之类也。所谕"有得于诲语"之云,则乃先生谦光之谈也,大升固不敢当。至于"所见始同而终异"云,则亦不敢不以为禀焉。其曰"公意以为"云云者,适固已具禀于前段矣。其曰

"二者所就而言,本自有主理、主气之不同"者,则愚窃惑焉。盖孟子剔拨而指理一边时,固可谓之"主理而言"矣。若子思浑沦而兼理、气言时,亦可谓之"主气而言"乎?此实大升之所未敢晓者。伏乞更以指教,何如?

首条、第二条

今按此二条所谕,皆精深微密,直穷到底,疎迂之见,无所复发其喙矣。盖如曰"非只有理,然犹可以专指理言",则气质之性,虽杂理、气,宁不可指气而言乎?又如曰"就天地人物上看,亦非理在气外,犹可以分别言之,则于性于情,虽曰理在气中,性在气质,岂不可分别言之"云云者,判得理、气界分,以明分别之说,可谓十分详尽也。虽然,以愚意推之,则亦似未免微有主张分别之说之意,故于古人言句,或有蹉过实意之偏也。请试详之:朱子曰:"天地之性,则太极本然之妙,万殊之一本也;气质之性,则二气交运而生,一本而万殊也。气质之性,即此理堕在气质之中耳,非别有一性也。"愚谓:天地之性,是就天地上总说;气质之性,是从人物禀受上说。天地之性,譬则天上之月也;气质之性,譬则水中之月也。月虽若有在天、在水之不同,然其为月,则一而已矣。今乃以为天上之月是月,水中之月是水,则岂非所谓"不能无碍"者乎?至于就天地上分理、气,则太极理也,阴阳气也;就人物上分理、气,则健顺五常理也,魂魄五脏气也。理、气在物,虽曰混沦,不可分开,然不害二物之各为一物也。故曰:就天地、人物上分理与气,固不害一物之自为一物也。若就性上论,则正如天上之月与水中之月,乃以一月,随其所在,而分别言之尔,非更别有一月也。今于天上之月,则属之月,水中之月,则属之水,亦无乃其言之有偏乎？而况所谓四端、七情者，乃理堕气质以后事，恰似水中之月光，而其光也，七情则有明有暗，四端则特其明者。而七情之有明暗者，固因水之清浊，而四端之不中节者，则光虽明，而未免有波浪之动也。伏乞将此道理更入思议，何如？又按首条曰："不应与'理之发者'对举，而并叠言之矣。"大升以为朱子谓"四端是理之发，七情是气之发"者，非对说也，乃因说也。盖对说者，如说左右，是对待底；因说者，如说上下，便是因仍底。圣贤言语，固自有对说、因说之不同，不可不察也。次条曰："独不可各就所发，而分四端、七情之所从来乎？"大升以为：四端、七情同发于性，则恐不可各就所发而分之也。伏惟先生以天地之性、气质之性，对作一图子，又以四端之情、七情之情，对作一图子，参互秤停看，如何？然后明以回教，幸甚！幸甚！

第三条

互见上下条，不烦重论。

第四条、第六条

按此二条，本因来辩下语有偏重处，故聊复云云，以明四端非无气之实焉。鄙意亦非以孟子所指者，为兼指气也。鄙说固曰："性之乍发，气不用事，本然之善得以直遂者，正孟子所谓'四端'者也。"盖所谓"四端"者，虽曰非无气，而其于发见之际，天理本体，粹然呈露，无少欠阙，恰似不见气了。譬如月映空潭，水既清澈，月益明朗，表里通透，疑若无水，故可谓之"发于理"也。若或以气参看，则岂孟子之旨哉？所诃"迷藏之戏"，虽非大升本意，而辞气之间，不无如是之弊，寻常所自悔懊而不能免者,惟愿先生指以警之尔。

第五条、第七条、第九条、第十二条、第十四条

谨按:此五条正是诲谕紧要处,正是议论盘错处,故辄敢合而论之。第五条曰:其发各有血脉,其名皆有所指。第七条曰:推其向上根原,则实有理、气之分。第九条曰:实有理发、气发之分,是以异名之。第十二条曰:四之所从来,既是理;七之所从来,非气而何? 第十四条曰:孟子之喜、舜之怒、孔子之哀与乐,气之顺理而发。凡此云云,皆是主张分别之说者,大升亦不敢逞气强说,只当于诲谕之中之语明之耳。敢问喜怒哀乐之发而中节者,为发于理耶? 为发于气耶? 而发而中节,无往不善之善,与四端之善,同欤? 异欤? 若以为发而中节者,是发于理,而其善无不同,则凡五条云云者,恐皆未可为的确之论也。若以为发而中节者,是发于气,而其善有不同,则凡《中庸章句》、《或问》及诸说,皆明七情兼理、气者,又何所着落? 而诲谕缕缕以七情为兼理、气者,亦虚语也。详此两端,其是非从违,必有所归一者。未知先生果以为何如也? 若于此而犹有所未判,则正所谓必待后世之朱文公者,非大升之所敢知也。伏幸精察,如何? 如何? 且"四则理发而气随之,七则气发而理乘之"两句,亦甚精密。然鄙意以为此二个意思,七情则兼有,而四端只有理发一边尔。抑此两句,大升欲改之曰:"情之发也,或理动而气俱,或气感而理乘。"如此下语,又未知于先生意如何? 子思道其全时,固不用所从来之说,则孟子剔拨而说四端时,虽可谓之指理发一边,而若七情者,子思固已兼理、气言之矣。岂以孟子之言,而遽变为气一边乎? 此等议论,恐未可遽以为定也。气之顺理而发,无一毫

有碍者,便是理之发矣。若欲外此而更求理之发,则吾恐其揣摩摸索愈甚,而愈不可得矣。此正太以理、气分说之弊。前书亦以为稟,而犹复云云焉。苟曰未然,则朱子所谓"阴阳五行,错综不失端绪,便是理"者,亦不可从也。幸乞详证,何如?

第八条、第十六条

按鄙书所稟,来辩之说不能无出入,及存省之功有所不可者,乃率意妄肆之语,固可恐惧;然当时下语,亦有所指而发。目今条列中,"七情不专是气"之说、"善恶未定"之说,猥蒙印可。而第一书亦已修改,则前日狂诞之言,乃成虚说矣,不须更以云云也。伏惟垂亮!

第十条、第十一条

大升谓"泛论则无不可"者,以其因说者而言之也。"著图则有未安"者,以其对说者而言之也。若必以对说者而言之,则虽朱夫子本说,恐未免错认之病。如何? 如何?

第十三条:孟子剔言、伊川兼言

大升引朱子说凡五条,盖欲发明本性、气质之说。所谓"馀论相发"者,初非有意于引此以明情之不可分也。先生反以主张分别之意,而乃并此条疑之,置之于"终不能从"之类。虽大升之愚陋,在所不取,而其如朱子之言,何哉? 恐非明道无私之旨也。若必欲就此言而穷究之,则"孟子剔出而言性之本"者,似就水中而指言天上之月也。"伊川兼气质而言"者,则乃就水中而指其月耳,此所以为不可离也。若"气自是气,性自是性"之云,则正如水自是水,月自是月,固不相夹杂者也。鄙见如是,伏乞批凿可否,何如?

第十五条:一有之而不能察

谨详此条所谕,虽极反复,而亦以强说难通。盖《章句》、《或问》之意,本非如是,而今乃云云。不知先生何为有此见解耶? 既蒙提诲,不敢不竭愚虑。按《大学》传文"有所忿懥,则不得其正"云云,凡四"有"字。以愚观之,此"有"字,非偶有之"有",乃故有之"有"。故《章句》以为"一有之而不能察"云云,而辑注又有"期待"、"留滞"、"偏系"之云也。又《语类》曰:"只是这许多好乐、恐惧、忿懥、忧患,只要从无处发出,不可先有在心下看来。非独是这几项如此,凡是先安排要恁地,便不得。如人立心要恁地严毅把捉,少间只管见这意思;到不消恁地处也恁地,便拘逼了。有人立心要恁地慈祥宽厚,少间只管见这意思;到不消恁地处也恁地,便流入于姑息苟且。"详此数段,恐非如先生所解也。况说心之病,使人察以正之者,乃是正心之事,缘何谓未说到正心处耶? 且此章之旨,本欲使人心得其正,如鉴之空,如衡之平,而感物之际,应之皆中其节也。若不当恻隐时先有恻隐之心,不当羞恶时先有羞恶之心,亦恐不得其正也。《定性书》所谓"忘怒"云者,乃指不中节者而言。引以云云,亦不敢晓。若以为不然,则《语类》所谓"有件喜事,不可因怒心来,忘了所当喜处;有件怒事,不可因喜事来,便忘了怒"者与《定性书》所云,未知果何如也? 更望开示曲折,何如? 区区不胜大愿。

末条

伏详此条诲谕，说尽大升之病极其深痼处。苟非先生爱人无已之盛德，何以至此。幸甚！幸甚！所当终身佩服，不敢忽忘者也。然亦有私恳，不敢不布闻。伏幸俯察，何如？大升前日之书，引朱子与湖南诸公书云云者，正欲发明学者不可偏执一语之意耳，固无未满朱子所说之意，亦无指斥记者之语。不知先生何以有此教耶？惶恐之怀，无以仰喻。但其中偶发而偏指之语，似涉先生所诃者。然此语乃对备陈周该之语而发也，非敢以未满而斥之也。尝观《中庸或问》曰："圣贤之言，固无发端而未竟者，学者尤当虚心悉意，以审其归，未可执一言而遽以为定也。"此言岂不公且明乎？苟或不能虚心悉意，而遽执一言，以驾诸说，则其驱率圣贤之言，以从己意之弊，必有不可胜言者矣。抑单传密付之谕，似所未安。朱子平生著书立言，以诏后学，焕然如日月行天，使有目者皆可睹，岂有靳秘宗旨，以付一人之理哉？吾恐圣贤心事，不如是之浅陋而隘也。若果如是，则所谓"鸳鸯绣出从人看，莫把金针度与人"者，正不必诃也。且谕曰："使吾友平时看《语类》，见此语，则必不置疑于其间。"今既以鄙说为非而力辨之，而朱子此语乃某所宗本，则不得不并加指斥，而后可以判鄙语之非，而取信于人，故连累至此，此固某僭援前说之罪。大升之狂愚无知，固宜有获罪于先觉者；然若以此而获罪，则亦有未敢甘心者也。先生所谕，无乃责人太迫，而待人不恕者乎？亦近于意有不平，而反为至公之累也。凡人为学，虽有浅深，然其心则固欲其皆入于善尔，非欲自处于诡诈之地，而外徼为学之名也。若为学而先以此为心，则所谓为学者，果何心耶？此虽世间反复无状之人,亦有所不忍为,宜乎大升之所不敢甘心也。伏乞更加谅察,何如? 无任愧惧之至!

后论以虚为理之说

　　诲谕曰:"论虚灵处,以虚为理之说"云云,所谕至当,无复改评矣。但鄙书本文,则以论理虚为一段,论虚灵为一段,各成界限,今乃合而言之也。然此则不必论也。谕引朱子论"无极而太极"处一段,而曰:"若此之言,可谓四方八面,周偏不倚,颠扑不破矣。"此固切至之论,而所引诸书,颇有偏举之弊,恐非周偏之旨也。谨按:《易大传》曰:"形而上者,谓之道;形而下者,谓之器。"程子曰:"唯此语,截得上下最分明。"又曰:"须着如此说:器亦道,道亦器也。"斯岂非周偏不倚,颠扑不破者乎? 程子又曰:"离阴阳,则无道。阴阳,气也,形而下也;道,太虚也,形而上也。"朱子曰:"形而上底虚,浑是道理;形而下底实,便是器"者,皆谓此也。今乃独遗下一截,而偏举上一截。何耶?《中庸》言君子之德,始自下学为己谨独之事,推而言之,以驯致乎"笃恭而天下平"之盛。又赞其妙,至于"无声无臭"而后已焉,则其言固自有指。而朱子亦曰:"'上天之载,无声无臭',是就有中说无;'无极而太极',是就无中说有。"则其意自可见也。张子曰:"由太虚,有天之名;由气化,有道之名。合虚与气,有性之名;合性与知觉,有心之名。"其言之似有支节也。然朱子于《中庸或问》,以"虚者仁之原"为未莹。而程子亦曰:"横渠'清虚一大'之说,使人向别处走,不若且只道敬。"则此等言句,亦或容有思处也。以此推之,恐不可徒据"虚"之一字,而便于著为成说也。朱子尝论《太极图》主静之说曰:"'静'字只好作'敬'字看,若以为虚静,则恐入释、老去。"此言固有味也。愚意以为不若用"真实无妄"、"中正精粹"等语,以形容"理"字,庶不可偏而无弊也。若欲必用"虚"字,亦当改之曰:"理之为体,至虚而实,至无而有,故其在人物,无加无损,而无不善。"如此下语,未知如何? 伏幸深留商量,而更赐教焉。

四端不中节之说

按"四端不中节"之云,乍看之下可骇。鄙意亦疑其未蒙印可,今果然也。然鄙说初亦不谓孟子本旨如是也,特以常人之情不能无如是者耳,而其说亦有所从来也。《语类》论孟子四端处一条曰:"恻隐、羞恶,也有中节、不中节。若不当恻隐而恻隐,不当羞恶而羞恶,便是不中节。"此乃就孟子所已言,发明所未备,极有意思,不可不深察也。盖孟子发明性善之理,而以四端言之。其大概,虽曰无不善,而亦未说到细密处也。自古圣贤者少,而愚不肖者多。生知者少,而学知、困知者多。苟非生知之圣,其所发之四端,安能必保其粹然天理乎? 亦恐不能无气禀物欲之蔽也。今乃不察乎此,而徒以四端为无不善,而欲扩以充之,则吾恐其明善之未尽,而力行之或差也。况如大升者,在常人尤最下者,气质驳杂,物欲萦缠,常于日用之间,密察其所发之端,则中节者少,而不中节者多。故前者敢以为禀,或意其幸有所契也。今详所谕,因为至当,然以《语类》观之,恐不可如是句断也。伏乞精察,如何?

"建图立说,固当为知者而作,不当为不知者而废。"诲谕固当然。尝观明道先生之言曰:"凡立言欲涵蓄意思,不使知德者厌,无德者惑。"此意亦不可不察也。按《天命图》虽曰皆本圣贤之旨,然细看其间,不无支离破碎之病;质以圣贤之旨,亦多有所未合。何也？今亦未暇逐一条禀，只以鄙意拟定图子，录在左右，仰祈裁正。此事固知僭谕，然鄙意所未安，亦不敢不陈也。且从古图书，皆以上下为位，而拟上于南，拟下于北。今此图乃以南北为位，而拟北于上，拟南于下，此甚未喻。《易大传》曰："天地定位。"而邵子曰："乾坤，定上下之位。"此乃天地自然之易，正朱子所谓"更不可易"者。今而易之，虽复费力分疏，而亦恐其有所未合也。如何？如何？伏幸重赐详证，以开蔽惑，何如？

俚俗相传之语，非出于胡氏

诲谕亦当，然亦有说焉。大升懵陋寡与，早岁虽尝读书作文，然作为科名利禄计耳，固未尝知有圣贤之学也。二十岁后，颇幸从游于先生长者之后，乃得粗闻其说，而窃有志焉；然其鲁莽灭裂者，亦甚矣。常疑性情之说，而问之于人，则皆举胡氏之说以应之。大升心以为疑，而问之曰："情无不善，四端固然；若七情，又何为有不善耶？"应之者曰："七情，乃发于气耳。"大升犹以为疑，又从而再问之他人，则其说皆然。随问辄然，无复异趣。此固若可信也，而鄙心未敢深以为然。时时读圣贤之书，以求其说，则亦多有所未合者。乃取《性理大全》论心、性、情处及《中庸》诸说，反复参考，则鄙心亦若有所得于其间者。而前日之所闻，尤觉未然也。前年在都下，与郑丈论此说。郑丈亦引胡氏语为主。大升以为未然，而引《中庸》诸说以证之，则郑丈于其分别言之者甚明，而于其浑沦言之者，颇似未莹。于是乃知是说者，果出于胡氏；而近世诸公之论，多袭一轨者，亦出于是也。顷来伏奉辩论，兼得《语类》所论，可以尽祛前疑，合为一说。而又取诸书参证之，则亦觉

其说似是绪言馀论，发明所未备，非可以专主者也。故前日鄙
书，辄以为禀焉。今者远辱回谕，至详且悉，向来之疑，颇觉释
然；而其所疑世俗之论，出于胡氏者，亦不敢自昧也。盖郑丈
之说，出于胡氏者，大升所知；而近世诸公之论，如此类者，
亦有多之。不溯其源而探其流，不循其本而逐其末，又有旁落
侧出之说，如"性先动"、"心先动"之云，非常差谬，不可讳也。
然则诸公虽或称冤不已，而亦恐其归于无实妄诉之域也。纵
言至此，悚仄之深，伏惟恕裁。幸甚！幸甚！

　　右区区意见，不敢有隐于左右，谨已控沥肺肝，罗列而陈
之矣。伏惟先生，幸以一字示可否，何如？抑此间更有一言，
辄复仰渎，并乞俯采。大抵性情之说，以《中庸章句》、《或
问》、延平说及程子《好学论》、朱子《性图》、《动静说》、答二
胡书为主，而参以《语类》之说，自觉大小大分明。而先生必
欲主张分别之说，不以诸说为主，而宁以《语类》为定，至乃谓
之"单传密付"，而其所以证之于图，核之于辩者，必用对说，
皆成两片，如阴阳、刚柔之有对待，上下四方之有定位，无复浑
沦贯彻之意。此意未知果何如？亦恐不无先入为主之累也。
伏幸穷索，何如？僭率之甚，死罪！死罪！大升谨禀

　　此间有一后生，从洛下遗书，劝大升以姑停辩诘，更以深
思自得为急务。且曰："纷然往复之际，意味气象，不无为辞
气所害"云云。此诚药石之言，于鄙心深有所感焉。今奉诲
谕，意欲从此规益，姑停论难，而反复更思，则此段所论，其大
处已同，而只小节目未契。若于此而遽止，则恐终无以自信于
性情之际。故敢冒昧以毕其说焉，亦程子所谓"不有益于彼，
则有益于我"者，乃至公之论也。固不可挟私避嫌，而姑为迁
就其说也。此意如何，幸乞勘破！大升又禀

大升既具此后，又从而反复之，则见得其间亦有说不尽处。盖自家道理，犹未能自信，故其于议论之际，亦不免避嫌迁就之私。此便是不忠不信之端，深可恐惧也。伏惟先生，刚健笃实，辉光日新，固非新学小生所能窥其涯俟者。然比因往复之论，恒切钻仰之心，则于其一二近似者，或可隐度论也。窃观诲谕之说，不无偏倚之弊，此正坐太以理、气分说之失。如第二条所谓"人之一身，理与气合而生，故二者互有发用，而其发又相须也。互发，则各有所主可知。相须，则互在其中可知"云云者，实乃受病之原，不可不深察也。夫理、气之际，知之固难，而言之亦难。前贤尚以为患，况后学乎？今欲粗述鄙见，仰其镌晓，而辞不契意，难于正说出来，姑以一事譬之。譬如日之在空也，其光景万古常新，虽云雾瀚淳，而其光景非有所损，固自若也。但为云雾所蔽，故其阴晴之候，有难齐者尔。及其云消雾卷，则便得偏照下土，而其光景非有所加，亦自若也。理之在气，亦犹是焉。喜、怒、哀、乐、恻隐、羞恶、辞让、是非之理，浑然在中者，乃其本体之真。而或为气禀物欲之所拘蔽，则理之本体，虽固自若，而其发见者，便有昏明、真妄之分焉。若尽去气禀物欲之累，则其本体之流行，岂不犹曰之偏照下土乎？朱子曰："气则能凝结造作，理却无情意，无计度，无造作。只此气凝聚处，理便在其中。"正谓此也。今曰"互有发用，而其发又相须"，则理却是有情意，有计度，有造作矣。又似理、气二者，如两人然，分据一心之内，迭出用事，而互为首从也。此是道理筑底处，有不可以毫厘差者，于此有差，无所不差矣。伏乞详证，何如？大升谨覆。嘉靖辛酉正月既望，后学高峰奇大升顿首再拜谨上

退溪与高峰书

向者往复,至滉而止,犹是未结公案。其间亦有一二欲毕其愚者,中复思之,辩析义理,固当极其精博,顾其所论,条绪猥繁,辞说汗漫。或有鄙见包罗不周,超诣未及处,往往临时搜采先儒之说,以足己阙,以为报辩之说。此与举子入场见题,猎故实以对逐条者何异?假使如此得十分是当,实于身己无一毫贴近,只成间争竞,以犯圣门之大禁。况未必真能是当耶!由是不复作意奉报如前之勇,只因来诲两人驮物之喻,戏成一绝,今以挽呈。两人驮物重轻争,商度低昂亦已平,更克乙边归尽甲,几时驮势得匀停?呵呵!

高峰答退溪书

向来四七之说,不揆鄙滞,历陈管见,几于倾倒无馀者,惟欲仰承提诲,以求真是。而其间或不能无异同之论,盖亦因其所见而发,非敢故为纷纷也。曾奉回谕绝句一首,深用惘然,意其无复有更禀之端,故久不敢仰叩。想先生闲中深玩,必益精而益明也。适因闲寂时,复思索,则颇见前日之说,有所未究者。故敢述《后说》一篇、《总论》一篇,欲以仰禀,而无便未付。今并上呈,伏幸鉴察。何如?

四端七情后说

四端七情之说,前此认得七情之发而中节者,与四端不异,故有疑理、气之分属,以为情之发也,兼理气,有善恶,而四端则专指其发于理而无不善者言之,七情则固指其兼理气,有善恶者言之焉。若以四端属之理,七情属之气,则是七情理一边，反为四端所占，而有善恶云者，似但出于气。此于言语之间，不能无可疑者也。然以朱子所谓"四端是理之发，七情是气之发"者，参究反复，终觉有未合者。因复思之，乃知前日之说，考之有未详，而察之有未尽也。孟子论四端，以为"凡有四端于我者，知皆扩而充之"。夫有是四端，而欲其扩而充之，则"四端是理之发"者，是固然矣。程子论七情，以为"情既炽而益荡，其性凿矣，故觉者约其情，使合于中"。夫以七情之炽而益荡，而欲其约之，以合于中，则七情是气之发者，不亦然乎？以是而观之，四端、七情之分属理、气，自不须疑，而四端、七情之名义，固各有所以然，不可不察也。然而七情之发而中节者，则与四端初不异也。盖七情虽属于气，而理固自在其中，其发而中节者，乃天命之性、本然之体，则岂可谓是气之发，而异于四端耶？来书谓"孟子之喜、舜之怒、孔子之哀与乐，是气之顺理而发，无一毫有碍"，及"各有所从来"等语，皆觉未安。夫发皆中节谓之"和"，而"和"即所谓"达道"也。若果如来说，则达道亦可谓是气之发乎？此又不可不察也。朱子尝曰："论天地之性，则专指理言；论气质之性，则以理与气杂而言之。"此正理发、气发之论也。大升曾引此语，以为"是理之发"者专指理言，"是气之发"者以理与气杂而言之者，无甚碍理，而不蒙察纳，无乃下语不着而然耶？来辩所谓"情之有四端、七情之分，犹性之有本性、气禀之异"者，与鄙见似不异，未知其何以不察，以为"本同而趋异"耶？夫所谓"气质之性"，以理与气杂而言之者，盖以本然之性堕在气质之中，故谓之"杂而言之"。然气质之性之善者，乃本然之性，非别有一性也。然则鄙说谓"七情之发而中节者，与四端同实而异名"云者，疑亦未害于理也。第于四端七情、理气之辩,不能断置分明,故其说颇倚于一偏,而辞气之间,亦不能无失。今敢撮而论之,仰禀批诲焉。其他词句之未当者,今不暇一一剖析,以祈镌凿。亦以大者既同,则其小者无俟于强诘,而终归于必同也。伏乞明赐回谕,幸甚！幸甚！

四端七情总论

朱子曰:"人受天地之中以生,其未感也,纯粹至善,万理具焉,所谓性也。然人有是性,则即有是形。有是形,则即有是心,而不能无感于物。感于物而动,则性之欲者出焉,而善恶于是乎分矣。性之欲,即所谓'情'也。"此数言者,实释《乐记》动静之义,语虽约,而理则该,其于性情之说,可谓竭尽无馀蕴矣。然其所谓"情"者,乃喜、怒、哀、惧、爱、恶、欲之情也,与《中庸》所谓喜、怒、哀、乐者同一情。夫既有是心,而不能无感于物,则情之兼理、气者,可知也。感于物而动,而善恶于是乎分,则情之有善恶者,亦可知也,喜、怒、哀、乐,发皆中节者,即所谓理也、善也。而其发不中节者,则乃由于气禀之偏,而有不善者矣。若孟子之所谓"四端"者,则就情之兼理气,有善恶上,剔出其发于理而无不善者言之也。盖孟子发明性善之理,而以四端为言,则其发于理而无不善者,又可知也。朱子又曰:"四端是理之发,七情是气之发。"夫四端发于理,而无不善,谓"是理之发"者,固可无疑矣。七情兼理气,有善恶,则其所发,虽不专是气,而亦不无气质之杂,故谓"是气之发"。此正如"气质之性"之说也。盖性虽本善,而堕于气质,则不无偏胜,故谓之"气质之性"。七情虽兼理、气,而理弱气强,管摄他不得,而易流于恶,故谓之"气之发"也。然其发而中节者,乃发于理,而无不善,则与四端初不异也。但四端只是理之发,孟子之意,正欲使人扩而充之,则学者于四端之发,可不体认以扩充之乎?七情兼有理、气之发,而理之所发,或不能以宰乎气,气之所流,亦反有以蔽乎理,则学者于七情之发,可不省察以克治之乎?此又四端,七情之名义各有所以然者,学者苟能由是以求之,则亦可以思过半矣。且或问:"看得来,如喜、怒、爱、恶、欲,却似近仁义。"朱子曰:"固有相似处"。其曰"固有相似处",而不正言其相似,则意固有在也。今之论者多以喜、怒、哀、乐配仁、义、礼、智,未知于朱子之意,果何如也?盖七情、四端之说,各是发明一义,恐不可滚合为一说,此亦不可不知者也。

＊　　　　＊　　　　＊

关于李栗谷与成牛溪的论辩,其中牛溪写给栗谷书信共计九封,但现存书信只有第一、第二、第四、第五、第六共五封,其余已佚。现将牛溪的五封书信及栗谷的答复信件录于此。资料刊于《坡山世稿·牛溪先生文集》卷四(坡山世稿刊行委员会1980年版),第139—159页和《栗谷全书》(一),成均馆大学校大东文化研究院1992年第5版,卷10,第214—216页。文中标点参见李明辉《四端与七情——关于道德情感的比较哲学探讨》附录三。

与栗谷论理气第一书壬申

霖阴不止,想惟道兄清和否?倾仰不自已。前禀别纸乞答示何如?今看十图《心性情图》,退翁立论,则中间一端曰:"四端之情,理发而气随之,自纯善无恶;必理发未遂,而掩于气,然后流为不善。七者之情,气发而理乘之,亦无有不善;若气发不中,而灭其理,则放而为恶"云。究此议论,以理、气之发,当初皆无不善,而气之不中,乃流于恶云矣。人心、道心之说,既如彼其分理、气之发,而从古圣贤皆宗之,则退翁之论,自不为过耶? 更望于此痛加血战,极意消详以解钝涩之惑。千万至祝。

别纸

心之虚灵知觉,一而已矣,而有"人心"、"道心"之二名,何欤? 以其或生于形气之私,或原于性命之正,理、气之发不同,而危、微之用各异,故名不能不二也。然则与所谓"四端、七情"者同耶? 今以道心谓之四端,可矣;而以人心谓之七情,则不可矣。且夫四端、七情,以发于性者而言也;人心、道心,以发于心者而言也。其名目意味之间,有些不同焉。幸赐一言,发其直指,何如? 人心、道心之发,其所从来,固有主气、主理之不同,在唐虞无许多议论时,已有此说,圣贤宗旨,皆作两下说,则今为四端、七情之图,而曰"发于理"、"发于气",有何不可乎? 理与气之互发,乃为天下定理,而退翁所见,亦自正当耶? 然"气随之"、"理乘之"之说,正自拖引太长,似失于名理也。愚意以为四、七对举而言,则谓之"四发于理,七发于气",可也。为性情之图,则不当分开,但以四、七俱置情圈中,而曰"四端,指七情中理一边发者而言也;七情不中节,是气之过不及而流于恶"云云,则不混于理、气之发,而亦无分开二歧之患否耶。并乞详究示喻。

答书(栗谷先生)

圣贤之说,或横或竖,各有所,欲以竖准横,以横合竖,则或失其旨矣。心一也，而谓之道，谓之人者，性命、形气之别也。情一也，而或曰四，或曰七者，专言理、兼言气之不同也。是故人心、道心不能相兼，而相为终始焉。四端不能兼七情，而七情则兼四端。道心之微，人心之危，朱子之说尽矣。四端不如七情之全，七情不如四端之粹，是则愚见也。人心、道心相为终始者，何谓也？今人之心，直出于性命之正，而或不能顺而遂之，闲之以私意，则是始以道心，而终以人心也。或出于形气，而不咈乎正理，则固不违于道心矣；或咈乎正理，而知非制伏，不从其欲，则是始以人心，而终以道心也。盖人心、道心，兼情、意而言也，不但指情也。七情则统言人心之动，有此七者，四端则就七情中择其善一边而言也，故不如人心、道心之相对说下矣。且情是发出恁地，不及计较，则又不如人心、道心之相为终始也，乌可强就而相准耶？今欲两边说下，则当遵人心、道心之说；欲说善一边，则当遵四端之说：欲兼善恶说，则当遵七情之说，不必将柄就凿，纷纷立论也。四端、七情，正如本然之性、气质之性。本然之性，则不兼气质而为言也；气质之性，则却兼本然之性。故四端不能赚七情，七情则兼四端。朱子所谓"发于理"、"发于气"者，只是大纲说，岂料后人之分开太甚乎！学者活看可也。且退溪先生既以善归之四端，而又曰"七者之情，亦无有不善"，若然，则四端之外，亦有善情也，此情从何而发哉？孟子举其大概，故只言恻隐、羞恶、恭敬、是非，而其他善情之为四端，则学者当反三而知之。人情安有不本于仁义礼智而为善者乎？此一段当深究精思。善情既有四端，而又于四端之外有善情，则是人心有二本也，其可乎？大抵未发则性也，已发则情也，发而计较商量则意也。心为性、情、意之主，故未发、已发及其计较，皆可谓之心也。发者气也，所以发者理也。其发直出于正理，而气不用事，则道心也，七情之善一边也；发之之际，气已用事，则人心也，七情之合善恶也。知其气之用事，精察而趋乎正理，则人心听命于道心也；不能精察而惟其所向，则情盛欲炽，而人心愈危，道心愈微矣。精察与否，皆是意之所为，故自修莫先于诚意。今若曰"四端，理发而气随之；七情，气发而理乘之"，则是理、气二物，或先或后，相对为两歧，各自出来矣，人心岂非二本乎？情虽万般，夫孰非发于理乎？惟其气或掩而用事，或不掩而听命于理，故有善恶之异。以此体认，庶几见之矣。别纸之说，大概得之。但所谓"四、七发于性，人心、道心发于心"者，似有心、性二歧之病。性则心中之理也，心则盛贮性之器也，安有发于性、发于心之别乎？人心、道心皆发于性，而为气所掩者为人心，不为气所掩者为道心。

与栗谷第二书

连承手诲，获审静况超胜，欣溯无任。昨来别纸之诲，谨已三复领读矣。浑于退溪之说，常怀未莹；每读高峰之辨，以为明白无疑也。项日读朱子人心、道心之说，有"或生或原"之论，似与退溪之意合，故慨然以为在虞舜无许多议论时，已有此理气互发之说，则退翁之见不易论也，反欲弃旧而从之。故敢发问于高明矣。人心、道心与四、七之名理，非欲强比而同之，牵此而合彼也。圣贤无限道理，必欲并口而一谈，齐举而比较，正如罗众味于前，啖嚼于一口之中，不惟不知其味，并与其酸咸甘苦之正而失之矣。浑之发问，乃欲知四、七之与人心、道心意味，旨意之同不同，以为理气互发之论，果合于此否也？大抵四、七之与人心、道心，虽其立言意味之差不同，皆其说性、情之用耳。然则若非理气互发之说,为天下之定理,则朱子何以有此言也? 此说甚长,所见未明,已入高峰、退翁是非丛中,何能涣然自释于来谕耶? 如高峰尊兄之说,非不明白、直截,而或疑道理有如此耳。愿更深察"或原或生"之义,常加精思,何如? 续有所得,当即驰禀也。愚意以为:人心、道心,以其发于心者而言也,则与四、七之发于性之目,意味差不同云耳。非谓人心、道心只发于心而不与性情干涉也。来谕"兼情、意而为言"者,正是鄙见差不同者,而在浑不能说出耳。此是道理筑底处大头脑处,于此错则无不错矣。正要极意研究,要归于正者也。适患吐血,气甚不平,言不能尽所欲言,谨俟后禀焉。

高峰〈四七说〉曰:"论人心、道心,则或可如此说;若四端、七情,则恐不得如此说。"愚意以为:论人心、道心,可如此说,则论四端、七情,亦可如此说也。如何而不得如此说耶? 此处愿赐解释归一之论。至祝! 至祝! 愚以为于性亦有主理、主气之分言,则于发于情也,何以无主理、主气之异乎? 此处亦愿赐一转语。幸甚!

答书(栗谷先生)

数日来道况何如? 前禀心性情之说,自谓详尽,而及承来示,又多不合,三复以还,不觉怃然。吾兄志学二十年,非不读圣贤之书,而尚于心、性、情无的实之见者,恐是于"理"、"气"二字有所未透故也。今以理气为说,幸勿挥斥。夫理者,气之主宰也;气者,理之所乘也。非理,则气无所根柢;非气,则理无所依着。既非二物,又非一物。非一物,故一而二;非二物,故二而一也。非一物者,何谓也? 理、气虽相离不得,而妙合之中,理自理,气自气,不相挟杂,故非一物也。非二物者,何谓也?虽谓理自理,气自气,而浑沦无间,无先后,无离合,不见其为二物,故非二物也。是故动静无端,阴阳无始。理无始,故气亦无始也。夫理,一而已矣,本无偏正、通塞、清浊、粹驳之异;而所乘之气,升降飞扬,未尝止息,杂糅参差,是生天地万物,而或正或偏,或通或塞,或清或浊,或粹或驳焉。理虽一,而既乘于气,则其分万殊。故在天地而为天地之理,在万物而为万物之理,在吾人而为吾人之理;然则参差不齐者,气之所为也。虽曰气之所为,而必有理为之主宰,则其所以参差不齐者,亦是理当如此,非理不如此,而气独如此也。天地人物虽各有其理,而天地之理即万物之理,万物之理即吾人之理也,此所谓“统体一太极”也。虽曰一理,而人之性非物之性,犬之性非牛之性,此所谓“各一其性”者也。推本则理气为天地之父母,而天地又为人物之父母矣。天地,得气之至正至通者,故有定性而无变焉。万物,得气之偏且塞者,故亦有定性而无变焉。是故,天地万物更无修为之术。惟人也,得气之正且通者,而清浊粹驳,有万不同,非若天地之纯一矣。但心之为物,虚灵洞彻,万理具备,浊者可变而之清,驳者可变而之粹。故修为之功,独在于人;而修为之极,至于位天地,育万物,然后吾人之能事毕矣。于人之中,有圣人者,独得至通至正至清至粹之气,而与天地合德,故圣人亦有定性而无变;有定性而无变,然后斯可谓之践形矣。然则天地,圣人之准则;而圣人,众人之准则也。其所谓修为之术,不过按圣人已成之规矩而已。若万物,则性不能禀全德,心不能通众理。草木之全塞,固不足道矣;禽兽之或通一路者,有虎狼之父子、蜂蚁之君臣,厉行有兄弟之序,睢鸠有夫妇之别,巢穴有预知之智,候虫有俟时之信,而皆不可变而通之。其得各遂其性者,只在吾人参赞化育之功而已。夫人也,禀天地之帅以为性,分天地之塞以为形,故吾心之用即天地之化也。天地之化无二本,故吾心之发无二原矣。人生而静,天之性也;感于物而动,性之欲也。感动之际,欲居仁,欲由义,欲复礼,欲穷理,欲忠信,欲孝于其亲,欲忠于其君,欲正家,欲敬兄,欲切偲于朋友,则如此之类,谓之道心。感动者,固是形气,而其发也,直出于仁义礼智之正,而形气不为之掩蔽,故主乎理,而目之以道心也。如或饥欲食,寒欲衣,渴欲饮,痒欲搔,目欲色,耳欲声,四肢之欲安佚,则如此之类,谓之人心。其原虽本乎天性,而其发也,由乎耳目四肢之私,而非天理之本然,故主乎气,而目之以人心也。道心之发,如火始燃,如泉始达,造次难见,故曰"微"。人心之发,如鹰解鞲,如马脱羁,飞腾难制,故曰"危"。人心、道心虽二名,而其原则只是一心;其发也,或为理义,或为食色,故随其发而异其名。若来书所谓"理气互发",则是理、气二物,各为根柢方寸之中,未发之时,已有人心、道心之苗脉,理发则为道心,气发则为人心矣。然则吾心有二本矣,岂不大错乎? 朱子曰:"心之虚灵知觉,一而已矣。"吾兄何从而得此理气互发之说乎? 其所谓"或原或生"者,见其既发而立论矣。其发也为理义,则推究其故,何从而有此理义之心乎? 此由于性命在心,故有此道心也。其发也为食色,则推究其故,何从而有此食色之念乎? 此由于血气成形,故有此人心也云尔——非若互发之说,或理发,或气发,而大本不一也。大抵发之者,气也;所以发者,理也。非气则不能发,非理则无所发。"发之"以下二十三字,圣人复起,不易斯言。无先后,无离合,不可谓互发也。但人心、道心,则或为形气,或为道义,其原虽一，而其流既歧，固不可不分两边说下矣。若四端、七情，则有不然者：四端是七情之善一边也，七情是四端之总会者也。一边安可与总会者分两边相对乎？朱子"发于理"、"发于气"之说，意必有在，而今者未得其意，只守其说，分开拖引，则岂不至于辗转失真乎？朱子之意，亦不过曰：四端专言理，七情兼言气云尔耳；非曰：四端则理先发，七情则气先发也。退溪因此而立论曰："四端，理发而气随之；七情，气发而理乘之。"所谓"气发而理乘之"者，可也。非特七情为然，四端亦是气发而理乘之也。何则？见孺子入井，然后乃发恻隐之心，见之而恻隐者气也，此所谓"气发"也。恻隐之本则仁也，此所谓"理乘之"也。非特人心为然，天地之化，无非气化而理乘之也。是故，阴阳动静，而太极乘之，此则非有先后之可言也。若"理发气随"之说，则分明有先后矣，此岂非害理乎？天地之化，即吾心之发也。天地之化，若有理化者、气化者，则吾心亦当有理发者、气发者矣。天地既无理化、气化之殊，则吾心安得有理发、气发之异乎？若曰吾心异于天地之化，则非愚之所知也。此段最可领悟处，于此未契，则恐无归一之期矣。且所谓"发于理"者，犹曰"性发为情"也。若曰"理发气随"，则是才发之初，气无干涉，而既发之后，乃随而发也，此岂理耶？退溪与奇明彦论四七之说，无虑万馀言。明彦之论，则分明直截，势如破竹。退溪则辩说虽详，而义理不明，反复咀嚼，卒无的实之滋味。明彦学识岂敢冀于退溪乎？只是有个才智，偶于此处见得到耳。窃详退溪之意，以四端为由中而发，七情为感外而发，以此为先入之见，而以朱子"发于理"、"发于气"之说，主张而伸长之，做出许多葛藤。每读之，未尝不慨叹，以为正见之一累也。《易》曰："寂然不动，感而遂通。"虽圣人之心,未尝有无感而自动者也,必有感而动,而所感皆外物也。何以言之?感于父,则孝动焉;感于君,则忠动焉;感于兄,则敬动焉。父也、君也、兄也者,岂是在中之理乎?天下安有无感而由中自发之情乎?特所感有正有邪,其动有过有不及,斯有善恶之分耳。今若以不待外感、由中自发者为四端,则是无父而孝发,无君而忠发,无兄而敬发矣,岂人之真情乎?今以恻隐言之,见孺子入井,然后此心乃发。所感者孺子也,孺子非外物乎?安有不见孺子之入井,而自发恻隐者乎?就令有之,不过为心病耳,非人之情也。夫人之性,有仁、义、礼、智、信五者而已;五者之外,无他性。情有喜、怒、哀、惧、爱、恶、欲七者而已;七者之外,无他情。四端只是善情之别名,言七情,则四端在其中矣,非若人心、道心之相对立名也。吾兄必欲站而比之,何耶?盖人心、道心,相对立名。既曰道心,则非人心;既曰人心,则非道心,故可作两边说下矣。若七情,则已包四端在其中,不可谓四端非七情,七情非四端也,乌可分两边乎?七情之包四端,吾兄犹未见得乎?夫人之情,当喜而喜,临丧而哀,见所亲而慈爱,见理而欲穷之,见贤而欲齐之者,已上,喜、哀、爱、欲四情仁之端也;当怒而怒,当恶而恶者,怒、恶二情义之端也;见尊贵而畏惧者,惧情礼之端也;当喜怒哀惧之际,知其所当喜、所当怒、所当哀、所当惧,此属是又知其所不当喜、所不当怒、所不当哀、所不当惧者,此属非;此合七情,而知其是非之情也。智之端也。善情之发,不可枚举,大概如此。若以四端准于七情,则恻隐属爱,羞恶属恶,恭敬属惧,是非属于知其善恶与否之情也。七情之外,更无四端矣。然则四端专言道心,七情合人心、道心而言之也,与人心、道心自分两边者,岂不迥然不同乎?吾兄"性有主理、主气"之说,虽似无害,恐是病根藏于此中也。本然之性,则专言理,而不及乎气矣;气质之性,则兼言气,而包理在其中,亦不可以主理、主气之说,泛然分两边也。本然之性与气质之性分两边,则不知者岂不以为二性乎?且四端谓之主理,可也;七情谓之主气,则不可也。七情包理、气而言,非主气也。人心、道心可作主理、主气之说,四端、七情则不可如此说,以四端在七情中,而七情兼理、气故也。子思论性情之德曰:"喜怒哀乐之未发,谓之中;发而皆中节,谓之和。"只举七情而不举四端。若如兄言,七情为主气,则子思论"大本"、"达道",而遗却理一边矣,岂不为大欠乎?道理浩浩,立论最难,言之虽无病,见者以私意横在胸中,而驱之牵合,则未尝不为大病。故借圣贤之言,以误后学者,亦有之矣。程子曰:"器亦道,道亦器。"此言理、气之不能相离,而见者遂以理、气为一物。朱子曰:"理、气决是二物。"此言理、气之不相挟杂,而见者遂以理、气为有先后。近来所谓"性先动"、"心先动"之说,固不足道矣;至如罗整庵以高明超卓之见,亦微有理、气一物之病。退溪之精详谨密,近代所无,而"理发气随"之说,亦微有理、气先后之病。老先生未捐馆舍时,珥闻此言,心知其非,第以年少学浅,未敢问难归一。每念及此,未尝不痛恨也。向与兄论理气,所见不异,私心喜幸,以为吾两人于大本上虽不可谓真见,亦可识其名义矣。今承来示,靡靡欲趋于理、气二歧之病,岂再数长廊柱而差误耶?何其见之不定耶?兄既以明彦及鄙人之论为明白直截,而又疑道理更有如此者,尤不可晓也。二说,一是则一非,不可两可而俱存也。若道理既如此,而又有如彼者,则是甘亦可唤做苦,白亦可唤做黑也。天下安有定论乎?兄若不信珥言,则更以《近思录》、《定性书》及"生之谓性"一段，反复详玩，则庶乎有以见之矣。此是道理筑底处、大头脑处者。诚如来谕，于此差却，则不识大本，更做甚事？无已，而必以人心、道心为辞，欲主理气互发之说，则宁如整庵以人心、道心做体用看，虽失其名义，而却于大本上未至甚错也。如何？如何？世上悠悠之辈，既不足以骤语此，而吾两人相从于寂寞之滨，不可各尊所闻，各行所知，故急欲归一，而不觉倾倒至此。伏惟恕其狂僭，而徐究深察，幸甚！

《第三书》文失不录

答书（栗谷先生）

未发之体亦有善恶之可言者，甚误。喜怒哀乐之未发，谓之中。中也者，大本也，安有善恶之可言耶？众人之心，不昏昧则必散乱，大本不立，故不可谓之中也。幸于一瞬之间，或有未发之时，则即此未发之时，全体湛然，与圣人不异矣。惟其瞥然之际，还失其体，昏乱随之，故不得其中耳。其所以昏且乱者，由其拘于气质故也。若曰拘于气质，而不能立其大本，则可也；若曰未发之时，亦有善恶之萌兆，则大不可。盖其或昏昧或散乱者，不可谓之未发也。

善恶之情，无非感物而动，特所感有正有邪，其动有中有过不及，斯有善恶之分耳。

此情之发而不为形气所掩，直遂其性之本然，故善而中节，可见其为仁、义、礼、智之端也。直发故直书。

此情之发而为习气所掩，失其性之本然，故恶而不中节，不见其为仁、义、礼、智之端也。横发故横书。

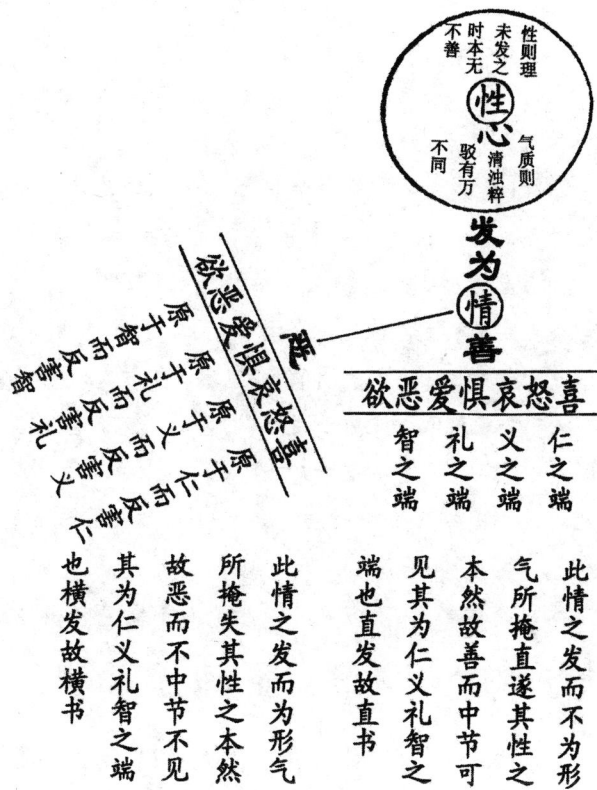

图16　心性情图

程子曰:"人生气禀,理有善恶。"此晓人深切,八字打开处也。其所谓理者,指其乘气流行之理,而非指理之本然也。本然之理固纯善,而乘气流行,其分万殊。气禀有善恶,故理亦有善恶也。夫理之本然,则纯善而已;乘气之际,参差不齐。清净至贵之物及污秽至贱之处,理无所不在;而在清净,则理亦清净;在污秽,则理亦污秽。若以污秽者为非理之本然之物,则可;遂以为污秽之物无理,则不可也。夫本然者,理之一也;流行者,分之殊也。舍流行之理,而别求本然之理,固不可;若以理之有善恶者为理之本然,则亦不可。"理一分殊"四字最宜体究。徒知理之一,而不知分之殊,则释氏之以作用为性而猖狂自恣是也。徒知分之殊,而不知理之一,则荀、扬以性为恶,或以为善恶溷者是也。昨书以为未发之时亦有不善之萌者,更思之,尤见其大错。吾兄之不识大本,病根正在于此。未发者,性之本然也,太极之妙也;中也,大本也。于此亦有不善之萌,则是圣人独有大本,而常人无大本也,孟子性善之说为驾虚之高谈,而人不可以为尧、舜矣。子思何不曰"君子之喜怒哀乐之未发谓之中",而乃泛言"喜怒哀乐之未发谓之中"耶?千万不是,切宜速改。

右议论间有先贤所未发者,不遇吾兄,未易辨论至此。于此相合,则无所不合矣。今世之所谓学者,岂无聪明才辩之人哉?可与此事者,殊不多见。见此论而不怪笑者,亦鲜矣。

与栗谷第四书

昨蒙手诲,获承道履清和,欣溯无任;且被长书开导,累累千万言,辞旨明畅,义理直截,伏而读之,庶几有牖昏之赐矣。非但此也,吾兄哀我之误入,血诚开示,犹恐其言之不尽,不辞劳且勤如此其至也,则诲人不倦之盛心,恻怛相与之诚意,不胜叹服钦动,慨然而心切也。前后二书,皆一意也,此在前日已讲之说,敢不钦领乎?浑于退溪先生有金注之惑,每于理气互发之说,不以为然而犹恋着不能舍。及其读人心、道心之说,而看所谓"或生或原"之论,则与退溪之言暗合,故慨然向之,欲弃旧而从之,此其所以改思之端也。互发之说,非我创新,乃老先生之说也。今以一端〈元论〉书呈,伏希视至焉。

先生之所自得，乃在此段：其正其非，亦在于此段矣。至于人心、道心之说，犹不能无疑焉。古人以人乘马出入，譬理乘气而行，正好。盖人非马不出入，马非人失轨途，人马相须不相离也。然则人马之出门，必人欲之，而马载之也，正如理为气之主宰，而气乘其理也。及其出门之际，人马由轨途者，气之顺理而发者也。人虽乘马，而马之横骛不由其轨者，气之翻腾决骤而或过或不及者也。以此求理气之流行，诚几、恶几之所以分，则岂不明白直截，而性情体用之理，可以昭晰而无他歧之惑矣。人之察理者，由夫已发之后善恶之所由分者，而名之曰：如此，性之发而无不善也；如此，气之不齐而流于恶也。以此玩之，则只于才动之际，而便有主理、主气之不同，非元为互发而各用事也。人之见理见气，各以其重而为言也。如是求之，与吾兄之诲不背焉矣！奈何朱子之说曰："或生于形气之私，或原于性命之正。"陈北溪之说曰："这知觉有从理而发者，有从气而发者。"正如退溪互发之说，何耶？四、七之对举而分属，固然矣；人心道心，亦情也，奈何以道心为理发，而人心为气发乎？人之有是形气，大而身心，小而百骸，无非有物则者矣。声色臭味之欲，亦发于天理之不可已者矣。今言戒其过，而节其情，亦可以为训矣。奈何独以耳目口鼻之欲属之气，而谓之"人心"耶？无乃是气者，亦有造作自用之时，而别为一场流行耶？不然，何以从气上说出耶？人之乘马，相须以行，而今也指其人为道心，指其马为人心，似不成说话。而人心、道心之分言，亦不知端的之所在矣。深望吾兄说出此端意味，极反复而谆切，再示提诲，则此处打破一重，则其外无不吻合矣。大抵要为之汲汲归一，何可强为之哉？亦待乎潜思玩索，至于一朝见到而脱解，则卒烂熳而同归矣。适有外客连至,走草言不能达意,伏惟加以逆志之恕,千万开示,至祝!
至祝!

退溪元论

滉谓:就天地、人物上看,亦非理在气外,犹可以分别言
之,则于性于情,虽曰理在气中,性在气质,岂不可分别言之?
盖人之一身,理与气合而生,故二者互有发用,而其发又相须
也。互发,则各有所主可知;相须,则互在其中可知。互在其
中,故浑沦言之者固有之;各有所主,故分别言之而无不可。
论性而理在气中,思、孟犹指出本然之性,程、张犹指论气质之
性;论情而性在气质,独不可各就所发,而分四端、七情之所从
来乎? 兼理气,有善恶,非但情尔,性亦然矣,然安得以是为不
可分之验耶? 从理在气中处言,故云"性亦然矣"。

别纸

从人生受形以后而言,则未发之性,自注:并气质言亦应
有善恶之一定者矣,然未可谓之未发之中也。愚所谓"未发
之体"者,指气禀一定而言也,非言未发之中也。"非但情也,
性亦然矣"二句,亦如鄙言之所指者矣。来喻"未发之中,未
可以恶言"者,极是。鄙言无所因袭,臆度创造之见也。

昨出柳矶,以手激水而思之曰:水之就下,理也;至于激而
在手,气所为也。然则气有作用时? 有互发时耶? 李某之所
为,罪大恶极,而卒保首领。天道无知,是亦气之作用耶? 继
而又思曰:如以气之所作无底定,而无理以为主宰,则到今日
月无光,天地坠落已久矣,岂不误耶? 思之反走无定如此,不
觉自笑而归。幸一哂,何如?

答书（栗谷先生）

即承委问，以审道履如宜，感仰！感仰！珥粗保，感兄愤悱，知其将有所悟，不惮缕缕，毕呈鄙见，而不被挥斥，乃蒙领略，何幸如之！道理不必聪明绝人者乃得见之，虽气禀不能高明通彻，而若积诚用功，则宁有不见之理乎？聪明者见之易，故反不能力践而充其所见。诚积者用功之深，故既见之后，易于力践矣。此所望于吾兄者也。理气之说与人心、道心之说，皆是一贯。若人心、道心未透，则是于理气未透也。理、气之不相离者，若已灼见，则人心、道心之无二原，可以推此而知之耳。惟于理气有未透，以为或可相离，各在一处，故亦于人心、道心，疑其有二原耳。理、气可以相离，则程子所谓"阴阳无始"者，为虚语也。此说岂珥杜撰乎？特先贤未及详言之耳。昨为长书，待兄之需，辨说颇详，譬喻亦切，一览可以契合矣。如此而犹有疑，则姑置此事。多读圣贤之书，更矣后日之有见可也。珥则十年前，已窥此端，而厥后渐渐思绎，每读经传，则取以相准。当初或有不合之时，厥后渐合，以至今日，则融会吻合，决然无疑。千百雄辩之口，终不可以回鄙见，但恨气质浮驳，不能力践而实之，每用慨叹自讼耳。

长书（栗谷先生）

理，形而上者也；气，形而下者也。二者不能相离；既不能相离，则其发用一也，不可谓互有发用也。若曰互有发用，则是理发用时，气或有所不及；气发用时，理或有所不及也。如是，则理气有离合，有先后，动静有端，阴阳有始矣，其错不小矣。但理无为，而气有为，故以情之出乎本然之性，而不掩于形气者,属之理;当初虽出于本然,而形气掩之者,属之气,此亦不得已之论也。人性之本善者,理也,而非气则理不发。人心、道心,夫孰非原于理乎? 非未发之时,亦有人心苗脉,与理相对于方寸中也。源一而流二,朱子岂不知之乎? 特立言晓人,各有所主耳。程子曰:"不是善与恶在性中为两物相对,各自出来。"夫善、恶判然二物,而尚无相对各自出来之理,况理、气之浑沦不离者,乃有相对互发之理乎? 若朱子真以为理、气互有发用,相对各出,则是朱子亦误也,何以为朱子乎?"人心"、"道心"之立名,圣人岂得已乎? 理之本然者,固是纯善,而乘气发用,善、恶斯分。徒见其乘气发用,有善有恶,而不知理之本然,则是不识大本也。徒见其理之本然,而不知其乘气发用,或流为恶,则认贼为子矣。是故圣人有忧焉,乃以情之直遂其性命之本然者,目之以道心,使人存养而充广之;情之掩乎形气而不能直遂其性命之本然者,目之以人心,使人审其过不及而节制之。节制之者,道心之所为也。夫形色,天性也;人心,亦岂不善乎? 由其有过有不及,而流于恶耳。若能充广道心,节制人心,使形色各循其则,则动静云为,莫非性命之本然矣。此从古圣贤心法之宗旨,此与理气互发之说有何交涉? 退溪之病,专在于"互发"二字,惜哉! 以老先生之精密,于大本上犹有一重膜子也。北溪陈氏之说,未知亦知朱子之意之所在乎? 抑真以为互发如退溪之见乎? 是则未可知也。道理决是如此,但当持守此见,力行而实之,不当狐疑不定,使异同之说乱吾方寸也。释徒之言曰:"金屑虽贵,落眼则翳。"此譬圣贤之说虽贵,误见则为害也,此言甚好。圣贤之言,意或有在;不求其意,徒泥于言,岂不反害乎? 夫子曰:"丧欲速贫,死欲速朽。"虽曾子尚以为当然,若非有子之辨,则后世之丧家者必弃粮委货，而送死者必以薄葬为是矣，此岂圣人之意乎？朱子"或原或生"之说，亦当求其意而得之，不当泥于言，而欲主互发之说也。罗整庵识见高明，近代杰然之儒也，有见于大本，而反疑朱子有二歧之见。此则虽不识朱子，而却于大本上有见矣。但以人心、道心为体用，失其名义，亦可惜也。虽然，整庵之失在于名目上，退溪之失在于性理上，退溪之失较重矣。如此段议论，岂可骤挂他眼乎？不知者必以为谤毁退溪矣。稣斋于人心、道心，欲从整庵之说，此亦以互发之说为不然故也。其见本是，但不必资于互发之说。而人心、道心，亦各得其名义矣，何必乃尔？今以此议论，质于稣斋，则似有契合之理，但非其时，故不敢尔。

物之不能离器而流行不息者，惟水也，故惟水可以喻理。水之本清，性之本善也；器之清净污秽之不同者，气质之殊也。器动而水动者，气发而理乘也；器、水俱动，无有器动、水动之异者，无理、气互发之殊也。器动则水必动，水未尝自动者，理无为而气有为也。圣人气质清粹，性其全体，无一毫人欲之私，故其发也，从心所欲，不踰矩，而人心亦道心也。譬如清净之器储水，无一点尘滓，故其动也，水之本清者倾泻而出，流行者皆清水也。贤者则气质虽清粹，未免有少许浊驳杂之故，必资进修之功，然后能复其本然之性。其发也，有直遂其本然之性，而不为形气所掩者；有虽发于性，而形气用事者。形气虽用事，而人心听命于道心，故食色之心亦循轨辙。譬如储水之器虽清净，而未免有少许尘滓在里，必加澄净之功，然后水得其本然之清。故其动也，或有清水倾出，尘滓未动者；或有清水虽出，而尘滓已动者，必止其尘滓，使不混淆，然后水之流行者，乃得其清也。不肖者，气质多浊少清，多驳少粹，性既汨其本然,而又无进修之功。其发也,多为形气所使,是人心为主也。间有道心杂出于人心之间,而不知所以察之守之,故一任形气之私,至于情胜欲炽,而道心亦为人心也。譬如储水之器,污秽不净,泥滓满中,水失其本然之清,又无澄净之功。其动也,泥滓汩水而出,不见其为清水也。间有泥滓未及汩乱之际,忽有清水暂出,而瞥然之顷,泥滓还汩,故清者旋浊,流行者皆浊水也。性本善,而气质之拘,或流而为恶,以恶为非性之本然则可,谓之不本于性,不可也。水本清,而泥滓之汩,遂成浊流,以浊为非水之本然则可,谓之非水之流,则不可也。中人之性,在贤不肖之间,推此而可知之矣。理不离气,真如水不离器也。今日"互有发用",则是或器先动,而水随而动,或水先动,而器随而动,天下宁有此理乎? 且以人乘马喻之,则人则性也,马则气质也。马之性,或驯良或不顺者,气禀清浊、粹驳之殊也。出门之时,或有马从人意而出者,或有人信"信"字与"任"字,同意而微不同,盖"任"字,知之而故任之也;"信"字,不知而任之也。马足而出者。马从人意而出者,属之人,乃道心也;人信马足而出者,属之马,乃人心也。门前之路,事物当行之路也。人乘马而未出门之时,人信马足,马从人意,俱无端倪,此则人心、道心本无相对之苗脉也。圣人之血气与人同耳,饥欲食,渴欲饮,寒欲衣,痒欲搔,亦所不免,故圣人不能无人心。譬如马性虽极驯,岂无或有人信马足而出门之时乎? 但马顺人意,不待牵制,而自由正路,此则圣人之从心所欲,而人心亦道心者也。他人则气禀不纯,人心之发而不以道心主之,则流为恶矣。譬如人信马足出门,而又不牵制,则马任意而行,不由正路矣。其中最不驯之马,人虽牵制,而腾跃不已,必奔走于荒榛荆棘之间,此则气禀浊驳,而人心为主,道心为所掩蔽者也。马性如是不驯,则每每腾跃,未尝少有静立之时,此则心中昏昧杂扰,而大本不立者也。虽不驯之马,幸而静立,则当其静立之时,与驯良之马无异。此则众人之心,昏昧杂扰,中体虽不立,幸有未发之时,则此刻之间,湛然之体与圣人不异者也。如此取喻,则人心道心、主理主气之说,岂不明白易知乎? 若以互发之说譬之,则是未出门之时,人、马异处,出门之后,人乃乘马,而或有人出而马随之者,或有马出而人随之者矣,名理俱失,不成说话矣。虽然,人、马或可相离,不如譬以器、水之亲切也。水亦有形,又非理无形之比。譬喻可以活看,不可以泥着于譬喻也。

　　人生气质之性,固有善恶之一定者也。故夫子曰:“性相近也,习相远也。”又曰:“上智与下愚不移。”但非其性之本然,而昏昧杂扰,故不可谓未发之中也。未发者,性之本然也。昏昧杂扰,则气已掩性,故不可谓性之体也。今承来书,详究其旨,则兄之所见非误也,发言乃误也。前呈鄙书,太厉声气,追愧! 追愧! 来书所谓“汲汲归一,何可强为? 亦待乎潜思玩索”者,此言极是。道理须是潜思自得。若专靠人言,则今日遇雄辩之人,以此为是,则悦其言而从之;明日又遇雄辩之人,以彼为是,亦将悦其言而迁就之矣,何时有定见乎? 柳矶激水之说,可谓见物思道矣,犹有所未尽也。夫水之就下,理也:激之而在手者,此亦理也。水若一于就下,虽激而不上,则为无理也。激之而在手者虽气,而所以激之而在手者,理也,乌可谓气独作用乎? 水之就下,本然之理也;激而在手,乘气之理也。求本然于乘气之外,固不可;若以乘气而反常者,谓之本然,亦不可;若见其反常,而遂以为气独作用,而非理所在,亦不可也。某也之老死牖下,固是反常:但治道不升,赏罚无章,则恶人得志,善人困穷,固其理也。孟子曰:"小役大,弱役强者,天也。"夫不论德之大小,而惟以小大、强弱为胜负者,此岂天之本然哉? 特以势言之耳。势既如此,则理亦如此,故谓之天也。然则某人之得保首领,谓之非理之本然则可,谓之气独为之而无理,则不可也。天下安有理外之气耶? 自注此段最可深究,于此有得,则可见理、气不相离之妙矣。

理气之妙,难见亦难说。夫理之源,一而已矣;气之源,亦一而已矣。气流行而参差不齐,理亦流行而参差不齐。气不离理,理不离气。夫如是,则理、气一也,何处见其有异耶? 所谓"理自理,气自气"者,何处见其理自理,气自气耶? 望吾儿精思,着一转语,欲验识见之所至也。

与栗谷第五书

昨因客至,草草报谢,殊切叹恨,未委即今静履和胜否? 下赐图说,积日沿沂,粗窥一斑,感幸无已,今也无多言。四、七之对说,为理为气,姑且置之。只有"人心、道心"四字,见不得分明,敢此申禀矣。于此处打透,则鄙人疑诲于二歧之惑,可以消落,而盛意汲汲归一、诲人不倦之仁,或庶几得力矣。来谕:"性情本无理气互发之理,凡性发为情,只是气发而理乘之也。"敢请再三详订于高明,此理真是如此,建天地俟后圣而不悖不惑耶? 窃愿更入容思量何如? 果如此也,朱子何以曰:"或生或原",北溪何以曰:"这知觉、有从理而发,有从气而发"? 从古议论,何以仁义皆归之理发,而知觉、运动、食色、形气,皆归之气乎? 人之五脏百骸,无非有是理而具是形矣。今于物则之地,性情之发,主理而言其善恶之几可矣。何必曰:"人心、道心,从理、从气而发"乎? 得非斯气也,能主张于形气而能过、能不及,任其所自为而理不能管摄也耶? 来谕:人心、道心,虽有主理、主气之异,其源皆理,而发之者皆气也。所谓"或生或原",见其既发之后,而特取其所重者而立名也。如此立说,岂不简便而易晓耶。然朱子之意果如此,则当变文立说,明其如此,略如"诚几图"之意也,不曰"或生或原"也。"或生或原"、从理从气之说,鄙人骏钝,不知果如来谕看否也? 所谓生于此、原于此、从理、从气等语,似是理、气二物先在于此,而人心、道心生于此,原于此,从此而发也。吾兄善说道理,横说竖说,无所不可,切愿曲为敷畅,使此元说可合于来谕也。前之粗闻道理,粗有据依,每以退翁之说为疑。而及见"人心、道心"之解,三思变乱,念虑纷纭,极为愤悱。欲决而从退翁之言,则艰涩不稳;欲弃而守旧见,则唯此"或生或原"之说横格而不去。道理见不真,故有此摇惑也。守此胶漆之盆,无益于得,而不能读书,不能精思,此生真可惜也。

答书(栗谷先生)

夜来道况何如? 昨送长书,照详否? 午来间坐,感理气之妙,本无离合,遂作短律一首书呈。于此相合,则无所不合矣。但兄既知理、气之不能一瞬相离,而犹恋着互发之说,反复思之,未喻其故。无乃为"或原或生"之说所缚,转动不得乎? 周子曰:"太极动而生阳,静而生阴。"此两句岂有病之言乎? 若误见,则必以为阴阳本无,而太极在阴阳之先,太极动,然后阳乃生,太极静,然后阴乃生也。如是观之,大失本意;而以句语释之,则顺而不碍。"或原或生"之说,亦如是也。五行出于理、气,而犹曰木生火,火生土者,以其序言之也。若泥其言,而以为火必生于木,而非本于理,可乎? 发道心者气也,而非性命,则道心不发。原人心者性也,而非形气,则人心不发。以道心谓原于性命,以人心谓生于形气,岂不顺乎? 形气之生人心,亦犹木生火之谓也。若兄已悟,则此简为剩语;若不悟,则不为无助也。

理气咏呈牛溪道兄(栗谷先生)

元气何端始? 无形在有形,穷源知本合。自注理、气本合也,非有始合之时。欲以理、气二之者,皆非知道者也。沿派见群精。自注理、气原一,而分为二五之精。水逐方圆器,空随大小瓶。自注理之乘气流行,参差不齐者如此。空瓶之说,出于释氏,而其譬喻亲切,故用之。二歧君莫惑,默验性为情。

性者,理、气之合也。盖理在气中,然后为性。若不在形质之中,则当谓之理,不当谓之性也。但就形质中单指其理而言之,则本然之性也。本然之性,不可杂以气也。子思、孟子言其本然之性,程子、张子言其气质之性,其实一性,而所主而言者不同。今不知其所主之意,遂以为二性,则可谓知理乎? 性既一,而乃以为情有理发、气发之殊,则可谓知性乎?

余性舆世间抹杀,阅人虽多,少有相合者;惟兄乃不相弃,必是臭味不异故也。珥有吾兄,而所见尚有不同者,则此学之孤单,不亦太甚乎? 他见之或有异同,学者所不免。但此道理大头脑、分是非邪正之处,不可不同也。珥之缕缕如此者,不特为兄,乃亦自悯其孤单耳。

与栗谷第六书

昨领诲言,三复慨然。兹蒙寄札,兼被明道韵语,见明语精，毫发不爽，拜受恩诲，益以感隙。第前来相往复之纷纷，彼此俱不得人言之真意也；今而后，庶几归一之喜，而犹有所未也。请略言之。退溪之所云"互发"者，岂真如来喻所谓"理气各在一处，互相发用"耶？只是滚在一物，而主理、主气，内出、外感，先有两个意思也。浑之所谓"性情之间，元有理气两物各自出来"云者，亦看如此也，岂所谓"人马各立，出门之后相随追到"耶？浑则笔力未足，下语太重，是为罪耳。吾兄前后勤喻，只曰："性情之间，有气发理乘一途而已，此外非有他事也。"浑承是语，岂不欲受用，以为简便易晓之学。而参以圣贤前言，皆立两边说，无有如高诲者，故不敢从也。昨赐长书中有曰："出门之时，或有马从人意而出者，或有人信马足而出者。马从人意而出者，属之人，乃道心也；人信马足而出者，属之马，乃人心也。"又曰："圣人不能无人心，譬如马虽极驯，岂无或有人信马足而出门之时乎？"浑究此数段，皆下两边说，颇讶其与"只有一边，气发理乘"之语稍异，而渐近于古说也。又读今书有曰："发道心者，气也，而非性命，则道心不发；原人心者，性也，而非形气，则人心不发。以道心原于性命，以人心生于形气。岂不顺乎？"浑见此一段，与之意合，而叹其下语之精当也。虽然于此亦有究极之未竟者焉。吾兄必曰："气发理乘，无他途也。"浑则必曰："其未发也，虽无理气各用之苗脉；才发之际，意欲之动，当有主理、主气之可言也，非各出也，就一途而取其重而言也。"此即退溪互发之意也，即吾兄"马随人意，人信马足"之说也，即"非性命则道心不发，非形气则人心不发"之言也。未知以为如何？如何？此处极可分辨，毫分缕析，以极其归趣而示之，千万至祝！于此终不合，则终不合矣。虽然，退溪互发之说，知道者见之，犹忧其错会;不知者读之,则其误人不少矣。况四七、理气之分位,两发、随乘之分段,言意不顺,名理未稳,此浑之所以不喜者也。示喻相合相同,悯其孤单之意,窃以为不必如此也。君子之于道,苟有深造自得之实,则举天下无相同者,心平气和,乐道无闷矣。伯夷不忧于饿死之日,而况吾兄乎? 至于忧道之无传,学道之无人,则不得不忧耳。此至大至精要妙之理,难以一朝而大悟,一日而并食,要在学随见进,见由行深,久久涵索,昭然会心,默识心通,左右逢原,然后乃得也。如浑残疾昏聩,尸居馀气,安能精思实到,而有自得之功耶? 吾兄迈往之韵,离绝于人,人自无追之者;然自信之深,当由于果熟自落之时也,不可张旺发扬,有些虚骄骛外自高之病也。浑非谓兄今日有此病也,虽高明之人,不可不察此于吾身也。昨书有引而发问,以试鄙见者,今日因于淫思,精神尢茶,不欲深思,故姑未仰对以禀得失。至于一读之际,忽自心语曰:理、气之不同,气自涉形迹,便有过不及,其为不同,只在此处而已。未知此意如何? 后当敷衍此意为献,亦愿吾兄自发元央之谱,度与愚昧也。

情之发处,有主理、主气两个意思,分明是如此。则"马随人意,人信马足"之说也。非未发之前,有两个意思也。于才发之际,有原于理、生于气者耳,非理发而气随其后,气发而理乘其第二也。乃理、气一发,而人就其重处言之,谓之主理、主气也。

答书(栗谷先生)

夜来情况何如? 昨承辱复,备悉雅旨,庶有归一之望,幸甚! 幸甚! 别论理气,为长书以上,详照而还报,何如? 来示所谓"气涉形迹，与理不同"者，因是大纲，其中有许多曲折，须是穷得十分尽头，乃可谓得其旨耳。长书之说颇详，珥本欲留此一转说，以待吾兄自为论说，而今被兄穷问到底，若不说到极处，穷其本源，则终无归一之期，故又罄橐中所有。此皆圣贤之意也，或散出于经传，而不总合而言之，故珥今合而为说耳。"理通气局"四字，自谓见得，而又恐珥读书不多，先有此等言，而未之见也。以道心为本然之气者，亦似新语，虽是圣贤之意，而未见于文字。兄若于此言不疑怪而斥之，则无所不合矣。

长书（栗谷先生）

理、气原不相离，似是一物；而其所以异者，理无形也，气有形也，理无为也，气有为也。无形无为，而为有形有为之主者，理也；有形有为，而为无形无为之器者，气也。理无形而气有形，故理通而气局；理无为而气有为，故气发而理乘。理通者，何谓也？理者，无本末也，无先后也；无本末，无先后，故未应不是先，已应不是后。程子说是故乘气流行，参差不齐，而其本然之妙，无乎不在。气之偏，则理亦偏，而所偏非理也，气也；气之全，则理亦全，而所全非理也，气也。至于清浊粹驳、糟粕煨烬、粪壤污秽之中，理无所不在，各为其性，而其本然之妙，则不害其自若也，此之谓理之通也。气局者，何谓也？气已涉形迹，故有本末也，有先后也。气之本则湛一清虚而已，曷尝有糟粕煨烬、粪壤污秽之气哉？惟其升降飞扬，未尝止息，故参差不齐，而万变生焉。于是气之流行也，有不失其本然者，有失其本然者。既失其本然，则气之本然者，已无所在。偏者，偏气也，非全气也；清者，清气也，非浊气也。糟粕煨烬，糟粕煨烬之气也,非湛一清虚之气也:非若理之于万物,本然之妙无乎不在也,此所谓气之局也。气发而理乘者,何谓也?阴静阳动,机自尔也,非有使之者也。阳之动,则理乘于动,非理动也;阴之静,则理乘于静,非理静也。故朱子曰:"太极者,本然之妙也;动静者,所乘之机也。"阴静阳动,其机自尔,而其所以阴静阳动者,理也。故周子曰:"太极动而生阳,静而生阴。"夫所谓"动而生阳,静而生阴"者,原其未然而言也。动静所乘之机者,见其已然而言也。动静无端,阴阳无始,则理气之流行,皆已然而已,安有未然之时乎?是故天地之化,吾心之发,无非气发而理乘之也。所谓"气发理乘"者,非气先于理也。气有为,而理无为,则其言不得不尔也。夫理上不可加一字,不可加一毫修为之力。理本善也,何可修为乎?圣贤之千言万言,只使人检束其气,使复其气之本然而已。气之本然者,浩然之气也。浩然之气,充塞天地,则本善之理无少掩蔽。此孟子养气之论所以有功于圣门也。若非气发理乘一途,而理亦别有作用,则不可谓理无为也。孔子何以曰"人能弘道,非道弘人"乎?如是看破,则气发理乘一途,明白坦然。而"或原或生","人信马足,马顺人意"之说,亦得旁通而各极其趣。试细玩详思,勿以其人之浅浅而辄轻其言也。

"气发理乘一途"之说,与"或原或生","人信马足,马从人意"之说,皆可通贯。吾兄尚于此处未透,故犹于退溪"理气互发、内出外感、先有两个意思"之说,未能尽舍,而反欲援退溪此说,附于珥说耳。别幅议论颇详,犹恐兄未能涣然释然也。盖"气发理乘一途"之说,推本之论也;"或原或生","人信马足,马从人意"之说,沿流之论也。今兄曰"其未发也,无理、气各用之苗脉",此则合于鄙见矣。但谓"性情之间,元有理、气两物，各自出来"，则此非但言语之失，实是所见差误也。又曰"就一途而取其重而言"，此则又合于鄙见。一书之内，乍合乍离，此虽所见之不的，亦将信将疑，而将有觉悟之机也。今若知"气发理乘"与"人信马足，马从人意"，滚为一说，则同归于一，又何疑哉？道心原于性命，而发者气也，则谓之理发，不可也。人心、道心，俱是气发，而气有顺乎本然之理者，则气亦是本然之气也。故理乘其本然之气而为道心焉。气有变乎本然之理者，则亦变乎本然之气也。故理亦乘其所变之气而为人心，而或过或不及焉。或于才发之初，已有道心宰制，而不使之过不及者焉；或于有过有不及之后，道心亦宰制而使趋于中者焉。气顺乎本然之理者，固是气发，而气听命于理，故所重在理，而以主理言。气变乎本然之理者，固是原于理而已，非气之本然，则不可谓听命于理也，故所重在气，而以主气言。气之听命与否，皆气之所为也，理则无为也，不可谓互有发用也。但圣人形气，无非听命于理，而人心亦道心，则当别作议论，不可滚为一说也。且朱子曰："心之虚灵知觉，一而已矣，或原于性命之正，或生于形气之私。"先下一"心"字在前，则心是气也，或原或生，而无非心之发，则岂非气发耶？心中所有之理，乃性也，未有心发而性不发之理，则岂非理乘乎？"或原"者，以其理之所重而言也；"或生"者，以其气之所重而言也，非当初有理、气二苗脉也。立言晓人，不得已如此，而学者之误见与否，亦非朱子所预料也。如是观之，则"气发理乘"与"或原或生"之说，果相违忤乎？如是辨说，而犹不合，则恐其终不能相合也。若退溪"互发"二字，则似非下语之失，恐不能深见理、气不相离之妙也。又有内出、外感之异，与鄙见大相不同，而吾兄欲援而就之，此不特不知鄙意之所在也,又不能灼见退溪之意也。盖退溪则以内出为道心,以外感为人心;珥则以为人心、道心皆内出,而其动也,皆由于外感也。是果相合而可援而就之耶? 须将《退溪元论》及珥前后之书,更观而求其意,何如?

"性情本无理气互发之理,凡性发为情,只是气发而理乘"等之言,非珥杜撰得出,乃先儒之意也,特未详言之,而珥但敷衍其旨耳。建天地而不悖,矣后圣而不惑者,决然无疑。何处见得先儒之意乎? 朱子不云乎:"气质之性,只是此性此'性'字,本然之性也。堕在气质之中,故随气质而自为一性。此'性'字,气质之性。"程子曰:"性即气,气即性,生之谓也。"以此观之,气质之性、本然之性,决非二性,特就气质上单指其理曰"本然之性",合理、气而命之曰"气质之性"耳。性既一,则情岂二源乎? 除是有二性,然后方有二情耳。若如退溪之说,则本然之性在东,气质之性在西;自东而出者,谓之道心,自西而出者,谓之人心,此岂理耶? 若曰性一,则又将以为自性而出者,谓之道心,无性而自出者,谓之人心,此亦理耶? 言不顺,则事不成,此处切望反复商量。

前日图说中之言,非以为扩前圣所未发也。其图及所谓"原于仁而反害仁"等之说,虽是先贤之意,无明言之者,浅见者必疑其畔先贤之说,故云云耳。不以辞害意,何如?

〈第七书〉文失不录

〈第八书〉文失不录

〈第九书〉文失不录

答成浩原（栗谷先生）

人之所见有三层。有读圣贤之书,晓其名目者,是一层也。有既读圣贤之书,晓其名目,而又能潜思精察,豁然有悟其名目之理,了然在心目之闲,知其圣贤之言果不欺我者,是又一层也。但此一层,煞有层级:有悟一端者,有悟全体者。全体之中,其悟亦有浅深,要非日读目览之比,而心有所悟,故俱归一层也。有既悟名目之理,了然在心目之闲,而又能真践力行,实其所知:及其至也,则亲履其境,身亲其事,不徒目见而已也。如此,然后方可为真知也。最下一层,闻人言而后从之者也;中一层,望见者也;上一层,履其地而亲见者也。譬如有一高山于此,山顶之景胜,妙不可言。一人则未尝识其山之所在,徒闻人言而信之,故人言山顶有水,则亦以为有水;人言山顶有石,则亦以为有石。既不能自见,而惟人言是从,则他人或以为无水无石,亦不能识其虚实也。人言不一,而我见无定,则不可不择其人而从其言也。人若可信者,则其言亦可信也。圣贤之言必可信,故依之而不远也。但既从其言,而不能知其意之所在,故有人或误传可信者之言,亦不得不从也。今之学者于道,所见亦如此,徒逐圣贤之言,而不知其意,故或有失其本旨者,或有见其记录之误而犹牵合从之者,既不能自见,则其势不得不然也。一人则因他人之指导,识其山之所在,举头望见,则山上胜妙之景涣然满服。既自望见矣,他人之误传者,岂足以动之哉!于是有乐其胜妙之景,必欲亲履其境,而求上山顶者。又有既见其景,自以为乐,俯视他人逐逐于言语,不觉抚掌大笑,以是为足。而不求上山者,于望见之中,亦有异焉:有自东而见其东面者,有自西而见其西面者,有不拘于东西,而见其全体者,虽有偏全之异,而皆是自见也。
彼不能自见而从人言者,虽能说出全体,非其自言也,如鹦鹉
之传人言也,则安足以折服望见一面者之心哉? 又有一人,则
既望见胜妙之景,乐之不已,褰衣阔步,勉勉上山,而任重道
远,力量有限,鲜有穷其山顶者矣。既穷其山顶,则胜妙之景,
皆为我物,又非望见之比矣。然而到山顶之中,亦有异焉:有
望见其东面而上于东面者,亦有望其西面而上于西面者,有望
其全体而无所不到者。上于一面者,虽极其至,而不得为上山
之极功也。大概有是三层,而其中曲折,不可枚数。有先识其
山之所在,虽不能望见,而上山不已,一朝到于山顶,则足日俱
到,便为己物者曾于之类。又有不识其山之所在,而偶行山
路,虽得上山,而元不识山,又不望见山顶,故终不能到山顶者
司马温公之类。如是之类,何可悉举乎? 以此取喻,则今之学
者,大概从人言也,纵能说出无病,不过依样摸画耳。依样摸
画之中,说出无病者,亦不可多见,尤可叹也。若孔门弟子及
程、朱门下之根机不全不深者,皆望见一面者也。曾点则望见
全体,而以是为乐,不求上山,故终于狂者而已也。曾点之学,
有以见夫人欲尽处,天理流行,随处充满,无所欠缺。其胸中
之乐,为如何哉? 俯视诸子,徒见一面,规规于事为之末,岂不
抚掌大笑乎? 虽然,乐于此而已,曾无俛首上山之功,其检束
之行,反不若诸子之谨饬矣。所见之物,安得为己物乎? 若
颜、曾、思、孟、周、张、程、朱,则不止于望见而亲履其境者也。
朱子六十之年,始曰:“吾今年方无疑。”此亲见之言也。孟子
之所谓“自得”者,亦指此境也。就中颜子、明道,用功甚易。
譬如人之所处,去山顶本不远,故举目移足,不劳而至也。若
圣人,则本在山顶者也。虽本在山顶,而山顶无穷胜妙之景,

不可不待周览。故虽以孔子之生知安行,若礼乐名物、制器度数,则必问于人而后知之也。若伯夷、柳下惠之徒,则虽极其山顶,而各处一面,不能以全体为己物者也。若异端,则所谓山顶者,非此山也,更有他山。山顶有可惊可愕之物,荆榛塞途,而惑者乃从之,不亦悲哉!人之不能望见此山,而徒信人言者,若被人指异山为此山,而其人素所信重者,则将必褰衣涉榛而从之矣,岂不尤可悲哉!若望见者,则宁有此患哉?但望见一面者,所见不全,故虽自不惑于异端,而发言之或差者,反误他人,未必不为涉榛途者之助也。此等处,尤不可不明目张胆,极言而明辨之。

近观整庵、退溪、花潭三先生之说,整庵最高,退溪次之,花潭又次之。就中整庵、花潭多自得之味,退溪多依样之味。一从朱子之说整庵则望见全体,而犹有未尽莹者,且不能深信朱子的见其意,而气质英迈超卓,欲言或有过当者,微涉于理、气一物之病,而实非以理、气为一物也。所见未尽莹,故言或过差耳。退溪则深信朱子,深求其意,而气质精详缜密,用功亦深。其于朱子之意,不可谓不契,其于全体,不可谓无见;而若豁然贯通处,则犹有所未至,故见有未莹,言或微差,"理气互发"、"理发气随"之说,反为知见之累耳。花潭则聪明过人,而厚重不足;其读书穷理,不拘文字,而多用意思。聪明过人,故见之不难;厚重不足,故得少为足。其于理、气不相离之妙处,了然目见,非他人读书依样之比;故便为至乐,以为湛一清虚之气,无物不在,自以为得千圣不尽传之妙,而殊不知向上更有"理通气局"一节。继善成性之理,则无物不在;而湛一清虚之气、则多有不在者也。理无变,而气有变。元气生生不息,往者过,来者续,而已往之气,已无所在;而花潭则以为

一气长存,往者不过,来者不续,此花潭所以有认气为理之病
也。虽然,偏全闲花潭还是自得之见也。今之学者,开口便说
理无形,而气有形,理、气决非一物。此非自言也,传人之言
也,何足以敌花潭之口,而服花潭之心哉? 惟退溪攻破之说,
深中其病,可以救后学之误见也。盖退溪多依样之味,故其言
拘而谨:花潭多自得之味,故其言乐而放。谨故少失,放故多
失,宁为退溪之依样,不必效花潭之自得也。

与成浩原（栗谷先生）

　　理气无始,实无先后之可言;但推本其所以然,则理是枢
纽根柢,故不得不以理为先。圣贤之言虽积千万,大要不过如
此而已。若于物上观,则分明先有理而后有气,盖天地未生之
前,不可谓无天地之理也;推之,物物皆然。今吾兄反以根本
穷源者为有先后,而以物上看者为无先后,矛盾柄凿至于此
极,不敢望其归一也。但程子之言曰:"阴阳无始。"且道此言
是假托晓譬耶? 是明白直说耶? 若是假托晓譬,则吾兄之说
是矣。不然,则安可谓之"阴阳有始"乎? 吾兄之说,曲折不
同,大概谓有太一之初者,此是所见之根本也。此言无病,则
珥说非矣。理、气本自混合,皆本有也,非有始生之时。故先
儒推求,不过以一元之初为始,或以一岁之初为始,未闻极本
穷源而必有太一之初,如吾兄之说者也。且吾兄以有先后者
为实然,而嘲珥妄见,未知吾兄亦以无先后者为假托乎? 昔者
老子之言曰:"有生于无。"庄子之言曰:"有有也者,有无也
者,有未始有无也者,有未始有夫未始有无也者。"此等皆是
"太一之初"之说也。大抵凡物有始,则必有终;大地至大,而
惟其有始,故不免变灭。若使此气之源实有所始,则其必变

灭,而有无气之时矣,其形状何如耶?惟其无始也,故又无终。无始无终,故无穷无外也。曾与吾兄论"太极动而生阳",余曰:"此是枢纽根柢之说,非谓阴阳自无而生也。"兄亦即可,余心自幸矣。不意今者吾兄作出"太一之初"之说,以为阴阳自无而生,不免老、庄之说,极令人骇叹,寝食不安也。道理不可容易言之,深愿积久玩索也。

理气之说纲领已合,小小同异不必深辨。汲汲求合,久久必有融会之时。向者纷纷之辨,大抵出于不相会意,追思可笑。"理通气局"要自本体上说出,亦不可离了本体,别求流行也。人之性非物之性者,气之局也;人之理即物之理者,理之通也。方圆之器不同,而器中之水一也;大小之瓶不同,而瓶中之空一也。气之一本者,理之通故也;理之万殊者,气之局故也。本体之中,流行具焉;流行之中,本体存焉。由此推之,"理通气局"之说,果落一边乎?"爱曰仁"、"宜曰义"之类,不一而足,先儒何尝不以一字论理耶?此在深思细究,亦不可强合也。前书珥说颇伤凌厉,来示果当深谢深谢。但"气断理通"、"有形天气"、"人心失本然之气"等说皆非解语,试取前书而更观之,何如?若变其语而反河之,则是自作元只,而求克其讼也,无乃不能平心之过耶?呵呵!以偏塞为失其本然之气者,虽似不当,但以孟子"失其本心"之语求之,则恐不悖理。本心不可失,而犹谓之"先",则况湛一之变为污秽者,不可谓之"失"乎?更思之,何如?至如以勉斋之说为得强敌者,尤近于戏语。若以道理相辨,则刍美可寻,狂言可择,亦可以容喙矣。今若不求之道理,而惟强弱是观,则一退溪足以胜十李珥矣,况将勉斋助之乎?是群虎搏一羊也。余不能言,只在面陈。

二、"湖洛"论争

"湖洛"论争是朝鲜朝18世纪的一场重要的儒学论辩。从韩国儒学史的角度审视"湖洛"论争,应该说它是"四七"论辩的延续和深化。"湖洛"学派的主要代表者——南塘韩元震和魏岩李柬都是以栗谷为首的"畿湖"学派的重要学者。栗谷学说的特点是强调"理气妙合"。在栗谷学问的这一传统思想指导下,深入研究理气关系,便产生了"未发"时"心"的整体是怎样的(即"未发心体"论)问题,产生了人性与物性是相同的,还是相异的(即"五常"论)问题等。故南塘韩元震和魏岩李柬围绕着诸如此类问题,进行了又一次性理学大论战。这就是"湖洛"论争。

"湖洛"论争的起因是1707年秋,韩元震以韩弘祚(? —1712)的观点为契机,发表了题为"本然之性、气质之性"的文章。崔征厚(? —1715)看了韩元震的文章后发表了反驳韩元震的文章。于是,1708年8月,韩元震写了一封逐条批驳崔征厚文章的信,在这封信中,韩元震第一次提出了"性三层"说。韩弘祚将自己的信件、崔征厚的信件及韩元震的信件,一起拿去见李柬。于是,李柬写了反驳韩元震的信给崔征厚。这样,韩元震与李柬的论辩便开始了。

他们面对面的论辩是在崔征厚与韩弘祚召集的韩山寺集会上。通过这次集会,两人相互间觉得他们不能再折衷其意见。韩山寺集会后的五年期间内,韩李两人以书信往来展开论辩。其中,1712—1713年间,李柬的书信是写给其师权尚夏的。权尚夏同意韩元震的观点,故未给李柬回信。于是,李柬总结自己的思想,发表了"理通气局辨"(1713)、"未发有善恶辨"(1715)等文章,批驳韩元震。对此,韩元震在1715—1716年间,写了再批李柬的文章,如"拟答李公举"等文。韩元震在老师权尚夏去世后,在整理老师的书信中,发现了李柬给老师的信,于是写了"李公举上师门书辨"(1724),批评李柬的观点。

通过韩元震与李柬的论辩,可以窥见十八世纪朝鲜朝性理学的特点。下面,将"湖洛"论争的主要资料记录于此。资料见崔英辰主编《中译魏岩、南塘湖洛论争资料集》韩国儒教学会2003年版。

理通气局辨(癸巳:1713)《魏岩遗稿》卷12

"理通气局"四字,此栗谷先生洞见大原,迥出常情之大端也。其说具在原书,而"理气元不相离"一句,即其头脑也。元不相离中,无形而无本末无先后,理之通也,有形而有本末有先后,气之局也,此即其头脑上八字打开者也。盖栗谷之意,天地万物,气局也,天地万物之理,理通也,而所谓理通者,非有以离乎气局也,即气局而指其本体,不杂乎气局而为言耳。今先生"天命图",则乃以理通者,为一头地,而图于上方,又以气局,为一头地,而图于下方,截然作两个圈子,上下截拍分明,理通在气局之先,而气局在理通之外矣。一理一气之间离之,无乃已甚,而栗谷之说,曷尝有如此者哉?

至于以太极天命,为人物未生时在天之理,而安于理通节拍,即"命"也"源"也,以五常物性,为人物已生后在物之理,而填于气局圈子,即"性"也"流"也,此何谓哉? 太极五常,只理也。天下之物,无加于理,故谓之"极"而"太"其尊辞也。天下之变不易其理,故谓之"常"而"五"其名数也。天下岂有在天则为太极而不得为五常,在物则为五常而不得为太极之理哉？亦岂有未生则为太极而不得为五常，已生则为五常而不得为太极之理哉？况理通气局，是未生已生源流之名欤？无天则性无所出，无物则命无所寓。不知性者在物而不在天，命者在天而不在物乎，虽本一物，而在天为命而不得谓之性，在物为性而不得谓之命，则必天与物两存而后，性命方备矣。

但时之不可并者，先后也。未生之命，已生之性，虽天下之绝智，岂得以并存于一时也？然则所谓性命者，未免为前后之物，而理通气局者，亦当为古今之事矣，是然乎？如曰人物受性之后，别有人物未生之命，齐头并立于人物之心，则一性一命，未免重并叠积。如曰人物受生之外，别有人物未生之命，主张机缄于太空之中，则一霄一壤，正亦恍惚疑怪。外此数者，则即鄙说矣。然则凡物之生者为流，而生之者为源，天地是生之者，而万物是生者也，太极天命之为源，五常物性之为流，其谓是欤？曰："天地固万物之父也，天命，果五常之父乎？"万物，固天地之子也，五常，果太极之子乎？在父则通，在子则局，恶在其无形乎？有父而有子，有源而有流，恶在其无本末无先后乎？况天地固生万物，而元气又生天地，到此则元气为理通，而天命反为气局欤？万物固生于天地，而万物又能生万物，到此则先万物为太极，而后万物为五常欤？天地之先，有多少天地，万物之后，有方生万物，然则太极五常，本无定理，理通气局，元无定指，不过为生与所生之间，禅传之虚位欤？

或者曰："以气言则天亦气也，其不能独尊于气局也审矣，以理言，则元不离气，其不能悬空而孤立也亦叨矣。然则先生之旨，亦不过即此气局，以兼指者为五常而图于下，以单指者为太极而图于上。作图不得不然，而其实非以此离彼而言也。子何执辞迷旨，深病于是图欤？"曰："纵如子言，'其兼指为五常，单指为太极'，已是大家疑晦矣。朱子曰：'性形而上者，是太极浑然之体而纲理之大者，曰仁义礼智。'据此则太极五常，岂可以单指兼指分张之物乎？且人而仁义，牛马而耕载，井然而有条，此实天命之定分然也。外此而复所单指者，果何物欤？况先生之教，本以未生已生为言，则单指兼指，曷尝干涉于是哉？"

或者曰："天命之性，天地之性，本然之性，是皆单指之一说也，至于人物之性，气质之性，则是一说之中，又不能无别耶？"曰："是亦一说也。元来气质之性，也有善，也有恶。如人之仁义，牛耕马载，是偏全之大分，而即善一边也，其不仁不义不能耕载，是偏全中细分，而即恶一边也。今以其大分，谓人物之性，细分，谓气质之性，别而二之，则误之亦无疑矣。"

"然则子思所谓率性之道，正是人物偏全之分也，此可以气质之性言之乎？"曰："不然。天命率性此两句，本皆即人物而单指其性道，性则一本，道则万殊。既曰万殊，则偏全阔狭，理所不齐。而然其指在道，未尝在器，则岂可以气质混而汩之于此哉？况上句是性，下句是道，体用之间，界分自在，则所谓'性'字，非所可议于是者乎？朱子曰：'天命之性，是专言理，若兼气言，则便说率性之道不去。'"此句若以气质言之，则上智下愚，举皆率性大大说不去矣。朱子岂欺我哉？子思之旨，朱子之言如是，而今先生乃从头天命之性，直以上智下愚善恶之一定者言之，此愚所以滋惑于语冰，终不能有以自解者也。

或者曰："理通气局，既非栗谷之意，而天命率性，又非子思之旨，则子谓此图全局，全无可据者欤？古人曰：'不能自信，信其师。'子非自信之时也，何遽不信师说如是之固欤？"

曰:"否否。子诚浅之为知言矣。柬不能自信,将以信师,故中夜以思之,平朝以念之,干冒威尊,问辨而不已。其愚诚可悯,而其志亦可见矣。不稽前言,不究事实,不得其旨,而惟言之是信,岂信师之道哉?"并载其言,为理通气局辨。

未发有善恶辨(癸巳:1713)《魏岩遗稿》卷 12

明德者,人之所得乎天而虚灵不昧,以具众理而应万事者也。但为气禀所拘,人欲所蔽,则有时而昏,然其本体之明,则有未尝息者。(《大学》章句)

按:明德,是圣凡之所同得者也,夫气禀所拘,人欲所蔽,其昏明固有万不齐矣。独其虚灵不昧之本体,则圣凡初何间然也。然则未发之体,当论于所拘所蔽有时而昏者乎,抑当论于本体之明有未尝息者乎?于此有一转语,则未发真境界,当有不易之所在矣。

人之一心湛然虚明,如鉴之空,如衡之平,以为一身之主者,固其真体之本然。故其未感之时,至虚至静,所谓鉴空衡平之体,虽鬼神、有不得窥其际者。(《大学或问》)

按,人之一心云者,独指圣人之心欤,抑通言人心未感之本体欤?所谓未发,所谓不偏不倚之中,所谓天下之大本,就此心之湛然虚明鉴空衡平真体之本然者言之,其言甚顺,恐未可易矣。今必就气禀所拘,人欲所蔽,不得其真体之本然者,只据其不应接事物而谓之未发,则此岂未发之本旨而其言果顺乎哉?

右两段,于未发之体,办境界勘情实之大端也。

大抵未发,朱子有只以众人之不接事物浅言之者,有就原头上一齐深言之者,又有以此心存亡通浅深而备言之者,其说不可不考,今录于左。

喜怒哀乐未发而不中者,何? 曰:"此是气质昏浊,其未发时,只是块然如顽石相似,劈斫不开。"又曰:"众人虽具此心;未发时已自泪乱了,至感发处,如何会得如圣人中节?"

右一段,浅言之者。

喜怒哀乐未发之中,众人与圣人都一般,或曰:"恐众人未发与圣人异否?"曰:"未发只做得未发,不然,是无大本,道理绝了。"或曰:"恐众人于未发,昏已否?"曰:"这里未有昏明,须是还他做未发,若论原头,未发都一般。"又曰:"未发之时,自尧舜于涂人,一也。"

右一段,深言之者。

"此心存则寂然时,皆未发之中,感通时,皆中节之和,心有不存,则寂然木石而已,大本有所不立也。感通驰惊而已,达道有所不行也。"

右一段,备言之者。

大抵论心之本体者,一则曰:"虚灵洞澈",一则曰:"神明不测"。又曰:"本心元无不善,其不善者,亦出于心,而非心之本体也"。夫心一也,其昏明美恶,虽有万不齐者,而其分亦不越乎存与亡之间也。苟其虚灵洞澈,神明不测者,为能主宰于中,则此正朱子所谓"此心存而寂然时,皆未发之中也"。本心元无不善者也,洞澈神明,则已明矣,昏何所复在,元无不善,则已善矣,恶何所复见? 不能主宰于中,则此正朱子所谓"心不存,则寂然木石而已"者也,大本有所不立者也,昏明集糅矣,何可谓真体也? 善恶不齐矣,安得为本然也?

若谓本体里面,真恶自在,洞然里面,纯昏依旧,则诚非鄙见之所及矣。栗翁曰:"众人之心,或有未发。则全体湛然,与圣人不异,而惟其瞥然之际,还失其体。"盖介然而存者,本明之体也。瞥然而失者,气禀之拘也。所谓"荃化为茅"者,何一向驰骤于辩给而不考实理也?此若计较其存亡之几,异同于气禀之拘,则可计较其所存之实,异同于本明之体,则诚非鄙见之所及矣。

说者谓动静常明者,圣人也;旋明旋昏者,众人也。明底圣凡真无间,然则复昏之几,在凡而不在圣,是何其异欤?是固曾问也,请索言之。盖以心谓气质者,是大纲说也。血肉之气,充于一身者,夫孰非气质也。惟纲纪一身,主宰万变,则特方寸地耳。是朱子所谓气之精爽,比性则微有迹,比气则自然又灵者也。朱子所谓所得乎天而虚灵不昧者也,朱子所谓虚明洞澈而万理咸备者也,朱子所谓神明不测而操存舍亡者也,朱子所谓得气之正通而灵于万物者也。然则凡人方寸之中,血肉形质之气,其渣滓,而此其精爽乎。血肉形质之气,其清浊粹驳,有万不齐,而此其本明之体,圣凡之所同然者乎。

大抵理气之不可殊实,心性之不可异致。上面既发其端,请商之。盖理气,有时一齐都有,本不可以先后论。然原其未然而言,则分明有理而有气。据其已然而言,则又必待气而后,理有所安泊。栗翁所谓非理则气无所根柢,非气则理无所依著者,理势然也。然则人物心性,是已然事也。其不可无气而说理,无心而说性。虽三尺童观,不已较然乎。今于不明之气,说洞明之理;不善之心,说纯善之性。则是分明无气而说理,无心而说性矣,何二者之不相待如是其洒脱也。气之正通,理亦正通。气之偏塞,理亦偏塞。而本心存,则天理明,本心亡,则天理灭,此自然不易之实事也。夫岂可一有而一无,此善而彼恶哉。

大抵德昭开口，便说未发，而实则于本心之体圣凡之所同得者，全未有见矣。故据其实见，直于昏明美恶之不齐者，索性主张，而原头未发，则依旧隔一重膜子也。然即此不齐而说性，与扬氏善恶混之性，殆无以有辨矣。又幸以得单指二字于前言，而后始复开口，便说单指而奴叱扬氏，唯诺圣贤，此其实见之本末也。然单指二字，亦愚之所未尝废者也，而但论大本，则必就夫本心之体而单指焉，论达道，则又必就本心之用而单指焉。盖单指，似本无涉于其器，而必待夫"理气同实"，心性一致处言之者，或虑理然而气不然，性然而心不然，则毕竟不成为大本达道，不成为中和之德故也。惟物则不然，本无可以大本达道言者，故单指之善，自不干涉于其器之善恶矣。此岂难见之物，可易之理哉。

未发辨（甲午:1714）《魏岩遗稿》卷12

或曰："德昭全不识未发，其所蔽何在？"

曰：此正坐合下不识本心故也。夫天之命物也，惟人得二五正通之气，具寂感之妙，中和之德而灵贵于万物。此明德本体而即圣凡之所同得者也。孔子所谓"操存舍亡之心"，孟子所谓"仁义礼智之心"，朱子所谓"元无不善之本心"者，都只此心，则不论圣凡，此心之外，无他心矣。但于其正通大分者，又不无清浊粹驳之异焉，此即血气之充于百体者，所谓"气禀"是也。圣凡之间，随其所拘之浅深，而此心为之昏明焉，为之善恶焉。而然其宾主本末之间，心自心而气禀自气禀，界分部伍，亦甚井井矣。故其本明之体，圣凡之所同得者，则终不可得以昧者，虽其昏蔽之极，而介然之顷，本体已洞然。此皆朱夫子已定之论，不啻明白焜耀如日中天矣。学者于此，既知所谓本心,又知所谓气禀,则夫所谓不偏不倚之中,天下之大本者,将就其本明之体,终不可得以昧者言之乎? 抑就其气禀所拘,清浊粹驳之不齐者言之乎? 德昭于此,盖全未有见,故不惟不识本心,实亦并与气禀而不识焉,其于未发,宣乎一向未莹矣。故愚谓明德本体,则圣凡同得,而血气清浊,则圣凡异禀,明德即天君也,血气即气质也。天君主宰,则血气退听于百体而方寸虚明,此大本所在,而子思所谓未发也。天君不宰,则血气用事于方寸,而清浊不齐,此善恶所混,而德昭所谓未发也。彼此纲领本末,如斯而已,其得失可否,则观者自当详之矣。

然"未发"二字,煞自有浅深界分,即此又必洞关启键,既知其浅,又知其深,竭其两端而后,子思所谓"未发"本旨,方昭晰呈露矣。何者? 朱子曰:"喜怒哀乐未发而不中者,是气质块然,如顽石相似。"又曰:"众人,未发已自汩乱,至感发处,如何会如圣人中节?"此数说者,则盖只以众人之"不接事物"而浅言之。据其"不接事物"故粗谓之"未发",不属情用,故亦谓之"性",而实则其性粗,在靠不得,故君子有不性焉。自孔子"相近之性"以下,至退栗"性亦有善恶"者,皆指此也,故朱子曰:"恶者,因为非正,而善者,亦未必中也。"此"不中底未发",自是一界分也。

德昭曰:"理之单指者,为大本之性,气之兼指者,为气质之性,心之未发者为性,心之已发者为情。单指兼指,只在一处,未发已发,各有境界。从占所论,如斯而已,此千圣相传不易之指也。"

此大纲说也,其精微蕴奥,则德昭盖未之深察矣。夫天命率性,因通人物言者,而至于未发已发,大本达道,则专以人心寂感之妙,中和之德言之,其义盖益精矣。今不论气质之善恶,本心之存亡,而惟以单指为大本,则彼跖硚禽兽之顽,木石粪壤之塞,与尧舜同有中和之德矣,其可乎? 愚意则不然。论大本则必就夫本心之体而单指焉,论达道则又必就本心之用而单指焉。盖性理之善,虽则不本于心气,而其善之存亡,实系于心气之善否。心之不正而性能自中,气之不顺而理能自和,天下有是乎? 故单指之善,自不干涉于其器,而在人则必待夫理气同实,心性一致处言之者,或虑理然而气不然,性然而心不然,则毕竟不成为大本达道,不成为中和之德故也。惟物则本无可以未发已发中和之德言之者,故其单指之善,可自超脱于其器矣。然则德昭"单指"之说,自谓洞穷擢髓,而实则于承用之中,未尝勘其情实矣。

"未发已发,各有境界",此亦大纲说也。必就"未发"二字,勘究其浅深精粗,又各有境界而后,方可见未发本旨也,今渠之索性主张的依然在,朱子所谓"不中底未发",故其极本穷源之论,不过曰:"人生气质得于有生之初,虽未发之前,美恶自在。"愚意则此正朱子所谓"气禀所拘之明德"也,非"虚灵不昧之本体有未尝息"者也。栗谷先生亦曰:"人生气质之性,固有善恶之一定者,故夫子曰:'性相近,习相远也。'又曰:'上智与下愚不移',而但非其性之本然,而昏昧杂扰,故不可谓未发之中也。"噫,先生之言,尽之矣! 由是言之,大家德昭粗识心之未发与已发对待为境界矣,而独未察乎未发之中煞有此浅深底境界也。粗识理之单指,为大本之性矣,而独未察乎单指之处,苟无本心之正,则毕竟不成为大本也。说心说性,如是踈谬,而一则曰"从古所论,如斯而已",一则曰"干圣相传不易之指也",愚以为德昭于此,又不免过矣。

德昭曰:"扬氏知有气质之善恶,而不知有本善之性,故其言性,不过气质而已。愚则既言本善之性,又言兼气质有善恶,则气质善恶,自不干于性之本善矣。今只就愚说中截去中间言'气质'紧要字而直加题目曰,'未发有善恶',既驱人于'善恶混'之科。若是者,岂非不堪情实而勒加题目者耶?"

德昭知扬氏所不知之本性,而愚以一科驱之,此事诚系冤悯。但渠于未发心体,既言气质之善恶,又既兼性而言之,然则未发有善恶,岂愚勒加之题目耶?"本善之性"四字,则诚非扬氏之所及也。但这性也如果不待本心之正而大本自立,不待本心之用而达道自行,则其高已突过邹圣上头,何但高扬氏一着而已哉?如其不然,其立其行,必有待于心体,而其善其恶,亦相关于气质,则性善恶三字,多少平正的实矣。被不甘心之本性者,知之何益而有之何用哉?欲挟无实之空言,凌驾前辈,则古人忠厚,似或不急于是矣。况所谓"本善之性"者,不过是仁作义不得,义作仁不得之性,则又安知非扬氏之所已言者乎?物情事实,本末俱在,而自家犹不省其所至之真境,则渠所谓"理明而心昏"者,诚知言矣。

五常辨(甲午:1714)《魏岩遗稿》卷 12

或曰:"德昭全不识五常,其所蔽何在?"

曰:"此正坐合下不识理气故也。"夫宇宙之间,理气而已。其纯粹至善之实,无声无臭之妙,则天地万物,同此一原也。尊以目之,谓之太极,而其称浑然;备以数之,谓之五常,而其条灿然。此即于穆不已之实体,人物所受之全德也。自古言一原之理,本然之性者,曷尝以性命而判之,人物而二之哉?此子思所谓"天命之性",(朱子曰:"天命之性,仁义礼智而已。"只此一句公案,可了百场聚讼。)朱子所谓"理同",栗谷所谓"理通"者也。若其正偏通塞之分,昏明强弱之殊,则天地万物;各一其体也。

人贵物贱,而偏全不齐,圣智凡愚,而善恶不伦,此即造化生成之至变,气机推荡之极致也。自古言异体之理,气质之性者,曷尝以人物而齐之,圣凡而等之哉? 此程子所谓"生之谓性",朱子所谓"理绝不同",栗谷所谓"气局"者也。无极二五;本混融无间,而单指其理,则所同者如彼;兼指其气,则所异者如此。然则所谓五常,是单指之物耶,抑兼指之物耶? 五常之说,此其大分也。

又统以言之,则无极之真,二五之精,妙合而化生万物。盖天道造化,发育万物,而其具不过二五而已。纷纶错综,其端万变,至于尘尘刹刹,巧历不能数,而凡言气则二五之气,凡言理则二五之理。舍二五而言理气者,岂足为知言哉? 故朱子曰:"金本水火土,虽曰各一其性,然一物又各具五行之理,不可不知。康节曾细推来。"又问:"人具五行,物只得一行?"曰:"物亦具有五行,只是得五行之偏者耳。"又曰:"仁义礼智,物岂不有? 但偏耳。盖二五流行,又各就其偏重处成质,故乾道成男,坤道成女。男岂专阳而无阴之物也? 女岂专阴而无阳之物哉?"(推之物物,虽蚤蝱蚊宝微琐不可察之类,莫不皆然矣。)合下同此二五之理气,而人物之分,只争正偏通塞;圣凡之别,只争昏明强弱,如斯而已。五常之说,此其细分也。

五常,本单指之理,而亦可兼指言。故朱子曰:"气质异则理不相通,仁作义不得,义作仁不得。"又曰:"仁义礼智,岂物之所得以全哉?"德昭所谓"因气质"三字,若只作如此说,则即愚异体之说也,本亦未妨,而但渠抵死自辨,"本以五常作本然"云,而其说如此,则天下岂有气局之本然哉?况原理气先后,则有理而有气。论名实先后,则有实而有名矣。故有五常之理而斯有五行之气,有五常之实而斯有五常之名,此不易之势也。今谓"因气之实而有理之名"者,此甚说话乎?所谓五常者,因气质之名,此一句八字,即渠自得之见,而实则其凿孔生穴,宛转胶漆之头脑在此矣。不于此一句脱然改观,则虽没世穷年,而断无转身之路矣,可不悯哉!

德昭曰:"人物之性无不同,而循性之道不同者,何也?"又曰:"性与道,同乎异乎?以为异则非敢知,以为同则人物之道异矣,性安得同乎?"

朱子曰:"天命之性,理之一本也。率性之道,理之万殊也。"又曰:"性是个头脑,道是个性中分派条理。"又曰:"天命之性,指迥然孤独而言。率性之道,指着于事物而言。"详此数说,则可知其同,又知其异矣,岂不多少洒落乎?一本万殊,同此实体,则性道同矣。一于本而万与殊,则性道异矣。头脑分派,同此实体,则性道同矣。头脑是头脑,分派是分派,则性道异矣。迥然孤独,皆可类推也。以人物言之,一本头脑,则指迥然孤独而言故同,万殊分派,则指着事物而言故异矣。以人而言之,一性之浑然者,头脑而同,万善之流行者,分派而异矣。知其同而不知其异,则于道未审矣。执其异而反疑其同,则于性未莹矣。

德昭所谓五常者,又有说焉。其"因气质"三字,即渠自谓扩前人所未发者,而愚意其所见之实,则不过于气质之性者,见其半而不见其半矣。何者?其言曰:"在木之理,谓之仁而不可谓义;在金之理,谓之义而不可谓仁。"(因气质故也。)此即其截铁插钉之论也。愚谓此朱子所谓仁作义不得,义作仁不得者,而正犹在跖之理,谓之恶而不得谓善;在舜之理,谓之善而不得谓恶者也。未知此本然之性耶,气质之性耶?元来气质之性,也有善也有恶。德昭所见本然,不越其善一边,故于"仁作义不得,义作仁不得"处,苦说其本然之性,而以其不仁不义恶一边,乃谓之气质之性,(气质之性岂尽恶也?)此其实见之本末也。窠坐节拍,铁定在气质。故欲移上一原,则意不然,欲移下气质,则心不甘。而终是其离脱不得处,重在气一边,故毕竟曰:"气局之理,异体之理",而又苦说非气质之性也。此则当依其所愿,姑唤作失所之本然,未妨也。但以单指、兼指言之,属之单指则分近于一原,属之兼指则势偏于气质,未知单指、兼指之外,又有居间可指之地乎?又以形而上下言之,谓之形而上则与太极无辨,谓之形而下则与气质无异。未知形而上下之间,又自有非彼非此之物乎?

德昭曰:"孔子之道,传之程、张,程、张之道,传之朱子,朱子之道,传之退、栗。沙溪亲学于栗谷,尤翁亲学于沙溪,而我先生,又亲学于尤翁,则的传相承,渊源甚远。顾此议论,虽系气质,若不识此,必累大本。其于授受之际,岂肯视以第二义乎?况其言议,前后一揆,若合符节,炳如日星之中天。则此岂以一后生孤单之见,可能容易立说破也?"

传道承统,壁立万仞,风神气焰,诚可敬服也。但渠以"性善恶"三字,为孔、朱道统,则真不免失实,几于无忌惮矣。德昭末后一书,作册楷写,细入秋毫者,凡二十入叶,而精神才辩,汨没分疏,汨没对着,除其分疏对着之言,则所谓论理者,盖未七八于十矣。可笑可悯之说,不一而足,而亦甚细琐,皆所可略也。至于以"性相近"三字,起千圣道统头脑,历选前言中"气质兼善恶"之说，引入于子思所谓"未发之中"，作筑底馅子，则其言之得失，还他得失，固不暇论。而其所以言之虚张慷慨，真令人掩口，不谓德昭之孤陋无见，一至此哉。大抵未发五常，虽系是大原，而吾辈之所欲明者，则不过名义耳。即其实相，则到豁然贯通时，容可究竟，此定非一蹴可到，一跃可入之境也。岂新学生眼一理未明，而遽以道统自占其家计者哉？但其名目情义，已难端的推寻，此则实吾辈之所当亟加讲明者也。而若而朋友各主先入，鲜能平心公观，专静致思，此真同病之怜耳。

朱子曰："天命之性，则通大下一性耳。何相近之有？相近者，是气质之性，孟子'犬、牛、人性之殊'者此也。"

又曰："孔子谓'性相近，习相远'。孟子辨'生之谓性'，亦足说气质之性。"

又曰："孟子虽不言气质之性，然于'生之谓性'辨，亦既微发其端。但告子无复问辨，故不得尽其辞。"

又曰："犬之性，牛之性，人之性三节语，犹戏调。然只告子不知所答，便休了，竟亦不曾说得性之本体是如何。"

又曰："孟子答'生之谓性'语，终觉未尽。"

又曰："孟子言'人异于禽兽者几希'，不知人何故与禽兽异。又言'犬之性'云云，不知人何故与犬牛异。此两处，似欠中间一转语，须著说形气不同，故性亦少异始得。恐孟子见得人性同处，自是分晓，却于这未甚察。"

又"人异于禽兽"章注曰："人、物同得天地之理以为性，同得大地之气以为形。其不同者，独人于其间得形气之正而能有以全其性为少异。"

又答徐元聘曰："人、物之性，本无不同。而气禀则不能无异,'性同气异'只此四字,包含无限道理,幸试思之。"

　　按,右数说,朱子定论,可谓昭烂日星矣。告子不复问"犬、牛、人性何为不同?"故不同之说,发其端而不得尽其辞。告子又不复曰:"然则性元是不同之物耶?"故性之本体,初未尝不同者,亦不曾分别说得,此孟子论性所以不备也。故朱子既曰:"若要解煞用添言语。"又曰:"己意却不曾详说。"又曰:"语终觉未尽。"又曰:"似欠中间一转语。"又曰:"却于这未甚察。"其责备之论,可谓周匝详恳矣。德昭何一切倒塌于是也?

未发辨后说(己亥:1719)《魏岩遗稿》卷13

　　或曰:"子于德昭昏恶之心单指之中,辨之固详矣。独于心与气质者,无或有未尽辨考乎?"曰:"心体实精微难见,而但前言已备,则其名目之辨,似不至甚难矣。彼于此,特地胧侗,曾是意外,故从前辨论,此亦未尝勘究到底,请试言之。"

　　夫气一也,而语其粗则血气也,语其精则神明也。统精粗而谓之气,而所谓心则非血气也,乃神明也。心体也至精,而气质也至粗。心体也至大,而气质也至小。虚灵洞澈,神妙不测,非至精乎。包括宇宙,无内无外,非至大乎。九窍百骸,血包气袋,粗而已矣。行住坐卧,尺七躯壳,小而已矣。以其体段,则精粗大小之分,判于霄渊。语其枢纽,则纲纪主宰之地,不过方寸耳。心与气质之间,事实俱在。若于此都无辨别而滚谓之一物,则安得为识心之论也。

　　或曰:"古人以本然气质,对待论性则有之矣,未尝有以对待论心者矣。今子气质之心,无乃涉于创新乎? 又论本然之性者,只单指一言已该矣。今子又必就本心而单指,此亦见理未熟。言不得简要而然乎。"曰："心一也。上面著个道字，则是本心也。著个人字，则是气质之心也。言似创新而理实无疑，夫何嫌乎。且性为中乎。性之立为中乎，其立与不立，又不待此本心之存亡而能自由乎。今不计心体之善恶而惟单指为中，则亦当不计心用之善恶而单指为和矣。子思未发之说，果本悬空说，理不就本心而言乎哉。"

或曰："夫然则彼此同异之所在，固闻之矣。其得失之归，又可闻欤？"曰："噫！未发是何等精义，何等境界。此实理气之大原，心性之筑底处。而谓之大原筑底处者，无他，正以其理气同实，心性一致而言也。圣人则合下以理为心，故心即性，性即心，体即中，用即和，无容可议矣。自圣人以下，则恒患气不循理，心不尽性。故凡自戒惧慎独，以约之精之，以至于其守不失，无适不然者，正欲其理气同实，心性一致之工也。而其工程阶级，则亦已精深隽绝矣。（此鄙说本末也。）今彼于未发一言，看得未透，只以不应接时节，作未发之案。此其从初眼目，已隔一重关岭于原头未发矣。"（彼未尝自谓未透，而未发之心，昏恶之气，是气已用事后事实也，何可讳得也。寂然湛然等语，彼亦寻常承用，而不过失实之言也。心体既昏且恶。则寂然二字，已不容着得矣，况湛然者乎？）

上师门（戊子八月：1708）《南塘集》卷7

元震窃疑以为性有三层之异，有人与物皆同之性，（《中庸》二十二章章句："人物之性，亦我之性。"）；有人与物不同而人则皆同之性，（《孟子》"告子"篇辑注："以理言之，则仁义礼智之禀，岂物之所得而全哉？"《大学》序文："天降生民，则既莫不与之以仁义礼智之性。"）；有人人皆不同之性，（《论语》子曰:"性相近也。")。性非有是三层而件件不同也,人之所从而见者,有是三层耳。

就人物上除了气,独以理言,则混沦一体,不可以一理称之一德名之;而天地万物之理,仁义礼智之德,无一不具于其中矣,此人与物皆同之性也。就人心中,各指其气之理而名之,则木之理谓之仁,金之理谓之义,火之理谓之礼,水之理谓之智。四者各有间架,不相淆杂,而亦不杂乎其气而为言,故纯善而无恶。人则禀气皆全,故其性亦皆全。物则禀气不能全。故其性亦不能全。此人与物不同而人则皆同之性也。

以理杂气而言之,则刚柔善恶,有万不齐,此人人皆不同之性也。岂人既有人与物皆同之性,又有人与物不同之性与人人皆不同之性哉? 特以其独言理而不及气,则人与物皆同。各指其气之理,而亦不杂乎其气而为言,则人与物不同,而人则皆同。(各指其气之理,故有仁义礼智名目之不同,而人与物不同。亦不杂乎其气而为言,故纯善无恶,而人则皆同。)以理与气杂而言之,则人人皆不同而有是三层耳,(上二层本然之性,下一层气质之性。)其实一性而已也。崔征厚、韩弘祚诸人于前一层之说,不可谓无见,而于后二层之说,似未有见,故其言多窒。其论仁义礼智,则以为随木气而发则为仁,随金气而发则为义。(发为仁、发为义之说,殊甚怪骇。)论人物之性,则以为禽兽亦禀得尽五常之性,而与人初无异。论气质之性,则以为未发之前,只有本然之性,而及其发也,方有气质之性,以人心当气质之性,此皆未安。禹执卿亦以彼说为非,元震之见,如上所禀,未知果得否。

拟答李公举(乙未:1715)《南塘集》卷11

夫天之命物也,惟人得二五正通之气,具寂感之妙中和之德,而灵贵于万物,此明德本体,而即圣凡之所同得者也,孔子所谓"操存舍亡之心",孟子所谓"仁义之心",朱子所谓"元无不善之本心"者,都只此心,则不论圣凡,此心之外,无他心矣,但于其正通大分者,又不无清浊粹驳之异焉,此则血气之充于百体者,所谓气禀是也。

明德本体则圣凡同得,而血气沮浊则圣凡异禀,明德即天君也,血气即气禀也,天君主宰,则血气退听于百体,而方寸虚明,此大本所在,而子思所谓未发也。

愚以为气质之性具于心,而高明斥此心以为形质,则高明所谓气质之性不具于心,而具于血肉形质者,又是十分分明矣,气质之性不具于心,而具于血肉形质,则此非心外有性乎?性之具于血肉形质者,与具于心之性,表里相对,则又非二性乎?

以此昏明美恶之心,亦能应万物之变,果无往而非中乎?抑又其心之用,偏陂昏恶则虽自在,而单指之理,亦不容为无过不及之和,天下之达道乎? 于此端的道破,则于理到之言,安敢不从也。

高明曰:"以此昏明美恶之心,亦能应万事之变,果无往而不中乎?"此又徒知圣人之心,而不知有众人之心也。朱子所谓"以此心应万物,无往而非中"者,此以正心极功而言也。正心之极,大本常立,故其发而应于事者,亦无往而非中矣。众人之心,以其有气禀之不齐,故虽于霎时刻气不用事之际,中体立焉,旋即昏昧散乱,失其中体,故其发常多不中矣。必其常主于敬,以存此心,而尽变其不美之质,然后大本无时不立,而达道无事不行矣。岂可以霎时中体之立,遽责其用之无往不中乎? 只自默验于心,可见矣。

本然气质对待论心,谓发前人所未发,而所见之差,实于此根本矣。性之以是二者对言,只以此性之外,又有所谓气者,故以性与气离合说而有是二名也,虽有二名,无害于为一体也。高明所谓心者,无论本然气质,皆以气言,而又力辨其界分部伍之不同。夫以两气之界分部伍不同者,相对而言曰某心某心,则果非二心乎? 二心所具之性,果非二性乎? 二心二性,高明虽有“合同异离坚白”之辨,恐难讳得也。且见其论性之有二说,而便欲移之于论心者,真所谓扣盘得声而拟日于锺者也。

大抵“本心”“本然之气”之说,皆出于圣贤,而其指则与高明所言者,绝不相似。孟子所谓“本心”,以仁义之心言之,主性善而言也。释氏所谓“本心”,以灵觉之心言之,专认气而言也。主性善而言,故心有所准则,而为大本达道之德,专认气而言,故心无所准则,而为猖狂自恣之行。程子曰:“圣人本天,释氏本心。”“本天”本乎理也,“本心”者本乎气也。“本心”之名虽同,而理气所主不同,此儒释之。

栗谷所谓“本然之气”者,亦以气之太初澹一清虚者而言也。升降飞扬,不齐万端,则清粹者其本然,而浊驳者其变乎本然者也。人之禀是气而生者,圣人之质至清至粹者,是独得其本然者也,众人之质清浊粹驳之相杂者,已不能全其本然,而无论圣人众人气质之外,更别无有本然之气矣。高明以本然气质对待言心,则是于气质之外,别有所谓本然之气,而二心二气判然矣。气质有善恶,而善者乃是本然,则是于本然之外，又有所谓本然者矣。此果栗谷之指乎？

高明以"因气质"三字，谓愚自得之见，此恐考之不详也。朱子曰："凡言性者，因气质而言之。"栗谷先生曰："性者理气之合，理在气中然后为性。若不在气中，则只当谓之理，不当谓之性。"此皆愚说之所本也。朱子栗谷皆释性之名义，则此果以善恶之性，非性之本体者言之耶？高明所谓"先有五常之名，后有五行之气者"，此果何说？无水之地，何以名仁，无金之地，何以名义也？气因理而生，理因气而名。故《太极图说》，推阴阳五行之生，则先言太极，《中庸章句》，释健顺五常之名，则先言阴阳五行，其义至精矣。于此都不察而自谓知理气，愚不信也。

附未发五常辨（乙未冬：1715）《南塘集》卷11

巍辨一读一叹，一说既穷，又出一说，要以强辨取胜如此，而尚可望其归一乎？旧说不须更论，新说请且略辨。窃观其辨，纵横往复，历数千言，而要其大意所主，则不过曰："心与气禀有辨。"以虚灵不昧具于方寸者为心，以血气清浊充于百体者为气禀，而曰："心自心，气禀自气禀，界分部伍，亦甚井井。"又以心为本然之心，气禀为气质之心，而曰："本然之性，就本然之心单指，气质之性，就气质之心兼指，而不可滚说一处"，以心为有二副而对峙相形，以性为有两体而各居一处。心有二副，性有两体，而虚灵不昧此心之外，又有所谓心与性者，前古何人，有如此道耶？

又曰："天君主宰，则血气退听于百体。天君不宰，则血气用事于方寸。"然则圣人之天君常主宰，而血气常退听于百体，则是圣人气禀之性，常居百体之中，与所谓方寸内大本之性者,表里对峙而无一时相合为一矣。众人之天君常不宰,而血气常用事于方寸,则是众人气禀之性,时自百体之中,超入于方寸之内,与所谓人本之性者,齐头比肩,迭相用事,如斗者之相捽矣。天下岂有如许怪鬼底性命乎?

且天下之物,无一有居于理气之外者。非理即气,非气即理也。公举所谓心者,不知是何物,而既非理又非气,而无所当于理气欤?指以为理,则不但古无是语,公举亦不以为理矣。指以为气,则又以为在气禀之外者何也?公举所谓本心,非但愚昧所不识,恐无人识得也。

辨中又以未发之体,为有中、不中二层境界。以虚明湛寂,为中底界分,而大本之性具焉。以昏昧杂扰,为不中底界分,而气禀之性具焉。是大本之性在一层,气禀之性,又在一层,喜怒哀乐之情,又自为一层。自虚明而为昏昧,则大本前而气禀后矣。自昏昧而为虚明,则气禀前而大本后矣。二性迭相先后,而情又在其下,未发析为二层,性情界为三破,此果何如也?而方其为大本,则无气禀之性。方其为气禀,则无大本之性,性有时而有无,又岂性命之真耶?且圣人平生,无一时不中底未发,则圣人终无气质之性,而圣人只有一性,众人却有两性也。天之赋命,人之受性,有如是不同耶?

辨中又每以气禀之拘者,为气质之性,拘者恶之谓也。气质之性,果是纯恶底物耶?《大学章句》所谓"气禀所拘",益将论恶之所由生,故专指气禀之恶一边也。泛论气禀,则未尝不兼善恶。公举既以拘者为气质之性,则只说得恶一边矣,善一边者,又在何处?公举于此,将不免又别讨一境界矣。

镜水之譬,愚自谓粗合性命之实体。盖镜水则心也,镜水之明止,即心之未发虚明也。潭之大小,铁之精粗,即心之气禀不齐也。镜水之明止与铁潭，绝非二物，无界分部伍之可以各寻者，则心之虚明与气禀，亦犹是耳。即其未发虚明而单指理，为大本之性，以其气禀不齐而兼理气，为气质之性。而虚明气禀，又非二物，则此所以性无二性而心无二心也。公举既以二心二性，为千古独得之妙，而又于德水之譬，强援强分曰："明、止，心也，铁、潭，血肉也。"明、止与铁、潭，果是二物乎？

五常说其辨虽多，别无新说，只是吞吐旧物耳。前书已尽鄙意，今不复更为觊见缕，以犯多言之戒。第公举以愚所蔽，为坐于不识理气，此则公举平日期我太过之过也。若愚者，初岂可与议于理气之知不知乎？然若指此一说，而槩谓之不识理气，则从上所论，皆如愚说，窃恐当此不识之诮者，不少其人也。

孔子曰："各正性命。"程子释之曰："乾道变化，生育万物，洪纤高下，各以其类，各正性命也。"孔子又曰："成之者性。"朱子释之曰："物生则有性而各具是道也。"孔子所言两性字，皆以本然者言，而程、朱所释，或曰："各以其类"，或曰："各具是道"，则其有不同，亦明矣。

孟子祖述孔子之言，（朱子曰："孟子说性，未曾说上面一截。只是说'成之者性也。'"）而告之于滕文公曰："性善。"朱子于本章《或问》释之曰："董子所谓'明于天性，知自贵于物，然后知仁义'，程子所谓'知性善，主忠信，先立其大者'，皆谓此也。"孟子又言犬、牛、人性之不同，而朱子于《辑注》释之曰："此人性之所以无不善，而为万物之灵。"又于其章《或问》曰："此章孟子之意，只恐其昧于人性之善也。"孟子言性善，则朱子以人性之贵于物者释之。孟子言人性之贵于物，则朱子又以性善者释之。性善之人物不同，孟、朱之指，灼然可见矣。

栗谷先生曰:"万物则性不能禀全。"德洲丈举《中庸》首章注问于尤庵先生曰:"此章所云,非谓万物之性,与人更无差别也,亦言人物同得此理以为性,而性之目有是五者耳。盖物固不能全此五者,而五者之外,更别无性。举人物而言,只此一性。若偏全之分,此不暇论。朱子于《孟子》'生之谓性'章注,剖判甚明。"

尤庵先生答曰:"《章句》既言人物同得此性之意,而《或问》始详言偏全之异,合而观之,其义乃尽。"尤庵先生又答人书曰:"天下万物,莫不配属于五行,谓'五行之理赋予人而为五性',可也,因以为凡配五行者,皆具仁义礼智信,则大不可。"吾东方诸儒之论,又皆如此矣。

《附人物之性辨证》(丙申:1716)《南塘集》卷11

朱子曰:"五行各一其性,则为仁义礼智信之理,而五行各全其一,人则兼备。"(见《太极图》小注。)

又曰:"以气言之,则知觉运动,人与物若不异也。以理言之,则仁义礼智之禀,岂物之所得以全哉?"又曰:"告子徒知知觉运动之蠢然者人与物同,而不知仁义礼智之粹然者人与物异也。"(《孟子辑注》。)

又曰:"人心至灵,故能全此四德而发为四端。物则气偏驳而心昏蔽,固有所不能全矣。若生物之无知觉者,又其形气偏中之偏者,故理之在是物者,亦随其形气而自为一物之理。虽若不复可论仁义礼智之仿佛,然亦不可谓无是性也。"("答徐子融"。)

又曰:"人为最灵而备有五常之性,禽兽则昏而不能备,草木枯槁，又并与其知觉者而亡焉。"（"答余方叔"。）

又曰："理不可以偏全论，若论禀赋，则有是气而后，理随而具。故有是气则有是理，无是气则无是理，是气多则是理多，是气少则是理少，又岂不可以偏全论耶？"（"答赵师夏"。）

又曰："须是去分别得他同中有异，异中有同。始得，其初那理，未尝不同。才落到气上，便只是那粗处相同。如饥食渴饮，趋利避害，人能之，禽兽亦能之，若不识个义理，便与他一般也。惟皇上帝降衷于下民，民之秉彝，这便是异处，庶民去之，君子存之，须是存得这异处，方能自别于禽兽，不可道蠢动含灵，皆有佛性，与自家一般。"（出《语类》）

栗谷先生曰："虽曰一理，而人之性，非物之性，犬之性，非牛之性，此所谓各一其性者也。"又曰："万物则性不能禀全德，心不能通众理。"（"答牛溪先生"。）

同春堂先生年谱己亥　经筵入侍讲《中庸》首章。先生曰："健顺五常，乃人之所同得，而并言物者。凡物亦皆得其一端，如虎狼之仁，蜂蚁之义皆是，故谓之各得其所赋之理也。"

尤庵先生曰："天下万物，莫不配属于五行，谓五行之理赋予人而为人性可也，因以为凡配五行者，皆具仁义礼智信则大不可。凡配五行者，或以形或以气，或以臭或以味，今味之甘者皆属土，遂以蜜为具信之性可乎？此等处切不可滞泥看也。"（"答郑庆由"。）

三洲上尤庵先生问目曰："《中庸》首章注，人物之生，因各得其所赋之理，以为健顺五常之德，所谓性也。此谓万物亦具五性，与人更无差别耶？窃意人物虽同得一理以生，然既成性矣，不能无偏全之殊。如虎狼之父子，蜂蚁之君臣，或仁或义,只禀得五性之一耳。推之他物,皆然,此岂天命之不均哉?亦其气有通塞,而理随而偏全耳。是故朱子于孟子《生之谓性章》论之曰:'以理言之,则仁义礼智之禀,岂物之所得而全哉。'即此一语,剖判甚明。此章所云,非谓万物之性,与人更无差别也。亦言人物同得此理以为性,而性之目有是五者耳。盖物固不能全此五者,而五者之外,更无别性举人物而言,只此一性,若其偏全上分,此不暇论也。"答曰:"《章句》概言人物同得此性之意,而或问始详言偏全之异,合而观之,其义乃尽。"

按,人物之性,决然不同。但掉了形气而专言其理,则亦无不同。此朱子所谓同中见其异,异中识其同者也。然所谓仁义礼智信者,乃因其气而名其理者,则本非掉脱形气而言者也。安得以草木禽兽为皆具五常之全德,而谓与人无不同也。

李公举上师门书辨(甲辰:1724)《南塘集》卷28

下教曰:"未发之前,美恶自在。""柬谨问此有前言之可据耶?"

谨按,先生本文曰:"人之气质,得于有生之初,虽未发之前,美恶自在。惟其外物未接,气不用事,故本性湛然,有善无恶。虽众人亦有此时,则与圣人无异,及其外物之邪正触其形而动其中也,气质之美者,感其正而趋于善,气质之恶者,感其邪而趋于恶,此理势之不得不然者也。"云云。先生所谓"美恶自在"者,本以气质而言,非以性言也。盖人之气质清浊美恶之禀,本皆得于有生之初,故当其未及变化也,虽在未发之时,其合下禀得清浊美恶之殊者,固自在矣。但于此时不能用事,则亦无以害其性之本善矣。故《孟子辑注》曰:"气质所禀,虽有不善,不害性之本善。"此师旨之所主也。

公举若以此为非是,则亦但曰"未发之前,不但性纯善,气质亦纯善,虽气质亦不可并下恶字"云尔,则可也。今乃刊去"气质"二字,直书之曰:"未发之前,美恶自在",则便成以性为有善恶也,此果先生之本旨耶?顾此"气质"二字,乃先生此一书之纲领,不但为此一书之纲领,十数年来所讲题目,只在此二字。今却没去纲领题目,而欲与人为辩,则言虽皆当,辩非所争,人岂心服哉?公举前此上师门书,举愚说一段曰:"未发之前,虽有善恶之偏"云云。愚书"善恶"句上,本自有"气质"二字,而刊去之,愚尝怪之。今于师说之辩,又去此二字,偶或忘之耶?抑为不如是则无以定是非耶?此未可晓也。

未发之体,固当论于本体之明,不当论于有时而昏者。然未发虚明,明德本体也,美恶不齐,气禀本色也,二者岂相仿乎?认气禀之美恶,为有时而昏者,何其谬也?有时而昏,果是气之本禀耶?恶者且未论,美者之在,亦为有时而昏者,而不得为未发耶?虽其美者,必其不用事然后方为未发,则恶者之在而不用事者,又何妨其为未发耶?

美恶不齐,气之本禀也,有所偏倚,心之已发也。认本禀为已发,又是谬矣。论未发而不论心之偏否,固不可,论大本而兼论气之善恶,愚亦未知其可也。

下教曰:"气质,心也,太极之理,囿在心中故曰性,此'生之谓性'也。""所教只是气质之性也,必即此囿者而单指,方是本然之性矣。"云云。

原来所讲题目,只在于未发之前气质之性有无也。盖未发之前,本性之善,非独公举言之,先生亦言之,非独先生言之，天下之人所同言也。至于未发之前气质之性，或以为有，或以为无，人各异说。而公举以为无，先生以为有，此辩论之所由起也。其所同知者，不待于更论，而其所不同者，正须于讲辩。故先生所言，皆在于气质之性，而本性一边，置而不论，此又辨论之体当然者也。

先生此书所谓"气质心也，太极之理，囿在心中故曰性，此生之谓性也"者，正是论气质之性，得于有生之初，而具于此心之中，本非可以感未感发未发，随时有无也。曰"气质，心也"者，言气质只是心而非性也。曰"太极之理，囿在心中故曰性"者，言虽是气质之性，亦得理在其中，故谓之性。若是气质而已，则不可谓之性。此即本然气质，只是一性，不可分而二之而谓一有一无也。曰"此生之谓性也"者，言此即所谓气质之性，而得于有生之初云也。一段数十字，上言"气质，心也"，中言"太极之理囿在心中"，末以"生之谓性"结之，则此非论气质之性而何？

"理通气局辨"："理通气局四字，此栗谷先生洞见大原，迥出常情之大端也。其说具在原书，而理气元不相离一句，即其头颅也"云云。"盖栗谷之意，天地万物气局也，天地万物之理理通也。所赐天命图，以理通图于上方，以气局图于下方，上下节拍分明，理通在气局之先。而气局在理通之外矣。一理一气之间离之，无乃已甚。而栗谷之说，曷尝有如此者哉？"云云。"且人而仁义，牛马而耕载，井然而有条，此实天命之定分然也"云云。"盖人物之性，则只以人物性道之偏全而言也，如人之仁义，牛马耕载之理是也。气质之性，则乃于其中，并与其气禀善恶而言之，如人之仁否，牛马耕载之能否是也。然则子思所谓率性之道，本只以人物偏全之性言之，而人之不仁,牛马之不能耕载,则初未尝及之矣"云云。"天命之性,是人物本然之体也,单指其理,故人物无偏全焉。率性之道,是人物当然之则也,兼指人物,故偏全则有定分,而专指当然,故善恶之分,未及焉"云云。

所谓理通气局辨,尤见其规模气象,言议见识,益难与为言。然师说之见枉则甚矣,安得无辨?先生所作《天命图》,本只就公举见识之所未及处,指画以示。盖为公举一人计,而偶出于一事上意见之所到,非为为学者定论而尽平生精蕴之所在也。先生在时,未尝以此遍示传授于及门之士,故愚亦未曾得见,今于此诚难悬度为说。姑以此辨中所论观之,则以理通太极天命图于上,以气局五常物性图于下,此其大概也。以愚观之,如此分排,恐未为病。然以图名天命者推之,则恐是以天命为一图之主,著于上而以理通太极等名属之,以人物之性为天命所赋著于下,而以气局五常等名属之。似不当以理通为主,而以太极天命属之,以气局为主,而以五常物性属之也。

参考书目

1. 柳承国:《韩国儒学史》,台北,台湾商务印书馆 1989 年版。

2. 金忠烈:《高丽儒学思想史》,台北,东大图书公司 1992 年版。

3. 李丙焘:《韩国儒学史略》,首尔,亚细亚文化社 1986 年版。

4. 金富轼:《三国史记》,乙酉文化社 1990 年版。

5. 一然:《三国遗事》,乙酉文化社 1990 年版。

6. 李正浩:《训民正音的结构原理及易学研究》,首尔,亚细亚文化社 1990 年版。

7.《崔文昌侯全集》,首尔,成均馆大学校、大东文化研究院 1991 年版。

8.《稼亭集·牧隐集·麟斋集》,首尔,成均馆大学校、大东文化研究院 1973 年版。

9. 裴宗镐:《韩国儒学资料集成》,首尔,延世大学出版部 1980 年版。

10.《增补退溪全书》,首尔,成均馆大学校、大东文化研究院 1978 年版。

11.《退溪全书》,首尔,成均馆大学校、大东文化研究院 1958 年版。

12.《陶山全书》,首尔,韩国精神文化研究院 1980 年版。

13.《沙溪·慎独斋全书》,首尔,白山学会 1985 年版。

14.《花潭集》,首尔,汉城世界社1992年版。

15.《栗谷全书》,首尔,成均馆大学校、大东文化研究院1992年版。

16.《坡山世稿》,首尔,坡山世稿刊行委员会1980年版。

17.《高峰集》,首尔,韩国东洋哲学会1997年版。

18.《南冥集》,首尔,亚细亚文化社1982年版。

19.《宋子大全》,首尔,保景文化社1993年版。

20. 崔英辰:《中译魏岩·南塘湖洛论争资料集》,首尔,韩国儒教学会2003年版。

21.《霞谷全集》,首尔,骊江出版社1988年版。

22.《星湖僿说类选》,首尔,骊江出版社1984年版。

23.《顺庵先生文集》,首尔,骊江出版社1984年版。

24.《湛轩书》,首尔,韩国景仁文化社1969年版。

25.《燕岩集》,首尔,韩国启明文化社1986年版。

26.《与犹堂全书》,首尔,韩国景仁文化社1987年版。

27.《朴殷植全书》,首尔,檀国大学校、东洋文化研究所1968年版。

28. 崔根德:《韩国儒学思想研究》,北京,学苑出版社1998年版。

29. 刘明钟:《退溪和栗谷的哲学》,首尔,东亚大学出版部1987年版。

30. 金哲编著:《东学精义》,首尔,东宣社1995年版。

31.《韩国哲学史》(译本),北京,中国社会科学文献出版社1996年版。

32. 陈来:《朱熹哲学研究》,北京,中国社会科学出版社1998年版。

33. 张敏:《立言垂教——李珥哲学精神》,北京,北京大学出版社 2003 年版。

34. 王家骅:《儒学思想与日本文化》,杭州,浙江人民出版社 1990 年版。

35. 徐远和:《理学与元代社会》,北京,人民出版社 1992 年版。

36. 徐远和:《风流与和魂》,沈阳,沈阳出版社 1997 年版。

37. 周桂钿:《中国传统政治哲学》,石家庄,河北人民出版社 2001 年版。

38. 张立文:《中国哲学范畴精粹丛书》,北京,中国人民大学出版社 1990 年版。

39. 张立文:《朱熹思想研究》,北京,中国社会科学出版社 1987 年版。

40. 张立文:《中国哲学范畴发展史》,北京,中国人民大学出版社 1988 年版。

41. 张立文:《帛书周易注释》,郑州,中州古籍出版社 1992 年版。

42. 张立文:《李退溪思想研究》,北京,东方出版社 1997 年版。

43. 张岱年:《中国哲学大纲》,北京,中国社会科学出版社 1982 年版。

44. 冯友兰:《中国哲学史新编》,北京,人民出版社 1988 年版。

45. 方立天:《佛教哲学》,北京,中国人民大学出版社 1991 年版。

46. 方立天:《中国佛教哲学要义》,北京,中国人民大学出版社 2002 年版。

47. 牟宗三:《心体与性体》,上海,上海古籍出版社 1999
年版。

48. 高令印:《李退溪与东方文化》,厦门,厦门大学出版社
2002 年版。

49. 李明辉:《四端与七情——关于道德情感的比较哲学探
讨》,台北,台湾大学出版社 2005 年版。

50. 蒙培元:《理学的演变——从朱熹到王夫之戴震》,福州,
福建人民出版社 1984 年版。

51. 蒙培元:《理学范畴系统》,北京,人民出版社 1998 年版。

52. 蔡茂松:《韩国近世思想文化史》,台北,东大图书公司
1995 年版。

53. 李泽厚:《中国古代思想史论》,北京,人民出版社 1985
年版。

54. 朱七星:《中国·朝鲜·日本传统哲学比较研究》,延边,
延边人民出版社 1995 年版。

55. 楼宇烈:《东方哲学概论》,北京,北京大学出版社 1997
年版。

56. 葛荣晋:《韩国实学思想史》,北京,首都师范大学出版社
2002 年版。

57. 姜日天:《朝鲜朝后期北学派实学思想研究》,北京,民族
出版社 1999 年版。

58. 李甦平、何成轩:《东亚与和合——儒释道的一种诠释》,
南昌,百花洲文艺出版社 2005 年版。

59. 李甦平:《圣人与武士——中日传统文化与现代化之比
较》,北京,中国人民大学出版社 1992 年版。

60. 李甦平主编:《东方著名哲学家评传》(韩国卷),济南,山东人民出版社 2000 年版。

61. 李甦平等:《中国·日本·朝鲜实学比较》,合肥,安徽人民出版社 1995 年版。

索　引

四画

十二画